東洋古典譯註叢書 73

武經七書直解 3

譯註 尉繚子直解 李衛公問對直解

劉寅 直解
成百曉 李蘭洙 譯註

전통문화연구회

東洋古典譯註叢書를 발간하면서

우리의 古典國譯事業은 민족문화 진흥의 기초사업으로 1960년대부터 政府 支援으로 古文獻 現代化 작업을 추진하여 많은 成果를 거두었다. 당시 이 사업 추진의 先行課題로 東洋古典이라 일컬어지는 중국의 基本古典을 먼저 飜譯하여야 한다는 學界의 주장이 있었음에도 불구하고 우리 고전이 아니라는 일부의 偏狹한 視角과 財政 事情 등으로 인하여 배제되어 왔다.

전통적으로 중국의 기본고전은 우리 歷史와 함께 숨쉬며 각종 교육기관의 敎科書로 활용됨은 물론이고 지식인들의 必讀書가 되어 왔으며, 우리 文化의 基底에 자리잡고 거의 모든 방면의 體系와 根幹을 형성하여 왔다. 그래서 학문연구의 기본서 역할을 해 왔을 뿐만 아니라 오늘날에도 우리의 國學徒 및 東洋學 硏究者들에게 같은 역할을 하고 있음은 주지의 사실이다. 그럼에도 불구하고 中國古典은 우리 것이 아니라 하여 專門機關의 飜譯對象에 포함하지 않음으로써, 대부분 原典에서의 직접 번역이 아닌 重譯이나 拔萃譯의 방식이 주를 이루면서 敎養水準으로 出版되어 왔다.

오늘날 東洋 三國 중에서 우리의 東洋學 연구가 가장 부진한 이유는, 東洋基本古典에 대한 폭넓은 이해의 부족과 漢文古典 讀解力의 저하에 기인함을 우리는 솔직히 인정하여야 한다. 따라서 이들 중국고전에 대한 신뢰할 만한 國譯이 이루어지는 것이 한국학 연구를 촉진시키는 시급한 先行課題라 할 수 있다.

이에 韓國學 및 東洋學의 연구와 古典現代化의 基盤構築을 위해서는, 전문기관으로 하여금 동양고전을 단기간에 각 분야의 專門 硏究者와 漢學者가 상호 협동하여 연구번역하여 飜譯의 傳統性과 效率性, 硏究의 專門性을 높일 수 있도록 政策的 配慮가 있어야 한다.

이에 本會에서는 元老 및 中堅 漢學者와 斯界의 專攻者로 하여금 協同硏究飜譯하여 공부하는 사람들이 믿고 引用하거나 깊이 있는 註釋 등을 활용할 수 있게 하고, 知識人들의 敎養을 증진시켜 줄 수 있는 東洋古典의 國譯書 간행을 지속적으로 추진해 왔다. 근래에 다행히 이 사업에 대하여 각계 지도층의 폭넓은 이해와 지원에 힘입어 2001년도부터 國庫補助를 받아 東洋古典譯註叢書를 간행하게 되었다. 이를 계기로 우리 先學의 註釋과 見解를 반영하는 등 국역사업의 內實을 기하게 되었음을 이 자리를 빌려 衷心으로 감사드리며, 아울러 國譯에 參與하신 관계자 여러분의 勞苦에 깊은 謝意를 표한다.

끝으로 우리의 이러한 작업은 오랜 역사 위에 축적된 先賢들의 業績과 現代學問을 이어주는 튼튼한 架橋와 礎石이 되어 진정한 韓國學과 東洋學 발전에 기여할 것을 굳게 믿으며, 21세기를 우리 文化의 世紀로 열어 가는 밑거름이 되도록 우리의 力量을 本 事業에 경주하고자 한다. 江湖諸賢의 부단한 관심과 지원을 기대해 마지않는다.

社團法人 傳統文化硏究會 會長 李啓晃

≪尉繚子直解≫ 解題

金成愛[*]

戰國시대 尉繚가 지은 ≪尉繚子≫는 중국 兵學史, 思想史의 주요한 자료로서 宋나라 神宗 때 ≪孫子≫, ≪吳子≫ 등과 함께 武經七書에 편입되면서 儒家의 七書에 비견될 정도로 중시되었다.

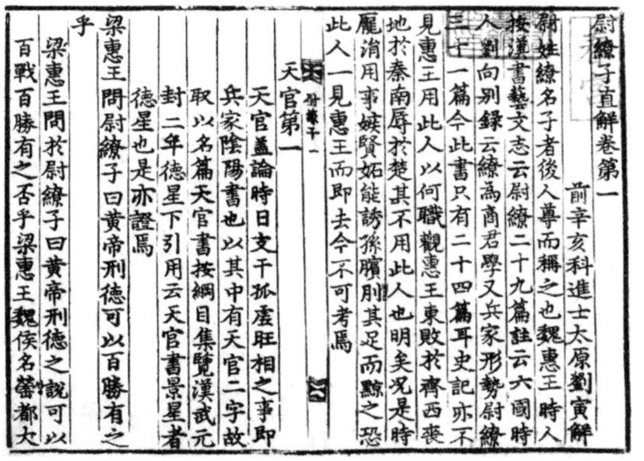
尉繚子直解卷第一
前辛亥科進士太原劉寅解
尉姓繚名子者後人尊而稱之也魏惠王時人按漢書藝文志云尉繚二十九篇註云六國時人劉向別錄云繚爲商君學又兵家形勢尉繚三十一篇今此書只有二十四篇耳史記亦不見惠王用此人以何職觀惠王東敗於齊西喪地於秦南辱於楚其不用此人也明矣况是時龐涓用事嫉賢妬能誘孫臏刖其足而黥之恐此人一見惠王而即去今不可考焉
天官第一
天官蓋論時日支干孤虛旺相之事即兵家陰陽書也以其中有天官二字故取以名篇天官書按綱目集覽漢武元封二年德星下引用云天官書景星者德星也是亦證焉
梁惠王問尉繚子曰黃帝刑德可以百勝有之乎
梁惠王問於尉繚子曰黃帝刑德之說可以百戰百勝有之否乎梁惠王魏侯名罃都大

≪尉繚子直解≫

≪울료자≫[1]는 총 24편으로 구성된 약 14,000여 자의 적지 않은 분량인데, 저작 연대로 보자면 司馬穰苴, 孫子, 吳起 이후이고 ≪六韜≫, ≪三略≫, ≪李衛公問對≫ 이전이니, 무경칠서 중 중간에 해당된다고 볼 수 있다. 이러한 시대적 특징은 바로 그 내용에도 반영되어 있으니, 儒家, 墨家, 法家, 兵家 등 제자백가의 사상을 두루 흡수한 바탕 위에 富國强兵을 강조한 商鞅學의 계보를 잇는 한편, 전국시대의 무수한 전쟁을 경험하면

---

*) 한국고전번역원 책임연구원.

1) 기존의 번역서나 연구서에서 '위료자'로 읽기도 하고 '울료자'로 읽기도 한다. 대개 官職名으로 쓰일 때는 '위'로, 地名이나 姓氏로 쓰일 때는 '울'로 읽는다. '위료자'로 읽는 근거는, 尉가 본래 太尉, 廷尉, 國尉 등 관직을 의미하는 글자인데, ≪史記≫에 위료자를 國尉에 임명하였다는 기록이 있으므로 '국위의 관직을 지닌 료'라는 의미에서 위료자로 읽어야 한다는 것이다. '울료자'로 읽는 경우는 尉가 처음에는 관직에서 기인한 것일 수 있으나 후에 성씨로 정착했다는 것을 강조하는 견해이다. ≪古今姓氏書辯證≫에 "蔚은 尉이라고도 쓴다. 옛날에 울료자란 자가 책을 저술하였다.〔蔚一作尉 古尉繚子著書〕"라고 하여 蔚과 尉이 같은 音價를 가진다는 것을 알 수 있다. 또 ≪百家姓≫에서는 "蔚은 羽의 음가를 지닌다. 낭야군에 세거하는 울씨는 계파가 姬姓으로부터 나왔다. 鄭나라 公子 翩이 蔚 땅에 봉읍을 받았으므로 후대에 邑의 이름을 성씨로 삼았다.〔蔚 羽音 琅琊郡 系出姬姓 鄭公子翩封邑于蔚 後以邑爲氏〕"라 하여 울씨가 땅 이름에서 나온 것으로 보고 있다. 이에 본고에서는 후자의 설을 따라 한글음을 '울료자'로 표기하였다.

서 이룩한 실전적인 전략 전술과 치밀한 군제, 엄혹한 훈련과 명령체계 등의 구체적인 내용을 담고 있어 先秦시대 兵學의 총정리라고 평가받고 있다.

비록 저자에 대한 기록이 부족하고 전래과정이 복잡하여 확정된 연구결과는 없지만, 1972년 銀雀山 漢簡이 발견된 이후 그 존재의 진위를 의심할 수 없게 되었으며, 오히려 이후 대표적인 중국 고대 병서로서 당시 병학 수준을 연구하는 자료로 중요한 가치를 지니게 되었다.

1. 尉繚子는 누구인가

≪尉繚子≫의 저자인 尉繚가 어느 나라 어느 시대에 어떤 활동을 한 사람인가 하는 것은 현재까지도 불분명한 점이 많다. 관련 기록이 본서의 내용과 ≪史記≫, ≪漢書≫ 외에는 거의 보이지 않으며, 그 기록 간에 불일치하는 점이 있기 때문이다. 울료자란 인물에 대한 설은 크게 세 가지이다.

첫째, 戰國 말기 秦 始皇 때 秦나라에서 활약한 인물이라는 설이다. 둘째, 전국 중기 梁惠王 때 魏나라에서 활약한 인물이라는 설이다. 셋째, 울료라는 인물은 魏나라에도 있었고 그 후 秦나라에도 있었으니, 두 명이 각기 다른 사람이라는 설이다. 그 외에 齊나라 사람으로 鬼谷子의 제자라는 설, 商鞅의 학문을 하였다는 설 등이 있으나 이는 울료자의 사상적 경향을 드러낸 것이지 시기적인 차이가 있는 것은 아니므로 첫째와 둘째 경우에 다 해당된다고 볼 수 있다.

첫째 秦 始皇 때 인물설을 살펴보면, 울료자가 秦나라로 와서 진 시황을 만난 시기는 진시황 10년(B.C. 236) 즈음이며 그에 대해 기록한 ≪사기≫의 내용은 다음과 같다.

> 大梁人 尉繚가 와서 秦王(진 시황)에게 유세하여 말하기를, "강한 秦나라의 입장에서 보자면 제후들은 郡縣의 수령 정도입니다. 다만 신은, 제후들이 합종해 연합해서 뜻밖의 계책을 낼까 걱정하는 것이니, 이것이 晉나라 智伯, 吳나라 夫差, 齊나라 湣王이 망한 까닭입니다. 바라건대 대왕께서는 재물을 아끼지 말고 제후국의 대신들에게 뇌물을 주어 그들의 모의를 혼란시키십시오. 불과 30만 금이면 제후국을 다 없앨 수 있을 것입니다." 하였다. 진왕은 그의 계책을 따랐다. 이후 진왕은 울료를 만날 때면 울료와 亢禮(대등한 입장에서 禮를 행함)를 하고 의복과 음식을 울료와 똑같게 하였다.
>
> 울료가 말하기를 "진왕의 사람됨은 코가 높고 눈이 길며 가슴은 매와 같고 목소

> 리는 승냥이와 같아서 은혜가 적고 마음이 사나우니, 어려울 때는 쉽사리 남에게 몸을 굽히지만 뜻을 얻으면 사람을 함부로 해친다. 나는 평민인데도 나를 만날 때마다 항상 몸을 스스로 낮추니 만일 진왕이 천하에 뜻을 얻게 된다면 천하는 모두 노비 신세가 될 것이다. 오랫동안 함께할 만한 사람이 아니다." 하고 도망하려 하였다. 진왕이 이를 알아채고 굳이 만류하여 國尉로 삼고 끝내 그의 계책을 채용하였다. 그런데 李斯가 권세를 잡았다.[2)]

이를 보면 울료자는 魏나라 大梁 출신으로 진 시황을 찾아가 활약한 遊說客이다. 당시 진나라는 逐客令을 철회하고 李斯를 등용하는 등 외부 인재를 활발히 받아들이던 때인데, 울료가 진 시황에게 건의한 계책은 六國의 合縱策을 방해하기 위해 뇌물을 써서 내부 분열을 야기하자는 것이었으니, 合縱連橫에 대해 밝은 縱橫家의 면모를 볼 수 있다. 그런데 진 시황이 그의 계책을 받아들이고 후대했음에도 불구하고 울료자는 진 시황의 사람됨을 논하며 후일의 保身을 위해 秦나라를 떠나고자 하였으며, 진 시황이 울료자를 國尉로 삼았다고 하였지만 뜬금없이 李斯가 일을 주도한 것으로 기사가 마무리되고 이후 울료자에 대한 언급은 전혀 없다. 행간의 상황을 추측해보자면 진 시황이 울료자의 계책은 채용했지만 이사가 用事하면서 울료자는 정국에서 배제되었거나 축출된 듯하다.

≪사기≫의 기사는 울료자의 思想과 事跡을 알려주지만 그의 저작에 대한 정보는 전혀 없다. 이에 반해 ≪漢書≫ 〈藝文志〉에는 ≪울료자≫란 書名만 두 번 보이며 인물에 대한 정보는 없는데, 注에서 顔師古가 劉向의 ≪別錄≫을 인용하며 그가 商君學 즉 商鞅의 학문을 한 사람이라고 하였다.[3)] 상앙은 衛나라 출신으로 잠시 魏나라에 있다가 秦 孝王 때에 變法을 강행하여 진나라의 부국강병책을 선도하다가 舊 貴族의 반격을 받고 B.C. 338년에 죽은 인물이다.

현재 ≪울료자≫의 내용을 보면 곳곳에서 ≪商君書≫의 글과 유사한 것이 보이며, ≪울료자≫에서 언급한 부대의 편제에 대한 내용이나 軍令과 禁令에 대한 기술이 秦나라 군제와 유사하다는 점 등이 울료자가 진 시황 때의 인물이라고 보는 근거가 된다.

둘째 梁 惠王(魏 惠王) 시기 인물이라는 설의 근거는 ≪울료자≫의 내용이다. 〈天官〉편 처음부터 "梁惠王問"으로 시작하고 있으며, 이후의 내용도 울료자가 양 혜왕에게 자신의 계책을 아뢰는 형식으로 기술되어 마치 ≪孟子≫ 〈梁惠王〉편의 기술 형식과 유사하다. 또 ≪울료

---

2) ≪史記≫ 〈秦始皇本紀〉.

3) ≪漢書≫ 〈藝文志〉 顔師古 注. "尉姓 繚名 劉向別錄云 繚爲商君學"

자≫ 중에 역사적 인물로 太公望, 齊 桓公, 公子心, 孫武, 吳起 등을 거론하였는데, 특히 吳起(B.C. 440~B.C. 381)가 魏 文侯를 도와 활약했던 정황을 가장 많이 인용하였다. 또 "지금 나라들이 환난을 입는 까닭은, 많은 幣帛을 가지고 외국에 聘問을 나가고 사랑하는 자식을 인질로 보내고 국경에 있는 땅을 割讓하여"[4]라고 당시의 폐단을 지적하였는데, 이는 바로 ≪맹자≫에도 나오는 양 혜왕 때 魏나라의 상황과 일치하는 표현이다.

따라서 울료자는 양 혜왕이 한창 재물을 풀어 인재를 초치하던 당시에 찾아온 맹자 등과 동시대의 인물이라고 볼 수 있다. 그렇다면 전국시대 위나라 양 혜왕은 B.C. 400년~B.C. 334년에 활동한 인물이라서 진 시황의 시기와 100여 년의 차이가 나므로 이 시기의 울료자와 ≪사기≫에 나온 울료자는 동일인일 수가 없다. 武經七書直解의 저자인 劉寅도 울료자가 양 혜왕 때의 인물이란 설에 동조하고 있다.[5] 유인은 당시 魏나라에서 위세를 부리던 龐涓과 孫臏 사이의 권력투쟁을 언급하며 울료자가 등용되기 힘든 정황이었을 것으로 추측하였다. 이는 알 수 없지만 방연이나 손빈 등도 모두 울료자처럼 鬼谷子의 제자로 칭해진다는 점은 울료자가 그 시기의 인물이었을 가능성이 있다.

위와 같이 울료가 어느 시기의 인물이냐 하는 점은 현재까지도 분명한 결론이 나지 않고 있으며, 두 명의 울료자가 존재하고 이에 따른 두 편의 ≪울료자≫가 존재했을 가능성이 제기되고 있다. 이러한 저자의 모호성은 ≪울료자≫의 성격과 연관되어 더욱 복잡한 양상을 띠게 된다. 위에서 언급한 모든 단서, 즉 法家的 兵家의 성격과 儒家, 墨家, 縱橫家 등 雜家의 성격이, 현전하는 24편의 ≪울료자≫ 안에 모두 공존하고 있다.

특이한 점은 秦 始皇 때의 울료자라고 주장하는 설은 ≪울료자≫ 중 兵家의 특징이 두드러지는 후반 10여 편의 내용을 주로 인용하고 있고, 梁 惠王 때의 울료자라고 주장하는 설은 전반부와 〈兵令〉 上·下편의 내용을 주로 인용하고 있다는 것이다. 이는 ≪울료자≫가 전반부와 〈병령〉은 잡가류의 서술로, 후반부는 병가류로 확연히 구별이 된다는 점과 부합한다. 하지만 한 사람이 여러 편의 저술을 남기는 일도 매우 흔하므로 양 혜왕 때의 울료자가 잡가류 저작을 남겼고, 진 시황 때의 울료자가 병가류 저작을 남겼다고 단정하기는 애매한

4) 本書 〈制談〉篇. "今國被患者 以重幣出聘 以愛子出質 以地界出割"

5) 劉寅의 견해는 본서의 〈序文〉을 통해 알 수 있다. "≪史記≫에도 魏 惠王이 이 사람(尉繚)을 무슨 관직으로 등용했는지 보이지 않으니, 惠王이 동쪽에서 齊나라에게 패하고 서쪽에서 秦나라에게 땅을 잃고 남쪽에서 楚나라에게 욕을 당한 것을 보면, 尉繚를 등용하지 않은 것이 분명하다. 더구나 이때에 龐涓이 권력을 행사하여 어질고 능력이 있는 사람을 미워하고 질투해서 孫臏을 유인하여 그의 발을 베고 얼굴에 刺字(墨刑)를 하였으니, 尉繚가 한 번 惠王을 만나보고는 즉시 떠나간 듯한데, 지금 상고할 수 없다."

점이 있다. 대체로 현대의 학자들은 울료자가 양 혜왕 때 인물이라고 보는 경우가 많다.

이 부분에 대해서는 필자의 연구가 불충분하기 때문에 어느 한쪽으로 결론을 내리기 힘들어 기존의 설을 소개하는 것으로 그친다. 본 번역서를 읽는 독자들도 이 부분에 유의하며 본다면 좀더 흥미를 가지고 깊이 살펴볼 수 있을 것이다.

2. ≪尉繚子≫의 傳來와 板本

현재 전하는 24편의 ≪울료자≫의 전래과정과 판본에 관해 간략히 살펴보겠다.

책으로서의 ≪尉繚子≫가 처음 보이는 것은 ≪漢書≫ 〈藝文志〉인데 여기에는 두 개의 ≪울료자≫가 보인다.[6] 하나는 雜家類에 속한 29편이고, 다른 하나는 兵形勢家에 속한 31편의 ≪울료자≫이다. 班固가 하나의 ≪울료자≫를 중복해서 실었다는 말도 있지만, 〈예문지〉의 기술이 치밀하게 이루어졌음을 고려할 때 실수로 보기는 힘들다.

漢나라의 文獻 정리과정을 간략히 살펴보면, 西漢 成帝 때에 遺書를 수집해온 뒤 劉向은 經傳과 諸子 詩賦를 교열하고, 任宏은 兵書를 교열하고, 尹咸은 數術을 교열하고, 李柱國은 方技를 교열하였으며, 뒤에 유향이 그 篇目을 분류하고 요지를 모아 기록해두었는데, 유향이 죽은 뒤에 아들 劉歆이 그 사업을 계승해서 ≪七略≫을 만들어 올렸다.[7] 班固가 찬한 〈예문지〉는 바로 유흠의 ≪칠략≫을 계승하면서 내용을 정리해서 편찬한 것이니, ≪울료자≫ 목록이 두 군데에 실려 있는 것은 한나라 당시에 서로 다른 두 개의 ≪울료자≫가 전해졌다는 것을 의미한다.

隋唐시대의 전래과정은 목록과 인용서적을 통해 살펴볼 수 있다.

≪隋書≫ 〈經籍志〉의 목록을 보면 역시 雜家類에 "尉繚子五卷 梁幷錄六卷 尉繚 梁惠王時人"이라 하였고, 또 兵家類에 "尉繚子兵書 一卷"이란 목록이 실려 있다. 잡가류의 5권 분량의 ≪울료자≫는 양 혜왕 때 울료가 작자임을 기술하고 병가류 1권 분량의 ≪울료자≫에 대해서는 아무 설명도 없는데, 이때까지 잡가와 병가로 구분하여 두 종류의 ≪울료자≫가 전해진 것은 분명하다. 또 漢代에 篇數로 적혔던 것이 여기서는 卷數로 표기되어 분량 차이가 불확실하지만 잡가 ≪울료자≫ 29편이 5권으로, 병가 ≪울료자≫ 31편이 1권으로

---

6) ≪漢藝文志考證≫에서는 "尉繚二十九篇 兵形勢又有尉繚三十一篇 隋志尉繚子五卷 今二十四篇 天官至兵令 言刑政兵戰之事 其文意有附會者 首篇稱梁惠王問 意者魏人歟 秦始皇紀大梁人尉繚來說秦王"이라 하여 〈예문지〉의 내용뿐 아니라 이후의 변천까지 언급하고, 작자에 대해서는 魏人인 듯하다고 하면서도 확언하지 않고 있다.

7) ≪漢書≫ 〈藝文志〉.

전하였으니, 병가의 ≪울료자≫는 내용이 상당 부분 일실되었음을 추정할 수 있다.

≪舊唐書≫ 〈經籍志〉에는 "尉繚子六卷 尉繚子撰"이라 하여 역시 잡가류에 실려 있고 다른 목록은 보이지 않는다. 또 당나라 때 병서인 ≪李衛公問對≫에 太宗과 李靖이 ≪울료자≫를 인용하며 군사에 대한 문답을 주고받은 내용이 있고[8], 魏徵이 편찬한 ≪群書治要≫에도 〈天官〉, 〈兵談〉, 〈戰威〉, 〈兵令〉의 내용이 대부분 그대로 실려 있다. 주목할 점은 唐나라 때 문헌에 인용되는 내용은 대부분 현재 ≪울료자≫ 전반부와 〈병령〉편으로, 잡가 ≪울료자≫에 해당하는 내용이라는 것이다.

이렇듯 각각 산일되어 전해지던 잡가 ≪울료자≫와 병가 ≪울료자≫가 北宋 때 하나로 통합되고, 北宋 神宗 때 武經七書의 하나로 편성되었다. 통합된 ≪울료자≫는 그 복합적인 성격에도 불구하고 兵書로만 여겨지게 되었으며 이후, 目錄에는 병가류로 올라가게 된 것이다.

그런데 胡應麟은 "병가의 울료가 바로 지금 전하는 것이고 잡가의 울료는 지금의 책이 아니다. 이제 잡가는 없어지고 병가만 전해지는 것이다."[9]라고 하여 무경칠서의 울료자가 병가만 전해진 것으로 보기도 하였다. ≪宋史≫ 〈藝文志〉에도 "尉繚子五卷 戰國時人"이라고 하여 兵家類로 분류하였는데, 이는 무경칠서의 하나로 편입된 뒤의 ≪울료자≫를 지칭하는 것이기 때문이다.

≪울료자≫가 무경칠서의 하나가 됨으로써 그 지위를 공식적으로 인정받고 武科의 과목으로 선정되어 통일된 刊本으로 널리 간행되었으니, 이것이 현재까지 전하는 5권 24편의 ≪울료자≫이다. 송나라 시대에 간행된 판본은 중국에는 남아 있지 않고 일본에만 남아 있었는데, 1935년 商務印書館에서 편찬한 ≪續古逸叢書≫의 무경칠서로 영인되었으니, 이것을 宋本이라 칭한다.

주석서로는 송나라 晁公武의 ≪郡齋讀書志≫에 張載가 저술했다는 ≪張橫渠注尉繚子≫ 1권의 목록이 실려 있다. 이는 ≪울료자≫에 대한 최초의 주석서로, 그 文辭가 매우 간략하다는 평가를 받았지만, 현재 일실되어 전하지 않는다. 현재 전하는 ≪울료자≫의 가장 빠른 주석서는 金나라 施子美가 注한 ≪尉繚子講義≫이다. 明淸代에 들어서 무경칠서에 대한 수

8) ≪李衛公問對≫ 중 울료자의 내용을 인용한 구절은 다음과 같다. "尉繚子 有束伍令", "太宗問曰 嚴厲其刑 深峻其法 使人知畏我而不畏敵", "靖再拜謝曰 臣按尉繚子云 黃帝以德守之 以刑伐之 是謂刑德 非天官時日之謂也"

9) ≪文心雕龍≫ 〈諸子〉. "胡應麟謂 兵家之尉繚 卽今所傳 而雜家之尉繚 幷非此書 今雜家亡而兵家獨傳"

많은 주해본이 나왔다. 그 가운데 명나라 劉寅의 ≪尉繚子直解≫와 淸나라 朱墉의 ≪尉繚子匯解≫ 등이 손꼽히는데, 우리나라에서는 유인의 직해본이 가장 많이 통행되었다. ≪四庫全書總目提要≫는 ≪울료자≫를 兵家로 분류하고, 淸代까지 ≪울료자≫에 대한 시각을 종합하여 다음과 같이 정리하였다.

울료자는 六國時代의 인물이지만 상세한 顚末은 알 수 없다. 혹자는 魏나라 사람이라고 하니, 〈天官〉편의 '梁惠王問'이란 구절로 알 수 있다. 혹자는 또 齊나라 사람이라고 하며 鬼谷子의 제자라고 하였다. 劉向의 ≪別錄≫에서는 또 "울료자는 商君學을 공부하였다."고 하였으니, 어떤 의견이 옳은지 모르겠다.

≪漢書≫ 〈藝文志〉에는 雜家類에 ≪울료자≫ 29편이 있다고 하였고, ≪隋書≫ 〈藝文志〉에는 5권으로, ≪唐書≫ 〈經籍志〉에는 6권으로 되어 있는데 모두 雜家로 분류하였다. 鄭樵는 그들이 책 이름만 보고 실물을 보지 않았기 때문이라고 기롱하였으며, 馬端臨은 정초의 말이 옳다고 하였다.

그러나 ≪한서≫에는 兵形勢家 중에 실로 별도의 ≪울료≫ 31편이 있다. 따라서 胡應麟이 "병가의 ≪울료자≫가 바로 지금 전하는 것이며 잡가의 ≪울료자≫는 이 책이 아니니, 이제 잡가는 없어지고 병가만이 전한다."라고 하였으니, 鄭氏가 班固가 잘못 알았다고 여긴 것은 틀린 것이다. 다만 지금 전하는 책은 24편뿐이어서 이른바 병형세가의 31편과는 편수가 서로 맞지 않으니, 그렇다면 후세에 이미 망실된 부분이 있어서 完本이 아닌 것이다.

그 책의 대의는 本末을 구분하고 賓主를 분별하며 賞罰을 분명히 해서 말한 바가 왕왕 正道에 부합하였다. 예컨대 "군대는 잘못 없는 城을 공격하지 않고 죄 없는 사람을 죽이지 않는다."라는 구절과, 또 "군대는 포악하고 혼란한 자를 주벌하고 의롭지 못한 자를 막는 것이다. 군대를 출동하여 공격하는 곳에 農民이 농사짓는 田場을 떠나지 않고, 商人이 가게와 집을 떠나지 않고, 士大夫가 관청을 떠나지 않으니, 이는 武議가 군주나 장수 한 사람에게 있기 때문이다. 그러므로 군대가 칼날에 피를 묻히지 않고도 天下가 친히 따르는 것이다."라는 구절은 모두 전국시대 군사에 대해 談論하는 자들이 말하지 않던 것이다.

晁公武의 ≪讀書志≫에 張載가 주석을 단 ≪울료자≫ 1권이 있다고 하였으니, 講學家들도 그 설을 취한 것이다. 본서 중의 〈兵令〉편에서는 도망한 병사를 주벌하는 법에 대해 매우 상세하게 말하여 그 절도와 규모를 상상해볼 수 있으니, 허

> 황되게 經略도 없이 仁義만 高談峻論하는 자가 아닌 것이다. 그 책의 坊本은 권수가 구분되지 않았는데, 이제 편과 조항을 참작하여 ≪수서≫ 〈예문지〉의 항목을 따라서 5권으로 구분하였다.10)

현대에 들어서 1972년에 山東 銀雀山 漢墓에서 대량의 竹簡이 출토되었는데, 이때 ≪孫子兵法≫, ≪孫臏兵法≫ 외에 ≪尉繚子≫의 殘簡이 발견됨으로써 그동안의 僞書 의혹을 벗어날 수 있게 되었다. 이에 ≪울료자≫에 대한 가치를 인정하고 그에 대한 연구가 활발해져 竹簡 ≪尉繚子≫의 내용을 분석하여 출간하기도 하였는데, 일부 원문이 三民書局의 ≪新譯尉繚子≫에 부록으로 첨부되어 있다.

篇名이 현재와 다른 것도 있고 앞부분이 逸失되어 편명이 없는 것도 있지만 남아 있는 구절을 가지고 대조해보면, 주로 〈兵談〉, 〈攻權〉, 〈守權〉, 〈將理〉, 〈原官〉, 〈兵令〉 上・下의 내용이 실려 있으니, 이는 잡가의 ≪울료자≫인 듯하다. 죽간본은 내용이 단락별로 끊어져서 몇 조항씩 실려 있는데 문장의 연결이 되지 않거나 판독할 수 없는 글자가 매우 많아 해독하기에는 애로가 많다. 그러나 이는 ≪울료자≫의 原形에 가장 가까운 본으로 볼 수 있으므로 중요한 자료로 평가받고 있다.

3. ≪尉繚子≫의 構成과 內容

≪尉繚子直解≫는 모두 5권 24편으로 구성되어 있다. 각 권마다 4편 내지 6편씩 실려 있는데 권별 구분은 隋나라 이후에 이루어진 것으로, 내용상의 분류라기보다는 분량을 위주로 구분한 것으로 보인다.

1권에는 〈天官〉, 〈兵談〉, 〈制談〉, 〈戰威〉 4편이 실려 있다. 첫 편인 〈天官〉은 본래 兵家의 陰陽書 이름인데, 양 혜왕을 처음 만난 자리에서 전쟁의 승패는 人事에 달려 있지 陰陽에 관계된 것이 아님을 강조하였다. 〈兵談〉은 전쟁을 벌이기 전의 정치, 경제력에서 전쟁의 승패가 좌우된다는 것을 강조하였다. 〈制談〉은 군대를 관리하기 위해 법제와 엄격한 집행을 강조하는 한편 農戰을 겸하는 정책에 대한 설명이고, 〈戰威〉는 이기기 위한 전쟁의 위엄이란 의미로, 전투력을 강화하기 위해 여러 방법으로 사기를 배양할 것을 강조하는 내용이다.

2권에는 〈攻權〉, 〈守權〉, 〈十二陵〉, 〈武議〉, 〈將理〉 5편이 실려 있다. 篇名의 權은 權謀術數의 權이란 의미로 〈攻權〉에서는 攻城에 필요한 책략을 자세히 기술하였고, 〈守權〉에서

---

10) ≪四庫全書總目提要≫ 〈兵家類〉.

는 守城을 위한 각종 전략을 상세히 강구하였다. 〈十二陵〉은 直解에서 장수가 열두 가지 장점을 갖추면 적국을 능멸할 수 있다는 뜻이라고 풀이하면서도 스스로 맞는지 모르겠다고 하였다. 一說에는 陵을 언덕과 같은 분계점이란 뜻으로 보고, 장수가 갖추어야 할 12가지 통솔 능력의 표준이자 반대로 장수가 범하게 되는 12가지 잘못을 기술한 것이니, 본서가 전국시대의 현실적 경험을 집대성한 일면을 보여주는 편이라고 하였다.[11] 〈武議〉는 군대를 일으키는 명분과 운용하는 방안에 대해 논의한 것이다. 이 편은 울료자의 군대에 대한 시각을 대변하면서 유가적 사상을 담고 있다고 하여 "군대는 잘못이 없는 城을 공격하지 않고 죄 없는 사람을 죽이지 않아야 한다."나, "군대는 포악하고 혼란한 자를 주벌하고 義롭지 못한 자를 막는 것이다." 등 자주 인용되는 대목이 많이 있다. 〈將理〉는 전국시대 특징인 重刑主義와 連坐法에 대해 자세히 설명하고 효용을 강조한 한편 형벌이 남용되고 뇌물이 횡행하는 폐단에 대해서도 경고하고 있다.

3권에는 〈原官〉, 〈治本〉, 〈戰權〉, 〈重刑令〉, 〈伍制令〉, 〈分塞令〉 6편이 실려 있다. 〈原官〉은 천자로부터 제후, 군신, 백성까지 직분을 논한 것이다. 군주가 臣民의 실적을 평가하고 질서를 유지하기 위한 방안이 여러 가지 제시되고 있는데, 대체로 法家와 黃老思想이 뒤섞인 듯한 색채를 띠고 있다. 〈治本〉은 국가를 다스리는 근본에 대한 것으로 생산을 발전시키고 절약을 독려하고 관료체계를 확립할 것을 강조하였다. 즉 男耕女織이란 농경에 근본을 두고 奢侈와 聚斂을 반대하며 儉朴과 군주의 언행일치를 중시하는 내용으로 일견 孟子의 王政 사상과도 통하는 것으로 보인다. 〈戰權〉은 실제 전투에서 쓰이는 權謀를 말한 것이니, 먼저 주도권을 선점하고 虛實을 활용하고 敵情을 탐지하고 부대를 장악할 것 등이다.

〈重刑令〉 이하 8편의 令이 붙은 편들은 당시에 구체적으로 적용되는 일련의 條令을 주제별로 기술한 것이다. 이는 ≪울료자≫의 특징으로 重刑과 法治를 중시하는 법가의 특징이라고 볼 수 있다. 중형이란 명칭은 본문 내에 '안으로 형벌이 중하면 백성들이 적을 가볍게 본다.'는 구절에서 따온 것이다. 장수가 패배하거나 수성에 실패하였을 때 혹은 부하가 도망하였을 때 본인이 죽음을 당할 뿐 아니라 선조의 무덤을 파헤치고 가족까지 노비로 만드는 중형에 처한다는 가혹한 내용이다. 〈伍制令〉은 군대의 편제를 什·伍·保·屬·閭로 구성해 연대보증하게 함으로써 상호 감시체계를 확립하고 장교 간의 상호 연좌제를 적용한 것이다. 〈分塞令〉은 군 주둔지 내의 규율과 관할 구역의 통제를 설명한 편이다.

4권에는 〈束伍令〉, 〈經卒令〉, 〈勒卒令〉, 〈將令〉, 〈踵軍令〉 5편이 실려 있다. 〈束伍令〉은

---

11) ≪新譯尉繚子≫, 張金泉 註譯, 三民書局, 2006.

伍를 기본단위로 하는 부대의 작전과 상벌 條令에 대한 내용이며, 〈經卒令〉과 〈勒卒令〉은 모두 三軍制를 기반으로 한 편제와 훈련, 병졸을 다스리는 조령에 대한 내용이다. 〈將令〉은 군주가 장수를 임명하는 절차와 의식, 장수가 전군을 지휘할 때 휘하 장령에 대한 紀律 등을 다룬 것이며, 〈踵軍令〉는 大軍이 출정할 때 선봉부대와 주력부대, 후위부대의 조직과 직책에 대한 조령이다. 선봉 부대가 興軍이고 이를 따르는 부대가 踵軍이고 다음에 본대가 출정한다.

5권에는 〈兵教〉 上·下편과 〈兵令〉 上·下편 4편이 실려 있다. 〈兵教〉는 군사 教練에 관한 조령인데, 上篇은 교련의 구체적인 규정에 대해 상세히 기술하였고, 下篇은 군주가 필승할 수 있는 방도 12가지, 전투에 나서 가져야 할 태도 5가지, 文王과 姜太公의 대화를 인용하여 信賞必罰을 강조한 것, 전투 상황에 따른 전술, 전략 등 다양한 내용을 언급하고 있다. 〈兵令〉은 군대 전체를 다스리는 조령을 말한다. 군대가 출전하면 常令과 常法이 있어야 한다고 논하고 아울러 엄격한 군율을 강조하였다. 또 국가에서 군대가 갖는 의미와 역할 등에 대해 논하여 울료자의 정치사상을 살펴볼 수 있는 편이다. 상·하편으로 구분되어 분량도 많은 편이고 내용도 매우 구체적이다.

위의 24편을 내용상 크게 세 부분으로 구분해보면, 먼저 〈天官〉부터 〈戰權〉까지는 전반적으로 儒墨과 黃老思想까지 포함한 雜家類의 내용이 많다. 다음 〈重刑令〉부터 〈踵軍令〉까지는 편수는 많으나 각편의 내용이 짧은 조문식 법령의 형태를 띠고 있어 실제 당시 군대에서 쓰이던 條令을 정리한 듯하니, 兵家의 저작으로 볼 수 있다. 마지막 〈兵教〉와 〈兵令〉은 일부 이론적 전술 전략의 설명이 첨부되어 있기는 하나 ≪商君書≫의 〈墾令〉처럼 법령 조문에 대한 기술이 많아 法家의 영향을 받은 것으로 보인다.

이처럼 ≪울료자≫는 다양한 諸子百家의 사상을 융합해 담고 있으면서 전국시대 말기의 사상가답게 富國强兵을 治國의 근본으로 삼았다. 심지어 전쟁이 국가의 경제를 발전시키는 한 수단이라고 여겼으며, 국가를 안정시키는 방도로 법제를 엄명하게 하여 기율을 강화하고, 사치를 억제하고 농경을 장려하며, 賢者를 임용할 것을 강조하였다. 또 전쟁에 이기기 위해서는 군대의 편제를 개편하고 훈련을 엄격하게 하며, 장수에게 권한을 부여하여 전군이 효율적으로 통솔되는 것이 중요하다고 보았다.

4. 후대의 評價와 ≪尉繚子直解≫ 번역

일찍이 武經七書로 그 가치를 인정받아 많은 武人과 學者들에게 중시되고 무수히 읽혀왔지만 ≪울료자≫에 대한 후대의 평가는 여러 시각이 존재한다. 무경칠서의 하나로 편입된 당시부터 ≪孫子≫, ≪吳子≫, ≪司馬法≫은 古書이고, ≪三略≫과 ≪尉繚子≫는 좀 의심스럽고, ≪六韜≫와 ≪李衛公問對≫는 僞書임이 명백하다는[12] 식으로 그 진위마저 의심하는 시각이 있었는데, 그 내용에 대해서는 긍정적인 면과 부정적인 면이 혼재되어 있다.

먼저 긍정적인 평가로 儒家的 兵論이 반영되었다고 보는 시각이다. 〈天官〉과 〈治本〉 등에서 보이는 합리주의나 왕도정치 사상이 유가적 정치사상이 반영된 것이라 평가한 것이다. 특히 〈武議〉편의 "군대는 잘못이 없는 城을 공격하지 않고 죄 없는 사람을 죽이지 않아야 하니, 남의 父兄을 죽이고 남의 財貨를 이롭게 여기고 남의 子女를 臣妾으로 만드는 것은 모두 도둑인 것이다."라는 구절은 ≪손자≫와 비교해도 훨씬 뛰어난 兵論이라고 찬탄받았다.[13]

施子美는 ≪七書講義≫에서 "울료자는 齊人이다. 史書에 그 傳이 기술되지 않았지만 그의 저서에는 바로 三代의 遺風이 있다.……전국시대에 태어나 권모술수를 숭상하지 않았으니 또한 깊이 취할 만하다. 무경칠서를 차례한 자가 이 책을 취하여 그 가운데 배열한 것은 뜻이 없지 않을 것이다."[14]라고 평하였다.

≪文獻通考≫에서도 ≪周氏涉筆≫을 인용하여 "≪울료자≫에서 말한 兵學은 이치와 법도가 모두 지극하지만 명령과 독책, 부대의 편제에 대한 것은 각박하다. 훌륭한 부분은 本末을 구분하고 賓主를 구별한 것이니, 이른바 '조정의 의논으로써 높이고, 장수가 명령을 받은 의논으로써 중하게 하고, 국경을 넘어가는 의논으로써 예리하게 한다.'는 것을 보면 그 설이 비록 순수한 왕도정치는 아니지만 本統을 살핀 것이라 할 수 있다."[15]라 하였다.

명대의 宋濂 또한 ≪諸子辨≫에서 "≪울료자≫ 5권은 누구의 책인지 알 수 없다.……어쩌면 그리도 어질단 말인가. 전국시대에 兵事에 대해 논한 자의 말이 이에 미쳤으니 군자

---

12) 陳振孫, ≪直齋書錄解題≫. "今武學以七書試士 謂之武經 其間孫吳司馬法或是古書 三略尉繚子亦有可矣 六韜問對僞妄明白……"

13) 葉適, ≪習學記言≫. "凡兵 不攻無過之城 不殺無罪之人 夫殺人之父兄 利人之財貨 臣妾人之子女 此皆盜 尉繚子言兵 猶能立此論 孫子……區區乎計虜掠之多少 視尉繚此論 何其狹也"

14) 施子美, ≪七書講義≫. "尉繚子 齊人也 史不紀其傳 而其所著之書 乃有三代之遺風……生戰國之際 而不權譎之尙 亦深可取也 敍七書者 取而列於其中 不無意也"

15) ≪文獻通考≫ 〈經籍〉. "周氏涉筆曰 尉繚子言兵 理法兼盡 然於諸令督責部伍刻矣 所以爲善者 能分本末 別賓主 所謂'高之以廊廟之論 重之以受命之論 銳之以踰垠之論 其說雖未純王政 亦可謂窺本統矣"

가 인정하지 않을 수 없을 것이다."[16]라고 평하였다.

반면 ≪울료자≫의 사상이 너무 엄혹하다는 평도 많았다. ≪울료자≫의 내용 중 특히 〈重刑令〉, 〈伍制令〉, 〈分塞令〉 등 諸令에서 보이는 가혹한 군율의 적용과 연좌제, 도망병 처벌 조항 등을 지적한 경우가 많은데, 이는 ≪울료자≫가 대규모의 전쟁과 살상이 끊임없이 벌어지던 전국 말기의 시대적 상황을 반영했기 때문이다.

≪玉海≫나 ≪稗編≫에는 모두 "옛날에 용병을 잘하는 자는 병사의 반을 죽였고, 그 다음은 10분의 3을 죽였고, 그 아래는 10분의 1을 죽였으니, 그 반을 죽인 자는 위엄이 海內에 가해졌고, 10분의 3을 죽인 자는 힘이 제후에게 가해졌고, 10분의 1을 죽인 자는 명령이 병사들에게 행해졌다."[17]라는 구절을 인용하며, 군령을 엄하게 하고 도망하는 자를 주벌하는 형벌이 ≪울료자≫에 실려 있는데, 손자나 오자의 병법에는 이런 내용이 없다고 그 엄혹함을 비판하였다.[18]

宋代 黃震은 ≪黃氏日抄≫에서 "울료자는……군의 什伍 간에 서로 고발하는 법을 세워서 오로지 자기 사졸을 죽이기를 힘써 자신을 두렵게 만들고, 사졸의 반을 죽이는 것을 용병을 잘하는 것으로 여겼다. 손자나 오자가 병사를 논한 것도 이와 같지 않았는데 하물며 어진 사람이야 말할 것 있겠는가."[19]라고 하였다.

明代의 方孝孺는 ≪遜志齋集≫에서 "울료자는 君子의 道에 밝지 못하면서 제멋대로 兵論을 극구 말하여 대중을 미혹시켰다. 〈重刑令〉 등 諸令은 모두 엄혹하고 포악해서 살인에 대해 말하기를 마치 일상 다반사처럼 말하였으니, 그 사람이 각박하고 은혜가 적은 이였음을 알 수 있다. 〈武議〉, 〈原官〉 등 몇 편은 비록 가끔 이치에 맞는 말도 있지만 이는 비유하자면 盜跖이 堯임금의 말을 읊는 격인지라 그 본심에서 나온 것이 아니니, 반마디도 취할 만한 것이 없다. 그런데도 三代의 유풍이 있다고 말할 수 있겠는가."[20]라고 하여 施子美의 평가를 정면으로 반박하였다.

---

16) ≪諸子辨≫. "尉繚子五卷 不知何人書……嗚呼 又何其仁哉 戰國談兵者 有言及此 君子蓋不可不與也"

17) 本書 〈兵令 下〉.

18) ≪稗篇≫. "尉繚子亦云 善用兵者能殺卒之半……以殺垂教 孫吳却未有是論也"

19) ≪黃氏日抄≫. "尉繚子……立爲什伍相揭之法 專務殺其士卒 使之畏己 而以殺卒之半爲善用兵 孫吳談兵已不如此 況仁人乎"

20) ≪遜志齋集≫ 〈讀尉繚子〉. "尉繚子不能明君子之道 而恣意極口稱兵以惑衆 其重刑諸令皆嚴酷暴苛 道殺人如道飮食常事 則其人之刻深少恩可知矣 武議原官諸篇 雖時有中理 譬猶盜跖而誦堯言 言非出其本心 是以無片簡之可取者 謂之有三代之遺風可乎"

武經七書直解를 편찬한 劉寅도 〈直解凡例〉에서 "≪尉繚子≫는 바로 商鞅의 학문이므로 학자들이 말하지 않는 것이다. 그러나 중간에 또한 취할 만한 것이 많이 있으니, 사람이 나쁘다 하여 말을 버리지 않는 것이 옳을 것이다."[21]라고 하여 ≪孫子≫나 ≪吳子≫에 대한 태도와는 사뭇 다름을 볼 수 있다. 즉, ≪울료자≫의 가혹한 군율은 그만큼 엄혹했던 전국 말기의 실 상황을 반영한 것이기도 하고, 상벌을 엄하게 행하는 商鞅, 韓非子 등 法家의 영향을 받았기 때문으로 평가한 것이다.

대체로 ≪울료자≫ 전반부에 대해서는 전쟁이란 무력을 통한 해결보다는 백성과 정치를 중요시하는 유가적 사상이 담겨 있다며 긍정적인 평가를 하고, 군령과 제도를 기술한 후반부에 대해서는 가혹하고 비인도적이라는 비판적인 평가를 하고 있다.

앞에서 살펴본 것처럼 ≪울료자≫의 판본 중 가장 오래된 것은 ≪群書治要≫에 인용된 것이지만 이는 4편에 불과한 殘缺本으로 전서의 면모를 볼 수 없다. 이외에도 ≪續古逸叢書≫에 실려 있는 송대의 무경칠서본을 비롯하여 ≪淸芬堂叢書≫ 판본 등 수십 종의 판본이 전해지는데 각 판본마다 내용상 차이점이 많다. 또 1972년 西漢 초기의 古墳에서 출토된 銀雀山 竹簡本도 있지만 이것도 잔결본이라 번역 대본으로 적절하지 않다.

따라서 본 번역서는 조선시대에 간행된 ≪尉繚子直解≫(국회도서관 소장본, 刊年未詳)를 대본으로 삼았다. 그리고 명나라 萬曆(1573~1620) 연간에 간행되었던 劉寅의 武經七書直解를 影印한 ≪景印明本武經七書直解≫(解放軍出版社 遼沈書社, 1987~1998)를 참고하였다. ≪영인명본무경칠서직해≫에 실린 楊言昌과 柳詒徵의 序跋에 의하면, 무경직해는 明나라 洪武 31년(1398)에 간행된 이후 만력까지 수차례 간행되었는데, 淸代에는 四庫全書에도 ≪三略直解≫ 1종만 실려 있을 정도로 全帙을 구하기 힘들었다고 한다. 그리고 民國이 들어선 이후 여러 사람의 노력으로 萬曆本을 영인하게 된 과정이 실려 있다.

이 영인본이 무경칠서직해 중에서는 가장 善本으로 알려져 있지만 ≪울료자≫의 경우 본래 판본 자체가 誤字와 缺落이 많아 맥락이 이해가 잘 안 되는 부분이 많은데, 이런 부분은 다른 판본을 이용해 교감하였다. 특히 日本에서 간행된 漢文大系本에는 똑같은 劉寅의 直解로 표기되었으나 내용상 일부 차이가 있으며, 때로는 좀 더 명확하므로 이를 주석으로 소개하였다. 直解本의 특징은 내용에 대한 註解式 풀이나 예시보다는 원문을 한 번 더 반복해 기술하면서 잘못된 글자나 빠진 부분을 보충하고 해당 조항의 내용을 설명하는 식으로 구성되어 있다는 점이다. 그리고 각 편마다 제목 아래에 편명의 의미와 大意에 대해 간략히 기술하여 편 전체 내용을 요약해주고 있다.

---

21) 本書 〈直解凡例〉.

기존에 간행된 ≪울료자≫ 번역서가 대부분 원문만을 번역한 것인데 반해, 본 번역서는 직해본을 대본으로 하여 내용이 보다 상세하고 충실하다고 할 수 있다. 또 본 번역서는 본문 중에 인용된 ≪書經≫, ≪孟子≫, ≪孫子≫,≪吳子≫, ≪春秋≫ 등 다른 자료와의 他校를 통해 내용을 점검하고 주석으로 부족한 부분을 보충하였으며, 원문은 明本과 漢文大系本 등과 대교하여 글자를 교감한 뒤 바로잡아 번역함으로써 전문적인 학술번역서로서의 엄정성을 기하였다. 전문적인 내용이지만 일반인들이 읽기에 어렵지 않도록 전문용어를 자제하고 평이하게 풀이하였으므로 본서를 통해 東洋의 전통적인 兵學을 이해하는 데 무리가 없을 것이다.

≪李衛公問對直解≫ 解題

金成愛*)

唐 太宗

李靖

≪李衛公問對≫는 唐나라 명장 李靖이 唐 太宗과 兵事 전반에 걸쳐 토론한 問答을 後人이 기록한 3권의 병서인데, ≪唐太宗李衛公問對≫, 약칭하여 ≪唐李問對≫, ≪問對≫로 불리기도 한다. 이정은 수많은 전투를 승리로 이끌어낸 실전과 이론을 겸비한 무장으로 존경받았으며, 본서 또한 기존의 병법 이론을 전쟁 사례에 연결시켜 정밀하게 분석했다는 평가를 받았다.

≪李衛公問對≫는 중국 병학사상을 대변하는 武經七書의 하나로 오랫동안 중시되었으면서도 宋나라 때부터 僞書라는 논란이 많아 분명한 작자를 알 수 없는 상황이다. 하지만 작자의 진위가 불분명함에도 불구하고 무경칠서에 포함될 수 있었다는 것은 그만큼 본서가 담고 있는 내용이 뛰어났다는 반증이기도 하다. 특히 문답식으로 구성되어 실전과 이론을 아울러 설명한 내용은 武人들이 이해하기 쉬웠고, 다른 병서가 春秋戰國시대를 배경으로 한 반면 본서는 송나라와 시대적으로 가까운 당나라 상황을 반영하고 있었기에 막연한 이론서가 아닌 핍진한 실용서로 인식되었을 것이다.

≪問對≫는 ≪孫子≫나 ≪司馬法≫처럼 중국 고대 병가사상의 원류를 담고 있다고 할 수는 없다. 그러나 당시 用兵 원칙과 군대의 편제, 六花陣 등 陣法의 실전 응용법, 군사훈련, 변방 통치 방법 등을 연구할 수 있으며, 이전의 병법서에 대한 다양한 평가와 응용 사례를 살펴볼 수 있다는 점에서 중국고대 병학의 수준을 가늠할 만한 주요한 자료라 할 것이다. 특히 첫머리에서 高句麗 정벌 전략을 논하고 있기 때문에 우리에게는 더욱 흥미

*) 한국고전번역원 책임연구원.

로운 병서라고 할 수 있다.

1. 唐 太宗과 李靖

본서에 등장하는 唐 太宗 李世民(599~649)과 李靖(571~649)은 둘 다 역사상 불세출의 영웅으로 평가되고 있다.

太宗은 20세가 되기 전부터 아버지인 李淵을 도와 거병하여 지방 軍閥을 평정하고 隋나라 최고의 용장인 王世充과 竇建德을 패퇴시켜 당나라의 기반을 마련하는 데 가장 큰 공을 세웠다. 비록 玄武門의 變이라는 骨肉相爭의 정변을 거치고 왕위에 올랐지만 즉위한 이후에는 突厥族 등 이민족과의 전투에서 승리를 거두어 당나라의 위상을 드높였고, 국내적으로 貞觀之治라는 治世를 이룩하여 중국 역사상 가장 뛰어난 황제의 하나로 손꼽히고 있다.

645년 高句麗 정벌에 나섰다가 遼東의 安市城 전투에서 실패하고 이후 3차에 걸친 고구려 원정도 모두 실패하였지만, 태종 자신이 수많은 전투를 겪은 명장으로 병법에 대한 이해가 깊었기 때문에 당대 名將이라는 李靖을 상대로 兵事 전반에 관해 매우 구체적이면서도 심도 깊은 토론을 할 수 있었던 것이다. 토론 가운데 역사상 사례뿐 아니라 宋老生을 격파했던 자신의 경험이 奇正의 운용에 어떻게 부합하는지 질문하는 등[1] 단순히 병법에 대한 관념적인 이해가 아니라 실질적인 활용에 매우 큰 관심을 갖고 있었다.

李靖은 자가 藥師[2]이고, 京兆 三原人으로 부친은 수나라 趙郡守를 지낸 李詮이다. 어려서부터 文武의 재략이 뛰어났으며 특히 병법을 좋아하여 외숙인 韓擒虎가 孫吳의 병법을 함께 논할 만하다고 인정하였다.

이정과 태종의 관계는 몇 차례 굴곡을 겪는다. 당나라가 건국되기 이전에 이정은 馬邑郡丞으로 있으면서 唐 高祖 李淵이 천하를 도모하는 뜻이 있음을 알아채고 이를 고변하기 위하여 長安까지 갔는데 길이 막혀 하지 못하였다. 후에 고조가 이정을 참하려 했으나 태종이 변호한 덕분에 죽음을 면하고 그 幕府로 들어갈 수 있었다. 武德 4년(621)에 10策의 상소를 올리고 출정하여 蕭銑의 40만 군대를 격파하는 大功을 세웠다.

---

1) 本書 上卷. "태종이 말하였다. '짐이 宋老生을 격파할 적에 처음 교전에 우리 의병이 다소 퇴각하였는데, 짐이 직접 鐵騎를 이끌고 남쪽 언덕에서 달려 내려가 橫으로 충돌하자, 宋老生의 군대가 뒤가 끊겨서 크게 궤멸되었다. 이에 그를 사로잡았으니, 이것은 正兵인가? 奇兵인가?'"

2) 藥師가 李靖의 자가 아니라 본명이라는 설도 있다. ≪舊唐書≫ 〈李靖傳〉에 "李靖本名藥師"라고 하였으며, 이정 아우의 이름이 客師라고 하였기 때문이다.

태종이 즉위한 뒤 이정은 刑部尙書가 되었다가 兵部尙書로 옮겨 代州行軍總管을 겸하였는데, 당시 변경을 위협하던 돌궐의 定襄城을 격파하고 隋나라 齊王 楊暕과 蕭皇后를 포로로 잡는 공을 세웠다. 이후 頡利可汗이 항복을 청하느라 방비를 소홀히 한 틈을 타서 습격하여 만 명의 수급을 베고 십만여 명을 포로로 잡는 대업을 이루었으니, 이로 인해 東突厥이 멸망하여 突厥族이 다시는 唐을 위협하지 못하게 되었다. 일찍이 힐리칸에게 稱臣까지 했던 당으로서는 복심의 우환을 제거한 쾌거였으므로, 태종은 先皇을 위해 설욕한 것이라며 크게 기뻐하였다. 그러나 곧 그를 시기한 溫言博이 이정의 군사가 기강이 없어 노략질을 자행하고 재물을 탈취했다고 탄핵하였다. 이정이 곧 이를 인정하고 죄를 청하자, 태종은 그간의 공과를 논하여 사면하였다. 이처럼 이정은 큰 공을 세운 후에 항상 언행을 조심하고 겸손한 자세로 일관하여 자신을 보호하였다.

이후 60이 넘어 李勣, 侯君集 등과 土谷渾을 정벌하고 戰功을 인정받았는데, 이때에도 謀反을 했다는 무고를 받아 조사받게 되니 더욱 杜門不出한 채 빈객을 사절하고 친척 간에도 왕래하지 않으며 自守하였다. 이처럼 태종은 이정을 중용하면서도 한편으로는 무고나 고변이 들어올 때마다 조사하고 관직에서 면하는 등 이정을 견제하는 조치를 취하였다.

≪문대≫의 마지막에서 태종은 이정에게 뛰어난 병법을 칭찬하면서 전수할 사람을 잘 가려서 하라는 의미심장한 말을 남기는데, 이는 이정이 제자 侯君集에게 병법을 전수해주다가 다 가르쳐주지 않는다는 이유로 모반의 누명을 썼던 일을 상기시킨다.

67세에 衛國公에 봉해져 李衛公으로 불리게 되었다. 그는 79세의 나이로 사망하고 幷州大都督에 추증되었으며 후에 태종의 능인 召陵에 陪葬되었다.

高宗 上元 元年(674)에 姜太公을 武成王으로 높여 武廟를 조성하면서 孫武, 吳起, 韓信, 張良, 諸葛亮 등 역대 명장과 함께 李靖을 十哲로 배향하였으니[3], 이는 이정이 당나라에서 누리고 있던 역사적 위상을 대변한다고 하겠다.

그렇다면 ≪이위공문대≫에서 보이는 이정과 태종의 토론은 언제쯤 이루어졌을까? 본서의 첫머리에 나오는 고구려의 정벌에 대한 토론은 실제 고구려 정벌이 이루어지던 645년 이전이었던 것으로 보인다. 본문에서 이정은 자신에게 3만 명만 주면 淵蓋蘇文을 잡아오겠다고 장담하며 전략으로 正兵을 쓰겠다고 하였지만 실제 고구려 정벌에 이정은 참가하지

---

3) ≪新唐書≫ 〈禮樂志〉. "上元元年 尊太公爲武成王 祭典與文宣王比 以歷代良將爲十哲象坐侍 秦武安君白起 漢淮陰侯韓信 蜀丞相諸葛亮 唐尙書右僕射衛國公李靖 司空英國公李勣列於左 漢太子少傅張良 齊大司馬田穰苴 吳將軍孫武 魏西河守吳起 燕昌國君樂毅列於右 以良爲配 後罷中祀 遂不祭"

못하고 이적이 주축이 되어 태종의 직접 지휘 아래에 진행되었다. 또 본서 중 이정이 蕭銑을 평정하고 돌궐을 정벌하던 때에 자신이 어떤 전략을 썼는지 설명하는 내용이 있다. 따라서 630년 돌궐 정벌 이후에서 645년 고구려 정벌 이전에 이루어진 것으로 추정된다.

이정의 列傳에 의하면 그의 후손이 집안에 가장되어 있던 태종의 필적을 바쳤다는 일화만 나오고 그의 저서에 대한 언급은 없다. ≪舊唐書≫〈經籍志〉, ≪宋史≫〈藝文志〉, ≪通志≫, ≪崇文總目≫, ≪遂初堂書目≫ 등에는 "兵家心術一卷 李僕射馬前訣一卷 李衛公四門經歷一冊 李衛公武略一冊 李衛公元戎必勝錄一冊 明將秘要三卷 彭門玉帳一卷 陰符機一卷 候氣秘法三卷 九天玄機八神課一卷 韜鈐秘術一卷 總要三卷 六軍鏡三卷 李靖兵鈐新書一卷 弓訣一卷 霸國箴一卷" 등 이정의 이름으로 된 다수의 저작이 보이지만, ≪李衛公問對≫나 ≪唐李問對≫, ≪李靖問對≫ 등의 서명은 보이지 않는다. 또 위의 목록들도 실물이 전하는 것은 없다. 때문에 본서는 이정이 직접 저술한 것이 아니라 史官이나 後人이 태종과 이정의 문답을 기록하였을 것이라고 추정하고 있다. 하지만 구체적으로 어느 시대에 누가 기록하였으며, 成書 시기가 언제쯤인지는 여전히 불명확한 문제로 남아 있다.

2. ≪李衛公問對≫의 僞書 논란

≪문대≫ 내용이 처음 보이는 것은 杜牧의 ≪孫子注≫〈形篇〉에서이다. 또 杜佑가 편찬한 ≪通典≫ 148권~159권 사이에 29곳이 인용되어 있는데, 太宗과의 問答이 아니라 或人과의 문답이거나 기술식으로 실려 있으며 현재 ≪문대≫의 문장과 정확히 일치하는 게 아니라 내용만 비슷한 부분이 많다. 이는 淸나라 汪宗沂가 武經七書 가운데 전해오는 ≪이위공문대≫는 僞書라고 생각하고, 옛 전적 중 李靖의 병법 관련 기사를 모아 편찬한 ≪衛公兵法輯本≫에 실려 있다. ≪이위공문대≫가 위서라는 인식은 武經七書가 편찬되던 宋代 당시부터 꾸준히 제기되어 왔는데, 앞에서 살펴보았듯이 〈藝文志〉나 〈經籍志〉 등에 그 서명조차 실려 있지 않으며 무경칠서의 합간본으로 나오기 전까지는 그 실물을 본 학자가 없다는 것도 한 이유이다.

≪이위공문대≫의 위서 논란과 관련된 주장을 일목요연하게 정리한 글 두 편이 있는데, 바로 ≪文獻通考≫와 ≪四庫全書總目提要≫의 해제이다. 먼저 송대 여러 학자들의 주장을 두루 소개하고 있는 ≪문헌통고≫의 글을 살펴보겠다.

(1) 晁氏(晁公武)가 말하였다. "〈≪이위공문대≫는〉 당나라 李靖이 太宗이 兵事에 대해 질문한 것에 답한 내용이다. 史臣의 말에, 이정의 병법은 세상에 온전한

책이 없고 대략이 ≪통전≫에 보인다고 하였다. 지금 ≪문대≫는 阮逸의 집에서 나왔는데 혹자는 杜氏本을 바탕으로 附益한 것이라고 한다."

(2) 陳氏(陳振孫)가 말하였다. "이 책도 가탁한 것이다. 文辭가 천박하고 비루함이 더욱 심하다. 이제 무과에서 七書로 선비를 시험보면서 그를 武經이라고 하는데, 그 중 ≪孫子≫, ≪吳子≫, ≪司馬法≫은 아마도 古書일 듯하고, ≪三略≫, ≪尉繚子≫는 의심스러우며, ≪六韜≫와 ≪問對≫는 僞撰임이 명백하다. 그런데 學官에 세우고 스승을 두어 제자가 수업받고 있는데도 그 잘못을 말하는 자가 없는 것은 어째서인가? 何薳의 ≪春渚紀聞≫에, 부친 何去非가 武學博士가 되어 詔命을 받고 칠서를 교정하였는데, ≪육도≫와 ≪문대≫를 의심스럽게 여겨 司業 朱服에게 아뢰었더니, 주복이 이 책은 세상에 통행한 지 이미 오래되었으니 갑자기 없앨 수 없다고 하여 마침내 그만두었다고 하였다. 후에 徐州 교수가 되어 陳師道의 대임이 되었는데, 진사도가 말하기를 '蘇東坡(蘇軾)에게 들으니 세상에 전하는 王通의 ≪元經≫, 關子明의 ≪易傳≫, 李靖의 ≪問對≫는 모두 阮逸의 위작이니, 완일이 일찍이 초본을 가지고 奉常公에게 보여주었다고 한다.' 하였다. 봉상공은 老蘇(蘇洵)를 두고 한 말이다."

(3) 살펴보건대, ≪四朝國史≫ 〈兵志〉 神宗 熙寧 연간에 추밀원에 조서를 내려 "당나라 이정의 병법은 세상에 온전한 책이 없고 ≪通典≫에만 뒤섞여 나오는데 구두가 잘못되었고 또 관명과 명칭들이 지금의 칭호와는 달라서 무인이나 장수들이 대부분 그 뜻을 이해하지 못한다. 이제 樞密院檢詳官이 王震, 曾旼, 王白, 郭逢原 등과 함께 교정하고 유별로 구분하고 해석하여 요즘에도 행할 수 있게 하라." 하였다. 아마도 이것이 문답 3권인 듯하다. 아니면 별도로 다른 책이 있었던가? 한편 조씨와 진씨 두 학자가 완일이 ≪통전≫에 실린 바를 취하여 附益한 것이라고 하였으니, 바로 이 책일 듯하다. 그러나 신종이 왕진 등에게 詔命을 내려 교정하게 한 설이 이미 國史에 분명하게 보이니 완일의 가탁은 아니다.4)

(1)은 晁公武의 ≪郡齋讀書志≫에 실린 주장으로, 현재 통행하는 ≪問對≫는 杜佑의 ≪通典≫에 실려 있는 것을 바탕으로 부익한 阮逸의 위서라는 설이다. (2)는 陳振孫의 ≪直齋書錄解題≫에 보이는 주장인데, 문사가 천박하고 내용이 비루하다는 것과 蘇軾한테 완일의

---

4) ≪文獻通考≫ 권221 〈經籍考〉 48 '李衛公問對三卷' 조.

위서라고 들었다는 陳師道의 말을 위찬의 근거로 삼고 있다. 이상 諸賢의 주장에도 불구하고 ≪문헌통고≫에는 神宗의 명을 받아 王震 등이 교정했다는 國史의 기록을 근거로 하여 ≪문대≫는 위찬이 아닐 것이라고 결론을 내렸다. 하지만 朱子도 ≪이위공문답≫은 완일의 위서라고 보았을 정도로[5] 위서설이 주가 되었고, 考證學이 발달한 明淸시대를 거치면서 본서에 대한 의혹은 더욱 커졌다.

≪四庫全書總目提要≫의 ≪李衛公問對≫ 조항은 다음과 같다.

(1) ≪이위공문대≫ 3권은 唐나라 司徒 幷州都督 衛國景武公 李靖이, 唐 太宗의 兵事에 관한 질문에 대답한 말인데, 후인이 기록하여 책을 만든 것이다. 이정은 어려서부터 그 외삼촌인 韓擒虎의 인정을 받아 孫子나 吳起도 이보다 더할 수 없을 것이라고 하였는데, 결국 唐初의 名將이 되었다. 史書에서 말한 그가 저술했다는 병법은 세상에 온전한 책이 없고, ≪通典≫ 중에만 대개의 내용이 약간 보인다.

(2) ≪이위공문대≫는 宋代에 나왔는데 杜氏가 가지고 있던 것을 바탕으로 해서 덧붙인 것이다. 何薳의 ≪春渚紀聞≫에서는 "蘇軾이, 세상에 전하는 王通의 ≪元經≫과 關子明의 ≪易傳≫ 및 이 책은 모두 완일이 僞撰한 것이라고 말했고, 蘇洵이 일찍이 그 초본을 봤다고 한다."라고 하였다. 馬端臨은 ≪四朝國史≫ 〈兵志〉에 의거해 말하기를 "神宗 熙寧 연간에 추밀원에 詔命을 내려 이 책을 교정하라고 명하였으니 아마도 완일이 위조한 것은 아닐 듯하다." 하였다. 胡應麟은 ≪筆叢≫에서 "말 뜻이 천박하고 저속하여 채택할 만한 것이 전혀 없으니, 완일이라 할지라도 이 정도까지 비루하지는 않았을 것이다. 의당 이 책은 唐末 宋初에 속된 학문을 한 시골 유생이 貞觀 때 군신간의 遺事를 주워모아서 만든 것이다."라고 하는 등 여러 설이 분분하여 서로 부합하지 않는 점이 많다.

(3) 이것이 정말로 완일에게서 나왔는지의 여부는 진실로 확정할 수 없으나 이정이 스스로 저술한 것이 아니라는 것은 결코 의심할 수가 없다. 다만 그 말한 바가 군대의 奇正을 분별하고 攻守를 계획하여 主客을 變易하여, 병가의 술법에 대해 자못 상세하고 극진한 점이 보이니, 또한 호응린이 비난한 것과 같은 정도는 아니다. 鄭瑗은 "≪이위공문대≫란 책이 비록 僞書이지만 반드시 학식

---

5) ≪朱子語類≫ 권138. "七書所載 唐太宗李衛公問答 乃阮逸僞書 逸建陽人 文中子元經 關子明易 皆逸所作"

> 있는 모략가의 손에서 나왔을 것이다."라고 하였으니, 이 말이 비교적 맞는다. 다만 송대에 갑자기 學官에 세워서 ≪孫子≫, ≪吳子≫와 구별 없이 병칭하였으니, 이 점은 상세히 살펴보지 못한 잘못일 뿐이다. 세상에 통행하는 본은 卷數를 구분하지 않았는데 이제 ≪文獻通考≫에 따라 3권으로 정하여서 그대로 기록에 적어서 병서의 한 종으로 갖추어놓는다.[6)]

≪四庫全書總目提要≫의 내용은 ≪문헌통고≫와 크게 다르지 않지만 결론은 다르다. 먼저 (1)李靖과 저작에 대해 간단히 소개하고, (2)何薳 등 宋代 학자들의 설과 明나라 학자인 胡應麟의 설을 언급한 뒤, (3)내용적 검토와 鄭瑗의 설을 인용하여 본서가 李靖의 저술이 아님이 분명하다고 단정하였다. 즉 阮逸의 僞撰 여부는 확인할 수 없으나 내용상 상당히 병법에 조예가 깊은 이의 저작이라고 판단하고, 鄭瑗의 말대로 학식 있는 모략가의 작품이라는 설에 손을 들어주었다. ≪사고전서총목제요≫의 결론은 본서가 저자를 알 수 없는 위서이며, 송대에 본서를 무경칠서에 포함시킨 것은 자세히 고증해보지 않은 실수이므로 조정의 명이 있었다는 이유로 古書라고 판단할 근거는 되지 않는다는 것이다.

현대에도 본서의 진위에 대해 확언할 만한 새로운 자료가 나온 상황이 아니므로 어느 한쪽으로 단정할 수는 없지만 대체적으로 ≪問對≫가 이정의 병법 사상을 담고 있다는 것에는 동의하고 있다. 일단 蘇軾이 말했다는 阮逸 僞撰說은 정작 蘇洵과 蘇軾의 문집에는 전혀 보이지 않는다. 그리고 ≪續資治通鑑長編≫ 元豐 3년(1080) 기사에 "詔命을 내려 ≪孫子≫, ≪吳子≫, ≪六韜≫, ≪司馬法≫, ≪三略≫, ≪尉繚子≫, ≪李靖問對≫ 등의 책을 교정하고 판에 새기어 유통하게 하였다."[7)]라는 기록이 있으니, 이 당시에 이미 ≪李靖問對≫라는 책이 별도로 있었던 것이다. 이는 朱服이 본서를 무경칠서에서 뺄 수 없는 이유로 이미 세상에 행해진 지 오래되었다고 한 데서도 알 수 있다.

마지막으로 본서의 내용을 살펴볼 때, 이정의 실제 행적과 일치하는 면이 상당히 많다. 또 본서의 내용이 당대까지의 모든 병서에 대한 평가와 당시 인물들에 대한 평판까지 언급하고 있으므로, 이정의 직접 저술은 아닐지라도 그의 논설을 직접 듣거나 전해 들은 후대인의 기록으로 추정할 수 있다. 적어도 본서의 내용은 병학 사상사에 있어서 무경칠서에 포함되기에 부족함이 없는 높은 성취를 이루고 있다. 그러므로 唐末 내지 宋初에 無名人이

---

6) ≪四庫全書總目提要≫〈子部 兵家類〉. '李衛公問對三卷' 조.

7) ≪續資治通鑑長編≫ 권303. "詔校定孫子 吳子 六韜 司馬法 三略 尉繚子 李靖問對等書鏤版行之"

李靖의 병법서와 여러 기록을 토대로 하여 저술한 것이며 南宋 이전에 이미 당세에 통행하고 있었다고 볼 수 있다.

3. ≪李衛公問對≫의 內容과 思想

≪問對≫는 上, 中, 下 3권으로 구성되어 있는데, 이는 내용상 구분과는 상관없이 단순히 분량상 구분한 것이다. 唐 太宗의 질문과 李靖의 대답으로 구분해볼 때 약 20여 개의 주제로 토론을 벌이고 있으며, 분량은 총 1만여 자에 달한다. 각권의 주제를 간략히 살펴보면 다음과 같다.

上卷은 19장으로, 奇兵과 正兵의 운용, 고대의 陣法, 兵書에 대한 토론, 兵車의 편제, 漢兵과 蕃兵의 운용 등이다. 中卷은 17장으로 虛實의 형세, 隊伍의 편성, 六花陣에 대한 설명, 奇正兵에 따른 깃발의 활용, 騎兵 편제, 진법, 장수의 위엄과 첩자의 활용, 主客의 전도 전략 등을 논하였다. 下卷은 모두 13장으로 地形의 활용, 병력의 분산과 집중, 적을 유도하는 전략, 역대 장수에 대한 평가, 장수의 임명, 陰陽說의 활용, 병법의 등급과 전수 등에 대해 논하였다. 본서의 특징적인 내용을 몇 가지 살펴보자면 다음과 같다.

첫째, 奇兵과 正兵의 운용에 대한 전략이다. ≪孫子≫ 〈兵勢〉에서도 "무릇 전투는 正兵으로 交戰하고 奇兵을 이용해 승리한다.〔凡戰者 以正合 以奇勝〕"라 하여, 기병과 정병의 개념은 중국 고대 군사학에서 매우 중요시한 전략이었지만 太宗도 자신이 수행한 작전이 기병인지 정병인지 구분하지 못할 정도로 그 개념은 애매했다. 본서에서는 이에 대해 기병과 정병은 상호 대립되면서도 의존적인 관계로 장수의 전략에 따라 얼마든지 변화해 사용할 수 있는 것이지 고정된 부대가 아니라고 강조한다.

본문에서 언급한 부분을 살펴보면, "무릇 군대는 앞으로 향하는 것을 正兵이라 하고, 뒤로 퇴각하는 것을 奇兵이라 합니다."[8] "만약 正兵을 바꾸어 奇兵으로 만들고 奇兵을 바꾸어 正兵으로 만들지 않는다면 어떻게 승리할 수 있겠습니까. 그러므로 用兵을 잘하는 자는 奇兵과 正兵의 운용이 사람에게 달려 있을 뿐, 변화하여 神妙하게 하는 것은 하늘에 미루는 것입니다."[9] "오직 孫武가 말하기를 '싸우는 형세는 奇와 正에 지나지 않으니, 奇와 正의 변화를 이루 다할 수가 없다. 奇와 正이 相生함은 끝없이 순환하는 것과 같으니, 누가 이것을 다할 수 있겠는가.' 하였으니, 이 말이 맞습니다. 어찌 평소에 나눌 수가 있겠습니

8) 本書 上卷.

9) 上同.

까."[10]라 하여, 奇兵과 正兵은 변화무쌍한 전략상의 구분이지 애초 부대를 따로 구분해 운용하는 것이 아님을 강조하였다.

둘째, 攻擊과 防禦에 대한 인식의 전환이다. 攻守는 전쟁에서 없을 수 없는 것이므로 이제까지 병서에서는 공격과 방어를 각각 다른 상황으로 보고 그에 따른 전략을 별도로 언급하였다. 그런데 본서에서는 이를 한가지로 보아 공격 속에 수비가 담겨 있고 수비 안에 또 공격이 있다고 하여 이를 분리하지 않았으며, ≪손자≫의 내용도 이와 같이 해석하고 있다.

"臣이 살펴보니, ≪孫子≫에 '승리할 수 없는 경우에는 수비하고, 승리할 수 있는 경우에는 공격한다.' 하였으니, 적을 이길 수 없으면 우리가 우선 스스로 수비하다가 적에게 승리할 수 있는 기회가 오면 공격함을 말한 것이요, 强弱을 가지고 말한 것이 아닙니다. 후세 사람들은 그 방법을 깨닫지 못하여, 마땅히 공격해야 할 경우에 수비하고, 마땅히 수비해야 할 경우에 공격해서, 두 가지 일이 이미 다르기 때문에 그 법을 하나로 통일하지 못합니다."[11]

"공격과 수비는 한 방법이나, 적과 우리가 나누어서 두 가지 일이 된 것이다. 만약 우리 일이 잘되면 적의 일이 실패하고 적의 일이 잘되면 우리 일이 실패할 것이니, 得失과 成敗에 彼我의 일이 나누어진 것이요, 공격과 수비는 하나일 뿐이다."[12]

또 전투에서의 攻守뿐 아니라 먼저 적의 의지를 공격해 와해시키고 아군의 士氣를 지키는 것도 공수의 주요한 일이니, 이것이 바로 知彼知己의 구체적인 표현이라고 보았다. 이러한 면을 두고, 바로 ≪四庫全書總目提要≫에서도 "奇正을 분별하고 攻守를 계획하여 主客을 변역하였으니 병가의 술법에 대해 자못 상세하고 극진한 점이 보인다."라고 평가한 것이다.

셋째, 六花陣이란 진법의 창안이다. 육화진은 諸葛亮의 八陣圖를 근거로 해서 이정이 창안한 진법이다. 行軍의 總管이 자신의 본진인 중군 외에 전후좌우로 군을 유기적으로 조화시켜 펼치는 전술이 육화진법이다. 본서에서 이정이 육화진에 대해 설명하기를, "臣의 陣法은 諸葛亮의 八陣法에서 근본한 것입니다. 큰 陣이 작은 陣을 포함하고 큰 營이 작은 營을 포함하여 귀퉁이가 서로 연결되고 曲折이 상대하니, 옛 제도가 이와 같습니다. 臣이 陣圖를 만들 적에 이것을 따랐습니다. 그러므로 밖에 그린 것은 네모지고 안에 있는 고리의 모양은 둥글어서 이것이 여섯 잎의 꽃이 되니, 세속에서 六花陣이라고 칭하는 것입니다."[13]라고

10) 上同.
11) 本書 下卷.
12) 本書 下卷.
13) 本書 中卷.

하고, 이어서 이 진법을 익히기 위한 대형과 부대의 편성에 대해서도 자세히 설명하고 있다. 이 육화진은 七軍을 자유자재로 사용하여 상황에 따른 전술변용을 가할 수 있고, 탁트인 공간에서 사방으로 적의 공격을 받을 때에 특히 효과가 뛰어났다고 하여 중국인이 이민족을 상대하느라 개발한 진법이라고 평가한다.

마지막으로 기존 병법서와 달리 理論과 實戰을 함께 거론하고 있다는 점이다. ≪孫子≫나 ≪吳子≫, ≪司馬法≫ 등은 대체로 當代의 군사사상을 반영하고 있다거나 병가 이론을 체계화시켰다는 데 의의가 있으니, 즉 구체적인 전쟁에 대한 사례분석이기보다는 병법 이론서라는 성격이 강하다. 반면에 본서는 기존의 병법 이론이 실전에서 어떻게 적용되는가 하는 문제를 논하고 있다. 본서의 저작연도가 가장 늦기 때문이기도 하지만 어떻게 보면 중국 고대 병서에 대한 총정리식의 평가가 이루어진 것이다. 병서의 대요를 三門과 四種으로 분류하여 역대 병서의 계통을 정리하고, 張良은 ≪六韜≫·≪三略≫과 같은 太公의 병법을, 韓信은 ≪司馬法≫과 ≪孫子≫의 병법을 이었다고 평하였다. 또 가장 많이 인용하며 높이 평가하고 있는 것이 孫武의 병법인데, ≪손자≫를 인용해 당시의 문제를 해결하는 근거로 삼기도 하였다.

"≪孫子≫를 살펴보면, '用兵을 잘하는 자는 氣勢(형세)에서 구하고 능하지 못한 사람에게 책하지 않는다. 그러므로 능히 사람을 가려 쓰고 형세에 맡긴다.'라고 하였으니, 이른바 사람을 가려 쓴다는 것은 각각 蕃兵과 漢兵의 장점을 따라 싸우게 하는 것입니다. 蕃兵은 騎馬戰에 뛰어나니 騎馬戰은 속전속결이 유리하고, 漢兵은 弓弩에 뛰어나니 弓弩는 遲延戰에 유리한바, 이는 자연히 각각 그 형세에 맡기는 것입니다."14)

이처럼 ≪李衛公問對≫는 六花陣法, 奇正의 전략, 攻守一如의 사상 등 그간의 병법서에서 이룩한 병법 이론을 실전 사례에 적용하여 분석해서 사례와 이론을 겸비하여 당대 최고 수준의 병학 사상을 담고 있다고 하겠다.

4. ≪李衛公問對直解≫의 번역

앞에서 보았듯이 ≪이위공문대≫는 처음부터 武經七書의 하나로서 간행되었으며 이후 위서 논란이 있어왔기 때문에 주석서나 판본이 많지 않다. 별도로 간행된 기록은 보이지 않고 대부분 무경칠서 합간본으로 간행되었으므로 명대의 武經七書直解本와 武經七書匯解本, 그리고 宋代本인 續古逸叢書本 등이 있다.

---

14) 本書 上卷.

직해본은 劉寅의 해설이 달려 있어 비교적 이해하기 쉽게 구성되었는데, 간혹 글자의 오류를 바로잡기도 하고, 이정과 설을 달리하여 자신의 의견을 적극적으로 개진하기도 하였다. 예를 들면 마지막 구절에서 太宗이 "道家에서 3대에 걸쳐 장수가 됨을 꺼리는 것은 兵法을 함부로 전할 수 없어서이다."[15]라고 하였는데, 이에 대해 유인은 秦나라 장수 王離의 일화를 예로 들면서 道家가 아니라 兵家로 쓰는 것이 좋겠다고 하였다. 또 李靖이 ≪孫子≫ 〈始計〉편의 道, 天, 地, 將, 法을 두고 上, 中, 下로 구분한 것에 대해 역대 장수와 전투의 사례를 자세히 들면서 반박을 하였다. 이런 면은 무경에 대해 해박한 지식을 갖춘 劉寅의 병학 사상이 드러난 부분이어서 흥미를 끈다.

기존의 ≪孫子≫나 ≪吳子≫ 등의 병서와 달리 ≪이위공문대≫는 잘 알려진 병서가 아니어서 중국 고전으로서의 지명도가 떨어지고 따라서 연구도 많지 않았다. 그러나 본서가 중국 고전 병서의 사상을 모두 아우르고 이를 실전에 응용한다는 면에서 오히려 고전 병학서를 보는 하나의 시각을 제공해준다고 할 수 있다.

특히 본 번역서를 통해서 당시 동아시아의 국제 정세가 재편되는 과정에서 돌궐과 거란을 정복하고 가장 거대한 제국을 이룩한 당나라에게 高句麗 정벌이 얼마나 큰 주제였는지를 살펴볼 수 있다는 점에서 우리에게는 더욱 특별하다. 上卷 첫 장의 고구려 정벌 전략에 대한 토론이나 마지막의 "오랑캐로써 오랑캐를 공격함은 中國의 形勢이다."[16]라는 태종의 말은 羅唐聯合軍의 결말을 떠올리게 하여 씁쓸한 점이 없지 않다.

---

15) 本書 下卷.

16) 本書 上卷.

凡 例

1. 본서는 東洋古典譯註叢書의 武經七書直解 ≪譯註 尉繚子直解≫와 ≪譯註 唐太宗李衛公問對直解≫의 합본이다.
2. 본서의 저본은 ≪尉繚子直解≫(劉寅(明) 直解, 國會圖書館 所藏本)와 ≪唐太宗李衛公問對直解≫(劉寅(明) 直解, 國會圖書館 所藏本)로 하고, ≪景印明本武經七書直解≫(中國兵書集成編委會 編, 中國兵書集成 10-11, 解放軍出版社 遼沈書社, 1987~1998) 등을 참고하였다.
3. 본서는 원전의 傳統性과 번역의 現代性을 구현하기 위해 노력하였다.
4. 본서는 ≪尉繚子≫·≪唐太宗李衛公問對≫ 經文과 明나라 劉寅의 直解에 懸吐하고 번역하였다.
5. 原文의 分節은 저본을 따랐다.
6. 飜譯은 原義에 충실하게 하되, 이해가 어려운 부분은 意譯 또는 補充譯을 하였다.
7. 飜譯文은 한글과 漢字를 混用하였으며, 맞춤법과 띄어쓰기는 한글 맞춤법과 표준어 규정을 따르는 것을 원칙으로 하였다.
8. 譯註는 校勘, 인용문의 出典, 故事, 難解語, 異說, 전문용어, 그리고 사건의 역사적인 배경, 人物, 官職 등에 관한 사항을 밝혔다.
9. 校勘은 원문의 誤字, 脫字, 衍字, 倒文 등을 대상으로 하였으며, 校勘의 근거는 譯註에서 밝혔다.
10. 본서에 사용된 주요 符號와 略號는 다음과 같다.
    - “ ”: 對話, 각종 引用
    - ‘ ’: “ ” 안에서 再引用, 强調
    - 「 」: ‘ ’ 안에서 再引用
    - ( ): 원문에서는 讀音이 특수한 글자나 僻字의 音
번역문에서는 간단한 譯註
    - ≪ ≫: 書名, 出典

〈 〉: 篇章名, 作品名, 補充譯

〔 〕: 번역문과 뜻은 같으나 音이 다른 漢字 및 字句, 譯註에서 인용하여 번역한 原文, 저본의 脫字 補充

( )〔 〕: (저본의 글자)〔교감한 글자〕

( ): 저본의 衍字

參考書目

◇ 底本 관련자료

- ≪尉繚子直解≫, 尉繚 著, 劉寅(明) 直解, 국회도서관 소장본.
- ≪唐太宗李衛公問對直解≫, 劉寅(明) 直解, 국회도서관 소장본.
- ≪景印明本武經七書直解≫, 中國兵書集成編委會 編, 中國兵書集成 10-11, 解放軍出版社 遼沈書社, 1987~1998.
- ≪尉繚子直解≫, 漢文大系(增補版 第5刷) 제13권, 富山房, 1984.
- ≪唐太宗李衛公問對直解≫, 漢文大系(增補版 第5刷) 제13권, 富山房, 1984.

◇ 兵書 관련자료

- ≪司馬法直解≫, 司馬穰苴 著, 劉寅(明) 直解, 국회도서관 소장본.
- ≪三略直解≫, 劉寅(明) 直解, 국회도서관 소장본.
- ≪孫武子直解≫, 孫武(周) 著, 劉寅(明) 直解, 국회도서관 소장본.
- ≪吳子直解≫, 吳起(周) 撰, 劉寅(明) 直解, 국회도서관 소장본.
- ≪六韜直解≫, 呂尙(周) 著, 劉寅(明) 直解, 국회도서관 소장본.
- ≪百戰奇略≫, 劉基(明) 著, 韓金坡 等 譯注, 陝西人民出版社, 1985.
- ≪兵學指南演義≫, 戚繼光(明) 著, 李象鼎(朝鮮) 演義, 국립중앙도서관 소장본.

◇ 經部

- ≪論語集註大全≫, 朱熹(宋) 集註, 胡廣(明) 等 編, 朝鮮 內閣本, 影印本, 成均館大 大東文化硏究院.
- ≪孟子集註大全≫, 朱熹(宋) 集註, 胡廣(明) 等 編, 朝鮮 內閣本, 影印本, 成均館大 大東文化硏究院.
- ≪書傳大全≫, 蔡沈(宋) 集傳, 胡廣(明) 等 編, 朝鮮 內閣本, 影印本, 學民文化社.
- ≪詩傳大全≫, 朱熹(宋) 集傳, 胡廣(明) 等 編, 朝鮮 內閣本, 影印本, 學民文化社.

- ≪周禮注疏≫, 鄭玄(漢) 注, 賈公彦(唐) 疏, 阮元(淸) 校刻, 淸 嘉慶刊本, 影印本, 中華書局, 2009.
- ≪周易傳義大全≫, 程頤(宋) 傳, 朱熹(宋) 本義, 胡廣(明) 等 編, 朝鮮 內閣本, 影印本, 學民文化社.
- ≪中庸章句大全≫, 朱熹(宋) 集註, 胡廣(明) 等 編, 朝鮮 內閣本, 影印本, 成均館大 大東文化硏究院.
- ≪春秋經傳集解≫, 左丘明(周) 傳, 杜預(晉) 註, 林堯叟(宋)・朱申(宋・元) 附註, 朝鮮 金屬活字本(戊申字), 影印本, 保景文化社.
- ≪韓詩外傳今註今譯≫, 韓嬰(漢) 撰, 賴炎元 註譯, 臺灣商務印書館, 1974.

◇ 史部

- ≪舊唐書≫, 劉昫(後晉) 等 撰, 標點校勘本, 中華書局, 1975.
- ≪明史≫
- ≪史記≫, 司馬遷(漢) 撰 , 裴駰(宋) 集解, 司馬貞(唐) 索隱, 張守節(唐) 正義, 中華書局, 1959.
- ≪三國志≫, 陳壽(晉) 撰, 裴松之(南朝 宋) 注, 국립중앙도서관 소장본.
- ≪三國史記≫
- ≪宋史≫, 脫脫(元) 等修, 국립중앙도서관 소장본, 1739.
- ≪新唐書≫, 歐陽脩(宋)・宋祁(宋) 撰, 標點校勘本, 中華書局, 1975.
- ≪晏子春秋校注≫, 張純一 校注, 世界書局, 1981.
- ≪吳越春秋全譯≫, 趙曄(漢) 撰, 張覺 譯注, 貴州人民出版社, 1994.
- ≪資治通鑑≫, 司馬光(宋) 撰, 胡三省(元) 音註, 中華書局, 1956.
- ≪資治通鑑綱目≫, 朱熹(宋) 撰, 韓構字本, 국립중앙도서관 소장본, 1675~1720 추정.
- ≪晉書≫, 房玄齡(唐) 等 撰, 국립중앙도서관 소장본.
- ≪通典≫, 杜佑(唐) 撰, 국립중앙도서관 소장본, 1902.
- ≪漢書≫, 班固(漢) 撰, 凌稚隆(明) 輯校, 古活字本, 국립중앙도서관 소장본, 1674~1720.
- ≪後漢書≫, 范曄(宋) 著, 張奐・王鰲叟 等 校, 국립중앙도서관 소장본.

◇ 子部

- ≪管子≫, 管仲(周) 著, 掃葉山房, 1934.
- ≪荀子≫, 荀況(周) 撰, 楊倞(唐) 註, 文淵閣四庫全書, 影印本, 臺灣商務印書館, 1983~1986.

- ≪握奇經≫, 風後(漢) 撰, 公孫宏(漢) 解, 馬隆(晉) 述贊, 文淵閣四庫全書, 影印本, 臺灣商務印書館, 1983~1986.
- ≪列仙傳校箋≫, 王叔岷 校箋, 中華書局, 2007.

◇ 集 部

- ≪星湖僿說≫, 李瀷(朝鮮), ≪韓國文集叢刊≫ 제199집, 民族文化推進會 刊, 2005.

◇ 研究論文 및 飜譯書

- 곽낙현, 〈武經七書를 통해서 본 조선전기 武科試取에 관한 연구〉, ≪동양고전연구≫34, 동양고전학회, 2009.
- 林東錫, ≪尉繚子≫, 동서문화사, 2009.
- 林東錫, ≪李衛公問對≫, 동서문화사, 2009.
- 김경현, ≪吳子·尉繚子≫, 지만지, 2012.
- 김상일, ≪世界兵法大全集≫, 양우당, 1982.
- 金鐘甲, ≪尉繚子·李衛公問對≫, 양우당, 1982.
- 서영교, 〈羅唐戰爭期 唐兵法의 導入과 그 意義〉, ≪한국사연구≫ 116, 한국사연구회, 2002.
- 成百曉, ≪武經七書≫, 國防部戰史編纂委員會, 1987.

◇ 데이터베이스(DB) 자료

- 한국고전종합DB(http://db.itkc.or.kr)
- 동양고전종합DB(http://db.cyberseodang.or.kr)
- 電子版 文淵閣四庫全書, 上海古籍出版社.
- 상우천고(http://www.s-sangwoo.kr)

目 次

李靖本傳　李靖의 傳記

李靖은 本名藥師니 雍州三原人也라 祖崇義는 後魏殷州刺史로 永康公이요 父詮은 隋趙郡守라 靖은 姿貌瑰偉하고 少有文武材略이러니 每謂所親曰 大丈夫若遇主逢時하면 必當立功立事하여 以取富貴라하다 其舅韓擒虎 號爲名將이러니 每與論兵에 未嘗不稱善하고 撫之曰 可與論孫,吳之術者는 惟斯人矣라하다 初仕隋하여 爲長安縣功曹하고 後歷駕部員外郎이러니 左僕射楊素와 吏部尙書牛弘이 皆善之하다 素嘗拊其床하고 謂靖曰 卿終當坐此라하다 大業末에 累除馬邑郡丞하다 會에 高祖擊突厥於塞外러니 靖察高祖하여 知有四方之志하고 因自鎖上變하여 將詣江都할새 至長安하여 道塞不通而止하다 高祖克京城하고 執靖將斬之한대 靖大呼曰 公起義兵은 本爲天下除暴亂이어늘 不欲就大事하고 而以私怨斬壯士乎아하니 高祖壯其言하고 太宗又固請하여 遂舍之하다 太宗이 尋召入幕府하다

李靖은 本名이 藥師이니 雍州 三原 사람이다. 할아버지 崇義는 後魏의 殷州刺史로 永康公에 봉해졌고 아버지 詮은 隋나라 趙郡의 郡守였다. 李靖은 외모가 훤칠하고 거룩하였으며, 젊어서부터 文武의 材略이 있었는데, 매번 친한 사람에게 이르기를 "대장부가 만약 훌륭한 군주를 만나 좋은 때를 얻으면 반드시 事功을 세워서 부귀를 취해야 한다." 하였다.

그의 외삼촌인 韓擒虎는 名將으로 이름이 났었는데, 매번 그와 兵事를 논할 적마다 일찍이 잘한다고 칭찬하지 않은 적이 없었고, 그를 어루만지며 말하기를 "≪孫子≫와 ≪吳子≫의 兵法을 논할 수 있는 자는 오직 이 사람뿐이다." 하였다.

처음 隋나라에서 벼슬하여 長安縣 功曹가 되었고 뒤에 駕部員外郎을 역임하였는데, 左僕射 楊素와 吏部尙書 牛弘이 모두 그와 친하였다. 楊素는 일찍이 자기가 앉아있는 걸상을 어루만지며 李靖에게 이르기를 "그대가 끝내 마땅히 이 자리에 앉을 것이다." 하였다.

隋나라 大業(605~616) 말기에 여러 번 승진하여 馬邑의 郡丞이 되었다. 마침 高祖 李淵이 변방 밖에서 突厥을 공격하였는데, 李靖은 高祖가 천하를 차지하려는 뜻이 있음을 살펴 알고는 인하여 스스로 갇혀서 장차 수도인 江都로 나아가 上變하려 하였다. 그러나 長安에 이르러 길이 막혀서 통하지 못하고 중지하였다.

高祖가 京城인 江都를 함락하고 李靖을 잡아 장차 참형에 처하려 하였는데, 李靖이 크게 고함치기를 "公이 義兵을 일으킨 것은 본래 천하를 위하여 포학한 자와 난을 일으킨 자를 제거하려 한 것인데, 대사를 성취하려 하지 않고 사사로운 원한으로 壯士를 죽인단 말인가." 하였다.

高祖는 그의 말을 장하게 여겼고, 太宗이 또 굳이 청하여 마침내 사면하였다. 太宗은 얼마 후 그를 불러 幕府로 들어오게 하였다.

武德二年에 **從討王世充**하여 **以功授開府**하다 **時**에 **蕭銑據荊州**어늘 **遣靖安輯之**러니 **輕騎至金州**하여 **遇蠻賊數萬**이 **屯聚山谷**이라 **廬江王瑗討之**라가 **數爲所敗**러니 **靖與瑗設謀擊之**하여 **多所克獲**하다 **旣至硤**(협)**州**에 **阻蕭銑**하여 **久不得進**이라 **高祖怒其遲留**하여 **陰敕硤州都督許紹斬之**러니 **紹惜其才**하여 **爲之請命**하여 **於是獲免**하다 **會**에 **開州蠻首冉肇則**(염조칙)**反**하여 **率衆寇夔**(기)**州**하니 **趙郡王孝恭與戰**하여 **不利**라 **靖**이 **率兵八百**하고 **襲破其營**하며 **後又要險設伏**하여 **臨陣斬肇則**하고 **俘獲五千餘人**하다 **高祖甚悅**하여 **謂公卿曰 朕聞使功不如使過**라하더니 **李靖**이 **果展其效**라하고 **因降璽書**하여 **勞曰 卿竭誠盡力**하여 **功效特彰**이라 **遠覽至誠**하고 **極以嘉賞**하노니 **勿憂富貴也**하라하고 **又手敕靖曰 旣往不咎**하니 **舊事**는 **吾久忘之矣**라하다

高祖 武德 2년(619)에 종군하여 王世充을 토벌하고, 이 功으로 開府에 제수되었다. 이때 蕭銑이 荊州를 점거하고 있었으므로 高祖는 李靖을 보내어 편안히 安撫하게 하였는데, 李靖이 精銳 騎兵을 이끌고 金州에 이르러 蠻賊 수만 명이 산골짝에 모여 주둔하고 있는 것을 만났다.

廬江王 李瑗이 이를 토벌하다가 여러 번 패전하였는데, 李靖은 李瑗과 계략을 설치하여 이들을 공격해서 포획한 바가 많았다. 이미 硤州에 이르자, 蕭銑에게 막혀 오랫동안 전진하지 못하였다.

高祖는 그가 머뭇거리며 진격하지 않는 것에 노하고 硤州都督 許紹에게 은밀히 명하여 목 베게 하였는데, 許紹는 그의 재주를 아깝게 여기고 李靖을 위해 목숨을 살려줄 것을 청하여 이에 사면을 얻었다.

마침 開州에 있는 南蠻의 괴수 冉肇則이 반란을 일으켜 군대를 거느리고 夔州를 침략하니, 趙郡王 李孝恭이 그와 싸웠으나 승리하지 못하였다. 李靖이 800명의 병력을 이끌고 습격하여 冉肇則의 진영을 격파하였으며, 뒤에 또 험한 곳에 복병을 설치하고 적진에 다가가서 冉肇則을 참수하고 5천여 명을 포로로 잡았다.

高祖는 몹시 기뻐하여 公卿들에게 이르기를 "朕이 들으니, '功이 있는 자를 부리는 것이 잘못을 저지른 자를 부리는 것만 못하다.' 하더니, 李靖이 과연 그 공을 나타냈다." 하였다. 인하여 勅書를 내려 李靖을 위로하기를 "경이 정성을 다하고 힘을 다하여 공적이 특별히 드러났다. 내 멀리 공의 지극한 정성을 보고 매우 가상하게 여기노니, 앞으로 부귀를 근심하지 말라." 하였다. 또 손수 李靖에게 칙명하기를 "지난번의 일은 내 허물하지 않을 것이니, 옛 일은 내 잊은 지 오래이다." 하였다.

四年에 靖又陳十策以圖蕭銑하니 高祖從之하고 授靖行軍總管하고 兼攝孝恭行軍長史하다 高祖以孝恭未更戎旅라하여 三軍之任을 一以委靖하다 其年八月에 集兵於夔州하니 銑以時屬秋潦하여 江水泛漲하고 三峽路險하여 必謂靖不能進이라하여 遂休兵不設備하다 九月에 靖乃率師而進하여 將下峽하니 諸將皆請停兵以待水退어늘 靖曰 兵貴神速하니 機不可失이라 今兵始集에 銑尚未知하니 若乘水漲之勢하여 倏忽至城下하면 所謂疾雷不及掩耳니 此兵家上策이라 縱彼知我나 倉卒徵兵하면 無以應敵이니 此必成擒也라하니 孝恭從之하여 進兵至夷陵하다 銑將文士弘이 率精兵數萬하고 屯清江이러니 孝恭欲擊之한대 靖曰 士弘은 銑之健將이요 士卒驍勇하며 今新失荊門하고 盡兵出戰하니 此是救敗之師라 恐不可當也니이다 宜且泊南岸하야 勿與爭鋒하고 待其氣衰然後에 奮擊이면 破之必矣리이다 孝恭不從하고 留靖守營하고 率師與賊合戰이러니 孝恭果敗하여 奔於南岸하다 賊委舟大掠하여 人皆負重이라 靖見其軍亂하고 縱兵擊破之하여 獲其舟艦四百餘艘하고 斬首及溺死將萬人이러라

武德 4년에 李靖이 또다시 열 가지 계책을 아뢰어 蕭銑을 도모하니, 高祖가 그의 말을 따라 李靖에게 行軍總管을 제수하고 겸하여 李孝恭의 行軍長史를 임시로 맡게 하였다. 高祖는 李孝恭이 전쟁의 경험이 없다 하여 三軍의 임무를 한결같이 李靖에게 맡겼다.

이해 8월에 李靖이 夔州에 군대를 집결시켰는데, 蕭銑은 때마침 가을장마가 져서 강물이 범람하고 三峽의 길이 험하여 틀림없이 李靖이 전진하지 못할 것이라고 생각하고는 마침내 군대를 휴식시키면서 대비하지 않았다.

9월에 李靖이 마침내 군대를 거느리고 전진하여 장차 三峽으로 내려가려 하니, 여러 장수들이 모두 군대를 정지하여 강물이 줄어들기를 기다릴 것을 청하였다.

李靖은 말하기를 "군대는 신속함을 귀하게 여기니, 이 기회를 놓쳐서는 안 된다. 지금 우리 군대가 처음 집결함에 蕭銑이 아직 이 사실을 모르고 있으니, 만약 강물이 불어난 형세를 틈타 갑자기 적의 城 아래에 이르면 兵法에 이른바 '빠른 우레에 미처 귀를 가리지 못한다.'는 것이니, 이는 兵家의 上策이다. 비록 저들이 우리가 침공해 오는 것을 안다 할지라도 별안간에 군대를 징발하면 적의 소집에 응할 수가 없을 것이니, 이렇게 되면 반드시 사로잡힐 것이다." 하였다. 李孝恭이 그의 말을 따라 진군하여 夷陵에 이르렀다.

蕭銑의 장수 文士弘이 정예병 수만을 거느리고 淸江에 주둔해 있었는데, 李孝恭이 이를 공격하려 하였다. 그러자 李靖이 만류하기를 "文士弘은 蕭銑의 용맹한 장수이고 장병들이 모두 날래고 용맹합니다. 지금 새로이 荊門을 잃고 병력을 총동원하여 출전하였으니, 패전을 구원하는 군대여서 당해내지 못할까 두렵습니다. 마땅히 우선 남쪽 강안에 정박하여 저들과 예봉을 다투지 말고, 적의 사기가 쇠진하기를 기다린 뒤에 분발하여 공격하면 틀림없이 격파할 수 있을 것입니다." 하였다.

그러나 李孝恭은 그의 말을 따르지 않고, 李靖을 남겨두어 진영을 지키게 하고서 자신은 병력을 이끌고 적과 회전하였는데, 李孝恭이 과연 패하여 강의 南岸으로 도망하였다. 적이 배를 버리고 크게 노략질하여 사람마다 모두 무거운 짐을 지고 가자, 李靖은 적의 군대가 혼란한 것을 보고 군대를 풀어 격파하여 적선 400여 척을 포획하고, 참수한 자와 익사한 자가 거의 1만 명에 이르렀다.

孝恭遣靖하여 率輕兵五千爲先鋒하여 至江陵하여 屯營於城下하다 士弘旣敗에 銑甚懼하여 始徵兵於江南이러니 果不能至라 孝恭以大軍繼進하고 靖又破其驍將楊君茂, 鄭文秀하여 俘甲卒四千餘人하고 更勒兵圍銑城하다 明日에 銑遣使請降한대 靖卽入據其城하여 號令嚴肅하고 軍無私焉하다 時諸將이咸請孝恭云 銑之將帥與官軍拒戰死者는 罪狀旣重하니 請籍沒其家하여 以賞將士하노이다 靖曰 王者之師는 義存弔伐이라 百姓旣受驅逼하니 拒戰이 豈其所願이리오 且犬吠非其主니 無容同叛逆之科라 此蒯通所以免大戮[1)]於漢祖也라 今新定荊, 郢에 宜弘寬大하여 以慰遠近之心이니 降而籍之는 恐非救焚拯溺之義라 但恐自此已南城鎭이 各堅守不下하니 非計之善이라하여 於是에 遂止하니 江漢之域이 聞之하고 莫不爭下하다 以功授上柱國하고 封永康縣公하고 賜物二千五百段하며 詔命檢校荊州刺史하고 承制拜授하다 乃度嶺至桂州하여 遣人分道招撫하니 其大首領馮盎, 李光度, 寧眞長等이 皆遣子弟來謁이어늘 靖承制하여 授其官爵하니 凡所懷輯이 九十六州에 戶六十餘萬이라 優詔勞勉하고 授嶺南道撫慰大使, 檢校桂州總管하다

1) 大戮 : 사형을 달리 이르는 말로서, 처형당하는 자를 죽여서 진열하여 여러 사람에게 보이는 것을 말한다.

李孝恭이 李靖을 보내어 경무장한 군대 5천 명을 거느리고 선봉이 되어서 江陵에 이르러 성 아래에 주둔하도록 하였다.

文士弘이 이미 패하자, 蕭銑은 매우 두려워하여 비로소 江南 지방의 군대를 징발하였으나 과연 제때에 도착하지 못하였다. 李孝恭이 대군을 이끌고 뒤이어 전진하였으며, 李靖이 또 적의 용장인 楊君茂와 鄭文秀를 격파하여 甲卒 4천여 명을 포획하고 다시 군대를 무장하여 蕭銑을 성 안에 가두어 포위하였다.

다음날 蕭銑이 使者를 보내어 항복을 청하자, 李靖이 즉시 그 성으로 들어가 점거하였는데, 號令이 엄숙하였으며 軍中에 사사로움이 없었다.

이때 장수들이 모두 李孝恭에게 청하기를 "蕭銑의 장수로서 우리 관군과 항거하다가 전사한 자는 죄상이 이미 무거우니, 그들의 집을 籍沒하여 장병들에게 賞으로 줄 것을 청합니다." 하였다. 李靖이 반대하기를 "王者의 군대는 불쌍한 백성들을 위문하고 포학한 자를 정벌함에 大義가 있는 것입니다. 백성들이 이미 핍박

을 받아 전쟁터로 내몰렸으니, 항거하고 싸운 것이 어찌 그들의 소원이겠습니까. 또 개는 그 주인이 아닌 사람을 향하여 짖는 것이니, 반역과 같은 죄로 취급할 수가 없습니다. 이는 蒯通이 漢 高祖에게 큰 죽음〔大戮〕을 면한 이유입니다. 지금 새로 荊州와 郢 지방을 평정함에 마땅히 관대함을 넓혀서 원근의 마음을 위로해야 하니, 항복했는데도 그 집을 적몰하는 것은 도탄에 빠진 자를 구원하는 의리가 아닐 듯합니다. 이렇게 되면 다만 이로부터 이남 지역의 城과 鎭이 각각 굳게 수비하고 항복하지 않을까 두려우니, 좋은 계책이 아닙니다." 하였다.

이에 마침내 적몰하려던 계획을 중지하니 江漢 지역이 이 말을 듣고 다투어 항복하지 않는 이가 없었다.

李靖은 공로로 上柱國에 제수되고 永康縣公에 封해졌으며, 물건 2,500가지를 하사받고, 조칙으로 檢校荊州刺史에 임명되어 황제의 명을 받아 마음대로 官爵을 제수하게 하였다.

이에 五嶺을 넘어 桂州에 도착한 다음 사람을 보내어 길을 나누어 백성들을 부르고 위무하니, 南蠻의 큰 首領인 馮盎과 李光度, 寧眞長 등이 모두 자제를 보내어 와서 배알하였다.

李靖은 황제의 명령을 받들어 그들에게 官爵을 제수하니, 무릇 회유한 자가 96州에 戶口가 60여 만이었다. 황제는 우대하여 위로하고 嶺南道撫慰大使와 檢校桂州總管을 제수하였다.

十六年에 **輔公祏**(석)이 **於丹陽反**이어늘 **詔孝恭爲元帥**하고 **靖爲副以討之**할새 **李勣, 任瓌, 張鎭州, 黃君漢等七總管**이 **竝受節度**하다 **師次舒州**러니 **公祏**이 **遣將馮惠亮**하여 **率舟師三萬**하고 **屯當塗**하고 **陳正通, 徐紹宗**은 **領步騎二萬**하고 **屯青林山**하며 **仍於梁山**에 **連鐵鎖以斷江路**하고 **築却月城**하니 **延袤十餘里**하여 **與惠亮爲犄角之勢**[1)]하다 **孝恭**이 **集諸將會議**한대 **皆云 惠亮, 正通**이 **竝握强兵**하고 **爲不戰之計**하니 **城柵旣固**하여 **卒不可攻**이라 **請直指丹陽**하여 **掩其巢穴**하노니 **丹陽旣破**면 **惠亮自降**하리이다 **孝恭**이 **欲從其議**한대 **靖曰 公祏精銳**가 **雖在水陸二軍**이나 **然其自統之兵**도 **亦皆勁勇**이라 **惠亮等城柵**도 **尙不可攻**이어든 **公祏旣保石頭**하니 **豈應易拔**이리오 **若我師至丹陽**하여 **留停旬月**이면 **進則公祏未平**하고 **退**

則惠亮爲患하리니 此便腹背受敵하여 恐非萬全之計니이다 惠亮, 正通은 皆是百戰餘賊이니 必不憚於野戰이요 止爲公祏立計하여 令其持重하여 但欲不戰以老我師라 今若攻其城柵하면 乃是出其不意니 滅賊之機 唯在此擧니이다 孝恭이 然之하다 靖乃率黃君漢等하고 先擊惠亮하여 苦戰破之하니 殺傷及溺死者萬餘人이라 惠亮奔走하다 靖率輕兵하고 先至丹陽하니 公祏大懼하고 先遣僞將左遊仙하여 領兵守會稽하여 以爲形援하고 公祏擁兵東走하여 以趨遊仙이러니 至吳郡하여 與惠亮, 正通으로 竝相次擒獲하니 江南悉平하다 於是에 置東南道行臺하고 拜靖行臺兵部尙書하며 賜物千段과 奴婢百口와 馬百匹하다 其年에 行臺廢한대 又檢校揚州大都督府長史하다 丹陽이 連罹兵寇하여 百姓凋弊어늘 靖鎭撫之하니 吳, 楚以安하다

1) 犄角之勢 : 적을 앞뒤에서 몰아치는 기세를 말한다. 晉 文公이 戎狄과 연합하여 崤函에서 秦軍과 싸울 적에 晉軍은 상부의 높은 곳에서 방어하고 戎狄의 군대는 하부의 낮은 곳에서 대항하여 秦軍을 물리친 전술로, "비유하건대 사슴을 잡는 것과 같아서 晉나라 사람들은 뿔을 잡고 여러 戎狄들은 뒷다리를 잡아 晉나라 사람들과 더불어 이를 넘어뜨린다.〔譬如捕鹿 晉人角之 諸戎掎之 與晉踣之〕" 하였는데, 이것이 이른바 '掎角之勢'라는 작전상의 용어가 되었다. ≪春秋左氏傳 襄公 14년조≫
'掎'는 '犄'로도 표기한다.

16년에 輔公祏이 丹陽에서 배반하였으므로 명하여 李孝恭을 元帥로 삼고 李靖을 副元帥로 삼아 이를 토벌하게 하였는데, 李勣과 任瑰・張鎭州・黃君漢 등 일곱 명의 總管이 모두 그의 지휘를 받도록 하였다.

군대가 舒州에 주둔하였는데, 輔公祏은 장수 馮惠亮을 보내어 수군 3만을 거느려 當塗에 주둔하게 하고, 陳正通과 徐紹宗은 步兵과 騎兵 2만을 거느려 靑林山에 주둔하게 하였다. 또 인하여 梁山에 쇠사슬을 연결하여 長江의 길을 차단하고 却月城을 축조하였는데 길이가 10여 리에 뻗혀서 馮惠亮과 犄角之勢를 이루게 하였다.

李孝恭이 諸將들을 모아 회의하자, 모두들 말하기를 "馮惠亮과 陳正通이 모두 막강한 병력을 보유하고 우리와 싸우지 않을 계책을 도모하니, 城柵이 이미 견고하여 끝내 함락시킬 수가 없습니다. 곧바로 丹陽으로 향하여 저들의 소굴을 습격할 것을 청하오니, 丹陽이 이미 격파되면 馮惠亮이 스스로 항복할 것입니다." 하

였다.

李孝恭이 이 의논을 따르려 하자, 李靖이 반대하며 말하였다.

"輔公祏의 정예병이 비록 수군과 육군 두 군대에 있으나, 저가 통솔한 군대도 또한 모두 굳세고 용맹합니다. 馮惠亮 등의 城柵도 오히려 공격하여 함락할 수가 없는데, 輔公祏이 이미 石頭城을 확보하였으니 어찌 쉽게 함락할 수 있겠습니까. 만약 우리 군대가 丹陽에 이르러 열흘이나 한 달을 지체하면 앞으로는 輔公祏을 평정하지 못하고 뒤로는 馮惠亮이 근심이 될 것이니, 이는 앞과 뒤로 적의 공격을 받게 되어 萬全의 계책이 아닐 듯합니다. 馮惠亮과 陳正通은 모두 百戰을 겪은 적들이니, 반드시 野戰을 꺼리지 않을 것입니다. 다만 輔公祏을 위해 계책을 세우느라 신중을 지키고 싸우지 아니하여 우리 군대를 지치게 하고자 하는 것입니다. 지금 만약 그 城柵을 공격하면 바로 적이 예상하지 않은 곳을 공격하는 것이니, 적을 멸망시킬 수 있는 기회가 오직 이번 일에 달려있습니다."

李孝恭은 그의 말을 옳게 여겼다.

李靖은 마침내 黃君漢 등을 거느리고 먼저 馮惠亮을 공격하여 苦戰 끝에 격파하니, 적의 사상자와 익사한 자가 1만여 명이었다. 馮惠亮은 마침내 도망하였다.

李靖이 경무장한 군대를 거느리고 먼저 丹陽에 이르니, 輔公祏이 크게 두려워하여 먼저 괴뢰 장수인 左遊仙을 보내어 군대를 거느리고 會稽를 수비하여 원조하는 형세로 삼았다. 그런 다음, 輔公祏은 군대를 이끌고 동쪽으로 도망하여 左遊仙에게 가려 하였는데, 吳郡에 이르러 馮惠亮·陳正通과 함께 서로 뒤이어 사로잡히니, 江南 지방이 모두 평정되었다.

이에 東南道行臺를 설치하고 李靖을 行臺兵部尙書로 제수하였으며, 물건 1,000가지와 奴婢 100명과 말 100필을 하사하였다. 이해에 行臺가 폐지되자, 또다시 李靖을 檢校揚州大都督府長史로 임명하였다. 丹陽 지방이 연이어 兵亂을 만나서 백성들이 피폐하자 李靖이 이를 鎭撫하니, 吳·楚 지방이 편안해졌다.

八年에 **突厥寇太原**한대 **以靖爲行軍總管**하여 **統江淮兵一萬**하여 **與張瑾屯太谷**하다 **時**에 **諸軍不利**호되 **靖衆獨全**이라 **尋檢校安州大都督**하다 **高祖每云 李靖**은 **是蕭銑, 輔公祏膏肓**[1)]이니 **古之名將韓, 白, 衛, 霍**[2)]이 **豈能及也**리오하다 **九年**에 **突厥莫賀咄設**이 **寇邊**이어늘 **徵靖爲靈州道行軍總管**하다 **頡利可汗**이 **入涇陽**이어늘 **靖**

率兵하여 **倍道趨豳**(빈)**州**하여 **邀賊歸路**러니 **旣而與虜和親而罷**하다

1) 膏肓 : 心臟과 橫膈膜의 사이, 또는 難治病을 말한다. 膏는 심장의 아랫부분이고, 肓은 橫膈膜의 윗부분으로, 이 사이에 병이 생기면 낫기 어렵다고 한다.
2) 韓白衛霍 : 韓信, 白起, 衛青, 霍去病을 가리킨다. 韓信(?~B.C. 196)은 漢 高祖인 劉邦을 도와 楚漢戰爭을 승리로 이끌어 項羽를 패망시킨 漢나라의 명장이다.
   白起(?~B.C. 257)는 戰國時代 말기 秦나라의 郿縣 사람으로 用兵術에 뛰어난 재능을 발휘하여 韓・魏・趙・楚 등 연합 세력을 제압하고 秦나라가 六國을 병합할 수 있는 기틀을 다진 名將이다.
   衛青(?~B.C. 106)은 前漢 河東 平陽 사람으로 元光 6년(B.C. 129)에 車騎將軍이 되어 匈奴를 격파하고 關內侯에 올랐다. 이후 7차에 걸친 匈奴征伐을 통하여 모두 승리를 거두어 匈奴의 漢나라에 대한 위협을 무력화시켰다.
   霍去病(B.C. 140~117)은 河東 平陽 사람으로 騎馬와 弓術에 능하였다. 18세 때 侍中이 되고, 票姚校尉가 되어 衛青을 따라 종군하여 6차에 걸친 흉노정벌에서 모두 승리하여 흉노의 왕 2명을 목베고 2명을 사로잡는 등의 공을 세웠다.

8년에 突厥이 太原을 침략하자 李靖을 行軍總管으로 삼아서 江淮의 군대 1만을 거느리고 張瑾과 함께 太谷에 주둔하게 하였다. 이때 여러 군대가 싸워 승리하지 못하였으나 李靖의 군대만이 홀로 온전하였다. 李靖은 얼마 후 檢校安州大都督이 되었다.

高祖는 매번 말하기를 "李靖은 바로 蕭銑과 輔公祏의 膏肓이니 옛날의 명장인 韓信과 白起, 衛青과 霍去病이 어찌 그에게 미치겠는가." 하였다.

9년에 突厥의 莫賀咄設이 변경을 침략하자, 李靖을 불러 靈州道行軍總管에 임명하였다.

頡利可汗이 涇陽으로 침입하자, 李靖은 군대를 거느리고 행군 속도를 배가하여 豳州로 달려가서 적의 돌아가는 길을 차단하였는데, 이윽고 오랑캐와 화친하여 罷兵하였다.

太宗嗣位하여 **拜刑部尙書**하고 **竝錄前後功**하여 **賜實封四百戶**하다 **貞觀二年**에 **以本官兼檢校中書令**하며 **三年**에 **轉兵部尙書**하다 **突厥諸部離叛**이어늘 **朝廷將圖進取**하여 **以靖爲代州道行軍總管**하여 **率驍騎三千**하고 **自馬邑**으로 **出其不意**하여 **直趨惡陽嶺以逼之**하다 **頡利可汗**이 **不虞於靖**이러니 **見官軍奄至**하고 **於是大懼**하여

相謂曰 唐兵若不傾國而來면 靖豈敢孤軍而至리오하고 一日數驚하다 靖候知之하고 潛令間諜으로 離其心腹하여 其所親康蘇密이 來降하다 四年에 靖進擊定襄하여 破之하고 獲隋齊王暕之子楊正道와 及煬帝蕭后하여 送于京師하니 可汗이 僅以身遁하다 以功進封代國公하고 賜物六百段及名馬, 寶器焉하다 太宗嘗謂曰 昔李陵[1)]은 提步卒五千하여 不免身降匈奴로되 尙得書名竹帛이러니 卿以三千輕騎로 深入虜庭하여 克復定襄하여 威振北狄하니 古今所未有라 足報往年渭水之役[2)]이라하다

1) 李陵 : 李陵(?~B.C. 74)은 前漢의 장군이었다가 匈奴에 투항하여 匈奴의 제후가 된 인물이다. 步兵과 騎兵 5천을 거느리고 匈奴를 공격하였는데, 흉노의 대군과 會戰하여 적은 병력으로 흉노의 1만여 명을 살상하는 등 분전하였으나, 匈奴의 대군에 포위되어 군대가 전멸될 위기에 처하자, 결국 匈奴에 항복하였다. ≪史記 권110 匈奴列傳≫

2) 渭水之役 : 626년, 唐 太宗 李世民이 皇帝가 되자, 突厥의 頡利可汗은 唐나라의 내부 정세가 안정되지 못한 틈을 타 20만 대군을 이끌고 渭水의 便橋 북방으로 육박하여 唐의 수도인 長安城을 위협하였다. 그러자 唐 太宗은 渭水 남안의 요소에 疑兵을 설치하여 虛張聲勢하는 한편, 친히 신하와 장사들을 거느리고 敵前으로 나아가 渭水를 사이에 두고 頡利可汗과 담판을 벌였다. 이때 唐 太宗은 頡利可汗에게 다량의 金帛과 財物을 제공하였고, 그 대가로 頡利可汗은 唐과 평화 관계를 약속하는 맹약을 맺고서 철군하였다. 이것을 '渭水의 恥辱'이라 한다.

太宗이 즉위하여 刑部尙書를 제수하고 전후의 공을 함께 기록하여 實封 400戶를 하사하였다.

貞觀 2년(628)에 本官으로 檢校中書令을 겸하였으며, 3년에 兵部尙書로 전직하였다.

突厥의 여러 부족이 離叛하자, 조정에서는 장차 돌궐을 점령할 것을 도모하여 李靖을 代州道行軍總管으로 삼아 정예 기병 3천을 거느리고 馬邑으로부터 저들이 예상하지 않은 곳으로 출동하여 곧바로 惡陽嶺을 향하여 압박하게 하였다.

頡利可汗은 李靖이 올 것이라고 생각하지 않았는데, 唐軍이 갑자기 몰려온 것을 보고는 크게 놀라 서로 말하기를 "唐軍이 만약 온 병력을 동원하여 오지 않았다면 李靖이 어찌 감히 외로운 군대로 이곳에 왔겠는가." 하고는 하루에도 여러 번 놀라 동요하였다.

李靖은 정탐하여 이 사실을 알고는 은밀히 간첩을 시켜서 적의 心腹을 이간질

시켜 頡利可汗과 친한 康蘇密이 와서 항복하도록 하였다.

4년에 李靖이 적의 본거지인 定襄으로 진격하여 대파하고, 隋나라의 齊王 楊暕의 아들인 楊正道와 煬帝의 蕭后를 사로잡아 京師로 보내니, 頡利可汗은 겨우 단신으로 도망하였다. 李靖은 功으로 代國公에 進封되었고 물건 600가지와 名馬와 寶器를 하사받았다.

太宗은 일찍이 말하기를 "옛날에 李陵은 步兵 5천을 이끌고서 匈奴로 진격하여 자신이 흉노에게 항복함을 면치 못했으나, 오히려 그의 이름이 竹帛(역사책)에 기록되었다. 그런데 卿은 3천 명의 정예 기병으로 오랑캐 소굴에 깊이 들어가서 定襄을 수복하여 위엄이 北狄에 떨쳤으니, 이는 고금에 일찍이 없었던 일이다. 지난날 渭水의 恥辱을 충분히 복수할 수 있게 되었다." 하였다.

自破定襄後로 頡利可汗大懼하여 退保鐵山하고 遣使入朝謝罪하고 請擧國內附어늘 又以靖爲定襄道行軍總管하여 往迎頡利하다 頡利雖外請朝謁이나 而潛懷猶豫라 其年二月에 太宗遣鴻臚卿唐儉과 將軍安修仁하여 慰諭하니 靖揣知其意하고 謂將軍張公謹曰 詔使到彼에 虜必自寬하리니 遂選精騎一萬하여 齎二十日糧하고 引兵自白道襲之하리라 公謹曰 詔許其降하여 行人在彼하니 未宜討擊이니이다 靖曰 此는 兵機也라 時不可失이니 韓信所以破齊也[1)]라 如唐儉等輩를 何足可惜이리오하고 督軍疾進하여 師至陰山하여 遇其斥候千餘帳하여 皆俘以隨軍하다 頡利見使者大悅하고 不虞官兵至也러니 靖軍將逼其牙帳十五里하여 虜始覺이라 頡利畏威先走하니 部衆因而潰散하다 靖斬萬餘級하고 俘男女十餘萬하고 殺其妻隋義成公主[2)]하니 頡利乘千里馬하고 將走投吐谷渾이러니 西道行軍總管張寶相이 擒之以獻하다 俄而突利可汗來奔하여 遂復定襄, 常安之地하니 斥土界를 自陰山北至於大漠하다 太宗初聞靖破頡利하고 大悅하여 謂侍臣曰 朕聞主憂臣辱이요 主辱臣死라 往者國家草創에 太上皇[3)]이 以百姓之故로 稱臣於突厥하니 朕未嘗不痛心疾首하여 志滅匈奴하여 坐不安席하고 食不甘味로라 今者에 暫動偏師하여 無往不捷하여 單于款塞하니 恥其雪乎인저하고 於是에 大赦天下하고 酺五日하다

1) 韓信所以破齊也 : 漢나라 3년(B.C. 204), 韓信이 군대를 이끌고 齊나라를 정벌하기 위해 동쪽으로 진격하여 미처 平原을 건너지 못했는데, 漢 高祖가 보낸 辯士 酈生(酈食其)이 이미 齊王 田廣을 설득하여 楚나라를 배반하고 漢나라에 귀순하게 하였다. 田廣은 그의 말을 믿고 歷下에 주둔했던 군대를 해산하고 방비를 소홀히 하였다. 韓信이 齊나라가 이미 귀순했다는 말을 듣고 진격을 중지하려 하자, 辯士인 蒯徹이 "장군이 詔命을 받고 齊나라를 공격하였는데, 漢나라가 홀로 間使를 내어 齊나라를 항복시켰으니, 어찌 詔命으로 장군을 중지시킨 적이 있었습니까?"라고 하면서 齊나라를 공격할 것을 권하였다. 韓信이 그 말을 옳게 여겨 歷下의 군대를 기습 격파하고 마침내 臨淄에 이르니, 齊王은 酈生이 자신을 속였다 하여 그를 삶아 죽이고 군대를 이끌고 동쪽 高密로 도망하였다. ≪史記 高祖本紀≫
2) 義成公主 : 隋나라 宗室의 딸로 突厥과의 화친을 위해서 시집간 公主이다. 隋 文帝 開皇 19년(599)에 東突厥의 啓民可汗과 和親하기 위해서 突厥로 시집간 安義公主가 죽자, 그들과의 화친관계를 계속 유지하기 위해서 文帝는 義成公主를 啓民可汗에게 다시 시집보내었다. 義成公主는 突厥에서 생활하는 30년 동안, '아비가 죽으면 아들이 그 후처를 아내로 맞고 형제가 죽으면 남아있는 형제가 그 아내를 차지한다.'는 북방민족의 풍습에 따라 啓民可汗의 뒤를 이은 始畢可汗, 處羅可汗, 頡利可汗 등 네 사람에게 잇달아 改嫁하여 東突厥과 隋, 양국의 외교관계에 있어 주요 역할을 수행하였다. ≪舊唐書 突厥列傳≫
3) 太上皇 : 唐 高祖 李淵을 가리킨다. 武德 9년(626) '玄武門의 變'을 통하여 둘째 아들인 世民이 太子 建成과 齊王 元吉을 제거하자, 李世民에게 帝位를 물려주고 太上皇이 되었다가 貞觀 9년(635)에 사망하였다.

唐나라에서 定襄을 격파한 뒤로 頡利可汗이 크게 두려워하고, 후퇴하여 鐵山을 보전하고는 사자를 보내어 入朝하여 사죄하고 온 나라를 들어 內附할 것을 청하였다. 이에 또다시 李靖을 定襄道行軍總管으로 삼아, 가서 頡利可汗을 맞이해오도록 하였다.

그런데 頡利可汗은 비록 겉으로는 조회할 것을 청하였으나 속으로는 유예하는 마음을 품고 있었다.

이해 2월에 太宗이 鴻臚卿 唐儉과 장군 安修仁을 보내어 頡利可汗을 위무하였다. 李靖은 頡利可汗의 속뜻을 헤아려 알고 장군 張公謹에게 이르기를 "詔使가 저곳에 이르러 오랑캐들이 반드시 스스로 안심하고 있을 것이니, 우리가 마침내 정예기병 1만을 선발하여 20일 동안의 양식을 싸 가지고 군대를 이끌고 白道로부터 습격을 하겠다." 하였다.

張公謹이 만류하기를 "조칙으로 저들의 항복을 허락하여 외교관이 저곳에 가 있으니, 토벌해서는 안 됩니다." 하였다. 李靖은 "이는 군대의 기밀이다. 이 기회를 놓쳐서는 안 되니, 韓信이 齊나라를 격파한 방법이 이것이다. 唐儉과 같은 무리를 어찌 아까워할 것이 있겠는가." 하고는 군대를 독려하여 급히 진격해서 陰山에 이르러 척후하는 병력 1천여 장막을 만났는데, 이들을 모두 사로잡아 데리고 갔다.

頡利可汗은 唐나라의 사자를 보고는 크게 기뻐하여 官兵(唐軍)이 들이닥칠 줄을 예상하지 못하였다.

李靖이 군대를 거느리고 적의 牙帳 15리까지 이르러서야 오랑캐는 비로소 이러한 사태를 깨달았다. 頡利可汗은 위엄을 두려워하고 먼저 도망하니, 인하여 部衆이 궤멸되어 흩어졌다.

李靖이 1만여 명의 수급을 베고 남녀 10여 만을 포로로 잡았으며, 이어 頡利可汗의 아내인 隋나라 義成公主를 죽이니, 頡利可汗은 千里馬를 타고 장차 도망하여 吐谷渾에게 의지하려 하였다. 그러나 西道行軍總管인 張寶相이 이를 사로잡아 바쳤다.

얼마 후 突利可汗이 도망와서 마침내 定襄과 常安의 땅을 평정하니, 국경을 개척한 것이 陰山으로부터 북으로 大漠에 이르렀다.

太宗은 처음에 李靖이 頡利可汗을 격파했다는 말을 듣고 크게 기뻐하여 모시는 신하에게 이르기를 "짐이 들으니 '군주가 걱정하면 신하가 욕을 당해야 하고, 군주가 욕을 당하면 신하가 죽어야 한다.' 하였다. 지난번 국가가 처음 창건됨에 太上皇께서 백성들 때문에 突厥에게 신하를 칭하시니, 짐은 일찍이 가슴 아파하고 머리 아파하지 않은 적이 없어서, 기필코 匈奴를 멸망시키려 하여 앉아도 자리가 편안하지 못하고 음식을 먹어도 맛이 달지 않았다. 이제 잠시 한 군대를 동원하여 가는 곳마다 승전하지 않음이 없어서 單于가 변방으로 와 항복을 청하니, 예전의 수치를 설욕하였다." 하고는, 이에 天下에 大赦令을 내리고 5일 동안 백성들에게 잔치를 베풀어주었다.

御史大夫溫彦博이 **害其功**하여 **譖靖軍無綱紀**하여 **致令虜中奇寶**로 **散於亂兵之手**라한대 **太宗大加責讓**하니 **靖頓首謝**라 **久之**에 **太宗謂曰 隋將史萬歲 破達頭可汗**이어늘 **有功不賞**하고 **以罪致戮**이라 **朕則不然**하여 **當赦公之罪**하고 **錄公之**

勳호리라하고 詔加左光祿大夫하고 賜絹千匹하고 眞食邑通前五百戶하다 未幾에 太宗謂靖曰 前有人讒公이러니 今朕意已悟하니 公勿以爲懷하라하고 賜絹二千匹하고 拜尙書右僕射하다 靖性沈厚하여 每與時宰參議에 恂恂然似不能言하다

御史大夫 溫彦博이 李靖의 공을 시기하여 李靖의 군대가 紀綱이 없어서 오랑캐의 진귀한 寶貨를 어지러운 군대의 손에 흩어지게 만들었다고 모함하였다. 太宗이 李靖에게 크게 꾸짖음을 가하니, 李靖은 머리를 조아리며 사죄하였다.

오랜 뒤에 太宗은 李靖에게 이르기를 "隋나라 장수 史萬歲가 突厥의 達頭可汗을 격파하여 공을 세웠으나 상을 받지 못하고 죄로 죽임을 당하였다. 짐은 그렇지 않아서 마땅히 공의 죄를 용서하고 공의 공훈을 기록하겠다." 하고는, 명하여 左光祿大夫를 加하고 비단 1,000필을 하사하고 진짜 食邑을 더하여 전과 합해 500호가 되게 하였다.

얼마 안 있다가 太宗은 李靖에게 이르기를 "예전에 어떤 사람이 공을 모함하였는데 이제 짐은 그것이 모함임을 깨달았으니, 공은 이것을 생각하지 말라." 하고는, 비단 2,000필을 하사하고 尙書右僕射를 제수하였다.

李靖은 성질이 침착하고 厚重하여 매양 宰相들과 참여하여 의논할 적에 성실하여 말을 잘하지 못하는 것처럼 하였다.

八年에 詔爲畿內道大使하여 伺察風俗이러니 尋以足疾로 上表乞骸骨호되 言甚懇至라 太宗이 遣中書侍郎岑文本하여 謂曰 朕觀自古已來로 身居富貴하여 能知止足者甚少라 不問愚智하고 莫能自知하여 才雖不堪이나 强欲居職하고 縱有疾病이나 猶自勉强이어늘 公能識達大體하니 深足可嘉라 朕今非直成公雅志요 欲以公爲一代楷模라하고 乃下優詔하고 加授特進하여 聽在第攝養하고 賜物千段과 尙乘馬[1]兩匹하며 祿賜, 國官, 府佐[2]를 竝依舊給하되 患若小瘳면 每三兩日至門下, 中書하여 平章政事하다 九年正月에 賜靖靈壽杖[3]하니 助足疾也라

1) 尙乘馬 : 尙乘局에서 관리하는 말이다. 尙乘局은 皇家의 馬匹을 관리하는 관부로서 隋煬帝가 설치하였는데, 唐나라가 그 제도를 그대로 따랐다.

2) 祿賜國官府佐 : 祿賜는 俸祿과 下賜이고, 國官은 公侯에게 소속된 관리이며, 府佐는 公侯의 府中에서 업무를 보좌하는 관리이다.

3) 靈壽杖 : 靈壽木으로 만든 지팡이로 국가에 공을 세운 원로대신에게 내려주었다. ≪漢書≫ 〈孔光傳〉의 顔師古 注에 의하면 '나무가 대나무 같아서 가지와 마디가 있고 길이는 8, 9척이 넘지 않으며 둘레는 3, 4촌으로 본래 지팡이를 만드는 데에 적합하여 구태여 깎고 다듬을 필요가 없다.' 하였다.

8년에 李靖에게 명하여 畿內道大使를 삼아 풍속을 살피게 하였는데, 얼마 후 발이 아픈 병 때문에 表文을 올려 致仕를 청하였는바, 말이 매우 간곡하였다.

太宗이 中書侍郎 岑文本을 보내어 李靖에게 이르기를 "짐이 보건대 예로부터 몸이 부귀한 지위에 있으면서 능히 만족함을 알고서 그치는 자가 매우 적었다. 어리석은 사람과 지혜로운 사람을 막론하고, 자신을 스스로 알지 못하여 재주가 비록 감당하지 못하나 억지로 관직에 머물고자 하고, 비록 질병이 있으나 오히려 억지로 출사하였는데, 공은 능히 大體를 아니 매우 가상할 만하다. 짐은 이제 다만 공의 평소 뜻을 이루어줄 뿐만 아니요, 공을 한 시대의 모범으로 삼고자 한다." 하였다.

그리고는 마침내 우대하는 조서를 내리고 特進을 더 제수하여 집에 있으면서 요양할 것을 허락하고, 물건 1,000가지와 尙乘馬 2필을 하사하였으며, 祿賜와 國官과 府佐를 모두 옛날처럼 지급하되, 병환이 만약 조금 나으면 3일이나 2일마다 門下省과 中書省에 이르러 정사를 다스리게 하였다.

9년 정월에 李靖에게 靈壽杖을 하사하였으니, 발이 아픈 병을 돕기 위한 것이었다.

未幾에 吐谷渾寇邊이어늘 太宗顧謂侍臣曰 得李靖爲帥면 豈非善也리오하다 靖乃見房玄齡하고 曰 靖雖年老나 固堪一行이라하니 太宗大悅하여 卽以靖爲西海道行軍大總管하여 統兵部尙書侯君集과 刑部尙書任城王道宗과 涼州都督李大亮과 右衛將軍李道彦과 利州刺史高甑生等五總管하여 征之하다 九年에 軍次伏俟城하니 吐谷渾燒去野草하여 以餒我師하고 退保大非川하다 諸將이 咸言春草未生하여 馬已羸瘦(리수)하니 不可赴敵이라호되 唯靖決計而進하여 深入敵境하여 遂逾積石山하여 前後戰數十合에 殺傷甚衆하여 大破其國하다 吐谷渾之衆이 遂殺其可汗來降이어늘 靖又立大寧王慕容順而還하다 初에 利州刺史高甑生이 爲鹽澤道總管하여 以後軍期어늘 靖薄責之러니 甑生因有憾於靖하다 及是에

與廣州都督府長史唐奉義로 **告靖謀反**이어늘 **太宗命法官**하여 **按其事**러니 **甑生等竟以誣罔得罪**라 **靖乃闔門自守**하고 **杜絶賓客**하여 **雖親戚**이나 **不得妄進**하다

얼마 안 있다가 吐谷渾이 변경을 침략하자, 太宗은 모시는 신하를 돌아보고 이르기를 "李靖을 장수로 삼으면 어찌 좋지 않겠는가." 하였다.

李靖은 마침내 정승인 房玄齡을 찾아가 뵙고 말하기를 "제가 비록 나이가 늙었으나 진실로 한번 출전할 만합니다." 하니, 太宗은 크게 기뻐하고 즉시 李靖을 西海道行軍大總管으로 임명하여 兵部尙書 侯君集과 刑部尙書 任城王 李道宗, 涼州都督 李大亮, 右衛將軍 李道彦, 利州刺史 高甑生 등 다섯 명의 總管을 통솔하여 정벌하게 하였다.

9년에 唐나라 군대가 伏俟城에 주둔하니, 吐谷渾이 들의 풀을 태워버려서 唐나라의 군마를 굶주리게 하고는 후퇴하여 大非川을 확보하고 있었다.

諸將들이 모두 말하기를 "봄풀이 아직 나오지 않아서 말이 이미 수척하니, 적에게 달려가서는 안 됩니다." 하였다. 그러나 오직 李靖은 계책을 결단하고 전진하여 적의 지경으로 깊이 들어가서 마침내 積石山을 넘어 전후로 수십 차례 싸워서 적을 살상한 것이 매우 많았으며, 吐谷渾의 나라를 대파하였다.

吐谷渾의 무리가 마침내 그들의 可汗을 죽이고 항복해 오자, 李靖은 大寧王 慕容順을 다시 왕으로 세우고 돌아왔다.

처음에 利州刺史 高甑生이 鹽澤道總管이 되어 약속한 시기보다 뒤늦게 도착하였으므로 李靖이 경미하게 책망하였는데, 高甑生은 이로 인해 李靖에게 감정을 품었다. 高甑生은 이때 廣州都督府의 長史인 唐奉義와 함께 李靖이 謀反한다고 고발하였으므로 太宗이 法官에게 명하여 이 일을 조사하게 했는데, 高甑生 등이 끝내 誣罔罪로 처벌을 받았다.

李靖은 마침내 문을 닫고 스스로 지키고 賓客들을 사절하여 비록 친척이라도 함부로 나아가 뵙지 못하였다.

十一年에 **改封衛國公**하고 **授濮州刺史**하고 **仍令代襲**이나 **例竟不行**하다 **十四年**에 **靖妻卒**에 **有詔墳塋制度**를 **依漢衛霍故事**하여 **築闕象突厥內鐵山**과 **吐谷渾內積石山形**하여 **以旌殊績**하다 **十七年**에 **詔圖畫靖及趙郡王孝恭等二十四人於凌煙閣**하다 **十八年**에 **帝幸其第問疾**하고 **仍賜絹五百匹**하고 **進位衛國公, 開府**

儀同三司하다 太宗將伐遼東할새 召靖入閤하여 賜坐御前하고 謂曰 公南平吳會하고 北清沙漠하고 西定慕容이로되 唯東有高麗未服하니 公意如何오 對曰 臣往者에 憑藉天威하여 薄展微效하니 今殘年朽骨이 唯擬此行이니이다 陛下不棄하시면 老臣病期瘳矣리이다 太宗愍其羸老하여 不許하다 二十三年에 薨於家하니 年七十九라 冊贈司徒, 竝州都督하고 給班劍[1]四十人과 羽葆, 鼓吹[2]하고 陪葬昭陵[3]하고 謚曰 景武라하다 子德謇嗣하여 官至將作少匠하다

1) 班劍 : 무늬와 장식이 있는 칼인데, 여기서는 이 칼을 소지한 武士를 가리킨다.

2) 羽葆鼓吹 : 羽葆는 새의 깃으로 장식한 의식용 日傘이고, 鼓吹는 북을 치고 피리를 부는 鼓吹樂隊이다.

3) 昭陵 : 唐 太宗의 陵으로 陝西省 禮泉縣 동북 30km의 九嵕山에 있다. 昭陵의 주위에 있는 직경 약 700m에 달하는 지역에는 諸王, 公主, 妃嬪, 宰相 이하의 功臣과 大將軍에 이르는 166인이 陪葬된 陪塚이 설치되었는데, 李靖의 묘도 바로 이 여러 陪塚 가운데 하나이다.

11년에 다시 衛國公을 봉하고 濮州刺史를 제수하였으며, 이어 대대로 세습하게 하였으나 이 준례가 끝내 시행되지는 못하였다.

14년에 李靖의 아내가 죽자 조칙을 내려 분묘의 제도를 漢나라의 衛青과 霍去病의 고사에 따라 궁궐을 축조하도록 하되, 突厥 안에 있는 鐵山과 吐谷渾 안에 있는 積石山의 모습을 본떠서 특별한 공적을 표하게 하였다.

17년에 명하여 李靖과 趙郡王 李孝恭 등 24명의 畫像을 그려 凌煙閣에 奉安하게 하였다.

18년에 황제가 그의 집에 가서 문병하고, 이어 비단 500필을 하사하고 衛國公開府儀同三司로 승진시켰다.

太宗이 장차 遼東을 정벌하려 할 적에 李靖을 불러 대궐에 들어오게 해서 황제 앞에 자리를 하사하고 말하기를 "公이 남쪽으로 吳會를 평정하고 북쪽으로 沙漠을 소탕하고 서쪽으로 慕容을 평정하였는데, 오직 동쪽에 있는 高麗가 복종하지 않고 있으니 공의 의향은 어떠한가." 하였다. 李靖이 대답하기를 "신이 지난번에 성상의 위엄에 의지하여 작은 功效를 드러냈으니, 이제 老年에 썩은 뼈로서 오직 이번 출정을 하려고 합니다. 폐하께서 만약 버리지 않으신다면 老臣의 병이 기필코 나을 것입니다." 하였다. 그러나 太宗은 그의 파리하고 노쇠함을 가엾게 여겨

출정을 허락하지 않았다.

23년(649)에 李靖이 집에서 죽으니, 나이가 79세였다. 冊命하여 司徒와 竝州 都督을 追贈하고 班劍 40명과 羽葆와 鼓吹를 지급하였으며, 昭陵에 모셔 장례하고 諡號를 景武라 하였다.

아들 德謇이 뒤를 이어 벼슬이 將作少匠에 이르렀다.

≪舊唐書≫ 권67〈李靖傳〉

尉繚子直解

尉繚子直解序 ≪尉繚子直解≫의 서문

尉(울)은 姓이요 繚는 名이요 子者는 後人이 尊而稱之也니 魏惠王時人이라 按漢書藝文志云 尉繚二十九篇이라한대 注云 六國[1]時人이라하고 劉向別錄云 繚爲商君學이라하고 又兵家形勢에 尉繚三十一篇[2]이로되 今此書는 只有二十四篇耳라 史記에 亦不見惠王用此人以何職하니 觀惠王東敗於齊하고 西喪地於秦하고 南辱於楚[3]하면 其不用此人也明矣라 況是時에 龐涓(방연)用事하여 嫉賢妬能하여 誘孫臏하여 刖(월)其足而黥之[4]하니 恐此人一見惠王而卽去하니 今不可考焉이라

1) 六國 : 戰國時代에 函谷關 동쪽에 있던 齊·楚·燕·韓·魏·趙의 여섯 나라를 이른다. 이 여섯 나라에 秦을 포함하여 七雄이라 칭하였는데, 뒤에 秦은 六國을 통합하여 天子國이 되었다.

2) 兵家形勢 尉繚三十一篇 : ≪漢書≫ 〈藝文志〉 권10에 兵形勢 11家의 92편을 나열하고 있는데 여기에 '〈尉繚〉 31편'이라고 기록되어 있다.

3) 惠王東敗於齊……南辱於楚 : 惠王은 전국시대 魏나라의 군주로 ≪孟子≫에 보이는 梁惠王을 이른다. 梁은 魏나라의 異稱이다. 이 내용은 ≪孟子≫ 〈梁惠王 上〉에 보인다.

4) 龐涓(방연)用事……刖(월)其足而黥之 : 龐涓(?~B.C. 342)은 전국시대 魏나라 사람으로 鬼谷子에게 병법을 배워, 魏 惠王에 의해 大將으로 발탁된 인물이다.

孫臏은 전국시대 齊나라 출신의 將軍이자 兵法家인 孫武의 손자이고, 孫武와 같이 孫子로 불리며, ≪孫臏兵法≫의 저자이다. 龐涓과 함께 鬼谷子에게 병법을 배웠는데, 龐涓을 찾아 魏나라에 왔다가 자신의 재능을 시기한 龐涓에게 속아 발이 잘리는 형벌을 받았는데, 臏이란 바로 발이 잘린 것을 이른다. 孫臏은 齊나라로 도주하여 목숨을 구하였다.

尉은 姓이고 繚는 이름이고 子는 후인들이 높여서 칭한 것이니, 魏 惠王 때 사람이다. ≪漢書≫ 〈藝文志〉를 살펴보면 "≪尉繚≫가 29편이다." 하였는데, 注에 이르기를 "六國 때 사람이다." 하였고, 劉向의 ≪別錄≫에는 "尉繚가 商君의 학문을 했다." 하였고, 또 兵家의 形勢에 "≪尉繚≫가 31편이 있다."고 하였으나, 지금 이 책은 다만 24편이 있을 뿐이다.

≪史記≫에도 魏 惠王이 이 사람(尉繚)을 무슨 관직으로 등용했는지 보이지 않으니, 惠王이 동쪽에서 齊나라에게 패하고 서쪽에서 秦나라에게 땅을 잃고 남쪽에서 楚나라에게 욕을 당한 것을 보면, 尉繚를 등용하지 않은 것이 분명하다. 더구나 이때에 龐涓이 권력을 행사하여 어질고 능력이 있는 사람을 미워하고 질투해서 孫臏을 유인하여 그의 발을 베고 얼굴에 刺字(墨刑)를 하였으니, 尉繚가 한 번 惠王을 만나보고는 즉시 떠나간 듯한데, 지금 상고할 수 없다.

天官 第一　제1편 天時와 戰爭

天官은 蓋論時日支干孤虛旺相之事[1)]니 卽兵家陰陽書也라 以其中에 有天官二字故로 取以名篇이라 天官書는 按綱目集覽에 漢武元封二年의 德星下에 引用云 天官書에 景星者는 德星也[2)]라하니 是亦證焉이라

1) 時日支干孤虛旺相之事 : 時는 四時이고 日은 날짜이며, 支는 十二支이고 干은 十干이다. 孤虛는 日辰에 기운이 완전하지 않음을 이르는바, 예를 들면 甲子日로부터 癸酉日까지가 10일간인데, 여기에는 地支 중 戌과 亥가 빠지므로 戌과 亥는 孤가 되고 戌과 亥의 반대 방향인 辰과 巳는 虛가 되는 따위이다. 旺相은 기운이 왕성하고 딴 기운이 도와줌이 있음을 이른다.

　干支를 五行에 배합하면 十干에 있어 甲・乙은 木, 丙・丁은 火, 戊・己는 土, 庚・辛은 金, 壬・癸는 水가 되며, 十二支는 寅(정월)・卯(2월)는 木, 辰(3월)은 土, 巳(4월)・午(5월)는 火, 未(6월)는 土, 申(7월)・酉(8월)는 金, 戌(9월)은 土, 亥(10월)・子(11월)는 水, 丑(12월)은 土가 된다. 그러므로 봄 3개월은 木이, 여름 3개월은 火가, 가을 3개월은 金이, 겨울 3개월은 水가 왕성하며, 3월・6월・9월・12월의 4개월은 土가 각각 木・火・金・水에 붙어 왕성하다.

　相은 '도와주다'의 뜻으로 낳아줌을 이른다. 木은 火를 낳고 火는 土를 낳고 土는 金을 낳고 金은 水를 낳고 水는 다시 木을 낳는데, 봄 3개월간은 木이 旺이 되고 火가 相이 되며, 여름 3개월간은 火가 旺이 되고 土가 相이 되며, 가을 3개월간은 金이 旺이 되고 水가 相이 되며, 겨울 3개월간은 水가 旺이 되고 木이 相이 되는 것이다.

2) 景星者 德星也 : 景星은 고대에 王道政治가 행해지는 태평한 시대에만 나타난다고 하는 상서로운 별을 이른다. 德星은 景星의 별칭이다.

天官은 時日의 支干(干支)에 孤虛와 旺相의 일을 논한 것이니, 바로 兵家의 陰陽書이다. 이 가운데에 '天官' 두 글자가 있기 때문에 취하여 편을 이름한 것이다. 天官書는 살펴보건대 ≪資治通鑑綱目集覽≫에 漢 武帝 元封 2년(B.C. 109)의 德星 아래에 인용하기를 "天官書에 '景星은 德星이다.' 했다." 하였으니, 이것

이 또한 증거이다.

梁惠王이 **問尉繚子曰 黃帝刑德**이 **可以百勝**이라하니 **有之乎**아

梁 惠王이 尉繚子에게 물었다.
"黃帝의 형벌과 德이 백 번 승리할 수 있다고 하니, 이러한 것이 있는가?"

梁惠王이 問於尉繚子曰 黃帝刑德之說이 可以百戰百勝이라하니 有之否乎아 梁惠王은 魏侯니 名罃(앵)이요 都大梁하고 僭稱王者也라 黃帝는 解見問對하니라

梁 惠王이 尉繚子에게 물었다.
"黃帝의 형벌과 德의 말(내용)이 백 번 싸워 백 번 승리할 수 있다고 하니, 이러한 것이 있는가?"

梁 惠王은 魏나라 諸侯이니 이름이 罃이고, 大梁에 도읍하여 참람하게 王이라 칭한 자이다. 黃帝는 설명이 ≪李衛公問對≫에 보인다.

黃帝

尉繚子對曰 刑以伐之하고 **德以守之**는 **非所謂天官時日陰陽向背也**니 **黃帝者**는 **人事而已矣**라 **何者**오 **今有城**에 **東西攻不能取**하고 **南北攻不能取**하나니 **四方**에 **豈無順時乘之者邪**잇가

尉繚子가 대답하였다.
"형벌로써 정벌하고 德으로써 지키는 것은 이른바 天官의 時日과 陰陽의 向背라는 것이 아니니, 黃帝는 사람의 일일 뿐입니다. 어째서이겠습니까? 지금 한 城이 있는데, 동쪽과 서쪽에서 공격하여도 함락하지 못하고, 남쪽과 북쪽에서 공격하여도 함락하지 못하니, 사방에서 어찌 좋은 시운을 순히 타는 자가 없겠습니까.

尉繚子對曰 刑以伐人하고 德以自守는 非所謂天官時日與陰陽向背也니 黃帝者는 盡乎人事而已矣라 今有城焉에 東西兩方攻之라도 不能取하고 南北兩方攻之라도 亦不能取하니 四方에 豈無順時而乘之者邪잇가 此卽孟子所謂三里之城과 七里之郭을 環而攻之而不勝하나니 夫環而攻之에 必有得天時者矣언마는 然而不

勝者는 是天時不如地利之義[1)]라

1) 三里之城……是天時不如地利之義 : 이 내용은 ≪孟子≫ 〈公孫丑 下〉에 그대로 보인다.

尉繚子가 대답하였다.

"형벌로써 남을 정벌하고 德으로써 자신을 지키는 것은 이른바 天官의 時日과 陰陽의 向背라는 것이 아니니, 黃帝는 사람의 일을 다했을 뿐입니다. 지금 한 城이 있는데, 동쪽과 서쪽 두 방위에서 공격하여도 점령하지 못하고, 남쪽과 북쪽 두 방위에서 공격하여도 점령하지 못하니, 사방에서 〈공격함에〉 어찌 좋은 시운을 순히 타는 자가 없겠습니까."

이는 바로 ≪孟子≫에 이른바 '3리 되는 작은 城과 7리 되는 外城을 포위하여 공격하여도 이기지 못하는 경우가 있으니, 포위 공격하면 반드시 天時를 얻을 때가 있으련마는 그런데도 이기지 못함은, 이는 天時가 地利만 못한 것이다.'라는 뜻이다.

然이나 **不能取者**는 **城高池深**하고 **兵器備具**하고 **財穀多積**하고 **豪士一謀者也**일새니이다

그러나 城을 점령하지 못하는 것은, 城이 높고 해자가 깊으며 兵器가 구비되고 재물과 곡식이 많이 저축되어 있으며, 호걸스러운 선비가 한결같이 도모하기 때문입니다.

然이나 不能取之者는 城之高也하고 池之深也하며 守禦之兵器具備也하고 資財糧穀之多積也하며 豪傑之士 同心而一謀也일새니이다 此卽孟子所謂天時不如地利요 地利不如人和之義라

"그러나 城을 점령하지 못하는 이유는, 城이 높고 해자가 깊으며 성을 지키는 兵器가 구비되어 있고 재물과 곡식이 많이 저축되어 있으며 호걸스러운 선비가 한마음으로 한결같이 도모하기 때문입니다."

이는 바로 ≪孟子≫에 이른바 '天時가 地利만 못하고, 地利가 人和만 못하다.'는 뜻이다.

若城下池淺守弱이면 **則取之矣**니 **由是觀之**컨대 **天官時日**이 **不若人事也**니이다

만약 성이 낮고 해자가 얕고 수비가 약하면 점령하게 되니, 이것을 가지고 살펴보건대, 天官의 時日은 사람의 일만 못합니다.

若城卑下하고 池狹淺하고 守者又怯弱이면 則必取之矣라 由此觀之컨대 天官時日이 不如盡人事而已矣니이다

"만약 성이 낮고 해자가 좁고 얕으며, 지키는 자가 또 겁이 많고 나약하면 반드시 점령할 수 있는 것입니다. 이로 말미암아 살펴보건대, 天官의 時日은 人事를 다하는 것만 못한 것입니다."

按天官曰 背水陳[1)]을 爲絶紀하고 向阪陣을 爲廢軍이라하나 武王伐紂에 背濟水하고 向山阪而陣하여 以二萬二千五百人으로 擊紂之億萬而滅商하니 豈紂不得天官之陣哉잇가

1) 陳 : 陣의 本字이다.

天官書를 살펴보건대, 여기에 이르기를 '背水陣을 絶紀라 하고 向阪陣을 廢軍이라 한다.' 하였으나, 武王이 紂王을 정벌할 적에 濟水를 등 뒤에 두고 山阪을 향해 陣을 쳐서 2만 2,500명을 가지고 紂王의 억만 대군을 공격하여 商나라를 멸망시켰으니, 어찌 紂王이 天官의 陣을 얻지 못했겠습니까.

周 武王

按天官曰 背水陳을 爲之絶紀하고 向阪陣을 爲之廢軍이라하나 周武王伐紂之時에 背濟水하고 向山阪而爲陣하여 以二萬二千五百人으로 擊紂之億萬而滅殷商하니 豈紂獨不得天官之陣哉잇가 二萬二千五百人은 蓋以革車三百輛而言이니 共三萬人이로되 除將重車七千五百人外하면 戰士止有二萬二千五百人也라 背水陣者는 敵在吾前하고 水在吾後也요 向阪陣者는 敵處其高하고 我處其下也라 絶紀, 廢軍은 謂陷之死地하여 有廢絶之形하고 無生全之勢也라 武王背濟水하고 向山阪而勝紂者는 以有道伐無道하고 以至仁伐至不仁하여 以同心同德而伐離心離德也[1)]니 紂雖得天官之陣이나 何益於用哉아

1) 以同心同德而伐離心離德也 : 이 내용은 ≪書經≫ 〈泰誓 中〉의 "受(紂王)는 億兆의 보통 사람이 있으나 마음이 이반되고 德이 이반되지만, 나는 亂을 다스리는 臣下 10인이 있는데 마음이 같고 德이 같으니, 〈受가〉 비록 지극히 친한 친척들이 있으나 나의

仁人만 못하다.〔受有億兆夷人 離心離德 予有亂臣十人 同心同德 雖有周親 不如仁人〕"라는 구절을 원용한 것이다.

"天官書를 살펴보면 '背水陣을 絶紀라 하고 向阪陣을 廢軍이라 한다.' 하였으나, 周武王이 商의 紂王을 정벌할 적에 濟水를 등 뒤에 두고 山阪을 향하고서 陣을 쳐서 2만 2,500명을 가지고 紂王의 억만(십만) 대군을 공격하여 商나라를 멸망시켰으니, 어찌 紂王이 유독 天官의 陣을 얻지 못했겠습니까."

2만 2,500명은 革車 300輛을 가지고 말한 것이니, 병사가 모두 3만 명이나 輜重車에 있는 7,500명을 제외하면 전투하는 군사는 다만 2만 2,500명이 있는 것이다.

背水陣이란 敵이 우리의 앞에 있고 물이 우리의 뒤에 있는 것이요, 向阪陣이란 敵이 높은 곳에 위치하고 우리가 그 아래에 있는 것이다. 絶紀와 廢軍은 죽을 땅에 빠져서, 폐하고 끊어지는 형세만 있고 살아서 온전한 형세가 없음을 말한 것이다.

武王이 濟水를 등 뒤에 두고 山阪을 향해 紂王을 이겼던 것은, 道가 있는 사람으로서 道가 없는 사람을 정벌하고, 지극히 仁한 자로서 지극히 仁하지 못한 자를 공격하여, 마음이 같고 德이 같은 신하들과 함께 마음이 떠나고 德이 떠난 紂王을 공격했기 때문이니, 紂王이 비록 天官의 陣을 얻었으나 사용함에 무슨 유익함이 있었겠는가.

楚將公子心이 **與齊人戰**할새 **時有彗**(세)**星出**하여 **柄在齊**하니 **柄所在勝**하여 **不可擊**이라한대 **公子心曰 彗星何知**오 **以彗鬪者**는 **固倒而勝焉**이라하고 **明日**에 **與齊戰**하여 **大破之**하니이다 **黃帝曰 先神先鬼**하여 **先稽我智**라하니 **謂之天官**은 **人事而已**니이다

楚나라 장수인 公子 心이 齊나라와 싸울 적에, 당시 彗星이 출현하여 彗星의 자루가 齊나라에 있자, 彗星의 자루가 있는 곳이 승리한다 하여 사람들이 '齊나라를 공격해서는 안 된다.'고 하였습니다. 그러자 公子 心이 말하기를 '彗星이 무엇을 알겠는가. 빗자루를 가지고 싸우는 자는 진실로 빗자루를 거꾸로 잡아 공격하여야 승리한다.' 하고는, 다음날 齊나라와 싸워 大破하였습니다. 黃帝가 말하기를 '神과 鬼에 앞서서 먼저 나의 지혜를 상고한다.' 하였으니, 天官은 사람의 일을 말한 것일 뿐입니다."

昔春秋時에 楚將公子心이 與齊人戰할새 時에 有彗星出하여 其柄在齊하니 柄所在處勝하여 人言不可擊이라한대 公子心曰 彗星有何知焉이리오 以彗(星與之)〔帚與

人〕[1]鬪者는 固倒而取勝焉이라하고 明日에 與齊戰하여 遂大破之하니이다 黃帝有曰 先信之於神하고 聽之於鬼가 不若先稽我之智耳라하니 謂之天官은 在盡乎人事而已니이다

1) (星與之)〔帚與人〕: 저본의 '星與之'는 明本에 의거하여 '帚與人'으로 바로잡았다.

"옛날 春秋 때에 楚나라 장수 公子 心이 齊나라와 싸울 적에, 彗星이 출현하여 그 자루가 齊나라에 있었는데, 세성의 자루가 있는 곳이 승리한다고 하여, 사람들이 '공격해서는 안 된다.'라고 말하자, 公子 心이 말하기를 '彗星이 무엇을 알겠는가. 빗자루를 가지고 남과 싸우는 자는 진실로 빗자루를 거꾸로 잡고 싸워야 승리한다.' 하고는, 다음날 齊나라와 싸워서 마침내 大破하였습니다. 黃帝는 말하기를 '먼저 神을 믿고 鬼를 따르는 것이, 먼저 나의 지혜를 상고하는 것만 못하다.' 하였으니, 天官은 사람의 일을 다함에 있을 뿐임을 말한 것입니다."

兵談 第二 제2편 治兵에 대한 談論

兵談者는 談論治兵之法也니 蓋取書中義하여 以名篇焉하니라

兵談이란 治兵하는 방법을 談論한 것이니, 篇 가운데의 글 뜻을 취하여 篇의 이름으로 삼았다.

量土地肥墝而立邑이니 建城稱地하고 以城稱人하고 以人稱粟하여 三相稱이면 則內可以固守요 外可以戰勝이라 戰勝於外하고 備主於內하여 勝備相用이 猶合符節하여 無異故也니라

토지의 비옥하고 척박함을 헤아려 城邑을 세우니, 城邑을 세울 적에는 땅에 맞추고, 城의 넓이는 人民에 맞추고, 人民은 곡식에 맞춰서, 세 가지가 꼭 맞으면 안으로는 굳게 수비할 수 있고, 밖으로는 싸워서 승리할 수 있는 것이다. 이는 밖에서는 싸워서 이기고 안에서는 수비를 잘하여, 승리와 수비를 서로 활용하는 것이 符節을 合한 것과 같아 다름이 없기 때문이다.

古者에 量度(탁)土地之肥(疽)〔瘠〕[1]하여 而建立邑하니 建立城邑엔 務稱較地之肥瘠하고 以城之大小로 稱較人之衆寡하고 以人之衆寡로 稱較得粟之多(小)〔少〕[2]하니 三者旣相稱이면 內可以固守其國이요 外可以戰勝於敵이라 戰取勝於外하고 備主守於內하여 勝與備迭相爲用이 猶合符節하여 無有殊異故也라 符節者는 以玉爲之하니 篆刻文字而中分之하여 彼此各藏其半이라가 有故則左右相合하여 以爲信也라 漢制에 以竹爲之하여 分而相合이라 故로 字從竹從付하니 如竹符, 英蕩符[3] 是也라 又有銅虎符하여 以起兵하니 凡符節은 右留君所하고 左以與人이라가 有故則君以其右로 合其左耳라

1) (疽)〔瘠〕: 저본의 '疽'는 明本에 의거하여 '瘠'으로 바로잡았다.
2) (小)〔少〕: 저본의 '小'는 明本에 의거하여 '少'로 바로잡았다.
3) 竹符英蕩符 : 竹符는 竹使符로 漢나라 때 고을을 맡아 다스리는 수령에게 銅虎符와 함께 내려주던 두 가지 신표 중 하나이다. 가운데를 쪼개 둘로 나누어 오른쪽은 군주의 처소에 두고 왼쪽은 지방 수령에게 주었다가, 군대를 출동할 경우에는 銅虎符를 내려 보내고, 나머지 일에는 죽사부를 信表로 삼았다.

銅虎符

英蕩符는 使臣에게 주던 신표로, 朱子가 ≪孟子≫ 〈離婁 下〉의 '若合符節'을 해석한 내용에 "竹符가 있고 또 英蕩符가 있다. 蕩은 마디가 짧은 대나무로 지금 使者들이 말하는 蕩節인데, 새겨서 부절로 만들었다. 漢나라에는 銅虎符와 竹使符가 있었는데, 銅虎符로는 군대를 동원하고 竹使符는 郡守가 사용하였다."라고 보인다. ≪朱子語類 권57≫

옛날에 토지의 비옥하고 척박함을 헤아려서 城邑을 세웠다. 城邑을 세울 적에는 되도록 땅의 비옥하고 척박함을 비교하여 맞추고, 城의 크고 작음을 가지고 人民의 많고 적음을 비교하여 맞추고, 人民의 많고 적음을 가지고 얻을 수 있는 곡식의 많고 적음을 비교하여 맞추니, 세 가지가 서로 맞으면 안으로는 나라를 굳게 지킬 수 있고, 밖으로는 적과 싸워서 승리할 수 있는 것이다. 이는 밖에서 싸워 승리를 쟁취하고 안에서 수비를 잘하여 지켜서 승리와 수비를 번갈아 활용하는 것이 符節을 合한 듯하여 전혀 차이가 없기 때문이다.

符節은 玉을 가지고 만드니, 文字를 篆刻하여 반으로 나누어 피차가 각각 그 반을 보관하고 있다가, 일이 있으면 왼쪽 것과 오른쪽 것을 서로 合하여 信標로 삼는다.

漢나라 제도에는 대나무를 가지고 부절을 만들어 나누어 가지고 있다가 〈일이 있으면〉 서로 맞춰보았다. 그러므로 글자가 竹을 따르고 付를 따랐으니, 竹符와 英蕩符 같은 것이 이것이다. 또 銅虎符가 있어서 이것으로 군대를 일으켰으니, 무릇 符節은 오른쪽 것은 임금의 처소에 보관하고 왼쪽 것은 임명받은 사람에게 주었다가, 연고가 있으면 君主가 그 오른쪽 것으로 왼쪽 것과 맞춰보는 것이다.

治兵者는 **若秘於地**하고 **若邃於天**하여 **生於無**라 **故**로 **開之**면 **大不窕**하고 **小不恢**[1)]하나니 **明乎禁舍開塞**하여 **民流者**를 **親之**하고 **地不任者**를 **任之**니라

1) 大不窕 小不恢 : ≪直解≫에 의거하여 아래와 같이 해석하였으나 뜻이 분명하지 않다.

군대를 다스림은 땅속에 깊이 감춘 듯하고 하늘에 아득히 숨겨놓은 듯하여 형체가 없는 데에서 생겨난다. 그러므로 열어놓으면 커도 경박하지 않고 작아도 넓어지지 않으니, 금하고 용서하고 열어주고 막음에 밝아서 유랑하는 백성들을 친애하고 가꿔지지 못한 땅(農地)을 맡기는 것이다.

治兵者는 若秘藏於地하고 若幽邃於天하니 皆言其深漠而無形迹也라 如物生於無形故로 開之면 大者不輕窕하고 小者不恢張하나니 明乎禁舍開塞之理하여 民流移者를 親而撫之하고 地不可任以耕種者를 則任之하여 使可畊可種也라 禁은 謂抑其邪心이요 舍는 謂釋其小過하며 開는 謂啓其生養之道요 塞은 謂杜其矯枉之風이라 任地之法은 謂厚糞壤以肥沃之하고 通溝洫(혁)以灌漑之하고 勤其力以耘耔之니 如之何苗不茂而穀不多也리오

군대를 다스리는 것은 땅속에 깊이 감추어놓은 듯하고 하늘에 아득히 숨겨놓은 듯하니, 모두 그 깊고 아득하여 형적이 없음을 말한 것이다. 마치 물건이 無形에서 생기는 것과 같기 때문에, 열어놓으면 아무리 큰 것도 경박하지 않고 작은 것도 넓어지지 않으니, 금하고 용서하며 열어주고 막는 이치에 밝아서 流移하는 백성들을 친애하여 어루만지고, 제대로 경작할 수 없는 땅을 유능한 농부에게 맡겨서 밭을 갈고 곡식을 심게 하는 것이다.

禁은 간사한 마음을 억제함을 이르고, 舍는 작은 허물을 용서함을 이르고, 開는 생장하는 길을 열어줌을 이르고, 塞은 거짓으로 속이는 나쁜 풍습을 막음을 이른다. 땅

을 맡겨주는 방법은 거름을 많이 주어 땅을 비옥하게 하고, 도랑을 통하여 물을 灌漑하고, 농사에 부지런히 힘써서 김매고 북돋움을 이르니, 이렇게 하면 어찌 벼 싹이 무성하지 않고 곡식의 수확이 많지 않겠는가.

夫土廣而任이면 **則國富**하고 **民衆而制**면 **則國治**하나니 **富治者**는 **民不發軔**하고 **甲不出暴**(폭)이로되 **而威制天下**라 **故**로 **曰 兵勝於朝廷**이라하니라

토지가 넓은데 농지의 경작을 제대로 맡기면 나라가 부유해지고, 백성이 많은데 잘 통제하면 나라가 다스려진다. 부유하고 다스려진 나라는, 백성들이 바퀴를 고여놓은 나무를 빼지 않고 갑옷을 꺼내어 햇볕에 말리지 않더라도 위엄으로 천하를 제재할 수 있다. 그러므로 말하기를 "군대가 朝廷에서 승리한다."라고 한 것이다.

夫土地廣大而任其耕種이면 則收(獲)〔穫〕[1]多而國富矣요 人民衆盛而有法制면 則百姓安而國治矣니 國富治者는 民不發軔入行伍하고 甲不出暴與士卒이로되 而威制天下라 故로 曰 兵取勝於朝廷也라하니라

1) (獲)〔穫〕: 저본의 '獲'은 漢文大系本에 의거하여 '穫'으로 바로잡았다.

토지가 廣大한데 농지의 경작을 제대로 맡기면 收穫이 많아 나라가 부유해지고, 人民이 많은데 法制가 있으면 百姓들이 편안하여 나라가 다스려진다. 부유하고 다스려진 나라는, 백성(병사)들이 戰車를 타고 출정 길을 떠나 行伍에 들어가지 않고, 갑옷을 꺼내어 햇볕에 말려서 병사들에게 주지 않더라도 위엄으로 천하를 제재할 수 있다. 그러므로 이르기를 "군대가 朝廷에서 승리를 취한다."라고 한 것이다.

不暴甲而勝者는 **主勝也**요 **陳而勝者**는 **將勝也**라

갑옷을 꺼내어 햇볕에 말리지 않고서도 승리하는 것은 군주가 승리하는 것이요, 陣을 치고서 승리하는 것은 장수가 승리하는 것이다.

不暴甲而取勝於朝廷者는 主勝也요 戰陳而取勝於行伍者는 將勝也라

갑옷을 꺼내어 햇볕에 말려서 병사들에게 주지 않고도 朝廷에서 승리를 취하는 것은 군주가 〈계책으로〉 승리하는 것이요, 陣을 치고 싸워서 行伍에서 승리를 취하는 것은 장수가 〈전투로〉 승리하는 것이다.

兵起는 非可以忿也니 見勝則興하고 不見勝則止니라

군대를 일으킴은 忿怒로써 할 수 있는 것이 아니니, 승리가 보이면 일으키고, 승리가 보이지 않으면 중지하여야 한다.

兵起는 非可以私忿也라 見其可勝則興하고 見其不可勝則止니라

군대를 일으킴은 사사로운 忿怒로써 할 수 있는 것이 아니다. 승리할 수 있는 요소가 발견되면 군대를 일으키고, 승리할 수 없는 요소가 발견되면 그치는 것이다.

患在百里之內하면 不起一日之師하고 患在千里之內하면 不起一月之師하고 患在四海之內하면 不起一歲之師[1)]하나니라

1) 不起一日之師……不起一歲之師 : 漢文大系本의 〈補註〉에는 '不起'를 모두 '不待'의 오류로 보았다. 이 경우 원문은 "환난이 백 리의 안에 있으면 하루를 기다리지 않고 군대를 일으키고, 환난이 천 리의 안에 있으면 한 달을 기다리지 않고 군대를 일으키고, 환난이 四海의 안에 있으면 1년을 기다리지 않고 군대를 일으킨다."로 해석해야 하는바, 아래의 ≪直解≫는 이렇게 해석하여야 전체적인 맥락이 순조롭다. 그러나 저본의 원문이 오류임을 밝힐 분명한 근거가 없기 때문에 여기서는 그대로 해석하였음을 밝혀둔다.

患難이 백 리의 안에 있으면 하루의 군대를 일으키지 않고, 환난이 천 리의 안에 있으면 한 달의 군대를 일으키지 않고, 환난이 四海의 안에 있으면 1년의 군대를 일으키지 않는다.

患難이 在百里之內하면 出師宜頃刻之間이라 故로 不起一日之師요 患難이 在千里之內하면 則越境矣니 亦當速而乘之라 故로 不起一月之師요 患難이 在四海之內하면 地雖甚遠이나 亦不可延緩歲月이니 使彼謀定而計成이면 亦難制矣라 故로 不起一歲之師니 皆言兵神速이면 則能乘人之不及矣라

환난이 백 리의 안에 있으면 頃刻의 사이(잠깐 동안)에 군대를 출동해야 하므로 하루의 군대를 일으키지 않는 것이요, 환난이 천 리의 안에 있으면 국경을 넘어가니 또한 마땅히 신속히 출동하여 기회를 타야 하므로 한 달의 군대를 일으키지 않는 것이요, 환난이 四海의 안에 있으면 지역이 비록 멀더라도 세월을 지연해서는 안 되니, 〈만일 세월을 지체하여〉 적으로 하여금 계책을 정하고 계획을 이루게 하면 또한 제재하기 어렵기 때문에 1년의 군대를 일으키지 않는 것이다.

이는 모두 군대를 신속히 출동하면, 적이 미처 대비하지 못할 때에 기회를 탈 수 있음을 말한 것이다.

將者는 **上不制於天**하고 **下不制於地**하고 **中不制於人**하며 **寬不可激而怒**요 **清不可事以財**니라

장수는 위로는 하늘로부터 제재를 받지 않고 아래로는 땅으로부터 제재를 받지 않고 중간으로는 사람으로부터 제재를 받지 않으며, 너그러워서 격동시켜 노하게 할 수 없고, 淸白하여 재물로 유혹할 수 없어야 하는 것이다.

將者는 上不制於天은 卽無天於上이니 如楚將公子心이 逆彗星而勝齊[1] 是也요 下不制於地는 卽無地於下니 如鄧艾伐蜀에 不由劍閣而入陰平[2]이 是也요 中不制於人은 卽無敵於前하고 無君於後니 如李靖不聽太宗之詔하여 迎頡(힐)利하고 進兵襲破之[3] 是也라 寬不可激之而怒니 則爲楚將子玉[4]矣요 清不可事之以財니 則爲秦將賈孺[5]矣라

1) 如楚將公子心 逆彗星而勝齊 : 이 내용은 앞의 〈天官〉편에 자세히 보인다.

2) 鄧艾伐蜀 不由劍閣而入陰平 : 鄧艾(197~264)는 삼국시대 魏나라의 장수이다. 景元 4년(263), 魏나라의 征西將軍 鄧艾가 陰平에서 景穀의 길을 따라 은밀히 江油에 이르러 蜀漢의 守將 馬邈의 항복을 받고, 綿竹關에서 蜀漢의 衛將軍 諸葛瞻을 격파하니, 蜀漢의 後主인 劉禪이 항복을 청하였다. ≪三國志 권28 鄧艾傳≫

3) 李靖不聽太宗之詔……進兵襲破之 : 李靖(571~649)은 唐나라 초기의 名將으로 衛國公에 봉해져 李衛公으로 불리는바, ≪李衛公問對≫의 저자이다. 頡利는 唐나라 貞觀 연간에 突厥을 다스린 군주(可汗)의 이름이다.

貞觀 4년(630)에 李靖과 李世勣이 突厥을 기습하여 격파하자, 頡利可汗이 병력 10만을 이끌고 鐵山으로 도망하였는데, 頡利可汗은 전 병력을 이끌고 磧北으로 달아나 후일을 도모하기 위해 사신을 唐나라에 보내 화친을 청하였다. 太宗이 이를 받아들여 鴻臚卿 唐儉 등을 보내어 慰撫하고, 李靖에게 명하여 군대를 거느리고 가서 頡利可汗을 맞이하여 오게 하였는데, 頡利可汗의 본심을 알아차린 李靖이 군대를 무장시켜 밤에 출동하여 방심하고 있는 突厥의 본진을 급습해서 1만여 명의 首級을 베고 10여 만을 포로로 잡는 대승을 거두었다. 이에 突厥의 나머지 酋長들이 모두 병력을 거느리고 와서 항복하여 突厥이 평정되었다. ≪李衛公問對直解 中卷≫

4) 楚將子玉 : 楚나라가 晉나라의 동맹국인 宋나라를 포위 공격하자, 晉 文公은 楚나라

와 친한 衛나라를 공격하였다. 이로 인해 다음 해 晉나라와 楚나라가 城濮에서 결전을 하게 되었는데, 楚王은 晉나라와의 전쟁을 회피하려 하였으나 성질이 강한 令尹 子玉이 기어이 싸울 것을 청하니, 楚王은 일부의 병력만을 내주었다.

子玉은 大夫인 宛春을 晉나라에 사신으로 보내어 "晉나라에서 衛나라 임금을 復位시키고 曹나라를 봉해주면 저도 宋나라의 포위를 풀겠습니다."라고 제의하였는데, 晉나라는 先軫의 계책에 따라 使者인 宛春을 衛나라에 구류하였으며 또 은밀히 曹나라와 衛나라의 임금을 복위시킬 것을 허락하고, 두 나라로 하여금 楚나라와의 국교 단절을 子玉에게 통고하게 하였다. 이에 子玉은 분노를 참지 못하고 출전하였다가 대패하였다. ≪春秋左氏傳 僖公 27년≫

5) 秦將賈孺 : B.C. 207년, 漢王(劉邦)이 군대를 이끌고 秦나라 수도 咸陽으로 진격할 적에 병사 2만 명으로 嶢關에 진영을 설치하였다. 張良이 말하기를 "臣이 들으니 秦軍의 장수 賈孺는 이익에 쉽게 움직인다고 하니, 우선 堡壘에 머무신 채 여러 산에 旗幟를 증설하여 疑兵을 만들어 적을 의혹하게 하면서, 辯士인 酈食其로 하여금 보물을 가지고 가서 주도록 하십시오." 하였다. 賈孺는 과연 秦나라를 배반하고 沛公과 화친하여 함께 서쪽으로 咸陽을 습격하려 하였으나, 漢王은 賈孺의 군대가 따르지 않을 것을 우려하여 화친을 받아들이지 않고, 방심하고 있는 賈孺의 군대를 공격하여 大破하였다. ≪史記 권55 留侯世家≫

장수가 위로 하늘로부터 제재를 받지 않는 것은 바로 위에 제재하는 하늘이 없는 것이니, 楚나라 장수 公子 心이 彗星을 거스르고 齊나라와 싸워 이긴 것과 같은 경우이고, 아래로 땅에게 제재를 받지 않는 것은 바로 아래에 제재하는 땅이 없는 것이니, 鄧艾가 蜀漢을 정벌할 적에 劍閣을 경유하지 않고 陰平으로 쳐들어간 것과 같은 경우이고, 가운데로 사람으로부터 제재를 받지 않는 것은 바로 앞에 제재하는 적이 없고 뒤에 제재하는 군주가 없는 것이니, 李靖이 頡利可汗을 맞이해 오라는 太宗의 詔命을 따르지 않고 군대를 전진하여 突厥을 기습, 격파한 것과 같은 경우이다.

장수는 성품이 너그러워서 격동시켜 성내게 할 수 없어야 하니, 〈격동시켜 성내면〉 楚나라 장수 子玉이 되는 것이요, 淸白하여 재물로써 유혹할 수 없어야 하니, 〈재물로써 유혹되면〉 秦나라 장수 賈孺가 되는 것이다.

夫心狂, 耳聾, 目盲하여 **以三悖率人者**는 **難矣**니라

마음이 어지럽고 귀가 먹고 눈이 멀어서, 이 세 가지 어그러짐을 가지고 남을 통솔하는 자는 어려운 것이다.

心狂은 是不能謀也요 耳聾은 是不能聽也요 目盲은 是不能視也라 心不能謀하고 耳不能聽하고 目不能視하면 是三悖也니 用之率人이면 亦難矣라

마음이 어지럽다는 것은 제대로 도모하지 못하는 것이요, 귀가 먹었다는 것은 제대로 듣지 못하는 것이요, 눈이 멀었다는 것은 제대로 보지 못하는 것이다. 마음이 제대로 도모하지 못하고 귀로 남의 말을 제대로 듣지 못하고 눈으로 제대로 보지 못하면, 이는 세 가지가 어그러진 것이니, 이러한 사람을 등용하여 사람(병사)을 통솔하게 하면 또한 어려움을 당하게 된다.

兵之所及엔 羊腸亦勝이요 鋸齒亦勝이요 緣山亦勝이요 入谷亦勝이요 方亦勝이요 圓亦勝이니라

군대가 이르는 곳에는 羊腸에서도 승리하고, 鋸齒에서도 승리하고, 山을 기어 올라가도 승리하고, 골짝으로 들어가도 승리하고, 方陣으로도 승리하고, 圓陣으로도 승리하는 것이다.

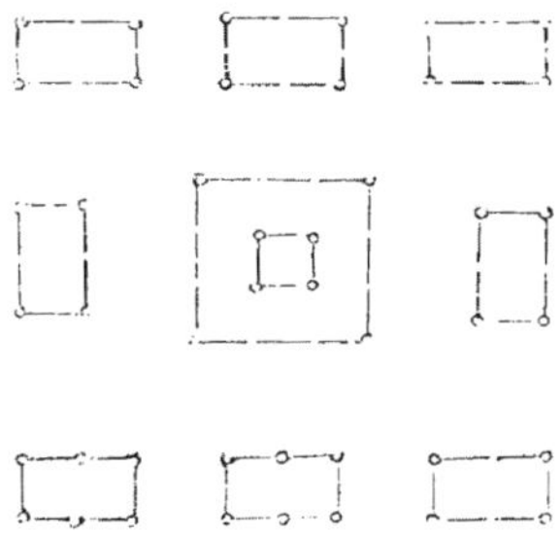

方陣

兵之所及엔 羊腸之勢亦勝하고 鋸齒之勢亦勝[1]하며 緣山而戰도 亦勝이요 入谷而戰도 亦勝이며 方陣亦勝이요 圓陣亦勝이라

1) 羊腸之勢亦勝 鋸齒之勢亦勝：羊腸은 양의 창자처럼 꼬불꼬불하고 험난한 지형을 이르고, 鋸齒는 톱날처럼 뾰족뾰족하고 험악한 지형을 이른다.

군대가 이르는 곳에는 羊腸의 지형에서도 승리하고 鋸齒의 지형에서도 승리하며, 山을 기어 올라가 싸워도 승리하고 골짝으로 들어가 싸워도 승리하며, 方陣에서도 승리하고 圓陣에서도 승리하는 것이다.

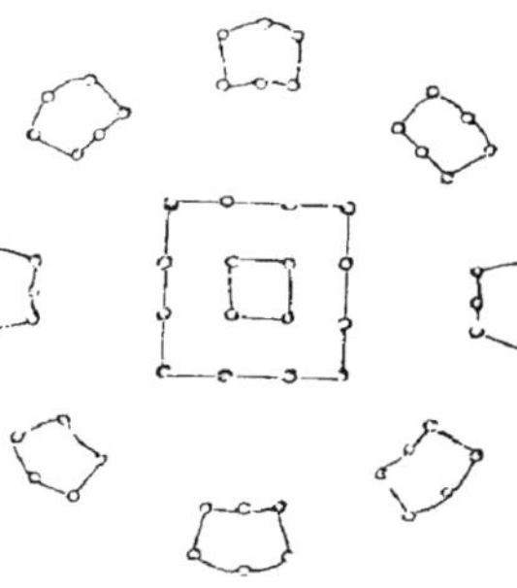

圓陣

重者는 如山如林하고 如江如河하며 輕者는 如炮如燔하고 如垣壓之하고 如雲覆(부)之하여 令人으로 聚不得以散하고 散不得以聚하며 左不得以右하고 右不得以左하나니라

重兵은 山과 같고 숲과 같고 長江과 같고 大河와 같으며, 輕兵은 불로 태우는 것과 같고 불로 지지는 것과 같고 담으로 누르는 것과 같고 구름으로 뒤덮는 것과 같아서, 적으로 하여금 모이면 흩어질 수가 없고 흩어지면 모일 수가 없게 하며, 왼쪽은 오른쪽을 마음대로 구원하지 못하고 오른쪽은 왼쪽을 마음대로 구원하지 못하게 하는 것이다.

重者는 重兵也니 重兵은 宜徐行故로 如山如林이니 言其緩也요 如江如河는 言其盛也라 輕者는 輕兵也니 輕兵은 宜速進하여 如火之炮하고 如火之燔하며 如垣之壓物하여 不可避하고 如雲之覆物하여 不可逃라 令人之聚不得以散은 謂合而不能分也요 散不得以聚는 謂分而不能合也요 左不得以右는 謂左不能救右也요 右不得以左는 謂右不能救左也라 以者는 能左右之謂也라

重은 重兵(중무장한 군대)이다. 重兵은 서서히 행군하여야 하기 때문에 山과 같고 숲과 같은 것이니 그 느림을 말한 것이요, 長江과 같고 大河와 같음은 그 성대함을 말한 것이다. 輕은 輕兵(경무장한 군대)이니, 輕兵은 속히 전진해서 불로 태우는 것과 같고 불로 지지는 것과 같으며, 담이 물건을 누르는 것과 같아 피할 수 없고, 구름이 물건을 뒤덮는 것과 같아 도망칠 수 없는 것이다.

적으로 하여금 모이면 흩어질 수 없게 함은 적이 집합하였다가 나뉘지 못하게 함을 이르고, 흩어지면 모일 수 없게 함은 적이 나뉘었다가 집합하지 못하게 함을 말한 것이요, 왼쪽 군대가 오른쪽 군대를 마음대로 구원하지 못함은 적의 왼쪽 군대가 오른쪽 군대를 자유롭게 구원하지 못하는 것이요, 오른쪽 군대가 왼쪽 군대를 마음대로 구원하지 못함은 적의 오른쪽 군대가 왼쪽 군대를 자유롭게 구원하지 못함을 이른다. 以는 左之右之함을 이른다.

兵은 如總木弩하고 如羊角하여 人人이 無不騰陵張膽하여 絶乎疑慮하고 堂堂決而去하나니라

군대는 나무로 만든 쇠뇌를 잡고 있는 것과 같고 羊角과 같아서, 사람마다 모두 뛰어오르고 대담하여 의심스러운 생각을 끊고 堂堂하게 결단하여 가야 한다.

夫兵은 如總持木弩하여 機牙發動而人不可禦하고 又如羊角旋風하여 上行而勢不可遏이라 羊角者는 旋風也라 九成縣에 有旋風하여 望之하면 揷天如羊角하니 言曲

而上行也라 人人無不騰陵張膽하여 絶乎疑慮하고 堂堂然果決而去하면 而敵亦安可禦哉아 堂堂은 盛大之貌라

군대는 나무로 만든 쇠뇌를 잡은 것과 같아서 機牙가 발동하면 적이 막을 수 없고, 또 羊角의 회오리바람과 같아서 위로 올라가면 형세가 막을 수 없는 것과 같다.

羊角은 회오리바람이다. 九成縣에 회오리바람이 자주 일어서 이것을 바라보면 하늘 높이 올라감이 羊의 뿔과 같으니, 돌면서 위로 올라감을 말한 것이다.

사람마다 모두 뛰어오르고 대담하여 의심스러운 생각을 끊고 堂堂하게 결단하여 가면 적이 또한 어찌 막을 수 있겠는가. 堂堂은 盛大한 모양이다.

制談 第三 제3편 군대의 제도에 대한 談論

制談者는 談論兵之制度也니 亦取書義以名篇하니라

制談이란 군대의 制度를 談論한 것이니, 글의 뜻을 취하여 篇을 이름한 것이다.

凡兵은 制必先定이니 制先定이면 則士不亂하고 士不亂이면 則刑乃明이라 金鼓所指면 則百人盡鬪하고 陷行亂陣이면 則千人盡鬪하고 覆軍殺將이면 則萬人齊刃하여 天下莫能當其戰矣니라

모든 군대는 반드시 制度를 먼저 정해야 하니, 制度가 먼저 정해지면 병사들이 혼란하지 않고, 병사들이 혼란하지 않으면 刑罰을 밝힐 수 있다. 징과 북으로 지시하면 백 사람이 모두 싸우고, 적의 行列을 무찌르고 陣營을 어지럽히게 하면 천 사람이 모두 싸우고, 적군을 전복시키고 적장을 죽이게 하면 만 사람이 힘을 함께하여, 天下가 그 싸움을 당해내지 못하는 것이다.

凡兵은 制度必要先定이면 則士衆不亂하고 士衆不亂이면 則刑罰乃明이라 金以止之하고 鼓以進之라 故로 金鼓之聲이 有所指示면 則百人盡向前而鬪하며 陷人之行하고 亂人之陣이면 則千人盡向前而鬪하며 覆人之軍하고 殺人之將이면 則萬人倂力齊心而鬪하니 如此면 則天下莫能當其戰矣라

무릇 군대는 반드시 制度를 먼저 정해야 하니, 〈제도가 정해지면〉 병사들이 혼란하지 않고, 병사들이 혼란하지 않으면 刑罰을 비로소 밝힐 수 있는 것이다. 군대는 징으로써 멈추고 북소리로써 전진하게 한다. 그러므로 징소리와 북소리로 지시하면 백 명이 모두 앞을 향하여 싸우며, 적의 行列을 무찌르고 적의 陣營을 어지럽히게 하면 천 명이 모두 앞을 향하여 싸우며, 적의 군대를 전복시키고 적의 장수를 죽이게 하면 만 명이 힘을 함께하고 합심하여 싸우는 것이니, 이와 같이 하면 天下가 그 싸움을 당할 수 없는 것이다.

古者에 **士有什伍**하고 **車有偏列**하니 **鼓鳴旗麾**에 **先登者**는 **未嘗非多力國士也**요 **先死者**는 **亦未嘗非多力國士也**라 **損敵一人**에 **而損我百人**이면 **此**는 **資敵而損我甚焉**이어늘 **世將**이 **不能禁**하나니라

옛날 士卒은 什과 伍가 있고 戰車는 偏과 列이 있었으니, 북을 울리고 깃발로 지휘함에 적의 城에 먼저 올라가는 자는 일찍이 勇力이 뛰어난 國士 아닌 이가 없고, 먼저 싸우다가 죽는 자 또한 일찍이 勇力이 뛰어난 國士 아닌 이가 없다. 적 한 명을 손상시키고서 우리 백 명을 손상시킨다면, 이는 적을 이롭게 하고 우리에게 손해를 끼침이 심한 것인데, 세상의 장수들이 이것을 금지하지 못한다.

古者에 士卒은 有什有伍하고 車乘은 有偏有列하니 五人爲伍요 十人爲什이며 十五乘爲偏이요 五乘爲列이라 鼓鳴旗麾之際에 先登城壘而殺敵者는 未嘗非多力之國士也요 先死於敵者는 亦未嘗非多力之國士也니 當併力齊刃이요 不可先登先死也라 損敵纔一人에 而損我已百人이면 此는 乃資益敵國而傷害我軍이 甚大焉이어늘 世之爲將者 不能禁止也라

옛날에 士卒은 什이 있고 伍가 있었고, 戰車兵은 偏이 있고 列이 있었으니, 5명을 伍라 하고 10명을 什이라 하며, 戰車 15대를 偏이라 하고 5대를 列이라 한다.

북을 울리고 깃발로 지휘하는 즈음에 적의 城과 堡壘에 먼저 올라가서 적을 죽이는 자는 일찍이 勇力이 뛰어난 國士 아닌 이가 없고, 먼저 적과 싸우다가 죽는 자 또한 일찍이 勇力이 뛰어난 國士 아닌 이가 없으니, 여러 병사들이 마땅히 힘을 함께하고 칼날을 가지런히 하여 일제히 싸울 것이요, 용사만이 먼저 올라가 먼저 전사해서는 안 된다.

적을 겨우 한 사람만 손상시키고서 아군 백 명을 손상시킨다면, 이는 바로 적국을

유익하게 하고 우리 군대에 손해를 끼침이 매우 큰 것인데, 세상에 장수들이 이것을 금지하지 못한다.

征役分軍에 **而逃歸**하고 **或臨戰自北**(배)면 **則逃傷甚焉**이어늘 **世將**이 **不能禁**하나니라

병사들을 징발하여 군대를 나누었을 적에 도망하여 돌아가며 혹은 싸움에 임하여 스스로 패주하면, 도망으로 인한 손상이 심한 것인데, 세상의 장수들이 이것을 금지하지 못한다.

征役分軍而前에 或逃亡而歸하고 或臨陣鬪에 而自奔北면 則吾士卒逃亡傷損이 亦甚焉이어늘 世之爲將者 不能禁止也라

병사들을 징발하여 군대를 대오로 나누어 앞으로 전진시킬 적에 혹은 달아나 집으로 돌아가며 혹은 적진을 대하여 싸울 적에 스스로 패주하면 우리의 병사들이 도망하여 손상됨이 또한 심한 것인데, 세상의 장수들이 이것을 금지하지 못한다.

殺人於百步之外者는 **弓矢也**요 **殺人於五十步之內者**는 **矛戟也**라 **將已鼓**로되 **而士卒相囂**(효)하여 **拗矢, 折矛, 抱戟**하여 **利後發**하니 **戰有此數者**하면 **內自敗也**어늘 **世將**이 **不能禁**하나니라

100보 밖에서 적을 죽이는 것은 활과 화살이요, 50보 안에서 적을 죽이는 것은 창과 戟이다.

장수가 북을 치는데도 병사들이 서로 시끄럽게 떠들면서 화살을 꺾고 창을 부러뜨리고 戟을 버리고서 뒤늦게 출발하는 것을 이롭게 여기니, 전투에서 이 몇 가지가 있으면 안에서 스스로 패하는 것인데도, 세상의 장수들이 이것을 금지하지 못한다.

殺人於百步之外者는 弓矢是也요 殺人於五十步之內者는 矛戟이 是也라 將已鼓而進이로되 士卒互相喧囂하여 拗矢, 折矛, 抱戟하여 不肯前進하고 利向後發하니 戰有此數者하면 內自先敗어늘 世之爲將者 不能禁止也라

100보 밖에서 적을 죽이는 것은 활과 화살이요, 50보 안에서 적을 죽이는 것은 창과 戟(세 갈래진 창)이다.

장수가 북을 쳐서 진격하게 하는데도 병사들이 서로 시끄럽게 떠들면서 화살을 꺾고 창을 부러뜨리고 戟을 버리고서 전진하려 하지 않고, 뒤를 향하여 도망하는 것을 이롭게 여기는 경우가 있으니, 전투에서 이 몇 가지가 있으면 안에서 먼저 스스로 패하는 것인데도, 세상의 장수들이 이것을 금지하지 못한다.

士失什伍하고 車失偏列하며 奇兵捐將而走하면 大衆亦走어늘 世將이 不能禁하나니라

병사들이 什과 伍를 잃고 戰車가 偏과 列을 잃으며, 奇兵들이 장수를 버리고 도망하면 大軍 또한 도망하게 되는데, 세상의 장수들이 이것을 금지하지 못한다.

士卒이 迷失其什伍하고 車騎迷失其偏列하며 奇兵捐棄將帥而走하면 大衆亦隨之而走어늘 世之爲將者 不能禁止也라

士卒들이 혼미하여 자기의 什과 伍를 잃고 戰車兵과 騎兵이 혼미하여 자기의 偏과 列을 잃으며, 奇兵이 장수를 버리고 도망하면 大軍 또한 따라서 패주하게 되는데, 세상의 장수들이 이것을 금지하지 못한다.

夫將이 能禁此四者하면 則高山陵之하고 深水絶之하고 堅陣犯之요 不能禁此四者하면 猶亡舟楫하고 絶江河하여 不可得也니라

장수가 이 네 가지를 제대로 금지할 수 있으면 높은 山을 올라가고 깊은 물을 건너가고 견고한 적진을 침범할 수 있으며, 이 네 가지를 금지하지 못하면 배와 노가 없으면서 江河를 건너가려는 것과 같아서, 될 수 없는 것이다.

大將이 能禁此四者하면 則高山을 可以陵而上之하고 深水를 可以絶而過之하고 堅陣을 可以觸而犯之요 不能禁此四者하면 猶亡失舟楫而欲過絶江河하여 固不可得也라 江水는 出永康軍岷山하니 東流하여 與漢水合하여 東北入海[1)]하고 河水는 出崑崙山하여 踰梁及岐하여 過龍門하고 下呂梁하여 九曲而入於海라

1) 江水……東北入海 : 이 구절은 ≪詩經集傳≫ 〈周南 漢廣〉편의 朱子의 註에 그대로 보인다.

대장이 이 네 가지를 금지할 수 있으면 〈병사들을 거느리고〉 높은 山을 올라갈 수 있고 깊은 물을 건너갈 수 있고 견고한 적진을 저촉하여 범할 수 있으며, 이 네 가지

를 금지하지 못하면 배와 노를 잃은 채 江河를 건너려는 것과 같아서, 진실로 될 수 없는 것이다.

江水(長江)는 永康軍 岷山에서 나오니, 동쪽으로 흘러 漢水와 합류해서 동북쪽으로 바다에 들어가고, 河水(大河)는 崑崙山에서 나와 梁山과 岐山을 넘어 龍門을 지나고 呂梁으로 내려가서 아홉 굽이를 거쳐 바다로 들어간다.

民非樂死而惡(오)生也라 **號令明**하고 **法制審**이라 **故**로 **能使之前**이요 **明賞於前**하고 **決罰於後**라 **是以**로 **發能中利**하고 **動則有功**하나니라

병사들이 죽는 것을 좋아하고 사는 것을 싫어해서가 아니라, 號令이 분명하고 法制가 치밀하기 때문에 병사들로 하여금 전진하게 할 수 있는 것이며, 앞에서 賞을 분명히 내리고 뒤에서 형벌을 반드시 시행하기 때문에 출발하면 이로운 시기에 맞추고 출동하면 공이 있는 것이다.

民非樂其死, 惡其生也라 號令嚴明하고 法制詳審이라 故로 能致使前進이요 明賞於其前하고 決罰於其後라 是以로 發則能中其利하고 動則有成功也라

병사들이 죽는 것을 좋아하고 사는 것을 싫어해서가 아니라, 장수의 號令이 엄격하고 분명하며 法制가 자세하고 치밀하기 때문에 병사들로 하여금 전진하게 할 수 있는 것이며, 앞에서 賞을 분명히 내리고 뒤에서 刑罰을 반드시 시행하기 때문에 출발하면 이로운 시기에 맞추어 도착하고 출동하면 성공이 있는 것이다.

令百人一卒이요 **千人一司馬**요 **萬人一將**하여 **以少誅衆**하고 **以弱誅强**이니 **試聽臣言**[1)]하면 **其術**이 **足使三軍之衆**으로 **誅一人**에 **無失刑**하여 **父不敢舍子**하고 **子不敢舍父**하리니 **況國人乎**아

1) 試聽臣言 : ≪尉繚子≫ 24편은 원래 尉繚가 魏 惠王 앞에서 말한 것이므로 자신을 '臣'이라 칭한 것이다. 그러나 〈天官〉을 제외하고는 대화체가 많지 않으므로 나머지 23편은 대화체를 쓰지 않고 '臣'을 '나'로 번역하였음을 밝혀둔다.

병사 백 명으로 하여금 한 卒이 되게 하고, 천 명에 한 司馬가 있게 하고, 만 명에 한 장수가 있게 해서, 적은 병력으로써 많은 적을 誅伐하고 약한 군대로써 강한 적을 誅伐하게 한다. 군주가 한번 나의 말을 따른다면, 그 방법이 충분히

三軍의 무리로 하여금 한 사람을 誅伐함에 실수가 없어서 아버지가 감히 자식을 놓아주지 못하고 자식이 감히 아버지를 놓아주지 못할 것이니, 하물며 國人들에 있어서랴.

令百人爲一卒하고 千人設一司馬하고 萬人立一將하여 以已之少로 誅人之衆하고 以已之弱으로 誅人之强이니 試聽臣言하면 其法術이 足可使三軍之衆으로 誅一人[1]에 無失刑者하여 爲父者不敢舍其子하고 爲子者不敢舍其父하리니 何況於國人乎아

1) 誅一人 : 一人은 포악한 군주를 이른다. ≪書經≫ 〈泰誓 下〉에 殷의 紂王을 가리켜 '獨夫受'라 하였으며, ≪孟子≫ 〈梁惠王 下〉에 武王이 紂王을 정벌한 것을 가리켜 孟子는 "一夫인 紂王을 주벌했다는 말은 들었고 군주를 시해했다는 말은 듣지 못하였다.〔聞誅一夫紂矣 未聞弑君也〕"라고 하였다. 이는 군주가 포악하면 친척들이 떠나가고 백성들이 배반하여 군주로 여기지 않음을 말한 것이다.

병사 백 명을 한 卒로 삼고, 천 명에 한 司馬를 두고, 만 명에 한 장수를 세워서, 자기의 적은 병력으로써 적의 많은 병력을 誅伐하고 자기의 약한 군대로써 적의 강한 군대를 誅伐할 수 있다. 군주가 만약 나의 말을 한번 따른다면, 그 방법이 충분히 三軍의 무리로 하여금 한 사람을 誅伐함에 실수하는 일이 없어서 아버지가 된 자가 감히 자기 아들을 놓아주지 못하고 자식이 된 자가 감히 자기 아버지를 놓아주지 못할 것이니, 더구나 國人에 있어서랴.

一武仗劍擊於市하면 萬人無不避之者는 臣謂非一人之獨勇이요 萬人皆不肖也라 何則고 必死與必生은 固不侔也일새니라

한 武夫가 劍을 가지고 시장에서 공격하면 시장 사람 만 명이 피하지 않는 자가 없는 것은, 내가 생각하건대 한 사람이 홀로 용감하고 만 명이 모두 不肖해서가 아니다. 어째서인가? 죽기를 기필함과 살기를 기필함이 진실로 똑같지 않기 때문이다.

一人이 若仗劍擊於市하면 人人無不避之者는 臣謂非一人之獨有勇이요 萬人皆不肖也라 何則고 期必(有)〔於〕[1]死와 與期必於生은 固不相侔也일새라

1) (有)〔於〕: 저본의 '有'는 明本과 漢文大系本에 의거하여 '於'로 바로잡았다.

한 사람이 만약 劍을 가지고 시장에서 공격하면 사람마다 피하지 않는 자가 없는

것은, 내가 생각하건대 그 한 사람만 홀로 용맹이 있고 만 사람이 모두 不肖해서가 아니다. 어째서인가? 죽기를 기필함과 살기를 기필함이 진실로 서로 똑같지 않기 때문이다.

聽臣之術이면 **足使三軍之衆**으로 **爲一死賊**하여 **莫能當其前**하고 **莫能隨其後**하여 **而能獨出獨入焉**이니 **獨出獨入者**는 **王霸之兵也**니라

나의 방법을 따른다면, 충분히 三軍의 무리로 하여금 한 死賊이 되어 감히 그 앞을 가로막지 못하고 감히 그 뒤를 따르지 못하게 하여, 능히 홀로 나가고 홀로 들어올 수 있으니, 홀로 나가고 홀로 들어올 수 있는 것은 王者와 霸者의 군대이다.

若聽臣之術而行之면 足使三軍之衆으로 爲一死賊하여 莫能當其前하고 莫能隨其後하여 而能獨出獨入焉이라 使三軍爲一死賊은 卽吳子以五萬衆爲一死賊之義[1]라 莫能當其前者는 進不可當也요 莫能隨其後者는 退不可追也며 獨出獨入者는 言其盛强無敵이라 故로 曰王霸之兵也라하니라

1) 吳子以五萬衆爲一死賊之義 : 이 내용은 ≪吳子≫ 〈勵士〉에 그대로 보이는데, 死賊은 '필사적으로 싸우는 한 명의 적'이란 의미이다.

군주가 만약 나의 방법을 따라 시행한다면, 충분히 三軍의 무리로 하여금 한 명의 死賊이 되어 그 앞을 가로막는 이가 없고 그 뒤를 따르는 이가 없게 하여, 능히 홀로 나가고 홀로 들어올 수 있다.

三軍으로 하여금 한 명의 死賊이 되게 한다는 것은 바로 ≪吳子≫의 '5만 명을 한 死賊으로 만든다.'는 뜻이다.

능히 그 앞을 가로막지 못한다는 것은 전진하면 가로막는 이가 없는 것이요, 그 뒤를 따르지 못한다는 것은 후퇴하면 추격할 수 없는 것이며, 홀로 나가고 홀로 들어온다는 것은 軍勢가 盛하고 强하여 대적할 자가 없음을 말한 것이다. 그러므로 王者와 霸者의 군대라고 말한 것이다.

有提十萬之衆하여 **而天下莫當者**는 **誰**오 **曰 桓公也**니라

10만의 무리를 거느리고 있으면서 天下에 당할 자가 없었던 자는 누구인가? 齊 桓公이다.

有提十萬之衆하여 而天下莫能當者는 誰哉오 齊桓公也라 桓公은 尊周室하고 攘夷狄하여 九(규)合諸侯하여 一匡天下라 故로 曰 莫當이라하니 言人不能當也라

10만의 무리(병력)를 거느리고 있으면서 天下에 능히 당할 자가 없었던 자는 누구인가? 齊 桓公이다.

桓公은 周나라 王室을 높이고 오랑캐들을 물리쳐서 諸侯들을 糾合하여 한 번 天下를 바로잡았다. 그러므로 "당할 자가 없었다."라고 하였으니, 사람들이 대적하지 못함을 말한 것이다.

有提七萬之衆하여 而天下莫當者는 誰오 曰 吳起也니라

7만의 무리를 거느리고 있으면서 天下에 당할 자가 없었던 자는 누구인가? 吳起이다.

有提七萬之衆하여 而天下莫能當者는 誰哉오 吳起也라 吳起守西河할새 與諸侯大戰七十六하여 全勝六十四요 餘則均解하여 闢土四面하고 拓地千里하니 是天下莫能當也[1]라

1) 吳起守西河……是天下莫能當也 : 이 내용은 ≪吳子≫ 〈圖國〉에 그대로 보인다.

7만의 무리를 거느리고 있으면서 天下에 능히 당할 자가 없었던 자는 누구인가? 吳起이다.

吳起가 西河를 지킬 적에 諸侯들과 76번을 크게 싸웠는데, 全勝을 거둔 것이 64번이었고 나머지는 모두 평화롭게 해결하였다. 영토를 넓혀서 천 리의 넓은 땅을 개척하였으니, 이는 天下에 당할 자가 없었던 것이다.

吳起

有提三萬之衆하여 而天下莫當者는 誰오 曰 武子也니라

3만의 무리를 거느리고 있으면서 天下에 당할 자가 없었던 자는 누구인가? 孫武子이다.

有提三萬之衆하여 而天下莫能當者는 誰哉오 孫武子也라 武子爲吳將하여 雖不顯

其攻城略地之功이나 然吳西破楚入郢하고 北威齊晉에 亦與有力焉이라 故로 亦曰天下莫當也라하니라

孫武

3만의 무리를 거느리고 있으면서 天下에 능히 당할 자가 없었던 자는 누구인가? 孫武子이다.

孫武子는 吳나라 장수가 되어서 적의 城과 영토를 공략한 공이 크게 드러나지는 않았으나, 吳나라가 서쪽으로 楚나라를 격파하여 수도인 郢 땅으로 쳐들어가고 북쪽으로 齊나라와 晉나라를 위협할 적에 孫武子도 공로가 있었다. 그러므로 또한 이르기를 "天下에 당할 자가 없었다."라고 한 것이다.

今天下諸國士所率은 無不及二十萬之衆이라 然이나 不能濟功名者는 不明乎禁舍開塞[1)]也일새라 明其制하여 一人勝之하면 則十人亦以勝之也요 十人勝之하면 則百千萬人亦勝之也니라

1) 禁舍開塞 : 이에 대한 풀이는 본서 66쪽의 ≪直解≫에 보인다.

지금 天下의 여러 國士(명성 있는 장수)가 통솔하는 병력은 20만의 무리에 이르지 않는 경우가 없다. 그러나 功名을 이루지 못하는 것은, 간사한 마음을 금하고 작은 허물을 용서하고 살길을 열어주고 나쁜 풍습을 막는 제도에 밝지 못해서이다. 이러한 제도에 밝아서, 한 사람이 승리하면 열 사람이 또한 승리하고, 열 사람이 승리하면 백 사람과 천 사람과 만 사람이 또한 승리하게 되는 것이다.

今天下諸侯國士所統率은 無不及二十萬之衆이라 然이나 不能成濟功名者는 不明乎禁舍開塞之制也일새라 能明其禁舍開塞之制하여 一人能勝之하면 則十人亦能勝之也요 十人能勝之하면 則百千萬人亦能勝之也라

지금 天下의 여러 國士들이 통솔하는 병력은 20만의 무리에 이르지 않는 경우가 없다. 그러나 功名을 이루지 못하는 까닭은, 간사한 마음을 금하고 작은 허물을 용서하고 살길을 열어주고 나쁜 풍습을 막는 제도에 밝지 못해서이다. 간사한 마음을 금하고 작은 허물을 용서하고 살길을 열어주고 나쁜 풍습을 막는 제도에 밝아서 한 사람이 잘 싸워 승리하면 열 사람이 또한 잘 싸워 승리하고, 열 사람이 잘 싸워 승리하면 백 사람과 천 사람과 만 사람이 또한 잘 싸워 승리하게 되는 것이다.

故로 **曰 便吾器用**하고 **養吾武勇**하여 **發之如鳥擊**하고 **如赴千仞之谿**라하니 **今國被患者 以重幣出聘**하고 **以愛子出質**하고 **以地界出割**하여 **得天下助卒**하여 **名爲十萬**이나 **其實**은 **不過數萬爾**라

그러므로 말하기를 "우리의 兵器를 편리하게 하고 우리 병사들의 武勇을 길러서 발동하기를, 새(猛禽)가 공격하는 것과 같이 하고 물이 천 길의 계곡을 달려가는 것처럼 한다." 하였다.

지금 나라들이 환난을 입는 까닭은, 많은 幣帛을 가지고 외국에 聘問을 나가고 사랑하는 자식을 인질로 보내고 국경에 있는 땅을 割讓하여, 天下의 원조하는 군대를 얻어 이름은 10만 대군이라 하나, 그 실제는 수만에 불과하기 때문이다.

故로 曰 便吾軍之器用하고 養吾軍之武勇하여 發動如(摯)〔鷙〕[1]鳥之擊하고 如奔赴千仞之谿라하니 蓋欲其勢險節短[2]而制勝於人也라 今國皆被患者는 蓋以重幣之出聘也하고 以愛子之出質也하고 以地界之出割也하여 得天下諸侯之助卒하여 虛名爲十萬이나 其實은 不過數萬人耳라

1) (摯)〔鷙〕: 저본의 '摯'는 '鷙'의 假借字로 鷙鳥는 매나 새매 등의 猛禽을 이른다.
2) 其勢險節短 : 이 내용은 ≪孫子≫ 〈兵勢〉의 "격동한 물의 빠름이 돌을 표류함에 이르는 것은 기세요, 사나운 猛禽들이 빨리 공격함에 새를 훼손하고 꺾음에 이르는 것은 절도이다. 그러므로 전투를 잘하는 자는 그 氣勢가 험하고 그 節이 짧으니, 기세는 쇠뇌를 가득 당긴 것과 같이 하고, 節은 機牙를 발사하는 것과 같이 하여야 한다.〔激水之疾 至於漂石者 勢也 鷙鳥之疾 至於毁折者 節也 故善戰者 其勢險 其節短 勢如彍弩 節如發機〕"라는 구절의 일부를 인용한 것이다.

그러므로 말하기를 "우리 군대의 器用을 편리하게 하고 우리 군대의 武勇을 길러서 발동하기를 사나운 새가 공격하는 것과 같이 하고, 〈세차게 흐르는 물이〉 천 길의 계곡을 달려가는 것처럼 한다." 하였으니, 이는 기세를 험하게 하고 節을 짧게 하여 적에게 승리하고자 하는 것이다.

지금 나라들이 환난을 받는 까닭은, 많은 幣帛을 가지고 외국에 聘問을 나가고 사랑하는 자식을 인질로 보내고 국경에 있는 땅을 割讓해 주어서, 天下 諸侯들의 원조하는 군대를 얻어 헛된 이름으로 10만 대군이라 하나, 그 실제는 수만에 지나지 않기 때문이다.

其兵來者 無不謂將曰 無爲人下하고 **先戰**이라하나니 **其實**은 **不可得而戰也**니라

원조하러 오는 자들이 모두 장수에게 이르기를 "남의 아래가 되지 말고 먼저 싸우라."고 하는데, 그 실제는 싸울 수가 없는 것이다.

其兵之來助者 無不謂其將曰 無爲人下하고 先戰이라하나니 損兵而折衆하여 其實은 不可得而戰也라

구원하러 오는 나라의 군주들이 모두 그 장수에게 이르기를 "남의 아래가 되지 말고 먼저 싸우라."고 하는데, 군대를 잃고 무리를 잃어서 그 실제는 싸울 수가 없는 것이다.

量吾境內之民하여 **無伍**면 **莫能正矣**라 **經制十萬之衆**하여 **而王必能使之衣吾衣**하고 **食吾食**이로되 **戰不勝**하고 **守不固者**는 **非吾民之罪**요 **內自致也**라 **天下諸國**이 **助我戰**은 **猶良驥騄駬之駛**에 **彼駑馬鬐興角逐**이니 **何能紹吾氣哉**아

우리 경내의 백성을 헤아려서 行伍를 만들지 못하면 바로잡을 수가 없는 것이다. 10만의 병력을 통제해서 王이 반드시 병사들로 하여금 자신의 옷을 입히고 자신의 먹을 것을 먹이더라도, 싸워서 승리하지 못하고 수비를 견고히 하지 못하는 것은 우리 병사들의 죄가 아니요, 안에서 스스로 이렇게 만든 것이다.

天下의 여러 나라가 와서 우리를 돕는 것은, 마치 좋은 驥馬와 騄駬가 질주할 적에 저 노둔한 말이 갈기를 일으키고서 角逐하는 것과 같으니, 어떻게 우리 기운을 계속하게 할 수 있겠는가.

度(탁)量吾境內之民하여 無行伍면 莫能使之正이라 今經制十萬之衆하여 而王必能使之衣吾之衣하고 食吾之食호되 若戰而不能勝하고 守而不能固者는 非是吾民之罪요 乃內自致如此也라 天下諸國이 來助我戰은 譬猶良驥騄駬[1]之快疾에 駑馬鬐鬣興起하여 與之角逐이니 何能紹續吾之氣哉아 驥騄駬는 皆良馬也요 駑는 鈍馬也라 良驥騄駬之駛는 譬敵人攻我之疾이요 駑馬角逐은 喩諸國助我之緩이니 此所以不能紹吾之氣也라

1) 驥騄駬 : 驥는 하루에 천 리를 달린다는 준마를 이르며, 騄駬는 綠耳로도 표기하는데 귀가 푸른 천리마로, 周 穆王의 八駿馬 중의 하나이다.

우리 경내의 백성을 헤아려서 行伍(군대)를 만들지 못하면 〈지금의 폐해를〉 바로잡

을 수가 없는 것이다. 지금 10만의 병력을 통제하여 王이 반드시 이들로 하여금 자신(군주)의 옷을 입히고 자신의 먹을 것을 먹이더라도, 싸워서 승리하지 못하고 지키면서 견고하지 못한 것은 우리 병사들의 죄가 아니요, 바로 안에서 스스로 이와 같이 만든 것이다.

天下의 여러 나라가 와서 우리를 도와 적과 싸우는 것은, 비유하면 좋은 驥馬와 騄駬가 경쾌하게 질주할 적에 노둔한 말이 갈기를 일으키고서 더불어 角逐하는 것과 같으니, 어떻게 우리의 기운을 계속하게 할 수 있겠는가.

驥와 騄駬는 모두 좋은 말이고, 駑는 鈍한 말이다. 좋은 驥馬와 騄駬가 경쾌하게 질주함은 적이 우리를 급히 공격함을 비유하였고, 노둔한 말이 갈기를 세우고서 角逐함은 여러 나라가 우리를 돕기를 느슨히 함을 비유한 것이니, 이 때문에 우리의 기운을 계속하지 못하는 것이다.

吾用天下之用爲用하고 **吾制天下之制爲制**하여 **修吾號令**하고 **明吾刑賞**하여 **使天下**로 **非農**이면 **無所得食**하고 **非戰**이면 **無所得爵**하여 **使民揚臂**하여 **爭出農戰**이면 **而天下無敵矣**리라

내가 天下의 財用을 사용하여 우리의 財用으로 삼고, 내가 天下의 制度를 만들어 우리의 制度로 삼아서 나의 號令을 닦고 나의 刑罰과 賞을 분명히 시행하여, 天下 사람들로 하여금 農事가 아니면 밥을 얻을 수 없고 전투가 아니면 벼슬을 얻을 수 없게 해서, 백성들로 하여금 팔뚝을 걷어붙이고 다투어 나가 농사짓고 전투하게 하면 天下에 대적할 자가 없을 것이다.

吾用天下之用하여 爲我之用하고 吾制天下之制하여 爲我之制하여 修吾國之號令하고 明吾國之刑賞하여 使天下之人으로 非務農이면 無所得食하고 非戰勝이면 無所得爵하여 使吾民揚臂하여 爭出農戰이면 而天下諸侯無敵矣리라

내가 天下의 財用을 사용하여 우리의 財用으로 삼고, 내가 天下의 제도를 만들어 우리의 제도로 삼아서 우리나라의 號令을 닦고 우리나라의 刑罰과 賞을 밝혀서, 天下 사람들로 하여금 農事에 힘쓰지 않으면 먹을 것을 얻을 수 없고 전투하여 승리하지 않으면 官爵을 얻을 수 없게 해서, 우리 백성들로 하여금 팔뚝을 걷어붙이고 달려 나가 농사짓고 전투하게 하면 天下의 諸侯 중에 대적할 자가 없을 것이다.

○ 愚按 秦以衛鞅爲左庶長하여 定變法之令하여 民大小僇力하여 本業耕織하여 致

粟帛多者는 復(복)其身하고 事末利及怠而貧者는 擧以爲收孥하며 有軍功者는 各以率受爵하고 宗室이 非有軍功論이면 不得屬籍이라 由是로 民勇於公戰하고 怯於私鬪하여 國富兵强하니 尉繚爲商君之學者[1]는 正謂是也라

1) 尉繚爲商君之學者 : ≪漢書≫ 〈藝文志〉의 注에 "劉向의 ≪別錄≫에 이르기를 '尉繚가 商君의 학문을 했다.〔繚爲商君學〕' 하였다."는 내용이 보인다.

○ 내가 살펴보건대, 秦나라가 衛鞅(商鞅)을 左庶長으로 삼고 法令을 개정하여, 백성들은 크고 작은 이가 없이 〈부귀와 빈천을 막론하고〉 모두 힘을 다해 밭을 갈고 베를 짜는 것을 本業으로 해서, 곡식과 비단을 많이 바친 자는 자기 몸의 賦役을 면제받고, 商工業의 이익에 종사하거나 또는 게을러서 가난한 자는 모두 처자식까지 거두어 노예로 삼으며, 軍功이 있는 자는 각각 비율에 따라 官爵을 받고, 宗室도 논할 만한 軍功이 없으면 宗親의 족보에 들어갈 수 없었다. 이 때문에 백성들이 公的인 싸움에는 용감하고 사사로운 싸움에는 두려워하여 나라가 부유하고 군대가 강하였으니, 尉繚가 商君의 학문을 했다는 것은 바로 이것을 말한 것이다.

故로 曰 發號出令이면 信行國內라하니 民言이 有可以勝敵者어든 毋許其空言하고 必試其能戰也라 視人之地而有之하고 分人之民而畜之는 必能內有其賢者也니 不能內有其賢하고 而欲有天下면 必覆軍殺將이라 如此면 雖戰勝而國益弱하고 得地而國益貧이니 由國中之制弊矣일새니라

그러므로 말하기를 "號令을 내면 믿음이 나라 안에 行해져야 한다." 하였으니, 백성의 말 중에 '敵을 이길 수 있는 좋은 계책이 있다.'고 하거든 빈말로 인식하지 말고, 반드시 실제로 싸울 수 있는가를 시험하여야 한다.

적의 영토를 보고서 차지하고 적의 백성을 나누어 기르는 것은 반드시 안에 賢者가 있어야 한다. 안에 賢者가 있지 못하고서 天下를 소유하고자 하면 반드시 군대를 전복시키고 장수를 죽이게 된다. 이와 같으면 비록 싸워서 승리하더라도 나라는 더욱 약해지고, 영토를 얻더라도 나라는 더욱 가난해지니, 이는 국내의 제도가 피폐하기 때문이다.

故로 曰 發號出令하면 使信行於國內라하니 此亦商君徙木示信之意[1]라 民言이 有可以勝敵이어든 毋許其空言하고 必嘗試其果能戰與否也라 視他人之地而己有

之하고 分他人之民而己畜之는 必能內有其賢人也니 不能內有賢人하고 而欲有天下之衆이면 必致覆軍殺將이라 如此면 雖戰勝而國勢益弱하고 得地而國用益貧이니 由國中之制凋弊矣일새라 如吳雖能破越破楚하고 得志齊晉이나 武子之去하고 伍員之死에 國無賢人하고 財用凋弊하여 而卒爲句踐所滅耳[2)]라

1) 商君徙木示信之意 : 商君은 戰國時代 衛나라 公族 출신으로, 法家의 대표적 인물로 꼽히는 公孫鞅(B.C. 390~B.C. 338)을 이르는데, 衛나라 公族이므로 衛鞅이라고도 칭하며, 秦나라에서 공을 세워 商於(오)라는 땅에 봉해져 商鞅 또는 商君이라고 칭하게 되었다. 孝公에게 등용되어 많은 반대파들을 형벌로 탄압하며 국가의 법령과 제도를 대대적으로 개혁하고 부국강병을 이루어 秦나라를 반석 위에 올려놓았다.

   처음 발탁되어 개혁정치를 단행하면서 백성들이 새로 제정한 법령을 믿지 않을까 우려하여, 세 길쯤 되는 나무를 도성의 시장 南門에 세워놓고, 백성들에게 "이것을 北門으로 옮겨놓는 자에게는 金 10근을 주겠다."라고 懸賞하였다. 그러나 백성들이 괴이하게 생각하여 아무도 옮겨놓지 않자, 다시 "이것을 北門으로 옮겨놓는 자에게는 金 50근을 주겠다." 하였는데, 어떤 사람이 반신반의하며 이것을 옮겨놓자, 金 50근을 즉석에서 주어 백성들에게 신의를 증명하고 새로운 법령을 공포하였다. 이 법령을 시행한 지 10년 만에 秦나라는 강대국이 되었다. ≪史記 권60 商君列傳≫

2) 吳雖能破越破楚……而卒爲句踐所滅耳 : 춘추시대 吳王 夫差가 謀士인 伍員과 名將인 孫武를 등용해서 나라를 강대국으로 만들고는 부친 闔閭를 죽게 한 越나라에 복수전을 전개하여 越王 句踐의 항복을 받아내고 楚나라를 공격하여 都城인 郢 땅까지 쳐들어갔으며, 齊・晉과 패권을 다투는 등 강성함을 자랑하였다. 그러나 승리에 도취되어 간신들의 말을 따라 伍員을 죽이고 孫武를 떠나가게 함으로써 끝내 越나라에게 패망한 일을 가리킨 것이다.

그러므로 말하기를 "號令을 내면 믿음이 나라 안에 行해져야 한다." 하였으니, 이 또한 商君이 나무를 옮겨 믿음을 보인 뜻이다. 백성의 말 중에 '敵을 이길 수 있는 좋은 계책이 있다.'고 하면, 빈말로 인식하지 말고 반드시 그 계책을 시행하면 과연 잘 싸울 수 있는가의 여부를 시험하여야 한다.

다른 사람의 영토를 보고서 자기가 차지하고, 다른 사람의 백성을 나누어 자기가 기르려면 반드시 안에 賢者가 있어야 하니, 안에 賢者가 있지 못하고서 天下의 무리를 소유하고자 하면 반드시 군대를 전복시키고 장수를 죽이게 된다. 이와 같으면 비록 싸워서 승리하더라도 國勢가 더욱 약해지고 영토를 얻더라도 나라의 財用이 더욱 가난해지니, 이는 국내의 제도가 피폐하기 때문이다.

예컨대, 吳나라가 비록 越나라와 楚나라를 격파하고 齊나라와 晉나라에게서 뜻(패

권)을 얻었으나, 孫武子가 떠나가고 伍員이 죽자, 나라에 賢人이 없고 財用이 피폐하여 끝내 越王 句踐에게 멸망한 것과 같은 것이다.

戰威 第四 제4편 戰鬪의 威嚴

戰威者는 **論戰之威也**니 **戰無威**면 **奚足以制勝**이리오 **故**로 **取其義以名篇**하니라

戰威는 戰鬪의 威嚴을 論한 것이니, 전투에 위엄이 없으면 어떻게 승리할 수 있겠는가. 그러므로 그 뜻을 취하여 篇의 이름으로 삼은 것이다.

凡兵은 **有以道勝**하고 **有以威勝**하고 **有以力勝**하니 **講武料敵**하여 **使敵之氣失而師散**하여 **雖形全而不爲之用**이면 **此**는 **道勝也**요 **審法制**하고 **明賞罰**하고 **便器用**하여 **使民有必戰之心**이면 **此**는 **威勝也**요 **破軍殺將**하고 **乘闉**(인)**發機**하며 **潰衆奪地**하여 **成功乃返**이면 **此**는 **力勝也**니 **王侯知此所以三勝者**면 **畢矣**니라

무릇 군대는 道로써 승리함이 있고, 威嚴으로써 승리함이 있고, 힘으로써 승리함이 있다. 武藝를 강습하고 敵을 헤아려서 敵으로 하여금 사기를 잃게 하고 군대가 흩어지게 하여, 비록 형체는 온전하나 제대로 쓰지 못하게 하면, 이는 道로써 승리하는 것이다.

法制를 살피고 賞罰을 분명히 하고 兵器의 사용을 편리하게 하여 백성들로 하여금 必戰의 마음을 갖게 하면, 이는 위엄으로써 승리하는 것이다.

敵軍을 격파하여 敵將을 죽이고, 적의 성문을 타고 들어가 機智를 내며 적의 무리를 궤멸시키고 적의 영토를 빼앗아서 성공하고 돌아오면, 이는 힘으로써 승리하는 것이다.

王者와 諸侯가 이 세 가지 승리하는 방법을 알면 끝나는 것이다.

凡用兵은 有以道勝者하고 有以威勝者하고 有以力勝者하니 講究吾國之武事하고 料度敵勢之虛實하여 使敵之氣喪失而師散亂하여 形雖全備나 而不能爲之用이면 此는 所謂道勝也라 夫道는 不止講武料敵이요 必先修德行政하고 養民致賢而已니

如文王伐崇에 三旬不克이어늘 退修敎而復伐之한대 因壘而降[1]하고 舜命禹征有苗할새 苗民弗率이어늘 禹班師振旅한대 帝乃誕敷文德하여 舞干羽于兩階러니 七旬而有苗格[2]이 是也라 審吾法度號令하고 明吾賞賚(뢰)刑罰하고 便吾攻守之器하여 使吾民有必戰之心이면 此는 所謂威勝이니 如田穰苴明法令하고 撫士卒[3]에 病者亦爭奮赴敵하니 燕晉聞之而退 是也라 破敵人之軍하여 而殺其將하고 乘敵人之城闉하여 而發吾兵機以決勝하고 潰散敵衆하여 而奪彼之地하고 旣成功乃返國이면 此는 所謂力勝也니 如韓信下井(徑)〔陘〕[4]하여 斬陳餘하고 收趙地[5]하며 鄭伯伐許할새 瑕叔盈以蝥弧(모호)登城하여 周麾而呼한대 鄭師畢登하여 遂入許[6] 是也라 爲王侯而知此所以三勝者면 能事畢矣라

1) 文王伐崇……因壘而降 : 崇은 國名으로, 崇나라 제후인 虎는 周 文王을 殷나라의 紂王에게 참소한 자이다. 이 내용은 ≪春秋左氏傳≫ 僖公 19년 조에 "宋나라 사람이 曹나라를 포위하였으니, 복종하지 않는다 하여 토벌한 것이었다. 宋나라의 子魚가 宋公에게 아뢰기를 '옛날 文王은 崇나라가 혼란하다는 말을 듣고 정벌하였는데, 30일이 지나도 항복하지 않자 물러가 文敎를 닦고 다시 정벌하여 예전의 보루를 증축하지 않고 그대로 사용해서 항복받았습니다.〔文公聞崇德亂而伐之 軍三旬而不降 退修敎而復伐之 因壘而降〕' 하였다."라고 보인다.

干羽格苗圖

2) 舜命禹征有苗……七旬而有苗格 : 이 내용은 ≪書經≫ 〈大禹謨〉에 "〈舜임금이 禹王에게 명하여 有苗를 정벌하였으나〉 30일을 有苗의 백성들이 명을 거역하자, 益이 禹王을 도와 이르기를 '德은 하늘을 감동시켜 멀어도 이르지 않음이 없으니, 자만하면 덜어짐을 부르고 겸손하면 더함을 받는 것이 바로 天道입니다. 舜임금이 처음 歷山에서 밭에 가시어 날마다 하늘과 부모에게 울부짖으시어 죄와 악을 자신에게 돌리시고 공경히 일하여 瞽瞍를 뵙되 공경하고 두려워하시니, 고수 또한 믿고 따랐습니다. 지극한 정성은 神明을 감동시키니, 하물며 이 有苗이겠습니까.' 하였다. 禹王이 善言에 절하며 '아! 너의 말이 옳다.' 하고는 回軍하고 군대를 거두자, 舜임금이 마침내 文德

을 크게 펴시어 방패와 깃일산으로 두 뜰에서 춤을 추셨는데, 70일 만에 有苗가 와서 항복하였다.〔三旬 苗民逆命 益贊于禹曰 惟德動天 無遠弗屆 滿招損 謙受益 時乃天道 帝初于歷山 往于田 日號泣于旻天 于父母 負罪引慝 祗載見瞽瞍 夔夔齊慄 瞽亦允若 至誠感神 矧玆有苗 禹拜昌言曰 兪 班師振旅 帝乃誕敷文德 舞干羽于兩階 七旬有苗格〕"라고 보인다.

有苗는 바로 三苗이며, 瞽瞍는 舜임금의 아버지인데 後妻에게 미혹되어 孝子인 舜임금을 죽이려 한 자이다. 옛날 춤을 출 적에 방패와 창을 잡고 춤추는 것을 武舞라 하고, 깃으로 만든 부채나 일산을 잡고 춤추는 것을 文舞라 하였다.

3) 田穰苴明法令 撫士卒 : 穰苴는 春秋時代 齊 景公 때의 名將으로 姓이 田氏인데, 뒤에 司馬 벼슬을 하여 司馬氏가 되었다. 晉나라와 燕나라가 연합하여 齊나라를 침공하자, 景公이 名相 晏嬰의 천거로 당시 미천하였던 穰苴를 大將으로 기용하였는데, 穰苴는 景公의 총신인 監軍 莊賈가 군령을 어기고 약속한 시간에 늦게 오자, 그를 참형에 처하여 시신을 군영에 돌려 법령을 밝혔다. 그리고 출정하여서는, 병사들이 머무는 곳과 우물과 부엌, 음식물을 살피고 병을 앓는 자를 문병하고 의약품을 챙겨주어 몸소 병사들을 어루만졌으며, 將軍의 물자와 양식을 모두 가져다가 병사들에게 宴享을 베풀고, 병사들과 공평하게 양식을 나누었다. 그리고 가장 몸이 허약한 자를 보호해서 3일 후에 군대를 무장시키니, 병석에 누워있던 자들이 모두 출전할 것을 요청하여 다투어 나와 싸움에 달려왔다. 晉나라와 燕나라의 군대가 이 말을 듣고 물을 건너가 해산하였다. ≪史記 권64 司馬穰苴列傳≫

4) (徑)〔陘〕: 저본의 '徑'은 明本에 의거하여 '陘'으로 바로잡았다.

5) 韓信下井(徑)〔陘〕……收趙地 : B.C. 204년에, 漢나라의 將軍인 韓信이 張耳와 함께 수만의 병력을 거느리고 동쪽으로 趙나라를 공격하자, 趙王 歇과 成安君 陳餘가 병력을 井陘 어구에 집결시켜 대치하였다. 韓信은 井陘의 좁은 길로 내려가 背水陣을 치고 결사적으로 싸워서 승리하고, 몰래 奇兵을 내보내 趙나라 병사들이 성벽을 비운 틈을 타 趙軍의 성벽을 기습 점거함으로써, 趙軍을 대파하고 陳餘를 참수하고 趙王 歇을 사로잡아 趙나라를 점령하였다. ≪史記 권92 淮陰侯列傳≫

6) 鄭伯伐許……遂入許 : 鄭伯은 춘추시대 鄭나라의 군주로, 제후는 公·侯·伯·子·男의 다섯 등급이 있었는데, 鄭나라가 伯爵이었기 때문에 이렇게 칭한 것이며, 蝥弧는 鄭伯이 사용하였던 旗의 이름이다.

B.C. 712년 7월에 鄭伯이 魯 隱公·齊나라 군주와 許나라를 토벌했는데, 이때 鄭나라의 용사 穎考叔이 蝥弧를 들고 성으로 오르다가 화살을 맞고 죽자, 瑕叔盈이 다시 이 깃발을 가지고 성위로 올라가 鄭伯이 성에 올랐다고 고함치니, 사기가 오른 鄭나라 군대가 일제히 올라가 許나라의 성을 점령하였다. ≪春秋左氏傳 隱公 11년≫

무릇 用兵에는 道로써 승리함이 있고, 위엄으로써 승리함이 있고, 힘으로써 승리함이 있다. 자기 나라의 武藝의 일을 講究하고 敵의 형세의 허실을 자세히 헤아려 敵으로 하여금 사기를 잃어 군대가 흩어지고 혼란하게 만들어서, 형체는 비록 온전히 갖추어졌으나 제대로 쓰지 못하게 하면, 이는 이른바 道로써 승리한다는 것이다. 道는 武藝의 일을 講究하고 敵을 헤아림에 그치지 않고, 반드시 먼저 德을 닦고 仁政을 행하며 백성을 기르고 賢者를 招致해야 한다.

예컨대 文王이 崇나라를 정벌할 적에 30일이 되어도 승리하지 못하자 물러가 文敎를 닦고 다시 정벌하였는데, 전에 있던 보루를 그대로 이용하여 崇나라를 항복시켰고, 舜임금이 禹王에게 명하여 有苗를 정벌하게 하였으나, 有苗의 백성들이 따르지 않자 禹王이 회군하니, 舜임금이 마침내 文德을 크게 펴서 두 뜰에서 방패와 깃털로 춤을 추었는데, 70일 만에 有苗가 와서 복종한 것이 이것이다.

우리의 法度와 號令을 자세히 살펴 내리고 우리의 賞罰을 분명히 시행하며, 우리의 공격하고 수비하는 兵器를 편리하게 하여 우리의 백성(병사)들로 하여금 必戰의 마음을 갖게 하면, 이는 이른바 위엄으로써 승리한다는 것이다.

예컨대 田穰苴가 法令을 밝히고 병사들을 어루만지자, 병든 병사들도 다투어 敵에게 달려가니, 燕나라와 晉나라에서 이 말을 듣고 군대를 후퇴한 것이 이것이다.

敵의 군대를 격파하여 적의 장수를 죽이고, 적의 성문을 타고 들어가서 우리 군대의 機智를 내어 승리를 거두며, 적의 군대를 궤멸시키고 흩어지게 해서 저들의 땅을 빼앗고 성공한 뒤에 나라로 돌아오면, 이는 이른바 힘으로써 이긴다는 것이다.

예컨대 韓信이 군대를 이끌고 井陘으로 내려가서 陳餘의 목을 베고 趙나라 땅을 차지하였으며, 鄭伯이 許나라를 정벌할 적에 瑕叔盈이 蝥弧 깃발을 가지고 城으로 올라가 사방으로 휘두르면서 고함치자, 鄭나라 군대가 모두 城으로 올라가 마침내 許나라로 쳐들어간 것이 이것이다.

王者와 諸侯가 되어서 이 승리하는 세 가지 방법을 알면 훌륭한 일이 끝나는 것이다.

夫將之所以戰者는 **民也**요 **民之所以戰者**는 **氣也**니 **氣實則鬪**하고 **氣奪則走**하나니라

장수가 싸울 수 있는 것은 백성 때문이요 백성들이 싸울 수 있는 것은 기운 때문이니, 기운이 충실하면 싸우고 기운을 빼앗기면 패주한다.

夫將之所以戰者는 民爲之本也요 民之所以戰者는 氣爲之主也니 氣充實이면 則能與敵戰하고 氣爲彼所奪이면 則敗走矣라 氣實者는 靜也, 治也, 飽也, 佚也요 氣奪者는 飢也, 勞也, 亂也, 喧譁(훤화)也라

장수가 싸울 수 있는 것은 백성(병사)이 근본이 되고, 백성들이 싸울 수 있는 것은 기운(士氣)이 주장이 되니, 기운이 충실하면 적과 잘 싸우고 기운을 적에게 빼앗기면 패주하는 것이다.

기운이 충실한 것은 군대가 고요하고 다스려지고 배부르고 편안한 것이요, 기운을 빼앗기는 것은 군대가 굶주리고 수고롭고 혼란하고 시끄럽게 떠드는 것이다.

刑未加하고 **兵未接**에 **而所以奪敵者五**니 **一曰 廟勝之論**이요 **二曰 受命之論**이요 **三曰 踰垠**(은)**之論**이요 **四曰 深溝高壘之論**이요 **五曰 擧陳加刑之論**이니 **此五者**는 **先料敵而後動**이라 **是以**로 **擊虛奪之也**니라

형벌을 아직 가하지 않고 兵器를 접촉하기 전에 敵의 기운을 빼앗는 것이 다섯 가지이니, 첫 번째는 廟堂에서 승리하는 論이요, 두 번째는 장수가 임명을 받는 論이요, 세 번째는 江岸을 넘어가는 論이요, 네 번째는 해자를 깊이 파고 보루를 높이 쌓는 論이요, 다섯 번째는 온 진영에 형벌을 가하는 論이다.

이 다섯 가지는 먼저 敵을 헤아린 뒤에 출동한다. 이 때문에 敵의 허약한 곳을 공격하여 敵의 기운을 빼앗는 것이다.

刑未加人하고 兵未接戰에 而所以能奪敵者 有五事하니 初一曰 廟勝之論이니 卽孫子所謂未戰而廟算勝者는 得算多也之義[1)]요 次二曰 受命之論이니 卽太公論立將之義[2)]요 次三曰 踰垠之論이니 垠은 是岸也니 卽太公所謂越江河渡溝塹之義[3)]요 次四曰 深溝高壘之論이니 深溝高壘는 所(以)〔謂〕[4)]守而欲其固也요 次五曰 擧陣加刑之論이니 擧陣加刑은 所(以)〔謂〕戰而欲其勝也라 此五者는 先料敵之强弱虛實而後에 可動이니 此所以能擊敵人之虛而奪彼之氣也라

1) 孫子所謂未戰而廟算勝者 得算多也之義 : 이 내용은 ≪孫子≫ 〈始計〉에 "싸우기 전에 廟堂에서 계산하여 우세한 자는 승산을 얻음이 많은 것이요, 싸우기 전에 묘당에서 계산하여 우세하지 못한 자는 승산을 얻음이 적은 것이다.〔夫未戰而廟算勝者 得算多也 未戰而廟算不勝者 得算少也〕"라고 보이는데, 劉寅은 ≪直解≫에서 "싸우기 전에 묘당의 위에서 미리 다섯 가지 일과 일곱 가지 계략을 가지고 비교하고 헤아려서 혹 8, 9를 얻으면 이는 승산을 얻음이 많아 반드시 승리하는 것이요, 싸우기 전에 묘당의 위에서 다섯 가지 일과 일곱 가지 계책으로 비교하고 헤아려서 혹 4, 5를 얻으면 이는 승산을 얻음이 적어서 승리하지 못하는 것이다."라고 풀이하였다. 다섯 가지 일과 일곱 가

지 계략은 〈始計〉에 자세히 보인다.

2) 太公論立將之義 : 太公이 大將을 세우는 방도에 대해 논한 것으로 ≪六韜直解≫ 〈立將〉에 자세히 보인다.

3) 太公所謂越江河渡溝塹之義 : 太公이 武王과 함께 강하와 같은 큰 물을 건너는 장비와 도랑과 참호를 건너는 장비를 논한 내용이 ≪六韜直解≫ 〈軍用〉에 자세히 보인다.

4) (以)〔謂〕 : 저본의 '以'는 明本에 의거하여 '謂'로 바로잡았다.

형벌을 아직 적에게 가하지 않고 병기로 접전하여 싸우기 전에 敵의 기운을 빼앗을 수 있는 것이 다섯 가지 일이 있다.

첫 번째는 廟堂(조정)에서 승리하는 論이니, 바로 ≪孫子≫에 이른바 '싸우기 전에 廟堂의 勝算이 우세한 자는 좋은 계책이 많다.'는 뜻이다.

다음 두 번째는 장수가 임명을 받는 論이니, 바로 太公이 장수를 세우는 뜻을 論한 내용이다.

다음 세 번째는 江岸을 넘어가는 論으로, 垠은 江岸이니, 바로 太公의 이른바 '江河를 넘고 도랑과 참호를 건너간다.'는 뜻이다.

다음 네 번째는 해자를 깊이 파고 보루를 높이 쌓는 論이니, 해자를 깊이 파고 보루를 높이 쌓음은 이른바 '지키면서 견고히 하고자 한다.'는 뜻이다.

다음 다섯 번째는 온 진영에 형벌을 가하는 論이니, 진영에 형벌을 가한다는 것은 이른바 '〈기율을 엄격히 하여〉 싸움에 승리하고자 한다.'는 것이다.

이 다섯 가지는 먼저 敵의 强弱과 虛實을 헤아린 뒤에 출동할 수 있으니, 이는 敵의 허약한 곳을 공격하여 敵의 기운을 빼앗을 수 있는 방법이다.

善用兵者는 **能奪人而不奪於人**하나니 **奪者**는 **心之機也**요 **令者**는 **一衆心也**니 **衆不審**이면 **則數**(삭)**變**이요 **數變**이면 **則令雖出**이나 **衆不信矣**니라

用兵을 잘하는 자는 적을 빼앗고 적에게 빼앗기지 않으니, 적을 빼앗는 것은 내 마음의 機智이고, 號令은 병사들의 마음을 통일시키는 것이다. 병사들을 자세히 살피지 못하면 일을 자주 변경하게 되고, 일을 자주 변경하면 장수가 비록 명령을 내더라도 병사들이 믿지 않는다.

善用兵者는 能奪人之氣하고 不可奪於人也니 奪人者는 吾心之機也요 號令者는 齊一衆心者也라 衆人之心을 吾不能審而察之면 則是非邪正之分에 而事必數更變이요 事數更變이면 則號令雖出이나 衆人亦不信矣리라

用兵을 잘하는 자는 적의 기운을 빼앗고 적에게 기운을 빼앗기지 않으니, 적의 기운을 빼앗는 것은 내(장수) 마음의 機智이고, 號令은 병사들의 마음을 가지런히 하고 통일시키는 것이다. 병사들의 마음을 내가 자세히 살피지 못하면 是非와 邪正을 분별함에 있어 일을 반드시 자주 변경하게 될 것이요, 일을 자주 변경하면 장수가 비록 號令을 내더라도 병사들이 믿지 않을 것이다.

故로 令之之法은 小過無更(경)하고 小疑無中이라 故로 上無疑令이면 則衆不二聽하고 動無疑事면 則衆不二志하나니 未有不信其心而能得其力者也요 未有不得其力而能致其死戰者也니라

그러므로 병사들을 명령하는 방법은, 조금 잘못된 것은 변경하지 말고, 작은 의심은 중지하지 말아야 한다. 그리하여 위에서 의심스러운 명령이 없으면 사람들이 의심하여 듣지 않고, 출동함에 의심하는 일이 없으면 병사들이 의심하는 마음을 품지 않으니, 병사들의 마음을 믿게 하지 못하고서 병사들의 힘을 얻는 장수는 있지 않으며, 병사들의 힘을 얻지 못하고서 결사적으로 싸우게 하는 장수는 있지 않은 것이다.

故로 施令之法은 小過를 無得而更하고 小疑를 無以爲中이라 故로 上無疑二之令이면 則衆人亦不疑二於聽하니 二亦疑也라 動無疑惑之事면 則衆人亦不疑二其志하니 言上之令一이면 則下之聽自專이요 上之事一이면 則下之志自定이니 未有不信其心而能得其力者也요 亦未有不先得其力而能致衆人之死戰者也라

그러므로 명령을 시행하는 방법은, 조금 잘못된 것은 변경하지 말고 그대로 밀고 나가고, 작은 의심은 중지하지 말고 그대로 추진하여야 한다. 그리하여 위에서 의심하는 명령이 없으면 병사들 또한 명령을 들음에 의심〔二〕하지 않으니, '二' 또한 의심하는 것이다. 출동함에 의혹하는 일이 없으면 병사들 또한 마음에 의심하지 않으니, 윗사람의 명령이 전일하면 아랫사람들의 들음이 저절로 전일해지고 윗사람의 일이 전일하면 아랫사람들의 뜻이 저절로 定해짐을 말한 것이다.

병사들의 마음을 믿게 하지 못하고서 병사들의 힘을 얻는 자는 있지 않으며, 또한 먼저 병사들의 힘을 얻지 못하고서 병사들을 결사적으로 싸우게 만드는 자는 있지 않은 것이다.

故로 **國必有禮信親愛之義**면 **則可以飢易飽**요 **國必有孝慈廉恥之俗**이면 **則可以死易生**이니라

그러므로 나라에 만일 禮와 信과 親愛의 義가 있으면 굶주림을 배부름으로 바꿀 수 있고, 나라에 만일 孝慈와 廉恥의 풍속이 있으면 죽음을 삶으로 바꿀 수 있는 것이다.

故로 國家必有禮信親愛之義면 則可以飢易而爲飽라 禮者는 敬之理요 信者는 實之理요 親愛則仁之用也며 以飢易飽는 是飢可易而爲飽也라 國家必有孝慈廉恥之俗이면 則可以死易而爲生이라 孝者는 善能事親이요 慈者는 善能字幼요 廉者는 守己以不貪이요 恥者는 羞己之不善이며 以死易生은 是雖處死地나 可易而爲生也라 謂上能以道率下면 則下以死事上이니 卽孫子所謂令民與上同意하여 可與之同死同生[1]이요 孟子所謂壯者以暇日로 修其孝悌忠信하여 入以事其父兄하고 出以事其長上이면 可使制梃하여 以撻秦楚[2]之義라

1) 孫子所謂令民與上同意 可與之同死同生 : 이 내용은 ≪孫子≫ 〈始計〉의 "道란 백성(병사)들로 하여금 윗사람과 뜻을 함께하여 함께 죽고 함께 살아서 위태로움을 두려워하지 않는 것이다.〔道者 令民與上同意 可與之死 可與之生 而不畏危也〕"라는 구절을 원용한 것이다.

2) 孟子所謂壯者以暇日……以撻秦楚 : 이 내용은 ≪孟子≫ 〈梁惠王 上〉의 "장성한 자들이 한가한 날을 이용하여 孝悌와 忠信을 닦아서 들어가서는 父兄을 섬기고 나가서는 長上을 섬길 것이니, 이들로 하여금 몽둥이를 만들어 秦나라와 楚나라의 견고한 갑옷과 예리한 병기를 매질하게 할 수 있을 것이다.〔壯者以暇日 修其孝悌忠信 入以事其父兄 出以事其長上 可使制梃 以撻秦楚之堅甲利兵矣〕"라는 구절을 원용한 것이다.

그러므로 國家에 만일 禮와 信과 親愛의 義가 있으면 굶주림을 바꾸어 배부르게 만들 수 있는 것이다.

禮는 恭敬하는 이치요, 信은 眞實의 이치요, 親愛는 仁의 用이며, 굶주림을 배부름으로 바꾼다는 것은 굶주린 것을 바꾸어 배부르게 만드는 것이다.

國家에 반드시 孝慈와 廉恥의 풍속이 있으면 죽음을 삶으로 바꿀 수 있는 것이다.

孝는 어버이를 잘 섬기는 것이요, 慈는 어린아이를 잘 사랑하는 것이요, 廉은 자기 몸을 탐욕하지 않음으로써 지키는 것이요, 恥는 자신이 善하지 못한 것을 부끄러워하는 것이며, 죽음을 삶으로 바꾼다는 것은 비록 죽을 땅에 처하였으나 바꾸어 살 수 있게 하는 것이다.

이는 윗사람이 능히 道로써 아랫사람들을 통솔하면 아랫사람들이 죽음으로써 윗사람을 섬김을 말한 것이니, 바로 ≪孫子≫에 이른바 '백성들로 하여금 윗사람과 마음을 함께하여 함께 죽고 함께 살 수 있다.'는 것이요, ≪孟子≫에 이른바 '장성한 자들이 한가로운 날을 이용하여 孝悌와 忠信을 닦아서 들어가서는 父兄을 섬기고 나가서는 長上을 섬기면, 백성들로 하여금 몽둥이를 만들어 秦나라와 楚나라의 군대를 매질하게 할 수 있다.'는 뜻이다.

古者率民에 **必先禮信而後爵祿**하고 **先廉恥而後刑罰**하고 **先親愛而後律其身**하니라

옛날 백성들을 통솔할 적에 반드시 禮와 信을 먼저 하고 爵祿을 뒤에 하였으며, 廉恥를 먼저 하고 刑罰을 뒤에 하였으며, 親愛를 먼저 한 뒤에 병사들의 몸을 다스렸다.

古者에 人君之率民에 必先以禮信服之而後에 用爵祿勸之하고 先以廉恥化之而後에 用刑罰威之하고 先以親愛結之而後에 用法以律其身하니 卽李衛公所謂愛設於先하고 威加於後之義[1)]라

1) 李衛公所謂愛設於先 威加於後之義 : 이 내용은 ≪李衛公問對≫ 中卷에 "사랑을 앞에 베풀고 위엄을 뒤에 베풀어야 하니, 이것을 반대로 해서는 안 된다.〔愛設於先 威設於後 不可相反是也〕"라고 보인다.

옛날에 人君이 백성을 통솔할 적에 반드시 먼저 禮와 信으로써 백성들을 복종시킨 뒤에 爵祿을 사용하여 권면하였고, 먼저 廉恥로써 백성들을 교화한 뒤에 형벌을 사용하여 위엄을 보였고, 親愛로써 백성들을 결속시킨 뒤에 법을 사용하여 병사들의 몸을 다스렸으니, 이는 바로 李衛公(李靖)의 이른바 '사랑은 먼저 베풀고 위엄은 뒤에 가한다.'는 뜻이다.

故로 **戰者**는 **必本乎率身以勵衆士**하여 **如心之使四支也**라 **志不勵**면 **則士不死節**이요 **士不死節**이면 **則衆不戰**이니라

그러므로 전쟁을 하는 자는 반드시 윗사람이 몸소 솔선하여 병사들을 격려함을 근본으로 삼아서 마치 마음이 四肢를 부리듯이 하여야 하는 것이다. 마음이 격려되지 않으면 장병들이 忠節에 죽지 않고, 장병들이 忠節에 죽지 않으면 병사들이 싸우지 않게 된다.

故로 戰者는 必本乎上之人이 率身以激勵衆士하여 如一心之使四肢也라 志不激勵면 則士不死節이요 士旣不死節이면 則衆必不可用之而戰이라

그러므로 戰鬪는 반드시 윗사람이 몸소 솔선하여 병사들을 격려해서 한 마음이 四肢를 부리는 것과 같이 하여야 하는 것이다. 마음이 격려되지 않으면 장병들이 忠節에 죽지 않고, 장병들이 충절에 죽지 않으면 병사들이 반드시 쓰여져 싸울 수 없는 것이다.

勵士之道는 **民之生**을 **不可不厚也**요 **爵列之等**과 **死喪之親**의 **民之所營**을 **不可不顯也**니 **必也因民所生而制之**하고 **因民所營而顯之**하여 **田祿之實**하고 **飮食之親**하여 **鄕里相勸**하고 **死喪相救**하고 **兵役相從**이니 **此**는 **民之所勵也**라

병사들을 격려하는 방도는 병사들의 생활을 후하게 해주지 않으면 안 되고, 爵列의 등급과 친척의 죽음과 初喪에 백성들이 경영하는 바를 드러내주지 않으면 안 된다. 반드시 백성들이 생활하는 것을 인하여 節制하고, 백성들이 경영하는 바를 인하여 드러내 밝혀주어서 田地의 녹봉을 충실하게 해주고 음식을 마련하여 서로 친하게 해주어서 鄕里에서 서로 권면하고 사망과 초상에 서로 구원하고 병역에 서로 따르게 하여야 하니, 이것이 백성들을 격려하는 방법이다.

激勵士衆之道는 民之生命을 不可不厚也니 厚生은 卽書所謂利用厚生[1)]이 是也라 官爵班列之等과 死亡喪葬之親의 民之所謀爲者를 不可不章顯之也요 必也因民之所生而制節之니 如(伍)〔五〕畝之宅에 樹之以桑이면 五十者可以衣帛이요 鷄豚狗彘之畜을 無失其時면 七十者可以食肉이요 百畝之田을 勿奪其時면 數口之家可以無飢[2)]之類 是也라 因民所謀爲而章顯之는 如天命有德이어든 五服五章[3)]하고 及喪禮衰(최)功緦麻之有服[4)]과 棺槨衣衾之有制之類 是也라 分田制祿之以實하고 飮食聚會之相親하여 使同鄕同里而相勸하고 死亡喪葬而相救하고 兵役出入而相從이니 此는 民之所以勵也라

1) 書所謂利用厚生 : 利用과 厚生은 ≪書經≫ 〈大禹謨〉에 "水·火·金·木·土와 곡식이 잘 닦여지며, 正德과 利用이 조화를 이루어, 아홉 가지 功이 펴져서 아홉 가지 펴진 것을 노래로 읊거든, 경계하고 깨우쳐서 아름답게 여기며 독려하여 두렵게 하며 九歌로 권면하여 무너지지 않게 한다.〔水火金木土穀 惟修 正德利用厚生 惟和 九功惟敍 九敍惟歌 戒之用休 董之用威 勸之以九歌 俾勿壞〕"라고 보이는데, 蔡沈은 ≪集傳≫에서 "利用

은 工人이 什器를 만들고 商人이 재화를 소통하는 따위이니 백성들의 씀을 이롭게 하는 것이며, 厚生은 비단옷을 입고 고기를 먹으며 굶주리지 않고 춥지 않게 하는 따위이니 백성들의 삶을 후하게 하는 것이며, 九歌는 水·火·木·金·土·穀과 正德·利用·厚生이 제대로 펴진 것을 노래하는 것이다."라고 풀이하였다.

2) (伍)〔五〕畝之宅……可以無飢 : 저본의 '伍'는 '五'의 誤字이다. 이 내용은 ≪孟子≫ 〈梁惠王 上〉에 그대로 보인다.

3) 天命有德 五服五章 : 이 구절은 ≪書經≫ 〈皐陶謨〉에 보이는데, 蔡沈은 ≪集傳≫에서 "五服은 다섯 등급의 服色이니, 9章부터 1章까지가 이것이다."라고 주하였는바, 다섯 등급의 服色은 公이 입는 袞冕九章과 侯·伯이 입는 鷩(별)冕七章, 子·男이 입는 毳冕五章과 孤가 입는 希(絺)冕三章, 大夫가 입는 玄冕一章을 이른다. 章은 옷에 그림을 그리고 치마에 자수를 놓는 문양을 이른다.

4) 喪禮衰(최)功緦麻之有服 : 喪禮에 입는 다섯 가지 喪服으로, 斬衰三年과 齊衰三年·期年服·大功 9월·小功 5월·緦麻 3월을 가리킨다.

장병들을 격려하는 방도는 백성(병사)들의 생활을 후하게 해주지 않을 수 없으니, 厚生은 바로 ≪書經≫에 이른바 '利用과 厚生'이 이것이다. 官爵 반열의 등급과 친척의 사망과 장례에 백성들이 도모(경영)하는 것을 드러내 보여주지 않을 수 없고, 반드시 백성들의 생활하는 것을 인하여 절제해야 하니, 5畝의 집에 뽕나무를 심으면 50세가 된 자가 비단옷을 입을 수 있고, 닭과 돼지와 개 등의 가축을 번식하는 시기를 놓치지 않으면 70세가 된 자가 고기를 먹을 수 있고, 100畝의 토지를 농사철을 빼앗지 않으면 몇 식구의 집안이 굶주림이 없을 수 있는 것과 같은 따위가 이것이다.

'백성들이 도모하는 바를 인하여 드러내어 밝혀준다.'는 것은, 하늘이 德이 있는 자에게 관직을 命하거든 다섯 등급의 官服으로 밝히고, 또 喪禮에 衰功과 緦麻의 상복과 棺槨과 衣衾의 제도가 있는 것과 같은 따위가 이것이다. 田地를 나누어 녹봉을 제정하기를 충실하게 하고 飮食을 마련하여 서로 모이고 친하게 해서, 同鄕과 同里 사람들끼리 서로 권면하고, 사망과 장례에 서로 구원하고, 병역으로 出入함에 서로 따르게 하여야 하니, 이는 백성들을 격려하는 방법이다.

使什伍如親戚하고 **卒伯如朋友**하여 **止如堵墻**하고 **動如風雨**하여 **車不結轍**하고 **士不旋踵**이니 **此**는 **本戰之道也**라

什과 伍로 하여금 친척처럼 서로 구원하게 하고, 卒伯(100명)으로 하여금 朋友처럼 만들어서, 멈춰 있을 때에는 담과 같고 출동할 때에는 폭풍우와 같아서, 수레는

바퀴를 묶지 않고 병사들은 발길을 되돌리지 않으니, 이는 戰陣의 기본 방도이다.

使什伍之人으로 如親戚之相救하고 卒伯之士로 如朋友之相信이라 止如堵墻은 言持重也요 動如風雨는 言迅速也요 車不結轍은 言務進而不務退요 士不旋踵은 言務勝而不務北니 此乃本戰之道也라 本戰者는 戰陣之本也라

什과 伍의 사람들로 하여금 親戚이 서로 구원하듯 하게 하고, 卒伯의 병사들로 하여금 朋友가 서로 믿는 것처럼 하게 하는 것이다. '멈춰 있을 때에는 튼튼한 담과 같다.'는 것은 신중히 유지함을 말한 것이요, '출동할 때에는 폭풍우와 같다.'는 것은 신속함을 말한 것이요; '수레는 바퀴를 묶지 않는다.'는 것은 전진을 힘쓰고 후퇴를 힘쓰지 않음을 말한 것이요, '병사들이 발길을 되돌리지 않는다.'는 것은 승리를 힘쓰고 패주를 힘쓰지 않음을 말한 것이니, 이는 바로 本戰의 방도이다. 本戰이란 戰陣의 기본이다.

地는 所以養民也요 城은 所以守地也요 戰은 所以守城也라 故로 務耕者는 民不飢하고 務守者는 地不危하고 務戰者는 城不圍하나니 三者는 先王之本務也라

土地는 백성을 기르는 것이요, 城郭은 땅을 지키는 것이요, 戰鬪는 城을 지키는 것이다. 그러므로 耕作을 힘쓰는 자는 백성들이 굶주리지 않고, 지키기를 힘쓰는 자는 땅이 위태롭지 않고, 戰鬪를 힘쓰는 자는 城이 포위되지 않으니, 이 세 가지는 先王의 본분의 일이다.

土地는 所以養民也요 城池는 所以守地也요 戰鬪는 所以守城也라 故로 務耕種者는 民不飢餒하고 務固守者는 地不傾危하고 務戰鬪者는 城不被圍하나니 三者는 乃先王之本務也라

土地는 백성을 기르는 것이요, 城과 해자는 땅을 지키는 것이요, 전투는 城을 지키는 것이다. 그러므로 耕作을 힘쓰는 자는 백성들이 굶주리지 않고, 굳게 수비함을 힘쓰는 자는 땅(영토)이 기울거나 위태롭지 않고, 전투를 힘쓰는 자는 城이 포위당하지 않으니, 이 세 가지는 바로 先王의 본분의 일이다.

本務者는 兵最急이라 故로 先王專於兵이 有五焉하니 委積不多면 則士不行하고 賞祿不厚면 則民不勸하고 武士不選이면 則衆不强하고 器用不備면 則力不壯하고 刑賞不中이면 則衆不畏하니 務此五者하면 靜能守其所固하고 動能成其所欲이니라

본분의 일은 군대에서 가장 우선으로 여기는 것이다. 그러므로 先王이 군대에 專一하게 함이 다섯 가지가 있으니, 양식의 저축이 많지 않으면 병사들이 출동하지 못하고, 賞과 祿이 많지 않으면 백성들이 권면되지 못하고, 武士를 선발하지 않으면 병사들이 강하지 못하고, 兵器가 구비되지 않으면 힘이 건장하지 못하고, 형벌과 賞이 도리에 맞지 않으면 병사들이 법령을 두려워하지 않으니, 이 다섯 가지를 힘쓰면 고요할 때에는 견고함을 지킬 수 있고, 출동할 때에는 하고자 하는 바를 성취할 수 있는 것이다.

本務者는 唯兵最爲急이라 故로 先王專於兵이 有五事焉이라 委는 糧食也니 糧食積聚不多면 則士衆不行하고 賞賚爵祿不厚면 則民不勸하고 武士不選簡이면 則衆不强하고 器用不完備면 則力不壯하고 刑賞不中節이면 則衆不畏하니 務此五事하면 靜能保守其所固하고 動能成就其所欲이라

본분의 일은 군대를 가장 우선으로 여기는 것이다. 그러므로 先王이 군대에 專一하게 함이 다섯 가지 일이 있는 것이다. 委는 糧食이니, 양식이 많이 쌓여있지 않으면 병사들이 출동하지 못하고, 賞과 爵祿이 많지 않으면 백성들이 권면되지 못하고, 武士를 제대로 선발하지 않으면 병사들이 강하지 못하고, 器用이 완전히 구비되지 못하면 힘이 건장하지 못하고, 형벌과 賞이 도리에 맞지 않으면 병사들이 법령을 두려워하지 않으니, 이 다섯 가지 일을 힘쓰면 고요할 때에는 견고함을 보존하여 지키고, 출동할 때에는 하고자 하는 바를 성취할 수 있는 것이다.

夫以居攻出이면 則居欲重하고 陳欲堅하고 發欲畢하고 鬪欲齊니라

居守를 공격과 출동에 비교하면, 居守할 때에는 신중하고자 하고 진영은 견고하고자 하며, 출동할 때에는 일제히 일어나고자 하고 戰鬪할 때에는 똑같이 힘을 쏟고자 하는 것이다.

夫以居守之法으로 而較攻出之法이면 則居守欲持重하고 布陣欲堅固하고 發伏欲併力而出하고 戰鬪欲齊心而進이라 ○ 愚按居攻出上下에 恐有闕文誤字라

居守(거주하여 수비함)하는 방법을 가지고 공격하고 출동하는 방법에 비교하면, 居守할 때에는 신중하고자 하고 포진은 견고하고자 하며, 매복한 군대를 출동시킬 때에는 힘을 모두 모아 출동시키고자 하고 전투할 때에는 합심하여 전진하고자 하는 것이다.

○ 내가 살펴보건대 '居攻出' 위아래에 빠진 글이나 誤字가 있는 듯하다.

王國은 富民하고 霸國은 富士하고 僅存之國은 富大夫하고 亡國은 富倉府하나니 所謂上滿下漏하여 患無所救니라

王者의 나라는 백성을 부유하게 하고, 霸者의 나라는 병사를 부유하게 하고, 겨우 버텨나가는 나라는 大夫를 부유하게 하고, 망하는 나라는 창고를 부유하게 하니, 이른바 '위가 가득하면 아래가 새어서 患難을 구제할 수 없다.'는 것이다.

王者之國은 務富其民하고 霸者之國은 務富其士하고 僅存之國은 富强僭之大夫하고 將亡之國은 止富倉府하나니 言不肯周貧恤匱하고 勞賞軍士니 如後唐莊宗[1]之類是也라 所謂上滿而下漏하여 禍患을 無所救矣라

1) 後唐莊宗 : 五代 後唐의 초대 황제로 이름은 存勖이다. 본래는 西突厥族으로 姓이 朱耶氏였는데, 아버지 克用이 唐나라에 귀부하여 李氏 姓을 하사받고 晉王에 봉해졌다. 아버지를 승계하여 晉王이 되어 後唐을 건국하고 梁나라를 멸망시켜 중국 북부의 대부분을 점령하였으나, 환관과 간신들의 참소를 믿고 장수와 병사들을 돌보지 않다가 반란군의 流矢를 맞고 죽었다.

王者의 나라는 백성을 부유하게 하기를 힘쓰고, 霸者의 나라는 병사를 부유하게 하기를 힘쓰고, 겨우 버텨나가는 나라는 강하고 참람된 大夫를 부강하게 하고, 장차 망할 나라는 다만 창고를 부유하게 한다. 가난하고 궁핍한 자를 구휼하지 않고, 병사들을 위로하고 賞을 주지 않음을 말한 것이니, 後唐의 莊宗과 같은 따위가 이것이다. 이는 이른바 '위가 가득하면 아래가 새어서 禍患을 구제할 수 없다.'는 것이다.

故로 曰 擧賢任能이면 不時日而事利하고 明法審令이면 不卜筮而獲吉하고 貴功養勞면 不禱祠而得福이라하니라

그러므로 말하기를 "어진 이를 등용하고 유능한 자에게 맡기면 時日을 가리지 않고도 일이 이롭고, 法令을 분명히 하고 자세히 살피면 卜筮를 하지 않고도 吉함을 얻고, 功이 있는 자를 貴하게 해주고 수고한 자를 길러주면 神明에게 기도하지 않아도 福을 얻는다."라고 한 것이다.

故로 曰 擧薦賢德하고 任使才能이면 不用時日支干而事自利요 申明法度하고 審察

號令이면 不用蓍(시)龜卜筮而自獲吉이요 貴有功者하고 養有勞者하면 (下)〔不〕[1] 用禱祠神明而自得福이라

1) (下)〔不〕: 저본의 '下'는 明本과 漢文大系本에 의거하여 '不'로 바로잡았다.

그러므로 말하기를 "어질고 德이 있는 자를 천거하고 재능이 있는 자에게 맡기면 吉한 時日의 干支를 사용하지 않아도 일이 저절로 이롭고, 法令을 거듭 밝히고 號令을 자세히 살펴서 내리면 蓍草와 거북껍질을 사용하여 卜筮하지 않아도 저절로 吉함을 얻고, 功이 있는 자를 貴하게 해주고 수고한 자를 길러주면 神明에게 기도하고 제사하지 않아도 저절로 福을 얻는다."라고 한 것이다.

又曰 天時不如地利요 地利不如人和라하니 聖人所貴는 人事而已니라

또 말하기를 "天時가 地利만 못하고 地利가 人和만 못하다." 하였으니, 聖人이 貴하게 여긴 것은 사람의 일일 뿐이다.

又曰 天時之吉이 不如得地之利요 得地之利 不如得人心之和라하니 聖人所貴는 在人事而已라 天時는 謂時日支干孤虛旺相[1]之屬이요 地利는 謂險阻城池之固요 人和는 得人心之和也라

1) 時日支干孤虛旺相 : 時는 四時이고 日은 날짜이며, 支는 十二支이고 干은 十干이다. 孤虛는 日辰에 기운이 완전하지 않음을 이르며, 旺相은 기운이 왕성하고 딴 기운이 도와줌이 있음을 이른다. 자세한 내용은 본서 59쪽의 주 1) 참조.

또 말하기를 "天時의 吉함이 땅의 이로움을 얻는 것만 못하고, 땅의 이로움을 얻는 것이 人心의 和合을 얻는 것만 못하다." 하였으니, 聖人이 貴하게 여긴 것은 사람의 일에 있을 뿐이다.

天時는 時日의 干支에 孤虛와 旺相의 등속을 이르고, 地利는 지형의 險阻와 城과 해자의 견고함을 이르고, 人和는 人心의 화합함을 얻는 것이다.

夫勤勞之師는 將必先己하여 暑不張蓋하고 寒不重衣하고 險必下步하며 軍井成而後飮하고 軍食熟而後飯하고 軍壘成而後舍하여 勞佚을 必以身同之니 如此면 師雖久나 而不老不弊하나니라

장수가 근로하는 군대는 장수가 반드시 몸소 솔선해서, 더워도 일산을 펴지 않

고 추워도 옷을 껴입지 않으며, 험한 곳에서는 반드시 수레에서 내려서 걸어가며, 군대의 우물을 만든 뒤에야 물을 마시고 군대의 밥이 지어진 뒤에야 밥을 먹고 군대의 보루가 이루어진 뒤에야 머물러 쉬어서, 수고로움과 편안함을 반드시 병사들과 함께하니, 이와 같이 하면 군대가 출동한 지 비록 오래더라도 병사들이 지치거나 피폐하지 않게 된다.

夫勤勞之師는 將必以己身先之하여 盛暑之月에 不張設傘蓋하고 隆寒之月에 不重襲衣服하고 遇險阻之地에 必先下步하며 三軍鑿井旣成이어든 而將然後飮하고 三軍炊爨(취찬)旣熟이어든 而將然後飯하고 三軍之壘旣成이어든 而將然後舍하여 或勞或佚을 必以身與士卒同之하니 若能如此하면 出師雖久나 而不老不弊라 〔如鄭文公惡高克하여 使將淸邑之兵하여 禦敵於河上하고 久而不召한대 師散而歸라 此는 蓋不與士卒同甘苦也라〕[1)]

1) 〔如鄭文公惡高克……蓋不與士卒同甘苦也〕: 鄭 文公은 春秋時代 鄭나라의 군주로 이 내용은 ≪春秋左氏傳≫ 閔公 2년 조에 보인다. 이 구절은 저본에는 없으나 漢文大系本에 의거하여 보충하였다.

장수가 勤勞하는 군대는 장수가 반드시 몸소 솔선해서, 무더운 여름철에도 일산을 펴지 않고 매우 추운 겨울철에도 의복을 껴입지 않으며, 험한 지역을 만났을 때에는 반드시 먼저 수레에서 내려 도보로 걸어가며, 三軍이 우물을 파서 이루어진 뒤에야 장수가 비로소 물을 마시고, 三軍이 밥을 지어 익은 뒤에야 장수가 비로소 밥을 먹고, 三軍의 보루가 이루어진 뒤에야 장수가 비로소 장막에 들어가 휴식해서, 수고로움과 편안함을 반드시 병사들과 함께하니, 장수가 만약 이와 같이 할 수 있으면 군대가 출동한 지 비록 오래더라도 병사들이 지치지 않고 피폐해지지 않는다.

예컨대 鄭 文公이 高克을 미워하여 高克으로 하여금 淸邑의 병사들을 거느리고 河水 가에서 적을 막게 하고는 오랫동안 부르지 않자 군대가 흩어져 돌아간 것과 같은 경우이다. 이는 장수가 병사들과 苦樂을 함께하지 않은 것이다.

攻權 第五　제5편 적을 공격하는 臨機應變

攻權者는 攻人之權法也니 攻人而知權變之法이면 則攻而必取矣라 故로 取書義以名篇하니라

攻權이란 적을 공격하는 權法(임기응변하는 방법)이니, 적을 공격하면서 權變의 방법을 알면 공격하여 반드시 점령할 수 있다. 그러므로 글의 뜻을 취하여 篇을 이름한 것이다.

兵은 以靜勝하고 國은 以專勝이니 力分者는 弱하고 心疑者는 背하나니라

군대는 고요함으로써 승리하고 나라는 專一함으로써 승리하니, 힘이 분산되는 자는 세력이 약해지고, 마음에 의심을 품는 자는 아랫사람들이 배반한다.

兵은 以安靜無譁而勝하고 國은 以專一無二而勝하니 兵之力分者는 則勢弱하고 將之心疑者는 則下背라

군대는 安靜하여 떠들지 않음으로써 승리하고 나라는 專一하여 두 마음이 없음으로써 승리하니, 군대의 힘이 분산되는 자는 세력이 약해지고, 장수의 마음이 의심하는 자는 아랫사람들의 마음이 이반된다.

夫力弱故로 進退不豪하고 縱敵不禽[1)]이라 將吏士卒이 動靜一身이니 心旣疑背면 則計決而不動하고 動決而不禁[2)]이라 異口虛言하여 將無修容하고 卒無常試면 發攻必衄(뉵)이니 是謂疾陵之兵이라하니 無足與鬪니라

1) 禽 : 擒과 통용한다.

2) 動決而不禁 : 漢文大系本 〈補註〉에는 이 구절에 대해 "이미 움직이면 둑이 터져 무너지듯하여 금하지 못한다.〔旣動而潰決不能禁〕"라고 풀이하였다.

병사들의 힘이 약하기 때문에 전진과 후퇴가 호방하지 못하고, 敵을 놓아주고

사로잡지 못하는 것이다. 將吏와 병사들이 動靜을 한 몸처럼 해야 하니, 마음이 이미 의심하여 이반되면, 계책이 결정되어도 움직이지 않고, 움직임이 결정되어도 금지하지 못한다. 딴 말을 하고 헛된 말을 하여 장수가 닦여진 모습이 없고 병사들이 일정하게 쓰여지는 직책이 없으면 출동하여 공격함에 반드시 패한다. 이것을 일러 '성급하고 능멸하는 군대'라 하니, 함께 전투할 수가 없는 것이다.

夫兵力弱이면 則進退不雄豪하고 縱敵而不能禽矣라 將吏與士卒이 動靜猶一身也니 上下之心이 旣疑且背면 則上之計決而下不動하고 下之人動決而上不禁이라 衆人異口虛言하여 爲將帥者 無修整之容하고 爲士卒者 無常試之職이면 發動攻人에 必致敗衂이니 是謂急疾憑陵之兵이라 不足與戰鬪耳라

병사들의 힘이 약하면 전진과 후퇴가 웅장하고 호방하지 못하며, 敵을 놓아주고 사로잡지 못한다. 將吏와 병사들이 動靜을 한 몸처럼 해야 하니, 윗사람이 의심하고 아랫사람의 마음이 이반되면, 윗사람의 계책이 결정되어도 아랫사람들이 움직이지 않고, 아랫사람들의 움직임이 결정되어도 윗사람이 금지하지 못한다. 사람들이 딴 말을 하고 헛된 말을 하여, 장수에게 근엄하고 정돈된 용모가 없고, 병사들에게 일정하게 쓰여지는 직책이 없으면 출동하여 적을 공격함에 반드시 패하게 된다. 이것을 일러 '너무 성급하고 능멸하는 군대'라 하니, 이런 군대와는 함께 전투할 수 없는 것이다.

將帥者는 心也요 群下者는 支節也니 其心이 動以誠이면 則支節必力하고 其心이 動以疑면 則支節必背라 夫將不心制하고 卒不節動이면 雖勝이나 幸勝也니 非攻權也니라

비유하면 장수는 마음이고 여러 부하들은 사지와 관절이니, 마음이 動할 적에 성실하게 하면 사지와 관절이 반드시 힘을 쓰고, 마음이 動할 적에 의심하면 사지와 관절이 반드시 이반된다. 장수가 마음이 되어 제재하지 못하고 병사들이 관절이 되어 움직이지 못하면, 비록 승리하더라도 요행으로 승리한 것이니, 공격의 權變이 아니다.

將帥者는 譬如人之心也요 群下者는 譬如人之支節也라 其心이 動以誠實이면 則四支百節이 必有力이요 其心이 動以疑二면 則四支百節이 必違背라 夫爲將帥者 不以心制下하고 爲士卒者 不以支節奉上이면 雖勝敵이나 但僥幸而勝也니 非攻權

之道也라

장수는 비유하면 사람의 마음과 같고, 여러 부하들은 비유하면 사람의 사지와 관절과 같다. 마음이 動할 적에 성실하게 하면 사지와 온갖 관절이 반드시 힘이 있고, 마음이 動할 적에 의심하면 사지와 온갖 관절이 반드시 이반된다. 장수가 마음이 되어 아랫사람들을 제재하지 못하고 병사가 사지와 관절이 되어 윗사람을 받들지 못하면, 비록 적을 이기더라도 요행으로 이긴 것이니, 공격의 權變이 아니다.

夫民은 **無兩畏也**라 **畏我**면 **侮敵**하고 **畏敵**이면 **侮我**하니 **見侮者**는 **敗**하고 **立威者**는 **勝**하나니라

백성들은 두 가지를 다 두려워하지는 않는다. 나를 두려워하면 적을 업신여기고, 적을 두려워하면 나를 업신여기니, 업신여김을 당하는 장수는 패하고, 위엄을 세우는 장수는 승리한다.

夫民은 無兩畏者也라 畏我면 必輕侮於敵하고 畏敵이면 必輕侮於我하니 所謂卒畏將을 甚於敵者는 勝하고 卒畏敵을 甚於將者는 敗 是也라 將見輕侮於下者는 敗하고 將能立威於上者는 勝이라

병사들은 〈장수와 적〉 두 가지를 다 두려워하지는 않는다. 나(장수)를 두려워하면 반드시 적을 가볍게 보아 업신여기고, 적을 두려워하면 반드시 나를 가볍게 보아 업신여기니, 이른바 '병사들이 적보다 장수를 더 두려워하면 승리하고, 병사들이 장수보다 적을 더 두려워하면 패한다.'는 것이 이것이다. 부하들에게 얕잡아 보이고 업신여김을 당하는 장수는 패하고, 위에서 위엄을 세울 수 있는 장수는 승리하는 것이다.

凡將能其道者는 **吏畏其將也**요 **吏畏其將者**는 **民畏其吏也**요 **民畏其吏者**는 **敵畏其民也**니라

무릇 장수가 이 방도에 능한 군대는 관리들이 자기 장수를 두려워하고, 관리들이 자기 장수를 두려워하는 군대는 병사들이 자기 관리를 두려워하고, 병사들이 자기 관리를 두려워하는 군대는 적이 이 병사들을 두려워한다.

凡將帥能其立威之道者는 吏必畏懼其將也니 將은 指大將而言이요 吏는 如春秋

時上軍大夫, 中軍大夫, 下軍大夫, 司馬及軍中有職掌者 皆是也라 吏畏懼其將者는 民必畏懼其百職事之吏也요 民畏懼其吏者는 敵人必畏懼其民也라

무릇 장수가 위엄을 제대로 세우는 군대는 관리들이 반드시 자기 장수를 두려워하니, 장수는 大將을 가리켜 말하고, 관리는 春秋 때의 上軍大夫와 中軍大夫, 下軍大夫와 司馬 및 軍中에서 직책을 맡은 자 등이 모두 여기에 해당한다. 관리가 자기 장수를 두려워하는 군대는 병사들이 반드시 여러 직책을 맡은 관리들을 두려워하고, 병사들이 자기 관리를 두려워하는 군대는 적이 반드시 이 병사들을 두려워한다.

是故로 知勝敗之道者는 必先知畏侮之權하나니 夫不愛說(열)其心者는 不我用也요 不嚴畏其心者는 不我擧也니 愛在下順하고 威在上立이라 愛故로 不二하고 威故로 不犯이니 故로 善將者는 愛與威而已니라

이 때문에 勝敗의 방도를 아는 장수는 반드시 먼저 두려워하고 업신여기는 權道를 아는 것이다. 병사들의 마음을 기쁘게 하지 못하는 장수는 병사들이 자신의 쓰임이 되지 못하고, 병사들의 마음을 두렵게 하지 못하는 장수는 병사들이 자신을 위해 출동하지 않는다.

사랑은 아랫사람들의 순종함에 달려있고, 위엄은 윗사람의 세움에 달려있다. 아랫사람을 사랑하기 때문에 의심하지 않고, 위엄이 있기 때문에 범하지 않는다. 그러므로 장수 노릇을 잘하는 것은 사랑과 위엄에 달려있을 뿐이다.

是故로 能知勝敗之道者는 必先要知畏侮之權이라 夫不愛說其士卒之心者는 不爲我用也요 不嚴畏其士卒之心者는 不爲我擧也니 愛는 在夫爲下者之能順이요 威는 在夫爲上者之能立也라 能愛故로 心不二하고 有威故로 下不犯이라 故로 善將者는 愛與威而已矣라

이 때문에 勝敗의 방도를 아는 장수는 반드시 먼저 두려워하고 업신여기는 權道를 아는 것이다. 장수로서 병사들의 마음을 기쁘게 하지 못하는 자는 병사들이 장수의 쓰임이 되지 못하고, 병사들의 마음을 두렵게 하지 못하는 장수는 병사들이 자신을 위하여 출동하지 않는다.

사랑은 아랫사람들의 순종함에 달려있고, 위엄은 윗사람의 세움에 달려있다. 아랫사람을 사랑하기 때문에 병사들이 마음에 의심하지 않고, 장수가 위엄이 있기 때문에

아랫사람이 범하지 않는다. 그러므로 장수 노릇을 잘하는 것은 사랑과 위엄에 달려있을 뿐인 것이다.

戰不必勝이면 **不可以言戰**이요 **攻不必拔**이면 **不可以言攻**이니 **不然**이면 **刑賞**이라도 **不足信也**[1)]니 **信在期前**이요 **事在未兆**니라

1) 刑賞 不足信也 : 漢文大系本 〈補註〉에는 이 구절에 대해 "전투에 승리하지 못하고 공격하여 함락하지 못하는 것은, 형벌과 상이 믿음을 주지 못하기 때문이다.〔不能戰勝攻拔者 由刑賞之不信也〕"라고 풀이하고 있다.

전투에 승리를 기필할 수 없으면 전투를 말할 수 없고, 공격함에 반드시 함락시킬 수 없으면 공격을 말할 수 없다. 그렇지 않으면 형벌과 賞으로도 믿게 할 수 없으니, 믿음은 기약에 앞서 하고, 일은 조짐이 나타나지 않을 때에 대비해야 하는 것이다.

與人戰에 不能必勝이면 不可以言戰陣之事요 攻人之城壘에 不能必拔이면 不可以言攻取之事니 不如此면 雖用刑賞이나 不足取信於人也라 信在於期前하고 事在於未兆하니 謂信當先期而孚於人이요 事當未兆而預防之也라

적과 싸울 적에 승리를 기필할 수 없으면 戰陣의 일을 말할 수 없고, 적의 城과 보루를 공격할 적에 함락시킬 수 없으면 공격하여 점령하는 일을 말할 수 없으니, 이와 같이 하지 않으면 비록 형벌과 賞을 시행하더라도 병사들에게 믿음을 취할 수가 없다. 믿음은 기약하기 전에 있고 일은 조짐이 나타나지 않을 때에 있어야 하니, 믿음은 마땅히 기약에 앞서 사람들을 믿게 하여야 하고, 일은 마땅히 조짐이 나타나지 않았을 때에 미리 대비해야 함을 말한 것이다.

故로 **衆已聚**면 **不虛散**이요 **兵已出**이면 **不徒歸**라 **求敵**을 **若求亡子**하고 **擊敵**을 **若救溺人**이니라

그러므로 병력이 이미 모였으면 헛되이 해산할 수가 없고, 군대가 이미 출동하였으면 그대로 돌아갈 수가 없는 것이다. 敵을 찾기를 도망한(잃어버린) 자식을 찾듯이 하고, 敵을 공격하기를 물에 빠진 사람을 구제하듯이 하는 것이다.

故로 士衆已聚면 不虛散也요 必欲成事立功하며 兵卒已出이면 不徒歸也요 必欲破

軍擒將이라 求敵人을 如求逃亡之子하여 必務獲也하고 擊敵人을 如救沈溺之人하여 必務濟也라

그러므로 병사들이 이미 모였으면 헛되이 해산하지 않고 반드시 일을 이루고 功을 세우고자 하며, 군대가 이미 출동하였으면 그대로 돌아가지 않고 반드시 적군을 격파하고 적장을 사로잡고자 하는 것이다. 敵을 찾기를 도망한(잃어버린) 자식을 찾듯이 간절히 하여 반드시 얻기를 힘쓰고, 敵을 공격하기를 물에 빠진 사람을 구제하듯이 급히 하여 반드시 이루기를 힘쓰는 것이다.

分險者는 無戰心이니 挑戰者는 無全氣[1]요 鬪戰者는 無勝兵이니라

1) 挑戰者 無全氣 : 漢文大系本 〈補註〉에는 이 구절에 대해 "용맹한 장수라도 홀로 출전하면 그 기세가 반드시 온전하지 못하다.〔若勇將獨出戰 其氣必不全〕"라고 풀이하고 있다.

험한 지역을 나누어 지키는 적은 싸우려는 마음이 없는 것이다. 도전해 오는 자는 온전한 기운으로 대항하지 말고, 싸움을 걸어오는 자는 강성한 군대로 대응하지 말아야 한다.

〔然敵之虛實을 猶不可不審也라〕[1] 敵若分險而守면 是無戰心也라 若來挑戰者는 我無以全氣擊之요 若來鬪戰者는 我無以勝兵應之니 勝恐作盛이니 傳寫之誤耳라 挑戰鬪戰은 頗異하니 挑戰者는 是以勇將獨出하여 挑我之戰이요 鬪戰者는 是以奇兵輕出하여 與我鬪戰이니 二者는 皆誘我之進也라 故로 不可以全氣盛兵應之라

1) 〔然敵之虛實 猶不可不審也〕: 이 구절은 저본에는 없으나 漢文大系本에 의거하여 보충하였다.

그러나 적의 허실을 살피지 않으면 안 된다. 敵이 만약 험한 곳을 나누어 지키면 이는 싸울 마음이 없는 것이다. 도전해 오는 자는 내가 온전한 기운으로 공격하지 말아야 하고, 싸움을 걸어오는 자는 내가 勝兵으로 대응하지 말아야 한다. 勝은 盛자가 되어야 할 듯하니, 傳寫의 잘못이다.

挑戰과 鬪戰은 자못 다르다. 挑戰이란 용맹한 장수가 단독으로 출전하여 우리에게 싸움을 도발하는 것이요, 鬪戰이란 奇兵을 가지고 가볍게 출동하여 우리에게 싸움을 걸어오는 것이니, 두 가지는 모두 우리가 출전하도록 유도하는 것이다. 그러므로 온전한 기운과 많은 군대〔盛兵〕로 대응해서는 안 되는 것이다.

凡挾義而戰者는 **貴從我起**하고 **爭私結怨**은 **應不得已**니 **怨結雖起**나 **待之貴後**라 **故**로 **爭必當待之**요 **息必當備之**니라

무릇 大義를 내세워서 하는 전쟁은 우리가 먼저 군대를 일으키는 것을 소중하게 여기고, 사사로움을 다투어 원한을 맺는 전쟁은 부득이하여 응해야 하니, 원한이 쌓여 비록 군대를 일으키더라도, 기다려서 뒤에 군대를 일으키는 것을 소중하게 여긴다. 그러므로 다툴 때에는 마땅히 기다려서 뒤에 하여야 하고, 쉴 때에는 마땅히 적을 대비하여야 하는 것이다.

〔此는 言用兵之先後니 尤不可不知也라〕[1] 凡挾義而戰者는 貴從我先起하니 則我有義擧之名이니 如禁暴救亂, 濟弱扶傾之類 是也라 爭私忿而與人結怨은 應在不得已焉耳니 怨旣結而兵雖當起나 待之貴在後라 故로 與人爭에 必當待彼之先發이요 息兵에 必當防彼之乘我라

1)〔此言用兵之先後 尤不可不知也〕: 이 구절은 저본에는 없으나 漢文大系本에 의거하여 보충하였다.

이는 用兵의 先後를 말한 것이니, 더욱 알지 않으면 안 된다. 무릇 大義의 명분을 내세워서 하는 전쟁은 우리 측에서 먼저 출동함을 소중하게 여기니, 이렇게 하면 우리가 大義로 출동하는 명분이 있게 된다. 예를 들면 포악한 것을 금지하고 혼란을 구제하며, 약한 자를 구제하고 기우는 나라를 붙들어주는 따위가 이것이다.

사사로운 감정을 다투어 남과 원한을 맺는 전쟁은 부득이하여 응할 뿐이니, 원한이 쌓여 비록 군대를 일으키나, 기다려서 뒤에 함을 소중하게 여긴다. 그러므로 적과 다툴 때에는 마땅히 저들이 먼저 군대를 일으키기를 기다려야 하고, 군대를 휴식시킬 때에는 마땅히 저들이 우리를 틈타 공격하는 것을 미리 대비하여야 하는 것이다.

兵은 **有勝於朝廷**하고 **有勝於原野**하고 **有勝於市井**하니 **鬪則得**하고 **服則失**은 **幸以不敗**니 **此不意**에 **彼驚懼而曲勝之也**니 **曲勝**은 **言非全也**니라

군대는 朝廷에서 승리하는 경우가 있고, 原野에서 승리하는 경우가 있고, 市井에서 승리하는 경우가 있다. 적과 싸워 승리하고 적이 굴복하여 잃는 것은 요행으로 패하지 않은 것이다. 이는 뜻밖에 적이 놀라고 두려워하여 曲勝한 것이니, 曲勝은 완전한 것이 아님을 말한 것이다.

兵은 有制勝於朝廷者[1)]하니 如晏嬰破范昭之謀에 而晉不敢加兵於齊[2)] 是也요 有制勝於原野者[3)]하니 如韓信破趙取齊에 皆以野戰而勝[4)]이 是也요 有制勝於市井者하니 如葉(섭)公子高入楚에 遇箴尹固하여 與國人攻白公而敗之[5)] 是也라 若與彼鬪則有得하고 彼若服降則有失은 僥倖以不敗耳라 蓋不意에 彼軍驚懼而曲勝之也니 曲勝者는 言非全勝也라

1) 兵有制勝於朝廷者 : 漢文大系本에는 이 부분이 "무릇 군대는 계책이 조정에서 정해져서 적이 스스로 항복하는 경우가 있으니〔凡兵有謀定於朝廷而 敵自服者〕"라고 표기되어 있다.
2) 晏嬰破范昭之謀 而晉不敢加兵於齊 : 晏嬰(?~B.C. 500)은 春秋時代 齊나라의 名相이고, 范昭는 동시대 晉나라의 大夫이다. 晉 平公이 齊나라를 공격하기 전에 먼저 정세를 탐지하기 위해 范昭를 사신으로 보냈다. 齊 景公이 연회를 베풀었는데, 이때 范昭가 景公에게 청하여 景公의 술잔을 받아 마시니, 晏嬰이 바로 술잔을 치우고 다른 술잔을 가져오게 하였다. 范昭가 晉나라에 돌아와서 平公에게 아뢰기를 "지금은 齊나라를 공격할 수 없습니다. 제가 그 군주를 시험해보고자 하였더니, 晏嬰이 이를 알아차렸습니다."라고 하였다. 孔子가 이 말을 듣고 "술동이와 도마를 벗어나지 않고도 천리 밖의 적을 꺾었다." 하고 晏嬰을 칭찬하였다. ≪晏子春秋 권5≫
3) 有制勝於原野者 : 漢文大系本에는 이 부분이 "原野에서 싸운 뒤에 승리를 취하는 경우가 있으니〔有戰於原野而後取勝者〕"라고 표기되어 있다.
4) 韓信破趙取齊 皆以野戰而勝 : 韓信(?~B.C. 196)은 漢나라의 개국공신으로 高祖를 도와 천하를 통일한 명장이다. B.C. 204년에 韓信이 수만의 병력으로 井陘에서 趙王 歇과 成安君 陳餘가 거느린 20만 대군과 싸워 背水陣과 奇兵으로 승리를 거두었으며, 다음 해에는 歷下에서 齊나라의 군대를 기습하여 격파하고 齊나라를 점령하였다. ≪史記 권92 淮陰侯列傳≫
5) 葉(섭)公子高入楚……與國人攻白公而敗之 : 葉公은 춘추시대 楚나라 葉縣의 尹(수장)인 沈諸梁으로 子高는 그의 字이다. 白公은 이름이 勝으로 楚 平王의 손자이고 太子 建의 아들인데, 吳나라에 망명해 있다가 令尹인 子西의 주선으로 귀국하여 白公에 봉해졌다. 白公이 반란을 일으켜 令尹인 子西와 司馬인 子期를 살해하고 스스로 왕이 되자, 葉公이 이를 진압하기 위해 도성으로 급히 돌아오다가 병력을 이끌고 白公을 도우러 가던 箴尹 固를 市井에서 만났는데, 葉公이 반란의 무도함을 들어 箴尹 固를 설득하고 함께 白公을 쳐서 반란을 진압하였다. ≪春秋左氏傳 哀公 16년≫

군대는 조정에서 적을 제압하여 승리하는 경우가 있으니, 晏嬰이 范昭의 계책을 깨

뜨리자 晉나라가 감히 齊나라에 침공을 가하지 못한 것이 이것이요, 原野에서 승리하는 경우가 있으니, 韓信이 趙나라를 격파하고 齊나라를 점령할 적에 모두 野戰으로 승리한 것이 이것이요, 市井에서 승리하는 경우가 있으니, 葉公 子高가 楚나라에 들어갈 적에 箴尹 固를 만나 國人들과 함께 白公을 공격해서 패퇴시킨 것이 이것이다.

만약 적과 싸워 우연히 승리를 얻고 적들이 항복하여 잃음이 있는 것은 〈우리가〉 요행으로 패하지 않은 것일 뿐이다. 뜻밖에 적군이 놀라고 두려워하여 曲勝(가까스로 거둔 승리)한 것이니, 曲勝이란 완전한 승리가 아님을 말한 것이다.

非全勝者는 **無權名**이라 **故**로 **明主戰攻之日**에 **合鼓合角**하여 **節以兵刃**이면 **不求勝而勝也**니라

완전한 승리가 아닌 것은 권위의 名聲이 없다. 그러므로 명철한 군주는 싸우고 공격하는 날에 북소리에 맞추고 나팔소리에 맞추어서 兵器와 칼날로써 절도를 삼으니, 승리하기를 바라지 않아도 승리하는 것이다.

非完全取勝於人者는 無威權之名이라 故로 明哲之主는 戰攻之日에 合鼓合角하여 節之以兵刃이면 不求勝而自然勝也라 合鼓者는 鼓之則進也요 合角者는 一吹而行하고 再吹而聚也라

적에게서 완전한 승리를 쟁취한 것이 아니면 위엄과 권세의 名聲이 없다. 그러므로 명철한 군주는 싸우고 공격하는 날에 북소리에 맞추고 나팔소리에 맞추어서 兵器와 칼날로써 절도를 삼으니, 〈이렇게 하면〉 승리하기를 구하지 않아도 저절로 승리하는 것이다.

'북소리에 맞춘다.'는 것은 북을 치면 전진하는 것이요, '나팔소리에 맞춘다.'는 것은 나팔을 한 번 불면 행군하고 두 번 불면 집합하는 것이다.

兵有去備徹威而勝者는 **以其有法故也**요 **有器用之蚤**[1]**定也**니 **其應敵也周**하고 **其總率也極**이니라

1) 蚤 : 早와 통용된다.

군대가 수비를 철거하고 위세를 거두고도 승리하는 것은 법도가 있기 때문이요 器用이 일찍 정해져 있기 때문이니, 이는 적에게 대응함이 완벽하고 병사들을 통

솔함이 지극한 것이다.

兵有去守備徹威勢而取勝於人者는 以其有法故也니 去守備者는 示之以不虞也요 徹威勢者는 示之以怯弱也니 此蓋有器用之蚤定也라 其應敵也周密하고 其總率也極至라

군대가 수비를 철거하고 위세를 거두고도 적에게 승리를 취하는 것은 법도가 있기 때문이니, 수비를 철거하는 것은 적에게 대비하지 않는 것처럼 보이는 것이요, 위세를 거두는 것은 적에게 겁이 많고 나약한 것처럼 보이는 것이니, 이는 器用이 미리 정해져 있기 때문이다. 이는 적을 대응함이 주밀하고 병사들을 통솔함이 지극한 것이다.

故로 五人而伍하고 十人而什하고 百人而卒하고 千人而率(수)하고 萬人而將하여 已周已極하여 其朝死則朝代하고 暮死則暮代하여 權敵審將而後에 擧兵하나니라

그러므로 다섯 명을 伍로 만들고 열 명을 什으로 만들고 백 명을 卒로 만들며, 천 명에는 率(帥)가 있고 만 명에는 장수가 있어서 周密하고도 지극하니, 장수가 아침에 죽으면 아침에 교체시키고 저녁에 죽으면 저녁에 교체시켜서 敵을 저울질하고 敵將을 살핀 뒤에 군대를 출동하는 것이다.

故로 五人而爲一伍하고 十人而爲一什하고 百人而爲一卒하며 千人而爲一率하고 萬人而立一將하여 爲法이 已周已極하여 其將이 朝死則朝令人代之하고 暮死則暮令人代之하여 稱量敵人之虛實强弱하고 審察將帥之智愚勇怯이니 然後에 擧兵而出戰이라

그러므로 다섯 명을 1伍로 만들고 열 명을 1什으로 만들고 백 명을 1卒로 만들며, 천 명의 병력에 한 率를 두고 만 명의 병력에 한 장수를 세워서, 법을 만듦이 周密하고도 지극하다. 장수가 아침에 전사하면 아침에 즉시 다른 사람으로 교체시키고 저녁에 전사하면 저녁에 즉시 다른 사람으로 교체시켜서, 敵의 虛實과 强弱을 헤아리고 적장의 지혜롭고 어리석음과 용맹하고 겁이 많음을 자세하게 살펴야 하니, 그런 뒤에 군대를 출동하여 나가 싸우는 것이다.

故로 凡集兵千里者는 旬日이요 百里者는 一日에 必集敵境하여 卒聚將至하면 深入其地하여 錯絶其道하고 棲其大城大邑하여 使之登城逼危니 男女數重이 各逼

地形而攻要塞하고 據一城邑而數道絶이어든 從而攻之호되 敵將帥不能信하고 吏卒不能和하며 刑有所不從者하면 則我敗之矣요 敵救未至에 而一城已降이니라

그러므로 무릇 천 리 밖에 군대를 집결할 적에는 열흘의 시기를 주고, 백 리 밖에 군대를 집결할 적에는 하루의 시기를 주어 반드시 敵의 경내에 집결하도록 한다. 병사들이 모이고 장수가 도착하면 敵의 지역으로 깊숙이 쳐들어가서 도로를 교차하여 끊고 큰 城邑에 주둔하여 병사들로 하여금 城에 올라가 敵의 험한 요새를 핍박하게 하여야 한다.

적이 각각 지형을 따라 남녀가 몇 겹으로 우리의 요새를 공격하고 한 城邑을 점거하여 여러 도로가 모두 단절되었으면 우리가 따라서 적을 공격하되, 敵의 장수가 부하 병사들에게 신임을 받지 못하고, 敵의 관리와 병사들이 능히 화합하지 못하며 형벌을 시행하여도 따르지 않는 자가 있으면, 우리가 敵을 패퇴시킬 수 있고, 敵의 구원병이 오기 전에 한 城을 항복시킬 수 있는 것이다.

故로 凡集兵千里者는 期在旬日之內하고 百里者는 期在一日之內하여 必要會集敵人之境하여 卒已集하고 將已至然後에 深入其地하여 交錯越絶其道路하고 棲其大城大邑하여 使吾士卒로 登敵人之城邑하고 逼敵人之危險이니 彼男女數重이 各逼地形하여 而攻要塞之處하고 據守一城邑하여 而數道隔絶이어든 吾從而攻之호되 敵將帥上下不能相信하고 吏卒大小不能相和하며 齊之以刑호되 又有不從者어든 則我必能敗之요 敵人救援未至에 而一城已降服矣라

그러므로 무릇 천 리 밖에 군대를 집결할 적에는 모이는 시기를 열흘 이내로 하고, 백 리 밖에 군대를 집결할 적에는 모이는 시기를 하루 이내로 하여, 반드시 敵의 경내에 집결하도록 한다. 병사들이 모이고 장수가 도착한 뒤에 敵의 지역에 깊숙이 쳐들어가서 敵의 도로를 교차하여 끊고 큰 城邑에 주둔하여, 우리 병사들로 하여금 敵의 城邑에 올라가게 하고 敵의 험한 요새를 핍박하게 하여야 한다.

敵이 각기 지형을 따라 남녀가 몇 겹으로 우리의 요새를 공격하고 한 城邑을 점거하여 지켜서 여러 도로가 단절되었으면 우리가 따라서 적을 공격하되, 敵의 장수가 상하간에 서로 믿지 못하고 관리와 병사들이 대소간에 서로 능히 화합하지 못하며 형벌을 가하여 통일시켜도 병사 중에 따르지 않는 자가 있으면, 우리가 敵을 공격하여 반드시 패퇴시킬 수 있고, 敵의 구원병이 오기 전에 한 城을 항복시킬 수 있는 것이다.

津梁未發하고 **要塞未修**하고 **城險未設**하고 **渠答未張**이면 **則雖有城**이나 **無守矣**요 **遠堡未入**하고 **戍客未歸**하면 **則雖有人**이나 **無人矣**요 **六畜**[1]**未聚**하고 **五穀**[2]**未收**하고 **財用未斂**이면 **則雖有資**나 **無資矣**라 **夫城邑空虛而資盡者**는 **我因其虛而攻之**니라

1) 六畜 : 집에서 기르는 소·말·돼지·양·닭·개 등을 가리키는데, 일반적으로 가축을 널리 이르는 말로 쓰인다.
2) 五穀 : 쌀·보리·콩·조·기장의 다섯 가지 곡식을 가리키는데, 일반적으로 곡식을 널리 이르는 말로 쓰인다.

적이 나루터와 교량을 만들지 못하고 요새를 수리하지 못하고 城의 방어 시설을 설치하지 못하고 渠答을 펼쳐놓지 못하였으면, 비록 城이 있으나 지킴이 없는 것이요, 멀리 있는 보루의 적병들이 미처 들어오지 못하고 변방을 지키는 적병들이 미처 돌아오지 못했으면, 비록 사람(적군)이 있으나 사람이 없는 것이요, 六畜을 미처 모으지 못하고 五穀을 거두지 못하며 財用을 거두어 보관하지 못했으면, 비록 물자가 있으나 물자가 없는 것이다. 城邑이 공허하고 물자가 다한 경우에는 우리가 그 허약한 틈을 타서 공격하여야 한다.

若敵人이 關津橋梁을 未曾開發하고 要塞之處를 未曾修理하며 城之溝塹樓櫓로 依倚而爲險者를 未曾施設하고 渠答之具를 未曾張布하면 則雖有城이나 無守備矣니 渠答은 鐵蒺藜也라 遠堡之兵未入하고 戍邊之客未歸하면 則雖有人이나 如無人矣요 六畜在野者를 未曾聚集하고 五穀成熟者를 未曾收穫하고 財用在外者를 未曾斂藏이면 則雖有資나 如無資矣라 夫城邑空虛而資財盡者는 我當因其空虛而攻擊之라

만약 적들이 관문과 나루터와 교량을 만들어놓지 못하고 요새의 중요한 곳을 수리해놓지 못하였으며, 城의 해자와 망루 등 의지하여 방어할 곳을 설치해놓지 못하고 渠答의 장비를 펼쳐 놓지 못하였으면, 비록 城이 있으나 수비함이 없는 것이다.

渠答은 鐵蒺藜(쇠 마름쇠)이다.

먼 보루에 있는 적병들이 아직 성에 들어오지 못하고 변방을 수비하는 적병들이 아직 돌아오지 못했으면, 비록 사람이 있으나 사람이 없는 것과 같은 것이다. 들에 있는 六畜을 모아놓지 못하고 다 익은 五穀을 수확해놓지 못하고 밖에 있는 財用을 거두어 보관해놓지 못하였으면, 비록 물자가 있으나 물자가 없는 것과 같은 것이다. 城邑이

공허하고 물자와 재물이 다 고갈된 경우에는 우리가 마땅히 그 공허함을 틈타서 공격해야 하는 것이다.

法曰 獨出獨入하여 敵人不接刃而致之는 此之謂也니라

兵法에 이르기를 "홀로 나가고 홀로 들어와서 敵과 칼날을 접하지 않고도 패하도록 만든다."라고 함은 바로 이것을 말한 것이다.

兵法曰 獨出獨入하여 敵人不得與我接刃而我能致之는 卽此之謂也라 獨出獨入은 言無敵也라

兵法에 이르기를 "홀로 나가고 홀로 들어와서 敵이 우리와 칼날을 접하지 않고도 우리가 적을 패하도록 만든다."라고 함은 바로 이것을 말한 것이다.

'홀로 나가고 홀로 들어온다.'는 것은 나가고 들어옴에 대적할 자가 없음을 말한 것이다.

守權 第六 제6편 城을 지키는 臨機應變

守權者는 守城之權法也니 守城而有權變之法이면 則守而必固矣라 故로 以名篇하니라

守權이란 城을 지키는 權變의 法이니, 城을 지키는데 權變의 法이 있으면 반드시 城을 견고하게 지킬 수 있다. 그러므로 이를 편명으로 삼은 것이다.

凡守者 進不郭圉(어)하고 退不亭障[1)]하고 以禦戰은 非善者也라 豪傑英俊과 堅甲利兵과 勁弩强矢가 盡在郭中하며 乃收窖廩(고름)하고 毁(柝)〔折〕[2)]而入保하여 令客氣十百倍하고 而主之氣不半焉하여 敵攻者는 傷之甚也[3)]라 然而世將은 弗能知하나니라

1) 進不郭圉(어) 退不亭障 : 漢文大系本 〈補註〉에는 이 구절에 대해 "멀리는 성곽 주변 지역을 점거하지 못하고 가까이는 역참과 봉화대를 설치하지 못한다.〔遠不據城郭邊圉 近不設郵

亭障隧〕"라고 풀이하고 있다.

2) (柝)〔折〕: 明本과 漢文大系本에도 '柝'으로 되어있으나 毁柝이라는 단어는 보이지 않으며, ≪孫子≫ 〈兵勢〉에 '鷙鳥之疾 至於毁折者 節也'라고 보이고, ≪司馬法≫ 〈定爵〉에도 '是謂毁折'이라고 보이며, ≪中文大辭典≫에는 毁折을 해석하면서 ≪尉繚子≫의 내용을 근거로 들었으므로, 이들 책에 의거하여 ≪直解≫와 함께 '折'로 바로잡았다.

3) 敵攻者 傷之甚也 : 漢文大系本 〈補註〉에는 이 구절에 대해 "적이 공격해 온다면 반드시 심한 훼손을 입을 것이다.〔敵人來攻 必見傷殘之甚〕"라고 부연 설명하고 있다.

무릇 城을 지키는 자가 전진하면서 外城의 바깥 지역을 점거하지 않고 후퇴하면서 亭障을 설치하지 않고서 적을 막아 싸운다면, 用兵을 잘하는 자가 아니다. 豪傑과 英俊과 견고한 갑옷과 예리한 兵器와 강한 쇠뇌와 화살이 모두 城郭 안에 있게 하며, 또 곳집과 지하 창고에 있는 곡식을 거둬들이고 外城의 바깥 지역에 있는 집을 부수고 城 안으로 들어와 보전하게 하여, 적으로 하여금 기운이 백 배, 십 배가 들게 하고 자신의 기운은 반도 쓰지 아니하여 敵이 공격하도록 만드는 것은 심하게 훼손시키는 것이다. 그런데도 세상의 장수들은 이것을 알지 못한다.

凡務守者 若進而不據郭圉하고 退而不設亭障하고 欲以禦敵而戰은 非善用兵者也라 郭은 外城也요 圉는 邊鄙也니 進不郭圉는 如馬謖(속)舍水上山하여 不下據城[1]이 是也라 障은 藩蔽也니 退不亭障은 如頡利不虞李靖之至라가 而爲彼襲破之[2] 是也라 豪傑之人과 英俊之士와 堅固之甲과 鋒利之兵과 與勁弩强矢 盡在城郭之中하며 乃收窖廩之粟하고 毁(柝)〔折〕室廬而入保하여 令客氣十百倍하고 而主之氣不及半焉하여 敵來攻者는 被傷之甚也라 然而世之爲將者는 弗能知其守法如何耳라

1) 馬謖(속)舍水上山 不下據城 : 馬謖(190~228)은 삼국시대 蜀漢의 장수로, 평소 지혜가 뛰어나 丞相 諸葛亮의 총애를 받았다. 建興 6년(228)에 諸葛亮이 魏나라를 정벌하기 위해 군대를 거느리고 漢中을 나서 祁山으로 향할 적에, 馬謖을 선봉으로 발탁하여 魏나라 장수 張郃과 街亭에서 싸우도록 하였는데, 馬謖이 諸葛亮의 지휘를 어기고 산 위에 진을 쳤다가 식수원이 끊겨 패배하였다. ≪三國志 권39 董劉馬陳董呂傳≫

2) 頡利不虞李靖之至 而爲彼襲破之 : 李靖(571~649)은 唐나라 초기의 名將이며 頡利는 唐나라 貞觀 연간에 突厥의 군주(可汗)의 이름이다. 李靖이 頡利의 군대를 기습하여 격파한 내용은 본서 69쪽의 주 3) 참조.

무릇 수비를 힘쓰는 자가 만약 전진하면서 외성의 바깥 지역을 점거하지 않고 후퇴하면서 亭障을 설치하지 않고서 적을 막아 싸우고자 한다면, 이는 用兵을 잘하는 자가 아니다.

郭은 外城이요 圉는 변방이니, 전진하면서 외성의 바깥 지역을 점거하지 않은 것은 예컨대 馬謖이 물을 버리고 山으로 올라가서 내려가 城을 점거하지 않은 것과 같은 것이다. 障은 울타리로 가로막는 것이니, 후퇴하면서 亭障을 설치하지 않은 것은 예컨대 頡利가 李靖의 군대가 쳐들어올 것을 예상하지 못했다가 李靖에게 기습을 당하여 격파당한 것과 같은 것이다.

豪傑스러운 사람과 英俊의 선비와 견고한 갑옷과 예리한 兵器와 강력한 쇠뇌와 화살이 모두 城郭의 안에 있게 하며, 또 곳집과 지하 창고에 있는 곡식을 거두고, 외성의 경계 지역에 있는 집을 부수고 城 안으로 들어와 보전하게 하여, 적으로 하여금 기운이 백 배, 십 배가 들게 하고 자신의 기운은 절반에도 미치지 못하게 하여 敵이 와서 공격하도록 만드는 것은 적을 심하게 훼손시키는 것이다. 그런데도 세상의 장수들은 수비하는 방법이 어떠한지를 알지 못한다.

夫守者는 **不失其險者也**라 **守法**은 **城一丈**을 **十人守之**니 **工食**은 **不與焉**이라 **出者**는 **不守**하고 **守者**는 **不出**하여 **一而當十**하고 **十而當百**하고 **百而當千**하고 **千而當萬**이라 **故**로 **爲城郭者**는 **非特費於民**하여 **聚土壤也**요 **誠爲守也**니라

수비는 그 험함을 잃지 않는 것이다. 수비하는 방법은 城 한 길을 열 명이 지키니, 工匠과 음식을 만드는 자는 관여하지 않는다. 출전하는 자는 수비하지 않고 수비하는 자는 출전하지 아니하여, 한 사람이 열 명을 당해내고 열 명이 백 명을 당해내고 백 명이 천 명을 당해내고 천 명이 만 명을 당해낸다. 그러므로 성곽을 만드는 이유는 다만 백성들의 힘을 허비하여 흙을 모으는 것이 아니요, 진실로 수비를 위한 것이다.

夫守者는 欲不失其險者也라 固守之法은 每城一丈에 當用十人守之니 工作器用과 炊爨(취찬)飯食은 皆不干與焉[1]이라 出戰者는 不守城하고 守城者는 不出戰하여 一人而當十人하고 十人而當百人하고 百人而當千人하고 千人而當萬人이라 故로 爲城郭者는 非但勞費於民하여 積聚土壤也요 誠爲固守하여 而爲此城與郭也라

1) 皆不干與焉 : 干與는 關與와 같은바, 성을 수비하는 일에 관여하지 않음을 말한 것으

로 보인다. 그러나 經文의 '工食不與焉'은 工人과 음식을 만드는 자는 10人의 숫자에 포함되지 않는 것으로 해석함이 옳다고 생각된다.

수비는 그 험함을 잃지 않고자 하는 것이다. 굳게 수비하는 방법은 城 한 길마다 마땅히 열 명을 사용하여 지켜야 하니, 器用을 만드는 工人과 음식을 만드는 사람은 모두 관여하지 않는다. 출전하는 자는 城을 수비하지 않고 城을 수비하는 자는 출전하지 아니하여, 한 명이 적병 열 명을 당해내고 열 명이 적병 백 명을 당해내고 백 명이 적병 천 명을 당해내고 천 명이 적병 만 명을 당해낸다. 그러므로 城郭을 만드는 이유는 다만 백성들을 수고롭게 하고 힘을 허비하여 흙을 쌓아 모아놓는 것이 아니요, 진실로 굳게 수비하기 위하여 이 城과 郭을 만드는 것이다.

千丈之城은 **則萬人之(城)〔守〕**[1]**也**니 **池深而廣**하고 **城堅而厚**하며 **士民備**하고 **薪食給**하며 **弩堅矢强**하고 **矛戟稱之**니 **此**는 **守法也**라

1) (城)〔守〕: 저본의 '城'은 漢文大系本에 의거하여 ≪直解≫와 함께 '守'로 바로잡았다.

천 길의 城은 만 명이 수비한다. 해자가 깊고 넓으며, 城이 견고하고 두터우며, 병사와 백성들이 구비되고 땔감과 식량이 충분하며, 쇠뇌가 견고하고 화살이 강하며, 창과 세 갈래진 창이 여기에 갖추어져야 하니, 이것이 수비하는 방법이다.

千丈之城은 則萬人之(城)〔守〕也니 一丈用十人하니 千丈故로 用萬人이라 池深浚而廣闊하고 城堅固而博厚하며 士民完備하고 薪食給足하며 弩堅而矢强하고 矛戟又稱之니 此는 固守之法也라

천 길의 城은 만 명이 수비한다. 한 길에 열 명을 사용하니, 천 길이기 때문에 만 명을 사용하는 것이다. 해자가 깊고 넓으며, 城이 견고하고 두터우며, 병사와 백성들이 완전히 구비되고 또 땔감과 식량이 충분하며, 쇠뇌가 견고하고 화살이 강하며, 창과 세 갈래진 창이 또 여기에 갖추어져야 하니, 이것이 굳게 수비하는 방법이다.

攻者不下十餘萬之衆이로되 **其有必救之軍者**는 **則有必守之城**이요 **無必救之軍者**는 **則無必守之城**이니라

공격하는 적의 병력이 십여만 명에 이르더라도, 기필코 우리를 구원하려는 군대가 있으면 반드시 城을 지켜낼 수 있고, 기필코 구원해주려는 군대가 없으면

城을 반드시 지켜내지는 못한다.

攻城之卒이 不下十餘萬衆이로되 其在外에 有必救之軍者는 則有必守之城이요 若在外에 無必救之軍者는 則無必守之城이니 不可無外援也라

城을 공격하는 적의 병력이 십여만 명에 이르더라도 외부에 기필코 우리를 구원해주려는 군대가 있으면 반드시 城을 지켜낼 수 있고, 만약 외부에 기필코 구원해주려는 군대가 없으면 城을 반드시 지켜내지는 못하니, 외부의 구원이 없어서는 안 되는 것이다.

若彼城堅而救誠이면 則愚夫蠢(준)婦라도 無不蔽城盡資血[1)]하나니 城者는 朞年之城이라 守餘於攻者하고 救餘於守者니라

1) 無不蔽城盡資血 : 漢文大系本 〈補註〉에는 이 구절에 대해 "울타리를 쳐 스스로 保衛하여 모든 재화와 물자, 피와 땀을 다하여 지키는 것이다.〔扞蔽以自衛 盡其資財血力而守之也〕"라고 부연 설명하고 있다.

만약 저 城이 견고하고 구원하는 자가 誠心을 다한다면, 어리석은 지아비와 미련한 부인이라도 城을 보호하여 물자와 피땀을 다하지 않음이 없으니, 城이라는 것은 1년을 수비하는 城이다. 수비는 공격보다 여유롭고, 구원은 수비보다 여유로운 것이다.

若彼城堅固而救者又誠心이면 則雖愚夫蠢婦라도 無不復蔽其城하여 盡資財血類而守之라 城은 乃朞年之城이니 言可守之而踰一周也라 是守之力이 有餘於攻者하고 救之力이 有餘於守者하니 此所以不可攻也라

만약 저 城이 견고하고 구원하는 자가 또 誠心을 다한다면, 비록 어리석은 지아비와 미련한 부인이라도 다시 그 城을 보호해서 모든 재화와 물자, 피와 땀 등을 다하여 지키지 않음이 없는 것이다. 城은 바로 1년을 수비하는 城이니, 수비하여 1주년을 넘길 수 있음을 말한 것이다. 이는 수비하는 힘이 공격하는 것보다 여유롭고 구원하는 힘이 수비하는 것보다 여유로움을 말한 것이니, 이 때문에 城을 공격할 수 없는 것이다.

若彼城堅而救不誠이면 則愚夫蠢婦라도 無不守陴(비)而泣下하나니 此는 人之常

情也라 **遂發其窖廩救撫**라도 **則亦不能止矣**니 **必鼓其豪傑英俊**하여 **堅甲利兵**과 **勁弩强矢**로 **幷於前**하고 **幺麽**(요마)**毁瘠者**로 **幷於後**니라

만약 저 城이 견고하더라도 외부의 구원이 誠心을 다하지 않는다면, 어리석은 지아비와 미련한 부인들도 城을 지키면서 눈물을 흘리지 않는 이가 없으니, 이는 사람의 똑같은 심정이다.

이러한 때에는 지하에 있는 창고를 열어 백성들을 구휼하고 어루만지더라도 그치게 할 수가 없으니, 반드시 豪傑과 英俊들을 고무시켜 견고한 갑옷과 예리한 兵器와 굳센 쇠뇌와 강한 화살로 앞에서 일제히 적을 맞아 싸우게 하고, 비록 유약하고 부상당하고 수척한 자들이라도 뒤에서 힘을 다하게 해야 한다.

若彼城雖堅固나 而救者不誠心이면 則雖愚夫惷婦라도 無不守陴堞而泣下하나니 此는 人之常情也라 遂開發其窖廩之粟而救撫之라도 則亦不能止矣니 必鼓進其豪傑雄俊之人하여 使堅甲利兵과 勁弩强矢로 幷力於前하고 幺麽毁瘠之人으로 幷力於後하여 期於出戰하여 務在必勝이니라

만약 저 城이 견고하더라도 외부에서 구원하는 자가 誠心을 다하지 않는다면, 비록 어리석은 지아비와 미련한 부인들도 城을 지키면서 〈城이 함락될 것을 우려하여〉 눈물을 흘리지 않는 이가 없으니, 이는 사람의 똑같은 심정이다.

이러한 때에는 지하 창고의 곡식을 풀어 백성들을 구휼하고 어루만지더라도 〈백성들의 절망을〉 그치게 할 수 없으니, 반드시 豪傑과 英俊의 사람들을 고무시켜 나오게 해서 견고한 갑옷과 예리한 兵器와 굳센 쇠뇌와 강한 화살을 가지고 앞에서 힘을 합쳐 싸우게 하고, 비록 유약하고 부상당하고 수척한 자들이라도 뒤에서 힘을 합하여 기어이 출전해서 필승을 거두기 위해 힘쓰게 해야 한다.

十萬之兵이 **頓**[1]**於城下**하면 **救必開之**하고 **守必出之**하여 **出據要塞**호되 **但救其後**하여 **無絶其糧道**하고 **中外相應**이니 **此**는 **救而示之不誠**이니 **示之不誠**은 **則倒敵而待之者也**라 **後其壯**하고 **前其老**하면 **彼敵無前**이요 **守不得而止矣**리니 **此**는 **守權之謂也**라

1) 頓 : 屯(주둔함)과 통용된다.

십만의 적군이 城 아래에 주둔하고 있으면, 구원하는 자는 반드시 그 포위를

열고 수비하는 자도 반드시 출전하여 성에서 나와 요새를 점거하되, 아군의 배후를 구원하여 적이 우리의 군량 수송로를 끊지 못하게 하고, 城의 안팎이 은밀히 서로 호응해야 한다. 이는 우리를 구원하면서 성심을 다하지 않는 것처럼 보이는 것이니, 성심을 다하지 않는 것처럼 보이는 것은 적을 顚倒시키려고 기다리는 것이다. 건장한 자들을 뒤에 두고 노약자들을 앞에 두면 敵이 앞을 가로막지 못할 것이요, 이때 수비하는 자들도 협공을 멈추지 말아야 하니, 이것을 수비하는 權變이라 하는 것이다.

若十萬之兵이 頓於城下하면 救者必能開其圍하고 守者必能奮而出하여 出據要塞之處호되 但救援其後하여 無斷絶其糧道하고 守者救者 中外暗相接應이니 此乃救而佯示之不誠也라 佯示之不誠은 則顚倒敵人而待之者라 後其壯士하고 前其老弱하면 彼敵無敢當其前이요 守者亦皆出戰하여 不得而止矣니 此乃守城權變之謂也라

만약 십만의 적군이 城 아래에 주둔하여 포위하면, 구원하는 자는 반드시 그 포위를 열고 城을 수비하는 자도 반드시 奮擊하여 나와 要塞를 점거하되, 다만 아군의 배후를 구원하여 적이 우리의 군량 수송로를 끊지 못하게 하고, 수비하는 자와 구원하는 자가 城의 안과 밖에서 은밀히 서로 접응해야 한다. 이는 바로 우리를 구원하면서 거짓으로 성심을 다하지 않는 것처럼 보이는 것이니, 거짓으로 성심을 다하지 않는 것처럼 보이게 하는 것은 적을 顚倒시키려고 기다리는 것이다. 건장한 병사들을 뒤에 두고 노약자들을 앞에 두면 敵이 감히 그 앞을 가로막지 못할 것이요, 수비하는 자들 또한 모두 출전하여 협공을 멈추지 말아야 하니, 이것이 바로 城을 지키는 權變이라 하는 것이다.

十二陵 第七 제7편 장수가 갖춰야 할 12가지 사항

陵은 喩其高也大也니 將帥有威有惠하고 識機善戰하며 善攻能守하고 無過無困하며 敬愼多智하고 能除害하고 能果斷하여 十二事全備면 則可以憑陵敵國矣요 將帥多悔, 作孽(얼), 偏私하고 又多不祥, 不度, 不明, 不實, 固陋, 禍, 害,

危, 亡之事하면 則卑鄙怯弱하여 救敗之不暇리니 況敢憑陵敵國乎아 此는 二十四事로되 而只以前十二事로 爲十二陵也라하니 其說이 未知是否로라

陵은 그 높고 큼을 비유한 것이니, 장수가 위엄이 있고 은혜가 있고 機智를 알고 전투를 잘하며, 공격을 잘하고 수비를 잘하고 허물이 없고 곤궁함이 없으며, 신중하고 지혜가 많고 폐해를 제거하고 잘 과단하여 열두 가지 일이 완전히 구비되면, 적국을 능멸할 수 있는 것이다.

반대로 장수가 뉘우칠 일이 많고 재앙을 만들고 사사로움에 편벽되고 또 상서롭지 못하고 절도가 없고 밝지 못하고 성실하지 못하고 고루하며, 禍와 害와 위태로움과 멸망의 일이 많으면, 비루하고 나약하여 패전을 구원하기에도 겨를이 없을 것이니, 하물며 감히 적국을 능멸할 수 있겠는가.

이는 스물네 가지 일인데, 앞에 열두 가지 일만을 가지고 12陵이라 했다 하니, 그 說이 옳은지는 모르겠다.

威는 在於不變이요 惠는 在於因時요 機는 在於應事요 戰은 在於治氣요 攻은 在於意表요 守는 在於外飾이니라

위엄은 변치 않음에 있고, 은혜는 때에 따름에 있고, 機智는 일에 응함에 있고, 전투는 기운을 다스림에 있고, 공격은 의표를 찌름에 있고, 수비는 밖을 꾸밈에 있는 것이다.

立威는 在於不輕易變動이요 施惠는 在於因時布恩이요 機謀는 在於應接事務요 戰鬪는 在治士衆之氣요 攻擊은 在出敵之意表니 出意表면 則難禦요 固守는 務在飾其外하니 飾其外면 則難測이라

위엄을 세움은 가볍게 변동하지 않음에 있고, 은혜를 베풂은 때에 따라 은혜를 베풂에 있고, 機智는 事務를 대응함에 있고, 전투는 군사들의 기운을 다스림에 있고, 공격은 적의 의표를 찌름에 있으니 의표를 찌르면 막기가 어렵고, 굳게 수비함은 밖을 꾸밈을 힘씀에 있으니 밖을 꾸미면 측량하기가 어렵다.

無過는 在於度數요 無困은 在於豫備요 愼은 在於畏小요 智는 在於治大요 除害는 在於敢斷이요 得衆은 在於下人이니라

잘못이 없음은 度數에 있고, 곤궁함이 없음은 미리 대비함에 있고, 신중함은 작은 것을 두려워함에 있고, 지혜는 큰 것을 다스림에 있고, 폐해를 제거함은 과감하게 결단함에 있고, 여러 사람의 마음을 얻음은 남에게 낮춤에 있다.

動無過擧者는 在於度數之精이요 力無困憊者는 在於豫備之周라 敬愼은 在於畏其小者하니 小者尙畏면 則大者可知요 智謀는 在於治其大者하니 大者能治면 則小者可知라 除國之害는 在於敢斷하니 如唐憲宗能斷而平淮西[1] 是也라 得衆之心은 在於以身下人하니 如燕昭王之於郭隗(외)[2]是也라 此已上十二事 爲十二陵也라

1) 唐憲宗能斷而平淮西 : 憲宗은 李純(778~820)으로 唐나라의 제11대 황제(재위 805~820)이다. 安祿山의 난 이후 피폐해진 국정을 일으켜 세우고 지방에서 권력을 행사하는 절도사들에게 강경하게 대응하여 나라의 기강을 바로잡았다. 淮西를 평정하였다는 것은, 憲宗 元和 10년(815)에 일어난 淮西節度使 吳元濟의 반란을 3년에 걸쳐 국력을 총동원해서 평정한 것을 말한다.

2) 燕昭王之於郭隗(외) : 昭王(B.C. 311~B.C. 279)은 전국시대 말기 燕나라의 임금으로 齊나라의 침공을 받아 나라가 멸망 직전에 이르렀을 적에 즉위하여 여러 제후국의 도움으로 나라를 회복하고 魏나라 출신의 명장 樂毅를 얻어 齊나라에 복수한 明君이다.
昭王은 즉위하자 절치부심하고 부국강병을 도모하여 천하의 인재를 구하고자 하였다. 그리하여 신하인 郭隗에게 그 방법을 묻자, 郭隗가 "왕께서 현자를 구하고자 하신다면 먼저 저부터 우대하십시오. 그렇게 하시면 저보다 더 현명한 자들이 어찌 천 리를 멀다 하여 오지 않겠습니까." 하였다. 이에 昭王이 황금대를 지어 郭隗를 스승으로 섬기자, 훌륭한 인재들이 계속하여 燕나라를 찾아와 마침내 魏의 樂毅를 얻어 齊나라에 복수할 수 있었다. ≪史記 권80 樂毅列傳≫

動함에 잘못이 없는 것은 度數의 정밀함에 있고, 힘에 곤궁함이 없는 것은 미리 철저히 대비함에 있는 것이다.

신중함은 작은 것을 두려워함에 있으니 작은 것을 두려워하면 큰 것을 대하는 태도를 알 수 있고, 지모는 큰 것을 다스림에 있으니 큰 것을 잘 다스리면 작은 것을 다스리는 능력을 알 수 있다.

나라의 폐해를 제거함은 과감하게 결단함에 있으니, 예컨대 唐 憲宗이 잘 결단하여 淮西를 평정한 것과 같은 것이다. 여러 사람의 마음을 얻음은 자신을 남에게 낮춤에 있으니, 燕 昭王이 郭隗에게 행한 일이 이것이다.

이 이상의 열두 가지 일이 12陵이다.

悔는 **在於任疑**요 **孽**은 **在於屠戮**이요 **偏**은 **在於多私**요 **不祥**은 **在於惡**(오)**聞己過**요 **不度**는 **在於竭民財**요 **不明**은 **在於受間**이요 **不實**은 **在於輕發**이요 **固陋**는 **在於離賢**이요 **禍**는 **在於好利**요 **害**는 **在於親小人**이요 **亡**은 **在於無所守**요 **危**는 **在於無號令**이니라

뉘우침은 의심스러운 사람을 임용함에 있고, 재앙은 사람을 도륙함에 있고, 편벽됨은 사사로움이 많음에 있고, 상서롭지 못함은 자신의 잘못을 듣기 싫어함에 있고, 절도가 없음은 백성들의 재물을 고갈시킴에 있고, 밝지 못함은 이간질을 받아들임에 있고, 성실하지 못함은 가볍게 발동함에 있고, 고루함은 賢者를 떠나가게 함에 있고, 禍는 이익을 좋아함에 있고, 害는 小人을 가까이함에 있고, 亡함은 지키는 바가 없는 데에 있고, 위태로움은 號令이 없는 데에 있는 것이다.

作事悔는 在於任用其所疑요 作孽은 在於屠戮其無罪요 偏邪는 在於多私心이요 不祥은 在於惡聞自己之過하니 不祥은 身不迪吉也라 不度는 在於殫竭人民之財하니 不度者는 無檢制也라 不明은 在於聽受讒邪離間之言이요 不實은 在於輕易發動이니 不實者는 事不務實而輕發也라 固陋는 在於離去賢德之人이니 離賢이면 則不聞善言이니 所以執固鄙陋也라 禍生은 在於好愛貨利하니 如紂積鹿臺之財而亡國之禍生[1)]하고 智伯貪蔡皐狼之地而殺身之禍生[2)]이 是也라 害起는 在於親近小人하니 小人은 妨賢病國이어늘 人君近之면 皆能爲害하니 如唐玄宗用李林甫하고 唐德宗用盧杞[3)]하니 爲害豈不博哉아 亡滅은 在於國家無所守하고 危殆는 在於主將無號令하니 此는 十二陵之反也라

1) 紂積鹿臺之財而亡國之禍生 : 紂는 紂王으로, 殷나라의 마지막 임금인 受인데 포악하고 탐욕스러워 나라를 멸망에 빠뜨렸다. 鹿臺는 紂王이 재물을 저장한 창고의 이름이다.

2) 智伯貪蔡皐狼之地而殺身之禍生 : 智伯은 春秋時代 말기 晉나라의 六卿 가운데 가장 강성했던 智氏 집안의 智襄子 瑤를 가리키며, 皐狼은 원래 蔡나라 땅으로, 晉나라 六卿의 하나인 趙氏가 빼앗아 갖고 있던 땅이다. 智伯 瑤가 卿을 세습한 다음 韓氏와 魏氏에게 땅을 떼어달라고 요구하여 뜻대로 되자 趙襄子에게도 땅을 떼어줄 것을 요구하였다. 趙襄子가 이를 거절하자 智伯 瑤가 韓氏와 魏氏와 함께 趙襄子를 공격하니, 趙襄子는 晉陽으로 도망하였다. 趙襄子는 晉陽城에서 농성하면서 韓氏와 魏氏를 설득하여 밀약을 맺고 함께 智伯 瑤를 협공하여 智氏를 멸망시켰다. ≪資治通鑑 권1

周紀≫

3) 唐玄宗用李林甫 唐德宗用盧杞 : 李林甫(683~752)와 盧杞(?~785)는 모두 唐나라 때 재상으로 나라를 위기에 빠뜨린 奸臣들이다. 李林甫는 玄宗 때 재상이 되어 楊國忠과 함께 국정을 전횡하고, 끝내는 安祿山의 亂을 촉발하여 천하를 피폐하게 한 자이다. 盧杞는 字가 子良으로 玄宗 때 名相이었던 盧懷愼의 손자인데, 성품이 음험하고 간사하여 德宗 때 재상으로 발탁되자 수많은 충신들을 모함하여 죽였으며, 황제에게 刑名學으로 나라를 다스릴 것을 권하여 가혹한 政事를 펴서, 마침내 朱泚의 난이 일어나 德宗이 奉天으로 播遷하는 결과를 초래하였다.

일을 함에 뉘우침이 생기는 것은 의심스러운 사람을 임용함에 있고, 재앙이 생기는 것은 죄 없는 사람을 도륙함에 있고, 편벽되고 간사함은 私心이 많음에 있고, 상서롭지 못함은 자신의 잘못을 듣기 싫어함에 있으니, 상서롭지 못하다는 것은 몸이 吉善을 따르지 않는 것이다. 절도가 없음은 인민의 재정을 고갈함에 있으니, 절도가 없다는 것은 檢束하고 제재함이 없는 것이다.

밝지 못함은 참소하는 자의 이간하는 말을 받아들임에 있고, 성실하지 못함은 가볍게 발동함에 있으니, 성실하지 못하다는 것은 일의 실제를 힘쓰지 아니하여 가볍게 처리하는 것이다. 고루함은 어질고 덕 있는 사람을 떠나가게 함에 있으니, 어진 이를 떠나가게 하면 善한 말을 듣지 못하므로 고집스럽고 비루한 것이다. 禍가 생겨남은 이익을 좋아함에 있으니, 紂王이 鹿臺에 재물을 쌓자 나라가 망하는 禍가 생겨나고, 智伯이 蔡나라 皐狼의 땅을 탐하다가 몸을 죽이는 禍가 생긴 것이 이것이다.

害로움이 일어남은 小人을 가까이함에 있으니, 小人은 어진 이를 방해하고 나라를 병들게 하는데 君主가 이를 가까이하면 모두 해가 된다. 唐 玄宗이 李林甫를 등용하고 唐 德宗이 盧杞를 등용한 것과 같으니, 그 폐해가 어찌 넓지 않겠는가. 망함은 국가에 지킴이 없는 데에 있고 위태로움은 主將에게 號令이 없음에 있으니, 이는 12陵의 반대이다.

武議 第八　제8편 用武에 대한 議論

武議者는 **議論用武之道也**니 **以內有武議二字故**로 **取名篇**하니라

武議는 用武하는 방도를 의논한 것이니, 안에 '武議' 두 글자가 있으므로 취하여 篇을 이름한 것이다.

凡兵은 **不攻無過之城**하고 **不殺無罪之人**이니 **夫殺人之父兄**하고 **利人之財貨**하고 **臣妾人之**(女子)〔**子女**〕[1]는 **此皆盜也**니라

1) (女子)〔子女〕: 저본의 '女子'는 明本에 의거하여 '子女'로 바로잡았다.

무릇 군대는 잘못이 없는 城을 공격하지 않고 죄 없는 사람을 죽이지 않아야 하니, 남의 父兄을 죽이고 남의 財貨를 이롭게 여기고 남의 子女를 臣妾으로 만드는 것은 모두 도둑인 것이다.

凡行兵에 不攻擊無過之城하고 不誅殺無罪之人이니 夫殺戮人之父兄하고 利他人之貨財하고 臣妾他人之子女는 此皆謂之盜也라

무릇 군대를 출동할 적에 잘못이 없는 城을 공격하지 않고 죄 없는 사람을 죽이지 않아야 하니, 남의 父兄을 죽이고 남의 財貨를 이롭게 여기고 남의 子女를 臣妾으로 만드는 것은 모두 도둑이라 이르는 것이다.

故로 **兵者**는 **所以誅暴亂, 禁不義也**라 **兵之所加者**에 **農不離其田業**하고 **賈**(고) **不離其肆宅**하고 **士大夫不離其官府**하나니 **由其武議在於一人**이라 **故**로 **兵不血刃而天下親焉**이니라

그러므로 군대는 포악하고 혼란한 자를 주벌하고 義롭지 못한 자를 막는 것이다. 군대를 출동하는 곳에 농민은 농사짓는 田庄을 떠나지 않고, 상인은 가게와 집을 떠나지 않고, 士大夫는 관청을 떠나지 않으니, 이는 武議가 한 사람에게 있기 때문이다. 그러므로 군대가 칼날에 피를 묻히지 않고도 天下가 친히 따르는 것이다.

故로 兵者는 所以誅戮暴亂之人하고 禁止爲不義者也라 兵之所加에 使爲農者로 不離去其田業하고 爲賈衒者로 不離去其肆宅하고 爲士大夫者로 不離去其官府하니 所以然者는 由其武議在於一人이라 故로 兵不血刃而天下親附焉이라 如晉文公伐曹에 顚頡(전힐)焚僖負羈家而斬以徇[1]하고 宋曹彬取江南에 而市不易肆[2] 是也라

1) 晉文公伐曹……而斬以徇 : 晉 文公은 春秋時代 晉나라의 군주로 姓이 姬, 이름이 重耳이며 19년의 망명 생활 끝에 귀국하여 임금의 자리에 오르자 나라를 부강하게 만들어 齊 桓公의 뒤를 이어 霸者가 된 明君이다.

顚頡은 文公을 시종하여 19년 동안 망명 생활을 한 자로 文公이 임금의 자리에 오르자 大夫로 등용되었다.

僖負羈는 曹나라의 어진 대부로, 文公의 망명 시절 曹나라 임금이 文公을 박대하자, 文公의 인물됨을 알아보고 홀로 文公을 후하게 접대하였다. 뒤에 文公이 曹나라를 정벌하면서 僖負羈의 집을 약탈하지 말라고 엄명을 내렸는데, 顚頡이 불만을 품고 그 집을 불태워버렸다. 이에 文公은 顚頡을 목 베어 軍中에 조리 돌렸다. ≪春秋左傳 僖公 28년≫

2) 宋曹彬取江南 而市不易肆：曹彬(931~999)은 宋나라 건국 초기의 인물로 太祖를 도와 천하를 평정하고 魯國公에 封해진 名將이다. 開寶 7년(974)에 曹彬은 군대를 이끌고 강남의 南唐을 토벌하여 마지막 임금인 李煜의 항복을 받았는데, 이 싸움에서 무고한 백성을 살상하지 않으니, 시장 사람들은 가게를 떠나가지 않았다고 한다. ≪宋史 권258 曹彬傳≫

그러므로 군대는 포악하고 혼란한 사람을 주벌하고 義롭지 못한 자를 막는 것이다. 군대를 출동하여 공격하는 나라에, 농사짓는 자들로 하여금 농사짓는 전장을 떠나지 않게 하고, 물건을 파는 장사꾼들로 하여금 가게와 집을 떠나지 않게 하고, 士大夫들로 하여금 관청을 떠나지 않게 하니, 이렇게 할 수 있는 것은 武議가 〈군주나 장수〉 한 사람에게 있기 때문이다. 그러므로 칼날에 피를 묻히지 않고도 天下가 친히 따르는 것이다.

예컨대 晉 文公이 曹나라를 정벌할 적에 顚頡이 僖負羈의 집에 불을 지르자 그의 목을 베어 조리 돌리고, 宋나라 曹彬이 江南을 점령할 적에 시장의 가게를 바꾸지 않은 것과 같은 것이다.

萬乘은 **農戰**이요 **千乘**은 **救守**요 **百乘**은 **事養**이니 **農戰**은 **不外索權**하고 **救守**는 **不外索助**하고 **事養**은 **不外索資**니라

萬乘의 나라는 농사와 전투에 힘쓰고, 千乘의 나라는 구원하는 수비에 힘쓰고, 百乘의 나라는 기르는 것을 일삼으니, 농사와 전투에 힘쓰는 자는 밖으로 권세를 찾지 않고, 구원하는 수비에 힘쓰는 자는 밖으로 남의 도움을 찾지 않고, 기르는 것을 일삼는 자는 밖으로 물자를 요구하지 않는다.

萬乘之國은 務農戰이요 千乘之國은 務救守요 百乘之國은 務事養이라 萬乘之國은 其地可出兵車一萬乘者요 千乘之國은 其地可出兵車一千乘者요 百乘之國은 其

地可出兵車一百乘者라 農戰者는 且耕且戰也요 救守者는 修整守備也요 事養者는 喜於養民也라 務農戰者는 不外索他人之權하니 言權自足也요 務救守者는 不外索他人之助하니 言器自備也요 務事養者는 不外索他人之資하니 言財自足也라

萬乘의 나라는 농사와 전투에 힘쓰고, 千乘의 나라는 〈自國을〉 구원하는 수비에 힘쓰고, 百乘의 나라는 〈백성을〉 기르는 것을 일삼는 데 힘쓴다. 萬乘의 나라는 그 땅에서 兵車(戰車) 1만 대가 나올 수 있는 나라요, 千乘의 나라는 그 땅에서 兵車 1천 대가 나올 수 있는 나라요, 百乘의 나라는 그 땅에서 兵車 1백 대가 나올 수 있는 나라이다.

農戰은 한편으로는 농사짓고 한편으로는 전투하는 것이요, 救守는 수비를 닦고 정돈하는 것이요, 事養은 백성을 기르는 것을 좋아하는 것이다.

농사와 전투를 힘쓰는 자는 밖으로 타인의 권세를 찾지 않으니 권세가 스스로 충족함을 말한 것이요, 自國을 구원하는 수비를 힘쓰는 자는 밖으로 타인의 도움을 찾지 않으니 兵器가 스스로 구비됨을 말한 것이요, 백성을 기르는 것을 일삼는 데 힘쓰는 자는 밖으로 타인의 물자를 찾지 않으니 재물이 스스로 풍족함을 말한 것이다.

夫出不足戰하고 入不足守者는 治之以市하니 市者는 所以給戰守也라 萬乘에 無千乘之助면 必有百乘之市니라

군대를 출동해서는 부족하여 싸울 수 없고 들어와서는 부족하여 지킬 수 없는 경우에는 시장으로 다스려야 하니, 시장이란 전쟁하고 수비하는 물자를 공급하는 곳이다. 萬乘의 나라에 千乘 나라의 도움이 없으면 반드시 百乘 나라의 시장이 있어야 한다.

夫出而器械不足以戰하고 入而軍資不足以守者는 治之以交易之市니 收取財貨는 所以供給城守之具也라 萬乘之國에 若無千乘之助면 必有百乘之市하니 言市亦可以取貨而供百乘之用也라

군대를 출동해서는 兵器(장비)가 부족하여 싸울 수 없고 들어와서는 군수물자가 부족하여 지킬 수 없을 때에는 교역하는 시장으로 다스려야 하니, 교역하여 財貨를 거두고 취함은 城을 수비하는 기구를 공급하는 것이다. 萬乘의 나라에 만약 千乘의 나라의 도움이 없으면 반드시 百乘의 나라의 시장이 있어야 하니, 시장에서도 財貨를 취하여 百乘의 財用을 공급할 수 있음을 말한 것이다.

凡誅者는 所以明武也라 殺一人而三軍震者는 殺之하고 殺一人而萬人喜者는 殺之하니 殺之貴大하고 賞之貴小라 當殺而雖貴重이나 必殺之면 是刑上究也요 賞其牛童馬圉者는 是賞下流也니 夫能刑上究하고 賞下流하면 此는 將之武也라 故로 人主重將하나니라

무릇 誅罰은 威武를 밝히기 위한 것이다. 한 사람을 죽여서 三軍을 두려워 떨게 할 수 있으면 죽이고, 한 사람을 죽여서 萬人을 기뻐하게 하면 죽여야 하니, 죽임은 지위가 높은 사람을 죽이는 것을 貴하게 여기고, 賞은 지위가 낮은 자에게 주는 것을 貴하게 여긴다.

마땅히 죽여야 할 경우에 비록 貴重한 자라도 반드시 죽인다면 이는 刑罰이 위로 올라가는 것이요, 소를 먹이는 아이와 말을 기르는 자들에게까지 賞을 준다면 이는 賞이 아래로 흐르는 것이다. 刑罰이 위로 올라가고 賞이 아래로 흐르게 할 수 있다면, 이는 장수가 威武가 있는 것이다. 그러므로 君主는 장수를 소중히 여겨야 하는 것이다.

故로 人主重將하니 凡誅殺者는 所以彰明威武也라 誅殺一人而三軍震動者는 殺之하고 殺一人而萬人喜悅者는 殺之하니 殺之는 貴在大요 賞之는 貴在小라 罪當殺而雖貴重之人이라도 必殺之면 是所謂刑上究也요 賞及牧牛之童과 養馬之人者는 是賞下流也니 夫能刑上究하고 賞下流하면 此는 將之威武也라 故로 爲人主者 當重將帥니라

그러므로 군주는 장수를 소중히 여기니, 무릇 誅殺함은 〈장수의〉 威武를 밝히는 것이다. 한 사람을 죽여서 三軍을 두려워 떨게 할 수 있으면 죽이고, 한 사람을 죽여서 萬人을 기뻐하게 하면 죽여야 하니, 사람을 죽이는 것은 지위가 높은 사람을 죽이는 것을 貴하게 여기고, 賞은 낮은 사람에게 주는 것을 貴하게 여긴다.

마땅히 죽여야 할 죄가 있을 때에 비록 貴重한 자라도 반드시 죽인다면, 이는 이른바 '刑罰이 위로 올라가는 것'이요, 賞이 소를 먹이는 아이와 말을 기르는 자들에까지 미치면 이는 賞이 아래로 흐르는 것이다. 刑罰이 위로 올라가고 賞이 아래로 흐르게 할 수 있다면, 이는 장수가 위엄이 있는 것이다. 그러므로 君主가 마땅히 장수를 소중히 여겨야 하는 것이다.

夫將이 **提鼓揮(抱)〔枹〕**[1]하고 **臨難決戰**하여 **接兵角刃**하니 **鼓之而當**이면 **則賞功立名**하고 **鼓之而不當**이면 **則身死國亡**이라 **是**는 **興亡安危 應在(抱)〔枹〕端**이니 **奈何無重將也**리오

1) (抱)〔枹〕: 저본의 '抱'는 明本과 漢文大系本에 의거하여 '枹'로 바로잡았다.

장수는 북을 당겨 북채를 잡고 국난에 임하여 적과 결전해서 병기를 맞대고 칼날을 부딪치니, 북을 쳐서 진격하여 합당하면 功에 따른 賞을 받고 명성을 세우며, 북을 쳐서 진격하여 합당하지 않으면 몸이 죽고 나라가 망한다. 이는 興亡과 安危가 장수의 북채 끝에 달려있는 것이니, 어찌 장수를 소중히 여기지 않을 수 있겠는가.

夫大將이 提鼓揮枹하여 臨大難하여 決戰於目前하여 使士卒로 兵相接而刃相角하니 若鼓之而得其當하여 軍必勝이면 則賞功於朝하고 立名於世요 鼓之而不得其當하여 軍必敗면 則身死於敵而國亦亡이라 是는 國家之興亡과 士衆之安危 應效在於枹端이니 人君이 奈何無重將也리오 枹는 擊鼓(搥)〔槌〕[1]也라

1) (搥)〔槌〕: 저본의 '搥'는 明本과 漢文大系本에 의거하여 '槌'로 바로잡았다.

大將은 북을 당겨 북채를 잡고서 큰 난리에 임해 목전에서 적과 결전하여 병사들로 하여금 무기를 맞대고 칼날을 서로 부딪치게 하니, 만약 북을 쳐서 진격하게 하여 합당함을 얻어 군대가 승리하면 조정에서 論功하여 賞을 받고 이름을 후세에 세우며, 북을 쳐서 진격하게 하여 합당함을 얻지 못해서 군대가 패전할 수밖에 없으면 몸이 적에게 죽고 나라 또한 망한다. 이는 국가의 興亡과 병사들의 安危에 대한 應驗이 장수의 북채 끝에 달려있는 것이니, 君主가 어찌 장수를 소중히 여기지 않을 수 있겠는가.

枹는 북을 치는 채이다.

夫提鼓揮(抱)〔枹〕하여 **接兵角刃**하여 **君以武事成功者**는 **臣以爲非難也**라하노라

장수가 북을 당겨 북채를 잡고서 무기를 맞대고 칼날을 부딪치게 해서 君主가 武力을 사용하여 功을 이루는 것을, 나는 어려운 일이 아니라고 생각한다.

夫提鼓揮枹하여 兵相接而刃相角하여 人君이 用武事하여 成大功者는 臣以爲非難

事也라

장수가 북을 당겨 북채를 잡고서 〈병사들로 하여금〉 무기를 서로 맞대고 칼날을 서로 부딪치게 해서 군주가 武力을 사용하여 큰 功을 이루는 것을, 나는 어려운 일이 아니라고 생각한다.

(故)〔古〕[1]人曰 無蒙衝而攻하고 無渠答而守를 是謂無善之軍이라하니 視無見하고 聽無聞은 由國無市也니라

1) (故)〔古〕: 저본의 '故'는 '古'와 통용되기도 하나, 故人은 죽은 사람을 가리키므로 明本에 의거하여 ≪直解≫와 함께 '古'로 바로잡았다.

옛사람이 말하기를 "蒙衝이 없이 적을 공격하고 渠答이 없이 수비하는 것을 일러 잘못하는 군대이다."라고 하였으니, 보아도 보이는 바가 없고 들어도 들리는 바가 없는 것은 나라에 시장이 없기 때문이다.

(故)〔古〕人有曰 無蒙衝[1]而攻敵하고 無渠答而守國하니 蒙衝은 攻具也요 渠答은 鐵蒺藜也라 無此二者면 是謂不善攻守之軍이라 視無所見하고 聽無所聞은 由國中無市也라 〔故로 其用不足也라〕[2]

1) 蒙衝 : 고대의 戰船 이름이다. 소의 가죽으로 船體를 덮었으며, 양쪽에 노를 젓는 구멍을 뚫고, 좌우에는 창을 던지고 쇠뇌를 쏘는 창을 내었다.

2) 〔故其用不足也〕: 이 구절은 저본에는 없으나 漢文大系本에 의거하여 보충하였다. 그러나 이 節의 뒷부분은 대체로 뜻이 분명하지 않다.

蒙衝

옛사람이 말하기를 "蒙衝이 없이 적을 공격하고 渠答이 없이 나라를 지킨다." 하였으니, 蒙衝은 공격하는 도구이고 渠答은 鐵蒺藜(마름쇠)이다. '이 두 가지가 없으면, 이러한 군대를 일러 공격과 수비를 잘못하는 군대라고 한다.'라고 하였으니, 보아도 보이는 바가 없고 들어도 들리는 바가 없는 것은 國中에 시장이 없어서 재용이 부족

하기 때문이다.

夫市也者는 百貨之官也니 市賤賣貴하여 以限士人이라 人食粟一斗하고 馬食菽三斗호되 人有飢色하고 馬有瘠形은 何也오 市有所出而官無主也일새라 夫提天下之節制하여 而無百貨之官이면 無謂其能戰也니라

시장은 百貨를 주관하는 곳이니, 싼 값에 구입하여 비싼 값에 팔아서 병사와 사람들의 매매를 제한한다.

사람은 하루에 한 말의 곡식을 먹으면 되고, 말은 하루에 세 말의 콩을 먹으면 되는데도, 사람들이 굶주린 기색이 있고 말이 수척한 것은 어째서인가? 시장에 물건이 나오고 있는데도 官에서 이를 주관하는 법이 없기 때문이다. 天下의 節制를 주장하면서 百貨를 주관하는 관원이 없으면 전쟁을 잘한다고 말할 수 없는 것이다.

夫市也者는 百貨之官也니 百貨之官은 平估物價하여 市物之賤者하고 賣物之貴者하여 以限節士人이라 人日食粟一斗하고 馬日食菽三斗로되 人猶有飢色하고 馬猶有瘠形者는 是何也오 市有所出而官無主典之法也일새라 夫提携天下之節制하여 而不置主典百貨之官이면 不可謂之能戰者也라

시장이란 〈관리가〉 百貨를 주관하는 곳이니, 百貨를 주관하는 관리는 물가를 고르게 하여 값이 싼 물건을 사고 값이 비싼 물건을 팔아서 병사와 사람들의 매매를 제한한다.

사람은 하루에 한 말의 곡식을 먹으면 되고 말은 하루에 세 말의 콩을 먹으면 되는데, 사람들이 굶주린 기색이 있고 말이 수척한 것은 어째서인가? 시장에 물건들이 나오고 있는데도 官에서 주관하는 법이 없기 때문이다. 天下의 節制를 맡고서 百貨를 주관하는 관원을 설치하지 않으면 전쟁을 잘하는 자라고 말할 수 없는 것이다.

○ 愚謂 尉繚治市之說은 不過掊(부)克聚斂하여 以富國强兵耳니 亦商鞅之學也라 後世如漢武帝時에 左庶長桑弘羊[1)]이 令吏坐市列肆하여 販物求利하고 賣貴買賤하여 使富商大賈로 無所牟大利하고 而萬物不得騰踊하여 遂致天下財用豐足이라 武帝巡狩에 所過賞賜金帛이 巨萬計를 皆足取焉이로되 而卜式因旱하여 請誅弘羊者는 誠以掊克之臣은 爲國斂怨이니 聖帝明王이 焉肯用之리오

1) 桑弘羊 : B.C. 152~B.C. 80. 前漢 武帝 때의 문신으로 본래 洛陽의 商人이었는데, 理財에 밝아 武帝 때에 大司農 丞으로 발탁되어 천하의 鹽鐵을 전매하고 平準法을 시행하여 국가의 재정을 튼튼하게 해서 武帝의 신임을 받았다. 큰 가뭄이 들자 御史大夫로 있던 卜式은 "이 가뭄이 든 것은 桑弘羊이 平準法을 시행하여 장사꾼들이 이익을 얻지 못하게 함으로써 백성들의 怨聲이 높기 때문이니, 그를 사형에 처해야 한다."라고 주청하였다. 桑弘羊은 御史大夫에 올랐으나 뒤에 모반을 획책한 죄로 멸족을 당하였다. ≪史記 권30 平準書≫

○ 내가 생각하건대 시장을 다스려야 한다는 尉繚子의 說은 苛斂誅求하여 재물을 모아서 나라를 부유하게 하고 군대를 강하게 함에 불과할 뿐이니, 이 역시 商鞅의 學說이다.

후세에 漢 武帝 때에 左庶長 桑弘羊이 관리들로 하여금 시장에 앉아 가게를 벌여 물건을 팔아 이익을 추구하게 하였다. 그리하여 비싼 물건을 팔고 싼 물건을 사서 큰 장사꾼인 부자들로 하여금 큰 이익을 도모하지 못하게 하고, 온갖 물건의 값이 폭등하지 못하게 하여 마침내 天下의 財用이 풍족하게 되었다. 武帝가 天下를 巡狩할 적에 지나가는 곳마다 賞으로 하사한 金과 비단이 巨萬으로 계산되었는데, 이것을 모두 그에게서 취하여 충족시켰다.

그런데도 卜式이 가뭄을 이유로 桑弘羊을 죽일 것을 청한 것은 진실로 苛斂誅求하는 신하는 나라에 원망을 일으키기 때문이니, 성스러운 皇帝와 현명한 王이 어찌 즐겨 이들을 등용하겠는가.

起兵에 **直使甲胄生蟣蝨**(기슬)은 **必爲吾所效用也**니 **鷙鳥逐雀**에 **有襲人之懷**하고 **入人之室者**는 **非出生也**요 **後有憚也**일새니라

군대를 일으킬 적에 곧바로 병사들로 하여금 갑옷과 투구에서 이와 서캐가 생겨나도 오로지 나를 위하여 쓰임이 되게 해야 하니, 猛禽이 참새를 쫓을 적에 참새가 사람의 품으로 들어오고 사람의 방으로 들어오는 것은, 살 곳을 벗어나고자 해서가 아니요, 뒤에 두려운 것이 있기 때문이다.

起兵에 直使士卒로 甲胄之中에 生蟣蝨호되 必爲我所效用者는 畏將之威而不敢不盡力也라 如鷙鳥之逐雀에 有襲人之懷者하고 有入人之室者는 非出生而願就其死요 亦後有所畏憚耳라

군대를 일으킬 적에 곧바로 병사들로 하여금 〈갑옷과 투구를 벗지 못해〉 갑옷과 투

구에서 이와 서캐가 생겨나도 오로지 〈장수인〉 나를 위하여 몸을 바쳐 쓰임이 되게 하는 것은 장수의 위엄을 두려워해서 감히 힘을 다하지 않을 수 없기 때문이다.

예컨대 猛禽이 참새를 쫓을 적에 참새가 사람의 품으로 들어오고 사람의 방으로 들어오는 것은, 살 곳에서 벗어나 죽을 곳으로 나아가기를 원하는 것이 아니요, 뒤에 두려워 꺼리는 것(猛禽)이 있기 때문이다.

太公望은 **年七十**에 **屠牛朝歌**하고 **賣食盟津**하며 **過七十餘**로되 **而主不聽**하니 **人人謂之狂夫也**러니 **及遇文王**하여는 **則提三萬之衆**하여 **一戰而天下定**하니 **非武議**면 **安能此合也**리오

太公望

太公望은 나이 70에 朝歌에서 소를 도살하고 盟津에서 밥장사를 하였으며, 70여 세가 지났으나 君主가 그의 말을 듣지 않으니, 사람마다 모두 그를 일러 '미친 지아비'라 하였다. 그런데 文王을 만나서는 3만의 군대를 이끌고 한 번 싸워 天下를 평정하였으니, 武議가 아니면 어떻게 이처럼 의기투합할 수 있겠는가.

太公望은 東海上人이라 本姓姜氏니 先祖嘗封於呂라 故로 又曰呂尙이라 時年七十餘歲에 屠牛於朝歌하니 朝歌는 紂所都也요 賣食於盟津하니 盟津은 卽孟津也라 過七十有餘로되 而主不聽用하여 人人皆謂之狂夫라 聞文王作興하고 乃西歸於周하여 釣於渭水러니 西伯出獵이라가 遇太公하고 與語大悅하여 曰 自吾先君太公[1]으로 望子久矣라 故로 號曰 太公望이라하고 載與俱歸하여 立爲師하니라 文王崩하고 子武王立하여 乃東伐紂할새 提三萬之衆하여 一戰而天下定하니 非太公善於武議면 安能與文王武王如此之合也리오

1) 先君太公：太公은 文王의 조부인 古公亶父를 가리킨 것이다. 古公亶父는 도읍을 豳에서 岐周로 옮기고 國號를 周라 하여 국가의 기틀을 확고하게 하였다. 뒤에 武王이 천하를 차지하자 太王으로 추존되었다.

太公望은 東海 가 사람이다. 본래의 姓은 姜氏인데, 先祖가 일찍이 呂 땅에 봉해졌으므로 또 呂尙이라 하였다. 당시 나이 70여 세에 朝歌에서 소를 도살하여 팔았으니

周 文王

朝歌는 紂王이 도읍한 곳이요, 盟津에서 밥을 지어 팔았으니 盟津은 바로 孟津이다. 70여 세가 지났으나 君主가 그의 말을 듣고 등용하지 아니하여, 사람마다 모두 그를 일러 '미친 지아비〔狂夫〕'라 하였다.

太公은 文王이 일어났다는 말을 듣고 마침내 서쪽으로 가서 周나라에 귀의하여 渭水 가에서 낚시질을 하였는데, 西伯인 文王이 사냥을 나갔다가 太公을 만나 함께 이야기하고는, 크게 기뻐하여 말하기를 "우리 先君 太公(太王)으로부터 그대를 바란〔望〕 지가 오래되었으므로 '太公望'이라고 號하겠다." 하고, 수레에 태우고 함께 돌아와서 세워 스승으로 삼았다.

文王이 죽고 아들 武王이 즉위하여 마침내 동쪽으로 紂王을 정벌할 적에 太公은 3만의 군대를 이끌고서 한 번 싸워 天下를 평정하였으니, 太公이 武議를 잘하지 않았다면 어떻게 文王·武王과 이처럼 뜻이 합치할 수 있었겠는가.

故로 **曰 良馬有策**이라야 **遠道可致**요 **賢士有合**이라야 **大道可明**이라하니라

그러므로 이르기를 "좋은 말도 채찍이 있어야 먼 길을 갈 수 있고, 어진 선비도 뜻이 맞아야 大道를 밝힐 수 있다." 한 것이다.

故로 **古人有言**호되 **良馬有鞭策**이라야 **則千里之遠道**를 **可致**요 **賢士有合於人君**이라야 **治世之大道**를 **可明**이라하니라

그러므로 옛사람이 말하기를 "좋은 말도 채찍이 있어야 천 리의 먼 길을 갈 수 있고, 어진 선비도 君主와 뜻이 합하여야 세상을 다스리는 큰 道를 밝힐 수 있다." 한 것이다.

武王伐紂에 **師渡盟津**에 **右旄左鉞**하니 **死士三百**이요 **戰士三萬**이라 **紂之陳**은 **億萬**이요 **飛廉, 惡來 身先戟斧**하고 **陳開百里**로되 **武王**이 **不罷**(피)**士民**하고 **兵不血刃**하고 **而克商誅紂**는 **無祥異也**요 **人事修不修而然也**니라

武王이 紂王을 정벌할 적에 군대가 盟津을 건너가자 오른손에는 깃발〔旄〕을 잡고 왼손에는 도끼〔鉞〕를 잡으니, 결사적으로 싸우는 용사가 3백 명이고 戰士가 3

만 명이었다.

紂王의 진영은 병력이 억만 명이고, 飛廉과 惡來가 앞장서서 세 갈래진 창과 도끼를 잡고 敵陣을 공격하여 백 리에 걸쳐 길을 열었으나, 武王은 병사와 백성들을 피로하게 하지 않고 兵器의 칼날에 피를 묻히지 않고서 商나라를 이기고 紂王을 주벌하였으니, 이는 상서로움과 괴이함이 있었기 때문이 아니요, 人事가 닦여졌느냐 닦여지지 않았느냐에 따라 그러한 것이다.

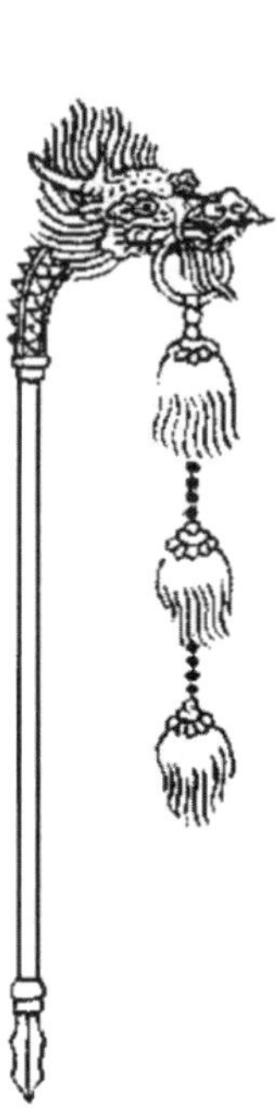

旌

周武王이 **東伐紂**할새 **師渡盟津**에 **右秉白旄**하고 **左仗黃鉞**하니 **敢死之士三百**이요 **善戰之士三萬**[1)]이라 **商紂之陳**은 **億萬衆**이요 **又有飛廉, 惡來二將**이 **多力善走**[2)]하여 **身先以戟斧**하고 **遇戰陣**에 **開道百里**로되 **周武王**이 **乃不罷士民**하고 **兵不血刃**하고 **而紂之兵前徒倒戈**하여 **自相攻殺**하여 **遂勝商而誅紂**는 **無他祥異也**요 **在人事之修與不修而然也**라

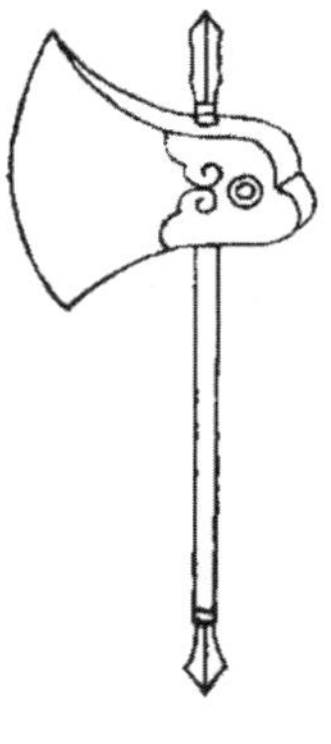

鉞

1) 周武王……善戰之士三萬 : 武王이 紂王을 정벌한 내용은 ≪書經≫ 〈泰誓 上·中·下〉와 〈牧誓〉에 자세히 보인다. 여기에 盟津은 孟津으로 표기되어 있다.

2) 商紂之陳……多力善走 : 紂王의 병력이 億萬이라는 내용은 ≪書經≫ 〈泰誓 上〉에 보인다. 고대에 億은 10萬을 이르는데, 여기의 億萬 또한 10萬을 이른 것으로 보인다.

飛廉과 惡來는 父子 사이로 紂王을 섬긴 장수들인데, 飛廉은 달리기를 잘하였고 惡來는 힘이 장사였다고 한다. ≪史記 권5 秦本紀≫

周 武王이 동쪽으로 紂王을 정벌할 적에 군대가 盟津을 건너가자 오른손에는 흰 깃발을 잡고 왼손에는 누런 도끼를 잡으니, 결사적으로 싸우는 용사가 3백 명이었고 전투를 잘하는 병사가 3만 명이었다.

商나라 紂王의 陣은 병력이 억만(십만) 명이고, 또 飛廉과 惡來 두 장수가 힘이 세고 달리기를 잘하여, 몸소 앞장서서 세 갈래진 창과 도끼를 잡고 戰陣을 이끌 적에 백 리에 걸쳐 길을 열었다.

그러나 周 武王이 마침내 병사와 백성들을 피로하게 하지 않고 兵器의 칼날에 피를 묻히지 않고서도, 紂王의 병사들이 앞에 있는 군대가 창을 거꾸로 들고 〈뒤에 있는 군대를 공격하여,〉 자기들끼리 서로 공격하고 죽여서, 〈周나라는〉 마침내 商나라를 이기고 紂王을 주벌하였다.

이는 달리 특별한 상서로움과 괴이한 조짐이 있어서가 아니요, 人事가 닦여졌느냐 닦여지지 않았느냐에 따라 그러한 것이다.

今世將은 考孤虛하고 占咸池하고 合龜兆하여 視吉凶하고 觀星辰風雲之變하여 欲以成勝立功하니 臣以爲難이라하노라

지금 세상의 장수들은 孤虛를 상고하고 咸池를 점치고 거북껍질의 조짐을 맞추어 吉凶을 살펴보고 星辰과 바람과 구름의 변동을 관찰하여 이로써 승리해서 공을 세우고자 하니, 나는 어렵다고 생각한다.

今世爲將者는 不修人事하여 務考孤虛하고 占咸池하고 合龜兆하여 以視吉凶[1)]하고 觀星辰風雲之變動하여 欲以成勝立功하니 臣以爲之難也라 孤虛者는 日辰不全也니 如甲子旬에 以戌亥爲孤하고 以辰巳爲虛之類[2)] 是也요 咸池者는 陰陽家 以寅午戌月忌卯로 爲咸池하고 巳酉丑月忌午로 爲咸池하고 申子辰月忌酉로 爲咸池하고 亥卯未月忌子로 爲咸池 是也라 龜兆者는 用龜하여 卜其吉凶之兆也라 星辰者는 五星十二次[3)]也요 風雲者는 審其風之逆順하고 觀其雲之形狀也라

1) 合龜兆 以視吉凶 : 고대에는 거북의 등껍질을 태워 그 모양을 보고 길흉과 화복을 점쳤으므로 이렇게 말한 것이다. 시초점과 거북점 두 가지를 가지고 국가의 일을 점쳤는데, 큰일에는 거북점을 사용하고 작은 일에는 시초점을 사용하였다. 시초점은 시초를 가지고 卦를 뽑아 ≪周易≫으로 점치는 것을 이른다.

2) 甲子旬……以辰巳爲虛之類 : 甲子旬은 甲子日로부터 癸酉日까지의 10일간을 이른다. 여기에는 地支 중 戌과 亥가 빠지므로 戌과 亥는 孤가 되고 戌과 亥의 반대 방향인 辰과 巳는 虛가 되는바, 자세한 내용은 본서 59쪽의 주 1) 참조.

3) 五星十二次 : 五星은 태양계에 있는 다섯 개의 行星인 水星·金星·火星·木星·土星의 다섯 별을 이르는데, 고대에는 이 다섯 별이 나란히 모이는 것을 상서로운 조짐으로 여겼다.

十二次는 고대 天文에서 절기의 변화를 설명하기 위하여 黃道 부근의 하늘을 서쪽에서 동쪽으로 향하는 방향에 의하여 12개의 분야로 나누고 여기에 28宿를 배치한 것인데, 子는 玄枵, 丑은 星紀, 寅은 析木, 卯는 大火, 辰은 壽星, 巳는 鶉尾, 午는 鶉火, 未는 鶉首, 申은 實沈, 酉는 大梁, 戌은 降婁, 亥는 陬訾이다.

지금 세상에 장수가 된 자들은 사람이 해야 할 일을 닦지 않고서, 孤虛를 상고하고 咸池를 점치고 거북껍질의 조짐을 맞춤에 힘써서 吉凶을 살펴보고, 星辰과 바람과 구름의 변동을 관찰해서 승리하여 공을 세우고자 하니, 나는 어렵다고 생각한다.

孤虛란 日辰에 기운이 완전하지 않은 것이니, 甲子의 열흘 동안에는 戌·亥를 孤로 삼고 辰·巳를 虛로 삼는 것과 같은 따위가 이것이다. 咸池는 陰陽家들이 寅月(정월)·午月(5월)·戌月(9월)은 卯를 꺼린다 하여 이것을 咸池라 하고, 巳月(4월)·酉月(8월)·丑月(12월)은 午를 꺼린다 하여 이것을 咸池라 하고, 申月(7월)·子月(11월)·辰月(3월)은 酉를 꺼린다 하여 이것을 咸池라 하고, 亥月(10월)·卯月(2월)·未月(6월)은 子를 꺼린다 하여 이것을 咸池라 하는 것이 이것이다.

龜兆는 거북껍질을 사용하여 吉凶의 조짐을 점치는 것이다. 星辰은 五星과 十二次(위치)이고, 바람과 구름을 관찰한다는 것은 바람의 逆順을 살피고 구름의 형상을 관찰하는 것이다.

夫將者는 上不制於天하고 下不制於地하고 中不制於人이니라

장수는 위로는 天時에 제재받지 않고, 아래로는 地形에 제재받지 않고, 가운데로는 사람에게 제재받지 않아야 한다.

夫將者는 上不制於天時之順逆하고 下不制於地勢之險易하고 中不制於人力之强弱이라 不制於天은 如劉裕以往亡日出軍而勝燕[1]하고 公子心이 倒彗柄하고 出戰而勝齊[2] 是也요 不制於地는 如鄧艾不以陰平爲險而入蜀[3]하고 趙奢不以道遠險狹而破秦[4]이 是也요 不制於人은 如宇文泰不以高歡兵衆而設奇取勝[5]하고 蕭王不以王尋勢盛而親犯中軍[6]이 是也라 或曰 不制於人은 謂不遙制於君也니 如李靖不奉詔迎突厥하여 而破頡利[7] 是也라 蓋前說은 是無敵於前이요 後說은 是無主於後니 於義에 皆通이라

1) 劉裕以往亡日出軍而勝燕 : 劉裕는 南北朝時代 宋나라를 건국한 高祖의 이름이다. 往亡日은 陰陽家에서 출행하면 불길하다는 날로 天門日이라고도 하는데, 정월은 寅日, 2월은 巳日, 3월은 申日, 4월은 亥日, 5월은 卯日, 6월은 午日, 7월은 酉日, 8월은 子日, 9월은 辰日, 10월은 未日, 11월은 戌日, 12월은 丑日이며, 또 驚蟄이 지난 뒤 14일째 되는 날이라 한다.

A.D. 410년 往亡日에 宋나라 劉裕와 南燕의 慕容超가 대전하였는데, 劉裕는 승리하였고 慕容超는 패하였으므로 이렇게 말한 것이다. 당일에 劉裕가 병력을 총동원

하여 南燕을 공격하니, 어떤 사람이 "오늘은 往亡日이라 출병하기에 불리합니다."라고 하였으나, 劉裕는 "내가 가면 저들이 패망하는데 무엇이 불리하단 말인가." 하고 적에게 맹공을 가하여 南燕을 멸망시켰다. ≪資治通鑑 晉紀 권114 安皇帝≫

2) 公子心……出戰而勝齊 : 이 내용은 본서 63쪽 참조.

3) 鄧艾不以陰平爲險而入蜀 : 鄧艾(197~264)는 三國時代 魏나라의 장수이다. 이에 대한 자세한 내용은 본서 69쪽의 주 2) 참조.

4) 趙奢不以道遠險狹而破秦 : 趙奢는 戰國時代 趙나라의 名將으로 馬服君에 봉해진 인물이다. 秦나라가 韓나라를 공격하기 위해 閼與로 진군해 오자, 趙王은 趙奢를 將軍으로 임명하여 閼與를 구원하도록 하였다. 趙奢는 부하인 許歷의 간언에 따라 성벽을 굳게 지키며 28일을 지체하여 행군하지 않고 보루를 더욱 증축하였다. 趙軍의 實情을 정탐하기 위해 秦나라의 間使(첩자로 온 使者)가 오자 趙奢는 그가 첩자임을 모르는 것처럼 하고 잘 대접하여 보냈는데, 間使가 돌아가 이러한 사실을 秦나라 장수에게 보고하니, 秦나라 장수는 趙奢가 싸울 뜻이 없는 것으로 오판하고 방심하였다. 趙奢는 間使를 보내자마자, 갑옷을 말아 급히 행군하여 秦軍보다 한 발 앞서 전투에 유리한 고지인 北山을 선점하고 秦軍을 대파하여 閼與의 포위를 풀게 하였다. ≪史記 권81 廉頗藺相如列傳 附 趙奢≫

5) 宇文泰不以高歡兵衆而設奇取勝 : 宇文泰(507~556)는 西魏의 丞相으로 뒤에 北周를 건국한 宇文覺의 부친이며, 高歡(496~547)은 東魏의 丞相으로 뒤에 아들 高洋이 北齊를 창건하여 神武帝로 추존된 인물이다.

西魏 大統 3년(537), 宇文泰가 高歡을 맞아 싸울 적에 諸將들은 모두 衆寡不敵을 이유로 공격을 반대하였으나, 宇文泰는 高歡이 막 왔을 때에 공격해야 한다고 주장하고 병사들에게 3일 분의 군량만을 주고 高歡의 大軍과 會戰하였는데, 高歡의 군대를 양쪽으로 갈라놓아 대파하고 6천여 명을 참수하였으며 2만여 명의 항복을 받았다. ≪周書 권2 文帝 下≫

6) 蕭王不以王尋勢盛而親犯中軍 : 蕭王은 後漢을 건국한 光武帝가 천하를 차지하기 전 更始帝에게 받은 封號이며, 王尋은 王莽의 장수이다. 王尋이 대군을 거느리고 光武帝의 주력군을 昆陽城에 몰아넣고 포위하였다. 포위되기 전에 성을 빠져 나온 光武帝는 郾과 定陵 일대로 가서 병력을 규합한 다음, 이 중에서 3천 명을 뽑아 선봉으로 삼아 곧바로 昆陽城으로 가서 성을 포위하고 있던 王莽軍의 배후를 급습하여 大破하고, 적장 王尋을 죽였다. ≪後漢書 권1 光武帝紀≫

7) 李靖不奉詔迎突厥 而破頡利 : 이에 대한 자세한 내용은 본서 69쪽의 주 3) 참조.

장수는 위로 天時의 順逆에 제재받지 않고, 아래로는 地形의 험하고 평탄함에 제재받지 않고, 가운데로는 人力의 강하고 약함에 제재받지 않아야 하는 것이다.

'하늘에 제재받지 않는다.'는 것은, 劉裕가 往亡日에 출병하여 燕나라를 이겼고, 公子心이 彗星의 빗자루를 거꾸로 하고서 출전하여 齊나라를 이긴 것과 같은 것이다.

'地形에 제재받지 않는다.'는 것은, 鄧艾가 陰平을 험하다고 여기지 않고 蜀漢으로 쳐들어갔고, 趙奢가 길이 멀고 험하다고 여기지 않고 달려가서 秦나라를 격파한 것과 같은 것이다.

'사람에게 제재받지 않는다.'는 것은, 宇文泰가 高歡의 군대가 병력이 많은 것을 우려하지 않고 기이한 계책을 내어 승리를 거두고, 蕭王이 王尋의 軍勢가 성대함을 두려워하지 않고 직접 적의 中軍을 범한 것과 같은 것이다.

혹자는 말하기를 "사람에게 제재받지 않는다는 것은, 멀리 君主에게 제재받지 않는 것이니, 李靖이 詔命을 받들어 突厥을 맞이하지 않고서 頡利를 격파한 것과 같은 것이다." 하였다.

앞의 말은 앞에 대적할 자가 없는 것이요, 뒤의 말은 뒤에 제재하는 君主가 없는 것이니, 뜻이 모두 통한다.

故로 **兵者**는 **凶器也**요 **爭者**는 **逆德也**요 **將者**는 **死官也**라 **故**로 **不得已而用之**하니 **無天於上**하고 **無地於下**하고 **無主於後**하고 **無敵於前**하여 **一人之兵**이 **如狼如虎**하고 **如風如雨**하고 **如雷如霆**하여 **震震冥冥**하여 **天下皆驚**하나니라

그러므로 兵器는 흉한 기물이고, 戰爭은 悖逆하는 德이고, 將帥는 죽는 관직이므로 부득이하여 사용하는 것이다. 위에 하늘이 없고 아래에 땅이 없고 뒤에 제재하는 君主가 없고 앞에 가로막는 적이 없어서, 한 사람의 군대가 이리와 같고 호랑이와 같고, 바람과 같고 비와 같고, 우레와 같고 벼락과 같아, 번개처럼 빨리 출동하고 은밀하게 계책을 숨겨서 天下가 모두 놀라는 것이다.

故로 兵者는 凶惡之器也요 爭者는 悖逆之德也요 將者는 必死之官也라 故로 聖人이 不得已而用之라 無天於上은 卽上不制於天也요 無地於下는 卽下不制於地也요 無主於後하고 無敵於前은 卽不制於人也라 以一將而提數萬之兵하여 其威之猛이 如狼如虎하고 其行之疾이 如風如雨하고 其聲之烈이 如雷如霆이라 震震者는 動之疾而不可禦也요 冥冥者는 謀之秘而不可測也니 此所以天下聞之而皆驚焉이라

그러므로 兵器는 흉악한 기물이고, 戰爭은 悖逆하는 德이고, 將帥는 죽기를 기필하

는 관직이므로 聖人이 부득이하여 사용하는 것이다. '위에 하늘이 없다.'는 것은 바로 위로 天時에 제재받지 않는 것이요, '아래에 땅이 없다.'는 것은 바로 아래로 地形에 제재받지 않는 것이요, '뒤에 〈제재하는〉 君主가 없고 앞에 〈가로막는〉 적이 없다.'는 것은 바로 사람에게 제재받지 않는 것이다.

수만 명의 병력을 인솔한 장수는 그 위엄의 사나움이 이리와 같고 호랑이와 같으며, 그 움직임의 신속함이 바람과 같고 비와 같으며, 그 소리의 맹렬함이 우레와 같고 벼락과 같은 것이다. 震震은 행동을 빠르게 하여 막을 수가 없는 것이요, 冥冥은 계책을 은밀히 세워 측량할 수 없는 것이니, 이 때문에 天下가 듣고서 모두 놀라는 것이다.

勝兵은 **似水**하니 **夫水**는 **至柔弱者也**라 **然**이나 **所以觸**에 **丘陵必爲之崩**은 **無異也**라 **性專而觸誠也**일새니라

승리하는 군대는 물과 유사하니, 물은 지극히 유약한 것이나 물이 저촉하는 곳에 丘陵도 반드시 무너지는 것은 다른 이유가 없다. 성질이 專一하여 저촉함이 진실되기 때문이다.

勝兵之形은 有似乎水하니 夫水之性은 至柔弱者也라 然이나 有所觸이면 丘陵必爲之崩摧하니 此는 無他奇異也요 性專一而觸之誠也라

승리하는 군대의 형세는 물과 유사하니, 물의 성질은 지극히 유약하나 저촉하면 丘陵도 반드시 무너지니, 이는 다른 기이함이 있는 것이 아니요 성질이 專一하여 저촉하기를 진실히 하기 때문이다.

今以莫邪(야)**之利**와 **犀兕**(서시)**之堅**과 **三軍之衆**으로 **有所奇正**이면 **則天下莫當其戰矣**리라

지금 莫邪劍의 예리함과, 무소와 외뿔소 가죽의 견고함과, 三軍의 많은 병력으로 奇와 正을 적절히 운용한다면, 天下가 감히 그 싸움을 당할 수 없을 것이다.

今以莫邪之鋒利와 犀兕之堅固와 三軍之衆으로 有所以爲奇하고 所以爲正이면 則天下諸侯莫能當其戰矣라 莫邪는 劍名[1)]이라 犀兕는 皆獸名이니 犀는 解見吳子[2)]하고 兕는 野牛니 一角青色이요 重千斤이니 其皮皆可爲甲이라

1) 莫邪 劍名 : 莫邪는 본래 春秋時代 吳나라 사람으로 당대의 제일가는 劍匠인 干將의

아내인데, 干將이 吳王 闔閭의 명을 받고 한 쌍의 검을 주조할 적에 풀무의 불길이 제대로 일지 않자, 풀무 속에 뛰어들어 자신을 희생해서 남편으로 하여금 명검을 주조할 수 있도록 하였다. 이에 한 쌍의 명검이 만들어지자, 雄劍의 이름을 干將, 雌劍의 이름을 莫邪라 칭하였는데, 후대에는 웅검을 龍泉, 자검을 太阿로 칭하기도 하였다.

2) 犀 解見吳子 : 여기의 ≪吳子≫는 ≪吳子直解≫ 〈圖國〉편을 이른다. 이 편에 "무소는 뿔이 하나이고 모습이 물소와 같고 머리가 돼지와 같은데, 바다 속에 산다. 해변의 어부들이 길옆에 木犀(나무로 만든 무소)를 세워놓으면, 무소가 와서 木犀에 기대어 있다가 木犀가 부러지면 무소도 땅에 쓰러지는데, 이때 쳐서 잡는다."라고 보인다.

지금 莫邪劍의 예리함과, 무소와 외뿔소의 가죽으로 만든 갑옷의 견고함과, 三軍의 많은 병력으로 적절히 奇를 쓰고 正을 쓴다면, 天下의 諸侯가 그 싸움을 당할 수 없을 것이다.

莫邪는 劍의 이름이다. 무소와 외뿔소는 모두 짐승 이름이니, 무소는 해석이 ≪吳子直解≫에 보이고, 외뿔소는 들소이니 뿔 하나에 색깔이 푸르고 무게가 천 근이다. 이들 가죽은 모두 갑옷을 만들 수 있다.

故로 曰 擧賢用能이면 不時日而事利요 明法審令이면 不卜筮而獲吉이요 貴功養勞면 不禱祠而得福이라하고 又曰 天時不如地利요 地利不如人和라하니 古之聖人은 謹人事而已니라

그러므로 이르기를 "어진 이를 천거하고 才能이 있는 자를 등용하면 시일을 가리지 않고도 일이 순조롭고, 法을 밝히고 명령을 자세히 살펴서 내리면 卜筮를 하지 않고도 吉함을 얻고, 功이 있는 자를 貴하게 하고 수고한 자를 잘 길러주면 神에게 기도하고 제사하지 않고도 福을 얻는다." 하였고, 또 이르기를 "天時가 地利만 못하고 地利가 人和만 못하다." 하였으니, 옛날의 聖人은 사람의 일을 삼갔을 뿐이다.

故로 古人有言曰 選擧賢德之人하고 任用才能之士면 不必拘以時日而事自利요 修明法度하고 審察號令이면 不必用其卜筮而自獲吉이요 有功者를 以爵貴之하고 有勞者를 以祿養之하면 不必禱於神祠而自得福이라하니라 古人又曰 天時之順이 不如地利之險이요 地利之險이 不如得人心之和라하니 古之聖人은 但敬謹人事而已라

그러므로 옛사람이 말하기를 "어질고 德이 있는 사람을 선발하여 등용하고 재능이

있는 선비를 임용하면 군이 시일에 구애받지 않고도 일이 저절로 순조롭고, 法度를 닦아 밝히고 호령을 자세히 살펴 내리면 군이 卜筮를 사용하지 않고도 저절로 吉함을 얻고, 功이 있는 자를 官爵으로 貴하게 해주고 수고로움이 있는 자를 祿으로써 길러 주면 군이 神明의 사당에 기도하지 않고도 저절로 福을 얻는다." 하였다.

옛사람(孟子)이 또 이르기를 "天時의 順함이 地形의 險함의 이로움만 못하고, 地形의 險함의 이로움이 人心의 和함을 얻는 것만 못하다." 하였으니, 옛날의 聖人은 다만 사람의 일을 공경하고 삼갔을 뿐이다.

吳起與秦戰할새 **舍**에 **不平隴畝**하고 **樸樕**(박속)**蓋之**하여 **以蔽霜露**하니 **如此**는 **何也**오 **不自高人故也**니라

吳起가 秦나라와 싸울 적에 군대를 주둔해 있으면서 이랑과 밭두둑을 평평하게 고르지 않고 작은 나무로 지붕을 덮어서 겨우 서리와 이슬을 막았으니, 이와 같이 한 것은 어째서인가? 스스로 남보다 높은 체하지 않고자 해서였다.

吳起爲將하여 與秦戰[1]할새 舍止之處에 不平隴畝라 古者爲田에 一畝三甽하여 廣尺深尺하여 而播種於其中하니 畝傍高起者를 爲隴이라 苗葉以上이어든 稍耨(누)隴草하여 以附苗根이면 則隴盡畝平하여 而耐風與旱也라 此는 言吳起屯營舍止之處에 隴畝亦不平治하니 恐勞衆也라 用樸樕하여 蓋其所居하여 以蔽霜露하니 如此는 是何也오 不肯自高於人也라 樸樕者는 叢生小木也라

1) 吳起爲將 與秦戰 : 吳起(B.C. 440~B.C. 381)는 戰國時代의 저명한 병법가로 ≪吳子≫의 저자인데, 魏 文侯에게 중용되어 秦나라를 공격해서 다섯 개의 성을 점령하였다. ≪史記 吳起列傳≫

吳起가 장수가 되어 秦나라와 싸울 적에, 주둔하여 머무는 곳에 이랑과 밭두둑을 평평하게 고르지 않았다.

옛날 밭을 만들 적에 한 이랑에 세 고랑을 만들어서 넓이가 한 자이고 깊이가 한 자로 하여 이 가운데에 씨앗을 파종하였는데, 이랑 옆에 높게 솟아난 것을 隴(밭두둑)이라 하였다. 苗의 싹이 올라오면 점점 밭두둑의 풀을 김매어서 苗의 뿌리에 바짝 붙이면 밭두둑이 다 없어지고 이랑이 평평해져서 곡식이 바람과 가뭄을 견디게 된다.

이는 吳起가 兵營을 주둔하여 머무는 곳에 이랑과 밭두둑을 또한 고르게 다스리지 않았음을 말하였으니, 병사들을 수고롭게 할까 두려워해서였다.

작은 나뭇단을 사용하여 거주하는 막사의 지붕을 덮어서 겨우 서리와 이슬을 막았으니, 이와 같이 한 것은 어째서인가? 스스로 남보다 높은 체하려고 하지 않은 것이다.

樸樕은 叢生하는 작은 나무이다.

乞人之死면 不索尊하고 竭人之力이면 不責禮하나니라

남이 결사적이기를 바라면 높음을 찾지 않아야 하고, 남이 勇力을 다하게 하려면 禮를 책망하지 않아야 한다.

乞貸人之死命이면 不索自己之尊하고 竭盡衆人之勇이면 不責臣下之禮[1)]라

1) 乞貸人之死命……不責臣下之禮 : 漢文大系本에는 이 부분이 "남이 목숨을 바쳐 싸우기를 바랄 적에는 자신의 높음을 찾아서는 안 되고, 사람들의 용력을 다하게 할 적에는 신하의 禮를 책망하지 않아야 한다.〔求人之致死 不可索自己之尊 竭盡衆人之勇力 不責臣下之禮〕"로 표기되어 있어 뜻이 더욱 분명하다.

남(병사들)이 목숨을 바쳐 싸우기를 바라면 자신의 높음을 찾지 않아야 하고, 남이 용력을 다하게 하려면 신하의 禮를 책망하지 않아야 한다.

故로 古者에 介胄之士不拜는 示人無己以煩也라 夫煩人而欲乞其死, 竭其力은 自古至今히 未嘗聞矣[1)]로라

1) 竭人之力……未嘗聞矣 : ≪星湖僿說≫ 제23권 〈經史門 介者不拜〉에 "병사란 죽으러 가는 것이기 때문에 그들을 전송할 때 天子로서도 그들을 위해 꿇어앉아 수레를 밀어 보냈다. 이와 같이 하지 않으면 병사들의 충성심을 감동시킬 수 없는데, 어찌 병사들에게 꿇어앉아 절하도록 할 수 있겠는가? 후세 사람은 이런 깊은 뜻은 깨닫지 못하고 갑옷과 투구를 갖춘 병사로서는 불편하기 때문에 절하지 않는다는 것으로만 해설하였으니, 소견이 얕다 하겠다.〔兵死地也 其送之也 天子爲之跪而推轂 不如此 無以感動其忠節也 豈可以跪拜曲謹責之 後人不達 乃以甲胄在身爲解者 淺矣〕" 하였다.

그러므로 옛날에 갑옷을 입고 투구를 쓴 武士가 군주에게 절하지 않은 것은, 자신 때문에 武士를 번거롭게 하지 않음을 사람들에게 보인 것이다. 남을 번거롭게 하고서 그가 목숨을 바치고 그가 힘을 다하기를 바라는 것은, 예로부터 지금에 이르기까지 일찍이 듣지 못하였다.

故로 古者에 介胄之士不拜於君前은 示人無己煩擾也라 夫煩擾於人하여 而欲乞其死命하고 竭其勇力하여 爲我之用은 自古至今히 未嘗聞也라

그러므로 옛날에 갑옷을 입고 투구를 쓴 武士가 군주 앞에서 절하지 않은 것은, 〈군주가〉 자신 때문에 武士를 번거롭게 하지 않음을 사람들에게 보인 것이다. 남을 번거롭게 하고서 그가 목숨을 바치고 勇力을 다하여 자신의 쓰임이 되기를 바라는 것은, 예로부터 지금에 이르기까지 일찍이 듣지 못하였다.

將受命之日엔 忘其家하고 張軍宿野하면 忘其親하고 援(抱)〔枹〕[1]而鼓하면 忘其身이니라

1) (抱)〔枹〕: 저본의 '抱'는 明本에 의거하여 ≪直解≫와 함께 '枹'로 바로잡았다.

장수가 출전 명령을 받는 날에는 자기의 집안을 잊고, 군대를 진열하여 야영을 하면 자기의 어버이를 잊고, 북채를 잡고 북을 치면 자기의 몸을 잊는다.

夫將受命之日엔 則忘其家하니 謂不有其家也요 張設三軍하여 次宿於野면 則忘棄其親하니 謂不有其親也요 臨敵(夬)〔決〕[1]戰하여 援(抱)〔枹〕而鼓면 則忘棄其身하니 謂不有其身也라

1) (夬)〔決〕: 저본의 '夬'는 明本에 의거하여 '決'로 바로잡았다.

장수가 출전 명령을 받는 날에는 자기의 집안을 잊으니, 자기의 집안을 마음속에 두지 않음을 이른 것이요, 三軍을 진열하여 야영을 하면 자기의 어버이를 잊으니, 자기의 어버이를 마음속에 두지 않음을 이른 것이요, 적진에 임하여 결전해서 북채를 잡고 북을 치면 자기의 몸을 잊으니, 자기의 몸을 마음속에 두지 않음을 이른다.

吳起臨戰하여 左右進劍한대 起曰 將은 專主旗鼓爾니 臨難決疑하고 揮兵指刃이 此將事也라 一劍之任은 非將事也라하니라

吳起가 싸움에 임하여 左右에서 劍을 올리자, 吳起가 말하기를 "장수는 오로지 깃발과 북을 주관할 뿐이니, 어려운 일에 임하여 의심스러운 일을 결단하고 군대를 지휘하여 병기를 사용하게 하는 것이 장수의 일이다. 한 劍의 임무는 장수의 일이 아니다." 하였다.

吳起臨戰에 左右之人이 進劍하여 欲起用之而戰한대 起曰 大將은 專主旗鼓하여 麾之左則左하고 麾之右則右하고 鼓之進則進하며 臨大難하여 決大疑하고 揮兵指刃하여 使士卒受敵而無敗니 此將之事也라 若夫一劍之任은 非將軍之事也라하니라 昔에 李光弼이 與史思明으로 戰於河陽할새 令諸將曰 若輩望吾旗而戰호되 吾颭旗緩이면 任爾擇利요 吾急颭하여 三至地면 則萬衆齊一하여 死生以之니 少退者는 斬하리라 及戰에 郝(학)廷玉이 奔還이어늘 光弼驚하여 命取其首한대 廷玉曰 馬中箭이요 非敢退也라하여늘 易馬遣之하고 僕固懷恩이 少却이어늘 光弼이 又命取其首한대 懷恩이 更前決戰이라 光弼이 連颭其旗한대 諸軍이 奔進致死하여 呼聲動天地하니 賊衆大潰하여 思明遁去[1)]하니라 春秋時에 晉伐齊할새 晉郤克이 傷於矢하여 流血及屨호되 未絶鼓音하고 曰 余病矣로라 張侯曰 自始合으로 而矢貫余手及肘호되 余折以御하여 左輪朱殷이나 豈敢言病이리오 吾子忍之하라 師之耳目이 在吾旗鼓하여 進退從之니 此車一人殿之면 可以集事니 若之何其以病敗君之大事也리오 擐甲執兵은 固卽死也니 病未及死어든 吾子勉之하라하고 左并轡하고 右援枹而鼓하다 馬逸不能止어늘 師從之하여 齊師敗績[2)]하니 此는 將專主旗鼓之證也라

1) 李光弼……思明遁去 : 李光弼(708~764)은 唐 玄宗·肅宗 때의 명장으로 安史의 난을 평정한 인물이며, 史思明(?~761)은 突厥族인 安祿山과 동향으로, 天寶 연간에 전공을 세워 平虜兵馬使가 되었다가 安祿山과 함께 난을 일으킨 장본인이다.

史思明은 至德 2년(757) 安祿山의 아들 安慶緖가 아버지를 죽이고 稱帝하자, 唐나라로 귀순하여 河北節度使를 지내다가 다시 반기를 들어 安慶緖 등을 죽이고 范陽에서 국호를 大燕이라 하고 皇帝에 올랐으나, 곧바로 자신의 아들 史朝義와 그 부하들에게 살해당하였다.

郝廷玉과 僕固懷恩은 모두 李光弼 휘하의 명장들이다. 이 싸움은 建元 2년(759) 史思明이 다시 반란을 일으켜 河陽을 공격하여 발발하였는데, 李光弼이 이를 잘 막아내어 반란을 평정하는 계기를 마련하였는바, 자세한 내용은 《資治通鑑》 권221 〈唐紀 37〉에 보인다.

2) 春秋時……齊師敗績 : 이 내용은 《春秋左氏傳》 成公 2년 조에 자세히 보인다. 郤克은 晉軍의 主將이고, 張侯는 郤克의 御인 解張이다.

吳起가 싸움에 임할 적에 左右에 있는 사람들이 劍을 올려 吳起로 하여금 싸움에서 사용하게 하려 하자, 吳起가 말하기를 "大將은 전적으로 깃발과 북을 주관하여, 깃발을 왼쪽으로 휘두르면 군대가 왼쪽으로 가고, 오른쪽으로 휘두르면 군대가 오른쪽으

로 가고, 전진의 북을 치면 군대가 전진하게 할 뿐이니, 큰 난리에 임하여 큰 의심스러운 일을 결단하고 군대를 지휘하여 병기를 사용하게 해서, 병사들로 하여금 적의 공격을 받아도 패하지 않게 하는 것이 장군의 일이다. 한 劍의 임무는 장군의 일이 아니다." 하였다.

옛날 李光弼이 史思明과 河陽에서 싸울 적에 여러 장수들에게 명하기를 "그대들은 나의 깃발을 바라보고 싸우되, 내가 깃발을 서서히 휘저으면 그대들이 편리한 대로 행동하고, 내가 깃발을 급히 휘저어 세 번 땅에 이르면 모든 병력이 일제히 달려가서 死生을 결단하여야 하니, 조금이라도 후퇴하는 자는 목을 베겠다." 하였다.

전투할 때에 郝廷玉이 패하여 돌아오자, 李光弼이 놀라서 그의 首級을 가져오라고 명하였는데, 郝廷玉이 대답하기를 "말이 화살에 맞아 돌아온 것이지, 감히 후퇴한 것이 아닙니다." 하므로, 말을 바꿔 타고 다시 나가 싸우게 하였고, 僕固懷恩이 다소 퇴각하자, 李光弼이 또다시 그의 首級을 가져오라고 명하니, 僕固懷恩이 다시 나가 決戰하였다.

李光弼이 연달아 깃발을 휘젓자, 여러 군대가 일제히 달려 나가 결사적으로 싸워서 고함치는 소리가 天地를 진동하니, 적의 무리가 크게 궤멸되어 史思明이 도망하였다.

春秋 때에 晉나라가 齊나라를 정벌할 적에 晉나라 郤克이 적의 화살에 부상을 당하여 피가 신발에까지 흘렀으나, 계속 북을 울리며 말하기를 "나의 부상이 심하다."라고 하였다.

그러자 張侯가 "저는 처음 싸울 때부터 화살이 손과 팔뚝을 꿰뚫었으나, 화살을 뽑아 꺾어버리고 수레를 몰아 피가 흘러 왼쪽 바퀴가 붉게 물들었습니다. 하지만 제가 어찌 감히 부상당했다는 말을 하겠습니까. 장군께서는 부디 참으십시오. 군사들의 耳目이 우리의 깃발과 북에 달려있어 전진과 후퇴가 이에 따르니, 이 수레를 한 사람이라도 지킬 수 있다면 전쟁하는 일을 이룰 수 있습니다. 어찌 부상 때문에 君主의 큰 일을 망칠 수 있겠습니까. 갑옷을 입고 兵器를 잡고 싸움터에 나온 것은 진실로 죽기 위한 것인데, 부상을 당하였으나 죽음에는 이르지 않았으니, 장군께서는 힘써 싸우십시오." 하고는, 왼손으로는 고삐를 잡고 오른손으로는 북채를 잡아 북을 쳤다.

〈손의 부상 때문에 고삐를 제대로 잡을 수가 없어〉 내달리는 말을 멈추지 못하니, 여러 군대들이 뒤를 따라 공격해서 齊나라 군대를 크게 패퇴시켰다. 이는 장수가 전적으로 깃발과 북을 주관한 좋은 사례이다.

三軍成行이면 **一舍而後**에 **成三舍**하니 **三舍之余**[1)]에 **如決川源**이라 **望敵在前**하고 **因其所長而用之**하여 **敵白者**를 **堊**(악)**之**하고 **赤者**를 **赭之**니라

1) 余 : 餘를 약자로 표기한 것이다.

三軍이 항렬을 이루었으면 1舍를 간 뒤에 3舍를 이루니, 3舍를 달려간 뒤에는 냇물의 근원을 터놓은 것과 같이 하여야 한다. 앞에 있는 敵을 바라보고 병사들의 장점을 따라 운용해서 敵이 희면 우리도 희게 만들고, 敵이 붉으면 우리도 붉게 만들어야 한다.

三軍이 旣成行列이면 一舍而後에 成三舍하니 舍는 三十里也라 三舍九十里之外에 如決川源하여 莫之能禦라 望敵在前하고 各因其所長而用之하여 敵白者를 吾則堊之하니 堊은 所以爲白者也요 敵赤者를 吾則赭之하니 赭는 所以爲赤者也[1]라 堊은 白色土요 赭는 赤色石也라

1) 敵白者……所以爲赤者也 : 漢文大系本 〈補註〉에는 이 구절에 대해 "敵이 白色을 쓰면 우리도 白色으로 꾸미고 敵이 赤色을 쓰면 우리도 赤色으로 꾸미니, 이는 旗와 물건을 敵의 것과 뒤섞이게 하여 적을 혼란에 빠뜨리고자 해서이다.〔敵用白 吾亦以白飾之 敵用赤 吾亦以赤飾之 欲以混其旗物〕"라고 부연 해석하고 있다.

三軍이 이미 行列을 이루었으면 1舍를 간 뒤에 3舍를 이루니, 1舍는 30리이다. 3舍인 90리를 간 뒤에는 〈군대의 진격이〉 냇물의 근원을 터놓은 것과 같아서 적이 막을 수 없게 한다. 앞에 있는 敵을 바라보고 각각 병사들의 장점을 적절히 운용해서 敵이 흰 것을 사용하면 우리도 따라서 희게 하니, 堊은 희게 칠하는 것이요, 敵이 붉은 것을 사용하면 우리도 따라서 붉게 하니, 赭는 붉게 칠하는 것이다. 堊은 白色의 흙이고, 赭는 赤色의 돌이다.

吳起與秦戰할새 未合에 一夫不勝其勇하여 前獲雙首而還이어늘 吳起立斬之한대 軍吏諫曰 此는 材士也니 不可斬이니이다 起曰 材士則是也어니와 非吾令也라하고 斬之하니라

吳起가 秦나라와 싸울 적에, 교전하기 전에 한 병사가 자신의 용맹을 주체하지 못하고 앞으로 나가 적의 首級 두 개를 베어 가지고 돌아오자, 吳起가 그 자리에서 그의 목을 베게 하였다. 이때 軍吏가 諫하기를 "이는 뛰어난 병사이니, 목을 베어서는 안 됩니다." 하였으나, 吳起는 말하기를 "뛰어난 병사임은 분명하지만 나의 명령을 따른 것이 아니다." 하고, 참수하였다.

吳起與秦人戰할새 未合에 一夫不勝其勇하여 踰行而前하여 獲取雙首而還이어늘 吳起立使人斬之한대 軍吏諫曰 此는 材勇之士也니 不可斬이니이다 起曰 材士則是也어니와 但非吾之號令이라하고 乃斬之하니라

吳起가 秦나라 사람(장수)과 싸울 적에, 교전하기 전에 한 병사가 자신의 용맹을 주체하지 못하고 항렬을 뛰어 넘어가 전진해서 적의 首級 두 개를 베어 가지고 돌아오자, 吳起가 즉시 사람을 시켜 그의 목을 베게 하였다. 이때 軍吏가 諫하기를 "이 사람은 재주가 있고 용맹이 뛰어난 병사이니, 목을 베어서는 안 됩니다." 하였으나, 吳起는 말하기를 "재주와 용맹이 있는 것은 인정하지만, 다만 나의 호령을 따른 것이 아니다." 하고는, 마침내 참수하였다.

將理 第九　제9편 장수의 다스림

將理者는 爲將之理也라 篇內에 皆言理斷訟獄之事하고 而首又有將理二字라 故로 以名篇하니라

將理란 장수가 되어 다스리는 것이다. 篇 안에 모두 獄訟을 다스리고 결단하는 일을 말하였고, 첫머리에 또 '將理' 두 글자가 있으므로, 이를 편명으로 삼은 것이다.

凡將은 理官也요 萬物之主也니 不私於一人이라 夫能無私於一人이라 故로 萬物至而制之하고 萬物至而命之하나니라

무릇 장수는 다스리는 관원이요 萬物의 主宰이니, 한 사람에게 私情을 두지 않는다. 한 사람에게 私情을 두지 않기 때문에 萬物이 이르면 제재하고 萬物이 이르면 명령하는 것이다.

凡將者는 理斷事務之官也요 萬物之主宰也니 不可偏私於一人이라 夫將能無偏私於一人이라 故로 萬物至而能制之하고 萬物至而能命之라 物은 猶事也라

무릇 장수란 事務를 다스리고 결단하는 관원이요 萬物(萬事)의 主宰이니, 한 사람에

게 치우치게 私情을 두어서는 안 된다. 장수가 한 사람에게 치우치게 私情을 두지 않으므로 萬物이 이르면 능히 제재하고 萬物이 이르면 능히 명령하는 것이다.

物은 事와 같다.

君子는 **不救囚於五步之外**하고 **雖鉤矢射之**라도 **弗追也**라 **故**로 **善審囚之情**하여 **不待箠楚**로되 **而囚之情**을 **可畢矣**니라

君子는 5步 밖에서 罪囚를 구원하지 않고, 비록 죄수가 활을 당겨 자신을 쏘더라도 쫓아가지 않는다. 그러므로 죄수의 실정을 잘 살펴서 매질하지 않고도 죄수의 실정을 다 알 수 있는 것이다.

君子는 不拯救囚人於五步之外[1]하고 雖鉤矢射之라도 弗去追也라 故로 善察囚人之情者는 不待箠楚로되 而囚之情을 可畢矣라

1) 不拯救囚人於五步之外 : 漢文大系本 〈補註〉에는 "죄수를 가까이하여 자세히 살펴서 曲直과 邪正을 알아내는 것이다." 하였다. 이는 곧 죄가 없는 죄수를 구원할 적에 멀리 5보의 밖에서 살피지 않고 바짝 다가가 자세히 관찰함을 말한 것이다.

君子는 죄수를 5步 밖에서 구원하지 않고, 비록 죄수가 활을 당겨 화살로 자신을 쏘더라도 쫓아가서 죄를 주지 않는다. 그러므로 죄수의 실정을 잘 살피는 자는 매질하지 않고도 죄수의 실정을 다 알 수 있는 것이다.

笞人之背하고 **灼人之脅**하고 **束人之指**하여 **而訊囚之情**이면 **雖國士**라도 **有不勝其酷而自誣矣**리라

사람의 등에 채찍질하고 사람의 갈비뼈를 지지고 사람의 손가락을 묶고서 죄수의 실정을 심문하면, 비록 國士라도 혹독함을 이기지 못하여 스스로 거짓 自服하는 자가 있는 것이다.

鞭笞人之背하고 焚灼人之脅하고 束縛人之指하여 而訊問囚之情이면 雖國士라도 亦有不勝其酷毒而自誣者矣[1]라

1) 鞭笞人之背……亦有不勝其酷毒而自誣者矣 : 漢文大系本에는 이 부분이 "만약 엄한 형벌과 준엄한 법으로 죄수의 실정을 찾게 하면, 비록 國士로서 죄를 지은 실정이 없는 자라도 그 혹독함을 이기지 못하여 스스로 거짓 자복하는 자가 있는 것이다.〔若嚴

刑峻法 以求人之情則 雖國士無情者 亦有不勝其酷毒而自誣者矣〕"라고 부연 설명하였다.

사람의 등에 채찍질하고 사람의 갈비뼈를 불로 지지고 사람의 손가락을 묶고서 죄수의 실정을 심문하면, 비록 國士라도 그 혹독함을 이기지 못하여 스스로 거짓 자복하는 자가 있는 것이다.

今世諺에 云 千金不死하고 百金不刑이라하나 試聽臣之術하면 雖有堯舜之智라도 不能關一言이요 雖有萬金이라도 不能用一銖리라

지금 세상의 속담에 이르기를 "千金이 있으면 죽지 않고 百金이 있으면 형벌을 받지 않는다." 하나, 한번 나의 방법을 따른다면 비록 堯·舜의 지혜가 있더라도 한마디 말도 관여하지 못하고, 비록 萬金이 있더라도 한 푼도 쓰지 못할 것이다.

今世諺에 有云 有千金者는 不死하고 有百金者는 不刑이라하니 言以賄賂(회뢰)而求免刑罰也라 試聽用臣之術이면 使人雖有堯舜之大智라도 不能關一言하고 家雖有萬金之富라도 不能用一銖니 言智無所施而金無所用也라

지금 세상의 속담에 이르기를 "千金이 있으면 죽지 않고 百金이 있으면 형벌을 받지 않는다." 하니, 이는 뇌물로써 형벌을 피하기를 구함을 말한 것이다. 한번 나의 방법을 따른다면, 사람 중에 비록 堯·舜의 큰 지혜가 있는 자라도 論罪에 대하여 한마디 말도 관여하지 못하고, 집에 비록 萬金의 부유함이 있더라도 한 푼도 쓰지 못할 것이니, 지혜를 베풀 곳이 없고 黃金을 쓸 곳이 없음을 말한 것이다.

今夫決獄에 小圄(어)는 不下十數하고 大圄는 不下千數하니 十人은 聯百人之事하고 百人은 聯千人之事하고 千人은 聯萬人之事라 所聯之者는 親戚弟兄也요 其次는 婚姻也요 其次는 知識故人也니라

지금 獄事를 결단함에 작은 감옥은 죄수가 십여 명에 이르고, 큰 감옥은 죄수가 천 명에 이르니, 죄수 열 명은 백 사람의 일에 관련되고, 죄수 백 명은 천 사람의 일에 관련되고, 죄수 천 명은 만 사람의 일에 관련된다. 여기에 관련된 자들은 죄수의 친척과 형제들이요, 그 다음은 혼인한 인척이요, 그 다음은 아는 자와 친구이다.

今夫斷訟獄에 小圄는 不下十數人하고 中圄는 不下百數人하고 大圄는 不下千數人하니 十人은 關聯百人之事하고 百人은 關聯千人之事하고 千人은 關聯萬人之事라 其所以關聯之者는 皆親戚兄弟也요 其次者는 皆婚姻之親也요 又其次者는 皆知識故人也라 獄者는 確也니 實確人之情僞也라 皐陶所作字에 從二犬하니 取其善警吠(폐)正禦也라 囹者는 領也요 圄者는 禦也니 領錄囚徒而禁禦之라 夏曰夏臺요 商曰羑(유)里요 周曰囹圄라 婿父曰婚이요 女父曰姻이니 婦女는 因人而成이라 故로 曰姻이요 又婦黨爲婚이요 兄弟之黨爲姻이라

지금 獄訟을 결단함에 작은 감옥은 죄수가 십여 명에 이르고, 중간 감옥은 죄수가 백 명에 이르고, 큰 감옥은 죄수가 천 명에 이르니, 죄수 열 명은 백 명의 일에 관련되고, 죄수 백 명은 천 명의 일에 관련되고, 죄수 천 명은 만 명의 일에 관련된다. 여기에 관련된 자들은 모두 죄수의 친척과 형제요, 그 다음은 모두 혼인한 인척이요, 또 다음은 모두 알고 지내는 사람과 친구이다.

獄이란 確實하게 한다는 뜻이니, 사람의 실정과 거짓을 진실되고 분명하게 분별하는 것이다. 皐陶가 글자를 만들 적에 〈'獄'자는〉 두 개의 '犬'자를 따랐으니, 이는 개가 잘 경계하고 짖어서 도둑을 막음을 취한 것이다. 囹은 거느린다〔領〕는 뜻이고 圄는 막는다〔禦〕는 뜻이니, 죄수의 무리를 거느리고 기록하여 죄악을 禁하고 막는 것이다. 夏나라에서는 '夏臺'라 하였고, 商나라에서는 '羑里'라 하였고, 周나라에서는 '囹圄'라 하였다.

新郞의 아버지를 '婚'이라 하고, 新婦의 아버지를 '姻'이라 하니, 新婦는 사람을 인하여 이루어지므로 '姻'이라 한다. 또 婦人의 黨(친족)을 '婚'이라 하고, 兄弟의 黨을 '姻'이라 한다.

是는 農無不離田業하고 (賣)〔賈〕[1)]無不離肆宅하고 士大夫無不離官府하니 如此關聯良民이 皆囚之情也니라

1) (賣)〔賈〕: 저본의 '賣'는 漢文大系本에 의거하여 '賈'로 바로잡았다.

이는 농사짓는 자가 농업을 떠나지 않음이 없고, 상인이 가게를 떠나지 않음이 없고, 士大夫가 官府를 떠나지 않음이 없는 것이니, 이와 같이 良民을 관련시키는 것이 모두 죄수의 실정이다.

是는 爲農者 無不離其田業하고 賣物者 無不離其肆宅하고 士大夫有職者 無不離其官府하니 如此關聯良善之民은 皆囚人之情也라

이는 〈옥사에 관련되면〉 농사짓는 자가 농업을 떠나지 않음이 없고, 물건을 파는 상인이 가게를 떠나지 않음이 없고, 士大夫로 직책이 있는 자가 官府를 떠나지 않음이 없는 것이니, 이와 같이 善良한 백성들을 관련시키는 것이 모두 죄수의 실정이다.

兵法曰 十萬之師出이면 日費千金이라하니 今良民十萬而聯於囹圄어늘 上不能省하니 臣以爲危也라하노라

兵法에 이르기를 "십만의 군대가 출동하면 하루에 千金을 소비한다." 하였다. 지금 良民 십만이 감옥에 관련되어 있는데, 윗사람이 이것을 살피지 못하니, 나는 위태롭다고 생각한다.

兵法에 有曰 十萬之師出이면 計一日之內에 該費千金之重[1)]이라하니 今良善之民十萬而關聯於囹圄之中이어늘 而上之人이 不能審察之하니 臣以爲危殆也[2)]라

1) 兵法……該費千金之重 : 병법은 ≪孫子兵法≫을 이른다. 〈作戰〉편에 "천 리 먼 곳에 군량을 공급하게 되면 내외의 비용과 빈객의 비용과 활을 만드는 데 필요한 아교와 옻칠의 재료와 수레와 갑옷의 받듦으로 인해 하루에 千金을 소비하게 되니, 그런 뒤에야 십만 명의 군대를 동원할 수 있다.〔千里饋糧 內外之費 賓客之用 膠漆之材 車甲之奉 日費千金 然後十萬之師擧矣〕"라고 보인다.

2) 臣以爲危殆也 : 漢文大系本에는 이 부분을 "나는 백성들이 곤궁해지고 財用이 다하여 장차 멸망의 위기가 이르리라고 생각한다.〔臣以爲民窮財盡 危亡將至矣〕"라고 부연 설명하고 있다.

兵法에 이르기를 "십만의 군대가 출동하면, 계산해볼 적에 하루 동안에 千金의 많은 재물을 소비한다." 하였다. 지금 선량한 백성 십만이 감옥의 가운데에 관련되어 있는데 윗사람이 이것을 자세히 살피지 못하니, 나는 위태롭다고 생각한다.

原官 第十　제10편 관직의 근원을 밝힘

原官者는 評論居官爲治之本也니 如韓子原道原性之類[1]라

1) 評論居官爲治之本也 如韓子原道原性之類 : 漢文大系本에는 이 부분이 "官의 方道를 미루어 근원한 것인데, 편 안에 모두 관직에 있으면서 다스리는 일을 말하였으므로 이를 편명으로 삼은 것이다.〔推原爲官之道也 以篇內 皆言居官爲治之事 故以篇名〕"라고 되어있다.

韓子는 唐나라의 대문호인 韓愈를 높여 칭한 것이며, 〈原道〉와 〈原性〉은 韓愈가 지은 글의 편명으로, 原은 근원을 미루어 밝히는 것인데 여기의 原官 또한 그러한 뜻임을 밝힌 것이다.

原官이란 관직에 있으면서 다스리는 근본을 평론한 것이니, 韓子의 〈原道〉와 〈原性〉의 따위와 같은 것이다.

官者는 事之所主니 爲治之本也요 制者는 職分四〔民〕[1]이니 治之分也라

1)〔民〕: 저본에는 '民'자가 없으나, 漢文大系本에 의거하여 보충하였다.

官은 일을 주관하는 것이니 다스리는 근본이요, 制는 직책에 따라 네 백성을 나누는 것이니 다스림의 나눔이다.

官者는 百(司)〔事〕[1]之所司主니 爲治之根本也요 (治)〔制〕[2]者는 以職分而別四民이니 治之所以分也라 (曰)〔四〕民[3]者는 農工商賈니 各有職主之業也라

1) (司)〔事〕: 저본의 '司'는 經文과 漢文大系本에 의거하여 '事'로 바로잡았다.
2) (治)〔制〕: 저본의 '治'는 漢文大系本에 의거하여 '制'로 바로잡았다.
3) (曰)〔四〕民 : 저본의 '曰'은 經文과 明本에 의거하여 '四'로 바로잡았다. 四民은 네 부류의 백성으로 원래 士·農·工·商을 가리키는데, 여기서는 士를 직업으로 보기 어렵다고 생각하여 農·工·商·賈라고 말한 듯하다. 商·賈는 行商과 물건을 쌓아놓고 파는 장사꾼으로 모두 商人에 해당한다. 士는 하급관리로 지금의 공무원과 같으며,

또한 學生 신분으로 아직 벼슬하지 않은 자를 이르기도 한다.

官은 온갖 일을 맡아서 주관하는 것이니 다스리는 근본이요, 制는 직업에 따라 나누어 네 백성을 구별하는 것이니 다스림이 나누어지는 것이다. 四民이란 農·工·商·賈이니, 각각 주장하는 직업이 있는 것이다.

貴爵富祿을 必稱은 尊卑之體也요 好善罰惡하여 正此法은 會計民之具也니라

귀한 관작과 많은 녹봉을 반드시 걸맞게 내리는 것은 尊卑의 본체요, 善한 사람을 좋아하고 惡한 사람을 벌주어 法度를 바로잡음은 백성을 會計하는 도구이다.

貴之以爵하고 富之以祿을 必與才德相稱은 分尊卑之體也니 如日宣三德은 夙夜浚明有家하고 日嚴祇敬六德은 亮采有邦[1]이 是也라 好愛其善者하고 懲罰其惡者하여 以正明此法度는 乃會計[2]萬民之器具也라 賞善罰惡이면 則善者勸而惡者戒하니 所以爲會計萬民之器具也라 〔此는 亦作比하니 法有本條曰正이라하고 法當擬竝曰比라하니 卽尙書比罪之比라 以正比國法之會로 爲較計萬民之具라〕[3]

1) 日宣三德……亮采有邦 : 이 구절은 ≪書經≫ 〈皐陶謨〉에 그대로 보인다. 三德과 六德은 九德 가운데 세 가지와 여섯 가지를 이르는데, 그 내용이 이 구절의 앞에 "너그러우면서도 장엄하며 유순하면서도 꼿꼿하며 삼가면서도 공손하며 다스리면서도 공경하며 익숙하면서도 굳세며 곧으면서도 온화하며 간략하면서도 모나며 굳세면서도 독실하며 강하면서도 義를 좋아하는 것이다.〔寬而栗 柔而立 愿而恭 亂而敬 擾而毅 直而溫 簡而廉 剛而塞 彊而義〕"라고 자세히 보인다.

2) 會計 : 일정 기간의 성과를 종합해서 決算하는 것을 말한다. ≪周禮≫ 〈地官 司徒〉에 "한 해가 끝나면 그 정사를 회계한다.〔歲終則會計其政〕" 하였다.

3) 〔此亦作比……爲較計萬民之具〕 : 이 구절은 저본에는 없으나 漢文大系本에 의거하여 보충하였다. '比罪'는 ≪書經≫ 〈呂刑〉에 '上下比罪'라고 보이는데, 蔡沈의 ≪集傳≫에 "比는 붙임이니, 죄에 따라 바른 律(법조문)이 없으면 刑罰을 올리고 낮추어 그 죄에 알맞게 붙이는 것이다.〔比 附也 罪無正律 則以上下刑 而比附其罪也〕" 하였다.

官爵으로써 貴하게 해주고 녹봉으로써 부유하게 해주는 것을 반드시 才·德과 서로 걸맞게 함은 尊卑를 나누는 본체이다. 예컨대 '날마다 세 가지 德을 펴는 사람은 밤낮으로 노력하여 자기가 소유한 집안을 다스려 밝게 하고, 날마다 두려워하여 여섯 가지 德을 공경하는 자는 자기가 소유한 나라의 일을 밝게 다스린다.'는 것이 이것이다. 善한 자에게 상을 주고 惡한 자에게 벌을 내려서 이 법도를 바르게 밝힘은, 곧 萬民

을 會計하는 器具이다.

'此'자는 또한 '比'자로도 되어있으니, 法에 본래의 條文이 있는 것을 正이라 하고, 法條文에 없어 마땅히 사건으로 모의하는 것을 比라 하는바, ≪書經≫에 보이는 '比罪(죄를 붙임)'의 比이다. 바로 正과 比로 國法을 會計하는 법을 가지고 萬民을 비교하여 헤아리는 도구로 삼는 것이다.

均井地하고 節賦斂은 取與之度也요 程工人하고 備器用은 匠工之功也라

井地를 고르게 하고 賦斂을 절제함은 취하고 주는 제도요, 工人에게 工程을 지정해주고 器用을 구비함은 工匠의 功效이다.

均平井地하고 撙節賦斂은 取與之制度也[1]요 程限工人하고 預備器用은 匠工之功效也라 井地者는 一井九百畝니 八家皆私百畝하고 而以中一百畝로 爲公田也니 均之者는 蓋欲正經界而分田制祿也라 賦斂者는 兵賦畝稅也니 兵賦는 如周制에 一甸六十四井에 出兵車一乘, 甲士三人, 步卒七十二人이 是也요 畝稅는 如周人百畝而徹[2]이 是也라 節之者는 蓋欲節用而薄其賦斂也라 匠은 木工也요 工은 如周禮攻金之工, 攻玉之工[3]이 是也요 程之者는 定其程限而不使曠工廢事也라 器用者는 國家內外所用之器也요 備之者는 預先爲之하여 不致臨時有失也라

1) 取與之制度也 : 漢文大系本에는 이 부분이 "이는 장차 백성을 취하고자 하는 것이다. 그러므로 반드시 백성에게 주는 權度인 것이다.〔是 將欲取民 故必與民之權度也〕"라고 되어있다.

2) 周人百畝而徹 : 이 구절은 ≪孟子≫ 〈滕文公 上〉에 그대로 보이는데, 朱子는 ≪集註≫에서 "周나라 때에는 한 家長이 토지 100畝를 받는데, 鄕遂에는 貢法을 써서 10夫에 溝가 있었고, 都鄙에는 助法을 써서 여덟 집이 井을 함께하여, 밭을 경작하게 되면 노동력을 통하여 일하고 수확하게 되면 이랑 수를 계산하여 분배하였다. 그러므로 徹이라고 이른 것이다."라고 註하였다.

3) 周禮攻金之工 攻玉之工 : 이 내용은 ≪周禮≫ 〈考工記〉에 보인다.

井地를 고르게 하고 賦斂(부역과 세금)을 절제함은 취하고 주는 제도요, 工人에게 工程(일정량)을 지정해주고 器用을 미리 구비하는 것은 工匠의 功效이다.

井地란 1井이 900畝이다. 여덟 집이 모두 100畝를 私田으로 삼고 가운데에 있는 100畝를 公田으로 삼는 것이니, 고르게 한다는 것은 經界(경계를 다스림)를 바르게 하고 토지를 나누어 祿을 제정하고자 하는 것이다.

賦斂은 兵賦와 농지의 畝에 따른 稅이니, 兵賦는 예컨대 周나라 제도에 1甸이 64井인데, 여기에서 兵車 1대와 甲士 3명과 步卒 72명을 내는 것이요, 畝에 따른 稅는 周나라 사람이 100畝에 徹法을 사용한 것과 같은 것이다.

절제한다는 것은 쓰는 것을 절약하여 賦斂을 적게 하고자 하는 것이다. 匠은 木工이요, 工은 ≪周禮≫의 金을 다루는 工人과 玉을 다루는 工人과 같은 것이요, 工程을 지정해준다는 것은 工程을 지정해줌으로써 工匠을 놀게 해서 일을 폐하지 않게 하는 것이다. 器用은 국가에서 안과 밖으로 사용하는 기구요, 구비한다는 것은 미리 만들어서 제때에 사용함에 실수가 없게 하는 것이다.

分地塞(색)要는 殄怪禁淫之事也요

땅을 나누어 要害處를 막는 것은 괴이함을 끊고 음탕함을 금하는 일이요,

分地而守塞其要害는 殄滅怪異, 禁止妖淫之事也라

땅을 나누어 要害處를 지키고 막는 것은 괴이함을 끊어 없애고 요망함과 음탕함을 금지하는 일이다.

守法稽斷은 臣下之節也요 明法稽驗은 主上之操也라

法을 지켜 과단함을 살핌은 신하의 절도요, 法度를 밝혀 효험을 상고함은 主上이 잡아 지키는 것이다.

執守國法하여 稽其果斷은 乃臣下所秉之節也요 修明法度하여 稽考效驗은 乃主上之所操執也라

國法을 잡아 지켜서 과단함을 살피는 것은 신하가 잡고 있는 절도요, 法度를 닦고 밝혀서 효험을 상고함은 主上이 잡아 지키는 것이다.

明主守하여 等輕重은 臣主之權也요 明賞賚하고 嚴誅責은 止姦之術也라

직책을 맡은 사람들을 밝혀서 경중을 차등함은 신하가 주관하는 권세요, 賞을 주는 것을 분명히 하고 주벌을 엄격히 함은 간사함을 그치게 하는 방법이다.

明察主守之人하여 等別輕重之職은 人臣司主之權也요 明賞賚以勸有功하고 嚴誅

責以罰有罪는 **止息姦惡之術也**라

직책을 맡고 있는 〈부하의〉 사람들을 밝게 살펴서 직책의 경중을 차등함은 신하가 맡아 주관하는 권세요, 賞을 주는 것을 분명히 하여 功이 있는 자를 권면하고 주벌을 엄격히 하여 罪가 있는 자에게 벌을 주는 것은 간악함을 그치게 하는 방법이다.

審開塞하고 **守一道**는 **爲政之要也**요 **下達上通**은 **至聽之聽也**라

열고 닫음을 살피고 한결같은 道를 지킴은 政事하는 요체요, 아래에 도달하고 위로 통함은 지극히 밝게 듣는 방법이다.

〔審察開塞之原하고 恪守畫之道는 此爲政之至要也라〕[1] 下之情을 得以上達하고 上之情을 得以下通이면 則事無壅蔽하니 乃至聽之聽也라 聽者는 耳無所不聞也요 聽者는 耳之所司也라

1) 〔審察開塞之原……此爲政之至要也〕: 이 구절은 저본에는 없으나 漢文大系本에 의거하여 보충하였다.

열고 닫음의 근원을 자세히 살피고 한결같은 道를 삼가 지키는 것은 政事하는 지극한 요체이다. 아랫사람의 情을 위로 도달하게 하고 윗사람의 情을 아래로 통할 수 있게 하면 일에 은폐되는 것이 없으니, 바로 지극히 밝게 듣는 방법이다.

聽은 귀로 듣지 못하는 바가 없는 것이요, 聽은 귀가 맡고 있는 기능이다.

知國有無之數는 **用其仂**(륵)**也**요

나라에 있고 없는 숫자를 정확히 아는 것은 仂을 쓰기 때문이요,

知國家有無財貨之數는 用其仂也라 仂者는 什一也니 言以什一之數로 而計筭其有無也[1]라

1) 知國家有無財貨之數……而計筭其有無也 : 漢文大系本에는 이 부분이, "仂에는 '력'과 '륵' 두 음이 있다. 나라에 財貨가 있고 없는 숫자를 정확히 아는 것은 열로 나누어 그 하나를 쓰기 때문이니, 바로 수입을 헤아려서 지출하는 방법이다. 仂이란 10분의 1이니, 10분의 1을 가지고 헤아려서 있고 없음을 계산함을 말한다. 一本에는 '仂이란 백성의 힘이다. 저 국가의 財貨와 양식이 있고 없는 숫자를 취하여 헤아릴 줄 아는 것이니, 이에 백성의 힘을 쓰는 것을 아끼지 않으면 안 된다.' 하였다.〔仂 力勒二音 知國家

財貨有無之數 十分而用其一分 乃量入爲出之法 仂者 什一也 言以什一之數 而計算其有無也 一云 仂 民之力也 取彼國錢糧有無之數 而知而計之者 乃用其民之力 不得不愛者也〕"라고 되어있다. 10분의 1이란 옛날 농민들에게 10분의 1을 조세로 바치게 했으므로 이렇게 말한 듯하다.

나라에 財貨의 있고 없는 숫자를 헤아려 아는 것은 仂을 쓰기 때문이다. 仂이란 10분의 1이니, 10분의 1을 가지고 재정의 있고 없음을 계산함을 말한 것이다.

知彼弱者는 强之體也요 知彼動者는 靜之決也라

적의 약함을 아는 것은 强함의 本體이고, 적의 動함을 아는 것은 고요함의 決斷이다.

知彼軍之怯弱者는 以吾有强之體也니 吾强則知彼之弱이요 知彼軍之欲動者는 以吾守靜之果決也니 吾靜則知彼之動이라

적군의 나약함을 아는 것은 우리에게 强한 本體가 있기 때문이니, 우리가 强하면 적의 약함을 알 수 있고, 적군의 動함을 아는 것은 우리가 과감히 決斷하여 고요히 지키기 때문이니, 우리가 고요하면 적의 動함을 알 수 있다.

官分文武는 惟王之二術也요 俎豆同制는 天子之會也라

관직을 文과 武로 나누는 것은 王者가 정치하는 두 가지 방법이요, 俎와 豆의 제도를 똑같이 함은 天子의 모임이다.

百官을 分別文職武職은 惟王者爲政之二術也라 古者에 文武一道러니 至此면 則文自文하고 武自武矣라 俎豆는 禮器也니 俎載牲體하고 豆盛菹醢(저혜)라 同制者는 言制度皆無異也라 天子之會者는 天子用之하여 會諸侯也라

百官을 文官과 武官으로 분별함은 王者가 정치하는 두 가지 방법이다. 옛날에는 文과 武가 한 길이었는데, 이에 이르면 문관은 문관이고 무관은 무관이 되어 나뉜 것이다.

俎와 豆는 禮에 사용하는 기물이니, 俎에는 희생의 몸통을 올려놓고 豆에는 절인 채소와 젓갈을 담는다. 제도를 똑같게 한다는 것은 제도가 모두 차이가 없음을 말한 것이다. 天子의 모임이란 天子가 이것을 사용하여 제후를 모으는 것이다.

遊說間諜이 **無自入**은 **正議之術也**라

遊說하는 자와 간첩이 들어오지 못하는 것은 의논을 바르게 하는 방법 때문이다.

遊說之士와 間諜之人이 無自而入은 乃正議者言이니 凡有所議에 皆出於正이면 而邪說不得干其中也[1]라

1) 遊說之士……而邪說不得干其中也 : 漢文大系本에는 이 부분이 "遊說하는 말과 간첩의 말이 귀에 들어오지 못하는 것은, 우리가 議論하는 방법을 正大하게 유지하기 때문에 귀에 들어올 수가 없는 것이다.〔遊說之詞 間諜之語 無自而入於耳 以吾能持正大議論之術故 不能入耳〕"라고 부연 설명되어 있다.

遊說하는 선비와 간첩의 말이 들어오지 못하는 것은 바로 의논하는 자의 말이 바르기 때문이니, 무릇 의논하는 일이 있을 적에 모든 말이 바름에서 나오면 간사한 말이 그 가운데에 범할 수 없는 것이다.

諸侯有謹天子之禮하고 **君民繼世**는 **承王之命也**라

제후가 천자의 禮를 삼가고 군주가 백성들에게 낮추고 先代를 계승함은 王(천자)의 命을 받드는 것이다.

諸侯有謹守天子之禮하고 君主下民, 繼續先世는 必承奉天子之命也라

제후가 천자의 禮를 삼가 지키고 군주가 백성들에게 낮추고 선대를 계승함은 반드시 천자의 命을 받드는 것이다.

更號易常은 **違王明德**이라 **故**로 **禮得以伐也**니라

이름을 바꾸고 떳떳한 법도를 고침은 王의 밝은 德을 어기는 것이다. 그러므로 禮에 이들을 정벌할 수 있는 것이다.

更改作爲하고 移易常度는 違背天子之明德이라 故로 於禮에 得以征伐之也라

하는 일을 바꾸고 떳떳한 법도를 고침은 천자의 밝은 덕을 위배하는 것이다. 그러므로 禮에 이들을 정벌할 수 있는 것이다.

官無事治하고 **上無慶賞**하고 **民無獄訟**하고 **國無商賈**면 **何王之至**오 **明擧上達**은 **在王垂聽也**니라

관청에 다스릴 일이 없고 위에서 賞을 주는 일이 없고 백성들에게 獄訟이 없고 나라에 장사꾼이 없으면, 어느 王道가 이렇게 지극하단 말인가. 밝게 천거하여 위로 도달하게 함은 王者가 귀를 기울여 신중히 들음에 달려있는 것이다.

官無事治者는 言官無事可治니 見其暇也요 上無慶賞者는 言民皆善而無所事於慶賞也요 民無獄訟者는 言民皆不爲惡也요 國無商賈者는 言民皆務本而不趨末也라 何王之至者는 言何其王道之極至也라 明擧賢才하여 達之於上은 在王者之垂聽也라 或曰 何王之至는 言民安事治면 何王至其國而伐之리오하니 未知是否로라

'관청에 다스릴 일이 없다.'는 것은 관청에 다스릴 만한 일이 없음을 말한 것이니 한가로움을 나타낸 것이요, '위에서 상을 주는 일이 없다.'는 것은 백성들이 모두 善하여 慶事로, 상 줄 필요가 없음을 말한 것이요, '백성들에게 獄訟이 없다.'는 것은 백성들이 모두 惡行을 하지 않음을 말한 것이요, '나라에 장사꾼이 없다.'는 것은 백성들이 모두 本業(농업)에 힘쓰고 末業(상공업)에 달려가지 않음을 말한 것이다.

'何王之至'는 '어쩌면 그리도 王道가 지극한가.'라고 말한 것이다.

어진 이와 재주 있는 이를 밝게 천거하여 위에 도달하게 함은 王者가 귀를 기울여 신중히 들음에 달려있는 것이다.

혹자는 말하기를 "'何王之至'는 백성들이 편안하고 정사가 잘 다스려지면 어느 王(天子)이 그 나라에 이르러 정벌하겠는가라는 뜻이다."라고 하니, 옳은지는 모르겠다.

治本 第十一　제11편 다스림의 근본

治本者는 **爲治之根本也**니 **以篇內有治失其本四字**라 **故**로 **取治本二字**하여 **以名篇**하니라

治本이란 다스리는 근본이니, 篇 안에 '治失其本'이라는 네 글자가 있기 때문에 '治本' 두 글자를 취하여 篇의 이름으로 삼은 것이다.

凡治人者는 **何**오 **曰 非五穀**이면 **無以充腹**이요 **非絲麻**면 **無以蓋形**이라 **故**로 **充腹有粒**하고 **蓋形有縷**하니 **夫在芸耨**(누)하고 **妻在機杼**(저)하여 **民無二事**면 **則有儲蓄**이니라

"무릇 人民을 다스리는 것은 어떻게 하는 것인가?"

이에 다음과 같이 대답하였다.

五穀이 아니면 배를 채울 수 없고, 生絲와 삼이 아니면 몸을 덮을 수 없다. 그러므로 배를 채우려면 곡식알이 있어야 하고, 몸을 덮으려면 실이 있어야 하는 것이니, 지아비는 밭에서 김을 매고 아내는 베틀에서 북으로 옷감을 짜서, 백성들이 다른 일을 하지 않으면, 저축이 있게 된다.

尉繚子設爲問答之辭하여 云 凡國家治人之道는 如何오 曰 非稻黍稷麥菽五種之穀이면 無以充其腹이요 非絲帛麻布면 無以蓋其形이라 故로 充飽其腹은 有五穀之粒하고 掩蓋形體는 有絲麻之縷하니 爲夫者在外而事芸耨하고 爲妻者在內而事機杼하여 使民但務農業하여 無二其事하면 則國家倉庫有儲蓄矣라하니라

尉繚子가 가설하여 문답하는 말을 하였다.

"무릇 국가에서 人民을 다스리는 방도는 어떻게 하는 것인가?"

이에 다음과 같이 대답하였다.

벼와 기장과 피와 보리와 콩 등 다섯 종류의 곡식이 아니면 배를 채울 수 없고, 생사로 만든 명주와 삼으로 만든 베가 아니면 몸을 덮을(가릴) 수 없다. 그러므로 배부르게 하려면 五穀의 낱알이 있어야 하고, 몸을 덮으려면 생사와 삼의 실올이 있어야 하니, 지아비가 된 자는 밖에서 김매는 일에 종사하고 아내가 된 자는 안에서 베틀에서 북으로 옷감을 짜서, 백성들로 하여금 오직 농업에만 힘쓰고 다른 일을 하지 않게 하면, 국가의 창고에 저축이 있게 될 것이다.

夫無雕文刻鏤之事하고 **女無綉飾纂組之作**이니라

지아비는 아로새겨 文飾을 내고 문양을 새기는 일을 함이 없고, 여자는 비단과 붉은 끈에 수를 놓아 꾸미는 일이 없어야 한다.

爲夫者 無使爲雕文刻鏤之事니 雕文刻鏤는 傷農事者也요 爲女者 無使爲綉飾纂組之作이니 綉飾纂組는 害女工者也라 雕文者는 雕琢爲文也요 鏤는 鋼鐵也니

以鋼鐵로 刻鏤成文也라 組는 綬也요 纂은 似組而赤이라

지아비가 아로새겨 文飾을 내고 〈강철로〉 문양을 새기는 일을 함이 없어야 하니, 아로새겨 文飾을 내고 문양을 새기는 일은 농사를 해치는 것이다. 여자(부인)가 비단과 붉은 끈에 수를 놓아 꾸미는 일이 없어야 하니, 비단과 붉은 끈에 수를 놓아 꾸밈은 女工을 해치는 것이다.

雕文은 아로새겨 文飾을 내는 것이고, 鏤는 강철이니 강철을 가지고 아로새겨 문양을 이루는 것이다. 組는 인끈이요, 纂은 組와 비슷한데 붉다.

木器液이요 金器腥이니라

나무로 만든 그릇은 진액이 나오고, 쇠로 만든 그릇은 비린내가 난다.

木之爲器有液하고 金之爲器有腥하니 此卽雕文雕鏤之器로 用以盛飮食者也니 〔聖人不爲也라〕[1)]

1) 〔聖人不爲也〕: 이 구절은 저본에는 없으나 漢文大系本에 의거하여 보충하였다.

나무로 만든 그릇에는 진액이 있고 쇠로 만든 그릇에는 비린내가 있으니, 이는 바로 아로새겨 文飾한 목기와 강철로 문양을 새긴 그릇으로 음식을 담는 것인데, 聖人은 이것을 하지 않는다.

聖人은 飮於土하고 食於土라 故로 埏埴(연식)以爲器하여 天下無費하니라

聖人은 질그릇으로 음료를 마시고 질그릇으로 밥을 먹는다. 그러므로 진흙을 쳐서 그릇을 만들어 천하에 허비함이 없는 것이다.

故로 古之聖人은 飮於土하고 食於土하니 謂飮食에 皆用瓦器也라 故로 陶人埏埴하여 以爲飮食之器用하여 天下無費矣라 埏者는 擊也요 埴者는 粘土也라

그러므로 옛날 聖人은 진흙으로 만든 그릇으로 음료를 마시고 진흙으로 만든 그릇으로 밥을 먹었으니, 음식을 먹고 마심에 모두 질그릇을 사용함을 말한 것이다. 그러므로 질그릇을 만드는 사람이 진흙을 쳐서 음식을 마시고 먹는 그릇을 만들어 사용해서 천하에 허비함이 없었던 것이다.

埏은 치는 것이고, 埴은 粘土이다.

今也에 **金木之性**이 **不寒**이어늘 **而衣繡飾**하고 **馬牛之性**이 **食草飮水**어늘 **而給菽粟**하니 **是**는 **治失其本**이니 **而宜設之制也**니라

지금 쇠와 나무의 성질은 차갑지 않은데 수놓은 비단으로 싸서 꾸미고, 말과 소의 성질은 풀을 먹고 물을 마시는데 콩과 곡식을 준다. 이는 다스림에 근본을 잃은 것이니, 마땅히 제재하는 제도를 만들어야 한다.

今也에 金木之性이 不知有寒이어늘 而皆衣之以繡飾하고 馬牛之性이 但知食草飮水어늘 而皆給以菽粟이라 當時에 魏侯僭王하니 上下習以奢侈하여 金木之器를 衣以繡飾하고 馬牛를 皆給菽粟이라 尉繚故言此是國家之治 失其根本이니 而宜設制以禁之也라 〔金木之性不寒은 云寒固不可以無衣어니와 乃其時未至於金寒木落이로되 而遂衣文繡也라하니라〕[1)]

1) 〔金木之性不寒……而遂衣文繡也〕: 이 구절은 저본에는 없으나 漢文大系本에 의거하여 보충하였다.

지금 쇠와 나무의 성질은 차가움을 알지 못하는데 모두 수놓은 비단으로 싸서 꾸미고, 말과 소의 성질은 풀을 먹고 물을 마실 줄만 아는데 모두 콩과 곡식을 준다.

당시에 魏侯가 王을 참람하게 칭하니, 상하가 사치한 풍속을 익혀서 쇠와 나무로 만든 그릇을 수놓은 비단으로 싸서 꾸미고, 말과 소에게 모두 콩과 곡식을 주었다. 이에 尉繚子가 일부러 "이것은 국가의 정치가 근본을 잃은 것이니, 마땅히 제도를 만들어 금해야 한다."라고 말한 것이다.

'金木之性不寒'은 一說에 '사람이 추우면 옷이 없을 수 없으나, 시기가 金氣(가을 기후)가 아직 차가워지지 않고 나뭇잎이 아직 떨어지지 않는데, 사람들이 수놓은 비단을 입는 것이다.'라고 하였다.

春夏에 **夫出於南畝**하고 **秋冬**에 **女練於布帛**이면 **則民不困**이니 **今裋褐**(두갈)이 **不蔽形**하고 **糟糠**이 **不充腹**은 **失其治也**니라

봄과 여름에 지아비가 남쪽 이랑에 나가서 일을 하고, 가을과 겨울에 여자가 삼베와 비단을 짜면 백성들이 곤궁하지 않을 것인데, 지금 잠방이와 갈옷이 몸을 가리지 못하고 술지게미와 겨로도 배를 채우지 못하는 것은 정치를 잘못하기 때문이다.

春夏에 爲夫者出於南畝하여 以務農業하고 秋冬에 爲婦者練於布帛하여 以勤女工이면 則民不貧困矣라 今爲民者 裋褐이 不能蔽其形하고 糟糠이 不能充其腹하니 是其爲治之失也라 裋는 童竪所着短衣也요 褐은 毛布니 賤者之服也라

봄과 여름에 지아비가 남쪽 이랑에 나가서 농사에 부지런히 힘쓰고, 가을과 겨울에 부인이 삼베와 비단을 열심히 짜서 여자가 해야 할 일을 부지런히 하면, 백성들이 빈곤하지 않을 것이다. 지금 백성들이 짧은 잠방이와 갈옷으로도 몸을 가리지 못하고 술지게미와 겨로도 배를 채우지 못하니, 이는 바로 정치를 잘못한 것이다. 裋는 어린 아이들이 입는 짧은 옷이고, 褐은 毛布이니 천한 자가 입는 옷이다.

古者에 土無肥墝하고 人無勤惰어늘 古人何得而今人何失邪아 耕有不終畝하고 織有日斷機하니 而奈何寒飢리오 蓋古治之行이요 今治之止也니라

옛날에 농사짓는 땅은 비옥하고 척박한 차이가 없고, 사람은 부지런하고 게으른 차이가 없었는데, 옛사람들은 어찌하여 잘하였고 지금 사람들은 어찌하여 잘못하는가. 〈지금 사람들은〉 밭을 경작함에 밭두둑의 농사일을 끝마치지 않음이 있고, 베를 짬에 날마다 짜는 베를 다 짜지 않고 자름이 있으니, 추위와 굶주림을 어찌 해결하겠는가. 옛날에는 다스림이 잘 행해졌고, 지금은 다스림이 중지된 것이다.

古者에 田土無肥沃墝瘠하고 人民無勤謹怠惰하니 言土皆收而人皆足하여 無有肥墝勤惰之分이라 古人之治는 如何而得이며 今人之治는 如何而失邪아 今之耕有不盡畝者하고 織有日斷機者하니 言耕織之不盡力이니 將奈何飢與寒乎아 蓋古治之必行이요 今治之中止也라

옛날에 농사짓는 땅은 비옥하고 척박함의 차이가 없고, 인민은 부지런하고 태만함의 구분이 없었으니, 토지를 다 〈경작하여 곡식을〉 거두어 사람들이 모두 풍족해서 비옥하고 척박함과 부지런하고 게으름의 구분이 없음을 말한 것이다.

옛사람의 정치는 어찌하여 잘 행해졌으며, 지금 사람의 정치는 어찌하여 잘못되었는가. 지금은 밭을 가는 자가 밭두둑을 끝까지 다 경작하지 않고, 베 짜는 자가 날마다 짜던 베를 중간에 자르는 경우가 있으니, 이는 밭을 갈고 베를 짬에 힘을 다하지 않음을 말한 것이다. 장차 굶주림과 추위를 어찌 해결하겠는가. 이는 옛날의 정치는

반드시 잘 행해졌고, 지금의 정치는 중지된 것이다.

夫謂治者는 使民無私也니 民無私면 則天下爲一家하여 而無私耕私織하여 共寒其寒하고 共飢其飢라 故로 如有子十人에 不加一飯하고 有子一人에 不損一飯하니 焉有喧呼酖(담)酒以敗善類乎아

무릇 정치라고 하는 것은 백성들로 하여금 사사로움이 없게 하는 것이니, 백성들이 사사로움이 없으면, 천하가 한 집안이 되어 사사로이 밭을 갈고 사사로이 베를 짜는 일이 없어서, 추위를 함께 추워하고 굶주림을 함께 배고파한다. 그러므로 자식을 열 명 두었다고 하여 밥 한 그릇을 더 짓지 않고, 자식을 단 한 명 두었다고 하여 밥 한 그릇을 덜 짓지 않는 것이니, 세상에 어찌 고함치고 술을 마시면서 善한 사람을 해치는 일이 있겠는가.

夫所謂治者는 使民皆無私니 則雖天下之廣이라도 爲一家하여 而夫無私耕하고 婦無私織하여 共寒其身之寒하고 共飢其腹之飢라 故로 如一家有子十人에 亦不加一飯하고 有子一人에 亦不損一飯[1]이니 〔民俗如此면 又〕[2] 焉有喧譁叫呼酖嗜於酒하여 以敗壞善類乎아

1) 夫所謂治者……亦不損一飯 : 백성들이 공동체 생활을 하여 자식이 많든 적든 똑같이 생활하는 풍속을 말한 것으로 보인다.

2) 〔民俗如此 又〕 : 이 구절은 저본에는 없으나 漢文大系本에 의거하여 보충하였다.

이른바 정치란 것은 백성들로 하여금 모두 사사로움이 없게 하는 것이니, 비록 넓디넓은 천하라도 한 집안이 되어 남편은 사사로이 밭을 갊이 없고 부인은 사사로이 베를 짜는 일이 없어서, 몸의 추위를 함께 추워하고 배의 굶주림을 함께 배고파한다. 그러므로 한 집안에 열 명의 자식을 두었더라도 한 그릇의 밥을 더 짓지 않고, 단 한 명의 자식을 두었더라도 한 그릇의 밥을 덜 짓지 않으니, 백성들의 풍속이 이와 같다면 또 어찌 고함치고 떠들며 술에 빠져서 善한 사람을 해치는 일이 있겠는가.

民相輕佻면 則欲心(與)〔興〕[1]하여 爭奪之患이 起矣라 橫生於一夫면 則民私飯有儲食하고 私用有儲財하리니 民一犯禁而拘以(形)〔刑〕[2]治면 烏有以爲人上也리오

1) (與)〔興〕: 저본의 '與'는 漢文大系本에 의거하여 ≪直解≫와 함께 '興'으로 바로잡았다.
2) (形)〔刑〕: 저본의 '形'은 明本에 의거하여 ≪直解≫와 함께 '刑'으로 바로잡았다.

백성들이 경박하면 욕심이 일어나서 다투고 빼앗는 환란이 일어난다. 횡포가 한 지아비에게서 생겨나면 백성들이 사사로이 밥을 먹기 위해 따로 먹을 것을 저축하게 되고, 사사로이 쓰기 위해 재물을 따로 저축하게 될 것이니, 백성들이 한 번 禁令을 범했다 하여 형벌로써 구속하여 다스리면, 백성들의 윗사람이 된 도리가 어디에 있겠는가.

民相效以輕佻면 則私欲之心(與)〔興〕하여 爭奪之患이 起矣라 强橫이 生於一夫면 則民家私飯에 皆有儲積之食하고 民家私用에 皆有儲積之財하리니 民一犯禁令에 而拘執以(形)〔刑〕治면 烏有以爲人上之道也리오

백성들이 서로 경박함을 본받으면 사욕의 마음이 일어나서 다투고 빼앗는 환란이 일어난다. 강함과 횡포가 한 지아비에게서 생겨나면 백성들의 집에서는 사사로이 밥을 먹기 위해 모두 따로 저축하는 음식이 있게 되고, 백성들의 집에서는 사사로이 쓰기 위해 모두 따로 저축하는 재물이 있게 될 것이니, 〈이렇게 된 뒤에〉 백성들이 한 번 禁令을 범했다 하여 형벌로써 구속하고 잡아서 다스리면, 백성들의 윗사람이 된 도리가 어디에 있겠는가.

善政은 執其制하여 使民無私하나니 爲下不敢私하면 則無爲非者矣니라

훌륭한 정치는 법제를 잘 지켜서 백성들로 하여금 사사로움이 없게 하니, 아랫사람이 된 자가 감히 사사로이 하지 못하면 不法을 행하는 자가 없을 것이다.

善爲國政者는 執其法制하여 使民無私爲之事하니 在下者 不敢私有所作爲면 則無爲非法者矣라

國政을 잘 시행하는 자는 법제를 잘 지켜서 백성들로 하여금 사사로이 하는 일이 없게 하니, 아랫자리에 있는 자가 감히 사사로이 하는 일이 없으면 불법을 자행하는 자가 없을 것이다.

反本緣理하여 出乎一道면 則欲心去하고 爭奪止하여 囹圄空하고 野充粟多하여 安民懷遠하여 外無天下之難하고 內無暴亂之事하리니 治之至也니라

근본을 돌이키고 이치로 꾸며서 한 가지 道理에서 나오게 하면 욕심이 사라지고 다툼과 빼앗음이 멈춰져서, 감옥이 텅 비고 들판에 백성들이 가득하고 곡식이 많아질 것이다. 백성들을 편안히 하고 먼 곳에 있는 사람들을 회유하여, 밖에는 天下의 난리가 없고 안에는 포악하고 혼란한 일이 없게 될 것이니, 이는 다스림이 지극한 것이다.

反求根本하고 緣飾以理하여 使政出乎一道하면 則民之欲心去而爭奪止하여 囹圄之囚空虛하고 原野之民充滿하고 倉廩之粟盛多하여 安定庶衆하고 懷柔遠人하여 在外에 無天下之難하고 在內에 無暴亂之事하리니 此는 治平之至也라

근본을 돌이켜 찾고 이치로써 꾸며서 政事가 한 가지 道理에서 나오게 하면 백성들의 욕심이 사라지고 다툼과 빼앗음이 멈춰져서, 죄수가 없어 감옥이 텅 비고 들판에는 백성들이 넘쳐나고 창고의 곡식이 많아질 것이다. 백성들을 편안하게 하고 먼 곳에 있는 사람들을 회유하여, 밖으로는 天下의 난리가 없고 안으로는 포악하고 혼란한 일이 없을 것이니, 이는 治平이 지극한 것이다.

蒼蒼之天이 莫知其極하니 帝王之君이 誰爲法則이리오 往世不可及이요 來世不可待니 求己者也니라

푸르고 푸른 하늘이 그 끝을 알 수 없으니, 帝王의 군주로서 그 누가 법칙이 되겠는가. 지나간 세상은 따를 수가 없고 來世는 기다릴 수가 없으니, 자기에게서 찾을 뿐이다.

蒼蒼之天은 莫知其道妙之極하니 自古人君爲帝爲王者 果誰爲之法則乎아 蒼蒼者는 遠而視之에 其色蒼蒼然也라 天은 以其形體言也라 莫知其極은 卽詩所謂上天之載 無聲無臭[1] 是也라 帝는 五帝니 少昊, 顓頊(전욱), 高辛, 唐堯, 虞舜也요 王은 三王이니 夏禹, 商湯, 周之文武也라 往世不可及者는 謂往世之聖賢을 不可得而及也요 來世不可待者는 謂來世之聖賢을 不可得而待也라 然이나 今之爲君者 又何求乎아 反求其在己者而已矣[2]라

1) 上天之載 無聲無臭 : ≪詩經≫ 〈大雅 文王〉에 "上天의 일은 소리도 냄새도 없지만 文王을 본받으면 萬邦이 진작하여 믿으리라.〔上天之載 無聲無臭 儀刑文王 萬邦作孚〕"라고 보인다.

2) 反求其在已者而已矣 : 漢文大系本에는 이 부분이 "자기에게 있는 것을 돌이켜 찾아서, 백성을 다스리는 방도를 극진하게 할 뿐이다.〔反求其在己者 而極盡治民之道而已〕"라고 되어있어 뜻이 더욱 분명하며, 〈補註〉에는 이 구절에 대해 "지난날의 聖賢은 좇아 스승으로 삼아 본받을 수 없고 장래의 聖賢은 기다려 본받아 배울 수가 없으니, 오직 자기 마음의 지극한 것에서 찾을 뿐이다.〔已往聖賢不可追而師法 將來之聖賢 不可候而效學 亦惟求諸吾心之極已耳〕"라고 풀이하고 있다.

푸르고 푸른 하늘은 道가 오묘하여 그 끝을 알지 못하니, 예로부터 황제가 되고 왕이 된 군주 중에 누가 과연 법칙이 되겠는가.

蒼蒼이란 멀리서 바라봄에 그 빛이 푸른 것이다. 하늘은 형체를 가지고 말한 것이다. 그 끝을 알지 못한다는 것은 바로 ≪詩經≫에 이른바 '上天의 일이 소리도 없고 냄새도 없다.'는 것이다. 帝는 五帝이니 少昊・顓頊・高辛・唐堯・虞舜이요, 王은 三王이니 夏나라의 禹王, 商나라의 湯王, 周나라의 文王・武王이다. 지나간 세상을 따를 수 없다는 것은 지나간 聖賢을 따를 수 없음을 말한 것이요, 來世를 기다릴 수 없다는 것은 來世의 聖賢을 기다릴 수 없음을 말한 것이다.

그러나 지금 군주가 된 자가 또 어디에서 찾겠는가. 자기 몸에 있는 것을 돌이켜 찾을 뿐이다.

所謂天子者 四焉이니 **一曰神明**이요 **二曰垂光**이요 **三曰洪敘**요 **四曰無敵**이니 **此**는 **天子之事也**니라

이른바 天子라는 것이 네 가지이니, 첫 번째는 '神明스러움'이요, 두 번째는 '垂光'이요, 세 번째는 '洪敘'요, 네 번째는 '無敵'이니, 이는 天子의 일이다.

所謂天子者 有四焉하니 一曰神明이니 神明者는 神妙昭明하여 變化無測이니 如帝堯乃聖乃神[1)]이 是也라 次二曰垂光이니 垂光者는 垂示光華하여 著顯天下니 如文王光於四方하고 顯於西土[2)] 是也라 次三曰洪敘니 洪敘者는 洪大人倫之敘니 如洪範所謂彝倫攸敘[3)] 是也라 次四曰無敵이니 如孟子所謂天下無敵[4)]이 是也라 已上四者는 皆天子之事也라

1) 帝堯乃聖乃神 : 이 내용은 ≪書經≫ 〈大禹謨〉의 "帝堯의 德이 광대하게 운행되어 聖스럽고 신묘합니다.〔帝德廣運 乃聖乃神〕"라는 구절을 인용한 것이다.

2) 文王光於四方 顯於西土 : 이 내용은 ≪書經≫ 〈泰誓 下〉의 "아, 우리 文考께서는 日月이 아래로 비추듯이 사방에 빛나시며 西土에 드러나셨다.〔惟我文考 若日月之照臨 光于

四方 顯于西土〕"라는 구절을 인용한 것이다. 文考는 文王을 이른다.

3) 洪範所謂彝倫攸敍 : 이 내용은 ≪書經≫ 〈洪範〉의 "하늘이 禹王에게 洪範九疇를 내려주시니, 彝倫(倫理)이 펴지게 되었다.〔天乃錫禹 洪範九疇 彝倫攸敍〕"라는 구절을 인용한 것이다. 洪範九疇는 帝王이 나라를 다스리는 아홉 가지 법칙을 이른다.

4) 孟子所謂天下無敵 : 이 내용은 ≪孟子≫ 〈離婁 上〉의 "孔子께서 말씀하시기를 '仁者에게는 많은 무리가 될 수 없으니, 나라의 군주가 仁을 좋아하면 天下에 대적할 자가 없다.' 하셨다.〔孔子曰 仁不可爲衆也 夫國君好仁 天下無敵〕"라는 구절을 인용한 것이다.

이른바 天子라는 것이 네 가지가 있으니, 첫 번째는 '神明스러움'으로, 神明이란 신묘하고 밝아서 변화를 측량할 수 없는 것이니, 帝堯의 성스럽고 신묘함과 같은 것이다.

다음 두 번째는 '垂光'으로, 垂光이란 밝은 빛을 드리워 보여서 천하에 밝게 드러냄이니, 文王이 사방에 빛나고 서쪽 지방에서 드러난 것과 같은 것이다.

다음 세 번째는 '洪敍'로, 洪敍란 인륜을 크게 펴는 것이니, ≪洪範≫에 이른바 '彝倫이 펴졌다.'는 것과 같은 것이다.

다음 네 번째는 '無敵'으로, ≪孟子≫에 이른바 '천하에 대적할 자가 없다.'는 것과 같은 것이다.

이상 네 가지는 모두 天子의 일이다.

野物은 不爲犧牲이요 雜學은 不爲通儒니라

들에 있는 물건은 희생으로 삼을 수 없고, 잡박한 학문은 통달한 선비가 될 수 없는 것이다.

在野之物은 不可爲犧牲以獻宗廟요 駁雜之學은 不可爲通儒以任大政이라 色純曰犧요 卜得吉이나 未殺曰牲이라 物은 野獸也라〔因此以喩人君之無上四者면 不可以爲治民之天子也라〕[1)]

1)〔因此以喩人君之無上四者 不可以爲治民之天子也〕: 이 구절은 저본에는 없으나 漢文大系本에 의거하여 보충하였다.

들에 있는 물건(짐승)은 희생으로 삼아 宗廟에 바칠 수 없고, 잡박한 학문은 통달한 선비가 되어 큰 政事를 맡을 수 없다.

색깔이 순수한 것을 '犧'라 하고, 점쳐서 吉함을 얻었으나 아직 잡지 않은 것을 '牲'이라 한다. 物은 들의 짐승이다.

이것을 인하여 군주가 위에서 말한 네 가지가 없으면 백성을 다스리는 천자가 될 수 없음을 비유하였다.

今說者曰 百里之海는 不能飮一夫로되 三尺之泉은 足止三軍渴이라하니 臣謂欲生於無度요 邪生於無禁이라하노라

지금 말하는 자가 이르기를 "백 리의 바닷물은 한 지아비도 충분히 마시게 할 수 없으나, 3尺의 작은 샘물은 三軍의 목마름을 충분히 해결할 수 있다." 하니, 내가 생각하건대 욕심은 절도가 없는 데에서 생기고, 사악함은 금지함이 없는 데에서 생겨난다.

今說者皆曰 百里之海는 不能飮一夫라하니 言無厭也요 三尺之泉은 足可止三軍之渴이라하니 言知足也라 臣謂人之貪欲은 生於無節度요 邪僻은 生於無禁止라

지금 말하는 자들이 모두 이르기를 '백 리의 바닷물은 한 사람도 충분히 마시게 할 수 없다.' 하니, 만족할 줄 모름을 말한 것이요, '3尺의 작은 샘물은 三軍의 목마름을 충분히 해결할 수 있다.' 하니, 만족함을 앎을 말한 것이다. 내가 생각하건대 사람의 탐욕은 절도가 없는 데에서 생기고, 사악함은 금지함이 없는 데에서 생겨난다.

太上은 神化요 其次는 因物이요 其下는 在於無奪民時하고 無損民財니라

太上(最上)은 신묘하게 교화함이요, 그 다음은 物을 따름이요, 맨 아래는 백성들의 농사짓는 때를 빼앗지 말고 백성들의 재물을 손상시키지 않는 데에 있는 것이다.

故로 太上之君은 在神化하니 神者는 化行天下하여 神妙不測이니 如易所謂神而化之[1] 是也라 其次者는 因物이니 因物은 所謂因民而教者는 不勞而成功[2]이 是也라 其下者는 在於無奪民農務之時하고 無損民生養之財니 卽所謂不違農之時하고 不竭民之財者 是也라

1) 神而化之 : 이 내용은 ≪周易≫ 〈繫辭傳 下〉의 "變을 通하여 백성들로 하여금 게으르지 않게 하며 신묘하게 敎化하여 백성들로 하여금 마땅하게 한다.〔通其變 使民不倦 神而化之 使民宜之〕"라는 구절을 인용한 것이다.

2) 因民而教者 不勞而成功 : 이 구절은 ≪史記≫ 권68 〈商君列傳〉의 "聖人은 백성을 바꾸지 않고도 교화시키고 지혜로운 자는 法을 바꾸지 않고도 잘 다스리며, 백성의 풍속

을 따라 가르치고 수고하지 않고도 功을 이룬다.〔聖人不易民而教 知者不變法而治 因民而教 不勞而成功〕"라는 구절을 인용한 것이다.

그러므로 太上의 군주는 神化에 있으니, 神이란 教化가 천하에 행해져서 신묘하여 측량할 수 없는 것이니, ≪周易≫에 이른바 '신묘하게 교화한다.'는 것과 같은 것이다.

그 다음은 物(백성)을 따르는 것이니, 백성을 따른다는 것은 이른바 '백성의 풍속에 따라 가르치는 자는 수고롭지 않고도 공을 이룬다.'는 것이다.

맨 아래는 백성들의 농사짓는 때를 빼앗지 않고 백성들이 낳고 기르는 재물을 손상하지 않음에 있으니, 바로 이른바 〈농사철에 부역을 시키지 않아〉 농사철을 잃지 않게 하고 백성의 재물이 고갈되게 하지 않는다는 것이다.

夫禁은 **必以武而成**하고 **賞**은 **必以文而成**이니라

禁함은 반드시 武로써 이루어지고, 賞은 반드시 文으로써 이루어진다.

夫禁天下之爲惡者는 必以武而成하니 武는 兵刑也요 賞天下之爲善者는 必以文而成하니 文은 德澤也라

천하에 惡行을 禁하는 것은 반드시 武로써 이루어지니 武는 군대와 형벌이요, 천하에 善을 행한 자에게 상을 내리는 것은 반드시 文으로써 이루어지니 文은 德澤과 恩澤이다.

戰權 第十二 제12편 전쟁의 臨機應變

戰權者는 陳權變之法也니 以書內에 有戰權二字故로 以名篇하니라

戰權이란 權變(전쟁의 임기응변)의 법을 진술한 것이니, 篇 안에 '戰權' 두 글자가 있기 때문에 이를 편명으로 삼은 것이다.

兵法者는 **千人而成權**하고 **萬人而成武**하나니 **權先加人者**는 **敵不力交**하고 **武先加人者**는 **敵無威接**이니라

兵法이란 천 명에 權變을 이루고 만 명에 武勇을 이루는 것이니, 權變을 먼저 적에게 가하는 자는 적이 힘으로 우리와 교전하지 못하고, 무용을 먼저 남에게 가하는 자는 적이 무용을 가지고 우리와 접전하지 못한다.

兵法에 有曰 兵至千人而成權하고 兵至萬人而成武하나니 權先加於人者는 敵不能以力與我交하고 武先加於人者는 敵不能以威與我接[1)]이라하니라

1) 敵不能以威與我接 : 漢文大系本 〈補註〉에는 이 구절에 대해 "權變은 지혜로써 승리한다. 그러므로 적이 힘으로 우리와 교전할 수 없는 것이다. 무용은 힘으로써 승리한다. 그러므로 적이 武威로써 우리와 접전할 수 없는 것이다.〔權以智勝 故不能以力與我交也 武以力勝 故不能以威與我接也〕"라고 부연 설명하고 있다.

兵法에 이르기를 "병력이 천 명에 이르면 權變을 이루고, 병력이 만 명에 이르면 武勇을 이루니, 權變을 먼저 적에게 가하는 자는 적이 힘을 가지고 우리와 교전하지 못하고, 武威를 먼저 적에게 가하는 자는 적이 武威를 가지고 우리와 접전하지 못한다." 하였다.

故로 兵貴先勝於此면 則勝彼矣니 弗勝於此면 則弗勝彼矣라 凡我往則彼來하고 彼來則我往하여 相爲勝敗하니 此는 戰之理然也니라

그러므로 군대는 먼저 여기에서 승리하는 것을 귀하게 여기니, 이렇게 하면 저기에서도 승리할 수 있다. 여기에서 승리하지 못하면 저기에서도 승리하지 못한다.

무릇 우리가 가면 적이 오고 적이 오면 우리가 가서 서로 승패가 나뉘니, 이는 전쟁하는 이치가 그러한 것이다.

故로 兵貴先制勝於此면 則能制勝於彼하니 弗能制勝於此면 則弗能制勝於彼矣라 凡我往則彼必來하고 彼來則我必往하여 交互攻擊하여 相爲勝敗하니 此는 戰陳之理如此也라

그러므로 군대는 먼저 여기에서 적을 제압하여 승리하는 것을 귀하게 여기니, 이렇게 하면 저기에서도 적을 제압할 수 있다. 여기에서 승리를 쟁취하지 못하면 저기에서도 승리를 쟁취하지 못한다.

무릇 우리가 가면 적이 반드시 오고 적이 오면 우리가 반드시 가서 서로 공격하여 승패가 나뉘니, 戰陣의 이치가 이와 같은 것이다.

夫精誠은 **在乎神明**이요 **戰權**은 **在乎道之所極**이라 **有者**를 **無之**하고 **無者**를 **有之**하니 **安所信之**리오

정성은 神明에 달려있고, 전쟁하는 權變은 道의 지극함에 달려있다. 있는 것을 없는 것처럼 하고 없는 것을 있는 것처럼 하니, 어떻게 믿을 수 있겠는가.

夫人之精誠은 在乎神明之所主하니 神明盛이면 則精誠亦至니 心者는 神明之所舍也라 戰權은 在乎兵道之所極하니 此道字는 謂兵家戰陳權變之道요 極은 謂道之極致也라 有者를 示之無하고 無者를 示之有하니 使敵安所信之리오 言不可信我之必有必無也라

사람의 정성은 神明의 주장하는 바에 달려있다. 神明이 盛하면 정성 또한 지극하니, 마음은 神明이 머무는 곳이다.

전쟁의 權變은 兵道의 지극함에 달려있으니, 여기의 '道'자는 兵家에서 전쟁하는 權變의 道를 말한 것이요, '極'은 道의 극치를 이른다.

있는 것을 없는 것처럼 위장해 보이고 없는 것을 있는 것처럼 위장해 보이니, 적으로 하여금 어느 것을 믿게 하겠는가. 적들이 우리가 반드시 있다고도 믿지 못하고 반드시 없다고도 믿지 못함을 말한 것이다.

先王之所傳聞者는 **任正去詐**하여 **存其慈順**이니 **決無留刑**이니라

先王에게서 전하여 들은 것은, 정직한 사람을 임용하고 간사한 사람을 제거하여 인자함과 순함을 보존하는 것이니, 결코 형벌을 지체하는 일이 없다.

先王之所傳聞者는 任用正人하고 除去姦詐하여 存其慈順之心이니 所以決無留滯之刑也[1]라

1) 先王之所傳聞者……所以決無留滯之刑也 : 漢文大系本에는 이 부분이 "先王의 行事를 내가 전하여 들은 것으로는 정직한 사람을 임용하고 간사한 사람을 제거하여 인자하고 순한 마음을 보존하는 것이니, 이로써 약한 자를 부축해주고 간악한 자를 처벌하여, 결코 형벌을 지체하는 일이 없는 것이다.〔先王之行事 臣得之傳聞 任用正人 除去姦詐 存其慈順之心 以扶弱而決奸 無留滯之刑也〕"라고 부연 설명하고 있다.

내가 先王의 일을 전하여 들은 것은, 정직한 사람을 임용하고 간사한 사람을 제거하여 인자하고 순한 마음을 보존하는 것이니, 이 때문에 결코 형벌을 지체하는 일이

없는 것이다.

故로 **知道者**는 **必先圖不知止之敗**하나니 **惡**(오)**在乎必往有功**하여 **輕進而求戰**이리오 **敵復圖止我生**이면 **而敵制勝也**니라

그러므로 道를 아는 자는 반드시 먼저 그칠 줄을 몰라 패하는 전쟁을 생각하니, 어찌 반드시 달려가 공을 세우려고 해서 가볍게 전진하여 싸움을 청하는 일이 있겠는가. 적이 도리어 계책을 세워 우리의 살 길을 막으면 적이 승리를 쟁취하게 된다.

故로 知戰道者는 必先圖謀不知止之敗라 古者에 逐奔不遠하고 從綏不及은 是知止而無敗者也라 若龍且(저), 龐涓, 李陵[1]之徒는 是不知止而致於敗者也니 惡在乎必往而欲有功하여 輕進而求與人戰이리오 若輕進而求與人戰이라가 敵反謀止我生路而制勝矣니 甚言不可輕進而求戰也라

1) 龍且(저)龐涓李陵 : 龍且는 漢나라 劉邦과 楚나라 項羽가 천하를 다툴 적에 項羽의 부하 장수이다. B.C. 205년, 漢나라의 韓信이 齊나라를 공격하여 臨淄를 함락시키고 齊王 田廣을 추격하자, 項羽가 龍且로 하여금 이를 구원하게 하여, 濰水를 끼고 서로 대치하였다. 龍且는 평소 韓信을 輕視하였는데, 이를 알고 있던 韓信이 밤에 사람을 시켜 1만여 개의 포대를 만들어 江의 상류를 막아놓고 병사를 이끌고 강을 반쯤 건너 공격하다가 이기지 못하는 것처럼 위장하고 후퇴하였다. 龍且가 기뻐하면서 "韓信이 겁쟁이인 것은 내가 평소 알고 있었다."라고 하며 전 병력을 이끌고 추격하자, 韓信이 막아놓았던 물을 터놓으니, 龍且의 군대가 대혼란에 빠졌다. 이에 韓信이 반격을 가하여 龍且를 죽이고 楚軍을 대파하였다. ≪史記 권93 淮陰侯列傳≫

龐涓은 전국시대 魏나라 장수이다. 戰國時代 초기인 B.C. 341년, 魏나라가 趙나라와 연합하여 韓나라를 공격하자, 韓나라는 齊나라에 구원을 요청하였다. 이에 齊나라는 田忌를 장수로 삼고 孫臏을 軍師로 삼아 韓나라를 구원하게 하였다.

이때 孫臏은 魏나라 군대가 용맹하여 齊나라의 군대를 경시하고 있음을 알고 이를 이용하기 위해, 齊軍으로 하여금 魏나라 땅에 들어가 첫날에는 10만 개의 아궁이(취사장)를 만들게 하고, 다음 날에는 5만 개, 또 다음 날에는 3만 개로 차츰 줄여서, 적에게 아군이 약하여 도망자가 속출하는 것처럼 보이게 하였다.

이에 魏나라 장수 龐涓은 齊나라 군대가 사흘 만에 많은 병사가 이탈하였으므로 齊軍의 군세가 보잘것없다고 판단하고, 소수의 경무장한 騎兵만 거느리고 행군 속도를

배가하여 齊軍의 뒤를 추격하다가, 馬陵에서 齊軍의 매복공격을 받아 큰 타격을 입고 스스로 목을 찔러 죽으니, 齊나라는 이로 인하여 승세를 타고 魏나라 군대를 대파하였다. ≪史記 권65 孫子列傳≫

李陵은 前漢의 장군이었다가 匈奴에 투항하여 匈奴의 제후가 된 인물이다. B.C. 99년, 漢 武帝가 貳師將軍 李廣利로 하여금 3만의 騎兵을 이끌고 酒泉으로 진격하게 하였는데, 天山에서 오랑캐의 酋長을 포로로 잡고 1만여 명의 首級을 노획하는 등 혁혁한 전과를 세우고 回軍하다가, 匈奴의 대군에게 포위되어 절반이 넘는 병사가 죽는 대패를 당하였다. 분노한 武帝가 騎都尉 李陵으로 하여금 步兵과 騎兵 5천을 거느리고 匈奴를 다시 공격하게 하였는데, 李陵은 흉노의 대군과 會戰하여 적은 병력으로 흉노의 1만여 명을 살상하는 등 분전하였으나, 계속 공격하다가 匈奴의 대군에 포위되어 군대가 전멸될 위기에 처하자, 결국 匈奴에 항복하였다. ≪史記 권110 匈奴列傳≫

그러므로 전쟁하는 방도를 아는 자는 반드시 먼저 그칠 줄을 몰라 패하고 마는 전쟁을 생각한다. 옛날에 도망하는 적을 멀리까지 쫓지 않고 후퇴하는 적을 따라잡지 않은 것은, 바로 그칠 줄을 알아 패전함이 없었던 것이다. 龍且와 龐涓과 李陵과 같은 무리들은 바로 그칠 줄을 몰라서 패한 자이니, 어찌 반드시 달려가 공을 세우려고 해서 가볍게 전진하여 남과 싸우기를 구하는 일이 있겠는가. 만약 가볍게 전진하여 적과 싸우려 하다가 적이 도리어 계책을 세워 우리의 살 길을 막으면 적이 승리하게 되니, 가볍게 나가서 싸움을 구해서는 안 됨을 극구 말한 것이다.

故로 兵法曰 求而從之하고 見而加之니 主人不敢當而陵之면 必喪其權이라하니라

그러므로 兵法에 이르기를 "적이 싸우고자 하면 따라 싸우고, 적을 보면 공격을 가해야 하니, 주인을 감히 당할 수가 없는데도 객(적)이 주인을 능멸하면, 객은 반드시 그 權變을 잃는다." 하였다.

故로 兵法에 有曰 彼來求我면 則以兵從之하고 見彼虛實之形이면 則以兵加之니 主人之勢力不敢當이어늘 而爲客者欲陵之면 必喪失其權矣라하니라 〔一云 主人之力强하여 敵人不堪當我어늘 而我加兵陵之면 必能喪敵之威權矣라하니라〕[1)]

1) 〔一云……必能喪敵之威權矣〕: 이 구절은 저본에는 없으나 漢文大系本에 의거하여 보충하였다.

그러므로 兵法에 이르기를 "적이 와서 우리에게 싸움을 청하면 병력을 인솔하여 따라 싸우고, 적의 허실의 형세를 보았으면 군대를 거느리고 공격을 가해야 하니, 主人의 세력을 감히 당할 수가 없는데도 객이 된 자가 주인을 능멸하고자 하면, 반드시 그 權變을 상실한다."라고 한 것이다.

一本에는 "주인의 세력이 강하여 적들이 우리를 감당하지 못할 적에 우리가 적을 공격하여 능멸하면 반드시 적의 權變을 상실하게 할 수 있다."라고 되어있다.

凡奪者는 無氣요 恐者는 不可守요 敗者는 無人이니 兵은 無道也라 意往而不疑면 則從之하고 奪敵而無前이면 則加之하고 明視而高居면 則威之니 兵道極矣니라

무릇 빼앗기는 것은 기세가 없어서이고, 두려워하는 자는 지켜내지 못하고, 패하는 자는 사람이 없어서이다. 군대는 일정한 방도가 없다. 공격함에 의심할 것이 없다고 판단되면 쫓아가 싸우고, 적의 사기를 빼앗아 앞을 가로막을 자가 없다고 판단되면 공격을 가하고, 시야가 밝고 높은 위치에 주둔해 있으면 적에게 위엄을 보여야 하니, 이렇게 하면 군대의 道가 지극한 것이다.

凡見奪於人者는 士卒無氣也라 士卒은 以氣爲主어늘 今先爲人所奪이면 與無氣同也라 衆心恐懼者는 則不可以守니 凡守는 欲壯吾士氣하고 堅吾衆心이어늘 今衆先恐懼면 則心不堅이니 安可守乎아 衆敗北者는 是將無人也니 無人者는 非實無人이요 雖有其人이나 不能料敵制勝하여 與無人同也라 兵無一定之道하여 意往而不疑惑이면 則以兵從之하고 奪彼之意하여 而彼無敢前者면 則以兵加之하며 明吾視而下無所蔽하고 高吾居而下無所隱이면 則可以威服人이니 兵之道 可謂至極矣라

무릇 적에게 빼앗김을 당하는 것은 병사들이 기세가 없어서이다. 병사들은 기세를 위주로 하는데 이제 먼저 남에게 기세를 빼앗기면, 기세가 없는 것과 같은 것이다.

병사들의 마음이 두려움을 품으면 지켜내지 못하니, 무릇 지킴은 우리의 士氣를 굳세게 하고 병사들의 마음을 견고하게 하는 것인데, 지금 병사들이 먼저 두려워한다면 마음이 견고하지 못하니, 어떻게 지켜낼 수 있겠는가.

병사들이 패배하는 것은 장수가 훌륭한 사람이 없어서이니, 사람이 없다는 것은 실제로 사람이 없는 것이 아니요, 비록 사람이 있으나 적을 헤아려 승리를 쟁취하지 못해서 사람이 없는 것과 같은 것이다.

군대는 일정한 방도가 없어서, 적을 공격하는 데 의혹할 것이 없다고 판단되면 병력을 이끌고 쫓아가 싸우고, 적의 사기를 빼앗아 적이 감히 우리의 앞을 가로막을 수

가 없다고 판단되면 병력을 가하여 공격하며, 우리의 시야가 밝아서 아래에 가려지는 바가 없고, 우리의 주둔한 지역이 높아서 아래에 숨겨진 바가 없으면 위엄으로써 적을 굴복시킬 수 있으니, 이렇게 한다면 군대의 道가 지극하다고 이를 수 있다.

其言이 **無謹偸失**하고 **其陵犯無節**이면 **破矣**니라

말을 삼가지 않고 경박하며 남을 능멸하고 범하여 절도가 없으면 패배한다.

此一段은 疑有闕文誤字하니 不可强解로라

이 한 단락은 아마도 빠진 글이나 誤字가 있는 듯하니, 억지로 해석할 수 없다.

水潰雷擊하여 **三軍亂矣**라

물이 터지고 우레가 치듯 하여 적의 三軍이 혼란한 틈을 타야 한다.

如水之潰하고 如雷之擊하여 乘彼三軍之亂矣라

물이 터지고 우레가 치는 것처럼 〈신속히〉 행동하여 적의 三軍이 혼란한 틈을 타야 한다.

必安其危하고 **去其患**하여 **以智決之**니라

반드시 위태로움을 편안하게 하고 환란을 제거하여 智謀로써 결단하여야 한다.

必安其危險하고 去其患難하여 以智謀果決之라

반드시 위태로움을 편안하게 하고 환란을 제거하여 지모로써 과감히 결단하여야 한다.

高之以廊廟之論하고 **重之以受命之論**하고 **銳之以踰垠之論**[1]이면 **則敵國**을 **可不戰而服**이니라

1) 以廊廟之論……以踰垠之論 : 이와 비슷한 내용이 앞의 〈戰威〉에도 "一曰 廟勝之論 二曰 受命之論 三曰 踰垠之論"이라고 보인다.

廊廟의 의논으로써 높이고, 명령을 받은 의논으로써 중하게 하고, 국경을 넘어

가는 의논으로써 예리하게 하면, 싸우지 않고도 적국을 굴복시킬 수 있다.

高之以廊廟之論者는 廟算을 必欲其勝也요 重之以受命之論者는 委任에 必欲其專也요 銳之以踰垠之論者는 深入敵境하여 戰功을 必欲其成也니 如此면 則敵國을 可不戰而自服也라

'廊廟(조정)의 의논으로써 높인다.'는 것은 廊廟의 계산으로 반드시 승리하고자 하는 것이요, '〈장수가〉 명령을 받은 의논으로써 중하게 한다.'는 것은 장수에게 위임할 적에 반드시 전일하게 하고자 하는 것이요, '국경을 넘어가는 의논으로써 예리하게 한다.'는 것은 적의 국경에 깊숙이 쳐들어가서 반드시 戰功을 이루고자 하는 것이다. 이와 같이 하면 싸우지 않고도 적국을 저절로 굴복시킬 수 있다.

重刑令 第十三　제13편 무거운 刑罰의 법령

重刑令者는 言行軍에 重爲之刑令也니 刑令重이면 則士卒無逃亡者라 書內에 有重刑二字故로 以名篇하니라

重刑令이란 행군할 적에 무겁게 형벌하는 법령을 내림을 말한 것이니, 형벌하는 법령이 무거우면 병사들 중에 도망하는 자가 없다. 篇 안에 '重刑' 두 글자가 있으므로, 이를 편명으로 삼은 것이다.

將自千人以上으로 有戰而北(배)하고 守而降하고 離地逃衆이면 命曰國賊이니 身戮家殘하고 去其籍하고 發其墳墓하여 暴其骨于市하며 男女公於官이니라

천 명 이상의 병력을 거느리는 장수 중에 싸우다가 패배하거나 수비하다가 항복하거나 제자리를 이탈하여 병사들이 도망하게 만든 자가 있으면, 이름하여 '나라의 賊'이라 하니, 몸이 죽임을 당하고 집안이 망하며 이름을 관리의 名籍에서 삭제하고 선조의 무덤을 파내어 그 뼈를 시장에 드러내며, 아들과 딸을 관청의 公賤으로 삼는다.

將自千人以上으로 有戰而奔北하고 守而降人하고 離地而逃衆이면 命曰國之賊也니

戮其身而殘其家하고 去其名籍하고 發其墳墓하여 暴其骨於市中하며 男女皆公於官이니 男爲奴而女爲婢也라

천 명 이상의 병력을 거느리는 장수 중에 싸우다가 패배하여 도망하거나 수비하다가 적에게 항복하거나 자기의 자리를 이탈하여 병사들을 도망하게 만든 자가 있으면, 이것을 이름하여 '나라의 賊'이라 하니, 그 몸을 죽이고 집안을 멸망시키고, 이름을 관리의 名籍에서 삭제하고 선조의 분묘를 파내어 그 뼈를 시장 가운데에 드러내며, 아들과 딸을 모두 관청의 公賤(관노비)으로 삼으니, 아들은 남자종이 되고 딸은 계집종이 되는 것이다.

自百人以上으로 有戰而北하고 守而降하고 離地逃衆이면 命曰軍賊이니 身死家殘하고 男女公於官이라 使民으로 內畏重刑이면 則外輕敵이니라

백 명 이상의 병력을 거느리는 장수 중에 싸우다가 패배하거나 수비하다가 항복하거나 자기가 지키는 자리를 이탈하여 무리를 도망하게 만든 자가 있으면, 이름하여 '군대의 賊'이라 하니, 몸이 죽고 집안이 망하고 아들과 딸이 관청의 公賤이 된다.

백성들로 하여금 안으로 무거운 형벌을 두려워하게 하면, 밖으로 적을 가볍게 여기게 된다.

自百人以上[1)]으로 有戰而奔北하고 守而降人하고 離地而逃衆이면 命曰軍之賊也니 戮其身而殘其家하고 男女皆公於官이라 使民으로 內畏我之重刑이면 則外輕敵矣라

1) 自百人以上 : 漢文大系本에는 이 부분이 "自百人以上之將"으로 되어있는바, 앞 문장의 '將自千人以上'이라는 구절을 감안하여 아래와 같이 해석하였다.

백 명 이상의 병력을 거느리는 장수(지휘관) 중에 싸우다가 패하여 도망하거나 수비하다가 남에게 항복하거나 지역을 이탈하여 무리를 도망하게 만든 자가 있으면, 이름하여 '군대의 賊'이라 하니, 그 몸을 죽이고 집안을 멸망시키고 아들과 딸을 모두 관청의 公賤으로 삼는다.

백성들로 하여금 안으로 나(장수)의 무거운 형벌을 두려워하게 하면, 밖으로 적을 가볍게 여기게 된다.

故로 先王이 明制度於前하고 重威刑於後하니 刑重則內畏하고 內畏則外堅矣니라

그러므로 先王이 앞에서 제도를 밝히고 뒤에서 위엄과 형벌을 무겁게 하였으니, 형벌이 무거우면 안에서 두려워하고 안에서 두려워하면 밖에서 견고해진다.

故로 **古先哲王**이 **明制度於前**하여 **使上下有禮**하고 **重刑威於後**하여 **使士衆不犯**하니 **威刑重**이면 **則內畏主將**하고 **內畏主將**이면 **則于外必堅固矣**라 〔**必無戰北守降之事也**라〕[1)]

1) 〔必無戰北守降之事也〕: 이 구절은 저본에는 없으나 漢文大系本에 의거하여 보충하였다.

그러므로 옛날 명철한 王들이 앞에서 제도를 밝혀서 상하간에 禮가 있게 하고, 뒤에서 형벌과 위엄을 무겁게 하여 군사들로 하여금 범하지 않게 하였다. 위엄과 형벌이 무거우면 병사들이 안으로 主將을 두려워하고, 안으로 主將을 두려워하면 밖으로 陣容이 반드시 견고해진다. 이렇게 되면 전투에 패배하거나 수비하다가 항복하는 일이 절대로 없을 것이다.

伍制令 第十四　제14편 伍의 제도

伍制令者는 **伍制有令也**니 **以書內皆論伍制故**로 **以名篇**하니라

伍制令이란 伍의 제도에 法令이 있는 것이니, 篇 안에 모두 伍의 제도를 논했기 때문에 이를 편명으로 삼은 것이다.

軍中之制는 **五人爲伍**하여 **伍相保也**하고 **十人爲什**하여 **什相保也**하고 **五十人爲屬**하여 **屬相保也**하고 **百人爲閭**하여 **閭相保也**라 **伍有干令犯禁者**어든 **揭**(알)**之**면 **免於罪**하고 **知而弗揭**이면 **全伍有誅**니라

군중의 법제는 5명을 伍로 삼아서 伍가 서로 보증하고, 10명을 什으로 삼아서 什이 서로 보증하고, 50명을 屬으로 삼아서 屬이 서로 보증하고, 100명을 閭로 삼아서 閭가 서로 보증한다. 1伍 가운데에 法令을 범하고 禁令을 범한 자가 있을 경우, 고발하면 죄를 면해주고 알고도 고발하지 않으면 그 伍 전체에게 벌을 내린다.

軍中之法制는 五人爲一伍하여 伍自相保也하고 十人爲一什하여 什自相保也하고 五十人爲一屬하여 屬自相保也하고 百人爲一閭하여 閭自相保也라 一伍之中에 有干令犯禁者어든 一人能揭之면 免於罪하니 揭은 與訐(알)同하니 首於官也라 知有干令犯禁之事而弗揭이면 全伍皆有誅責之罪라 〔此는 言伍什屬閭 有相保之制也라〕[1)]

1) 〔此言伍什屬閭 有相保之制也〕: 이 구절은 저본에는 없으나 漢文大系本에 의거하여 보충하였다.

군중의 법제는 5명을 1伍로 만들어서 伍가 서로 보증하고, 10명을 1什으로 만들어서 什이 서로 보증하고, 50명을 1屬으로 만들어서 屬이 서로 보증하고, 100명을 1閭로 만들어서 閭가 서로 보증한다. 1伍 가운데에 法令을 범하고 禁令을 범한 자가 있을 경우, 한 사람이 이것을 고발하면 죄를 면해준다.

揭은 訐과 같으니, 관청에 자수(고발)하는 것이다.

法令을 범하고 禁令을 범한 일이 있음을 알고도 고발하지 않으면, 그 伍의 구성원 전체에게 죄를 엄중히 추궁한다. 이는 伍와 什, 屬과 閭에 서로 보증하는 제도가 있음을 말한 것이다.

什有干令犯禁者어든 揭之면 免於罪하고 知而弗揭이면 全什有誅하며 屬有干令犯禁者어든 揭之면 免於罪하고 知而弗揭이면 全屬有誅하며 閭有干令犯禁者어든 揭之면 免於罪하고 知而弗揭이면 全閭有誅니라

1什 가운데에 법령을 범하고 금령을 범한 자가 있을 경우, 고발하면 죄를 면해주고, 알고도 고발하지 않으면 그 什의 구성원 전체에게 죄를 내리며, 1屬 가운데에 법령을 범하고 금령을 범한 자가 있을 경우, 이를 고발하면 죄를 면해주고, 알고도 고발하지 않으면 그 屬의 구성원 전체에게 죄를 내리며, 1閭 가운데에 법령을 범하고 금령을 범한 자가 있을 경우, 이것을 고발하면 죄를 면해주고, 알고도 고발하지 않으면 그 閭의 구성원 전체에게 죄를 내린다.

一什之中에 有干令犯禁者어든 一人能揭之면 免於罪하고 知有干令犯禁之事而弗揭이면 全什有誅責之罪하며 一屬之中에 有干令犯禁者어든 一人能揭之면 免於罪하고 若有知干令犯禁之事而不揭이면 全屬皆有誅責之罪하며 一閭之中에 有干令犯禁者어든 一人能揭之면 免於罪하고 若知有干令犯禁之事而弗揭이면 全閭

皆有誅責之罪라

1什 가운데에 법령을 범하고 금령을 범한 자가 있을 경우, 한 사람이 이것을 고발하면 죄를 면해주고, 법령을 범하고 금령을 범한 일이 있음을 알고도 고발하지 않으면 그 伍의 구성원 전체에게 죄를 엄중히 추궁하며, 1屬 가운데에 법령을 범하고 금령을 범한 자가 있을 경우, 한 사람이 이것을 고발하면 죄를 면해주고, 알고도 고발하지 않으면 그 屬의 구성원 전체에게 죄를 엄중히 추궁하며, 1閭 가운데에 법령을 범하고 금령을 범한 자가 있을 경우, 한 사람이 이것을 고발하면 죄를 면해주고, 만약 법령을 범하고 금령을 범한 일이 있음을 알고도 고발하지 않으면 그 閭의 구성원 전체에게 죄를 엄중히 추궁한다.

吏自什長已上으로 至左右將히 上下皆相保也하여 有干令犯禁者어든 揭之면 免於罪하고 知而弗揭者는 皆與同罪니라

관리는 什長 이상으로부터 左將과 右將에 이르기까지 上下가 모두 서로 보증한다. 그리하여 법령을 범하고 금령을 범한 자가 있을 경우, 이것을 고발하면 죄를 면해주고, 알고도 고발하지 않으면 모두 똑같이 죄를 받는다.

自什人之長以上으로 至於左右二副將히 上下皆要相保也하여 若有干令犯禁者어든 一人能揭之면 免於罪하고 知有干令犯禁之事而弗揭者는 上下皆與犯人同其罪라

什人의 長 이상으로부터 左·右 두 副將에 이르기까지 상하가 모두 서로 보증한다. 그리하여 만약 법령을 범하고 금령을 범한 자가 있을 경우, 한 사람이 이것을 고발하면 죄를 면해주고, 法令을 범하고 금령을 범한 일이 있음을 알고도 고발하지 않으면 상하가 모두 범인과 똑같이 죄를 받는다.

夫什伍相結하고 上下相聯하면 無有不得之姦하고 無有不揭之罪하여 父不得以私其子하고 兄不得以私其弟어든 而況國人은 聚舍同食이니 烏能以干令相私者哉리오

什과 伍가 서로 굳게 뭉치고 상하가 서로 연결하면 찾아내지 못하는 간사함이 없고 고발하지 않는 죄가 없어서, 아버지가 자기 자식을 사사로이 봐줄 수 없고 형이 자기 아우를 사사로이 봐줄 수 없는데, 하물며 한 나라 사람은 한 집에 모

여 함께 밥을 먹을 뿐이니, 어찌 법령을 범하면서 서로 사사로이 봐주는 자가 있겠는가.

夫什伍相固結하고 上下相聯屬하면 無有不得之姦人하고 無有不揭之罪人하여 雖爲父者라도 不得以私其子하고 爲兄者라도 不得以私其弟어든 而況國中之人은 〔非至親이요 但〕[1]聚舍而同食이니 烏能以干令之罪而相私者哉리오 此亦衛鞅令民爲什伍而相收司連坐[2]之意라

1) 〔非至親 但〕: 이 구절은 저본에는 없으나 漢文大系本에 의거하여 보충하였다.

2) 衛鞅令民爲什伍而相收司連坐 : 衛鞅(B.C. 390~B.C. 338)은 戰國時代 法家의 대표적 인물로, 秦 孝公에게 등용되어 商於(오)라는 땅에 봉해져 商鞅 또는 商君으로도 칭한다. 본문의 내용은 衛鞅이 실시한 變法의 하나로 ≪史記≫ 권60 〈商君列傳〉에 "衛鞅은 백성들로 하여금 什과 伍를 만들어 서로 糾察하고 連坐하게 하되, 같은 대원의 간악함을 고발하지 않는 자는 허리를 베어 죽이고, 간악함을 고발하는 자는 적의 수급을 벤 것과 똑같은 賞을 내리고, 간악함을 숨겨준 자는 적에게 항복한 것과 똑같이 처벌하였다."라고 보인다.

什과 伍가 서로 굳게 뭉치고 상하가 서로 연결하면 찾아내지 못하는 간사한 사람이 없고 고발되지 않는 죄인이 없어서, 비록 아버지가 된 자라도 자기 자식을 사사로이 봐줄 수 없고 형이 된 자라도 자기 아우를 사사로이 봐줄 수 없는데, 하물며 國中의 사람은 지극히 가까운 친척이 아니고 다만 한 집(軍營)에 모여 함께 밥을 먹을 뿐이니, 어찌 법령을 범하는 죄를 지으면서 사사로이 봐주는 자가 있겠는가.

이 또한 衛鞅이 백성들로 하여금 什과 伍를 만들어서 서로 규찰하여 連坐한 뜻이다.

分塞令 第十五　제15편 지역을 나누어 要害處를 막는 禁令

分塞令者는 分其地而塞其處하여 使不得通也라

分塞令이란 지역을 나누어 要害處를 막아서 왕래를 통하지 못하게 하는 것이다.

中軍左右前後軍이 皆有地分하고 方之以行垣하여 而無通其交往하여 將有分

地하고 **帥有分地**하고 **伯有分地**[1]하여 **皆營其溝洫**(혁)**而明其塞令**이니라

1) 將有分地……伯有分地 : 병력 1만 명 이상을 통솔하는 자를 將이라 하고, 1천 명 이상을 통솔하는 자를 帥라 하고, 1백 명 이상을 통솔하는 자를 伯이라 한다.

中軍과 左軍·右軍과 前軍·後軍이 모두 나누어 맡은 지역이 있고, 길에 담을 둘러쳐서 서로 왕래를 통하지 못하게 한다. 將도 지역을 나누어 맡고 帥도 지역을 나누어 맡고 伯도 지역을 나누어 맡게 하여, 모두 자기 진영의 도랑을 경영해서 자기 진영에서 사용하는 금령을 밝히게 한다.

中軍左右前後軍이 **皆有地分**하고 **周之以行垣**하여 **無使通其交往**하여 **將有分地**하고 **帥亦有分地**하고 **伯亦有分地**하여 **皆經營四周之溝洫**하여 **而彰明其塞令**이라

中軍과 左軍·右軍과 前軍·後軍이 모두 나누어 맡은 지역이 있고 길에 담을 둘러쳐서 서로 왕래를 통하지 못하게 하여, 將도 지역을 나누어 맡고 帥도 지역을 나누어 맡고 伯도 지역을 나누어 맡게 해서, 모두 사방 주위의 도랑을 경영(설치)하여 자기 진영에서 사용하는 금령을 분명히 밝히게 한다.

使非百人이면 **無得通**이니 **非其百人而入者**는 **伯誅之**하고 **伯不誅**하면 **與之同罪**니라

가령, 100명의 대원이 아니면 서로 통행하지 못하게 하니, 100명에 속한 대원이 아닌데 들어온 자는 伯長이 주벌하고, 伯長이 주벌하지 않으면 伯長도 들어온 자와 똑같이 죄를 받는다.

使非百人之數면 **無得交通**이니 **非其百人之數而擅入者**는 **伯長得誅之**하고 **伯長容而不誅**하면 **與之同罪**라

가령, 같은 소속의 100명의 대원이 아니면 서로 통행하지 못하게 하니, 같은 소속의 100명에 속한 대원이 아닌데 제멋대로 들어온 자는 伯長이 주벌하고, 伯長이 용인하고 주벌하지 않으면 그와 똑같이 죄를 받는다.

軍中縱橫之道는 **百有二十步**에 **而立一府柱**하고 **量人與地**하여 **柱道相望**하여 **禁行清道**하여 **非將吏之符節**이면 **不得通行**이니라

軍中에 가로세로의 길에는 120步마다 하나씩 府柱를 세우고, 인원수와 땅을

헤아려 기둥과 길이 서로 바라보게 해서 행인의 통행을 금하고 길을 깨끗이 청소한 다음, 장수와 관리의 符節이 있는 자가 아니면 통행하지 못하게 한다.

軍中縱橫之道路는 每一百二十步에 而立一府柱하고 量人之多寡與地之廣狹하여 柱道相望하여 禁止人行하여 用以淸道하여 若非將吏之符節이면 不得通行이라

軍中에 가로세로의 도로에는 120步마다 하나씩 府柱(부대를 표시하는 기둥)를 세우고, 인원수의 많고 적음과 땅의 넓고 좁음을 헤아려서 기둥과 길이 서로 바라보게 하여 행인의 통행을 금지하고 이로써 길을 깨끗이 청소한 다음, 만약 장수와 관리의 符節을 갖고 있는 자가 아니면 통행하지 못하게 한다.

采薪芻牧者를 皆成行伍하고 不成行伍者는 不得通行이니 吏屬無節하고 士無伍者는 橫門誅之하고 踰分干地者는 誅之라 故로 內無干令犯禁이면 則外無不獲之姦이니라

땔감을 채취하고 꼴을 베고 소와 말을 먹이는 자는 모두 行伍를 이루게 하고, 行伍를 이루지 않은 자는 통행하지 못하게 하니, 부절이 없는 軍吏와 대오를 이루지 않는 병사들은 문을 가로막고 있다가 주벌하고, 자기 분수를 넘어 남의 지역을 침범한 자는 주벌한다. 그러므로 안으로 금령을 범하는 자가 없으면 밖으로 찾아내지 못하는 간사한 자가 없는 것이다.

采薪芻牧之人을 出入에 皆使成行列하고 不成行列者는 不得通行其路라 若吏屬之人이 進止無節하고 士卒出入無伍者는 皆橫門而誅之하며 踰己之分하고 犯人之地者를 亦誅之라 故로 內無干令犯禁之人이면 則外無不獲之姦矣[1)]니 亦商鞅之學也라

1) 則外無不獲之姦矣 : 漢文大系本에는 이 부분이 "밖에서 정탐하는 간사한 자(첩자)들을 찾아내지 못함이 없다.〔則外之奸宄窺探者 無不獲矣〕"라고 되어있다.

땔감을 채취하고 꼴을 베고 소와 말을 먹이는 사람은 나가고 들어옴에 모두 다 대열을 이루게 하고, 대열을 이루지 않은 자는 그 길을 통행하지 못하게 한다. 만약 軍吏 등이 나가고 그침에 부절이 없고 병사들이 출입함에 대열을 이루지 않았으면 〈守衛兵이〉 모두 문을 가로막고 주벌하며, 자기의 분수(위치)를 넘어 남의 지역을 침범한 자 또한 주벌한다. 그러므로 안에 법령을 범하고 금령을 범하는 사람이 없으면 밖으로 찾아내지 못하는 간사한 자가 없는 것이니, 이 또한 商鞅의 學이다.

束伍令 第十六　제16편 束伍를 개괄한 법령

束伍令者는 **約束布伍之令也**니 **以首有束伍之令字故**로 **以名篇**하니라

束伍令이란 隊伍를 분포(포진)하는 것을 개괄하여 정한 법령이니, 첫머리에 '束伍之令'이라는 글자가 있기 때문에 이를 편명으로 삼은 것이다.

束伍之令에 **曰 五人爲伍**하여 **共一符**하여 **收於將吏之所**라가 **亡伍而得伍**면 **當之**하고 **得伍而不亡**이면 **有賞**하고 **亡伍不得伍**면 **身死家殘**하나니라

束伍의 법령에 다음과 같이 말하였다.

"5명을 伍로 만들어 한 符를 함께 사용해서 장수와 관리의 처소에 모아 보관하되, 자기의 伍를 잃고서 적의 伍를 노획하면 功過를 상쇄하고, 적의 伍를 노획하고서 자기의 伍를 잃지 않았으면 賞이 있고, 자기의 伍를 잃고 적의 伍를 노획하지 못했으면 몸이 죽고 집안이 망한다.

約束伍法之令에 **有曰 五人爲一伍**하여 **共用一符**하니 **符**는 **卽問對所謂符籍**[1]이 **是也**라 **收於將吏之所**라가 **若與人戰**에 **失吾一伍而得人一伍者**는 **當之**하고 **得人一伍而不失吾之伍者**는 **有賞**하고 **失吾一伍而不得人之伍者**는 **戮其身而殘其家**라

1) 問對所謂符籍 : 符籍은 ≪李衛公問對≫ 中卷에 "漢나라 제도에 '尺籍'과 '伍符'가 있었다.〔漢制有尺籍伍符〕"라고 보이는데, 劉寅은 ≪直解≫에서 "漢나라 제도에 또 '尺籍'과 '伍符'가 있었으니, 尺籍은 적의 머리를 벤 功을 한 자쯤 되는 판자에 쓰는 것이고, 伍符는 伍와 伍가 서로 계승하는 것이다."라고 注하였다. 伍符는 군중의 각 行伍가 서로 보증하는 符標(신표)를 가리킨다.

伍法을 개괄하여 정한 법령에 다음과 같이 말하였다.

5명을 1伍로 만들어서 함께 한 符를 사용하니, 符는 바로 ≪李衛公問對≫에 이른바 '符籍(신표)'이 이것이다. 이것을 장수와 관리의 처소에 모아 보관하되, 만약 적과 싸워서 우리의 1伍를 잃고 적의 1伍를 노획한 자는 功過를 상쇄하고, 적의 1伍를 노획

하고 우리의 伍를 잃지 않은 자는 상이 있고, 우리의 1伍를 잃고 적의 伍를 노획하지 못한 자는 그 몸을 죽이고 그 집안을 멸망시킨다.

亡長得長이면 **當之**하고 **得長不亡**이면 **有賞**하고 **亡長不得長**이면 **身死家殘**호되 **復戰得首長**이어든 **除之**니라

자기의 長을 잃고 적의 長을 노획하였으면 공과를 상쇄하고, 적의 長을 노획하고 자기의 長을 잃지 않았으면 賞이 있고, 자기의 長을 잃고 적의 長을 노획하지 못했으면 몸이 죽고 집안이 망하되, 다시 싸워 적의 首長을 노획하였으면 죄를 면제한다.

長者는 **十人之長曰什**과 **百人之長曰伯**이 **是也**라 **失吾一首長而得人一首長**이면 **當之**하고 **得人一首長而不失吾之首長者**는 **有賞**하고 **亡吾一首長**하고 **不得人之首長者**는 **戮其身而殘其家**호되 **若欲復戰**하여 **得人之首長者**는 **除其罪**라

長은, 10명의 長인 什과 100명의 長인 伯이 이것이다.

우리의 한 首長을 잃고 적의 한 首長을 노획하였으면 功過를 상쇄하고, 적의 한 首長을 노획하고 우리의 首長을 잃지 않은 자는 상이 있고, 우리의 한 首長을 잃고 적의 首長을 노획하지 못한 자는 그 몸을 죽이고 그 집안을 멸망시키되, 다시 싸워 적의 首長을 노획한 자는 그 죄를 면제한다.

亡將得將이면 **當之**하고 **得將不亡**이면 **有賞**하고 **亡將不得將**이면 **坐離地遁逃之法**이니라

자기의 장수를 잃고 적의 장수를 노획하였으면 공과를 상쇄하고, 적의 장수를 노획하고 자기의 장수를 잃지 않았으면 상이 있고, 자기의 장수를 잃고 적의 장수를 노획하지 못했으면 자기 지역을 떠나 도망한 법을 적용한다."

將者는 **千人之將**과 **萬人之將也**라 **失吾一將**하고 **得人一將**이면 **當之**하고 **得人一將**하고 **不失吾將者**는 **有賞**하고 **失吾之將**하고 **不得人之將**이면 **坐以離地遁逃之法**이라

장수는 천 명의 장수와 만 명의 장수이다.

우리의 한 장수를 잃고 적의 한 장수를 노획하였으면 공과를 상쇄하고, 적의 한 장수를 노획하고 우리의 장수를 잃지 않았으면 상이 있고, 우리의 장수를 잃고 적의 장수를 노획하지 못했으면 자기 지역을 떠나 도망한 법으로 처벌한다.

戰誅之法에 **曰 什長**은 **得誅十人**하고 **伯長**은 **得誅什長**하고 **千人之將**은 **得誅百人之長**하고 **萬人之將**은 **得誅千人之將**하고 **左右將軍**은 **得誅萬人之將**하고 **大將軍**은 **無不得誅**라하니라

戰場의 주벌하는 법에 이르기를 "什長은 열 명을 처벌할 수 있고, 伯長은 열 명의 什長을 처벌할 수 있고, 천 명을 거느리는 장수는 백 명을 거느리는 장수를 처벌할 수 있고, 만 명을 거느리는 장수는 천 명을 거느리는 장수를 처벌할 수 있고, 左將軍과 右將軍은 만 명을 거느리는 장수를 처벌할 수 있고, 大將軍은 처벌할 수 없는 자가 없다." 하였다.

戰誅之法에 有曰 什長은 得誅所管之十人하고 伯長은 得誅所管之什長하고 千人之將은 得誅所管百人之長하고 萬人之將은 得誅所管千人之將하고 左右將軍은 得誅萬人之將하고 大將軍은 則無所不得誅也라 〔是는 以臨敵交鋒時言也라〕[1)]

1) 〔是 以臨敵交鋒時言也〕: 이 구절은 저본에는 없으나 漢文大系本에 의거하여 보충하였다.

戰場의 주벌하는 법에 이르기를 "什長은 자기가 관리하는 열 사람을 처벌할 수 있고, 伯長은 자기가 관리하는 10명의 什長을 처벌할 수 있고, 천 명을 거느리는 장수는 자기가 관리하는 백 명을 거느리는 장수를 처벌할 수 있고, 만 명을 거느리는 장수는 자기가 관리하는 천 명을 거느리는 장수를 처벌할 수 있고, 左將軍과 右將軍은 만 명을 거느리는 장수를 처벌할 수 있고, 大將軍은 처벌할 수 없는 자가 없다." 하였다. 이는 적을 마주하여 교전할 때를 가지고 말한 것이다.

經卒令 第十七 제17편 병사를 經理하는 禁令

經卒令者는 經理士卒之禁令也니 以首有經卒令字故로 以名篇하니라

經卒令이란 병사들을 經理하는 禁令이니, 첫머리에 '經卒令'이라는 글자가 있기 때문에 이를 편명으로 삼은 것이다.

經卒者는 **以經令分之**하여 **爲三分焉**하니 **左軍蒼旗**는 **卒戴蒼羽**하고 **右軍白旗**는 **卒戴白羽**하고 **中軍黃旗**는 **卒戴黃羽**하나니라

經卒이란 經理하는 禁令을 가지고 나누어 셋으로 만드는 것이니, 蒼旗의 左軍은 蒼色의 깃털을 머리에 꽂고, 白旗의 右軍은 白色의 깃털을 머리에 꽂고, 黃旗의 中軍은 黃色의 깃털을 머리에 꽂는다.

經卒者는 以經理士卒之禁令으로 分令之하여 爲三分焉이라 左一軍은 用蒼色之旗하니 卽左靑龍[1]也니 其卒은 首戴蒼色之羽하고 右一軍은 用白色之旗하니 卽右白虎也니 其卒은 首戴白色之羽하고 中一軍은 用黃色之旗하니 其卒은 首戴黃色之羽라 尉繚之法에 止分軍爲左右中者는 意當時魏國에 止有三軍與[2]인저

1) 左靑龍 : 靑龍은 四方의 방위를 맡은 四神 중의 하나인데 陰陽五行 상 木은 방위로는 동쪽(왼쪽), 色에 있어서는 靑色에 해당되므로 左靑龍이라 한 것이다. 金은 서쪽(오른쪽)이고 白色에 해당되므로 右白虎라 하며, 水는 북쪽(뒤쪽)이고 黑色에 해당되므로 北玄武라 하며, 火는 남쪽(앞쪽)이고 赤色에 해당되므로 南朱雀이라 하는바, 이러한 개념은 天文과 風水地理說에도 널리 이용되었다.

2) 尉繚之法……止有三軍與 : 원래 군대는 중앙에 있는 中軍과 前·後·左·右의 四軍이 있어 五軍이 되는데, 여기에는 左·右·中의 三軍만을 거론했기 때문에 이렇게 말한 것이다.

經卒은 병사들을 經理하는 금령을 가지고 병사들을 나누어 명령해서 셋으로 만드는 것이다. 왼쪽에 있는 1軍은 蒼色의 깃발을 사용하니 바로 左靑龍으로 병사들은 머리에 蒼色의 깃털을 꽂고, 오른쪽에 있는 1軍은 白色의 깃발을 사용하니 바로 右白虎로 병사들은 머리에 白色의 깃털을 꽂고, 중앙에 있는 1軍은 黃色의 깃발을 사용하니 병사들은 머리에 黃色의 깃털을 꽂는다.

≪尉繚子≫의 法에 다만 군대를 左軍과 右軍과 中軍으로 나눈 것은, 생각하건대 당시 魏나라에 三軍만 있었기 때문일 것이다.

卒有五章하니 **前一行**은 **蒼章**이요 **次二行**은 **赤章**이요 **次三行**은 **黃章**이요 **次四行**은 **白章**이요 **次五行**은 **黑章**이니라

병사들에게는 다섯 가지 徽章이 있으니, 앞의 첫 번째 줄은 蒼色 휘장이고, 다음 두 번째 줄은 赤色 휘장이고, 다음 세 번째 줄은 黃色 휘장이고, 다음 네 번

째 줄은 白色 휘장이고, 다음 다섯 번째 줄은 黑色 휘장이다.

卒有五色章號하니 前一行은 用蒼色之章하니 蒼色은 木也라 木生火故로 次二行은 用赤色之章하니 赤色은 火也라 火生土故로 次三行은 用黃色之章하니 黃色은 土也라 土生金故로 次四行은 用白色之章하니 白色은 金也라 金生水故로 次五行은 用黑色之章하니 黑色은 水也니 〔取相生之道也라〕[1)]

1) 〔取相生之道也〕: 이 구절은 저본에는 없으나 漢文大系本에 의거하여 보충하였다. 위의 내용은 天干과 春·夏·秋·冬의 사계절을 따른 것으로, 甲·乙은 木으로 春이고, 丙·丁은 火로 夏이고, 戊·己는 土로 中央이고, 庚·辛은 金으로 秋이고, 壬·癸는 水로 冬이다.

병사들에게는 오색의 章號(휘장의 칭호)가 있다. 앞의 첫 번째 줄은 蒼色의 章號를 사용하니, 蒼色은 木이다. 木은 火를 낳기 때문에 다음 두 번째 줄은 赤色의 章號를 사용하니, 赤色은 火이다. 火는 土를 낳기 때문에 다음 세 번째 줄은 黃色의 章號를 사용하니, 黃色은 土이다. 土는 金을 낳기 때문에 다음 네 번째 줄은 白色의 章號를 사용하니, 白色은 金이다. 金은 水를 낳기 때문에 다음 다섯 번째 줄은 黑色의 章號를 사용하니, 黑色은 水이다. 이는 五行相生의 방도를 취한 것이다.

次以經卒하여 亡章者는 有誅니라

다음에는 병사들을 經理하여 章號를 잃은 자에게는 벌을 내린다.

次以經卒之令하여 若亡失章號者는 皆有誅라

다음에는 병사들을 經理하는 금령을 써서 만약 章號를 잃은 자에게는 모두 벌을 내린다.

前一五行은 置章於首하고 次二五行은 置章於項하고 次三五行은 置章於胸하고 次四五行은 置章於腹하고 次五五行은 置章於腰라 如此면 卒無非其吏요 吏無非其卒이니 見非而不詰하고 見亂而不禁이면 其罪如之니라

앞의 첫 번째 다섯 줄은 章號를 머리에 두고, 다음 두 번째 다섯 줄은 章號를 목에 두고, 다음 세 번째 다섯줄은 章號를 가슴에 두고, 다음 네 번째 다섯 줄은 章號를 배에 두고, 다음 다섯 번째 다섯 줄은 章號를 허리에 둔다. 이와 같이 하면 병사들은 軍吏의 소속이 아닌 자가 없고, 軍吏는 병사의 상관이 아닌 자가 없을 것이니, 軍吏가 병사들의 잘못을 보고서도 힐문하지 않고 문란한 것을 보고서도 금지하지 않으면 그 죄를 똑같이 처벌한다.

前一五行은 置章號於首하니 五行은 則蒼赤黃白黑之章이 皆具焉이라 次二五行은 置章號於項하고 次三五行은 置章號於胸하고 次四五行은 置章號於腹하고 次五五行은 置章號於腰라 若能如此면 卒無所非其吏요 吏無所非其卒이니 若將吏見士卒之非而不詰問하고 見士卒之亂而不禁止하면 其罪亦如之니 言與爲非作亂者로 同罪也라

앞의 첫 번째 다섯 줄은 章號를 머리에 두니, 다섯 줄은 蒼色·赤色·黃色·白色·黑色의 章號가 모두 구비된 것이다. 다음 두 번째 다섯 줄은 章號를 목에 두고, 다음 세 번째 다섯 줄은 章號를 가슴에 두고, 다음 네 번째 다섯 줄은 章號를 배에 두고, 다음 다섯 번째 다섯 줄은 章號를 허리에 둔다.

만약 이와 같이 하면 병사들은 〈자기 상관의〉 소속이 아닌 자가 없고, 또 軍吏는 〈자기 부하의〉 상관이 아닌 자가 없을 것이다. 만약 장수와 관리가 병사들의 잘못을 보고도 힐문하지 않고 병사들의 혼란함을 보고도 금지하지 않으면 그 죄가 또한 같으니, 그 죄가 같다는 것은 잘못을 저지르고 혼란하게 한 자와 죄가 같음을 말한 것이다.

鼓行交鬪면 則前行進은 爲犯難[1]이요 後行退는 爲辱衆호되 踰五行而進者는 有賞하고 踰五行而後者는 有誅하니 所以知進退先後〔法令〕[2]이 吏卒之功也라

1) 犯難 : 험난함을 범하는 것으로, 강한 적진으로 쳐들어감을 이른다.
2) 〔法令〕: 저본에는 없으나 漢文大系本에 의거하여 ≪直解≫와 함께 보충하였다.

북을 쳐 행군하여 서로 싸우면, 앞으로 나아가는 자는 험난함을 무릅씀이 되고, 뒷줄에 있어 후퇴하는 자는 군대를 욕되게 함이 되는바, 다섯 줄을 넘어서 전진하는 자에게는 상이 있고, 다섯 줄을 넘어서 후퇴하는 자에게는 벌이 있으니, 이는 나아가고 물러감과 먼저 하고 뒤에 하는 법령이 관리와 병사들의 功임을 알게 하려는 것이다.

鼓行而前하여 與敵交鬪면 則前行勇而進者는 爲之犯難이라 後行進을 舊本에 作後行退하니 今從之하니 謂後行怯而退者는 爲之辱衆이라 踰越五行而前進者는 有賞하고

踰越五行而後退者는 **有誅**하니 **所以能知進退先後〔法令〕**이 **乃吏卒之功也**라

북을 쳐 행군하여 앞으로 나아가서 적과 서로 싸우게 되면, 앞장서서 용감하게 전진하는 자는 험난함을 무릅쓴다고 하는 것이다.

'後行進'을 舊本에는 '後行退'로 썼으니 지금 이를 따르는바, 뒤의 항렬이 겁내어 후퇴하는 자를 일러 군대를 욕되게 한다고 하는 것이다.

다섯 줄을 건너뛰어 전진하는 자는 상이 있고, 다섯 줄을 건너뛰어 후퇴하는 자는 벌이 있으니, 이는 능히 나아가고 물러가고 먼저 하고 뒤에 하는 법령이 관리와 병사들의 功임을 알게 하려는 것이다.

故로 **曰 鼓之**하면 **前如雷霆**하고 **動如風雨**하여 **莫敢當其前**하고 **莫敢躡其後**라하니 **言有經也**니라

그러므로 이르기를 "북을 치면 우레나 벼락처럼 전진하고 폭풍우와 같이 출동하여, 감히 그 앞을 가로막지 못하고 감히 그 뒤를 따르지 못한다." 하였으니, 經理함이 있음을 말한 것이다.

故로 **曰 鼓之而前**하면 **如雷霆之迅疾**하고 **麾之而動**하면 **如風雨之暴驟**하여 **莫有人敢當其前**하고 **莫有人敢躡其後**라하니 **言其有經令也**[1]라

1) 言其有經令也 : 漢文大系本에는 이 부분이 "이는 병사들에게 經理하는 명령이 있으면 적이 능히 우리를 막아내지 못함을 말한 것이다.〔言其士卒有經令 莫之能禦也〕"라고 부연 설명되어 있다.

그러므로 이르기를 "북을 쳐 전진하게 하면 우레나 벼락처럼 빠르게 행동하고, 깃발을 휘저어 움직이게 하면 폭풍우처럼 신속히 출동하여, 적이 감히 그 앞을 가로막는 자가 없고 적이 감히 그 뒤를 따라오는 자가 없다." 하였으니, 이는 經理하는 명령이 있음을 말한 것이다.

勒卒令 第十八　제18편 士卒을 다스리는 禁令

勒卒令者는 **勒士卒之令**하여 **使不得諠譁失次也**[1]라

1) 勒卒令者……使不得諠譁失次也 : 漢文大系本에는 이 부분이 "勒卒令이란, 勒은 말의 입 안에 물리는 물건으로, 이를 사용하여 병사들에게 재갈을 물려서 시끄럽게 떠들어 차례를 잃지 않게 하는 것이다.〔勒卒令者 勒是馬口中銜物 用以勒士卒 而使不得諠譁失次也〕"라고 부연 설명되어 있다.

勒卒令이란 병사들의 법령을 다스려서 시끄럽게 떠들어 차례를 잃지 않게 하는 것이다.

金鼓鈴旗四者 各有法하여 **鼓之則進**하고 **重鼓則擊**하며 **金之則止**하고 **重金則退**하니 **鈴**은 **傳令也**라 **旗**는 **麾之左則左**하고 **麾之右則右**하니 **奇兵則反是**니라

징과 북과 방울과 깃발 네 가지는 각기 사용하는 방법이 있어서, 북을 치면 나아가고 북을 거듭 치면 공격하며, 징을 치면 멈추고 징을 거듭 치면 후퇴하니, 방울은 명령을 전달하는 도구이다. 깃발은 왼쪽으로 휘저으면 왼쪽으로 가고 오른쪽으로 휘저으면 오른쪽으로 가는데, 奇兵은 이와 반대이다.

金,鼓,鈴,旗四者는 用之各有法하여 鼓之則前進하고 重鼓則奮而擊하며 金之則住止하고 重金則斂而退라 鈴은 用之傳令也라 旗는 麾之而左하면 則軍皆左하고 麾之而右하면 則軍皆右하니 奇兵則反此道라

징과 북과 방울과 깃발 네 가지는 사용함에 각기 방법이 있어서, 북을 치면 전진하고 북을 거듭 치면 분발하여 공격하며, 징을 치면 걸음을 멈추고 징을 거듭 치면 거두어 후퇴한다. 방울은 이를 사용하여 명령을 전달한다. 깃발을 휘저어서 왼쪽으로 가게 하면 군대가 모두 왼쪽으로 가고, 깃발을 휘저어서 오른쪽으로 가게 하면 군대가 모두 오른쪽으로 가는데, 奇兵은 이 방법과 반대이다.

一鼓면 **一擊而左**하고 **一鼓**면 **一擊而右**하니 **一步一鼓**는 **步鼓也**요 **十步一鼓**는 **趨鼓也**요 **音不絶**은 **鶩鼓也**라 **商**은 **將鼓也**요 **角**은 **帥鼓也**요 **小鼓**는 **伯鼓也**니 **三鼓同**이면 **則將, 帥, 伯**이 **其心一也**라 **奇兵則反是**니라

북을 한 번 치면 한 번 공격하고 왼쪽으로 가며, 북을 한 번 다시 치면 한 번 공격하고 오른쪽으로 가니, 1步에 북을 한 번 치는 것은 걸어가라는 북소리이고, 10보에 북을 한 번 치는 것은 종종걸음으로 달려가라는 북소리이고, 북소리가 끊

이지 않음은 급히 달려가라는 북소리이다. 商은 將의 북이고 角은 帥의 북이고 小鼓는 伯의 북이니, 세 북이 함께 울리면 將과 帥와 伯이 마음이 똑같은 것이다. 奇兵은 이와 반대이다.

一鼓면 一軍擊而左하고 一鼓면 一軍擊而右하니 兵行一步而一鼓者는 步鼓也요 十步而一鼓者는 趨走之鼓也요 音不斷絶者는 馳騖之鼓也[1]라 商은 西方金音也라 故爲將鼓하고 角은 東方木音也라 故爲帥鼓[2]하고 小鼓는 伯長之鼓也니 三鼓音同이면 則將, 帥, 伯이 其心齊一也라 奇兵則反此道하니 〔以其多錯用也라〕[3]

1) 一鼓一軍擊而左……馳騖之鼓也 : 漢文大系本에는 이 부분이 "북을 치는 것은 기운을 發揚하는 것이니, 바로 거듭하여 북을 치는 것이다. 이는 북을 치는 방법이 똑같지 않음을 말한 것으로, 혹은 북을 한 번 치면 한 번 공격하고 군대가 왼쪽으로 가며, 북을 한 번 치면 한 번 공격하고 군대가 오른쪽으로 가니, 이는 북소리로써 좌·우를 분별하는 것이다. 군대가 1步를 갈 때마다 북을 한 번 치는 것은 천천히 걸어가라는 북소리이고, 10보에 북을 한 번 치는 것은 종종걸음으로 급히 달려가라는 북소리이고, 북소리가 끊이지 않는 것은 군사들로 하여금 東西로 치달려서 다투어 공격하라는 북소리이다.〔擊鼓 聲發揚也 卽再鼓也 此言鼓法之不一 或有一鼓一擊 而軍人左行者 一鼓一擊 而軍人右行者 此以鼓聲分左右也 兵行一步而鼓者 步鼓也 十步而一鼓者 趨走之鼓也 音不斷絶者 欲人東西馳騖爭擊之鼓也〕"라고 되어있다.

2) 商西方金音也……故爲帥鼓 : 宮·商·角·徵·羽의 五音은 모두 五行에 배열되는바, 宮은 土에, 商은 金에, 角은 木에, 徵는 火에, 羽는 水에 속한다. 商은 金에 속하므로 방위에 있어서는 西方이 되고, 角은 木에 속하므로 東方이 되며, 徵는 火에 속하므로 南方이 되고, 羽는 水에 속하므로 北方이 되며, 宮은 土에 속하므로 中央이 된다.

3) 〔以其多錯用也〕 : 이 구절은 저본에는 없으나 漢文大系本에 의거하여 보충하였다.

북을 한 번 치면 1軍이 공격하고 왼쪽으로 가며, 북을 한 번 치면 1軍이 공격하고 오른쪽으로 가니, 군대가 1步를 갈 때마다 북을 한 번 치는 것은 천천히 걸어가라는 북소리이고, 10보에 북을 한 번 치는 것은 종종걸음으로 달려가라는 북소리이고, 북소리가 끊이지 않는 것은 급히 달려가라는 북소리이다.

商은 西方 金의 소리이기 때문에 將의 북이 되고, 角은 東方 木의 소리이기 때문에 帥의 북이 되고, 小鼓는 伯長의 북이니, 세 북소리가 똑같이 울리면 將과 帥와 伯의 마음이 똑같은 것이다. 奇兵은 이 방법과 반대이다. 이는 正兵과 奇兵이 대부분 번갈아 가며 사용되기 때문이다.

鼓失次者는 **有誅**하고 **諠譁者**는 **有誅**하고 **不聽金鼓鈴旗而動者**는 **有誅**하나니라

북소리의 차례를 잃은 자는 벌이 있고, 시끄럽게 떠드는 자는 벌이 있고, 징과 북과 방울과 깃발의 명령을 따르지 않고 행동하는 자는 벌이 있다.

鼓音이 失其次序者[1)]는 有誅하고 士衆諠譁者는 有誅하고 士衆이 不聽金,鼓,鈴,旗而擅動者는 有誅라

1) 鼓音 失其次序者 : 漢文大系本에는 이 부분이 "북소리에 따른 차례를 잃어 절도에 부합하지 못한 자〔鼓音失其次序不合度者〕"라고 되어있다.

북소리에 따른 차례를 잃은 자는 벌이 있고, 병사들 중에 시끄럽게 떠드는 자는 벌이 있고, 병사들 중에 징과 북과 방울과 깃발의 신호를 따르지 않고 제멋대로 행동하는 자는 벌이 있다.

百人而教戰하여 **教成**이면 **合之千人**하고 **千人教成**이면 **合之萬人**하고 **萬人教成**이면 **會之於三軍**하니 **三軍之衆**은 **有分有合**하여 **爲大戰之法**이라 **教成**이면 **試之以閱**이니라

전투하는 법식을 백 명에게 가르쳐서 교육이 이루어지면 천 명에 합치고, 천 명에게 가르쳐서 교육이 이루어지면 만 명에 합치고, 만 명에게 가르쳐서 교육이 이루어지면 三軍에 합치니, 三軍의 무리는 나눔이 있고 합침이 있어서 크게 전투하는 법식을 행한다. 그리하여 교육이 이루어지면 군대를 사열한다.

百人教之戰하여 教成이면 合之於千人하고 千人教成이면 合之於萬人하고 萬人教成이면 會之於三軍하니 三軍之衆은 則有分有合하여 而爲大戰之法이라 三軍教之既成이면 試之以大閱이라 〔閱은 是天子觀兵也라〕[1)]

1) 〔閱 是天子觀兵也〕: 이 구절은 저본에는 없으나 漢文大系本에 의거하여 보충하였다.

전투하는 법식을 백 명에게 가르쳐서 교육이 이루어지면 천 명에 합치고, 천 명에게 가르쳐서 교육이 이루어지면 만 명에 합치고, 만 명에게 가르쳐서 교육이 이루어지면 三軍에 합치니, 三軍의 무리는 나눔이 있고 합침이 있어서 크게 전투하는 법식을 행한다. 三軍에게 가르쳐서 교육이 이미 이루어지면 대규모 열병으로 시험한다.

閱은 천자가 군대를 사열하는 것이다.

方亦勝하고 圓亦勝하며 錯斜亦勝하고 臨險亦勝이라 敵在山이면 緣而從之하고 敵在淵이면 沒而從之하여 求敵을 如求亡子하여 從之無疑라 故로 能敗敵而制其命하나니라

方形의 陣으로도 승리하고 圓形의 陣으로도 승리하며, 비스듬히 엇갈린 陣으로도 승리하고 험한 곳에 임해서도 승리한다. 적이 山에 있으면 적을 따라 山으로 올라가고, 적이 못에 있으면 적을 따라 물속으로 뛰어들어서, 적을 찾기를 잃은 자식을 찾듯이 하여 적을 따르면서 의심하지 않는다. 그러므로 능히 적을 패퇴시키고 그 목숨을 제재하는 것이다.

方陣亦勝하고 圓陣亦勝하며 錯斜之形亦勝하니 如前所謂鋸齒亦勝[1)]이 是也요 臨險地亦勝이라 敵人若在山이면 則緣而從之하고 敵人若在淵이면 則沒而從之하여 求敵人을 若求亡失之子하여 從之에 無所疑惑이라 故로 能敗敵而制其生死之命이라〔錯斜는 謂交錯橫斜也요 緣은 攀緣也라〕[2)]

1) 前所謂鋸齒亦勝 : 前은 본서 〈兵談〉편을 이른다. 鋸齒는 톱날처럼 뾰족뾰족하고 험악한 지형을 이른다.

2) 〔錯斜……攀緣也〕 : 이 구절은 저본에는 없으나 漢文大系本에 의거하여 보충하였다.

方形의 진으로도 승리하고 圓形의 진으로도 승리하며 비스듬히 엇갈린 진으로도 승리하니 앞에서 말한 鋸齒에서도 승리한다는 것이 이것이요, 험한 지역에 임하여도 승리한다. 적이 만약 높은 山에 있으면 적을 따라 山으로 올라가고, 적이 만약 깊은 못에 있으면 적을 따라 물속으로 들어가서, 적을 찾기를 잃은 자식을 찾듯이 하여 적을 따르면서 의혹하는 바가 없다. 그러므로 능히 적을 패퇴시키고 적의 死生의 운명을 제재하는 것이다.

錯斜는 교차하여 비스듬히 기운 것을 이르고, 緣은 붙잡고 오르는 것이다.

夫蚤決先定이니 若計不先定하고 慮不蚤決이면 則進退不定하여 疑生必敗하나니라

일찍 결단하고 미리 정해야 하니, 만약 계책을 일찍 정하지 않고 생각을 미리 결단하지 않으면, 진퇴를 결정하지 못해서 의심이 생겨 반드시 패한다.

夫用兵은 在蚤決先定하니 若計不預先而定하고 慮不蚤爲之決이면 則進退之心不定하여 疑惑之心生하여 而軍必敗矣라

用兵은 계책을 일찍 결단하고 생각을 미리 정함에 달려있으니, 만약 계책을 일찍 결단하지 않고 생각을 미리 정하지 않으면, 진퇴에 대한 마음을 결정하지 못하여 의혹하는 마음이 생겨서 군대가 반드시 패하게 된다.

故로 正兵은 貴先하고 奇兵은 貴後로되 或先或後는 制敵者也니라

그러므로 正兵은 먼저 출동하는 것을 귀하게 여기고 奇兵은 뒤늦게 출동하는 것을 귀하게 여기나, 혹 먼저 하고 혹 뒤에 함은 적을 제압하는 방법이다.

故로 正兵은 貴在先하고 奇兵은 貴在後로되 或奇〔兵〕反在先하고 正兵反在後는 乃制敵之法也[1)]라

1) 故……乃制敵之法也 : 漢文大系本에는 이 부분이 "앞의 두 句는 奇兵과 正兵을 운용하는 일반적인 이치이다. 그러나 기병인데도 혹 먼저 출동하고 정병인데도 혹 뒤에 출동할 수 있으니, 이는 적을 제압하는 법칙인 것이다.〔上二句 用奇正之常理 然〔或〕有奇兵而或先者 有正兵而或後者 此制敵之法則也〕"라고 부연 설명되어 있다. '兵'은 위아래의 文理에 따라 보충하였다.

그러므로 正兵은 먼저 출동하는 것을 귀하게 여기고 奇兵은 뒤늦게 출동하는 것을 귀하게 여기나, 혹 奇兵이 도리어 먼저 출동하고 혹 正兵이 도리어 뒤에 출동하는 것은 바로 적을 제압하는 방법이다.

世將不知法者는 專命而行하고 先擊而勇하니 無不敗者也니라

세상의 장수들 중에 兵法을 알지 못하는 자들은 명령을 제멋대로 시행하고 먼저 공격하여 용맹을 부리니, 이렇게 하고서 패하지 않는 자는 없다.

今世之將은 不知奇正相變之法하여 專命而自行하니 言不從善也요 先擊而恃勇하니 言無深謀也라 故로 無不敗者也라

지금 세상의 장수들은 奇·正이 서로 변화하는 방법을 알지 못해서 명령을 제멋대로 내리고 독단하여 행하니, 이는 남의 좋은 계책을 따르지 않음을 말한 것이요, 먼저 공격하여 용맹을 믿으니, 이는 깊은 계책이 없음을 말한 것이다. 그러므로 패하지 않는 자가 없는 것이다.

其擧有疑而不疑하고 **其往有信而不信**하고 **其致有遲疾而不遲疾**하니 **是三者**는 **戰之累也**니라

거동에 의심할 만한 점이 있는데도 의심하지 않고, 공격하러 갈 적에 자신할 만한 상황이 있는데도 자신하지 못하고, 적에게 도전할 적에 더디게 하거나 빠르게 해야 할 때가 있는데도 더디게 하거나 빠르게 하지 못하니, 이 세 가지는 전투의 우환이 된다.

其擧動이 本有所疑어늘 而反不疑하고 其往이 本有所信이어늘 而反不信하고 其致人이 本當有遲疾이어늘 而不能遲疾이면 〔則擧動不變化니〕[1] 此三者는 爲戰之累也라

1)〔則擧動不變化〕: 이 구절은 저본에는 없으나 漢文大系本에 의거하여 보충하였다.

거동에 본래 의심할 만한 점이 있는데도 의심하지 않고, 공격하러 갈 적에 본래 자신할 만한 상황이 있는데도 자신하지 못하고, 적에게 도전할 적에 본래 마땅히 더디게 하거나 빠르게 해야 할 때가 있는데도 〈상황에 맞추어〉 더디게 하거나 빠르게 하지 못하면 擧動을 제대로 변화하지 못하는 것이니, 이 세 가지는 전투의 우환이 된다.

將令 第十九　제19편 大將의 명령

將令者는 大將所行之令也니 令嚴이면 則下不犯而衆心一이요 衆心一이면 則能取勝於敵矣라

將令은 大將이 시행하는 명령이니, 명령이 엄격하면 아랫사람들이 명령을 범하지 아니하여 사람들의 마음이 통일되고, 사람들의 마음이 통일되면 적에게서 승리를 쟁취할 수 있다.

將軍受命에 **君必先謀於廟**하고 **行令於廷**하나니 **君身以斧鉞授將**하여 **曰 左右中軍**이 **皆有分職**하니 **若踰分而上請者**는 **死**하고 **軍無二令**하니 **二令者**는 **誅**하며 **留令者**는 **誅**하고 **失令者**는 **誅**라하나니라

將軍이 명령을 받을 적에 君主가 반드시 먼저 宗廟에서 상의하고 조정에서 명령을 시행한다. 군주가 직접 장수에게 斧鉞을 주면서 말하기를 "左軍과 右軍과 中軍이 모두 분담한 직책이 있으니 만약 자신의 분수를 넘어 위로 청하는 자는 죽이고, 군대에는 두 명령이 없으니 대장 이외에 다른 명령을 내리는 자는 주벌하며, 명령을 지체하는 자도 주벌하고, 명령을 그르치는 자도 주벌한다."라고 한다.

將軍受命之日에 人君이 必先謀於祖廟하고 行令於朝廷이라 君親身以斧鉞授之大將하여 曰 左軍, 右軍, 中軍이 皆有分守之職하니 踰越職分而上請者는 死하고 軍中無二令하니 二令者는 誅하며 稽留君令者는 誅하고 亡失君令者는 誅라하니 〔如宋藝祖 以劍賜曹彬하고 曰 副將以下不用命者斬之 是也라〕[1]

1) 〔如宋藝祖……是也〕 : 이 구절은 저본에는 없으나 漢文大系本에 의거하여 보충하였다. 宋 藝祖는 宋을 일으킨 太祖 趙匡胤으로 이 내용은 ≪宋史≫ 권1 〈本紀〉에 보인다. 藝祖는 나라를 세운 帝王에 대한 通稱이다.

將軍(大將)이 출전 명령을 받는 날에 군주가 반드시 먼저 선조의 宗廟에서 상의하고 조정에서 명령을 시행한다. 군주가 직접 大將에게 斧鉞을 주면서 말하기를 "左軍과 右軍과 中軍이 모두 분담한 직책이 있으니 자신의 직분을 넘어 위로 청하는 자는 죽이고, 군대에는 두 사람의 명령이 없으니 대장 이외에 다른 명령을 내리는 자는 주벌하며, 군주의 명령을 지체하는 자도 주벌하고, 명령을 그르치는 자도 주벌한다."라고 한다.

예를 들면 宋 藝祖가 曹彬에게 劍을 하사하면서 이르기를 "副將 이하의 장수 중에 명을 따르지 않는 자는 참수하라."라고 한 것이 이것이다.

將軍告曰 出國門之外하여 期日中하여 設營表호되 置轅門하여 期之니 如過時則坐法이라하나니라

將軍이 병사들에게 고하기를 "都城 문 밖을 나가서 한낮에 營表를 轅門에 설치하고 모이기를 기약하니, 만약 때를 넘기고 늦게 도착하면 군법대로 처벌한다."라고 한다.

將軍既受君命이면 則告於衆曰 出國門之外하여 期以日中에 設營表於轅門하고 期之니 如過時後至者는 則坐以法이라 如穰苴與莊賈期러니 而賈後至어늘 斬之[1] 是也라 表는 杜也라 轅門者는 軍止宿之處에 次車以爲藩하고 仰車하여 以其轅表門也라

1) 穰苴與莊賈期……斬之 : 穰苴에 대하여는 본서 89쪽의 주 3) 참조.

將軍이 이미 군주의 명령을 받았으면 병사들에게 고하기를 "都城 문 밖을 나가서 한낮에 營表를 轅門에 설치하고 모이기를 기약하니, 만약 때를 넘겨 뒤늦게 도착한 자는 군법으로 처벌한다."라고 한다.

예컨대 田穰苴가 莊賈와 만나기로 약속하였는데, 莊賈가 뒤늦게 오자 斬刑에 처한 것과 같은 것이다.

表는 기둥이다. 轅門이란 군대가 머물러 유숙하는 곳에 수레를 차례로 배열하여 울타리를 만들고, 수레를 뒤집어놓아 그 멍에로써 문을 표시하는 것이다.

將軍入營이면 **則閉門淸道**하나니 **有敢行者**는 **誅**하고 **有敢高言者**는 **誅**하고 **有敢不從令者**는 **誅**하나니라

將軍이 진영에 들어가면 軍門을 폐쇄하고 길을 청소하는데, 감히 제멋대로 길을 다니는 자가 있으면 주벌하고, 감히 큰소리로 떠드는 자가 있으면 주벌하고, 감히 명령을 따르지 않는 자가 있으면 주벌한다.

將軍入營이면 則閉軍門하고 淸道路하니 有敢擅行者면 誅之하고 有敢高言讙譁(환화)者면 誅之하고 不從號令者면 誅之라

將軍이 진영에 들어가면 군문을 폐쇄하고 도로를 깨끗이 청소하는데, 감히 제멋대로 길을 다니는 자가 있으면 주벌하고, 감히 큰 소리로 떠드는 자가 있으면 주벌하고, 장군의 號令을 따르지 않는 자가 있으면 주벌한다.

踵軍令 第二十 제20편 뒤따르는 군대에 대한 명령

踵者는 **足後**니 **追迹繼踵也**요 **踵軍**은 **繼後之軍也**라 **首有踵軍二字故**로 **以名篇**하니라

踵은 발의 뒤꿈치이니 발꿈치를 따라 이어가는 것이요, 踵軍은 뒤를 이어가는 군대이다. 첫머리에 '踵軍' 두 글자가 있으므로, 이를 편명으로 삼은 것이다.

所謂踵軍者는 去大軍百里라가 期於會地하여 爲三日熟食하고 前軍而行하여 爲戰合之表하고 合表어든 乃起踵軍호되 饗士하여 使爲之戰勢하니 是謂趨戰者也니라

이른바 踵軍이란 본대인 大軍과 100리쯤 떨어져 있다가 會戰할 자리에 모이기로 약속하여, 3일 동안 먹을 밥을 지어 가지고 대군보다 먼저 출동한다. 戰陣에 회합할 표시 기둥을 설치하고 표시 기둥이 만들어지면 이에 踵軍을 출발시키되, 병사들에게 연향을 베풀어 전투의 기세를 북돋우니, 이것을 일러 '전쟁할 지역으로 달려가는 자'라 하는 것이다.

所謂踵軍者는 相去大軍一百里라가 期於會戰之地하여 爲三日熟食[1]하고 前軍而行하여 爲戰陣會合之表柱하고 會合表柱어든 乃起踵軍이니 然後에 饗食士卒[2]하여 使爲戰陣之勢하니 此所謂趨戰者也라

1) 爲三日熟食 : 漢文大系本 〈補註〉에는 이 구절에 대해 "미리 지은 밥을 가지고 행군하는 것은 빨리 도착하기 위해서이다.〔行負熟食者 欲速至也〕"라고 풀이하고 있다.

2) 爲戰陣會合之表柱……饗食士卒 : 漢文大系本에는 이 부분이 "戰陣에 회합할 표시 기둥을 설치하고, 踵軍의 표시 기둥과 大軍의 표시 기둥이 서로 부합한 뒤에 踵軍을 출발시켜 호응하게 하되, 다시 병사들에게 연향을 베풀어준다.〔爲戰陣會合之表記 踵軍之表 與大軍之表相合 然後起而應之 再饗食士卒〕"라고 부연 설명되어 있다.

이른바 踵軍이란 본대인 大軍과 100리쯤 떨어져 있다가 會戰할 자리에 다시 모이기로 약속하여, 3일 동안 먹을 밥을 지어 가지고 대군보다 먼저 출동한다. 戰陣에 회합할 표시 기둥을 설치하고, 표시 기둥이 만들어지면 곧바로 踵軍을 출발시킨다. 그런 뒤에 병사들에게 연향을 베풀어 戰陣의 기세를 북돋우니, 이것을 일러 '전투할 지역으로 달려가는 자'라 하는 것이다.

興軍者는 前踵軍而行하니 合表乃起호되 去大軍一倍其道하여 去踵軍百里라 期於會地하여 爲六日熟食하여 使爲戰備하고 分卒據要害라가 戰利則追北호되 按兵而趨之하며 踵軍은 遇有還者어든 誅之하니 所謂諸將之兵在四奇之內者 勝也니라

興軍은 踵軍보다 먼저 출동하니, 회합할 표시 기둥을 설치하면 곧바로 출발하되 大軍과의 거리를 곱절쯤 더 떨어지게 해서 踵軍과 100리쯤 떨어진 거리에 있게 한다.

會戰할 장소에서 만나기로 약속하여 6일 동안 먹을 밥을 지어 가지고 가서 전투 준비를 하게 한다. 병사들을 나누어 요해처를 점거하고 있다가 싸워서 승리하면 패주하는 적을 추격하되 군대를 질서정연하게 정돈하여 달려가며, 踵軍은 후퇴하여 돌아오는 자를 만나면 죽이니, 이른바 '諸將의 군대는 四奇의 안에 있는 者가 이긴다.'는 것이다.

興軍者는 **前踵軍而行**하니 **會合表柱**하여 **乃起**호되 **相去大軍一倍其道**하니 **踵軍**은 **去大軍百里**하고 **興軍**은 **比踵軍**에 **加一倍也**라 **故**로 **興軍又與踵軍相去百里**라 **期於會戰之地**하여 **爲六日熟食**하여 **使爲戰陳之備**하고 **分士卒**하여 **據守要害之地**라가 **戰利則追其敗北者**호되 **當按兵而趨之**하여 **勿使軍亂而不齊也**라 **踵軍在後**라가 **遇有退還者**어든 **誅之**니 **所謂諸將之兵在四奇之內者**[1] **勝也**라

1) 在四奇之內者 : 四奇는 八陣 중 네 종류의 奇陣을 이른다. 八陣은 원래 黃帝 때에 風后가 만들었다는 여덟 가지 형태의 兵陣으로, 天·地·風·雲·虎翼·蛇蟠·飛龍·鳥翔이 있는데, 이 중에 虎翼·蛇蟠·飛龍·鳥翔을 四奇라 하고, 天·地·風·雲을 四正이라 한다. 전투에서 서로 陣을 치고 정면으로 대치하는 군대를 正이라 하고, 매복하여 기습하는 유격부대를 奇라 한다. ≪握奇經≫

興軍은 踵軍보다 먼저 출동하니, 회합할 표시 기둥을 설치하면 곧바로 출발하되 大軍과의 거리를 곱절쯤 더 떨어지게 하니, 踵軍은 大軍과 100리쯤 떨어져 있고 興軍은 踵軍에 비하여 곱절을 더 떨어지게 한다. 그러므로 興軍은 또 踵軍과의 거리가 100리쯤 떨어지게 되는 것이다.

會戰할 장소에서 만나기로 약속하여 6일 동안 먹을 밥을 지어 가지고 가서 戰陣을 대비한다. 병사들을 나누어 요해처를 점거해서 지키다가 전투하여 승리하면 패주하는 적들을 추격하되, 군대를 정돈하고 달려가서 군대가 혼란하여 정돈되지 않음이 없게 하여야 한다. 踵軍이 뒤에 있다가 〈本隊 중에〉 후퇴하여 돌아오는 자를 만나면 죽이니, 이른바 '諸將의 군대는 四奇의 안에 있는 者가 이긴다.'는 것이다.

兵有什伍하고 **有分有合**하여 **豫爲之職**하여 **守要塞關梁而分居之**라가 **戰合表起**어든 **卽皆會也**라 **大軍**이 **爲計日之食**하여 **起**호되 **戰具**를 **無不及也**하며 **令行而起**하고 **不如令者**는 **有誅**니라

군대에는 什과 伍가 있고 분산과 집합이 있어서 미리 직책을 분담하여 요새와

관문과 교량을 지키면서 나누어 주둔하고 있다가, 전투가 벌어져 표시 기둥이 설치되면 즉시 모두 집합한다. 大軍은 날짜를 계산하여 밥을 지어 가지고 출발하되, 전쟁 도구를 마련하지 않음이 없게 하며, 명령이 내려지면 출동하고 명령을 따르지 않는 자에게는 誅罰을 내린다.

兵은 有什有伍하고 有分有合하여 豫先爲之職主하여 使守要塞關梁而分居之라가 戰合而表起어든 卽諸軍皆會也라 大軍이 爲計日之食하고 亦起호되 合用之戰具를 無不及也라 各軍이 俱要聽大將之令行而起하고 不如令者면 則有誅라

군대에는 什과 伍가 있고 분산과 집합이 있어서 미리 직책을 분담하여 요새와 관문과 교량을 지키면서 나누어 주둔하고 있다가, 전투가 벌어져 표시 기둥이 설치되면 즉시 여러 군대가 모두 집합하는 것이다. 大軍 또한 날짜를 계산하여 먹을 밥을 지어 가지고 출동하되, 마땅히 사용해야 할 전쟁 도구를 제때에 만들지 않음이 없게 한다. 각 군이 모두 대장의 명령을 따라 출동하고, 명령을 따르지 않는 자에게는 誅罰을 내린다.

凡稱分塞者는 四境之內에 當興軍, 踵軍旣行이면 則四境之民이 無得行者니라

무릇 分塞라고 칭해지는 곳은, 사방 국경 안에 興軍과 踵軍이 이미 출동하였으면 사방 경내의 백성들이 통행하지 못하게 한다.

大凡稱分塞[1]者는 四境之內에 當興軍與踵軍旣行之時하면 則四境之民이 無敢得行者하니 恐泄吾情也[2]라

1) 分塞 : 지역을 나누어 요해처를 차단해서 통행하지 못하게 하는 것으로, 본서의 〈分塞令〉편에 내용이 자세히 보인다.

2) 大凡稱分塞者……恐泄吾情也 : 漢文大系本에는 이 부분이 "무릇 비록 分塞라고 말하였으나 해당 지역 사방 경계 안에는 일찍이 사람의 통행을 허용하지 않은 적이 없었다. 그러나 지금 興軍과 踵軍이 이미 출동하고 난 이후에는 奸細(간사한 첩자)가 숨어들어 군대의 실정을 누설할까 두려우므로, 비록 자국의 사방 경계 안에 사는 人民이라 할지라도 금하여 통행을 허락하지 않는 것이다.〔大凡雖云分塞 而四境之內 未嘗不容人行 今自當興軍踵軍旣行之後 則恐藏奸細 洩軍情 雖則吾之四境人民亦禁 而不許行者矣〕"라고 부연 설명되어 있다.

무릇 分塞라고 칭해지는 곳은, 사방 국경 안에 興軍과 踵軍이 이미 출동하고 나면

사방 경내의 백성들이 감히 제멋대로 통행하는 자가 없게 하여야 하니, 이는 우리의 실정을 누설할까 염려해서이다.

奉王之命하여 **授持符節**을 **名爲順職之吏**니 **非順職之吏而行者**는 **誅之**라 **戰合表起**하면 **順職之吏乃行**하여 **用以相參**이라 **故**로 **欲戰**이면 **先安內也**니라

王의 명령을 받들어 符節을 받아 소지한 자를 이름하여 직무를 수행하는 관리라 하니, 직무를 수행하는 관리가 아니면서 통행하는 자는 주벌한다. 전쟁이 벌어져 표시 기둥이 설치되면, 직무를 수행하는 관리가 마침내 출행하여 부절을 가지고 서로 참조한다. 그러므로 전투하고자 하면 먼저 안을 편안하게 하는 것이다.

奉王之命令하여 授持符節을 此名爲順職之吏니 非是順職之吏而〔妄〕[1)]行者는 誅之라 戰既合하고 表既起하면 順職之吏乃行하여 用之以相參[2)]이라 故로 欲戰이면 必先安內也라

1) 〔妄〕: 저본에는 '妄'자가 없으나, 漢文大系本에 의거하여 보충하였다.
2) 用之以相參 : 漢文大系本 〈補註〉에는 이 구절에 대해 "軍務를 참조하는 것이다.〔參軍務也〕"라고 풀이하고 있다.

王의 명령을 받들어 符節을 소지하는 자를 이름하여 직무를 수행하는 관리라 하니, 직무를 수행하는 관리가 아니면서 통행하는 자는 주벌한다. 전투가 이미 벌어지고 표시 기둥이 설치되면, 직무를 수행하는 관리가 마침내 출행하여 부절을 가지고 서로 참조한다. 그러므로 전투하고자 하면 반드시 먼저 안을 편안히 하는 것이다.

兵教 上 第二十一　제21편 군사 교육 上

兵教者는 教兵之法也니 以其文辭衆多故로 分爲上下篇하니라

兵教란 군대를 가르치는 방법이니, 그 내용이 많기 때문에 나누어 上·下 두 篇으로 만든 것이다.

兵之教令은 分營居陳하여 有非令而進退者는 加犯教之罪라 前行者는 前行教之하고 後行者는 後行教之하며 左行者는 左行教之하고 右行者는 右行教之하여 教擧五人이면 其甲首有賞하고 弗教면 如犯教之罪하며 羅地者는 自揭其伍하고 伍內互揭之하면 免其罪니라

군대를 가르치는 명령은, 陣營을 나누어 주둔하면서 명령이 없이 나가고 물러가는 자는 가르침을 범한 죄와 똑같이 처벌한다.

앞줄에 있는 자는 앞줄에서 가르치고, 뒷줄에 있는 자는 뒷줄에서 가르치며, 왼쪽 줄에 있는 자는 왼쪽 줄에서 가르치고, 오른쪽 줄에 있는 자는 오른쪽 줄에서 가르쳐서, 가르침이 한 伍의 다섯 명에게 모두 시행되었으면 그 甲首에게 賞이 있고, 제대로 가르치지 못했으면 가르침을 범한 죄와 똑같이 처벌한다. 법령을 범한 자는 스스로 자기 대오의 잘못을 고발해야 하고, 대오 안에서 서로 고발하면 그 죄를 면하게 한다.

兵之教令은 三軍이 各分營居陳하여 有非將令行이요 擅自進退者는 加犯教之罪라 前行者는 使前行之長自教之하고 後行者는 使後行之長自教之하며 左行者는 使左行之長自教之하고 右行者는 使右行之長自教之하여 教擧五人이면 其甲首有賞하니 甲首는 卽各行之長也라 不教者는 如犯教之罪라 羅地二字는 未詳하니 或曰 犯禁者也니 謂有犯禁者면 當自揭其伍하고 伍內互相告揭之면 則免其罪라

군대를 가르치는 명령은, 三軍이 각각 陣營을 나누어 머물면서 장군의 명령이 없이

제멋대로 나가고 물러가는 자는 가르침을 범한 죄와 똑같이 처벌한다.

앞줄에 있는 자는 앞줄의 長으로 하여금 직접 가르치게 하고, 뒷줄에 있는 자는 뒷줄의 長으로 하여금 직접 가르치게 하며, 왼쪽 줄에 있는 자는 왼쪽 줄의 長으로 하여금 직접 가르치게 하고, 오른쪽 줄에 있는 자는 오른쪽 줄의 長으로 하여금 직접 가르치게 해서, 가르침이 다섯 명에게 모두 시행되었으면 그 甲首에게 상이 있으니, 甲首는 바로 각 줄의 長이다. 그리고 자기 부하를 제대로 가르치지 않은 자는 가르침을 범한 죄와 똑같이 처벌한다.

'羅地' 두 글자는 자세하지 않다. 혹자는 말하기를 "법령을 범한 자이니, 법령을 범한 자가 있으면 스스로 자기 대오의 잘못을 고발해야 하고, 대오 안에서 서로 고발하면 그 죄를 면해줌을 이른다."라고 한다.

凡伍臨陳에 若一人有不進死於敵이면 則教者如犯法者之罪하며 凡什保什하여 若亡一人而九人不盡死於敵이면 則教者如犯法之罪하며 自什以上으로 至於裨將히 有不若法者면 則教者如犯法者之罪니라

무릇 隊伍가 戰陣에 임함에, 만약 적에게 전진하여 결사적으로 싸우지 않는 자가 한 명이라도 있으면, 그를 가르친 자를 법을 범한 자와 똑같은 죄로 처벌한다.

무릇 什은 什을 보증하여 만약 한 사람을 잃었는데 아홉 명이 적에게 사력을 다하여 싸우지 않았으면 이들을 가르친 자를 법을 범한 자와 똑같은 죄로 처벌하며, 什 이상으로 裨將에 이르기까지 만약 법과 같이 하지 않는 자가 있으면 이들을 가르친 자를 법을 범한 자와 똑같은 죄로 처벌한다.

凡伍臨陳에 若其中一人이 有不前進致死於敵者면 則教者亦如犯法者之罪라 凡什自保其什하여 若亡失一人而九人不盡死於敵이면 則教者亦如犯法者之罪하며 自什以上으로 至於偏裨之將히 有不若法者면 則教者亦如犯法者之罪라

무릇 隊伍가 戰陣에 임하여 싸울 적에, 만약 이 가운데 적에게 전진하여 결사적으로 싸우지 않는 자가 한 사람이라도 있으면 그를 가르친 자도 법을 범한 자와 똑같은 죄로 처벌하는 것이다.

무릇 什은 자기의 什을 스스로 보증하여, 만약 한 사람을 잃었는데 아홉 명이 적에게 사력을 다해 싸우지 않았으면 이들을 가르친 자를 법을 범한 자와 똑같은 죄로 처벌하며, 什 이상으로 偏裨의 장수에 이르기까지 만약 法대로 하지 않는 자가 있으면

이들을 가르친 자를 법을 범한 자와 똑같은 죄로 처벌한다.

凡明刑罰하고 **正勸賞**은 **必在乎兵敎之法**이니라

무릇 형벌을 밝히고 권면하는 賞을 바르게 내림은 반드시 군대를 가르치는 법에 달려있다.

凡明刑罰以懲其罪하고 正勸賞以旌其善은 必在乎兵敎之法이니 〔若此法不明이면 人將何所趨避乎아〕[1]

1) 〔若此法不明 人將何所趨避乎〕: 이 구절은 저본에는 없으나 漢文大系本에 의거하여 보충하였다.

무릇 형벌을 밝혀서 그 죄를 징계하고 권면하는 賞을 바르게 내려서 잘하는 사람을 표창함은 반드시 군대를 가르치는 법에 달려있다. 만약 이 법이 분명하지 않으면 장병들로 하여금 어떻게 利(賞)를 좇고 害(형벌)를 피하게 하겠는가.

將異其旗하고 **卒異其章**하며 **左軍**은 **章左肩**하고 **右軍**은 **章右肩**하고 **中軍**은 **章胸前**호되 **書其章曰 某甲某士**라 **前後章各五行**이니 **尊章**은 **置首上**하고 **其次**는 **差降之**니라

장수는 각자 깃발을 달리하고 병졸은 각자 휘장을 달리하며, 左軍은 왼쪽 어깨에 휘장을 달고 右軍은 오른쪽 어깨에 휘장을 달고 中軍은 가슴 앞에 휘장을 달되, 휘장에 쓰기를 '아무 甲 아래 아무 士'라 한다. 前後의 휘장이 각각 다섯 줄이니, 높은 휘장은 머리 위에 달고 그 다음은 차등을 두어 내려온다.

每將各異其旗하고 每卒各異其章하며 左軍은 置章於左肩하고 右軍은 置章於右肩하고 中軍은 置章於胸前호되 書其章曰 某甲下某士라하니 此는 左, 右, 中三軍에 而章亦分左, 右, 中三也라 前後章各五行이니 尊章은 置之於首上하고 其次行則差降之라 此五行之章各異하니 如前所謂置之於首項胸背腰也[1]라

1) 前所謂置之於首項胸背腰也: 본서 〈經卒令〉편 191쪽 참조.

장수마다 각각 자기 깃발을 달리하고 병졸마다 각각 자기 휘장을 달리하며, 左軍은 휘장을 왼쪽 어깨에 달고 右軍은 휘장을 오른쪽 어깨에 달고 中軍은 휘장을 가슴 앞에 달되, 그 휘장에 쓰기를 '아무 甲(대오) 아래 아무 士'라 하니, 이는 左軍과 右軍과

中軍의 세 軍에 휘장 또한 左와 右와 中의 셋인 것이다. 前後의 휘장이 각각 다섯 줄이니, 높은 휘장은 머리 위에 달고 그 다음 항렬은 차등을 두어 낮춘다.

이 다섯 줄의 휘장이 각기 다르니, 앞에서 이른바 머리와 목과 가슴과 등과 허리에 둔다는 것과 같은 것이다.

伍長이 **敎其四人**호되 **以板爲鼓**하고 **以瓦爲金**하고 **以竿爲旗**하여 **擊鼓而進**하고 **低旗則趨**하고 **擊金而退**하며 **麾而左之**하고 **麾而右之**하고 **金鼓俱擊而坐**하나니라

伍長이 자기 부하의 병졸 네 사람을 가르치되, 판자를 북으로 삼고 기왓장을 징으로 삼고 막대기를 깃발로 삼아서, 북을 치면 전진하고 깃발을 낮추면 달려가고 징을 치면 후퇴하며, 깃발을 휘저으면 왼쪽으로 가고 깃발을 휘저으면 오른쪽으로 가며, 징과 북을 함께 치면 싸움을 멈추고 앉게 한다.

〔此言始敎演習之法이니〕[1] 令伍長으로 敎其四人호되 以板爲之鼓하고 以瓦爲之金하고 以竿爲之旗하여 擊鼓而使之進하고 低旗則使之趨하고 擊金而使之退하며 麾而左則左하고 麾而右則右하며 金鼓俱擊而跪坐라

1)〔此言始敎演習之法〕: 이 구절은 저본에는 없으나 漢文大系本에 의거하여 보충하였다.

이는 처음 演習을 가르치는 방법을 말한 것이다. 伍長으로 하여금 네 사람을 가르치게 하되, 판자를 북으로 삼고 기왓장을 징으로 삼고 막대기를 깃발로 삼아서, 북을 치면 전진하고 깃발을 낮추면 달려가고 징을 치면 후퇴하며, 깃발을 왼쪽으로 휘두르면 왼쪽으로 가고 깃발을 오른쪽으로 휘두르면 오른쪽으로 가며, 징과 북을 함께 치면 싸움을 멈추고 꿇어앉게 한다.

伍長敎成이어든 **合之什長**하고 **什長敎成**이어든 **合之卒長**하고 **卒長敎成**이어든 **合之伯長**하고 **伯長敎成**이어든 **合之兵尉**하고 **兵尉敎成**이어든 **合之裨將**하고 **裨將敎成**이어든 **合之大將**이니 **大將敎成**이면 **陳於中野**하고 **置大表**호되 **三百步而一**이라가 **旣陳**에 **去表**하며 **百步而決**하고 **百步而趨**하고 **百步而騖**하여 **習戰以成其節**이어든 **爲之賞罰**하나니라

伍長의 가르침이 이루어졌으면 이들을 什長에게 합치고, 什長의 가르침이 이루어졌으면 이들을 卒長에게 합치고, 卒長의 가르침이 이루어졌으면 이들을 伯長에

게 합치고, 伯長의 가르침이 이루어졌으면 이들을 兵尉에게 합치고, 兵尉의 가르침이 이루어졌으면 이들을 裨將에게 합치고, 裨將의 가르침이 이루어졌으면 이들을 大將에게 합친다.

그리하여 大將의 가르침이 이루어졌으면 들판 가운데에 陣營을 설치하고, 큰 표시 기둥을 300보마다 하나씩 세웠다가 陣營의 설치가 끝나면 표시 기둥을 제거하며, 100보에 결전하고 100보에 종종걸음으로 달려가고 100보에 치달려가서 전투하는 방법을 익혀 절도를 이루었으면, 이에 따라 상벌을 내린다.

伍長이 教成四人이면 合之於什長하고 什長教成이면 合之於卒長하고 卒長教成이면 合之於伯長하고 伯長教成이면 合之於兵尉하고 兵尉教成이면 合之於裨將하고 裨將教成이면 合之於大將이니 大將教成이면 布陳於中野하고 設置大表柱호되 三百步而一이라가 既布陳에 去表柱라 百步而決戰하고 百步而趨走하고 百步而馳騖하여 習戰陳之法하여 以成其節制어든 爲之賞하고 爲之罰하여 以懲有過하고 勸有功也라

伍長이 부하 네 사람을 가르쳐서 가르침이 이루어졌으면 이들을 什長에게 합치고, 什長의 가르침이 이루어졌으면 이들을 卒長에게 합치고, 卒長의 가르침이 이루어졌으면 이들을 伯長에게 합치고, 伯長의 가르침이 이루어졌으면 이들을 兵尉에 합치고, 兵尉의 가르침이 이루어졌으면 이들을 裨將에 합치고, 裨將의 가르침이 이루어졌으면 이들을 大將에게 합친다.

大將의 가르침이 이루어졌으면 들판 가운데에 진영을 설치하고, 큰 표시 기둥을 300보에 하나씩 세웠다가 진영의 설치가 끝나면 표시 기둥을 제거한다. 그리하여 100보에 결전하고 100보에 종종걸음으로 달려가고 100보에 치달려가서 戰陣하는 법을 익혀 절도를 이루었으면, 이에 따라 상을 내리고 이에 따라 벌을 내려서 잘못이 있는 자를 징계하고 공이 있는 자를 권면한다.

自尉吏而下로 盡有旗하여 戰勝得旗者는 各視其所得之爵하여 以明賞勸之心이니라

尉吏 이하로 모두 자기 깃발이 있어서, 싸워 승리하여 적의 깃발을 얻은 자는 각각 그 얻은 바의 官爵에 따라 賞을 내려 권장하는 마음을 밝힌다.

自尉吏而下로 至於伍長히 盡有旗하여 若戰勝得旗者는 各視其所得者之爵하여 以明其賞勸之心이라

尉吏 이하로 〈伍長에 이르기까지〉 모두 자기 깃발이 있어서, 만약 싸워 승리하여 적의 깃발을 얻은 자에게는 각각 그 얻은 자의 관작(계급)을 보아 상을 내려 권장하는 마음을 밝힌다.

戰勝은 在乎立威하고 立威는 在乎戮力하고 戮力은 在乎正罰하니 正罰者는 所以明賞也라

전쟁의 승리는 위엄을 세움에 달려있고, 위엄을 세움은 병사들이 힘을 다함에 달려있고, 힘을 다함은 형벌을 올바르게 시행함에 달려있으니, 형벌을 올바르게 시행함은 상을 분명히 시행하는 것이다.

戰勝은 在乎立軍威하고 立軍威는 在乎衆戮力하고 衆戮力은 在乎正刑罰하니 正刑罰者는 所以明勸賞也라 〔賞罰明이면 則士衆戮力하여 而軍威立하니 由是로 戰無有不勝也라〕[1)]

1) 〔賞罰明……戰無有不勝也〕: 이 구절은 저본에는 없으나 漢文大系本에 의거하여 보충하였다.

전쟁의 승리는 군대의 위엄을 세움에 달려있고, 위엄을 세움은 병사들이 힘을 다함에 달려있고, 병사들이 힘을 다함은 형벌을 올바르게 시행함에 달려있으니, 형벌을 올바르게 시행함은 권면하는 상을 분명히 시행하는 것이다. 賞罰이 분명하면 병사들이 힘을 바쳐서 군대의 위엄이 세워지니, 이 때문에 전쟁에 승리하지 않음이 없는 것이다.

令民으로 背國門之限하고 決死生之分하여 教之死而不疑者는 有以也니라

병사들로 하여금 國門의 문지방을 등지고 사생을 결단하여 죽게 하는데도 마음에 의심하지 않는 것은 이유가 있는 것이다.

令民으로 離背國門之限하고 斷決死生之分하여 教之死而心不疑懼者는 良有以也[1)]라

1) 令民……良有以也 : 漢文大系本에는 이 부분이 "우리 백성들로 하여금 國門의 문지방을 등지고 떠나와서 스스로 死生을 결단하여 죽게 하는데도 마음속에 의심하거나 두려워하지 않는 것은, 이는 모두 큰 상을 사모하는 마음이 있어서 이렇게 할 수 있는 것이다.〔令吾民 離背國門之限 人以死生自決 能教之死而心不疑懼者 皆有所慕而能以也〕"라고 부연 설명되어 있다.

백성들로 하여금 國門(도성문)의 문지방을 등지고 떠나와서 사생을 결단하여 죽게 하는데도 마음에 의심하거나 두려워하지 않는 것은 참으로 이유가 있는 것이다.

令守者必固하고 **戰者必鬪**하며 **姦謀不作**하고 **姦民不語**하며 **令行無變**하고 **兵行無猜**하며 **輕者若霆**하고 **奮敵若驚**이니 **擧功別德**호되 **明如白黑**하여 **令民從上令**을 **如四支應心也**니라

수비하는 자들로 하여금 반드시 견고히 지키고 전투하는 자들로 하여금 반드시 용감하게 싸우게 하며, 간악한 계책이 일어나지 않고 간사한 백성들이 간사한 말을 하지 못하며, 명령이 행해져 변경함이 없고 군대가 출동함에 의심함이 없으며, 가볍게 출동하기를 벼락과 같게 하고 적에게 달려가기를 놀란 듯이 한다. 功이 있는 자를 들어 천거하고 德이 있는 자를 분별하되 黑白처럼 분명하게 하여, 백성들로 하여금 윗사람의 명령을 따르기를 四肢가 마음에 응하는 것과 같게 한다.

令守者必堅固하고 戰者必勇鬪하며 姦邪之謀不興作하고 姦邪之民不相語하며 號令行而無變更하고 兵衆行而無猜疑하며 輕者如雷霆之迅이라 正義曰 人馬不帶甲曰輕兵이라하고 春秋左傳에 作輕音去聲하니 義亦通[1]이라 奮擊敵人을 若震驚之疾이라 擧有功하고 別有德호되 明顯如白黑之色하여 使民聽從在上之令을 如兩手兩足之應心也라

1) 正義曰……義亦通 : ≪正義≫는 ≪史記≫의 註로 張守節이 지은 것이다. 輕兵은 경무장한 군대로, 輕을 '가볍다'로 읽으면 平聲인 庚韻이나 '빠르다'로 읽으면 去聲인 敬韻이다. 그러나 경무장한 군대는 경쾌하게 달려갈 수 있으므로 '뜻이 또한 통한다.'라고 한 것이다. 이 내용은 ≪春秋左氏傳≫ 成公 16년 조의 音義에 "輕은 遣政反이고 또 如字이다."라고 보인다. 如字는 本字와 같다는 뜻으로 輕은 '가볍다'가 본래의 뜻이다.

수비하는 자들로 하여금 반드시 견고히 수비하게 하고 전투하는 자들로 하여금 반드시 용감하게 싸우게 하며, 간악한 계책이 일어나지 않고 간사한 백성들이 서로 간사한 말을 하지 못하며, 호령이 행해져 변경함이 없고 군대가 출동함에 의심함이 없으며, 가볍게(신속하게) 출동함이 우레와 벼락처럼 빠르게 하는 것이다.

≪正義≫에 이르기를 "사람과 말이 갑옷을 입지 않은 것을 '輕兵'이라 한다." 하였고, ≪春秋左氏傳≫에는 '輕'의 音을 去聲으로 썼으니, 뜻이 또한 통한다.

분발하여 적을 공격하기를 울려 퍼지는 우레와 같이 빠르게 하는 것이다.

功이 있는 자를 천거하고 德이 있는 자를 분별하되 黑白과 같이 분명하게 하여, 백성들로 하여금 윗사람의 명령을 따르기를 두 손과 두 발이 마음에 응하는 것과 같게 하는 것이다.

前軍이 **絶行亂陳**하여 **破堅如潰者**는 **有以也**라 **此之謂兵教**니 **所以開封疆**하고 **守社稷**하며 **除患害**하고 **成武德也**니라

前軍이 적의 行列을 끊고 적진을 어지럽혀서 견고한 적진을 무너지는 둑처럼 파괴하는 것은 이유가 있는 것이다. 이를 일러 '군대를 가르치는 법'이라 하니, 이것으로 국경을 개척하고 社稷을 수호하며 환란과 폐해를 제거하고 武德을 이룬다.

前軍이 絶人之行하고 亂人之陳하여 破人之堅을 如水之潰漏하여 横暴四出而不可止者는 良有以也[1]라 此之謂兵教之法이니 所以能開拓封疆하고 保守社稷하며 殄除患害하고 成就武德也라

1) 前軍……良有以也 : 漢文大系本에는 이 부분이 "먼저 출동한 군대가 적의 行伍를 끊고 적의 진영을 어지럽혀서, 적의 견고한 보루를 파괴하되 마치 물이 사방으로 세차게 넘쳐서 그치게 할 수 없는 것처럼 하는 것은, 이는 윗사람의 教令이 평소에 행해질 수 있었기 때문이다.〔前行之軍 絶人之行伍 亂敵人之陳 破人之堅 如水之潰漏 横暴四出而不可止者 蓋因上之教令 有以素行也〕"라고 부연 설명되어 있다.

前軍(선봉대)이 적진의 行列을 끊고 적의 진영을 어지럽혀서 적의 견고한 보루를 파괴하되 물이 사방으로 세차게 넘쳐서 그치게 할 수 없는 것처럼 하는 것은 참으로 이유가 있는 것이다. 이를 일러 '군대를 가르치는 법'이라 하니, 이것으로 국경을 개척하고 社稷을 보호하여 지키며 환란과 폐해를 끊어 제거하고 武德을 성취하는 것이다.

兵教 下 第二十二 제22편 군사 교육 下

臣聞하니 **人君有必勝之道**라 **故**로 **能幷兼廣大**하여 **以一其制度**하면 **則威加天下**하니 **有十二焉**이니라

내 들으니, '人君에게는 필승의 방도가 있다. 그러므로 광대한 영토를 겸병하여 제도를 통일할 수 있으면 위엄이 천하에 가해지는 것이니, 여기에는 열두 가지 일이 있다.'라고 한다.

臣聞하니 爲人君者 有必勝之道라 故로 能幷兼海宇之廣大하여 以混一其制度하면 則威加於天下하니 有十二事焉이라

내 들으니, '人君이 된 자는 필승의 방도가 있다. 그러므로 광대한 海內를 겸병하여 제도를 통일할 수 있으면 위엄이 천하에 가해지니, 여기에는 열두 가지 일이 있다.'라고 한다.

一曰 連刑이니 謂同罪保伍也요

첫 번째는 연좌하여 형벌하는 것이니, 죄를 똑같이 처벌하여 伍를 보증함을 이른다.

初一曰 連其刑罰하여 使士卒同罪하여 而相保一伍之人也[1]라

1) 初一曰……而相保一伍之人也 : 漢文大系本에는 이 부분이 "連刑은 連坐하는 법이다. 만일 서로 보증하는 한 伍의 대원의 죄를 고발하지 않았으면 죄를 똑같이 묻는 것이다.〔連刑 連坐之法 使不揭之保伍 同其罪也〕"라고 되어있다.

처음 첫 번째는 형벌을 연좌하여 병사들로 하여금 죄를 똑같이 처벌해서 서로 한 伍의 사람을 보증하게 하는 것이다.

二曰 地禁이니 謂禁止行道하여 以網外姦也요

두 번째는 지역을 금지함이니, 다니는 길에 통행을 금지하여 외부의 간사한 자들을 잡아들임을 이른다.

次二曰 地有所禁이니 謂禁止士卒所行之道하여 以網羅外姦也라

다음 두 번째는 금지하는 지역을 두는 것이니, 병사들이 통행하는 길을 금지해서 외부의 간사한 자들을 망라하여 잡아들임을 이른다.

三曰 全車니 謂甲首相附하고 三五相同하여 以結其聯也요

세 번째는 全車이니, 甲首가 서로 친히 따르고 3명과 5명이 서로 화합하여 자기 班聯을 굳게 맺음을 이른다.

次三日 全車니 謂甲首相親附하고 三五相和同하여 以固結其班聯也라 周禮地官族師에 十家爲聯이라 車字恐誤[1]라

1) 車字恐誤 : 漢文大系本에는 이 부분이 "全車의 '車'자는 '軍'자의 오자인 듯하다. 戰車를 말함은 아니다.〔車字恐是軍字誤 非戰車也〕"라고 되어있다.

다음 세 번째는 全車이니, 甲首가 서로 친히 따르고 3명과 5명이 서로 화합하여 자기 班聯(소속)을 굳게 맺음을 이른다.

≪周禮≫ 〈地官 族師〉에 '10家를 聯으로 한다.' 하였다. 全車의 '車'자는 오자인 듯하다.

四日 開塞[1]이니 謂分地以限하여 各死其職而堅守也요

1) 開塞 : 開는 길을 열어 사람을 통행하게 하는 것이요, 塞은 길을 막아 통행을 금지하는 것이다.

네 번째는 길을 열고 막는 것이니, 지역을 나누어 통행에 제한을 두어서 각각 그 직책에 따라 목숨을 바쳐 굳게 지킴을 이른다.

次四日 有開有塞이니 謂分地以界限하여 各死其職而堅守也라

다음 네 번째는 길을 열고 막음이 있는 것이니, 지역을 나누어 통행에 제한을 두어서 각각 그 직책에 따라 목숨을 바쳐 자신이 맡은 지역을 굳게 지킴을 이른다.

五日 分限이니 謂左右相禁하고 前後相待하며 垣車爲固하여 以逆以止也요

다섯 번째는 한계를 나눔이니, 좌우가 서로 금하고 앞뒤가 서로 대기하며, 수레를 담처럼 둘러놓아 견고하게 만들어서 적을 맞이하고 멈춤을 이른다.

次五日 分守界限이니 謂左右相禁止하고 前後相守待하며 藩垣環車爲固하여 用以逆敵하고 用以止舍也라

다음 다섯 번째는 수비 지역의 한계를 나누어 지키는 것이니, 좌우가 서로 〈외부인의 통행을〉 금지하고 앞뒤가 서로 지키면서 대기하며, 수레를 울타리와 담처럼 빙 둘

러놓아 진영을 견고하게 만들어서, 이로써 적을 맞이하고 이로써 멈추어 宿營함을 이른다.

六曰 號別이니 謂前列務進하여 以別其後者하여 不得爭先登하여 不次也요

여섯 번째는 호칭으로 구별함이니, 앞에 있는 대열은 힘써 전진하여 뒤에 있는 대열과 구별해서, 적의 성에 먼저 올라가려고 서로 다투어 차례를 잃지 않게 함을 이른다.

次六曰 張號有別이니 謂前列務進하여 以分別其後者하여 不得爭先登하여 不(次)〔循〕[1]其次也라

1) (次)〔循〕: 저본의 '次'는 漢文大系本에 의거하여 '循'으로 바로잡았다.

다음 여섯 번째는 호칭을 두어 구별하는 것이니, 앞에 있는 대열은 힘써 전진하여 뒤에 있는 대열과 분별해서, 〈앞에 있는 대열과 뒤에 있는 대열이〉 차례를 잃고 먼저 올라가려고 다투지 못하게 함을 이른다.

七曰 五章이니 謂彰明前列하여 始卒不亂〔也〕[1]요

1) 始卒不亂〔也〕: 저본에는 '也'가 없으나, 漢文大系本에 의거하여 보충하였다. 漢文大系本 〈補註〉에는 이 구절에 대해 "始卒은 始終이다.〔始卒 始終也〕"라고 풀이하고 있다. 이 경우 '병사들이 시종 혼란하지 않게 한다.'로 해석된다.

일곱 번째는 다섯 가지 휘장이니, 行列을 분명하게 하여 병사들로 하여금 혼란하지 않게 함을 이른다.

次七曰 卒用五章이니 五章은 說見前이라 謂彰明行列하여 始終不亂也라 始는 恐作使하니 謂使士卒不亂也라

다음 일곱 번째는 병사들에게 다섯 가지 휘장을 사용하게 하는 것이니, 다섯 가지 휘장은 해설이 앞에 보인다. 行列을 분명하게 드러내 시종 혼란하지 않게 함을 이른다.
본문의 '始'는 '使'자가 되어야 할 듯하니, 병사들로 하여금 혼란하지 않게 함을 이른다.

八曰 全曲이니 **謂曲折相從**에 **皆有分部也**요

여덟 번째는 部曲을 온전히 함이니, 부곡을 나누어 서로 따름에 모두 자신이 소속된 부대가 있게 하는 것이다.

次八曰 全其部曲이니 謂曲折往來에 使之皆有分部也니 〔相從聯貫也라〕[1)]

1) 〔相從聯貫也〕: 이 구절은 저본에는 없으나 漢文大系本에 의거하여 보충하였다.

다음 여덟 번째는 部曲(부대)을 온전히 하는 것이니, 부곡을 나누어 왕래함에 모두 자신이 소속된 부대가 있게 함을 이르니, 서로 따라 연결하는 것이다.

九曰 金鼓니 **謂興有功, 致有德也**요

아홉 번째는 징과 북이니, 事功을 일으키고 덕을 이루게 함을 이른다.

次九曰 鳴金伐鼓니 謂興其有功하고 致其有德也라

다음 아홉 번째는 징을 치고 북을 치는 것이니, 〈징소리와 북소리로〉 事功을 일으키고 덕을 이루게 함을 이른다.

十曰 陳車니 **謂接連前矛**하고 **馬冒其目也**요

열 번째는 兵車를 진열함이니, 兵車의 앞에 창을 연결하고 말의 눈을 가림을 이른다.

次十曰 設布陳車니 謂接連前矛하여 使不絶也하고 馬冒其目하여 使不驚也라 〔陳車는 小車也라〕[1)]

1) 〔陳車 小車也〕: 이 구절은 저본에는 없으나 漢文大系本에 의거하여 보충하였다.

다음 열 번째는 兵車를 진열하는 것이니, 兵車의 앞에 창을 연결해서 끊기지 않게 하고, 말의 눈을 가려 놀라지 않게 함을 이른다. 陳車는 작은 수레(兵車)이다.

十一曰 死士니 **謂衆軍之中**에 **有材智者**를 **乘於戰車**하여 **前後縱橫**하여 **出奇制敵也**요

열한 번째는 死士이니, 병사들 가운데에 재주와 지혜가 있는 자를 戰車에 태워 전후로 종횡하면서 기이한 계책을 내어 적을 제압함을 이른다.

次十一曰 選用敢死之士니 謂衆軍之中에 有材能智謀者를 乘於戰車하여 使馳而前後縱橫하여 出奇以制敵也라

다음 열한 번째는 결사적으로 싸우는 勇士를 선발하여 등용하는 것이니, 병사들 가운데에 재능과 지모가 있는 자를 전차에 태워 그들로 하여금 말을 치달려 전후로 종횡하면서 기이한 계책을 내어 적을 제압하게 함을 이른다.

十二曰 力卒이니 謂經(其)〔旗〕[1]全曲하여 不麾不動也라

1) (其)〔旗〕: 저본의 '其'는 ≪直解≫에 의거하여 '旗'로 바로잡았다.

열두 번째는 力卒이니, 깃발을 정돈하고 부대를 온전히 하여 지휘하지 않으면 움직이지 않음을 이른다.

次十二曰 選取有力之卒이니 謂經理旌旗하고 全其部曲하여 將不指麾면 不使擅動也라 或曰 力은 當作勤이니 謂勤其士卒하여 麾之而動하고 不麾면 不動也라하니 亦通이라

다음 열두 번째는 힘이 센 병사들을 선발하여 취함이니, 깃발을 정돈하고 부대를 온전히 하여 장수가 지휘하지 않으면 멋대로 출동하지 않음을 이른다.

혹자는 말하기를 "力은 마땅히 勤이 되어야 하니, 병사들을 勤勞시켜 지휘관이 깃발을 휘저으면 움직이고 깃발을 휘젓지 않으면 움직이지 않게 하는 것이다." 하니, 또한 통한다.

此十二者敎成이어든 犯令不舍하면 兵弱能强之하고 主卑能尊之하고 令弊能起之하고 民流能親之하고 人衆能治之하고 地大能守之하여 國車不出於閫하고 組甲不出於櫜(탁)이라도 而威服天下矣니라

이상 열두 가지의 가르침이 이루어지면 法令을 범한 자를 용서하지 않아야 하니, 이렇게 하면 약한 군대를 강하게 만들 수 있고, 실추된 군주의 위세를 높일 수 있고, 피폐해진 號令을 일으킬 수 있고, 流離하는 백성들을 친애하게 할 수

있고, 많은 人民을 다스릴 수 있고, 크고 넓은 땅을 지킬 수 있어서, 國都의 수레가 도성 문을 나가지 않고 組甲을 보자기에서 꺼내지 않더라도, 위엄이 천하를 복종시킬 수 있는 것이다.

此已上十二事者를 教之하여 旣成이어든 有敢犯令者를 不舍니 若如此면 兵怯弱者를 能强之하고 主勢卑者를 能尊之하고 號令弊者를 能起之하고 民流離者를 能親之하고 人衆多者를 能治之하고 地廣大者를 能守之라 闉은 兩旁挾門短限也요 組甲은 漆甲成組文也니 春秋左傳에 組甲三百[1)]이 是也라 櫜은 甲衣也라 言國中之車 不出於闉하고 漆組之甲이 不出於櫜이라도 而威能制服天下矣라

1) 春秋左傳 組甲三百 : ≪春秋左氏傳≫ 襄公 3년 조에 "組甲을 입은 병사가 300명이다.〔組甲三百〕"라는 구절이 보이는데, 杜預는 ≪春秋經傳集解≫에서 "組甲은 갑옷에 옻칠을 하고 끈에 무늬를 이룬 것이다.〔組甲 漆甲成組文〕"라고 註하였다.

위의 열두 가지 일을 가르쳐서 이루어지고 나면 법령을 범한 자를 용서하지 않아야 하니, 만약 이와 같이 하면 겁이 많고 나약한 군대를 강하게 만들 수 있고, 군주의 실추된 위세를 높일 수 있고, 피폐한 호령을 일으킬 수 있고, 流離하는 백성들을 친애할 수 있고, 많은 人民을 다스릴 수 있고, 넓고 큰 영토를 지킬 수 있는 것이다.

闉은 양쪽의 문 좌우에 있는 짧은 문턱이고, 組甲은 갑옷에 옻칠을 하고 끈에 무늬를 이룬 것이니, ≪春秋左氏傳≫의 '組甲三百'이 이것이다. 櫜은 갑옷을 싸는 보자기이다.

國都 안의 수레가 도성 문을 나가지 않고, 옻칠을 하고 끈을 곱게 만든 갑옷을 보자기에서 꺼내지 않더라도, 위엄이 천하를 제압하여 복종시킬 수 있음을 말한 것이다.

兵有五致하니 爲將忘家하고 踰垠忘親하고 指敵忘身하며 必死則生하고 急勝爲下니라

군대에는 다섯 가지 바침〔五致〕이 있으니, 장수가 되면 집안을 잊고, 국경을 넘어가면 어버이를 잊고, 적진을 향하면 몸을 잊으며, 필사의 각오를 가지면 살고, 급히 승리하려 하면 몸을 낮춰야 한다.

兵有五致하니 致는 猶委致也라 旣爲將帥면 則忘其家하니 謂委致其家하여 不有其家也요 踰敵之界限이면 則忘其親하니 謂委致其親하여 不有其親也요 指敵之陳이면 則忘其身하니 謂委致其身하여 不有其身也라 必欲致死則幸而生하고 急欲取勝則務爲下하니 下는 謙卑也라 凡將은 驕者敗하고 而謙下戒謹者勝하니 此所謂五

致也라

군대에는 다섯 가지 바침이 있으니, 致는 委致(맡기고 바침)와 같다. 이미 장수가 되었으면 그 집안을 잊어야 하니 집안을 나라에 바쳐서 자기 집안을 마음속에 두지 않음을 이르고, 적의 국경을 넘어가면 어버이를 잊어야 하니 어버이를 나라에 바쳐서 자기 어버이를 마음속에 두지 않음을 이르고, 적의 진영을 향하면 몸을 잊어야 하니 몸을 나라에 바쳐서 자기 몸을 마음속에 두지 않음을 이른다. 반드시 목숨을 바쳐 싸우고자 하면 다행히 살고, 급히 승리를 취하고자 하면 힘써 몸을 낮춰야 하니, 下는 겸손하고 낮추는 것이다.

무릇 장수가 교만하면 패하며, 겸손하고 낮추고 경계하면 승리한다. 이것이 이른바 다섯 가지 바침이란 것이다.

百人被刃이면 陷行亂陳하고 千人被刃이면 擒敵殺將하고 萬人被刃이면 橫行天下하나니라

백 명이 칼날을 무릅쓰고 싸우면 적의 항렬을 무너뜨리고 적진을 혼란시킬 수 있으며, 천 명이 칼날을 무릅쓰고 강력히 싸우면 적을 사로잡고 적장을 죽일 수 있으며, 만 명이 칼날을 무릅쓰고 강력히 싸우면 천하에 횡행할 수 있다.

百人被刃이면 則陷人之行하고 亂人之陳하며 千人被刃이면 則能擒取敵人하고 殺戮將士하며 萬人被刃이면 則能橫行天下라

용사 백 명이 칼날을 무릅쓰고 결사적으로 싸우면 적의 항렬을 무너뜨리고 적의 진영을 어지럽힐 수 있으며, 용사 천 명이 칼날을 무릅쓰고 결사적으로 싸우면 적병을 사로잡고 적의 장수와 병사들을 죽일 수 있으며, 용사 만 명이 칼날을 무릅쓰고 결사적으로 싸우면 천하에 횡행할 수 있다.

武王問太公望曰 吾欲少間하여 而極用人之要하노라 望對曰 賞如山하고 罰如谿니 太上은 無過요 其次는 補過라 使人無得私語하며 諸罰而請不罰者는 死하고 諸賞而請不賞者는 死니이다 伐國에 必因其變하며 示之財하여 以觀其窮하고 示之弊하여 以觀其病이니 上乖下離면 若此之類는 是伐之因也라하니라

武王이 太公望에게 물었다.

“내 간첩을 적게 쓰고 인재를 등용하는 요점을 지극히 하고자 하노라.”

太公望이 대답하였다.

“賞은 山에 오르는 것과 같게 하고, 罰은 계곡에 들어가는 것과 같게 하여야 합니다. 제일 좋은 것은 허물이 없는 것이고, 그 다음은 허물을 잘 補塡하는 것입니다. 병사들로 하여금 은밀히 비난하지 못하게 하며, 대장이 벌을 주는데 벌을 주지 말 것을 청하는 자는 사형에 처하고, 대장이 賞을 주는데 상을 주지 말 것을 청하는 자는 사형에 처해야 합니다. 적국을 정벌할 적에는 반드시 적국의 변란을 이용하여야 하며, 재물을 보여주어 적의 곤궁함을 관찰하고, 우리의 피폐함을 보여주어 적의 피폐함을 관찰하여야 하니, 윗사람이 어그러지고 아랫사람이 離散되면, 이와 같은 것들은 공격하는 요인이 됩니다.”

昔日에 周武王이 問太公曰 吾欲少間[1)]諜而極用人之要하노라 呂望對曰 視賞을 如登山之高하고 視罰을 如谿水之深이니 太上之人은 自無過擧요 其次者는 貴於補過라 使下人無得私語而議上하며 諸罰有罪而請不罰者는 死하고 諸賞有功而請不賞者는 死라 伐人之國에 必因其國之有變而伐之하며 示之財貨하여 以觀其國之窮否하고 示之困弊하여 以觀其人之病否니 彼在上者乖張하고 而在下者離散이면 此伐國之因也라하니라

1) 吾欲少間 : 漢文大系本에는 ≪直解≫를 따르지 않고 間을 閒으로 보아, 〈補註〉에 “잠시 한가로운 틈을 타는 것〔乘時少暇〕”으로 해석하였다.

옛날에 周 武王이 太公望에게 물었다.

“내 간첩을 적게 쓰고 인재를 등용하는 요점을 지극히 하고자 하노라.”

呂望(太公望)이 대답하였다.

“상을 보여주기를 萬人이 다 우러러보도록 높은 산에 오르는 것과 같게 하고, 벌을 보여주기를 萬人이 모두 두려움을 품도록 깊은 계곡에 들어가는 것과 같게 하여야 합니다. 제일 훌륭한 것은 본래 잘못된 행동이 없는 것이고, 그 다음은 허물을 잘 補塡하는 것을 귀하게 여깁니다.

아랫사람들로 하여금 은밀히 말하여 윗사람을 비난하지 못하게 하며, 대장이 죄가 있는 자에게 벌을 주는데 벌을 주지 말 것을 청하는 자는 사형에 처하고, 대장이 공이 있는 자에게 상을 주는데 상을 주지 말 것을 청하는 자는 사형에 처해야 합니다.

남의 나라를 정벌할 적에는 반드시 적국의 변란을 이용하여 정벌하며, 재화를 보여

주어서 적국이 곤궁한지의 여부를 살펴보고, 우리의 피폐함을 보여주어서 적군이 피폐한지의 여부를 관찰하여야 하니, 저 윗사람이 어그러지고 아랫사람이 離散되면, 이는 적국을 공격하는 요인이 됩니다."

凡興師에 **必審內外之權**하여 **以計其去**에 **兵有備闕**하고 **糧食有餘不足**하며 **校所出入之路**니 **然後**에 **興師伐亂**이면 **必能入之**니라

무릇 군대를 일으킬 적에는 반드시 내외의 權變을 살펴서, 가는 곳에 적병의 대비가 갖춰졌는지 혹은 허술한지와 양식이 충분한지 혹은 부족한지를 헤아리며, 나가고 들어오는 길을 자세히 비교해야 하니, 그런 뒤에 군대를 일으켜 어지러운 나라를 정벌하면 반드시 쳐들어갈 수 있다.

凡興師에 必先審察內外之權하여 以計度其去處에 兵或有備하고 或有闕하며 糧食이 或有餘하고 或不足하며 較量其所出入之道路니 然後에 興師하여 伐人之亂이면 必能入其國이라

무릇 군대를 일으킬 적에는 반드시 먼저 내외의 權變을 자세히 살펴서 정벌하러 가는 곳에 적병의 대비가 갖춰졌는지 혹 허술한지와 양식이 충분한지 혹 부족한지를 자세히 헤아리며, 나가고 들어오는 도로를 비교하고 헤아려야 하니, 그런 뒤에 군대를 일으켜서 남의 혼란한 나라를 정벌하면 반드시 그 나라의 도성에 쳐들어갈 수 있는 것이다.

地大而城小者는 **必先收其地**하고 **城大而地窄**(착)**者**는 **必先攻其城**하며 **地廣而人寡者**는 **則絶其阨**(액)하고 **地窄而人衆者**는 **則築大堙**(인)**以臨之**하여 **無喪其利**하고 **無奪其時**하며 **寬其政**하고 **夷其業**하고 **救其弊**하면 **則足以施天下**니라

땅이 넓은데 城이 작은 곳은 반드시 먼저 땅을 점령하고, 城이 큰데 땅이 좁은 곳은 반드시 먼저 城을 공격하며, 땅이 넓은데 인민이 적은 곳은 좁은 요해처를 차단시키고, 땅이 좁은데 인민이 많은 곳은 土城을 쌓아 적진을 굽어보아야 한다.

그리하여 유리한 조건을 잃지 말고 농사철을 빼앗지 말며, 정사를 너그럽게 하고 생업을 공평하게 하고 피폐함을 구제하면, 천하에 정사를 베풀 수 있다.

土地大而城池小者는 必先收取其地하고 城大而土地窄者는 必先攻取其城하며 土地廣而人民少者는 則斷絶其險阨之處니 彼人少면 則必守阨이라 土地窄而人民衆者는 則築大堙하여 乘高以臨之면 彼雖衆이나 亦可制之也라 無喪失其便利之處하고 無奪其農務之時하며 寬吾之政令하고 平民之生業하고 救人之困弊하면 則足以施布於天下라

토지가 넓은데 城과 해자가 작은 곳은 반드시 먼저 땅을 거두어 점령하고, 城이 큰데 토지가 좁은 곳은 반드시 먼저 城을 공격하여 점령하며, 토지가 넓은데 인민이 적은 곳은 험하고 막힌 요해처를 차단해야 하니, 敵의 인민이 적으면 반드시 좁은 요해처를 지킨다. 토지가 좁은데 인민이 많은 곳은 큰 토성을 쌓아서 높은 곳에 올라가 적진을 굽어보면 적의 병력이 아무리 많아도 제재할 수 있다.

그리하여 편리한 곳을 잃지 말고 농사철을 빼앗지 말며, 우리의 정사와 명령을 너그럽게 하고 백성들의 생업을 고르게 하고 적의 곤궁하고 피폐함을 구제하면, 천하에 정사를 베풀 수 있다.

今戰國相攻에 大伐有德하며 自伍而兩하고 自兩而師히 不一其令하여 率俾民心不定하고 徒尙驕侈하며 謀患辯訟하고 吏究其事하니 累且敗也니라

지금 戰國들은 서로 침공하여, 큰 나라가 德이 있는 나라를 정벌하고, 伍로부터 兩에 이르고 兩으로부터 師에 이르기까지 그 호령이 통일되지 못하여 대부분 민심을 안정되게 하지 못하고 교만과 사치만을 숭상하며, 환란을 만들어 농사를 다스리게 하고 하급 관리로 하여금 송사하는 일을 분변하게 하니, 이것이 累가 되어 장차 패하게 될 것이다.

今戰國諸侯相攻에 以已勢力之强大로 伐人之有德하며 自伍而至於兩하니 五伍爲兩이요 自兩而至於師하니 五旅爲師라 不專一其號令하여 率使人民之心不定하며 徒尙驕傲奢侈하며 謀生患害辯訟하고 使吏推究其事하니 累且敗也[1]라

1) 累且敗也 : 漢文大系本에는 이 부분이 “이와 같다면 軍務에 환란이 있지 않더라도 장차 패배할 조짐을 부르게 된다.〔若此者 不有累於軍務 且致敗兆〕”라고 부연 설명되어 있다.

지금 戰國의 諸侯가 서로 침공하여, 자기의 강대한 세력으로 德이 있는 나라를 정

벌하며, 伍로부터 兩에 이르니 5伍를 兩이라 하고, 兩으로부터 師에 이르니 5旅를 師라 한다. 〈伍에서 師에 이르기까지〉 호령이 통일되지 못하여 대부분 人民(병사)의 마음을 안정되게 하지 못하고 교만과 사치만을 숭상하며, 환난과 폐해를 만들어 농사를 다스리게 하고 하급 관리로 하여금 송사를 분변하게 하니, 이것이 累가 되어 장차 패하게 될 것이다.

日暮路遠하고 **還有剉氣**어늘 **師老將貪**하여 **爭掠**이면 **易敗**니라

해가 저물고 갈 길이 멀며, 또 병사들의 사기가 저상되어 있는데, 군대가 〈출동한 지 오래되어〉 지치고 장수가 탐욕스러워서 다투어 노략질하면 패하기 쉽다.

日已暮하고 路又遠이면 軍還有剉衄(좌뉵)之氣하니 師久而老하고 將貪於得하여 爭掠取人之財者는 易爲之敗[1)]라

1) 易爲之敗 : 漢文大系本에는 이 부분이 "이상의 여러 일들은 쉽게 패배를 부를 수 있으니 살피지 않으면 안 된다.〔以上諸事 改易於致敗 不可不察〕"라고 부연 설명되어 있다.

해가 이미 저물고 갈 길이 멀며 병사들의 사기도 저상되어 있는데, 군대가 〈출동한 지〉 오래되어 병사가 지치고 장수가 얻음을 탐하여 남의 재물을 다투어 노략질해서 취하면 쉽게 패한다.

凡將輕, 壘卑, 衆動은 **可攻也**요 **將重, 壘高, 衆懼**는 **可圍也**니라

무릇 적의 장수가 경솔하고 보루가 낮고 병사들이 동요하고 있으면 공격할 수 있고, 적의 장수가 신중하고 보루가 높고 병사들이 두려워하는 마음을 품고 있으면 포위할 수 있다.

大凡將帥輕窕[1)]而營壘卑下하고 衆心搖動者는 可攻而取之也요 將帥持重하고 營壘高厚하고 衆心畏懼者는 可圍而困之也라

1) 輕窕 : 경솔함을 이른다. ≪春秋左氏傳≫ 成公 16년 조에 '楚師輕窕'라고 보이는데, ≪說文通訓定聲≫에 "窕는 佻를 假借하여 쓴 것이다." 하였다. 佻 역시 輕의 뜻이다.

대체로 적의 장수가 경솔하고 적의 營壘가 낮고 적의 병사들의 마음이 동요하고 있으면 공격하여 점령할 수 있고, 적의 장수가 신중하고 적의 영루가 높고 두터우며 적의 병사들이 두려워(조심)하는 마음을 품고 있으면 포위하여 곤궁하게 할 수 있다.

凡圍에 **必開其小利**하고 **使漸夷弱**이면 **則節吝有不食者矣**리라

무릇 적의 城을 포위할 적에는 반드시 작은 이익을 보여주고 점점 쇠약하게 하면, 적이 절약하고 인색하여 음식을 먹지 못하는 자가 있을 것이다.

凡圍城에 必開其小利하고 使漸夷弱이면 則節吝有不食者矣라 此句는 疑有誤字하니 不敢强解[1)]로라

1) 使漸夷弱……不敢强解 : 漢文大系本에는 이 부분이 "적으로 하여금 달려오게 하여 점점 그 기세가 쇠미하고 약해지게 해서 적군이 궁핍해지면, 절약하고 인색해져서 반드시 배불리 먹지 못하고 반란을 생각하여 패배하게 될 것이다.〔使趨之 漸使其勢陵夷寡弱 敵軍空乏 則節用吝嗇 必有不得飽食 而思亂取敗者矣〕"라고 설명되어 있다.

무릇 적의 성을 포위할 적에는 반드시 적에게 작은 이익을 보여주고 점점 쇠약하게 하면, 적이 절약하고 인색하여 음식을 먹지 못하는 자가 있을 것이다.

이 句는 의심컨대 誤字가 있는 듯하니, 감히 억지로 해석하지 않는다.

衆夜擊者는 **驚也**요 **衆避事者**는 **離也**며 **待人之救**하여 **期戰而蹙**은 **皆心失而傷氣**니 **傷氣**면 **敗軍**이요 **曲謀**면 **敗國**이니라

병사들이 밤중에 서로 공격하는 것은 놀랐기 때문이요, 병사들이 일을 회피하는 것은 마음이 離叛되었기 때문이며, 남의 구원을 기다려서 싸우기로 약속하였으나 병사들이 위축되어 있는 것은 모두 전투할 마음을 잃고 기운이 손상된 것이니, 기운이 손상되면 군대가 패하고, 한쪽으로만 계책을 세우면 나라를 패망하게 한다.

士衆夜自相擊者는 驚也니 如周亞夫平吳楚에 軍中夜驚[1)]이 是也라 士衆遇事相避者는 心離也라 等待人之救援하여 期與之戰而迫蹙者는 皆失心而傷氣者也라 心主謀而氣主鬪하니 失心傷氣면 安能設策而進戰이리오 傷氣者는 自敗其軍이요 曲謀者는 自敗其國이라 曲은 一偏也니 謀徇一偏이면 失心者也라

1) 周亞夫平吳楚 軍中夜驚 : 周亞夫(B.C. 199~B.C. 143)는 前漢 초기 景帝 때의 명장이다. 景帝 3년(B.C. 154)에 漢나라의 同姓 諸侯인 吳나라와 楚나라가 주동이 되어 7國이 반란을 일으키자, 景帝가 周亞夫를 보내 이들을 평정하게 하였다. 周亞夫는 군대를 이끌고 昌邑으로 진출하여 굳게 수비하면서 전면전을 벌이지 않고, 경무장한 騎

兵을 보내 吳軍과 楚軍의 후미를 차단하고 식량 수송로를 끊게 하였다. 식량이 떨어져 궁지에 빠진 吳軍과 楚軍이 여러 차례에 걸쳐 도전해왔으나, 周亞夫는 응전하지 않고 수비만 하였다.

이때 周亞夫의 軍中에서 소요가 일어나 軍營 내에서 자군끼리 서로 공격하여 혼란이 周亞夫의 장막에까지 이르렀다. 그러나 周亞夫는 꼼짝도 하지 않고 잠자리에서 일어나지도 않았는데, 잠시 후에 사태가 진정되었다. 周亞夫는 적군이 더욱 굶주리고 피곤해지기를 기다렸다가 출격해서 마침내 반군을 대파하였다. ≪史記 권57 絳侯周勃世家≫

병사들이 밤중에 스스로 서로 공격하는 것은 놀라서이니, 예컨대 周亞夫가 吳·楚를 평정할 적에 군중이 밤중에 놀란 것과 같은 것이다.

병사들이 일을 만나 서로 회피하는 것은 마음이 離反되어서이다. 남의 구원을 기다려서 함께 싸우기로 약속하였으나 병사들이 위축되어 있는 것은 모두 전투할 마음을 잃고 기운이 손상된 것이다.

마음은 계책을 주관하고 기운은 싸움을 주관하니, 전투할 마음을 잃고 기운이 손상되어 있으면 어떻게 계책을 내어 나가 싸우겠는가. 기운이 손상된 자는 스스로 자기 군대를 패하게 하고, 한쪽 의견만 따라 계책을 내는 자는 스스로 자기 나라를 패망하게 한다. '曲'은 한쪽으로 치우친 것이니, 계책을 세울 적에 한쪽 의견만을 따르면 장병들의 마음을 잃게 된다.

兵令 上 第二十(二)〔三〕[1] 제23편 用兵의 禁令 上

1) (二)〔三〕: 저본의 '二'는 '三'의 誤字이다.

兵令者는 **用兵之禁令也**니 **取書中兵有常令**하여 **摘二字**하여 **以名篇**하니라

兵令이란 用兵의 禁令이니, 篇 가운데에 '兵有常令'이라는 말을 취하여 이 가운데 두 글자를 따서 篇의 이름으로 삼은 것이다.

兵者는 **凶器也**요 **爭者**는 **逆德也**니 **事必有本**이라 **故**로 **王者**는 **伐暴亂**에 **本仁義焉**이어늘 **戰國則以立威抗敵相圖**하여 **而不能廢兵也**니라

병기는 흉악한 기물이고, 전쟁은 悖逆의 德이다. 일에는 반드시 근본이 있어야

하므로 王者는 포악하고 혼란한 나라를 정벌할 적에 仁義에 근본하였다. 그런데 戰國의 제후들은 위엄을 세우고 적에게 항거하는 것을 서로 도모하여 전쟁을 중지하지 못한다.

兵者는 凶惡之器也요 爭者는 悖逆之德也라 事必有所本이라 故로 王者征伐暴亂之國에 必本仁義焉者라 荀卿論兵에 以仁義爲本이러니 陳囂(효)問之한대 卿曰 仁者는 愛人故로 惡(오)人之害之也요 義者는 循禮故로 惡人之亂之也라 故로 兵者는 所以禁暴除害也요 非爭奪也[1]라하니 與此說義同이라 今戰國諸侯는 則以立威抗敵으로 相圖謀하여 而不能廢兵也라

1) 荀卿論兵……非爭奪也 : 荀卿(B.C. 313~B.C. 238)은 戰國時代의 思想家로 이름은 況이고, 卿은 字이다. 그의 학문은 儒學을 기본으로 하였으나 다른 학파의 사상을 흡수하여 인간의 본성은 악하다는 性惡說과 합리주의적 規範에 의한 정치를 주장하여 法家의 토대를 만들었다. 이 내용은 ≪荀子≫ 권10 〈議兵〉에 보인다.

병기는 흉악한 기물이고, 전쟁은 悖逆의 德이다. 일은 반드시 근본하는 바가 있어야 하므로 王者는 포악하고 혼란한 나라를 정벌할 적에도 반드시 仁義에 근본을 두는 것이다.

荀卿이 兵事를 논할 적에 仁義를 근본으로 삼았는데, 陳囂가 그 이유를 묻자, 대답하기를 "어진 자는 사람을 사랑하기 때문에 남이 사람을 해치는 것을 미워하고, 義로운 자는 禮를 따르기 때문에 남의 나라를 혼란시킴을 미워한다. 그러므로 군대는 포악함을 금하고 해로움을 제거하는 것이요, 다투고 빼앗는 것이 아니다."라고 하였으니, 이 말과 뜻이 같다.

지금 戰國의 제후들은 위엄을 세우고 적에게 항거하는 것을 서로 도모하여 전쟁을 중지하지 못한다.

兵者는 以武爲植하고 以文爲種하여 武爲表하고 文爲裏하니 能審此二者면 知勝敗矣리라

兵은 武를 심음으로 삼고 文을 종자로 삼아서, 武가 표면이 되고 文이 이면이 되니, 이 두 가지를 잘 살필 수 있으면 승패를 알 것이다.

兵者는 以威武爲植하고 以文德爲種하니 謂文德而植威武也라 威武爲表하여 以禦

寇攘하고 文德爲裏하여 以撫士衆하니 能審料此二者면 知勝敗之勢矣라

兵이란 위엄과 무용을 심음으로 삼고 文德을 종자로 삼으니, 이는 文德이 있고 威武를 세움을 이른다. 威武가 표면이 되어서 적의 침략을 막고, 文德이 이면이 되어서 군사들을 어루만지니, 능히 이 두 가지를 잘 살펴 헤아리면 승패의 형세를 알 것이다.

文은 所以視利害, 辨安危요 武는 所以犯强敵, 力攻守也니라

文은 利害를 살피고 安危를 분변하는 것이요, 武는 강한 적을 범하고 공격과 수비를 힘쓰는 것이다.

文은 所以審視利害니 有利則進하고 有害則避하며 別安危니 民安則治하고 民危則亂이라 武는 所以勇犯强敵而無所畏하고 效力攻守而無所失也라

文은 利害를 살피는 것이니 이로움이 있으면 나아가고 해로움이 있으면 피하며, 安危를 분변하는 것이니 백성들이 편안하면 나라가 안정되고 백성들이 위태로우면 나라가 혼란하다. 武는 용감하게 강한 적을 범하니 두려워하는 바가 없고, 공격과 수비에 힘을 바쳐 실수하는 바가 없는 것이다.

專一則勝하고 離散則敗하며 陳以密則固하고 鋒以疏則達하며 卒畏將을 甚於敵者는 勝하고 卒畏敵을 甚於將者는 敗라 所以知勝敗者는 稱將於敵也니 敵與將이 猶權衡焉이라 安靜則治요 暴疾則亂이니라

專一하면 승리하고 離散되면 패하며, 포진한 것이 치밀하면 견고하고 진영을 방어하는 칼날이 엉성하면 적이 공격해오며, 병사들이 자기 장수를 적보다 더 두려워하면 승리하고 병사들이 적을 자기 장수보다 더 두려워하면 패한다.

승패를 아는 것은 자기 장수를 적장과 저울질하는 것이니, 적장과 자기 장수는 저울대와 같다. 장수의 성품이 편안하고 침착하면 안정되고, 포악하고 급하면 혼란하다.

衆心專一則勝하고 衆心離散則敗하며 布陳以密則固하고 鋒刃以疏則達하며 士卒畏懼將帥를 甚於敵人者는 勝하고 士卒畏懼敵人을 甚於將帥者는 敗라 所以能知勝敗者는 稱吾將帥於敵也니 敵人於將帥에 譬猶權衡焉하니 權은 稱錘也요 衡은

稱桿也라 猶權衡者는 蓋欲稱較其輕重也니 將帥安靜이면 則士卒治하고 將帥暴疾이면 則士卒亂이라

병사들의 마음이 專一하면 승리하고 병사들의 마음이 離散되면 패하며, 포진한 것이 치밀하면 견고하고 진영을 방어하는 칼날이 엉성하면 적이 공격해오며, 병사들이 자기 장수를 적보다 더 두려워하면 승리하고 병사들이 적을 자기 장수보다 더 두려워하면 패한다.

승패를 잘 헤아리는 것은 우리 장수를 적장과 저울질하는 것이다. 적장과 우리 장수는 비유하면 權衡과 같으니, 權은 저울의 추이고 衡은 저울의 대이다. 저울추나 저울대와 같다는 것은 그 輕重을 저울질하여 비교하고자 하는 것이니, 장수의 성품이 편안하고 침착하면 병사들이 안정되고, 포악하고 급하면 병사들이 혼란하다.

出卒陳兵에 有常令하고 行伍疏數(촉)에 有常法하고 先後之次에 有適宜하니 常令者는 非追北襲邑攸用也라 前後不次則失也니 亂先後어든 斬之니라

군대를 출동시켜 병력을 진열할 적에 일정한 명령이 있고, 行伍의 성글고 빽빽함에 일정한 법칙이 있고, 先後의 차례에 마땅함이 있으니, 일정한 명령이라는 것은 패주하는 적을 추격하고 적의 고을을 습격할 적에 사용하는 것이 아니다. 군대의 앞뒤가 차례를 잃으면 잘못되니, 병사 중에 선후를 혼란시키는 자가 있으면 참형에 처하여야 한다.

數은 當作促이니 如數罟(고)之數[1]이니 密也라 出卒陳兵에 有一定之令하고 行伍疏密에 有一定之法하고 先後之次序에 有適宜하니 常令者는 非追逐奔北, 襲取城邑所用也라 前後之序不次則失也니 亂先後者를 必斬之라

1) 數罟(고)之數 : 數은 '촘촘하다', '빽빽하다'의 뜻으로 數罟는 그물눈이 촘촘하여 작은 물고기까지 잡는 것을 이르는바, ≪孟子≫ 〈梁惠王 上〉에 "촘촘한 그물을 웅덩이와 못에 넣어 물고기를 잡지 못하게 한다.〔數罟不入洿池〕"라고 보인다.

'數'은 마땅히 '促'이 되어야 하니, '數罟'의 '數'과 같으니 빽빽함이다.

군대를 출동시켜 병력을 진열할 적에 일정한 명령이 있고, 行伍의 성글고 빽빽함에 일정한 법칙이 있고, 선후의 차례에 마땅함이 있으니, 일정한 명령이란 패하여 달아나는 적을 추격하고 남의 城邑을 기습하여 점령할 적에 쓰는 것이 아니다. 앞뒤의 차례를 잃으면 잘못되니, 선후를 혼란시키는 자는 반드시 참형에 처하여야 한다.

常陳은 **皆向敵**호되 **有內向**하고 **有外向**하며 **有立陳**하고 **有坐陳**하니 **夫內向**은 **所以顧中也**요 **外向**은 **所以備外也**며 **立陳**은 **所以行也**요 **坐陳**은 **所以止也**니 **立坐之陳**이 **相參進止**하고 **將在其中**이라 **坐之兵**은 **劍斧**요 **立之兵**은 **戟弩**이며 **將亦居中**이니라

평상시의 陣營은 모두 적을 향하는데, 안을 향하는 진영과 밖을 향하는 진영이 있으며 서있는 진영과 앉아있는 진영이 있으니, 안을 향하는 것은 자기 중앙을 돌보기 위한 것이고 밖을 향하는 것은 밖의 적을 대비하기 위한 것이며, 서있는 것은 행군하기 위한 것이고 앉아있는 것은 멈추어 휴식하기 위한 것이다.

서있는 진영과 앉아있는 진영이 서로 섞여 행군하고 휴식하며, 장수는 그 가운데 자리한다. 앉아있는 군대는 검과 도끼를 잡고, 서있는 군대는 창과 쇠뇌를 잡으며, 장수는 또한 중앙에 자리한다.

> 常陳은 皆要向敵호되 有內向하고 有外向하며 有立陳하고 有坐陳하니 內向者는 所以顧其中也요 外向者는 所以備其外也며 立陳은 所以欲行也요 坐陳은 所以欲止也라 立坐之陳이 要相參其進止요 而將在其中하여 主之라 坐陳之兵이 用劍與斧는 便其擊也요 立陳之兵이 用戟與弩는 欲及遠也니 將亦居其中하여 主之라
>
> 평상시의 陣營은 모두 적을 향하고 있는데, 안을 향하는 진영과 밖을 향하는 진영이 있으며 서있는 진영과 앉아있는 진영이 있으니, 안을 향하는 것은 자기 중앙을 돌보기 위한 것이고 밖을 향하는 것은 밖의 적을 대비하기 위한 것이며, 서있는 것은 행군하기 위한 것이고 앉아있는 것은 휴식하기 위한 것이다. 서있는 진영과 앉아있는 진영이 서로 섞여 행군하고 휴식하며, 장수가 그 중앙에서 주관한다. 앉아있는 진영의 병사들이 검과 도끼를 사용함은 공격을 편하게 하기 위한 것이요, 서있는 진영의 병사들이 긴 창과 쇠뇌를 사용함은 멀리 미치고자 해서이니, 장수는 그 중앙에 있으면서 主宰한다.

善御敵者는 **正兵先合而後扼之**하니 **此**는 **必勝之術也**니라

적을 잘 제어하는 자는 正兵으로 먼저 적을 맞아 싸운 뒤에 막으니, 이것이 必勝의 방법이다.

> 善能御敵者는 以正兵先合戰而後에 以奇兵扼之하니 此乃必勝之術也라

적을 잘 제어하는 자는 正兵으로 먼저 맞아 싸운 뒤에 奇兵으로 막으니, 이것이 바로 필승하는 방법이다.

陳之斧鉞하고 **飾之旗章**하여 **有功必賞**하고 **犯令必死**하여 **存亡死生**이 **在(抱)〔枹〕之端**이니 **雖天下有善兵者**라도 **莫能禦此矣**리라

斧鉞을 진열하고 깃발과 휘장을 아름답게 꾸며서, 공이 있으면 반드시 상을 내리고 법령을 범하면 반드시 죽여야 한다. 그리하여 存亡과 死生이 장수의 북채 끝에 달려있게 하여야 하니, 비록 천하에 용병을 잘하는 자가 있더라도 이를 막아내지 못할 것이다.

陳設之以斧鉞하고 華飾之以旗章하여 有功者를 必以賞하고 犯令者를 必用死하여 國之存亡과 兵之死生이 在將之(抱)〔枹〕端이니 若能如此면 雖天下有善用兵者라도 莫能禦此矣라

〈형벌하는 도구인〉 斧鉞을 진열하고 〈상을 내리는〉 깃발과 휘장을 아름답게 꾸며서, 공이 있는 자는 반드시 상을 내리고 법령을 범한 자는 반드시 죽여야 한다. 그리하여 국가의 存亡과 병사들의 死生이 장수의 북채 끝에 달려있게 하여야 하니, 만약 이와 같이 할 수 있다면, 비록 천하에 용병을 잘하는 자가 있더라도 이를 막아내지 못할 것이다.

矢射未交하고 **長刃未接**에 **前譟者**를 **謂之虛**요 **後譟者**를 **謂之實**이요 **不譟者**를 **謂之秘**니 **虛實者**는 **兵之體也**니라

쏘는 화살이 아직 서로 미치지 않았고 긴 칼날이 아직 서로 접하지 않았는데, 앞에서 떠드는 것을 '虛勢'라 이르고, 뒤에서 떠드는 것을 '實勢'라 이르고, 떠들지 않는 것을 '비밀스럽다'라고 이르니, 虛와 實은 用兵의 본체이다.

矢射未曾相交하고 長刃未曾相接에 前譟呼者를 謂之虛요 後譟呼者를 謂之實이요 不譟呼者를 謂之秘密其虛實而不外泄也라 故로 虛與實者는 用兵之體也라

쏘는 화살이 아직 서로 미치지 않았고 긴 칼날이 아직 서로 접하지 않았는데, 앞에서 떠들고 고함치는 것을 '虛勢'라 이르고, 뒤에서 떠들고 고함치는 것을 '實勢'라 이르

고, 떠들고 고함치지 않는 것을 '허실을 비밀스럽게 하여 밖으로 누설하지 않는다.'고 이른다. 그러므로 虛와 實은 用兵의 본체인 것이다.

兵令下 第二十四　제24편 用兵의 禁令 下

諸去大軍하여 **爲前禦之備者**는 **邊縣列侯**니 **各相去三五里**라가 **聞大軍**하면 **爲前禦之備**호되 **戰則皆禁行**하니 **所以安內也**니라

大軍과 멀리 떨어져 있으면서 앞에서 방어하는 대비를 하는 자는 변방 고을의 列侯들이니, 각각 서로 3리와 5리쯤 떨어져 있다가 大軍의 소식을 들으면 앞에서 방어하는 대비를 하되, 전투를 하게 되면 모든 사람의 통행을 금지하니, 이는 안을 편안히 하기 위한 것이다.

諸離去大軍하여 爲前禦之備者는 皆邊縣列侯니 各相去三五里之遠이라가 聞大軍〔至〕[1]하면 爲前禦之備호되 若戰則皆禁人行하니 所以先安其內也라

1)〔至〕: 저본에는 '至'자가 없으나, 漢文大系本에 의거하여 보충하였다.

大軍과 떨어져 있으면서 앞에서 방어하는 대비를 하는 자는 모두 변방 고을의 列侯들이니, 각각 서로 멀리 3리와 5리쯤 떨어져 있다가 大軍이 왔다는 소식을 들으면 앞에서 방어하는 대비를 하되, 만약 전투가 벌어지면 통행하는 사람을 모두 금지시켜야 하니, 이는 먼저 그 안을 편안히 하기 위한 것이다.

內卒出戍어든 **令將吏**로 **授旗鼓戈甲**이니 **發日**에 **後將吏及出縣封界者**는 **以坐後戍法**이라 **兵戍邊一歲**호되 **遂亡不候代者**는 **法比亡軍**이니 **父母妻子知之**어든 **與同罪**하고 **弗知**어든 **赦之**니라

내지에서 복무하던 병사가 나가 수자리를 하게 되면, 將吏로 하여금 깃발과 북과 창과 갑옷을 지급하게 한다. 출발하는 날에 將吏보다 뒤늦게 고을의 경계를 나가는 자는 後戍의 法으로 처벌한다. 병사는 변방 수자리에 1년 동안 복무하는데, 교대를 기다리지 않고 도망한 자는 도망죄로 다스리니, 父母와 妻子가 이 사

실을 알았으면 죄를 함께 묻고 알지 못했으면 용서한다.

內卒이 出戍於邊이어든 令將吏로 授以旗鼓戈甲이니 發之日에 若後於將吏出縣封界者는 以坐後戍者之法[1]이라 兵戍邊에 一歲當代호되 遂逃亡不等候代者는 法比於逃亡之軍이니 父母妻子知逃亡之情이면 與犯人同罪하고 弗知情者는 赦之라

1) 後戍者之法 : 戍는 변방을 수비하기 위하여 수자리하는 것으로, 後戍法은 병사가 복무할 지역에 뒤늦게 도착하였을 경우 重罪로 다스리는 형률을 이른다.

내지에서 복무하던 병사가 나가 변방에 수자리를 하게 되면, 將吏로 하여금 깃발과 북과 창과 갑옷을 지급하게 한다. 병사가 출발하는 날에 만약 將吏보다 뒤늦게 고을의 경계를 나가는 자는 後戍의 法으로 처벌한다. 병사가 변방에 복무할 적에는 1년만에 교대하는데, 교대하기를 기다리지 않고 도망하는 자는 도망병의 죄로 다스리니, 父母와 妻子가 도망 온 사실을 알았으면 범인과 똑같이 죄를 묻고, 도망 온 사실을 알지 못했으면 용서한다.

卒後將吏而至大將所一日이어든 父母妻子盡同罪하고 卒逃歸至家一日이로되 父母妻子弗捕執及不言이면 亦同罪니라

병사가 將吏보다 뒤늦게 출발하여 大將이 있는 곳에 하루 늦게 도착하였으면 父母와 妻子도 모두 죄를 똑같이 묻고, 병사가 도망하여 집으로 돌아온 지 하루가 지났는데도 부모와 처자가 잡아두거나 고발하지 않으면, 이들에게도 죄를 똑같이 묻는다.

士卒이 後將吏而至大將所一日이어든 父母妻子盡與犯人同罪하며 卒逃歸至家一日이로되 父母妻子知而弗捕執及不告言者는 亦與犯人同罪라

병사가 將吏보다 뒤늦게 출발하여 大將이 있는 곳에 하루 늦게 도착하였으면 부모와 처자에게도 모두 범인과 똑같이 죄를 물으며, 병사가 도망하여 집으로 돌아온 지 하루가 지났는데 부모와 처자가 이 사실을 알면서도 잡아두지 않거나 관청에 고발하지 않으면 이들에게도 범인과 죄를 똑같이 묻는다.

諸戰而亡其將吏者와 及將吏棄卒獨北者는 盡斬之하며 前吏棄其卒而北어늘 後吏能斬之而奪其卒者는 賞하며 軍無功者는 戍三歲니라

모든 전투에서 싸우다가 자기 소속의 將吏를 잃은 자와 將吏가 병사를 버리고 홀로 도망한 자는 모두 참형에 처한다. 선두 부대의 將吏가 자기 병사들을 버리고 도망하였는데, 후미 부대의 將吏가 그의 목을 베고 병사들을 빼앗으면 賞을 내리며, 군대에 공이 없는 자는 3년 동안 변방에서 복무시킨다.

諸戰而士卒逃亡其將吏者와 將吏棄其士卒而獨北者는 盡斬之하며 前行將吏棄其卒而北어늘 後行將吏能斬之而奪其卒者는 有賞하며 軍無功者는 謫戍三年이라

〈병사 중에〉 모든 전투에서 싸우다가 자기 소속의 將吏를 버리고 도망한 자와 將吏 중에 자기 소속의 병사들을 버리고 홀로 도망한 자는 모두 참형에 처한다. 앞 行列의 將吏가 자기의 병사들을 버리고 도망하였는데, 뒤 行列의 將吏가 그의 목을 베고 그 병사들을 빼앗으면 상이 있으며, 군대에 공이 없는 자는 벌로 3년 동안 변방에서 복무시킨다.

三軍大戰하여 若大將死면 而從吏五百人以上이 不能死敵者는 斬하고 大將左右近卒在陳中者는 皆斬하며 餘士卒은 有軍功者는 奪一級하고 無軍功者는 戍三歲니라

三軍이 크게 싸우다가 만약 大將이 죽었으면, 수하에 500명 이상을 거느린 將吏 중에 적과 결사적으로 싸우지 않은 자는 참형에 처하고, 大將의 左右와 측근에 있는 자로서 陣中에 있던 자는 모두 참형에 처하며, 나머지 병사들의 경우, 軍功이 있는 자는 1계급을 빼앗고 軍功이 없는 자는 변방에서 3년 동안 복무시킨다.

三軍大戰하여 若大將死於敵이면 而從吏五百人已上이 不能盡死於敵者는 斬하고 大將左右近行之士 凡在陣中者는 皆斬하며 其餘士卒은 有軍功者는 奪一級이니 一級者는 兵法에 斬一人首하면 進爵一級也라 無軍功者는 謫戍三年이라

三軍이 크게 싸우다가 만약 大將이 적에게 죽었으면, 수하 500명 이상을 거느린 將吏 중에 힘을 다하여 적과 결사적으로 싸우지 않은 자는 참형에 처하고, 大將의 左右와 行列에 가까이 모시는 자로서 진중에 있던 자는 모두 참형에 처하며, 나머지 병사들의 경우, 軍功이 있는 자는 〈軍功으로 얻었던〉 1계급을 빼앗으니, 1계급은 兵法에 '한 사람의 머리를 베면 1계급의 爵位를 올린다.'는 것이다. 軍功이 없는 자는 변방에

서 3년 동안 복무시킨다.

戰亡伍人이어나 **及伍人戰死**에 **不得其屍**하면 **同伍盡奪其功**하며 **得其屍**하면 **罪皆赦**니라

싸우다가 같은 伍의 대원이 실종되었거나 같은 伍의 대원이 전사하였는데, 그의 시체를 얻지 못했으면 같은 伍의 대원들의 공을 모두 박탈하며, 시체를 얻었으면 죄를 모두 용서한다.

戰若亡伍人이어나 及伍人戰死於敵에 不得其屍하면 同伍者盡奪其功하고 得其屍하면 罪皆赦라

싸우다가 같은 伍의 대원이 실종되었거나 같은 伍의 대원이 적에게 전사하였는데, 그의 시체를 얻지 못했으면 같은 伍의 대원들의 공을 모두 박탈하며, 그의 시체를 얻었으면 죄를 모두 용서한다.

軍之利害는 **在國之名實**이니 **今名在官而實在家**하여 **官不得其實**하고 **家不得其名**이라 **聚卒爲軍**에 **有空名而無實**하여 **外不足以禦敵**하고 **內不足以守國**하니 **此**는 **軍之所以不給**이요 **將之所以奪威也**니라

군대의 이롭고 해로움은 나라의 이름과 실제에 달려있으니, 지금 병사들의 이름은 관청에 기록되어 있으나 실제는 집안에 있어서 관청에서는 그 실제를 얻지 못하고 집안에서는 그 이름을 얻지 못한다. 병사들을 모아 군대를 만들 적에 빈 이름만 있고 실제가 없어서 밖으로는 적을 막아내지 못하고 안으로는 나라를 지켜내지 못하니, 이 때문에 군대는 인원이 부족하고 장수는 위엄을 상실하는 것이다.

軍之利害는 在國家之名實如何耳라 今兵之名在官而實在家하여 官不得其兵之實하고 家不得其兵之名이라 聚士卒而爲三軍에 有兵之空名하고 而無兵之實效하여 外不足以禦敵之强하고 內不足以守國之固하니 此는 軍之所以不給足이요 而將之所以奪威也라

군대의 이롭고 해로움은 국가의 이름과 실제가 어떠한가에 달려있을 뿐이다. 지금 병사들의 이름이 관청에 기록되어 있으나 실제는 집안에 있어서, 관청에서는 병사들

의 실제를 얻지 못하고 집안에서는 병사들의 이름을 얻지 못한다. 병사들을 모아 三軍을 만들 적에 병사들의 빈 이름만 있고 병사들의 실제 효과가 없어서 밖으로는 강한 적을 막아내지 못하고 안으로는 나라를 견고히 지켜내지 못하니, 이 때문에 군대는 인원이 충분하지 못하고 장수는 위엄을 상실하는 것이다.

臣以謂 卒逃歸者를 **同舍伍人及吏 罰入糧爲饒**하고 **名爲軍實**하니 **是**는 **有一軍之名而有二實之出**이라 **國內空虛**하여 **自竭民歲**하니 **曷以免奔北之禍乎**아

나는 생각하건대, 지금 병사 중에 도망하여 돌아간 자가 있으면 같은 숙소에 있는 伍의 대원과 그의 상관이 벌로 나라에 양식을 바쳐 용서받고 이것을 '軍實'이라 이름하니, 이는 한 병사의 이름으로 두 번 실제의 지출이 있는 것이다. 이로써 국내가 공허해져서 백성들이 저절로 한 해가 고갈되니, 패주하는 화를 어찌 면할 수 있겠는가.

臣以謂 卒逃歸者를 同舍伍人과 及主典之吏 罰入糧爲饒하고 名爲軍實하니 是는 以一軍之名而有二實之出이라 使國內空虛하여 自竭軍民卒歲之計하니 何以得免奔北之禍乎아 意惠王時에 有此法故로 尉繚子言之라

나는 생각하건대, 지금 병사 중에 도망하여 돌아간 자가 있으면 같은 숙소에 있던 伍의 대원들과 그를 맡은 상관이 벌로 양식을 바쳐 죄를 용서받고 이것을 '軍實'이라 이름하니, 이는 한 병사의 이름으로 두 번 실제의 지출이 있는 것이다. 그리하여 국내를 공허하게 만들어서 軍民들이 한 해를 지낼 계책이 저절로 고갈되니, 패주하는 화를 어찌 면하겠는가.

짐작하건대, 梁 惠王 때에 이러한 法이 있었기 때문에 尉繚子가 이렇게 말한 듯하다.

今以法止逃歸하고 **禁亡軍**이면 **是兵之一勝也**요 **什伍相連**하여 **及戰鬪**어든 **則卒吏相救**면 **是兵之二勝也**요 **將能立威**하고 **卒能節制**하여 **號令明信**하고 **攻守皆得**이면 **是兵之三勝也**니라

지금 법으로써 달아나 돌아가는 것을 그치게 하고 도망하는 것을 금지할 수 있으면, 이는 군대의 첫 번째 승리할 수 있는 방법이요, 什과 伍가 서로 연결하여 전투에 나아가거든 병사와 軍吏가 서로 구원하게 하면, 이는 군대의 두 번째 승

리할 수 있는 방법이요, 장수가 능히 위엄을 세우고 병사들이 능히 節制를 잘 따라서 호령이 분명하고 믿을 수 있으며 공격과 수비가 모두 법도에 맞으면, 이는 군대의 세 번째 승리할 수 있는 방법이다.

今能以法으로 止逃歸하고 禁亡軍이면 是는 兵家之一勝也요 什伍之人이 相聯屬하여 及戰鬪어든 則卒與吏皆救援이면 是는 兵家之二勝也요 大將能立軍威하고 士卒能守節制하여 號令明而且信하고 攻守之術皆得이면 是는 兵家之三勝也라

지금 법을 엄격히 적용하여 병사들이 달아나 집으로 돌아가는 것을 그치게 하고 〈전투에서〉 도망하는 것을 금지할 수 있으면, 이는 兵家의 첫 번째 승리할 수 있는 방법이요, 什과 伍의 대원이 서로 연결해서 전투에 나아가거든 병사와 軍吏가 서로 구원하게 하면, 이는 병가의 두 번째 승리할 수 있는 방법이요, 大將이 능히 위엄을 세우고 병사들이 능히 절제(통제)를 지켜서 호령이 분명하고 또 믿을 수 있으며 공격과 수비하는 방법이 모두 법도에 맞으면, 이는 병가의 세 번째 승리할 수 있는 방법이다.

臣聞古之善用兵者는 能殺士卒之半하고 其次는 殺其十三하고 其下는 殺其十一하나니 能殺其半者는 威加海內하고 殺十三者는 力加諸侯하고 殺十一者는 令行士卒이라하니라

내가 듣건대, '옛날에 용병을 잘하는 자는 병사의 반을 죽였고, 그 다음은 10분의 3을 죽였고, 그 아래는 10분의 1을 죽였으니, 그 반을 죽인 자는 위엄이 海內에 가해졌고, 10분의 3을 죽인 자는 힘이 제후에게 가해졌고, 10분의 1을 죽인 자는 명령이 병사들에게 행해졌다.' 하였다.

臣聞 古之善用兵者는 能殺吾士卒之半하고 其次는 殺其十分之三하고 其下는 殺其十分之一하니 能殺吾士卒之半者는 威加於四海之內하고 殺十分之三者는 力加於隣國諸侯하고 殺十分之一者는 令能行於士卒이라하니라

내가 듣건대, '옛날에 용병을 잘한 자는 사졸의 반을 죽였고, 그 다음은 10분의 3을 죽였고, 그 아래는 10분의 1을 죽였으니, 능히 자기 사졸의 반을 죽인 자는 위엄이 四海의 안에 가해졌고, 10분의 3을 죽인 자는 힘이 이웃 나라의 제후에게 가해졌고, 10분의 1을 죽인 자는 명령이 병사들에게 행해졌다.' 하였다.

故로 **曰 百萬之衆**이 **不用命**이면 **不如萬人之鬪也**요 **萬人之鬪 不如百人之奮也**라하니 **賞如日月**하고 **信如四時**하며 **令如斧鉞**하고 **制如干將**이면 **士卒不用命者**를 **未之聞也**로라

그러므로 말하기를 "백만의 무리가 장수의 명령을 따르지 않으면 만 명이 싸우는 것만 못하고, 만 명이 싸우는 것이 〈명령을 따르지 않으면〉 백 명이 분발하여 공격하는 것만 못하다." 하였다. 밝은 해와 달처럼 상을 내리고, 四時의 시기처럼 확실하게 믿게 하며, 斧鉞처럼 명령하고, 干將처럼 통제하여야 하니, 〈이렇게 하는데도〉 병사들이 명령을 따르지 않는다는 말을 나는 듣지 못하였다.

故로 曰 百萬之衆이 不用將命이면 不如一萬人之鬪也요 一萬人之鬪 不如一百人之奮起也라하니 賞如日月之明하고 信如四時之期하며 令如斧鉞之斷하고 制如干將之利면 而士卒有不用命者를 臣未之聞也라 干將은 寶劍名이요 斧鉞은 解見前하니라 萬人之鬪下에 疑欠不用命三字하니 言萬人之鬪不用命이면 不如百人之奮也라

그러므로 말하기를 "백만의 군대가 장수의 명령을 따르지 않으면 만 명이 〈용감하게〉 싸우는 것만 못하고, 만 명이 〈명령을 따르지 않고〉 싸우는 것은 백 명이 분발하여 일어나는 것만 못하다." 하였다. 밝은 해와 달처럼 상을 분명하게 내리고, 四時의 시기처럼 병사들을 믿게 하고, 斧鉞처럼 果斷하게 명령하고, 干將처럼 예리하게 통제하여야 하니, 이렇게 하는데도 병사들이 명령을 따르지 않는다는 말을 나는 듣지 못하였다.

干將은 寶劍의 이름이고, 斧鉞은 해석이 앞에 보인다.

'萬人之鬪'의 아래에 의심컨대 '不用命'이라는 세 글자가 빠진 듯하니, 만 명이 싸움에 명령을 따르지 않으면 백 명이 분발하여 공격하는 것만 못함을 말한 것이다.

李衛公問對直解

唐太宗李衛公問對直解

上卷

太宗曰 高麗數(삭)**侵新羅**어늘 **朕遣使諭**호되 **不奉詔**일새 **將討之**하노니 **如何**오

太宗이 말하였다.

"高麗(高句麗)가 자주 新羅를 침략하기에 朕이 사신을 보내어 타일렀으나, 詔命을 받들지 않으므로 장차 토벌하려 하니, 어찌해야 하는가?"

唐太宗言 高麗頻數侵擾新羅어늘 朕遣使宣諭호되 不肯奉詔일새 我將興兵討之하노니 其計如何오 高麗, 新羅는 皆東夷國名이라 新羅는 其先陳韓[1)]後也니 在高麗東南이라 時新羅內附로되 而高麗蓋蘇文이 弑其上하고 畏討故로 梗化라 朕者는 我也니 太宗自稱也라 高句驪[2)]는 字朱蒙이요 都平壤하니 古朝鮮也라

1) 陳韓 : 상고시대에 한반도 중부 이남 지역에 분포했던 三韓 중의 하나로 12국 국가 연맹체였던 辰韓을 가리킨 것이다. B.C. 1세기부터 A.D. 4세기까지 지금의 대구와 경주 지역에 분포되어 있다가, 4세기 중엽에 12개국 가운데 하나인 斯盧(신라)에게 통합되었는바, ≪後漢書≫ 〈東夷列傳〉과 ≪三國志≫ 〈魏書 烏丸鮮卑東夷傳〉 등에 보인다. 辰韓의 형성 주체에 관해서는 의견이 분분한데, ≪三國志≫에서는 辰韓을 옛 辰國이라 하였고, ≪後漢書≫에서는 辰國이 辰韓뿐만 아니라 三韓 전체를 포괄한다고 하였으며, ≪三國史記≫에는 衛滿朝鮮계 유민들이 이주해 辰韓을 형성하였다는 설이 실려있다.

2) 高句驪 : 중국 史書에는 高句麗의 국가 명칭이 高麗, 高句驪, 句麗, 駒驪 등으로 혼용되어 있다.

唐 太宗이 말하였다.

"高麗가 자주 新羅를 침략하여 소란을 일으키기에 朕이 사신을 보내어 타일렀으나, 詔命을 받들려 하지 않으므로 朕이 장차 군대를 일으켜 토벌하려 하니, 그 계책을 어찌해야 하는가?"

高麗와 新羅는 모두 東夷의 나라 이름이다. 新羅는 그 선대가 陳韓(辰韓)의 후예이니, 高麗의 동남쪽에 있었다. 이때 新羅는 唐나라에 歸附하였으나, 高麗는 蓋蘇文이 君主를 弑害하고 토벌을 두려워했기 때문에 教化에 복종하지 않은 것이다.

'朕'이란 '나'이니 太宗이 자칭한 것이다. 高句驪는 〈始祖의〉 字가 朱蒙이고 平壤에 도읍하였으니, 옛 朝鮮이다.

靖曰 探知蓋蘇文自恃知兵하고 謂中國無能討라 故違命하니 臣請師三萬擒之하노이다

李靖이 대답하였다.

"탐문해보건대, 蓋蘇文이 스스로 兵法을 안다고 믿고 中國이 토벌하지 못할 것이라고 생각하여 命을 어기는 것이 분명하니, 臣은 청컨대 3만 명의 군대로 그를 사로잡겠습니다."

李靖은 字藥師니 京兆三原人으로 封衛公이라 對太宗曰 臣探知高麗蓋蘇文이 自倚恃能知兵法하고 謂中國地遠하여 不能征討故로 違抗詔命하니 臣請以三萬衆擒取之호리이다 蓋蘇文者는 高麗東部大人泉蓋蘇文[1]也니 貞觀十六年에 弑其王建武하고 立王弟子臧爲王[2]하고 自爲莫離支하니 其官은 如中國吏部尚書也라 蘇文又號蓋金하니 自云生水中하여 以(感)〔惑〕人故로 (性)〔姓〕[3]泉氏[4]라

1) 泉蓋蘇文 : 高句麗의 大莫離支인 淵蓋蘇文을 이른다. 唐 高祖 李淵의 이름을 諱하기 위하여 '淵'자를 '泉'자로 고쳐 쓴 것이다.

2) 貞觀十六年……立王弟子臧爲王 : 貞觀은 唐 太宗의 연호이고, 정관 16년은 642년이다. 建武는 고구려의 제27대 왕인 榮留王의 이름이고, 王弟는 榮留王의 아우인 太陽王이고, 그 아들 臧은 제28대 왕인 寶藏王을 이른다. 唐나라의 침입에 대비해 高句麗의 大對盧로서 千里長城을 축조하고 있던 淵大祚가 죽자, 아들 淵蓋蘇文이 아버지의 직위를 세습하고 城의 축조를 책임지게 되었는데, 당시 對唐 온건파들이 득세하여 千里長城의 축조를 중지하려고 하였다. 대당 강경파인 淵蓋蘇文이 이에 강력히 반발하자, 온건파들이 영류왕과 협의해 淵蓋蘇文을 제거하려 하였다. 淵蓋蘇文은 이를 미리 알고 642년 음력 10월에 千里長城으로 떠나는 열병식에 조정 신하들을 대거 초대한 뒤 모두 참살하였다. 이어 군대를 이끌고 왕궁에 들이닥쳐 榮留王을 죽이고 王의 아우인 太陽의 아들 臧을 새 왕으로 세우니, 그가 바로 고구려의 마지막 왕인 寶藏王이다.

3) (感)〔惑〕……(性)〔姓〕: 저본의 '感'과 '性'은 모두 漢文大系本에 의거하여 '惑'과 '姓'으로 바로잡았다.

4) 蘇文又號蓋金……(性)〔姓〕泉氏 : ≪新唐書≫ 〈東夷列傳 高麗〉에 "蓋蘇文이란 자가 있는데, 혹 蓋金이라고도 한다. 성이 泉氏인데, 스스로 물속에서 태어났다고 말하여 사람들을 미혹시켰다."라고 보인다.

李靖은 자가 藥師이니, 京兆 三原 사람으로 衛國公에 봉해졌다.

李靖이 太宗에게 대답하였다.

"臣이 탐문해보건대, 高麗의 蓋蘇文이 스스로 兵法을 안다고 믿고 中國이 거리가 멀어서 토벌하지 못할 것이라고 생각하기 때문에 詔命을 어기고 항거하는 것이 분명하니, 臣은 청컨대 3만 명의 병력으로 그를 사로잡겠습니다."

蓋蘇文은 高麗의 東部大人인 泉蓋蘇文이니, 貞觀 16년(642)에 그 왕인 建武를 시해하고 왕의 아우의 아들인 臧을 왕으로 세우고 스스로 莫離支가 되었는데, 그 관직은 중국의 吏部尙書와 같다. 蘇文은 또 蓋金이라고 이름하였으니, 스스로 물속에서 태어났다고 말하여 사람들을 미혹하게 했으므로, 姓을 泉氏라 하였다.

太宗曰 兵少地遙하니 何術臨之오

太宗이 말하였다.

"병력이 적고 지역이 멀리 떨어져 있으니, 무슨 방법으로 대응하려는가?"

太宗言 三萬兵甚少하고 而地數千里之遠하니 卿以何法臨之오

太宗이 말하였다.

"3만의 병력은 매우 적고 지역은 수천 리나 멀리 떨어져 있으니, 卿이 무슨 방법으로 대응하려는가?"

靖曰 臣以正兵[1]하리이다

1) 正兵 : 적과 정면으로 맞서 포진하고 정정당당하게 싸우는 군대를 이른다.

李靖이 말하였다.

"臣은 正兵을 사용하겠습니다."

李靖對曰 臣用正兵臨之하리이다

李靖이 대답하였다.
"臣은 正兵을 사용하여 대응하겠습니다."

太宗曰 平突厥時에 用奇兵[1)]이러니 今言正兵은 何也오

1) 奇兵 : 장수가 때에 따라 은밀히 출동시켜 游擊戰을 하거나 매복시킨 군대를 이른다.

太宗이 말하였다.
"突厥을 평정할 때에는 奇兵을 사용하였는데, 지금 正兵을 말함은 어째서인가?"

太宗言 卿平突厥時에 用奇兵勝之러니 今征高麗에 却言用正兵은 何也오 突厥은 本西方小國으로 姓阿史那氏니 世居金山之陽이라 夏曰獯鬻(훈육)이요 殷曰鬼方이요 周曰玁狁(험윤)이요 漢曰匈奴요 魏曰突厥이니 工於鐵作하여 金山狀如兜鍪하니 其俗呼兜鍪爲突厥하여 因爲國號라 貞觀三年에 以李靖爲定襄道總管하여 統諸軍討突厥이러니 四年春二月에 襲破突厥於陰山하니 頡利可(극)汗이 遁走하니라

太宗이 말하였다.
"卿이 突厥을 평정할 때에는 奇兵을 사용하여 승리하였는데, 지금 高麗를 정벌함에는 도리어 正兵을 쓰겠다고 말하는 것은 어째서인가?"

突厥은 본래 서방의 작은 나라로 姓이 阿史那氏이니 대대로 金山의 남쪽에 거주하였다. 夏나라에서는 獯鬻이라 하였고, 殷나라에서는 鬼方이라 하였고, 周나라에서는 玁狁이라 하였고, 漢나라에서는 匈奴라 하였고, 魏나라에서는 突厥이라 하였다. 쇠를 잘 다뤘는데 金山의 형상이 투구 모양처럼 생겼는바, 민간에서 '투구〔兜鍪〕'를 '突厥'이라고 불렀으므로, 이를 국호로 삼은 것이다.

貞觀 3년(629)에 太宗은 李靖을 定襄道總管으로 삼아 여러 군대를 거느리고 突厥을 토벌하게 하였는데, 4년 봄 2월에 突厥을 陰山에서 습격하여 격파하니, 頡利可汗이 도망하였다.

靖曰 諸葛亮七擒孟獲은 無他道也요 正兵而已矣니이다

李靖이 대답하였다.
"諸葛亮이 孟獲을 일곱 번 사로잡은 것은 다른 방도가 없었고, 正兵일 뿐이었습니다."

李靖對曰 昔에 諸葛亮入南中하여 遇孟獲하여 七縱而七擒之[1]는 無他道也요 用正兵而已矣니이다

1) 諸葛亮入南中……七縱而七擒之 : 삼국시대 蜀漢의 後主 建興 3년(225)에 諸葛亮이 南中을 평정하여 4개 군을 재정비할 적에, 추장 孟獲을 일곱 번 놓아주고 일곱 번 생포하여 자발적으로 복종하게 했던 고사를 이른다. ≪三國志 권35 蜀書 諸葛亮傳≫

諸葛亮

李靖이 대답하였다.

"옛날에 諸葛亮이 南蠻에 들어가서 孟獲을 일곱 번 풀어주었다가 일곱 번 사로잡았을 적에 다른 방도가 없었고, 다만 正兵을 사용했을 뿐입니다."

○ 愚謂孔明用正兵이어늘 若何而七擒孟獲乎아 觀其於魚腹平沙之上에 壘石爲文이 縱橫皆八이러니 晉桓溫見之하고 曰 常山蛇勢라하니 此卽九軍陣法也[1]라 所謂隅落鉤連하고 曲折相對하여 四頭八尾 觸處爲首하여 敵衝其中하면 兩頭皆救하니 孟獲豈識此術이리오 所以七縱之而七擒也라 諸葛亮은 字孔明이요 諸葛은 其覆姓也니 琅琊陽都人이라 先主枉駕顧之하여 後爲軍師將軍하다 先主崩에 事後主하여 爲丞相이러니 建興三年에 率衆征南中平之하니라

1) 魚腹平沙之上……此卽九軍陣法也 : 제갈량의 진법인 八陣은 洞當·中黃·龍騰·鳥飛·折衝·虎翼·握機·天衡을 이르는데, 이것을 天·地·風·雲·龍·虎·鳥·蛇로 표현하기도 한다.

常山의 뱀은 率然이란 뱀으로, 머리를 공격하면 꼬리로 대응하고 꼬리를 공격하면 머리로 대응하며 중간을 공격하면 머리와 꼬리가 함께 대응한다고 하는바, ≪孫子≫ 〈九地〉에 보인다.

桓溫의 일은 ≪晉書≫ 권98 〈桓溫傳〉에 보인다.

○ 내가 생각하건대 諸葛孔明이 正兵을 어떻게 사용하여 孟獲을 일곱 번 사로잡았는가? 그가 魚腹浦의 평평한 백사장 위에 돌을 쌓아 문양을 만든 것을 보면 縱(세로)과 橫(가로)이 모두 여덟이었는데, 晉나라 桓溫이 이것을 보고 말하기를 '常山에 있는 뱀의 형세이다.' 하였으니, 이것이 바로 九軍의 陣法이다. 이른바 '네 귀퉁이가 서로 연결되고 曲折이 서로 마주하여 네 머리와 여덟 꼬리가 닿는 곳이 머리가 되어서 적이

그 중간을 충돌하면 양 머리에서 모두 구원한다.'는 것이니, 孟獲이 어찌 이 방법을 알았겠는가. 이 때문에 諸葛亮이 일곱 번 풀어주었다가 일곱 번 사로잡은 것이다.

諸葛亮은 字가 孔明이며 諸葛은 複姓이니 琅琊 陽都 사람이다. 先主(劉備)가 왕림하여 三顧草廬한 뒤에 軍師와 將軍이 되었다. 先主가 별세하자, 後主(劉禪)를 섬겨 승상이 되었는데, 建興 3년(225)에 병력을 거느리고 南蠻을 정벌하여 평정하였다.

太宗曰 晉馬隆討涼州할새 **亦是依八陣圖**하여 **作偏箱車**하여 **地廣則用鹿角車營**하고 **路狹則〔爲〕[1]木屋**하여 **施於車上**하여 **且戰且前**하니 **信乎**라 **正兵**은 **古人所重也**로다

1) 〔爲〕: 저본에는 '爲'자가 없으나 漢文大系本에 의거하여 보충하였다.

太宗이 말하였다.

"晉나라 馬隆이 涼州를 토벌할 적에도 이 八陣圖에 의하여 偏箱車를 만들어서, 넓은 지역에서는 鹿角車의 진영을 사용하고 길이 좁으면 나무로 만든 지붕을 수레 위에 설치하여 싸우면서 전진하였으니, 참으로 正兵은 古人들이 소중히 여긴 바이다."

太宗曰 晉泰始中에 馬隆討涼州樹機能等할새 亦倣八陣圖하여 作偏箱車하여 若地勢廣平이면 則用鹿角車爲營하고 道路窄狹이면 則爲木屋하여 施於車上하여 且戰且前[1]하니 信乎라 正兵은 古人所以爲重也라 馬隆은 字孝興이니 東平平陸人이라 兗(연)州擧其才堪良將하여 遷司馬督假節宣威將軍이러니 平涼州後에 爲平虜將軍西平太守하니라

1) 晉泰始中……且戰且前 : 馬隆은 西晉 武帝 때의 명장으로, 武帝 泰始 5년(270), 涼州 지역의 羌族인 禿髮樹機能이 배반하여 河西 지역이 단절되자, 자청하여 勇士 3,500명을 모집해서 이들에게 賞金과 벼슬을 내리고 출전하여 禿髮樹機能을 토벌하였다.

≪晉書≫〈馬隆列傳〉에 "오랑캐 괴수 樹機能 등이 만여 명의 병력으로 험난한 지형에 의지하여 馬隆軍의 전진을 가로막고, 혹은 복병을 배치하여 馬隆軍의 후방을 차단하기도 하였다. 이에 馬隆은 八陣圖의 진법에 의거하여 偏箱車를 만들어서 지형이 넓으면 鹿角車의 진영을 설치하고, 길이 좁으면 전차 위에 나무 지붕을 만들어 덮고 싸우면서 전진하니, 화살이 미치는 곳마다 시위 소리에 따라 적병이 쓰러졌다. 馬隆은

간간이 기발한 책략을 내어 적이 예상치 못한 곳으로 진격하였는바, 혹은 도로 양측에 磁石을 겹겹이 깔아놓으면 鐵甲을 입은 적은 전진하지 못하였으나 馬隆의 군사들은 모두 무소 가죽으로 만든 갑옷을 입고 있어 거침없이 행동하니, 적은 모두 이를 신기하게 여겼다. 천 리의 먼 거리를 이동하면서 싸워 수천 명의 적을 살상하였다."라고 자세히 보인다.

偏箱車는 옛날 兵車의 이름인데, 제도는 자세하지 않다. ≪明史≫ 〈兵志〉에 "景泰 원년(1450) 定襄伯 郭登이 옛 제도를 따라 偏箱車를 만들었는데, 끌채의 길이가 1丈 3尺이고 넓이가 9尺이고 높이가 7尺 5寸이었으며, 상자는 얇은 판자를 사용하고 총을 설치하였다. 나가면 좌우가 서로 연결되고 앞뒤가 서로 이어졌으며 쇠갈고리로 서로 끌게 했다.〔轅長丈三尺 闊九尺 高七尺五寸 箱用薄板置銃 出則左右相連 前後相接 鉤鐶牽互〕" 하였다.

鹿角車 역시 兵車의 일종으로 보이나 자세한 기록이 없으며, 명칭으로 보아 수레 앞에 사슴뿔 모양의 나무를 대어 적을 막은 것으로 보인다.

太宗이 말하였다.

"晉나라 泰始 연간(265~274)에 馬隆이 涼州의 樹機能 등을 토벌할 적에도 八陣圖를 따라 偏箱車를 만들어서, 만약 지형이 넓고 평평하면 鹿角車를 사용하여 진영을 만들고 도로가 협소하면 나무로 된 지붕을 만들어서 수레 위에 설치하여 싸우면서 전진하였으니, 참으로 正兵은 古人이 소중하게 여긴 바이다."

馬隆은 字가 孝興이니, 東平 平陸 사람이다. 그의 재주가 뛰어나 장수가 될 만하다고 兗州에서 천거하였는데, 司馬督으로 승진하여 節鉞을 받고 宣威將軍이 되었다가, 涼州를 평정한 뒤에 平虜將軍과 西平太守가 되었다.

靖曰 臣討突厥할새 **西行數千里**하니 **若非正兵**이면 **安能致遠**이릿고 **偏箱, 鹿角**은 **兵之大要**니 **一則治力**하고 **一則前拒**하고 **一則束部伍**하여 **三者迭相爲用**하니 **斯馬隆所得古法深也**니이다

李靖이 대답하였다.

"臣이 突厥을 토벌할 적에 서쪽으로 수천 리를 행군하였으니, 만약 正兵이 아니면 어찌 먼 곳에 갈 수 있었겠습니까. 偏箱車와 鹿角車는 군대의 큰 요점입니다. 한편으로는 힘을 다스리고 한편으로는 앞에서 막고 한편으로는 군대를 단속하여 세 가지를 번갈아 사용하였으니, 馬隆이 옛 兵法을 체득한 것이 이처럼 깊었습니다."

靖又對曰 臣討突厥之時에 西行數千里하니 若非用正兵이면 安能致遠如此哉잇가 偏箱車, 鹿角車二者는 用兵之大要니 一則用之而治力하고 一則用之而前拒하고 一則用之而束部伍하여 三者更迭하여 相爲便用하니 斯馬隆所得古人之法深也니이다

李靖이 또다시 대답하였다.

"臣이 突厥을 토벌할 적에 서쪽으로 수천 리를 행군하였으니, 만약 正兵을 사용하지 않았다면 어찌 이와 같이 먼 곳까지 갈 수 있었겠습니까. 偏箱車와 鹿角車의 두 가지는 용병하는 큰 요점입니다. 한편으로는 이것을 사용하여 힘을 다스리고 한편으로는 이것을 사용하여 앞에서 막고 한편으로는 이것을 사용하여 부대를 단속해서 세 가지를 번갈아 사용하였으니, 馬隆이 옛사람의 병법을 체득함이 이처럼 깊었습니다."

○ 愚謂兵法은 有奇有正이어늘 今李靖但用正而不用奇者는 何哉오 夫兵行之法은 惟先有正이요 至於奇者하여는 臨敵變化而爲之耳니 靖非不用奇也라 但西行數千里에 用正兵則部曲有制하여 進止安徐라 偏箱鹿角은 扞外禦內하여 必無所失이요 且八陣亦有奇兵하니 若與敵相遇하여 進退不獲인댄 非出奇면 亦安能取勝哉아 故曰 善用兵者는 無不正이요 無不奇라하니 後之爲將者는 不可泥於用正而不用奇也니라

○ 내가 생각하건대, 병법에는 奇兵이 있고 正兵이 있는데, 지금 李靖이 다만 正兵을 사용하고 奇兵을 사용하지 않은 것은 어째서인가? 군대를 운용하는 방법은 오직 먼저 正兵이 있을 뿐이요, 奇兵에 이르러서는 敵을 마주 대하여 변화시켜 만드는 것이니, 李靖이 奇兵을 쓰지 않은 것이 아니다. 다만 서쪽으로 수천 리를 행군할 적에 正兵을 사용하였으니, 이렇게 하면 부대에 통제가 있어서 나아가고 멈춤이 편안하고 침착하였던 것이다.

偏箱車와 鹿角車의 진영은 밖을 막고 안을 호위하여 반드시 실수하는 바가 없을 것이요, 또 八陣에도 奇兵이 있었으니, 만약 적과 만나 전진도 후퇴도 할 수 없을 때에 奇兵을 출동시키지 않으면 또한 어떻게 승리를 취하겠는가. 그러므로 병법에 이르기를 "用兵을 잘하는 자는 正兵을 쓰지 않음이 없고 奇兵을 쓰지 않음이 없다." 하였으니, 후세의 장수들은 正兵을 쓰는 데에 집착하여 奇兵을 쓰지 않아서는 안 될 것이다.

太宗曰 朕破宋老生할새 初交鋒에 義師少却이러니 朕親以鐵騎로 自南原馳下하여 橫突之한대 老生兵斷後하여 大潰하여 遂擒之하니 此正兵乎아 奇兵乎아

太宗이 말하였다.

"朕이 宋老生을 격파할 적에 처음 交戰에 우리 義兵이 다소 퇴각하였는데, 朕이 직접 鐵騎를 이끌고 남쪽 언덕에서 달려 내려가 橫으로 충돌하자, 宋老生의 군대가 뒤가 끊겨서 크게 궤멸하였다. 이에 그를 사로잡았으니, 이것은 正兵인가? 奇兵인가?"

太宗問李靖曰 朕破宋老生於霍(곽)邑할새 初交鋒刃에 義師少却이러니 朕親用鐵騎하여 自南原으로 馳騁而下하여 橫突其陣한대 老生兵斷後하여 因大潰하여 遂擒老生[1)]하니 此爲正兵乎아 爲奇兵乎아 煬帝十三年에 唐公至霍邑하니 代王侑 遣郎將宋老生等하여 拒之하니라

1) 破宋老生於霍邑……遂擒老生 : 宋老生(?~617)은 隋나라의 虎牙郎將이며, 霍邑은 지금의 山西省 霍州市이다. 이 전투는 隋 煬帝 13년(617) 8월에 있었는데, ≪舊唐書≫ 〈太宗本紀 上〉에 다음과 같이 보인다.

"대군이 서쪽으로 賈胡堡에 이르자 隋의 장수 宋老生이 정예병 2만을 거느리고 霍邑에 주둔하여 唐의 義軍을 막았다.……8월 己卯에 비가 개자, 高祖(李淵)가 군대를 이끌고 霍邑으로 진출하였다. 太宗(李世民)은 宋老生이 성에서 나와 싸우지 않을 것을 염려하여, 몇 명의 騎兵을 거느리고 먼저 적의 성 아래로 가서 채찍을 들어 군대를 지휘하면서, 성을 포위하려는 듯한 태도를 보여 宋老生을 격노시키려 하였다. 宋老生이 과연 노하여 성문을 열고 출병해서 성을 등지고 포진하였다.

高祖와 태자 建成은 성 동쪽에 함께 포진하고, 太宗과 柴紹는 성 남쪽에 포진하였다. 宋老生의 부하 병사들이 빠른 속도로 진격하여 먼저 高祖의 진영으로 육박하였다. 이때 建成이 말에서 떨어지자, 宋老生이 승세를 타고 공세를 취하니, 高祖와 建成의 군대는 모두 퇴각하였다. 이때 太宗이 남쪽 언덕에서 두 騎兵을 거느리고 가파른 언덕을 달려 내려가, 宋老生 軍의 대열을 무찔러 돌파하고, 병사들을 이끌고 힘을 다해 공격하니, 적의 무리가 대패하여 각각 무기를 버리고 달아났다. 城門이 열리자 宋老生이 줄을 잡고 올라가려 했으나, 마침내 그를 목 베고 霍邑을 평정하였다."

太宗이 李靖에게 물었다.

"朕이 宋老生을 霍邑에서 격파할 적에 처음 交戰하여 칼날이 교차하자마자 우리 義兵이 조금 퇴각하였는데, 朕이 직접 鐵騎를 이용하여 남쪽 언덕에서 달려 내려가 적의 진영을 橫으로 충돌하였다. 이에 宋老生의 군대가 후미가 끊겨서 크게 潰滅되어, 마침내 宋老生을 사로잡았으니, 이것은 正兵이 되는가? 奇兵이 되는가?"

隋 煬帝 13년(617)에 唐公 李淵이 霍邑에 이르니, 代王 楊侑가 郎將인 宋老生 등을

보내어 막았다.

靖曰 陛下는 **天縱聖武**니 **非學而能**이니이다 **臣按兵法**은 **自黃帝以來**로 **先正而後奇**하고 **先仁義而後權譎**(휼)하니이다

李靖이 대답하였다.

"陛下는 하늘이 내신 聖武이니, 배워서 능하신 분이 아닙니다. 臣이 살펴보건대, 兵法은 黃帝 이래로 正兵을 먼저 하고 奇兵을 뒤에 하였으며, 仁義를 먼저 하고 임기응변과 속임수를 뒤에 하였습니다.

李靖對曰 陛下天縱聖武之資니 非學而能者也니이다 臣按兵法은 自軒轅黃帝征伐諸侯之僭號者하여 始用師旅[1)]로 以至於今히 必先用正而後奇하고 必先以仁義治之而後에 用權變譎詐之術하니이다

1) 自軒轅黃帝……始用師旅 : 軒轅 黃帝는 상고시대 伏羲·神農과 함께 三皇으로 일컬어지는 신화적 인물로 姓이 公孫이라 하기도 하고 姬라 하기도 하는데, 처음으로 방패와 창을 만들었다고 한다. 황제를 참칭한 자들을 정벌한 것은 ≪史記≫ 〈黃帝紀〉에 "黃帝가 炎帝와 阪泉에서 싸우고 蚩尤와 涿鹿에서 싸우고 북쪽으로 獯鬻(훈육)을 쫓아냈다."라고 보인다.

李靖이 대답하였다.

"陛下는 하늘이 내신 聖武의 자질이시니, 배워서 능한 분이 아닙니다. 臣이 살펴보건대, 兵法은 軒轅 黃帝가 諸侯 중에 황제를 참칭한 자들을 정벌하기 위해 처음 군대를 사용한 이후로 지금에 이르기까지, 반드시 먼저 正兵을 사용하고 奇兵을 뒤에 사용하였으며 반드시 먼저 仁義로써 다스린 뒤에 임기응변과 속임수를 썼습니다."

○ 愚按 權者는 一時之用이니 權而得中이면 卽仁義也니 仁義豈有不正者哉아 至於譎하여는 則詭詐之謂니 如晉文公譎而不正[1)]이 是也라 上古之世에 聖帝明王이 專用仁義하니 仁義者는 治天下之常經也라 所謂 古者以仁爲本하고 以義治之之謂正이 是也라 正不獲意면 以權濟之[2)]라 故로 權爲聖人處變之道어늘 今李靖以權譎竝言하니 蓋兵家權謀詭詐之術이요 非三代聖人之權道也라

1) 晉文公譎而不正 : 이 구절은 ≪論語≫ 〈憲問〉 편에 "晉 文公은 속이고 바르지 않았으며, 齊 桓公은 바르고 속이지 않았다.〔晉文公譎而不正 齊桓公正而不譎〕"라고 보인다.

2) 古者以仁爲本……以權濟之 : 이 내용은 ≪司馬法≫ 〈仁本〉에 "옛날에는 仁으로써 근본을 삼고 義로써 다스리는 것을 正이라고 하였는데, 正으로 뜻을 얻지 못할 경우에는 權으로 구제하였다. 權은 전쟁에서 나오는 것이지, 仁에서 나오는 것이 아니므로 사람을 죽여서 사람을 편안하게 할 수 있다면 사람을 죽일 수도 있는 것이다.〔古者以仁爲本 以義治之之謂正 正不獲意則權 權出於戰 不出於仁也 是故殺人安人 殺之可也〕"라고 보인다.

○ 내가 살펴보건대, 權(權道)이라는 것은 한때에 사용하는 것인바, 저울질하여(時勢를 참작하여) 中을 얻으면 바로 仁義이니, 仁義가 어찌 바르지 않은 것이 있겠는가. 譎은 '거짓으로 속임'을 이르니, 예컨대 '晉 文公이 속이고 바르지 않다.'는 것이다. 상고시대에 聖스러운 皇帝와 현명한 王이 오로지 仁義를 사용하였으니, 仁義는 천하를 다스리는 떳떳한 법이다. 이른바 '옛날에는 仁을 근본으로 삼고 義로써 다스렸으니, 이를 正이라 한다.'라고 한 것이 이것이다.

正으로 뜻을 얻지 못할 경우에는 權으로 구제하였으므로 權은 聖人이 變에 대처하는 방도가 되었다. 그런데 지금 李靖이 '權'과 '譎'을 함께 말하였으니, 이는 兵家의 權謀와 속이는 방법이요, 三代 聖人의 權道가 아니다.

且霍邑之戰에 **師以義擧者**는 **正也**요 **建成墜馬**하여 **右軍少却者**는 **奇也**니이다

또 霍邑의 전투에 군대가 大義로 출동한 것은 正兵이요, 建成이 말에서 떨어지자 右軍이 조금 퇴각한 것은 奇兵이었습니다."

且霍邑에 **與宋老生戰**할새 **師以義擧者**는 **得其兵法之正也**요 **建成墜馬**하여 **右師少却者**는 **合乎兵法之奇也**니이다 **建成**은 **神堯高祖太子**니 **後爲太宗所殺**[1]하니라

1) 建成……後爲太宗所殺 : 建成(589~626)은 唐 高祖 李淵의 長子로, 太子에 책봉되었으나, 건국과정에서 많은 武功을 세운 아우 世民이 626년 7월에 일으킨 '玄武門의 變'으로 죽임을 당하였다. 이세민은 그해 9월에 父皇으로부터 帝位를 물려받아 당의 제2대 황제(太宗)로 즉위하였다. 神堯는 李淵의 존칭이다.

"또 霍邑에서 宋老生과 싸울 적에 우리 군대가 大義로 출동한 것은 兵法의 正兵에 맞고, 建成이 말에서 떨어지자 右軍이 조금 퇴각한 것은 兵法의 奇兵에 맞는 것입니다."

建成은 神堯 高祖의 太子인데 뒤에 太宗에게 살해되었다.

太宗曰 彼時少却하여 **幾敗大事**어늘 **曷謂奇耶**아

太宗이 말하였다.
"그때 조금 퇴각하여 거의 大事를 망칠 뻔하였는데, 어찌하여 奇兵이라고 말하는가?"

太宗言 彼時右軍少却하여 幾敗吾之大事어늘 何以謂之奇邪아

太宗이 말하였다.
"그때 右軍이 조금 퇴각하여 거의 우리의 大事를 망칠 뻔하였는데, 어찌하여 奇兵이라고 말하는가?"

靖曰 凡兵은 **以前向爲正**하고 **後却爲奇**니이다 **且右軍不却**이면 **則老生安致之來哉**잇가 **法曰 利而誘之**하고 **亂而取之**라하니 **老生不知兵**하고 **恃勇急進**이라가 **不意斷後**하여 **見擒於陛下**하니 **此所謂以奇爲正也**니이다

李靖이 대답하였다.
"무릇 군대는 앞으로 향하는 것을 正兵이라 하고, 뒤로 퇴각하는 것을 奇兵이라 합니다. 또 右軍이 퇴각하지 않았으면 宋老生이 어찌 싸우러 왔겠습니까. 兵法에 이르기를 '적에게 이익을 보여주어 유인하고 적이 혼란한 틈을 타서 취한다.' 하였으니, 宋老生이 병법을 알지 못하면서 용맹을 믿고 급히 전진하였다가 뜻밖에 뒤가 끊겨서 陛下에게 사로잡혔으니, 이것이 이른바 '奇를 正으로 삼았다.'는 것입니다."

李靖對曰 凡兵은 前向者爲正이요 後却者爲奇니이다 且右軍初不少却이면 則老生之兵을 安能致之而來哉잇가 兵法曰 以利誘之使來하고 因其亂而取之라하니 宋老生本不知兵하고 倚恃其勇而急進이라가 不料鐵騎自南原馳下하여 橫突其陣하여 兵遂斷後하여 見擒於陛下하니 此所謂以奇爲正也니이다 昔春秋時에 晉與楚戰할새 胥臣以師犯陳蔡하니 此卽向前爲正也요 狐毛設二旆而退하고 欒枝使輿曳柴僞遁하니 此卽後却爲奇也라 楚師馳之어늘 原軫, 郤溱이 以中軍公族으로 橫擊之하고 狐毛, 狐偃이 以上軍夾攻子西하여 楚師敗績[1]하니 此與霍邑之戰同하니 皆以奇爲正也라 但狐毛, 欒枝는 設奇誘楚人之來하여 而右軍少却하고 建成은 墜馬하여 偶合出奇之道耳니 向非太宗天授면 幾何而不爲老生所勝與아

1) 晉與楚戰……楚師敗績 : 春秋時代인 B.C. 632년 여름 4월에 晉나라 군대가 莘北에서 楚나라 군대와 격돌한 전투를 말한 것이다. 이 싸움에서 晉나라 장군 欒枝가 戰車에 나무 섶을 매달아 달아나는 것처럼 위장하니, 楚軍이 이를 추격하였다. 이에 原軫과 郤溱이 中軍의 公族을 이끌고 楚軍의 측면을 공격하고, 狐毛와 狐偃이 上軍을 이끌고 子西가 통솔하는 楚軍을 공격하여 楚나라의 左師를 궤멸시켰다. ≪春秋左氏傳 僖公 28년≫

李靖이 대답하였다.

"무릇 군대는 앞으로 향하는 것을 正兵이라 하고, 뒤로 퇴각하는 것을 奇兵이라고 합니다. 또 右軍이 당초에 조금 퇴각하지 않았으면 宋老生의 군대를 어찌 유인하여 쳐들어오게 했겠습니까. 兵法에 이르기를 '이익으로 유인하여 적을 오게 하고, 적이 혼란한 틈을 이용하여 취한다.' 하였으니, 宋老生이 본래 兵法을 알지 못하면서 자신의 용맹을 믿고 급히 전진하다가 陛下의 鐵騎兵이 남쪽 언덕에서 달려 내려와 측면에서 그의 진영으로 돌진해 올 것을 헤아리지 못하여, 마침내 군대의 후미가 끊겨서 陛下에게 사로잡혔으니, 이것이 이른바 '奇兵을 正兵으로 삼았다.'는 것입니다."

옛날 春秋時代에 晉나라가 楚나라와 싸울 적에 胥臣이 군대를 이끌고 陳과 蔡 두 나라의 군대를 범하였으니, 이는 바로 앞을 향하여 正兵으로 삼은 것이다. 狐毛가 두 깃발을 설치하고서 후퇴하고 欒枝가 병사들로 하여금 수레로 나뭇단을 끌면서 거짓으로 도망하도록 하였으니, 이는 바로 뒤로 퇴각하여 奇兵으로 삼은 것이다. 楚나라 군대가 달려오자, 原軫과 郤溱이 中軍과 公族으로 楚軍을 가로질러 공격하였고, 狐毛와 狐偃이 上軍을 이끌고 楚나라 장수 子西를 협공하여 楚나라 군대를 크게 패퇴시켰다. 이는 霍邑의 전투와 같으니, 모두 奇兵을 正兵으로 삼은 것이다.

다만, 狐毛와 欒枝는 奇兵을 설치해서 楚나라 군대가 오도록 유인하여 右軍이 조금 퇴각하였고, 建成은 말에서 떨어져 우연히 奇兵을 출동하는 方道에 합치되었을 뿐이니, 만일 그때 하늘이 내려준 太宗이 아니었더라면 어찌 宋老生에게 패전하지 않았겠는가.

太宗曰 霍(곽)去病이 **暗與孫吳合**이라하니 **誠有是夫**인저 **當右軍之却也**에 **高祖失色**이러니 **及朕奮擊**하여 **反爲我利**하여 **孫吳暗合**하니 **卿實知言**이로다

太宗이 말하였다.

"霍去病이 은연중 孫子・吳子와 부합했다고 하였는데, 참으로 이러한 경우가 있는가 보다. 右軍이 퇴각할 적에 高祖께서 얼굴이 흙빛이 되셨는데, 朕이 분발하

여 공격해서 도리어 우리의 이익이 되어 孫子·吳子와 은연중 부합하였으니, 卿은 실로 이치를 아는 말을 하는구나."

太宗曰 漢武時에 霍去病爲將하여 暗與孫吳相合[1]이라하니 誠實有此事也라 夫當其右軍少却하여 高祖失色이러니 及朕以鐵騎로 奮而擊之하여 反爲我之所利하여 與孫吳暗合하니 卿實知言이라하니라 蓋以右軍少却으로 暗合孫吳出奇取勝之法이라 漢武嘗欲敎去病孫吳兵法한대 去病對曰 顧方略如何耳니 不至學古兵法也라하더니 凡行軍制勝에 多與孫吳暗合이라 霍去病은 衛靑姊(자)子也니 年十八에 善騎射하여 從大將軍하여 爲票[2]姚校尉하여 屢有功하고 後爲驃騎將軍하니라 高祖는 唐神堯高祖也라

1) 霍去病爲將 暗與孫吳相合 : 霍去病(B.C. 140~B.C. 117)은 漢 武帝 때의 명장으로, 18세에 剽姚校尉가 되어 당시 大將軍인 외삼촌 衛靑을 따라 匈奴와의 전쟁에 출정하여 큰 공을 세우고, 이후 驃騎將軍이 되어 24세에 요절할 때까지 수많은 전투에서 한 번도 패하지 않은 常勝將軍이다. 그는 兵法을 배우지 않았는데도 戰場에서 臨機應變으로 크게 승리하곤 하였는바, 항상 승리한 그의 전술이 병법과 은연중에 부합한다고 말한 것이다. ≪史記 衛將軍驃騎列傳≫

2) 票 : 剽와 같다.

太宗이 말하였다.

"漢 武帝 때에 霍去病이 장수가 되어서 은연중 孫子·吳子와 서로 부합했다고 하였는데, 진실로 이러한 일이 있는 것이다. 우리 右軍이 조금 퇴각할 적에 高祖께서 얼굴이 흙빛이 되셨는데, 朕이 鐵騎를 이끌고 분발하여 공격해서 도리어 우리에게 이익이 되어 은연중 孫子·吳子와 부합하였으니, 卿은 실로 이치를 아는 말을 한다."

이는 右軍이 조금 퇴각한 것이 孫子·吳子가 奇兵을 내어 승리를 취한 법과 은연중 부합한 것이다.

漢 武帝가 일찍이 霍去病에게 孫子·吳子의 병법을 가르치려고 하자, 霍去病이 대답하기를 "장수는 方略이 어떠한가를 따질 뿐이니, 굳이 옛 병법을 배울 필요가 없습니다."라고 하였는데, 무릇 군대를 운용하여 승리할 적에는 대부분 孫子·吳子의 병법과 은연중 부합하였다.

霍去病은 衛靑의 누이의 아들이니, 18세에 말타기와 활쏘기를 잘하여, 대장군 衛靑을 따라 출전해서 剽姚校尉가 되어 여러 번 공을 세우고, 뒤에 驃騎將軍이 되었다.

高祖는 唐나라의 神堯 高祖이다.

太宗曰 凡兵却을 皆謂之奇乎아

太宗이 말하였다.
"무릇 군대가 퇴각하는 것을 다 奇兵이라고 말하는가?"

太宗問李靖曰 凡兵却을 皆可謂之奇否乎아

太宗이 李靖에게 물었다.
"무릇 군대가 퇴각하는 것을 모두 奇兵이라고 이를 수 있는가?"

靖曰 不然하나이다 夫兵却에 旗參差(참치)而不齊하고 鼓大小而不應하고 令喧囂(훤효)而不一이면 此眞敗者也요 非奇也니이다 若旗齊鼓應하고 號令如一이로되 紛紛紜紜이면 雖退走나 非敗也요 必有奇也니이다 法曰 佯北(배)勿追라하고 又曰 能而示之不能이라하니 皆奇之謂也니이다

李靖이 대답하였다.
"그렇지 않습니다. 군대가 퇴각할 적에 깃발이 어긋나서 가지런하지 못하고, 북소리가 크고 작아 서로 응하지 못하며, 장수가 호령을 내리는데도 병사들이 시끄럽게 떠들어서 통일되지 못하면, 이것은 참으로 패한 것이지 奇兵이 아닙니다. 만약 깃발이 가지런하고 북소리가 서로 응하며 호령이 한결같으면서도 군대가 무질서한 듯이 보이면, 적이 비록 후퇴하여 도망하더라도 참으로 패한 것이 아니요 반드시 奇兵이 있는 것입니다. 兵法에 이르기를 '거짓으로 패주하는 자는 추격하지 말라.' 하였고, 또 이르기를 '능하거든 능하지 못한 것처럼 보이라.' 하였으니, 모두 奇兵을 말한 것입니다."

靖對太宗曰 不然하나이다 夫兵之却也에 旗幟參差而不能齊하고 鼓音大小而不相應하고 號令喧囂(훤효)而不歸一하면 此乃眞敗也요 非所謂奇也니이다 若旗幟齊整하고 鼓聲相應하고 號令如一이로되 紛紛紜紜하여 示之以亂이면 雖退나 非眞敗也요 必有奇伏也니이다 若韓信之佯北(배)[1]와 欒枝之僞遁[2]이 非奇而何오 在兵法에 有曰 佯北者勿追라하고 又曰 將本能而佯示之以不能이라하니 皆奇之謂也니이다

1) 韓信之佯北(배) : 漢 高祖와 楚나라 項羽가 천하를 다투던 B.C. 204년에, 漢나라 將軍인 韓信이 張耳와 함께 수만의 병력을 거느리고 동쪽으로 趙나라를 공격하니, 趙王

歇과 成安君 陳餘가 이 말을 듣고 韓信의 漢軍을 막고자 병력을 井陘 어구에 집결시키고 20만 대군이라 하였다.

이때 廣武君 李左車가 成安君에게 "井陘의 길이 좁아 적의 군량이 반드시 그 후미에 있을 것이니, 奇兵 3만 명을 저에게 빌려주시면 샛길로 가서 漢軍의 보급로를 끊겠습니다. 足下께서 垓子를 깊게 파고 堡壘를 높이 쌓아 저들과 싸우지 않으신다면 10일이 못 되어 두 장수의 머리를 휘하에 바칠 수 있을 것입니다." 하고 청하였으나, 成安君은 廣武君의 계책을 받아들이지 않았다.

첩자에게 이 보고를 들은 韓信은 과감하 井陘의 좁은 길로 내려가서 背水陣을 치고, 또 은밀히 2천 명의 정예병을 선발하여 "너희들은 각기 붉은 漢나라 깃발 한 개씩을 가지고 숲 속에 은신하여 있다가 내가 패전하여 도망가면 趙나라 병사들이 성벽을 비우고 추격할 것이니, 이 틈을 타 趙나라 성벽으로 들어가서 趙나라의 깃발을 모두 뽑아버리고 우리 漢軍의 붉은 깃발을 꽂아라."라고 명하였다.

趙나라 병사들은 韓信이 背水陣을 친 것을 보고는 兵法을 모르는 자라고 비웃었다. 韓信이 趙軍을 맞아 출전하였다가 거짓으로 大將軍의 깃발과 북을 버리고 도망하니, 趙나라 병사들은 성벽을 비우고서 漢나라의 북과 깃발을 다투어 취하고 韓信을 추격하였다. 韓信을 추격하던 趙軍은 漢나라 군대가 背水陣을 친 진영으로 들어가 결사적으로 싸우므로 더 이상 어찌하지 못하고 성벽으로 돌아가면서 바라보니, 성벽은 이미 漢軍이 점령하여 붉은색의 깃발이 꽂혀있었다. 趙軍이 이것을 보고 우왕좌왕하자, 漢나라 군대가 협공하여 趙軍을 대파하고 陳餘를 참수하고, 趙王 歇을 사로잡아 趙나라를 점령하였다. ≪史記 권92 淮陰侯列傳≫

2) 欒枝之僞遁 : 欒枝는 춘추시대 晉나라의 장수로, 이에 대한 자세한 내용은 본서 253쪽의 주 1) 참조.

李靖이 太宗에게 대답하였다.

"그렇지 않습니다. 군대가 퇴각할 적에 깃발이 어긋나서 서로 가지런하지 못하고, 북소리가 크고 작아서 서로 응하지 못하며, 장수가 호령을 내리는데도 병사들이 시끄럽게 떠들어서 한결같지 못하면, 이것은 참으로 패한 것이지 이른바 奇兵이 아닙니다. 만약 깃발이 정돈되고 북소리가 서로 응하며 호령이 한결같은데도 군대가 무질서하여 어지러운 것처럼 보이면, 적이 비록 후퇴하더라도 참으로 패한 것이 아니요 반드시 奇兵의 매복이 있는 것입니다."

예컨대, 韓信이 거짓으로 패주한 것과 欒枝가 거짓으로 도망한 것이 奇兵이 아니고 무엇이겠는가.

"兵法에 '거짓으로 패주하는 자는 추격하지 말라.' 하였고, 또 이르기를 '장수가 본래 유능하거든, 거짓으로 능하지 못한 것처럼 보이라.' 하였으니, 모두 奇兵을 말한 것입니다.”

太宗曰 霍邑之戰에 **右軍少却**은 **其天乎**인저 **老生被擒**은 **其人乎**인저

太宗이 말하였다.

“霍邑의 전투에서 우리 右軍이 조금 퇴각한 것은 天命일 것이다. 宋老生이 사로잡힌 것은 人事일 것이다.”

> 太宗曰 霍邑之戰에 右軍少却은 其係之天命乎인저 老生被擒은 其係之人事乎인저 言右師偶爾少却하여 而誘老生之來하니 是天命使之也요 太宗以鐵騎로 自南原馳下하여 橫突之하여 老生兵潰而擒하니 是人力爲之也라
>
> 太宗이 말하였다.
>
> “霍邑의 전투에서 우리 右軍이 조금 퇴각한 것은 天命에 관계될 것이다. 宋老生이 사로잡힌 것은 人事에 관계될 것이다.”
>
> 右師가 우연히 조금 퇴각하여 宋老生이 오도록 유도하였으니, 이것은 天命이 그렇게 시킨 것이요, 太宗이 鐵騎를 이끌고 남쪽 언덕에서 달려 내려가 측면으로 돌진하여 宋老生의 군대가 궤멸되어 사로잡혔으니, 이것은 인력으로 한 것이라고 말한 것이다.

靖曰 若非正兵變爲奇하고 **奇兵變爲正**이면 **則安能勝哉**잇가 **故**로 **善用兵者**는 **奇正〔在〕**[1] **人而已**요 **變而神之**는 **所以推乎天也**니이다 **太宗俛**(부)**首**하다

1)〔在〕: 저본에는 '在'자가 없으나, 漢文大系本에 의거하여 보충하였다.

李靖이 말하였다.

“만약 正兵을 바꾸어 奇兵으로 만들고 奇兵을 바꾸어 正兵으로 만들지 않는다면 어떻게 승리할 수 있겠습니까. 그러므로 用兵을 잘하는 자는 奇兵과 正兵이 사람에게 달려있을 뿐, 변화하여 神妙하게 하는 것은 하늘에 미루는 것입니다.”

이에 太宗이 고개를 끄덕였다.

> 靖對曰 凡戰에 若非正兵或變而爲奇하고 奇兵或變而爲正하여 使敵莫測吾奇正之形이면 則亦安能致勝哉잇가 故로 善能用兵者는 奇正皆在人而已요 變化而入於神妙不測은 所以推之於天也니이다 太宗已知其義하고 遂低首하니라

李靖이 대답하였다.

"전투를 함에 만약 正兵을 혹 바꾸어 奇兵으로 만들기도 하고 奇兵을 혹 바꾸어 正兵으로 만들기도 하여, 적으로 하여금 우리의 奇兵과 正兵의 형체를 헤아릴 수 없게 하지 않는다면, 또한 어떻게 승리할 수 있겠습니까. 그러므로 用兵을 잘하는 자는 奇兵과 正兵의 운용이 모두 사람에게 달려있을 뿐, 변화하여 神妙해서 측량할 수 없는 경지에 들어가는 것은 하늘에 미루는 것입니다."

이에 太宗이 그 뜻을 충분히 알고 고개를 끄덕였다.

太宗曰 奇正은 **素分之歟**아 **臨時制之歟**아

太宗이 말하였다.

"奇兵과 正兵은 평소에 나누는 것인가? 싸울 때에 임박하여 만드는 것인가?"

太宗問靖曰 奇與正은 **平日素分之歟**아 **乃臨時制之歟**아

太宗이 李靖에게 물었다.

"奇兵과 正兵은 평소에 미리 나누어두는 것인가? 아니면 싸울 때에 임하여 만드는 것인가?"

靖曰 按曹公新書曰 己二而敵一이면 **則一術爲正**하고 **一術爲奇**요 **己五而敵一**이면 **則三術爲正**하고 **二術爲奇**라하니 **此言大略〔耳〕**[1)]니이다

1)〔耳〕: 저본에는 '耳'자가 없으나, 漢文大系本에 의거하여 보충하였다.

李靖이 대답하였다.

"曹公(曹操)의 ≪新書≫를 살펴보니 이르기를 '우리가 2軍이고 적이 1軍이면 한 術(부대)을 正으로 삼고 한 術을 奇로 삼으며, 우리가 5군이고 적이 1군이면 세 術을 正으로 삼고 두 術을 奇로 삼는다.' 하였으니, 이것은 대략을 말한 것입니다.

靖對曰 臣按曹公新書[1)]에 **有曰 己二軍**이요 **敵一軍**이면 **則我以一術爲正**하고 **以一術爲奇**요 **己五軍**이요 **敵一軍**이면 **則我以三術爲正**하고 **以二術爲奇**라하니 **此但言其大略耳**라 **假如己一而敵二**요 **己一而敵五**면 **則以何術爲正**하고 **以何術爲奇乎**잇가 **故**로 **云 曹公但言奇正之大略**이요 **非奇正之深妙者也**라하니라

1) 曹公新書 : 曹公은 曹操를 가리키며, ≪新書≫는 曹操가 ≪孫子≫를 근간으로 하여

지은 병법서인 ≪孟德新書≫를 이른다. 孟德은 曹操의 자이다.

李靖이 대답하였다.

"신이 曹公의 ≪新書≫를 살펴보건대, 여기에 이르기를 '우리가 2軍이고 적이 1軍이면 우리는 한 군대를 正兵으로 삼고 한 군대를 奇兵으로 삼으며, 우리가 5군이고 적이 1군이면 우리는 세 군대를 正兵으로 삼고 두 군대를 奇兵으로 삼는다.' 하였으니, 이는 다만 그 대략을 말했을 뿐입니다."

가령 우리가 1군이고 적이 2군이며, 우리가 1군이고 적이 5군이면 무슨 군대를 正兵으로 삼고, 무슨 군대를 奇兵으로 삼겠는가. 그러므로 曹公은 다만 奇・正의 대략을 말했을 뿐이요, 奇・正의 深妙함을 말한 것이 아니라고 한 것이다.

唯孫武云 戰勢不過奇正하니 **奇正之變**을 **不可勝窮**이라 **奇正相生**이 **如循環之無端**하니 **孰能窮之**리오하니 **斯得之矣**니 **安有素分之邪**잇가

오직 孫武가 말하기를 '싸우는 형세는 奇와 正에 지나지 않으니, 奇와 正의 변화를 이루 다할 수가 없다. 奇와 正이 相生함은 끝없이 순환하는 것과 같으니, 누가 이것을 다할 수 있겠는가.' 하였으니, 이 말이 맞습니다. 어찌 평소에 나눌 수가 있겠습니까.

唯孫武子有云 戰勢不過奇正二者하니 奇正之變을 不可盡窮焉이라 奇正之變은 謂奇或變而爲正하고 正或變而爲奇也요 奇正相生은 謂或以奇而生正하고 或以正而生奇하여 如環循轉하여 無有端倪하니 誰能盡之리오하니 斯言이 乃得奇正之妙耳라 安有奇正平日素分之理邪잇가

"오직 孫武子(孫武)가 이르기를 '싸우는 형세는 奇・正 두 가지에 지나지 않는데, 奇・正의 변화를 다할 수가 없다. 奇・正의 변화는 혹 奇兵이 변하여 正兵이 되고 혹 正兵이 변하여 奇兵이 되는 것을 이르며, 奇・正의 相生은 혹 奇兵으로써 正兵을 내고 혹 正兵으로써 奇兵을 내어 끝없이 순환하여 도는 것과 같음을 이르니, 누가 이것을 다할 수 있겠는가.' 하였으니, 이 말이 바로 奇・正의 묘함을 제대로 표현하였습니다. 어찌 奇兵과 正兵이 평소에 미리 나뉠 리가 있겠습니까."

若士卒未習吾法하고 **偏裨未熟吾令**이면 **則必爲之二術**하여 **教戰時**에 **各認旗鼓**하여 **迭相分合**이라 **故**로 **曰分合爲變**이라하니 **此教戰之術耳**니이다 **教閱既成**하여 **衆知**

吾法然後에 如驅群羊하여 由將所指니 孰分奇正之別哉잇가

만약 병사들이 나의 군법을 익히지 못하고, 偏將과 裨將이 나의 명령에 숙달하지 못하면, 반드시 두 군대를 만들어서 전투를 가르칠 적에 각각 해당하는 깃발과 북소리를 알아서 번갈아 서로 나누고 합치게 해야 합니다. 그러므로 병법에 '나누고 합치는 것을 변화로 삼는다.' 하였으니, 이것이 전투를 가르치는 방법입니다. 훈련이 이미 끝나서 병사들이 나의 군법을 안 뒤에는, 양떼를 모는 것처럼 하여 장수가 지시하는 바를 따르게 할 수 있으니, 어찌 奇兵과 正兵의 분별을 나누겠습니까.

若士卒未曾閑習吾之軍法하고 偏裨未曾慣熟吾之號令이면 則必爲之二術하여 教戰之時에 各認本隊旗鼓하여 更迭爲分合이라 故로 曰分合爲變이라하니 謂分而合하고 合而分하여 更迭變化니 此乃教戰之術耳니이다 教閱既成之後에 衆人皆知吾之軍法然後에 如驅群羊하여 或往或來가 由將所指니 孰能分其奇正之別哉잇가

"만약 병사들이 일찍이 나(장수)의 군법을 익히지 못하고, 偏將과 裨將이 일찍이 나의 호령에 익숙하지 못하면, 반드시 두 군대를 만들어서 전투를 가르칠 적에 각각 本隊의 깃발과 북소리를 알아서 번갈아 나누고 합치게 해야 합니다. 그러므로 병법에 이르기를 '나누고 합치는 것으로 변화를 삼는다.' 하였으니, 나누었다가 합치고 합쳤다가 나누어서 번갈아 변화함을 말한 것이니, 이것이 바로 전투를 가르치는 방법입니다. 훈련이 이미 끝나서 병사들이 모두 나의 군법을 안 뒤에는 양떼를 모는 것처럼 하여, 가고 오는 것을 장수가 지시하는 바에 따르게 하여야 하니, 어찌 奇兵과 正兵의 분별을 나누겠습니까."

孫武所謂形人而我無形이 此乃奇正之極致라 是以로 素分者는 教閱也요 臨時制變者는 不可勝窮也니이다

孫武가 말한 '적에게 형세(형체)를 드러내어 보이되 우리는 실제로 형체가 없게 한다.'는 것이 바로 奇兵과 正兵의 극치입니다. 이 때문에 평소 군대를 나누는 것은 병사들을 훈련시키는 것이요, 싸울 때에 임박해서 변화하는 것은 이루 다할 수가 없는 것입니다."

孫武所謂 以虛實奇正之形示人호되 而我實無虛實奇正之形[1)]이 此乃奇正至極

之理라 是以로 奇正素分者는 敎閱之法也요 或奇而示之正하고 或正而示之奇하여 臨時相變하여 〔使敵莫測〕[2)]者는 奇正不可勝窮之道也니이다

1) 孫武所謂……而我實無虛實奇正之形 : 이 내용은 ≪孫子≫ 〈虛實〉의 "적에게 奇·正의 형체를 드러내어 보이되 우리가 실제로 형체가 없게 하면, 우리는 專一하고 적은 分散될 것이다.〔形人而我無形 則我專而敵分〕"라는 구절을 풀이한 것이다.

2) 〔使敵莫測〕 : 저본에는 없는 것을 漢文大系本에 의거하여 보충하였다.

"孫武가 말한 '虛·實과 奇·正의 형체를 적에게 보여주되, 우리는 실로 虛·實과 奇·正의 형체가 없다.'라는 것이 바로 奇·正의 지극한 이치입니다. 이 때문에 奇·正을 평소 나누는 것은 병사들을 훈련시키는 방법이요, 혹 奇兵이면서 正兵인 것처럼 보이고 혹 正兵이면서 奇兵인 것처럼 보여서, 싸울 때에 서로 변화하여 적으로 하여금 예측하지 못하게 하는 것은 奇·正의 다할 수 없는 방도입니다."

太宗曰 深乎深乎여 曹公必知之矣리라 但新書는 所以授諸將而已요 非奇正本法이리라

太宗이 말하였다.

"깊고 깊다. 曹公이 반드시 이것을 알았을 것이다. 다만 ≪新書≫는 여러 장수들에게 가르쳐준 것일 뿐이요, 奇·正의 본래 법이 아닐 것이다."

太宗曰 奇正之法이 深遠乎哉라 重言深乎深乎者는 嘆其奇正之法을 不可以淺近求之也라 奇正之法雖深이나 而曹公必能知之로되 但新書는 所以授諸將而已요 非論奇正本法也라 蓋曹公姦詭하여 不令時人得知奇正之妙耳라

太宗이 말하였다.

"奇·正의 법이 심원하다."

'深乎深乎'라고 거듭 말한 것은 奇·正의 법을 가볍게 구할 수 없음을 감탄한 것이다.

"奇·正의 법이 비록 심오하더라도 曹公은 반드시 이것을 알았을 터인데, 다만 ≪新書≫는 여러 장수들에게 가르쳐주었을 뿐이요 奇·正의 본래 법을 논한 것이 아니니, 曹公이 간사하게 속여서 당시 사람들로 하여금 奇·正의 묘리를 알지 못하게 한 것이다."

太宗曰 曹公云 奇兵旁擊이라하니 卿謂若何오

太宗이 말하였다.
"曹公이 이르기를 '奇兵이 옆에서 공격한다.'고 하였으니, 卿은 어떻게 생각하는가?"

太宗言 曹公註孫武의 以正合, 以奇勝[1]下에 云 正者는 當敵이요 奇者는 從旁擊不備也라하니 卿謂其說若何오

1) 孫武……以奇勝 : 이 내용은 ≪孫子≫ 〈兵勢〉에 "무릇 전투는 正兵으로 交戰하고 奇兵을 만들어 승리한다.〔凡戰者 以正合 以奇勝〕"라고 보인다.

太宗이 말하였다.
"曹公이 ≪孫武子≫의 '正兵으로 합하고 奇兵으로 승리한다.'라는 구절 아래에 '正兵은 적을 담당하고 奇兵은 옆에서 방비하지 않는 적을 공격한다.'라고 註하였으니, 卿은 그 말이 어떻다고 생각하는가?"

靖曰 臣按曹公註孫子曰 先出合戰爲正이요 後出爲奇라하니 此與旁擊之說異焉하니이다

李靖이 대답하였다.
"臣이 살펴보건대, 曹公이 ≪孫子≫에 註하기를 '먼저 나와서 적과 교전하는 것이 正兵이요 뒤에 나오는 것이 奇兵이다.' 하였으니, 이것은 '옆에서 공격한다.'는 말과는 다릅니다.

靖對曰 臣嘗按曹公註孫子에 有云 先出與人合戰者爲正이요 在後出者爲奇라하니 此又與旁擊之說不同焉하니이다

李靖이 대답하였다.
"臣이 일찍이 曹公이 ≪孫子≫에 註한 것을 살펴보니, 이르기를 '먼저 나와서 적과 교전하는 것이 正兵이요 뒤에서 나오는 것이 奇兵이다.' 하였으니, 이는 또 '옆에서 공격한다.'는 말과는 다릅니다."

臣愚는 謂 大衆所合이 爲正이요 將所自出이 爲奇라하오니 烏有先後旁擊之拘哉잇가

어리석은 臣은 큰 병력을 會戰하는 것이 正兵이요, 장군이 직접 데리고 출동하

는 것이 奇兵이라고 여기니, 어찌 먼저 나오고 뒤에 나옴과 옆에서 공격하는 것에 얽매일 것이 있겠습니까."

臣愚는 謂 大衆與敵所合者 爲正兵이요 大將所自出者 爲奇兵이라하니 烏有先出爲正, 後出爲奇와 與從旁擊不備之拘執哉잇가

"어리석은 臣은 큰 병력이 적과 會戰하는 것이 正兵이고, 대장이 직접 데리고 출동하는 것이 奇兵이라 여기니, 어찌 먼저 출동한 것이 정병이고 뒤에 출동한 것이 기병이며, 옆에서 대비하지 않는 적을 공격한다는 것을 고집할 것이 있겠습니까."

太宗曰 吾之正을 使敵視以爲奇하고 吾之奇를 使敵視以爲正이 斯所謂形人者歟인저 以奇爲正하고 以正爲奇하여 變化莫測이 斯所謂無形者歟인저 靖再拜曰 陛下神聖이 逈(형)出古人하시니 非臣所及이니이다

太宗이 말하였다.

"우리의 正兵을 적이 보고서 奇兵이라고 여기게 하고, 우리의 奇兵을 적이 보고서 正兵이라고 여기게 하는 것, 이것이 이른바 '형체를 남에게 드러내어 보인다.'는 것이리라. 奇兵을 正兵으로 삼고 正兵을 奇兵으로 삼아서 변화하여 측량할 수 없는 것, 이것이 이른바 '형체가 없게 한다.'는 것이리라."

李靖이 再拜하고 말하였다.

"陛下의 神聖함은 옛사람보다 크게 뛰어나시니, 臣이 미칠 바가 아닙니다."

太宗言 吾之正兵을 使敵人視之에 反疑以爲奇하고 吾之奇兵을 使敵人視之에 反疑以爲正이 斯孫子所謂形人者歟인저 吾能以奇兵變爲正하고 正兵變爲奇하여 奇正變化를 不可測度이 斯孫子所謂無形者[1]歟인저 靖再拜而對曰 陛下神聖之姿가 逈出於古人하시니 非臣所能及也니이다

1) 孫子所謂形人者……孫子所謂無形者 : 孫子의 이 말은 ≪孫子≫ 〈虛實〉의 "적에게 奇·正의 형체를 드러내어 보이되 우리가 실제로 형체가 없게 한다.〔形人而我無形〕"라는 구절을 이른 것이다.

太宗이 말하였다.

"우리의 正兵을 적이 보고서 도리어 奇兵으로 의심하게 하고, 우리의 奇兵을 적이 보고서 도리어 正兵으로 의심하게 하는 것이 孫子가 말한 '형체를 남에게 드러내 보인

다.'는 것이리라. 우리가 奇兵을 正兵으로 바꾸고 正兵을 奇兵으로 바꿔서 奇·正의 변화를 측량할 수 없게 하는 것이 孫子가 말한 '형체가 없게 한다.'는 것이리라."

李靖이 再拜하고 대답하였다.

"陛下의 神聖한 자질이 옛사람보다 크게 뛰어나시니, 臣이 미칠 바가 아닙니다."

○ 或問 奇何以變而爲正하고 正何以變而爲奇耶오 愚謂 奇正之道 變化無窮하여 非一言而能盡이라 大衆所合이 固爲正이니 如晉與楚戰에 狐毛設二旆而退하고 欒枝輿柴而走[1]는 正而變爲奇也요 將所自出이 固爲奇니 如孫臏入魏地하여 使其軍十萬竈하고 明日爲五萬竈하고 又明日爲三萬竈하며 至馬陵하여 以萬人夾道而伏하여 遂殺龐涓하고 敗魏師[2]는 奇而變爲正也라 不特此也라 凡佚而示之勞하고 飽而示之飢가 非變正而爲奇歟아 佯棄旗鼓하고 走水上軍[3]이 非變奇而爲正歟아 善用兵者는 正亦勝하고 奇亦勝하여 使敵不知我所以制勝之形이니 斯能應變於無窮矣라

1) 晉與楚戰……欒枝輿柴而走 : ≪春秋左氏傳≫ 僖公 28년 조에 보이는 내용으로 자세한 내용은 본서 253쪽의 주 1) 참조.

2) 孫臏入魏地……敗魏師 : 孫臏은 戰國時代 齊나라 출신의 將軍으로 兵法家인 孫武의 손자이고, 손무와 같이 孫子로 불리며, ≪孫臏兵法≫의 저자이다. 이 구절에 대한 자세한 내용은 본서 175쪽의 주 1) 참조.

3) 佯棄旗鼓 走水上軍 : B.C. 204년에, 漢 高祖의 명을 받은 將軍 韓信이 趙나라를 공격할 적에 썼던 전술로 자세한 내용은 본서 255쪽의 주 1) 참조.

○ 혹자가 "奇兵을 어떻게 正兵으로 바꾸고, 正兵을 어떻게 奇兵으로 바꿉니까?" 라고 묻기에 내가 대답하였다.

"奇·正의 道는 변화가 무궁무진해서 한마디 말로 다할 수 있는 것이 아니다. 큰 병력으로 會戰하는 것이 본래 正兵이니, 晉나라가 楚나라와 싸울 적에 狐毛가 두 깃발을 설치하고서 후퇴하고 欒枝가 수레로 나뭇단을 끌며 달아난 것은, 正兵을 奇兵으로 바꾼 것이다.

장수가 직접 출동한 것이 본래 奇兵이니, 예컨대 孫臏이 魏나라 지역에 들어가서 군대로 하여금 첫날에는 10만 개의 취사장을 만들게 하고, 다음날에는 5만 개를 만들게 하고, 또 다음날에는 3만 개를 만들게 하였으며, 馬陵에 이르러서 1만 명을 길 좌우에 매복시켜 마침내 龐涓을 죽이고 魏나라 군대를 격파한 것은, 奇兵을 正兵으로 바꾼 것이다.

비단 이뿐만이 아니다. 무릇 편안하면서 수고로운 것처럼 보이고, 배부르면서 굶주린 것처럼 보이는 것이 正兵을 奇兵으로 바꾸는 것이 아니겠는가.

〈韓信이〉 거짓으로 大將軍의 깃발과 북을 버리고 水上의 진영으로 달아난 것이 奇兵을 正兵으로 바꾼 것이 아니겠는가. 용병을 잘하는 자는 正兵으로도 승리하고 奇兵으로도 승리하여, 적으로 하여금 우리가 승리하는 형체를 알지 못하게 하니, 이렇게 하면 무궁한 변화에 능히 응할 수 있게 된다."

太宗曰 分合爲變者는 **奇正安在**오

太宗이 말하였다.

"군대를 나누고 합침을 變으로 삼는다는 것은, 奇와 正이 어디에 있는가?"

太宗言 分而合하고 合而分하여 互相更變은 奇正之法이 安在오

太宗이 말하였다.

"군대를 나누었다가 합치고 합쳤다가 나누어서 서로 번갈아 바꾸는 것은, 奇·正의 법이 어디에 있는가?"

靖曰 善用兵者는 **無不正**이요 **無不奇**하여 **使敵莫測**이라 **故正亦勝**하고 **奇亦勝**이니이다 **三軍之士 止知其勝**하고 **莫知其所以勝**하나니 **非變而通**이면 **安能至是哉**잇가 **分合所出**은 **唯孫武能之**요 **吳起而下**는 **莫可及焉**이니이다

李靖이 대답하였다.

"用兵을 잘하는 자는 正兵 아닌 것이 없고 奇兵 아닌 것이 없어서, 적으로 하여금 측량하지 못하게 합니다. 그러므로 正兵으로도 승리하고 奇兵으로도 승리하는 것입니다. 三軍의 병사들이 다만 그 승리하는 것만 알고 그 승리하는 이유를 알지 못하니, 변화에 따라 통달하는 자가 아니면 어찌 여기에 이르겠습니까. 나누고 합침을 내는 것은 오직 孫武만이 능하였고, 吳起 이하는 이에 미칠 수가 없습니다."

靖對曰 善用兵者는 無不是正이요 無不是奇하여 使敵人莫可測量이라 故로 用正兵亦勝하고 奇兵亦勝이니이다 吾三軍之士 止知其破軍殺將而取勝이요 莫知其陰謀秘計所以制勝之道하나니 非分合變化而能通이면 安能至於如此之妙哉잇가 分合

所出은 唯孫武一人能之요 自吳起而下는 皆莫可及也니이다

李靖이 대답하였다.

"用兵을 잘하는 자는 正兵 아닌 것이 없고 奇兵 아닌 것이 없어서, 적으로 하여금 측량할 수 없게 합니다. 그러므로 正兵을 사용하여도 승리하고 奇兵을 사용하여도 승리하는 것입니다. 우리 三軍의 병사들이 다만 적군을 격파하고 적장을 죽여서 승리를 취하는 것만 알고, 그 음모와 비밀스러운 계책으로 승리하는 방도를 알지 못하니, 나누고 합침을 자유자재로 변화하여 능통한 자가 아니면 어찌 이와 같이 신묘함에 이를 수 있겠습니까. 나누고 합침을 내는 것은 오직 孫武 한 사람만이 할 수 있고, 吳起로부터 이하는 모두 미칠 수가 없습니다."

太宗曰 吳術若何오 靖曰 臣請略言之호리이다 魏武侯問吳起兩軍相向한대 起曰 使賤而勇者로 前擊호되 鋒(如)〔始〕[1]交而北하고 北而勿罰하고 觀敵進取하여 一坐一起하여 奔北不追면 則敵有謀矣니이다

1) (如)〔始〕: 저본의 '如'는 明本에 의거하여 '始'로 바로잡았다.

太宗이 말하였다.

"吳起의 방법은 어떠한가?"

李靖이 대답하였다.

"臣이 간략히 말씀드리겠습니다. 魏나라 武侯가 吳起에게 彼我의 양군이 서로 대치하는 방법을 묻자, 吳起가 대답하기를 '신분이 미천하면서 용감한 자로 하여금 앞에서 공격하게 하되, 처음 교전하여 패배하게 하고 패배하여도 벌주지 말고서 적의 진취하는 것을 살펴보아, 적이 한 번 앉고 한 번 일어나면서 패하는 우리를 추격하지 않으면 적장에게 지모가 있는 것입니다.

太宗言 吳起之術은 如何오 靖答曰 臣請大略言之호리이다 昔日에 魏武侯問於吳起호되 若兩軍相向하여 我欲知其將之能否인댄 當用何術고 吳起對曰 使賤而有勇者로 前向擊之호되 初交鋒而北하고 北而勿用以罰하고 觀敵將前進而取利하여 士卒一坐一起하여 皆有節하여 見奔北者라도 不來追逐이면 則敵將有智謀矣[1]니이다

1) 使賤而有勇者……則敵將有智謀矣 : 이 내용은 吳起가 원래 답변한 내용과 약간의 차이가 있다. ≪吳子≫ 〈論將〉에 보이는 전문은 다음과 같다.

"천하고 용감한 자로 하여금 경무장한 정예병을 거느리고 적을 시험하게 하되, 되도록 패하여 달아나고 얻는 것을 힘쓰지 않게 하여 적이 추격해 오는 것을 살펴야 합니다. 그리하여 적군이 한 번 앉고 한 번 일어남에 그 통제가 제대로 다스려지며, 패주하는 자를 추격할 적에 거짓으로 미치지 못하는 것처럼 하고 이익을 보여주어도 거짓으로 모르는 것처럼 하면, 이러한 장수는 지혜로운 장수라고 이름할 수 있으니, 상대하여 싸우지 말아야 합니다.〔令賤而勇者 將輕銳以嘗之 務於北 無務於得 觀敵之來 一坐一起 其政以理 其追北 佯爲不及 見其利 佯爲不知 如此將者 名爲智將 勿與戰也〕"

太宗이 말하였다.

"吳起의 방법은 어떠한가?"

李靖이 대답하였다.

"臣이 대략 말씀드리겠습니다. 옛날 魏나라 武侯가 吳起에게 묻기를 '만약 彼我의 두 군대가 서로 대치하고 있는데, 내가 적장의 능력 여부를 알고자 하면, 마땅히 무슨 방법을 써야 하는가?' 하니, 吳起가 대답하기를 "賤하면서 용맹이 있는 자로 하여금 앞을 향하여 공격하게 하되, 처음 교전하여 〈되도록〉 패배하게 하고 패배하여도 벌을 주지 말고서, 적장이 전진하여 이익을 취하는 것을 살펴보아, 적의 병사들이 한 번 앉고 일어나는 데 모두 절도가 있으면서 패하여 도망하는 우리를 보아도 추격해 오지 않는다면, 적장에게 지모가 있는 것입니다."

若悉衆追北하여 **行止縱橫**이면 **此敵人不才**니 **擊之勿疑**라하니이다 **臣謂吳術**은 **大率多類此**하니 **非孫武所謂以正合也**니이다

만약 적들이 병력을 총동원하여 패주하는 우리를 추격하는데, 행군하고 멈추는 것이 혼란스러워 질서가 없으면, 이는 적장이 재주가 없는 것이니, 의심하지 말고 공격해야 합니다.'라고 하였습니다. 臣은, 吳起의 방법은 대체로 이와 같으니, 孫武가 말한 正兵으로 會戰하는 방법이 아니라고 생각합니다."

若彼悉衆追北하여 **行止縱橫不齊**면 **則知敵將無能**이니 **擊之勿疑也**라하니이다 **臣謂吳起之術**은 **大率多類此**하니 **非若孫武所謂以正兵合戰之法**이니이다

"만약 적들이 병력을 총동원하여 패주하는 우리를 추격함에 행군하고 멈추는 것이 혼란스러워 정돈되지 못했으면 적장의 무능함을 알 수 있으니, 의심하지 말고 공격해야 합니다.'라고 하였습니다. 臣은 생각하건대, 吳起의 방법은 대체로 이와 같으니, 孫武가 말한 正兵으로 合戰하는 방법이 아닙니다."

太宗曰 卿舅韓擒武嘗言 卿可與論孫吳라하니 亦奇正之謂乎아 靖曰 擒武安知奇正之極이리오 但以奇爲奇하고 以正爲正耳니 曾未知奇正相變하여 循環無窮者也니이다

太宗이 말하였다.

"卿의 외숙인 韓擒武가 일찍이 말하기를 '卿과는 함께 ≪孫子≫와 ≪吳子≫를 논할 수 있다.' 하였으니, 이 또한 奇兵과 正兵을 말한 것인가?"

李靖이 대답하였다.

"韓擒武가 어찌 奇・正의 극치를 알겠습니까. 다만 奇兵을 奇兵으로 여기고 正兵을 正兵으로 여길 뿐이니, 奇・正이 서로 변통해서 순환하여 무궁함을 전혀 모르는 자입니다."

太宗謂靖曰 卿舅韓擒武[1)]曾言 卿可與論孫吳兵法이라하니 亦奇正之謂否乎아 靖答曰 擒武安知奇正之極致리오 但以奇爲奇하고 以正爲正하여 曾不知奇而變爲正하고 〔正而變爲奇하여〕[2)] 奇與正相變通을 如環循轉하여 無窮盡者也니이다 擒武는 字子通이니 河東垣人也라 一曰 名擒虎요 一曰 初名豹라 隋開皇九年에 與賀若弼로 率衆滅陳하니 李靖은 其甥也라

1) 韓擒武 : 538~592. 隋나라의 장수로, 韓雄의 아들인데 흔히 韓擒虎로 알려져 있다. 체격이 우람하고 담력과 지략을 갖추었으며, 독서를 좋아하여 經史와 諸子에 대해 폭넓은 지식이 있었다. 北周에 벼슬하여 아버지의 작위를 이었고, 軍功으로 和州刺史가 되었다. 隋 文帝가 北周의 帝位를 선양받은 뒤에 廬州總管에 임명되고, 南朝의 陳나라를 정벌하는 임무를 맡기자 金陵으로 쳐들어가 陳나라 後主를 사로잡았다. 上柱國에 오르고 壽光縣公에 봉해졌으며, 벼슬이 凉州刺史에 이르렀다.

2) 〔正而變爲奇〕 : 저본에는 없으나, 漢文大系本에 의거하여 보충하였다.

太宗이 李靖에게 말하였다.

"卿의 외숙인 韓擒武가 일찍이 말하기를 '卿과는 함께 ≪孫子≫와 ≪吳子≫를 논할 수 있다.' 하였으니, 또한 奇・正을 말한 것인가?"

李靖이 대답하였다.

"韓擒武가 어찌 奇・正의 극치를 알겠습니까. 다만 奇兵을 奇兵으로 여기고 正兵을 正兵으로 여겨서, 일찍이 奇兵이 변하여 正兵이 되고 正兵이 변하여 奇兵이 되어 奇와 正이 서로 변통하기를 순환하여 돌듯이 해서 무궁무진함을 알지 못하는 자입니다."

韓擒武는 字가 子通이니, 河東 垣縣 사람이다. 일설에는 이름을 擒虎라 하고, 일설에는 처음 이름을 豹라 한다 하였다. 隋나라 開皇 9년(589)에 賀若弼과 함께 병력을 거느리고 陳나라를 멸망시켰으니, 李靖은 그의 생질이다.

○ **愚謂 以奇爲奇**하고 **以正爲正**은 **如八陣**에 **以天地風雲爲四正**하고 **以龍虎鳥蛇爲四奇**하며 **六花陣**에 **以中一軍爲奇**하고 **以外六軍爲正**하며 **十二將兵**에 **以八軍爲正**하고 **四軍爲奇**하니 **此等**은 **皆是古人詭(說)〔設〕**[1]**其名耳**니 **殊不知善用兵者**는 **無不正**이요 **無不奇也**라 **假若敵來攻**에 **或龍虎鳥蛇四軍**이어든 **我以天地風雲四軍**으로 **或驚前而掩後**하고 **或衝東而擊西**하니 **是**는 **以奇爲正而與之合戰**이요 **以正爲奇**하여 **左右角之而取勝也**라 **以此言之**하면 **奇正循環**이 **豈有窮矣**리오

1) (說)〔設〕: 저본의 '說'은 明本에 의거하여 '設'로 바로잡았다.

○ 내가 생각하건대 '奇兵을 奇兵으로 여기고 正兵을 正兵으로 여긴다.'는 것은, 예컨대 八陣에 天·地·風·雲을 四正으로 삼고 龍·虎·鳥·蛇를 四奇로 삼으며, 六花陣의 가운데에 있는 1軍을 奇兵으로 삼고 밖에 있는 6軍을 正兵으로 삼으며, 十二將兵에 8軍을 正兵으로 삼고 4軍을 奇兵으로 삼는 것과 같다. 이러한 것은 모두 옛사람이 거짓으로 그 이름을 만들었을 뿐이니, 이는 用兵을 잘하는 자에게는 正兵 아님이 없고 奇兵 아님이 없음을 전혀 모르는 것이다.

가령 적이 와서 공격할 적에 龍·虎·鳥·蛇의 네 軍(陣)으로 하면, 우리는 天·地·風·雲의 네 軍으로써 혹은 적의 앞을 놀라게 하고 혹은 적의 뒤를 습격하며, 혹은 동쪽을 충돌하고 혹은 서쪽을 공격해야 하니, 이것은 奇兵을 正兵으로 삼아서 적과 교전하는 방법이요, 正兵을 奇兵으로 삼아서 좌우에서 충돌하여 승리를 쟁취하는 방법이다. 이것으로 말한다면, 奇·正의 순환함이 어찌 다함이 있겠는가.

太宗曰 古人은 **臨陳出奇**하여 **攻人不意**하니 **斯亦相變之法乎**아 **靖曰 前代戰鬪**는 **多是以小術而勝無術**하고 **以片善而勝無善**하니 **斯安足以論兵法也**리오 **若謝玄之破苻堅**은 **非謝玄之善也**요 **蓋苻堅之不善也**니이다

太宗이 말하였다.

"옛사람들은 적진을 만나면 기이한 계책을 내어서 적이 예상하지 못한 곳을 공격하였으니, 이 또한 서로 변화시키는 방법인가?"

李靖이 대답하였다.

"고대의 전투는 대부분 작은 계책으로 계책이 없는 자를 이겼고, 조금 우월한 것으로 열등한 자를 이겼으니, 이것으로 어떻게 兵法을 논할 수 있겠습니까. 謝玄이 苻堅을 격파한 것은, 謝玄이 잘한 것이 아니고 苻堅이 잘못한 것입니다."

太宗問靖曰 古人臨陳出奇하여 攻敵人之不意하니 斯亦奇正相變之法乎아 靖對曰 前代爲將者 與敵戰鬪엔 多是以己之小術로 勝人之無術하고 以己之片善으로 勝人之無善하니 此等이 安(比)〔足〕[1]以論兵法哉잇가 若東晉時에 謝玄之破苻堅於淝水[2]는 非是謝玄之善이요 蓋苻堅之不善也니이다 玄은 字幼度니 謝安之姪也라

1) (比)〔足〕: 저본의 '比'는 明本에 의거하여 '足'으로 바로잡았다.

2) 謝玄之破苻堅於淝水 : 東晉 太元 8년(383), 前秦의 苻堅이 東晉을 정벌하기 위해 대군을 이끌고 壽陽으로 진출하여 淝水에 진을 치고 謝玄의 군대와 대치하였다. 이때 謝玄이 使者를 보내 "前秦의 軍陣을 조금 뒤로 물려서 우리 東晉의 군대가 물을 건넌 다음 승부를 결단하자."라고 요구하였는데, 苻堅은 반대하는 신하들의 의견을 묵살하고, 軍陣을 뒤로 물린 뒤에 물을 건너오는 東晉의 군대를 공격할 속셈으로 퇴각 명령을 내렸다. 그러나 자세한 내용을 모르는 前秦의 군대는 퇴각 명령에 싸움에 패한 줄 알고 큰 혼란에 빠져 건잡을 수 없게 되었다. 이때 謝玄과 謝琰, 桓伊 등이 이끄는 東晉의 군대가 淝水를 건너 前秦의 군대를 급습하여 궤멸시켰다. ≪百戰奇略 권2 衆戰≫

太宗이 李靖에게 물었다.

"옛사람이 적진을 만나면 기이한 계책을 내어서 적이 예상하지 못한 곳을 공격하였으니, 이 또한 奇와 正을 변화시키는 방법인가?"

李靖이 대답하였다.

"전대에 장수가 된 자들이 적과 전투할 적에는, 대부분 자기의 작은 계책으로 계책이 없는 적을 이겼고 자기의 조그마한 우월함으로 열등한 적을 이겼으니, 이러한 것을 가지고 어떻게 兵法을 비교하여 논할 수 있겠습니까. 東晉 때에 謝玄이 苻堅을 淝水에서 격파한 것은, 謝玄이 잘한 것이 아니고 苻堅이 잘못한 것입니다."

謝玄은 字가 幼度이니, 謝安의 조카이다.

太宗顧侍臣하여 檢謝玄傳하여 閱之하고 曰 苻堅甚(삼)處是不善고 靖曰 臣觀苻堅載記하니 曰 秦諸軍皆潰敗요 唯慕容垂一軍獨全이어늘 堅以千餘騎赴之러니 垂子寶 勸垂殺堅호되 不果라하니 此有以見秦軍之亂에 慕容垂獨全하니 蓋堅爲

垂所陷이 **明矣**니이다 **夫爲人所陷而欲勝敵**이면 **不亦難乎**잇가 **臣故曰 無術焉**은 **苻堅之類是也**라하노이다

太宗이 시종하는 신하를 돌아보면서, ≪晉書≫ 〈謝玄傳〉을 검토하여 살펴보게 하고 말하였다.

"苻堅의 어느 부분이 잘못된 것인가?"

李靖이 대답하였다.

"臣이 ≪晉書≫ 〈載記〉의 苻堅 편을 읽어보니, '秦나라의 諸軍이 모두 궤멸하여 패하였고, 오직 慕容垂의 군대만 홀로 온전하였다. 苻堅이 천여 명의 騎兵을 거느리고 慕容垂에게 달려갔는데, 慕容垂의 아들 慕容寶가 慕容垂에게 苻堅을 죽이라고 권하였으나 결행하지 않았다.'라고 하였습니다. 여기에서 秦나라 군대가 혼란할 적에 慕容垂의 군대만 온전했음을 알 수 있으니, 이는 苻堅이 慕容垂의 함정에 빠진 것이 분명합니다. 남의 함정에 빠지고서 적을 이기고자 하면 어렵지 않겠습니까. 그러므로 臣은 '苻堅의 부류가 바로 계책이 없는 경우에 해당한다.'라고 말하는 것입니다."

太宗聞李靖之言하고 顧左右侍臣하여 使檢謝玄傳하여 閱之하고 問李靖曰 苻堅甚處 是不善也오 靖對曰 臣觀苻堅載記[1]에 有云 秦諸軍皆潰散敗走하고 唯慕容垂一軍이 獨全이라하니 時垂有軍三萬하여 不曾有亡이라 苻堅只有千餘騎하여 奔赴其營이러니 垂子慕容寶 勸垂殺堅한대 垂曰 彼以赤心投我어늘 若何害之리오 天苟棄之면 何患不亡[2]이리오하니 觀此하면 有以見秦軍之亂에 慕容垂獨全者니 蓋垂有貳於堅하여 按兵不動하여 以幸其敗하고 欲乘機以復其國耳니 是는 苻堅爲垂所陷也니이다 夫自己爲人所陷하고 而欲取勝於敵이면 不亦難乎잇가 臣故曰 苻堅無術焉이라하노이다 假使苻堅有術하여 阻淝水而不退하고 命垂等하여 分爲左右二拒하여 一出淝水之上하여 掩晉軍之右하고 一出淝水之下하여 襲晉軍之左하고 堅整中軍하여 伺晉之亂이라가 直渡淝水蹴之면 雖韓白[3]이라도 亦不能支어든 況謝玄牢之[4]徒歟아 晉兵敗而垂敢爲亂乎아 慕容垂는 本燕王皝之子니 初名霸러니 後改名垂라 封吳王이러니 畏太后可足渾氏而奔秦하니 豈眞爲堅用哉아

1) 載記 : ≪晉書≫의 일부분으로 江北에서 明滅했던 五胡 16국의 역사를 약술한 것인데, 총 30편으로 되어있다.

2) 唯慕容垂一軍……何患不亡 : 慕容垂(326~396)는 五胡十六國時代 後燕의 군주로 시호가 武成皇帝이다. 前燕의 군주 慕容皝의 다섯째 아들로 吳王에 봉해졌으나, 아버지가 죽은 뒤에 太后인 可足渾氏의 압박을 피해 前燕에서 망명하여 前秦의 苻堅에게 의탁, 중용되었다.

苻堅이 383년에 대군을 거느리고 東晉을 침략할 적에 慕容垂도 자신의 병력을 거느리고 합류하여 東晉의 桓沖이 지키고 있는 荊州 지역의 공격을 맡았다. 淝水 전투에서 苻堅이 東晉軍에게 대패하고 前秦軍의 병력이 모두 궤멸되었으나, 荊州를 공격하고 있던 慕容垂는 군대를 거의 출동시키지 않아 병력을 온전히 보존하였다. 싸움에 패한 苻堅이 겨우 천여 명의 기병을 이끌고 慕容垂의 진영으로 들어오자, 그의 아들 慕容寶와 아우 慕容德이 苻堅을 죽이고 前燕을 회복할 것을 권고하였으나, 이 말을 듣지 않고 苻堅에게 끝까지 충성하였다. 이후 苻堅이 죽고 前秦의 국력이 급속도로 쇠퇴하자, 386년에 자립하여 도읍을 中山에 정하고 나라를 燕이라 하여 왕위에 오르니, 이것이 後燕이다. ≪晉書 권123 載記 제23 慕容垂≫

3) 韓白 : 중국의 역사상 가장 뛰어난 명장으로 알려진 韓信(?~B.C. 196)과 白起(?~B.C. 257)의 병칭이다. 韓信은 漢 高祖 劉邦을 도와 項羽를 패망시키고 漢나라를 개국시킨 名將이고, 白起는 戰國時代 秦나라의 장군으로 秦나라와 대적하던 여러 제후국의 군대를 차례로 물리쳐 天下統一의 초석을 다진 名將이다.

4) 謝玄牢之 : 前秦과의 淝水大戰을 승리로 이끈 東晉의 장수들이다. 謝玄(343~388)은 東晉軍의 총수였고, 劉牢之(?~402)는 5천 명의 병력을 이끌고 洛澗에서 前秦의 梁成과 王顯이 이끈 先鋒軍을 대파하여 열세인 전쟁에서 돌파구를 연 장군이다. ≪晉書 권79 謝玄列傳≫

太宗이 李靖의 말을 듣고 좌우에 모시는 신하를 돌아보면서, ≪晉書≫ 〈謝玄傳〉을 검토하고 살펴보게 하고서 李靖에게 물었다.

"苻堅의 어느 곳이 잘하지 못한 것인가?"

李靖이 대답하였다.

"臣이 ≪晉書≫ 〈載記〉의 苻堅 편을 읽어보니, 여기에 이르기를 '秦나라의 여러 군대가 모두 흩어져 궤멸하여 패주하였고, 오직 慕容垂의 군대만 홀로 온전하였으니, 이때에 慕容垂는 3만 명의 병력을 보유하여 패망하지 않고 있었다. 苻堅은 천여 명의 騎兵만을 거느리고 달아나 그의 진영으로 갔는데, 慕容垂의 아들 慕容寶가 慕容垂에게 苻堅을 죽일 것을 권하였으나 慕容垂가 말하기를 「저가 진심으로 나에게 오니, 어찌 살해할 수 있겠는가. 하늘이 만약 그를 버린다면 어찌 망하지 않음을 염려하겠는가.」 하였다.'라고 하였으니, 이것을 보면 秦나라 군대가 혼란할 적에 慕容垂의 군대가 홀로 온전하였음을 알 수 있습니다.

이는 慕容垂가 苻堅에게 딴마음을 품고 군대를 출동시키지 않아서 그의 패전을 다행으로 여기고 기회를 틈타 자기 나라를 복구하고자 한 것이니, 苻堅이 慕容垂의 함정에 빠진 것입니다. 자기가 남의 함정에 빠지고서 적에게 승리를 취하고자 한다면 어렵지 않겠습니까. 그러므로 말하기를 '苻堅은 兵術(兵略)이 없다.'라고 한 것입니다."

만일 苻堅에게 用兵術이 있어서 淝水를 막고서 후퇴하지 않은 채, 慕容垂 등에게 명하여 군대를 나누어 左軍과 右軍으로 만들어 두 곳에서 막게 하고, 한 부대는 淝水의 상류로 출동하여 晉나라 군대의 오른쪽을 습격하게 하고, 한 부대는 淝水의 하류로 출동하여 晉나라 군대의 왼쪽을 습격하게 하며, 자신은 中軍을 정돈하여 晉나라 군대의 혼란을 기다리고 있다가 곧바로 淝水를 건너가 압박하였더라면, 비록 韓信과 白起라도 버티지 못했을 터인데, 하물며 謝玄과 劉牢之의 무리이겠는가. 晉나라 군대가 패하면 慕容垂가 감히 반란을 할 수 있었겠는가.

慕容垂는 본래 燕王 慕容皝의 아들이니, 처음 이름은 霸였는데, 뒤에 이름을 垂로 고쳤다. 吳王에 봉해졌는데, 太后인 可足渾氏를 두려워하여 秦나라로 달아났으니, 어찌 참으로 苻堅에게 쓰였겠는가.

太宗曰 孫子謂多算勝少算이라하니 **有以知少算勝無算**이니 **凡事皆然**이로다

太宗이 말하였다.

"≪孫子≫에 이르기를 '勝算이 많은 자는 勝算이 적은 자를 이긴다.' 하였으므로, 勝算이 적은 자가 勝算이 없는 자를 이김을 알 수 있으니, 모든 일이 다 그러하다."

太宗言 孫子書에 **謂多算勝少算**[1)]이라하니 **因有以知少算能勝無算也**니 **凡事皆如此耳**라

1) 多算勝少算 : 이 내용은 ≪孫子≫ 〈始計〉의 "싸우기 전에 廟堂에서 계산하여 우세한 자는 勝算을 얻음이 많은 것이고, 싸우기 전에 묘당에서 계산하여 우세하지 못한 자는 승산을 얻음이 적은 것이다. 승산이 많으면 이기고 승산이 적으면 이기지 못하는데, 하물며 승산이 없음에 있어서이겠는가.〔夫未戰而廟算勝者 得算多也 未戰而廟算不勝者 得算少也 多算勝 少算不勝 而況於無算乎〕"라는 구절을 축약하여 인용한 것이다.

太宗이 말하였다.

"≪孫子≫에 이르기를 '勝算이 많은 자가 勝算이 적은 자를 이긴다.' 하였으니, 이로써 勝算이 적은 자가 勝算이 없는 자를 이길 수 있음을 알 수 있으니, 모든 일이 다

이와 같다."

太宗曰 黃帝兵法을 **世傳握奇文**이라하고 **或謂爲握機文**은 **何謂也**오

太宗이 말하였다.
"黃帝의 兵法을 세상에서 전하기를 '握奇文'이라 하고 혹은 '握機文'이라 함은 어째서인가?"

太宗問靖曰 軒轅黃帝有兵法이어늘 **世人相傳**하여 **爲握奇文**이라하고 **或人**은 **又謂握機文**이라하니 **此何謂也**오

太宗이 李靖에게 물었다.
"軒轅 黃帝가 지은 兵法이 있는데, 세상 사람들이 서로 전하여 '握奇文'이라 하고 혹자는 또 '握機文'이라 하니, 이는 어째서인가?"

靖曰 奇音機故로 **或傳爲機**하니 **其義則一**이니이다 **考其辭云 四爲正**이요 **四爲奇**요 **餘奇爲握機**라하니 **奇**는 **餘零也**니 **因此音機**니이다

李靖이 대답하였다.
"奇의 音이 機이기 때문에 혹 전하여 機로 쓰니, 그 뜻은 똑같습니다. 그 글을 살펴보면, '4가 正이 되고 4가 奇가 되고 남은 것이 握機가 된다.' 하였으며, 奇는 남은 수이니, 이 音을 따라 機로 쓴 것입니다.

靖對曰 奇音이 **此機字故**로 **或者誤傳爲機字**하니 **其義則一耳**니이다 **考其言辭**하면 **則曰 四爲正**이라하니 **謂天, 地, 風, 雲四陳也**요 **四爲奇**라하니 **謂龍, 虎, 鳥, 蛇四陳也**요 **餘奇零之兵**을 **大將握之**하여 **爲中軍**이라 **故**로 **爲握機**라하니 **謂〔奇〕[1]零之兵**이니 **因此音爲機字**니이다

1) 〔奇〕: 저본에는 '奇'자가 없으나, 漢文大系本에 의거하여 보충하였다.

李靖이 대답하였다.
"奇의 音이 이 機자이기 때문에 혹자가 잘못 전하여 機자로 쓴 것이니, 그 뜻은 똑같습니다. 그 글의 내용을 살펴보면, '4는 正이 된다.' 하였으니 天·地·風·雲의 4陣을 이르고, '4는 奇가 된다.' 하였으니 龍·虎·鳥·蛇의 4陣을 이르며, '나머지 남은 군대를

대장이 장악하여 中軍으로 삼으므로 握機라 한다.' 하였으니, 奇는 남는 군대를 이르는바, 音을 따라 機자로 쓴 것입니다."

臣愚謂 兵無不是機니 安在乎握而言也리오 當爲餘奇則是니이다 夫正兵은 受之於君이요 奇兵은 將所自出이니이다 法曰 令素行하여 以教其民者는 則民服이라하니 此受之於君者也요 又曰 兵不豫言하고 君命有所不受라하니 此將所自出者也니이다

어리석은 臣은 생각하건대 군대는 機謀 아닌 것이 없으니, 어찌 잡는다고 말할 수 있겠습니까. 奇는 마땅히 남는 군대〔餘奇〕가 되는 것이 옳습니다. 正兵은 君主에게서 받은 것이고, 奇兵은 장수가 직접 출동시킨 것입니다. 兵法에 이르기를 '명령이 평소에 행해져서 백성을 가르치는 자는 백성들이 복종한다.' 하였으니, 이는 君主에게서 받은 것이요, 또 이르기를 '군대는 미리 말하지 않고 君主의 명령도 받지 않는 경우가 있다.' 하였으니, 이는 장수가 직접 출동시킨 것입니다.

臣愚謂 兵은 無不是機謀니 機謀安在乎握持而言也리오 當爲餘奇之兵이 爲是니이다 夫正兵受之於人君은 謂國家有征伐之事하여 或十萬, 或二十萬을 命將總之而出이니 此는 受之於君者 乃正兵也니이다 奇兵將之所自出은 謂選精銳하고 簡武勇하여 或掩其前後하고 或襲其左右하며 分合變通을 悉聽於將하니 乃奇兵也니이다 兵法에 有曰 令素行以教其民者는 則民服이라하니 此乃受之於君者 卽正兵也니이다 又曰 兵事는 不豫先言之하고 君之命을 將有所不受者는 此將之所自出이니 卽奇兵也니이다

"어리석은 臣은 생각하건대 군대는 機謀(機智) 아닌 것이 없으니, 機謀를 어찌 잡아 쥔다고 말할 수 있겠습니까. 奇는 마땅히 남는 군대가 되는 것이 옳습니다.

'正兵은 君主에게서 받는다.'는 것은, 국가가 정벌할 일이 있어서 혹은 10만, 혹은 20만을 장수에게 명해서 통솔하여 출동함을 이릅니다. 이는 君主에게서 받은 것이 바로 正兵인 것입니다. '奇兵은 장수가 직접 낸다.'는 것은, 정예병을 선발하고 무용이 뛰어난 자를 선발하여, 혹은 적의 앞뒤를 습격하고 혹은 적의 좌우를 습격하며, 군대를 나누고 합치고 변통함을 모두 장수의 뜻에 따르는 것을 이르니, 이것이 바로 奇兵입니다.

兵法에 이르기를 '명령이 평소에 행해져서 백성을 가르치는 자는 백성들이 복종한다.' 하였으니, 이것이 바로 君主에게 받은 것이 正兵인 것입니다. 또 이르기를 '군대

의 일은 먼저 말하지 않고 君主의 명령도 장수가 받지 않는 경우가 있다.' 하였으니, 이는 장수가 직접 출동시킨 것이 바로 奇兵인 것입니다."

凡將이 **正而無奇**면 **則守將也**요 **奇而無正**이면 **則鬪將也**니 **奇正皆得**이 **國之輔也**라 **是故**로 **握機握奇 本無二法**이요 **在學者兼通而已**니이다

무릇 장수가 正兵만 있고 奇兵이 없으면 수비하는 장수이고, 奇兵만 있고 正兵이 없으면 싸우는 장수이니, 奇와 正을 모두 얻는 것이 국가를 보필하는 것입니다. 이 때문에 '握機'와 '握奇'가 본래 두 방법이 없고, 배우는 자가 겸하여 통달함에 달려있을 뿐입니다."

凡爲將者 但知守正而無奇면 則守將也요 但知用奇而無正이면 則鬪將也니 奇正皆得其法이 爲國家輔佐之臣也니이다 是故로 握機與握奇 本無二法이요 在學者兼通而已니이다

"무릇 장수가 된 자가 다만 正兵을 지킬 줄만 알고 奇兵이 없으면 수비하는 장수이고, 다만 奇兵을 쓸 줄만 알고 正兵이 없으면 싸우는 장수이니, 奇와 正이 모두 그 법을 얻어야 국가를 보필하는 신하가 되는 것입니다. 이 때문에 '握機'와 '握奇'가 본래 두 방법이 없고, 배우는 자가 겸하여 통달함에 달려있을 뿐입니다."

太宗曰 陳數有九에 **中心零者**를 **大將握之**하여 **四面八向**이 **皆取準焉**이라 **陳間容陳**하고 **隊間容隊**하며 **以前爲後**하고 **以後爲前**하여 **進無速奔**하고 **退無遽走**하여 **四頭八尾**가 **觸處爲首**하여 **敵衝其中**이면 **兩頭皆救**하여 **數起於五而終於八**하니 **此何謂也**오

太宗이 말하였다.

"陣의 수가 아홉 가지인데 중심에 남은 곳을 大將이 장악하여 四面과 八向이 모두 기준을 취한다. 陣 사이에 陣을 용납하고 부대 사이에 부대를 용납하며, 앞을 뒤로 만들고 뒤를 앞으로 만들어서, 나아갈 적에 속히 달려감이 없고 후퇴할 적에 빨리 도망함이 없어서, 네 머리와 여덟 꼬리가 닿는 곳이 머리가 되어 적이 그 중앙을 충돌하면 양 머리가 모두 구원해서, 수가 다섯에서 시작되어 여덟에서 끝나니, 이것은 무엇을 말한 것인가?"

太宗問靖曰 陳數有九하니 外有四正四奇하고 中心奇零者를 大將總握之[1]하여 四面八向이 皆取準則焉이라 陳間容陳者는 大陳包小陳也요 隊間容隊者는 大隊包小隊也라 或以前爲後하고 或以後爲前하니 謂平時以南向者爲前하고 以北向者爲後나 若回軍轉陳이면 則北向者爲前하고 南向者爲後니 不言左右者는 擧一端言也라 若東行則東向者爲前하고 西向者爲後요 西行則西向者爲前하고 東向者爲後라 惟其有分數也故로 進無速奔하고 惟其有節制也故로 退無遽走하니 言進退齊一也라 四頭者는 四正四奇 皆可爲首也요 八尾者는 謂九軍에 敵或攻其一則首也니 餘八軍爲尾矣라 觸處爲首者는 謂敵來攻處 便爲首也니 敵若衝擊其中이면 則兩頭皆救하니 常山蛇勢也라 數起於五者는 五爲陳法也요 數終於八者는 四面八軍也니 此法은 何謂也오

1) 陳數有九……大將總握之 : 이것은 八陣을 기초로 한 九軍陣法의 운용을 말한 것으로, ≪孫子≫ 〈九地〉에 "用兵을 잘하는 자는 비유하건대 率然과 같이 하니, 率然이란 常山의 뱀이다. 그 머리를 치면 꼬리가 이르고 꼬리를 치면 머리가 이르고 중간을 치면 머리와 꼬리가 함께 이른다." 하였는데, 劉寅은 ≪孫子直解≫에서 "이것이 바로 九軍의 陣法이다."라고 註하였다.

太宗이 李靖에게 물었다.

"陣의 수가 아홉 가지가 있는데, 밖에는 四正과 四奇가 있고, 중심(중앙)에 남는 곳을 大將이 총괄하여, 四面과 여덟 방향이 모두 기준을 여기에서 취한다.

'陣 사이에 陣을 용납한다.'는 것은 큰 陣이 작은 陣을 포함하는 것이요, '부대 사이에 부대를 용납한다.'는 것은 큰 부대가 작은 부대를 포함하는 것이다. 혹은 앞을 뒤로 만들고 혹은 뒤를 앞으로 만드니, 이는 평상시에 남쪽을 향하는 것을 앞으로 삼고 북쪽을 향하는 것을 뒤로 삼으나, 만약 군대를 돌리고 진영을 바꾸면 북쪽을 향하던 군대가 앞이 되고 남쪽을 향하던 군대가 뒤가 됨을 말한 것이니, 左와 右를 말하지 않은 것은 한 가지만 들어 말한 것이다. 만약 동쪽으로 가게 되면 동쪽을 향하는 군대가 앞이 되고 서쪽을 향하는 군대가 뒤가 되며, 서쪽으로 가게 되면 서쪽을 향하는 군대가 앞이 되고 동쪽을 향하는 군대가 뒤가 되는 것이다.

오직 分數가 있기 때문에 나아가더라도 속히 달려감이 없고, 오직 절제가 있기 때문에 후퇴하더라도 급히 패주함이 없으니, 전진과 후퇴가 가지런하고 똑같음을 말한 것이다.

四頭는 四正과 四奇가 모두 머리가 될 수 있는 것이요, 八尾는 九軍 가운데 적이

혹 그 하나를 공격하면 그곳이 머리가 되니, 나머지 여덟 군대가 꼬리가 되는 것이다. '닿는 곳이 머리가 된다.'는 것은 적이 와서 공격하는 곳이 바로 머리가 됨을 이르니, 적이 만약 그 중앙을 충돌하여 공격하면 양 머리가 모두 구원하는바, 이것은 常山에 있는 뱀의 형세이다.

'수가 다섯에서 시작된다.'는 것은 다섯은 陣法이 되고, '수가 여덟에서 끝난다.'는 것은 四面의 八軍이니, 이 法은 무엇을 말한 것인가?"

靖曰 諸葛亮以石縱橫하여 **布爲八行**하니 **方陣之法**이 **卽此圖也**니이다 **臣嘗教閱**에 **必先此陣**하니 **世所傳握機文**은 **蓋得其粗也**니이다

李靖이 대답하였다.

"諸葛亮이 돌을 가지고 縱橫으로 布陣하여 여덟 줄을 만들었으니, 方陣의 法이 바로 이 그림입니다. 臣이 일찍이 병사들을 가르치고 사열할 적에 반드시 이 진법을 먼저 사용하였으니, 세상에서 전하는 握機文은 그 대략을 얻은 것입니다."

靖對曰 諸葛亮이 於魚腹平沙之上에 以石縱橫하여 布爲八行하니 黃帝九軍方陣之法이 卽此圖也니 蓋諸葛이 變而爲縱橫八行耳니이다 縱橫八行者는 謂四面視之면 皆成八行하여 八八六十四小方陣이니 卽所謂陣間容陣하여 四頭八尾者也라 臣嘗教閱士卒에 必先用此陣하니 世人所傳握機文은 蓋得其粗者耳니이다 八行은 卽六十四魁니 八八爲行也라

李靖이 대답하였다.

"諸葛亮이 魚腹浦의 평평한 백사장 위에 돌을 縱橫으로 펼쳐서 여덟 줄을 만들었으니, 黃帝의 九軍方陣의 法이 바로 이 그림이니, 諸葛亮이 변화시켜 종횡으로 여덟 줄을 만들었을 뿐입니다."

종횡으로 여덟 줄이라는 것은 四面에서 보면 모두 여덟 줄을 이루어서 여덟에 여덟을 곱하여 예순네 개의 작은 方陣이 됨을 이르니, 바로 이른바 陣 사이에 陣을 용납하여 四頭, 八尾가 된다는 것이다.

"臣이 일찍이 병사들을 가르치고 사열할 적에 반드시 먼저 이 진법을 사용하였으니, 세상 사람들이 전

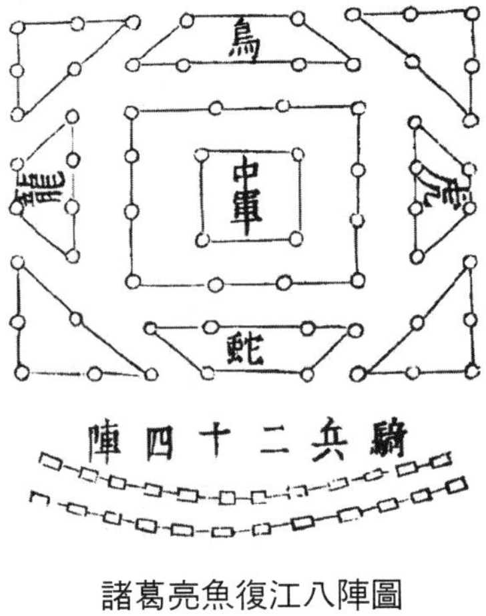

諸葛亮魚復江八陣圖

하는 握機文은 그 대략을 얻었을 뿐입니다."

여덟 줄은 바로 64魁(두목)이니, 여덟에 여덟으로 줄을 삼은 것이다.

太宗曰 天地風雲 龍虎鳥蛇斯八陣은 **何義也**오

太宗이 말하였다.

"天·地·風·雲과 龍·虎·鳥·蛇의 八陣은 어떠한 뜻인가?"

太宗問靖曰 天地風雲龍虎鳥蛇此八陣은 **取何義也**오 **蓋八陳**은 **四方四維**[1]에 **各一陳也**라 **以乾爲天陣**하고 **以坤爲地陣**하고 **以巽爲風陣**하고 **以艮爲雲陣**하며 **以東爲龍陣**하니 **卽左靑龍也**요 **以西爲虎陣**하니 **卽右白虎也**요 **以南爲鳥陣**하니 **卽前朱雀也**요 **以北爲蛇陣**하니 **卽後玄武也**라

1) 四方四維：四方은 正東인 震, 正西인 兌, 正南인 離, 正北인 坎이고, 四維는 西北인 乾, 西南인 坤, 東北인 艮, 東南인 巽을 이른다.

太宗이 李靖에게 물었다.

"天·地·風·雲과 龍·虎·鳥·蛇의 여덟 陣은 어떤 뜻을 취하였는가?"

八陣은 四方과 四維의 각각 한 陣인 것이다. 乾을 天陣으로 삼고, 坤을 地陣으로 삼고, 巽을 風陣으로 삼고, 艮을 雲陣으로 삼으며, 동쪽을 龍陣이라 하니 바로 左靑龍이고, 서쪽을 虎陣이라 하니 바로 右白虎이고, 남쪽을 鳥陣이라 하니 바로 前朱雀이고, 북쪽을 蛇陣이라 하니 바로 後玄武이다.

靖曰 傳之者 誤也니이다 **古人秘藏此法**이라 **故**로 **詭設八名耳**니이다 **八陣**은 **本一也**니 **分爲八焉**이라 **若天地者**는 **本乎旗號**하고 **風雲者**는 **本乎旛名**이요 **龍虎鳥蛇**는 **本乎隊伍之別**이어늘 **後世誤傳**이니이다 **詭設物象**이면 **何止八而已乎**잇가

李靖이 말하였다.

"전한 자가 잘못 전한 것입니다. 옛사람들이 이 陣法을 은밀히 숨겼기 때문에 허구로 여덟 가지 이름을 만들었을 뿐입니다. 八陣은 본래 하나인데 나누어 여덟 개를 만든 것입니다.

天과 地로 말하면 旗의 이름에서 근본하였고, 風과 雲으로 말하면 旛의 이름에서 근본하였고, 龍과 虎, 鳥와 蛇는 隊伍의 분별에 근본한 것인데, 후세에 잘못

전해진 것입니다. 속여서 物象을 만들기로 말하면 어찌 이 여덟 가지에만 그칠 뿐이겠습니까."

靖對曰 世人傳之者 差誤也니이다 古人秘藏此法故로 詭設天地風雲龍虎鳥蛇八名耳니 八陳은 本一陣也니 分爲之八焉이니이다 若天地者는 本乎旗之號하고 風雲者는 本乎旛之名이라 天取其高而能覆(부)하고 地取其厚而能載라 故로 以爲旗之號하여 使爲將者로 亦法天地之所以高厚焉이요 風取其動作之象하고 雲取其卷舒之勢라 故로 以爲旛之名하여 使爲將者로 亦效風雲之所以變化焉이니 非二陳似乎風雲也라 龍虎鳥蛇者는 本乎隊伍之別이라 龍取其騰躍이요 虎取其威猛이요 鳥取其迅疾이요 蛇取其能扞外而禦內焉하니 蓋欲使隊伍士卒로 亦效龍虎鳥蛇之騰躍威猛迅疾과 及能扞外而禦內也니 非二陳似乎龍虎而二陳似乎鳥蛇也라 其以天地風雲龍虎鳥蛇로 分爲八陳은 乃後世之人이 誤傳之耳니이다 若云詭設物象이라하면 豈止八者而已乎잇가

李靖이 대답하였다.

"세상 사람들이 전한 것이 잘못된 것입니다. 옛사람들은 이 방법을 은밀히 숨겼기 때문에 허구로 天·地·風·雲·龍·虎·鳥·蛇의 여덟 가지 이름을 만들었을 뿐이니, 八陣은 본래 한 陣인데 나누어 여덟 개를 만든 것입니다.

天과 地로 말하면 旗의 이름에서 근본하였고, 風과 雲은 旛(펄럭이는 깃발)의 이름에서 근본하였습니다."

하늘에서는 높아서 능히 〈물건을〉 덮어줌을 취하였고, 땅에서는 두터워서 능히 〈만물을〉 실을 수 있음을 취하였다. 그러므로 〈天과 地를 가지고〉 旗의 칭호로 삼아서 장수가 된 자로 하여금 하늘과 땅의 높고 두터움을 본받게 한 것이다. 바람에서는 동작하는 象을 취하였고 구름에서는 걷혔다 펼쳤다 하는 형세를 취하였으므로 旛의 이름으로 삼아서 장수가 된 자로 하여금 바람과 구름이 변화하는 바를 본받게 한 것이니, 두 陣이 바람·구름과 유사한 것은 아니다.

"龍·虎·鳥·蛇는 隊伍의 분별에 근본하였습니다."

龍은 뛰어오름을 취하였고, 범은 위엄 있고 용맹함을 취하였고, 새는 빠름을 취하였고, 뱀은 밖을 막고 안을 방비함을 취하였다. 이는 대오의 병사들로 하여금 또한 용과 범과 새와 뱀의 뛰어오르고 위엄이 있고 용맹이 있고 빠름과, 또 밖을 막고 안을 방비하는 것을 본받게 한 것이니, 두 진이 용과 범과 유사하고 두 진이 새와 뱀과 유사한 것은 아니다.

"天·地·風·雲과 龍·虎·鳥·蛇를 가지고 나누어 八陣을 만든 것은 바로 후세의 사람들이 잘못 전한 것일 뿐입니다. 만약 속여서 物象을 만들었다고 하면 어찌 여덟 가지에 그칠 뿐이겠습니까."

太宗曰 數起於五而終於八은 **則非設象**이요 **實古陣也**니 **卿試陣之**하라

太宗이 말하였다.

"수가 다섯에서 시작되어 여덟에서 끝남은 象을 만든 것이 아니요 실로 옛 陣法이니, 卿은 한번 말해보라."

太宗問靖曰 陳數起於五而終於八은 則非若天, 地, 風, 雲, 龍, 虎, 鳥, 蛇之設象이요 實古陳法也니 卿試爲我陳之하라

太宗이 李靖에게 물었다.

"陣의 수가 다섯에서 시작되어 여덟에서 끝남은 天·地·風·雲과 龍·虎·鳥·蛇의 象을 만든 것이 아니요 실로 옛날 陣法이니, 卿은 한번 나에게 이것을 자세히 말해보라."

靖曰 臣按黃帝始立丘井之法하여 **因以制兵**이라 **故**로 **井分四道**하여 **八家處之**하니 **其形井字**요 (闕)〔開〕[1]**方九焉**이라 **五爲陳法**하고 **四爲閑地**하니 **此所謂數起於五也**니이다

1) (闕)〔開〕: 저본의 '闕'은 明本에 의거하여 '開'로 바로잡았다.

李靖이 대답하였다.

"臣이 살펴보건대, 黃帝가 처음으로 丘井의 法을 확립하고 因하여 군대를 만들었습니다. 그러므로 井은 네 길로 나누어서 여덟 집이 거처하게 한 것이니, 그 모습이 井字이고 開方이 아홉입니다. 이 중에 다섯은 陣法이 되고 넷은 空閑地가 되었으니, 이것이 이른바 '수가 다섯에서 시작되었다.'는 것입니다.

靖對曰 臣按軒轅時에 始立丘井之法하여 八家爲井하고 十六井爲丘하여 因以制爲兵法이라 故로 一井分爲四道하여 八家共處之하니 其形이 似一井字요 開方[1]則九焉이라 以前後左右中五處로 爲陳法하고 以四隅四處로 爲閑地하니 此所謂陳數始

起於五也니이다 **蓋黃帝初時**에 **人民尙少**라 **故**로 **止用五爲陳也**라

1) 開方 : 開方은 면적을 계산하는 수학 용어인데, 정사각형을 이른다.

李靖이 대답하였다.

"臣이 살펴보건대, 軒轅 黃帝 때에 처음으로 丘井의 法을 만들어서 여덟 집을 井으로 삼고 16井을 丘로 만들고 인하여 병법으로 만들었습니다. 그러므로 한 井을 나누어 네 길을 만들어서 여덟 집이 함께 거처하게 하였으니, 그 모습이 한 井字와 같고 開方은 아홉이었습니다. 전·후·좌·우와 중앙의 다섯 곳으로 陣法을 만들고, 귀퉁이의 네 곳으로 空閑地를 만들었으니, 이것이 이른바 '陣의 수가 처음 5에서 시작되었다.'는 것입니다."

黃帝의 초기에는 人民이 아직 적었으므로 다만 다섯을 사용하여 陣으로 삼은 것이다.

虛其中하여 **大將居之**하고 **環其四面**하여 **諸部連繞**하니 **此所謂終於八也**니이다

그 가운데를 비워 대장이 거처하고, 그 사면을 빙 둘러 여러 부대가 연결하여 둘러싸니, 이것이 이른바 '여덟에서 끝난다.'는 것입니다.

虛其中軍하여 **大將居之**는 **卽中心零者**를 **大將握之**하여 **四面八向**이 **皆取準焉者也**라 **環其四面**하여 **諸部連繞**는 **卽左右前後及四維**를 **通爲八陳**이니 **此所謂數終於八也**니이다 **蓋後來**에 **人民衆多**하고 **土地廣大**라 **故用八者**하여 **皆爲陳耳**라

"중군을 비워서 대장이 거주한다는 것은, 바로 중심의 남은 곳을 대장이 장악하여 사면과 여덟 방향이 모두 기준을 취한다는 것입니다.

사면을 빙 둘러 여러 부대가 연결하여 둘러싼다는 것은, 바로 左·右·前·後 및 네 모퉁이를 통하여 八陣이 되는 것이니, 이것이 이른바 '수가 여덟에서 끝난다.'는 것입니다."

後代에 이르러는 인민이 많아지고 토지가 넓어졌기 때문에 여덟 가지를 사용하여 모두 陣으로 삼은 것이다.

及乎變化制敵하여는 **則紛紛紜紜**하여 **鬪亂而法不亂**하고 **混混沌沌**하여 **形圓而勢不散**하니 **此所謂散而成八**하고 **復而爲一者也**니이다

변화시켜 적을 제압하는 것에 이르면, 어지럽고 어지러워서 혼란하게 싸우나 법

이 혼란하지 않고, 뒤섞이고 뒤섞여서 형체가 둥글지만 형세가 흩어지지 않으니, 이것이 이른바 '흩어지면 여덟이 되고 다시 돌아오면 하나가 된다.'는 것입니다."

及乎變化奇正以制敵이면 則紛紛紜紜하여 鬪時似亂이나 而其法不亂하고 混混沌沌하면 形如轉環이나 而其勢不散하니 此所謂散而分之하여 而成八小陣하고 復而合之하면 則爲一大陣也니이다

"奇와 正을 변화하여 적을 제압함에 이르면, 어지럽고 어지러워서 싸울 때에 혼란한 것처럼 보이나 그 법이 혼란하지 않고, 뒤섞이고 뒤섞여서 모습이 고리를 도는 것과 같으나 그 형세가 흩어지지 않으니, 이것이 이른바 '흩어져서 나뉘면 여덟 개의 작은 陣을 이루고 다시 합치면 하나의 큰 陣이 된다.'는 것입니다."

太宗曰 深乎라 黃帝之制兵也여 後世雖有天智神略이라도 莫能出其閫閾이니 降此면 孰有繼之者乎아

太宗이 말하였다.

"심오하도다. 黃帝가 兵法을 만듦이여. 후세에 비록 하늘의 지혜와 신묘한 지략이 있더라도 그 범위를 벗어날 수가 없으니, 이 뒤로는 누가 이것을 계승한 자가 있는가?"

太宗聞靖之言하고 曰 深遠乎哉라 黃帝之制兵法也여 後世之人이 雖有天智神略之妙라도 莫能出其閫閾之外니 降此以往으로 誰有能繼其法者乎아

太宗이 李靖의 말을 듣고 말하였다.

"심오하고 원대하도다. 黃帝가 兵法을 만듦이여. 후세의 사람이 비록 하늘의 지혜와 신묘한 지략의 묘함이 있더라도 그 영역의 밖으로 벗어날 수가 없으니, 이 뒤로는 그 병법을 계승한 자가 누가 있는가?"

靖曰 周之始興에 則太公實繕其法하니 始於岐都하여 以建井畝하여 戎車三百輛과 虎賁三百人으로 以立軍制하고 六步七步와 六伐七伐로 以教戰法하여 陳師牧野하니이다 太公이 以百夫制師하여 以成武功하여 以四萬五千人으로 勝紂七十萬衆하니이다

李靖이 대답하였다.

"周나라가 처음 일어날 적에 太公이 실로 그 法을 닦았으니, 岐都에서 시작하여 井畝의 제도를 세워서 戎車 300輛과 虎賁(호랑이처럼 용감한 군사) 300명으로 軍制를 세우고, 6步와 7步, 6伐과 7伐로 전투하는 방법을 가르쳐서 牧野에 군대를 펼쳤습니다. 太公은 100夫로 군대를 만들어서 武功을 이루어 4만 5,000명을 가지고 紂王의 70만 군대를 이겼습니다.

靖對曰 周家初興에 則太公望이 實繕修其法하니 始於岐都하여 以建立井畝之制하니이다 (用)〔周〕[1]始祖后稷이 封於邰러니 十三世에 而大(태)王徙居岐山之陽하여 建都於周原之上하니 是曰 岐都라 十五世에 而文王以太公望爲師하여 備戎車三百輛과 虎賁之士三百人하여 以立軍之制度하고 不愆於六步七步, 六伐七伐[2]에 乃止齊焉하여 以敎戰陳之法하여 陳師商郊牧野하니이다 太公이 以百夫로 致師旅必戰之心하여 而成就武功하여 用四萬五千人하여 勝紂七十萬衆하니이다 尙書小序云 戎車三輛과 虎賁三百人이라한대 注云 虎賁은 百夫之長也라하고 孟子云 革車三百輛이요 虎賁三千人이라하여 二說不同하니 後詳辯之하노라

1) (用)〔周〕: 저본의 '用'은 明本에 의거하여 '周'로 바로잡았다.

2) 六步七步 六伐七伐 : 이 내용은 周 武王이 殷의 紂王을 토벌하면서 장병들에게 경계한 말로, ≪書經≫ 〈周書 牧誓〉에 "이제 나 發은 공손히 하늘의 벌을 행하노니, 오늘의 싸움은 6步와 7步를 넘지 말아서 멈추어 整齊할 것이니, 壯士들은 힘쓸지어다. 4伐과 5伐, 6伐과 7伐을 넘지 말아서 멈추어 整齊할 것이니, 힘쓸지어다. 장사들이여. 〔今予發 惟恭行天之罰 今日之事 不愆于六步七步 乃止齊焉 夫子勗哉 不愆于四伐五伐六伐七伐 乃止齊焉 勗哉夫子〕"라고 보이는데, 蔡沈은 ≪集傳≫에서 "步는 걸어감이요 齊는 整齊함이니, 今日의 싸움은 6步와 7步를 넘지 말아서 멈추어 整齊하라고 한 것이다. 伐은 치고 찌름이다. 적어도 4, 5번 이하로 내려가지 말고 많아도 6, 7번을 넘지 말아서 整齊하라고 한 것이다. 이는 장병들에게 적을 쳐 죽이고 찌르는 방법을 가르쳐준 것이니, 죽임을 탐함을 경계한 것이다."라고 注하였다.

李靖이 대답하였다.

"周나라가 처음 興旺할 적에 太公望이 실로 그 法을 닦았으니, 岐都에서 시작하여 井畝의 제도를 세웠습니다."

周나라의 시조 后稷이 邰 땅에 봉해졌는데, 13世에 太王이 옮겨 岐山의 남쪽에 거주하여 周原의 위에 도읍을 세우니, 이것을 '岐都'라 하였다.

"15世에 文王이 太公望을 스승으로 삼아서 戎車 300輛과 虎賁의 장사 300명을 구비해서 군대의 제도를 세우고, 6步와 7步, 6伐과 7伐을 넘지 아니하여, 마침내 멈추어 整齊(정돈)해서 싸우고 陣 치는 방법을 가르쳐, 商나라의 교외인 牧野에 군대를 진열하였습니다. 太公은 100명의 장사로써 군사들이 必戰의 각오를 이루게 해서 武功을 성취하여, 4만 5,000명을 가지고 紂王의 70만 군대를 이겼습니다."

≪尙書≫의 〈小序〉에 "戎車 3輛과 虎賁 300명"이라 하였는데, 注에 이르기를 "虎賁은 100夫의 우두머리이다." 하였다. 그리고 ≪孟子≫ 〈盡心 下〉에 이르기를 "革車가 300輛이고 虎賁이 3,000명이다."라고 하여 두 설이 똑같지 않은바, 뒤에 자세히 분변하였다.

周司馬法은 **本太公者也**니 **太公旣沒**에 **齊人得其遺法**하여 **至桓公**하여 **霸天下**하고 **任管仲**하여 **復修太公法**하여 **謂之節制之師**라하니 **諸侯畢服**하니이다

周나라의 司馬法은 太公에게서 근본한 것입니다. 太公이 별세하자, 齊나라 사람들이 그 남은 法을 얻어서 桓公에 이르러 天下에 霸者가 되고 管仲을 등용하여 다시 太公의 兵法을 닦아서 이것을 '節制의 군대'라 일렀으니, 諸侯들이 모두 복종하였습니다."

周大司馬之法은 本於太公者也라 太公旣沒之後에 子伋爲齊侯라 故로 齊人得(眞)〔其〕[1]遺法이라 至桓公하여 霸長天下하고 任用管仲爲相하여 復繕修太公兵法하여 謂之節制之兵[2]이라하니 天下諸侯 因此皆服이니이다 節制者는 兵不大勝하고 亦不大敗하니 言其有節制〔也〕[3]라

1) (眞)〔其〕: 저본의 '眞'은 漢文大系本에 의거하여 '其'로 바로잡았다.

2) 節制之兵 : 節度와 法制가 嚴正하고 規律이 있는 군대를 가리킨다. ≪荀子≫ 〈議兵〉에 "齊나라의 技擊은 魏나라의 武卒을 당해내지 못하고, 魏나라의 武卒은 秦나라의 精銳兵을 당해내지 못하고, 秦나라의 정예병은 齊 桓公과 晉 文公의 節制 있는 군대를 당해내지 못하고, 齊 桓公과 晉 文公의 절제 있는 군대는 湯王과 武王의 仁義를 행하는 군대를 대적하지 못한다.〔齊之技

管仲

擊 不可以遇魏之武卒 魏之武卒 不可以直秦之銳士 秦之銳士 不可以當桓文之節制 桓文之節制 不可以敵湯武之仁義〕"라고 보인다.

3) 〔也〕: 저본에는 '也'자가 없으나, 漢文大系本에 의거하여 보충하였다.

"周나라 大司馬의 法은 太公에게서 근본한 것입니다. 太公이 이미 별세한 뒤에 아들 伋이 齊나라 임금이 되었기 때문에 齊나라 사람들이 그 남은 法을 얻은 것입니다. 桓公에 이르러 天下의 霸者가 되고 管仲을 등용하여 정승으로 삼아서 다시 太公의 兵法을 닦아 이것을 '節制의 군대'라 이르니, 천하의 諸侯가 이로 인하여 모두 복종하였습니다."

節制하면 군대가 크게 승리하지도 않고 또한 패하지도 않으니, 그 節制가 있음을 말한 것이다.

太宗曰 儒者多言管仲霸臣而已라하니 **殊不知兵法乃本於王制也**라 **諸葛亮**은 **王佐之才**로되 **自比管樂**하니 **以此**로 **知管仲亦王佐也**라 **但周衰**하여 **時王不能用故**로 **假齊興師爾**니라

太宗이 말하였다.

"儒者들은 대부분 '管仲은 霸者의 신하일 뿐이다.'라고 말하니, 이는 兵法이 바로 王者의 제도에서 근본함을 전혀 알지 못한 것이다. 諸葛亮은 王者를 보좌할 만한 재주가 있었는데, 스스로 管仲과 樂毅에 자신을 견주었으니, 이로써 管仲 또한 王者를 보좌할 만한 인물임을 알 수 있는 것이다. 다만 周나라가 쇠하여 당시 王이 등용하지 못했기 때문에 齊나라를 빌려 군대를 일으켰을 뿐이다."

太宗曰 儒者多言管仲乃霸者之臣而已니 殊不知兵法이 起自井田하여 本於王者之制也라 蜀諸葛亮이 有王佐之才러니 在南陽時에 自比管仲, 樂毅[1)]하니 以此로 知管仲亦王者之佐라 但周室衰微하여 時王不能任用이라 故로 假齊桓公하여 興師以匡正天下者也라 樂毅는 魏人이니 樂羊之後로 居靈壽러니 聞燕昭王賢하고 乃歸之한대 王以爲亞卿하다 後破齊有功하여 封昌國君이러니 昭王崩하고 子惠王立하여 疑之어늘 遂西走趙하니 趙封毅於觀津하고 號曰 望諸君이라하니라

1) 蜀諸葛亮……自比管仲樂毅 : 이 내용은 ≪三國志≫ 〈蜀志 諸葛亮傳〉에 "〈諸葛亮은〉 항상 자신을 管仲과 樂毅에 견주었는데, 당시 사람들은 이를 인정해주지 않았다. 그러나 오직 博陵의 崔州平과 潁川의 徐庶 元直만은 제갈량과 우정이 돈독하였는데, 이

들은 진실이라고 믿었다.〔每自比於管仲樂毅 時人莫之許也 惟博陵崔州平 潁川徐庶元直 與亮友善 謂爲信然〕"라고 보인다.

太宗이 말하였다.

"儒者들은 대부분 '管仲은 바로 霸者의 신하일 뿐이다.'라고 말하니, 이는 兵法이 井田에서 시작되어 王者의 제도에 근본함을 전혀 알지 못한 것이다. 蜀漢의 諸葛亮은 王者를 보좌할 만한 재주가 있었는데, 南陽에 있을 때에 자신을 管仲과 樂毅에 견주었으니, 이로써 管仲 또한 王者의 보좌임을 알 수 있는 것이다. 다만 周나라가 쇠약하여 당시 王이 임용하지 못했기 때문에 齊 桓公을 빌려서 군대를 일으켜 天下를 바로잡은 것이다."

樂毅는 魏나라 사람이니, 樂羊의 후손으로 靈壽에 살고 있었는데, 燕 昭王이 어질다는 말을 듣고 귀의하자, 昭王이 亞卿으로 삼았다. 뒤에 齊나라를 격파하여 공을 세우고 昌國公에 봉해졌는데, 昭王이 죽고 아들 惠王이 즉위하여 樂毅를 의심하자, 마침내 서쪽 趙나라로 도망하니, 趙나라는 樂毅를 觀津에 봉하고 이름을 望諸君이라 하였다.

靖再拜曰 陛下神聖하사 **知人如此**하시니 **老臣雖死**나 **無媿**[1)]**昔賢也**니이다 **臣請言管仲制齊之法**하리이다 **三分齊國**하여 **以爲三軍**호되 **五家爲軌故**로 **五人爲伍**하고 **十軌爲里故**로 **五十人爲小戎**하고 **四里爲連故**로 **二百人爲卒**하고 **十連爲鄕故**로 **二千人爲旅**하고 **五鄕一師故**로 **萬人爲軍**하니 **亦由司馬法一師五旅 一旅五卒之義焉**이니 **其實**은 **皆得太公之遺法**이니이다

1) 媿 : '愧'와 같다.

李靖이 再拜하고 말하였다.

"陛下께서 神聖하셔서 사람을 이처럼 알아보시니, 늙은 臣이 비록 죽더라도 옛 賢人에게 부끄러움이 없습니다. 臣이 管仲이 齊나라를 통제한 방법을 말씀드리겠습니다. 齊나라를 3등분하여 三軍으로 만들었는데, 다섯 집을 軌로 만들었기 때문에 다섯 사람을 伍로 삼았고, 10軌를 里로 만들었기 때문에 50명을 小戎으로 삼았고, 4里를 連으로 만들었기 때문에 200명을 卒로 삼았고, 10連을 鄕으로 만들었기 때문에 2,000명을 旅로 삼았고, 5鄕을 1師로 만들었기 때문에 1만 명을 軍으로 삼았습니다. ≪司馬法≫에 1師는 5旅이고 1旅는 5卒인 뜻과도 같으니, 그 실제는 모두 太公의 남은 法을 얻은 것입니다."

靖再拜하고 起而言曰 陛下神聖하사 知人如此之明하시니 老臣雖死나 無媿古昔賢者니이다 臣請言管仲當時制齊之法하리이다 三分齊國之民하여 以爲三軍호되 古者에 大國三軍이요 次國二軍이요 小國一軍이니 齊는 大國也故로 爲三軍이라 民以五家爲一軌故로 兵以五人爲一伍하고 十軌爲一里하니 十軌는 五十家也故로 兵以五十人爲一小戎하고 四里爲一連하니 四里는 二百家也故로 兵以二百人爲一卒하고 十連爲一鄕하니 十連은 二千家也故로 兵以二千人爲一旅하고 五鄕爲一師하니 五鄕은 一萬家也故로 兵以萬人爲一軍하니 亦由古人司馬法의 一師分五旅, 一旅分五卒之義焉이니 其實은 皆得太公望之遺法也[1]니이다 周制에 二十五家爲一里하고 五百家爲一黨하고 萬二千五百家爲一鄕하니 其兵制는 則以五人爲伍하고 十人爲什하고 百人爲卒하고 五百人爲旅하고 萬二千五百人爲軍하여 其數爲異耳라

1) 亦由古人司馬法……皆得太公望之遺法也 : 이 내용은 ≪司馬法≫에는 보이지 않고, ≪周禮≫ 〈地官 小司徒〉에 "小司徒의 職務는……백성들로 편성된 卒伍를 모아서 운용하는 것인데, 5人을 1伍로 하고, 5伍를 1兩으로 하고, 4兩을 1卒로 하고, 5卒을 1旅로 하고, 5旅를 1師로 하고, 5師를 1軍으로 하여 대군을 집결시킨다.〔小司徒之職……乃會萬民之卒伍而用之 五人爲伍 五伍爲兩 四兩爲卒 五卒爲旅 五旅爲師 五師爲軍 以起軍旅〕"라고 보인다.

이 내용이 ≪司馬法≫에 보이지 않으므로 본문의 司馬法을 '사마에 관한 법'이라고 해석하는 것도 가능하나, 뒤 구절의 '太公望의 남은 法을 얻은 것'이란 말을 근거하여 ≪司馬法≫으로 해석하였다. ≪司馬法≫은 春秋時代 齊나라의 司馬였던 田穰苴가 지은 兵書로 본래 55편이었는데 지금은 5편만 남아있다.

李靖이 再拜하고 일어나 말하였다.

"陛下께서 神聖하여 사람을 알아보심이 이처럼 명철하시니, 늙은 臣이 비록 죽더라도 옛날 賢者에게 부끄러움이 없습니다. 臣이 管仲이 당시에 齊나라를 통제한 법을 말씀드리겠습니다. 齊나라의 백성을 3등분하여 3軍으로 만들었습니다."

옛날에 大國은 3軍이고 다음 나라는 2軍이고 작은 나라는 1軍이었는데, 齊나라는 大國이기 때문에 3軍을 만든 것이다.

"백성은 다섯 집을 1軌로 만들었기 때문에 군대는 다섯 명을 1伍로 만들었고, 10軌를 1里로 만들었으니 10軌는 50가호이므로 군대는 50명을 1小戎으로 만들었고, 4里를 1連으로 만들었으니 4里는 200가호이므로 군대는 200명을 1卒로 만들었고, 10連을 1鄕으로 만들었으니 10連은 2,000가호이므로 군대는 2,000명을 1旅로 만들었

고, 5鄕을 1師로 만들었으니 5鄕은 1만 가호이므로 군대는 1만 명으로 1軍을 만들었으니, 또한 옛사람의 ≪司馬法≫에 1師를 5旅로 나누고 1旅를 5卒로 나눈 뜻을 따른 것이니, 그 실제는 모두 太公望의 남은 法을 얻은 것입니다."

周나라 제도는 25家를 1里로 만들고, 500家를 1黨으로 만들고, 1만 2,500家를 1鄕으로 만들었으니, 그 軍制는 5명을 伍로 삼고 10명을 什으로 삼고 100명을 卒로 삼고 500명을 旅로 삼고 1만 2,500명을 軍으로 삼아서, 그 수가 다를 뿐이다.

○ 愚謂管仲은 曾西之所不爲[1)]요 孔子稱其器小어시늘 而太宗, 李靖이 皆以爲王佐는 何也오 夫管仲이 尊周室하고 攘夷狄하며 九合一匡하여 功實不小라 仲尼再言如其仁以許之[2)]는 以其有仁者之功也라 然이나 其局量褊淺하고 規模狹隘하여 不能正心修身以致君於王道하고 大抵多以權謀馭下하여 三歸, 反坫[3)]이 爲侈已甚하니 此孔子所以譏其器小與不知禮也라 假使時王任之라도 其功烈이 亦不過如此리라 李唐[4)]之世에 道學不明하여 雖以太宗之賢으로도 亦不過假仁義而已니 李靖輩又安識王佐哉아

1) 曾西之所不爲 : ≪孟子≫ 〈公孫丑 上〉에, 公孫丑가 孟子에게 "管仲의 공적을 기대할 수 있겠습니까?"라고 묻자, 孟子가 曾西(曾子의 아들)도 管仲에게 비유되는 것을 싫어한 일을 말씀하고, 公孫丑에게 "管仲은 曾西도 되려고 하지 않은 자인데, 그대가 나를 위해서 〈관중처럼 되기를〉 원한단 말인가?〔管仲 曾西之所不爲也 而子爲我願之乎〕"라고 말씀한 구절을 인용한 것이다.

2) 夫管仲……如其仁以許之 : ≪論語≫ 〈衛靈公〉에 "子路가 '桓公이 公子 糾를 죽였는데 召忽은 죽었고 管仲은 죽지 않았으니, 管仲은 仁하지 못합니다.'라고 말하자, 孔子께서 '桓公이 제후들을 규합하되 兵車(무력)를 사용하지 않은 것은 管仲의 힘이었으니, 누가 그의 仁만 하겠는가, 누가 그의 仁만 하겠는가.〔子路曰 桓公 殺公子糾 召忽死之 管仲不死 曰 未仁乎 子曰 桓公 九合諸侯 不以兵車 管仲之力也 如其仁 如其仁〕'라고 말씀하셨다."라고 보이므로 이렇게 말한 것이다.

3) 三歸反坫 : 三歸는 臺의 이름이고, 反坫은 두 나라 군주가 회합하여 술을 마실 적에 술잔을 되돌려 놓아두는 잔대이다. ≪論語≫ 〈八佾〉에 "孔子께서 '管仲의 器局이 작구나.'〔子曰 管仲之器 小哉〕"라고 비판하시자, 혹자가 그 이유를 물으니, 공자는 管仲이 三歸라는 臺를 소유하고, 反坫을 두는 등 참람하였음을 비판하였다.

4) 李唐 : 唐나라를 이른다. 당나라 君主의 姓이 '李'이기 때문에 '李唐'이라 한 것이다.

○ 내가 생각하건대, 管仲은 曾西도 되려고 하지 않은 자였고, 孔子께서도 '그의 그릇이 작다.'고 하셨는데, 太宗과 李靖이 모두 管仲을 칭찬하여 '王者의 보좌'라 한 것

은 어째서인가?

管仲이 周나라 왕실을 높이고 오랑캐를 물리쳤으며, 諸侯들을 규합하여 한 번 천하를 바로잡아서 功이 실로 적지 않았다. 仲尼께서 '누가 그의 仁만 하겠는가.'라고 두 번 말씀하여 인정하심은, 管仲에게 仁者의 功이 있었기 때문이었다. 그러나 局量이 좁고 규모가 협소해서 마음을 바르게 하고 몸을 닦아 君主를 王道에 이르게 하지 못하였고, 대부분 權謀術數로 아랫사람들을 통솔해서 三歸臺를 두고 反坫을 두어 사치가 매우 심하였으니, 이는 孔子께서 그의 그릇이 작음과 禮를 알지 못함을 비판하신 이유이다. 가령 당시의 王이 그를 신임했더라도 그 功烈이 이와 같음에 지나지 않았을 것이다.

李唐의 世代에 道學이 밝지 못해서 비록 太宗과 같이 어진 君主로도 仁義를 빌리는데 불과하였을 뿐이니, 李靖의 무리가 또 어떻게 王道를 알았겠는가.

太宗曰 司馬法을 人言穰苴所述이라하니 是歟아 否也아

太宗이 말하였다.

"≪司馬法≫을 사람들이 모두 '穰苴가 저술한 것이다.'라고 하니, 맞는가? 맞지 않는가?"

太宗問靖曰 司馬法을 世人이 皆言司馬穰苴所述이라하니 是歟아 否也아

太宗이 李靖에게 물었다.

"≪司馬法≫을 세상 사람들이 모두 '司馬穰苴가 저술한 것이다.'라고 하니, 맞는가? 맞지 않는가?"

靖曰 按史記穰苴傳컨대 齊景公時에 穰苴善用兵하여 敗燕晉之師한대 景公尊爲司馬之官이라 由是로 稱司馬穰苴하고 子孫號司馬氏라하니이다

李靖이 대답하였다.

"≪史記≫ 〈司馬穰苴列傳〉을 살펴보면 '齊 景公 때에 穰苴가 用兵을 잘하여 燕나라와 晉나라의 군대를 패퇴시키자, 景公이 높여서 司馬의 벼슬을 시켰다. 이 때문에 司馬穰苴라 칭하였고, 子孫들이 司馬氏라고 불렀다.' 하였습니다.

靖答曰 臣按史記穰苴傳컨대 齊景公時에 田穰苴善能用兵하여 敗燕晉二國之

師한대 **景公尊穰苴**하여 **爲司馬之官**하니 **由是**로 **稱爲司馬穰苴**하고 **其子孫因號司馬氏**하니이다 **穰苴**는 **田完**[1]**之苗裔也**라

1) 田完 : 陳나라의 公子로 원래의 성은 陳인데 齊나라로 망명한 이후 田으로 성을 바꾸어 田完이 되었다. 陳나라에 내란이 일어나자 齊 桓公 14년에 망명하였는데, 桓公의 신임을 얻어 工官으로 등용되었다. 이후 田氏는 대대로 齊나라의 大夫가 되어 국정을 전횡하였는데, 齊 康公 19년(B.C. 386)에 田和가 康公을 폐위하고 齊나라를 찬탈하였다. ≪史記 田敬仲田完世家≫

李靖이 대답하였다.

"臣이 ≪史記≫ 〈司馬穰苴列傳〉을 살펴보건대, '齊 景公 때에 穰苴가 用兵을 잘하여 燕·晉 두 나라의 군대를 패퇴시키자, 景公이 穰苴를 높여 司馬 벼슬을 시키니, 이로 말미암아 司馬穰苴라 칭하였고, 그 子孫들이 인하여 司馬氏라고 칭하였다.' 하였습니다."

穰苴는 田完의 후손이다.

至齊威王하여 **追論古司馬法**하고 **又述穰苴所學**하여 **遂有司馬穰苴書數十篇**하니 **今世所傳兵家者流**요 **又分權謀形勢陰陽技巧四種**하니 **皆出司馬法也**니이다

齊 威王 때에 이르러서 옛 司馬法을 追論하고 또 穰苴가 배운 것을 기술하여 마침내 ≪司馬穰苴≫라는 책 수십 편이 있게 되었으니, 지금 세상에 전하는 兵家者의 流이고, 또 權謀·形勢·陰陽·技巧의 네 종류로 나누었으니, 이는 모두 ≪司馬法≫에서 나온 것입니다."

至齊威王時하여 **追論古司馬法**하여 **方成其書**할새 **又述田穰苴所學**하여 **遂有司馬穰苴書**하니 **凡數十篇**이니 **即今世所傳兵家者流**니이다 **書內**에 **又分權謀者**는 **權變機謀〔也〕**[1]요 **形勢〔者**는 **彼此之强弱〕**[2]**也**요 **陰陽者**는 **天時之順逆也**요 **技巧者**는 **攻守之〔備〕**[3]**用也**니이다

1) 〔也〕 : 저본에는 '也'자가 없으나, 漢文大系本에 의거하여 보충하였다.
2) 〔者 彼此之强弱〕 : 저본에는 없으나, 漢文大系本에 의거하여 보충하였다.
3) 〔備〕 : 저본에는 缺字로 처리되어 있으나, 漢文大系本에 의거하여 보충하였다.

"齊 威王 때에 이르러서 옛 ≪司馬法≫을 追論하여 이 책을 만들 적에, 또 田穰苴가 배운 것을 기술하여 마침내 ≪司馬穰苴≫라는 책이 있게 되었으니, 모두 수십 편으로 바로 지금 세상에 전하는 兵家者의 流입니다. 이 책 안에 또 나누어진 權謀는 權變과

機謀이고, 形勢는 彼此의 强弱이고, 陰陽은 天時의 順하고 거슬림이고, 技巧는 공격과 수비의 쓰임에 대비하는 것입니다."

太宗曰 漢張良韓信이 **序次兵法**이 **凡百八十二家**라 **刪取要用**하여 **定著三十五家**러니 **今失其傳**은 **何也**오

太宗이 말하였다.

"漢나라 張良과 韓信이 兵法을 차례로 나열한 것이 모두 182家이다. 刪削하고 중요한 것만 취하여 35家를 저술하였는데, 지금 失傳된 것은 어째서인가?"

太宗問靖曰 漢張良이 與韓信으로 序次古兵法이 凡一百八十二家라 刪去蕪僞하고 取其切要可用者하여 定著三十五家러니 今失其傳은 何謂也오 按漢藝文志에 謂諸呂用事而盜取之[1]라하니 恐彼時因而失之耳라 張良은 字子房이니 其先은 韓人이라 佐高祖하여 滅秦楚하고 定天下하여 封留侯하니라 韓信은 淮陰人也라 佐高祖하여 定三秦하고 擒魏豹하고 破趙取齊하며 敗項羽垓下하고 封楚王이라가 後降封淮陰侯러니 呂后〔誘至宮中〕[2]殺之하니라

1) 漢藝文志 謂諸呂用事而盜取之 : 이 내용과 관련된 ≪漢書≫ 〈藝文志〉의 전문은 다음과 같다.

"漢나라가 일어나자, 張良과 韓信이 兵法을 서술하여 編次한 것이 모두 182家인데, 刪削을 거쳐 요긴한 것만 취하여 35家를 저술하였다. 呂氏들이 권력을 행사하면서 이를 도둑질하였는데, 武帝 때 軍政 楊僕이 유실된 것들을 수집하여 兵錄의 계통을 세웠으나, 여전히 미비하였다. 成帝(孝成皇帝) 때에 이르러 任宏에게 명하여 兵書를 논하고 編次를 정해 4種으로 만들게 하였다.〔漢興 張良韓信序次兵法 凡百八十二家 刪取要用 定著三十五家 諸呂用事而盜取之 武帝時 軍政楊僕捃摭遺逸 紀奏兵錄 猶未能備 至於孝成 命任宏論次兵書爲四種〕"

諸呂는 漢 高祖의 后妃인 呂后의 친정 집안사람들을 이른다. 惠帝가 병약하여 일찍 죽자, 呂后가 親政을 하였는데, 이때

張良

자신의 친정 집안사람들을 대거 등용하고 황제의 자리를 呂氏에게 물려주려 하였다. 그러나 呂后가 죽자 周勃과 陳平이 합심하여 呂氏의 三族을 멸하고 代王인 劉恒을 옹립하니, 이가 곧 文帝이다.

2)〔誘至宮中〕: 저본에는 없으나, 漢文大系本에 의거하여 보충하였다.

韓信

太宗이 李靖에게 물었다.

"漢나라 張良이 韓信과 함께 옛 兵法을 차례로 나열한 것이 모두 182家이다. 번잡하고 잘못된 것을 삭제하고, 간절하고 요긴하게 쓸 수 있는 것만을 취하여 35家를 만들었는데, 지금 그 전함을 잃음은 어째서인가?"

≪漢書≫ 〈藝文志〉를 살펴보면 "여러 呂氏들이 권력을 행사하면서 도둑질하여 취하였다." 하였으니, 그때에 이로 인하여 잃은 듯하다.

張良은 字가 子房이니, 그 선조는 韓나라 사람이다. 高祖를 보좌하여 秦나라와 楚나라를 멸망시키고 천하를 평정하여 留侯에 봉해졌다.

韓信은 淮陰 사람이다. 高祖를 보좌하여 三秦을 평정하고 魏豹를 사로잡았으며, 趙나라를 격파하고 齊나라를 점령하였으며, 項羽를 垓下에서 패퇴시키고 楚王에 봉해졌다가 뒤에 淮陰侯로 강등되었는데, 呂后가 궁중으로 유인하여 살해하였다.

靖曰 張良所學은 太公六韜三略이 是也요 韓信所學은 穰苴孫武是也라 然이나 大體不出三門四種而已니이다

李靖이 말하였다.

"張良이 배운 것은 太公의 ≪六韜≫와 ≪三略≫이고, 韓信이 배운 것은 ≪司馬穰苴≫와 ≪孫武子≫입니다. 그러나 大體는 3門과 4種에 벗어나지 않을 뿐입니다."

靖對曰 張良所學은 卽太公之六韜와 黃石公之三略이 是也요 韓信所學은 卽司馬穰苴書와 孫武子是也라 然大體는 不出乎三門四種而已니이다 按漢藝文志云 吳

孫子兵法八十二篇이요 吳起四十八篇이로되 今皆不存矣라

李靖이 대답하였다.
"張良이 배운 것은 바로 太公의 ≪六韜≫와 黃石公의 ≪三略≫이고, 韓信이 배운 것은 바로 ≪司馬穰苴≫와 ≪孫武子≫입니다. 그러나 大體는 3門과 4種에 벗어나지 않을 뿐입니다."
≪漢書≫ 〈藝文志〉를 살펴보면 "吳나라 ≪孫子≫가 82편이고, ≪吳起≫가 48편이다."라고 하였는데, 지금 모두 남아있지 않다.

太宗曰 何謂三門고 靖曰 臣按 太公謀八十一篇은 所謂陰謀로 不可以言窮이요 太公言七十一篇은 不可以兵窮이요 太公兵八十五篇은 不可以財窮이니 此三門也니이다

太宗이 물었다.
"무엇을 3門이라 이르는가?"
李靖이 대답하였다.
"臣이 살펴보니, 太公謀 81편은 이른바 陰謀라는 것으로, 말로는 다 나타낼 수가 없습니다. 太公言 71편은 병법으로는 다 알 수가 없습니다. 太公兵 85편은 사람의 재주로는 다 알 수가 없습니다. 이 세 가지가 3門입니다."

太宗曰 何謂三門고 靖曰 臣按 太公謀有八十一篇하니 所謂陰謀로 不可以言窮其意요 太公言有七十一篇하니 不可以兵窮其妙요 太公兵有(七十一)〔八十五〕[1]篇하니 不可以財窮其術이라 謀言兵이 共二百三十七篇이니 此所謂三門이니이다 按漢藝文志에 六弢六篇이라한대 顔師古云 卽今之六韜也라하니 然則二百三十七篇은 後人增加而爲之리라

1) (七十一)〔八十五〕: 저본의 '七十一'은 漢文大系本에 의거하여 '八十五'로 바로잡았다.

太宗이 李靖에게 물었다.
"무엇을 3門이라 이르는가?"
李靖이 대답하였다.
"臣이 살펴보니, 太公謀 81편이 있는데, 이것은 이른바 陰謀라는 것으로, 말로는 그 뜻을 다 나타낼 수가 없습니다. 太公言 71편이 있는데, 이것은 병법으로는 그 신묘함

을 다 알 수가 없습니다. 太公兵 85편이 있는데, 이것은 사람의 재주로는 그 방도를 다 알 수가 없습니다. 太公謀・太公言・太公兵이 모두 237편이니, 이 세 가지가 이른바 '3門'입니다."

≪漢書≫ 〈藝文志〉에 '≪六弢≫ 6편'이라 하였는데, 顔師古가 '지금의 ≪六韜≫이다.'라고 하였으니, 그렇다면 237편은 後人이 늘려서 이렇게 만든 것이리라.

太宗曰 何謂四種고 **靖曰 漢任宏所論**이 **是也**니이다 **凡兵家流**는 **權謀爲一種**이요 **形勢爲一種**이요 **及陰陽技巧二種**이니 **此四種也**니이다

太宗이 말하였다.
"무엇을 4種이라 이르는가?"
李靖이 대답하였다.
"漢나라 任宏이 논한 것이 이것입니다. 무릇 兵家流는 權謀가 1種이 되고, 形勢가 1種이 되고, 陰陽과 技巧 두 종류가 있으니, 이것이 4種입니다."

太宗問曰 何謂四種고 靖曰 漢(武)〔成〕[1]帝時에 任宏所論이 是也라 凡兵家者流는 權謀爲一種이니 權謀者는 以正守國하고 以奇用兵하여 先計而後戰하여 兼形勢하고 包陰陽하고 用技巧者也라 形勢爲一種이니 形勢者는 雷動風擧하여 後發而先至하고 離合(背鄕)〔鄕背〕[2]가 變化無常하여 以輕疾制敵者也라 及陰陽技巧爲二種이니 陰陽者는 順時而發하여 推(形)〔刑〕[3]德하고 隨斗擊하여 因五勝하고 假鬼神而爲助者也요 技巧者는 習手足하고 便器械하고 利機關하여 以立攻守之勝者也니 此謂四種이니이다

1) (武)〔成〕: 저본의 '武'는 漢文大系本에 의거하여 '成'으로 바로잡았다.
2) (背鄕)〔鄕背〕: 저본의 '背鄕'은 漢文大系本에 의거하여 '鄕背'로 바로잡았다.
3) (形)〔刑〕: 저본의 '形'은 漢文大系本에 의거하여 '刑'으로 바로잡았다.

太宗이 물었다.
"무엇을 4種이라 이르는가?"
李靖이 대답하였다.
"漢 成帝 때 任宏이 논한 것이 이것이니, 무릇 兵家者流는 權謀가 1種이 됩니다."

權謀란 正兵으로 나라를 지키고 奇兵으로 군대를 운용하여, 계책을 먼저 세운 뒤에 싸워서 形勢를 겸하고 陰陽을 포괄하고 技巧를 사용하는 것이다.

"다음으로 形勢가 1種이 됩니다."

形勢란 우레가 진동하고 바람이 일어나는 듯하여 뒤에 출발하고도 먼저 도착하고, 分散과 集合, 向함과 등짐에 변화가 무궁해서 가볍고 빠름으로 적을 제압하는 것이다.

"그리고 陰陽과 技巧가 두 종류가 됩니다."

陰陽이라는 것은 天時에 순응하여 발동해서 刑罰과 德을 미루어 넓히고, 北斗星의 자루를 따라 공격해서 五勝(五行의 相剋)을 이용하며, 귀신의 힘을 빌려 도움으로 삼는 것이다. 技巧란 손과 발의 놀림을 익히고 기계(병기)를 편리하게 운용하며, 機關을 이롭게 하여 공격과 수비의 승리를 세우는 것이다.

"이 〈權謀・形勢・陰陽・技巧〉를 4종이라 이릅니다."

○ 愚按漢藝文志에 權謀十三家에 共二百五十九篇이라 吳孫子八十二篇이요 齊孫子八十九篇이요 公孫鞅二十七篇이요 吳起四十八篇이요 范蠡二篇이요 大夫種(三)〔二〕[1)]篇이요 李子十篇이요 娷一篇이요 兵春秋(三)〔一〕篇이요 龐煖(二)〔三〕篇이요 兒良一篇이요 廣武君一篇이요 韓信三篇이라 形勢十一家에 共九十二篇이니 楚兵法七篇이요 蚩尤二篇이요 孫軫五篇이요 繇敍二篇이요 王孫十六篇이요 尉繚子三十一篇이요 魏公子二十一篇이요 景子十三篇이요 李良三篇이요 丁子一篇이요 項王一篇이라 陰陽十六家에 共二百四十九篇이니 太一兵法一篇이요 天一兵法三十五篇이요 神農兵法一篇이요 黃帝十六篇이요 封(故)〔胡〕五篇이요 風后十三篇이요 力牧十五篇이요 鵊冶子一篇이요 鬼(谷)〔容〕區三篇이요 地典六篇이요 孟子一篇이요 東父三十一篇이요 師曠八篇이요 萇弘十五篇이요 別成子望軍氣六篇이요 辟兵威勝方七十篇이라 技巧十三家에 百九十九篇이니 (苗子五十)〔鮑子兵法十〕篇이요 伍子胥十篇이요 公勝子五篇이요 苗子五篇이요 逢門射法二篇이요 陰通成射法十一篇이요 李將軍射法三篇이요 魏氏射法六篇이요 强弩將軍王圍射法五卷이요 望遠連弩射法具十五篇이요 護軍射師王賀射書五篇이요 蒲苴子(戈)〔弋〕法四篇이요 劍道三十八篇이요 手搏六篇이요 雜家兵法五十七篇이요 蹵鞠二十五篇이니 今多磨滅不存耳라

1) (三)〔二〕: 저본에는 '三'으로 되어있으나, ≪漢書≫ 〈藝文志〉에 의거하여 '二'로 바로잡았는바, 아래의 수정도 모두 〈藝文志〉에 의거하였다.

○ 내가 살펴보건대, ≪漢書≫ 〈藝文志〉에 權謀가 13家인데, 모두 259편이다. 吳나라 ≪孫子≫ 82편, 齊나라 ≪孫子≫ 89편, ≪公孫鞅≫ 27편, ≪吳起≫ 48편, ≪范蠡≫ 2편, ≪大夫種≫ 2편, ≪李子≫ 10편, ≪娷≫ 1편, ≪兵春秋≫ 1편, ≪龐煖≫ 3편,

≪兒良≫ 1편, ≪廣武君≫ 1편, ≪韓信≫ 3편이다.

形勢가 11家인데, 모두 92편이다. ≪楚兵法≫ 7편, ≪蚩尤≫ 2편, ≪孫軫≫ 5편, ≪繇敍≫ 2편, ≪王孫≫ 16편, ≪尉繚子≫ 31편, ≪魏公子≫ 21편, ≪景子≫ 13편, ≪李良≫ 3편, ≪丁子≫ 1편, ≪項王≫ 1편이다.

陰陽이 16家인데, 모두 249편이다. ≪太一兵法≫ 1편, ≪天一兵法≫ 35편, ≪神農兵法≫ 1편, ≪黃帝兵法≫ 16편, ≪封胡≫ 5편, ≪風后≫ 13편, ≪力牧≫ 15편, ≪鵊冶子≫ 1편, ≪鬼容區≫ 3편, ≪地典≫ 6편, ≪孟子≫ 1편, ≪東父≫ 31편, ≪師曠≫ 8편, ≪萇弘≫ 15편, ≪別成子望軍氣≫ 6편, ≪辟兵威勝方≫ 70편이다.

技巧가 13家인데, 모두 199편이다. ≪鮑子兵法≫ 10편, ≪伍子胥≫ 10편, ≪公勝子≫ 5편, ≪苗子≫ 5편, ≪逢門射法≫ 2편, ≪陰通成射法≫ 11편, ≪李將軍射法≫ 3편, ≪魏氏射法≫ 6편, ≪强弩將軍王圍射法≫ 5권, ≪望遠連弩射法≫ 15편, ≪護軍射師王賀射書≫ 5편, ≪蒲苴子弋法≫ 4편, ≪劍道≫ 38편, ≪手搏≫ 6편, ≪雜家兵法≫ 57편, ≪蹴鞠≫ 25편이다. 지금은 대부분 逸失되어 남아있지 않다.

太宗曰 司馬法에 **首序蒐狩**는 **何也**오 **靖曰 順其時而要之以神**이니 **重其事也**니이다

太宗이 말하였다.

"≪司馬法≫에 봄 사냥〔蒐〕과 겨울 사냥〔狩〕을 맨 앞에 놓은 것은 어째서인가?"

李靖이 대답하였다.

"철을 順히 따르되 神으로써 요약한 것이니, 그 일을 소중히 여긴 것입니다.

太宗曰 司馬法에 首序春蒐冬狩之法은 何謂也오 靖曰 順天〔時〕[1]以講武호되 要之以神而重其事也니이다 蓋古者田獵獲禽에 取上殺하여 以薦宗廟하고 而面傷踐毛不成禽者는 皆不獻也[2]니 此所謂要之神而重其事耳라

1) 〔時〕: 저본에는 '時'자가 없으나, 漢文大系本에 의거하여 보충하였다.

2) 蓋古者田獵獲禽……皆不獻也 : 이 내용은 ≪詩經集傳≫ 〈彤弓之什 車攻〉편 朱子의 註에 "옛날에 사냥하여 짐승을 잡을 적에 얼굴을 맞혀 부상당한 것을 바치지 않고, 옆에서 쏘아 털이 벗겨진 것을 바치지 않고, 다 자라지 않은 짐승을 바치지 아니하며, 세 등급을 골라 취하되 왼쪽 옆구리로부터 쏘아 오른쪽 어깨뼈를 관통한 것을 上殺이라 하여 乾豆를 만들어 宗廟에 받들어 올리고, 오른쪽 귀밑을 관통한 것을 다음 中殺이라 하여 賓客에게 대접하고, 왼쪽 넓적다리를 쏘아 오른쪽 어깨뼈를 관통한 것을 下殺이라 하여 君庖에 채운다.〔蓋古者田獵獲禽 面傷不獻 踐毛不獻 不成禽不獻 擇取三等 自

左膘而射之 達于右腢爲上殺 以爲乾豆 奉宗廟 達右耳本者次之 以爲賓客 射左髀 達于右䯚下殺 以充君庖]"라고 보인다.

太宗이 말하였다.

"≪司馬法≫에 봄에 사냥하고 겨울에 사냥하는 법을 맨 앞에 놓은 것은 어째서인가?"

李靖이 대답하였다.

"天時에 순응하여 武藝를 강습하되, 神으로써 요약하여 그 일을 소중히 여긴 것입니다."

옛날에 사냥을 하여 짐승을 잡을 적에 上殺을 취하여 宗廟에 올리고, 얼굴이 부상당하고 털이 잘린 것과 다 성장하지 않은 것은 모두 바치지 않았으니, 이것이 이른바 神으로써 요약하여 그 일을 소중히 여겼다는 것이다.

周禮最爲大政하여 **成有岐陽之蒐**하고 **康有酆宮之朝**하고 **穆有塗山之會**하니 **此天子之事也**니이다

≪周禮≫에는 사냥을 가장 큰 정사로 삼아서 成王은 岐陽의 사냥이 있었고, 康王은 酆宮의 조회가 있었고, 穆王은 塗山의 모임이 있었으니, 이것은 天子의 일입니다.

周禮書에 **以此最爲國家之大政**하여 **在周成王時**엔 **則有岐陽之蒐**라 **岐陽者**는 **岐山之陽也**요 **春田曰蒐**니 **蒐者**는 **搜也**니 **謂搜其無孕字者而取之**라 **在周康王時**엔 **則有酆宮之朝**라 **酆邑之宮也**니 **文王都酆**이러니 **武王遷鎬**하니 **是康王因田獵而朝諸侯於酆邑之宮也**라 **在周穆王時**엔 **則有塗山之會**하니 **塗山**은 **卽禹會諸侯之地**니 **是穆王亦因田獵而會諸侯於塗山也**라 **此**는 **皆天子之事也**라

"≪周禮≫에는 이 사냥을 국가의 가장 큰 정사로 삼아서, 周 成王 때에는 岐陽의 사냥이 있었습니다."

岐陽은 岐山의 남쪽이다. 봄에 사냥하는 것을 蒐라 하는데, 蒐는 수색한다는 뜻이니, 새끼를 배지 않은 놈을 수색하여 잡음을 이른다.

"周 康王 때에는 酆宮의 朝會가 있었습니다."

酆邑의 궁궐이니, 文王이 酆邑에 도읍하였는데 武王이 鎬京으로 천도하였으니, 康王이 사냥으로 인하여 酆邑의 궁궐에서 諸侯들의 조회를 받은 것이다.

"周 穆王 때에는 塗山의 모임이 있었습니다."

塗山은 바로 禹임금이 諸侯들을 모은 곳이니, 이때 穆王이 또한 사냥으로 인하여 諸侯들을 塗山에 모은 것이다.

"이는 모두 天子의 일입니다."

及周衰에 **齊桓有召陵之師**하고 **晉文有踐土之盟**하니 **此諸侯奉行天子之事也**니이다

周나라가 衰하자, 齊 桓公은 召陵의 군대가 있었고, 晉 文公은 踐土의 會盟이 있었으니, 이는 諸侯가 天子의 일을 받들어 행한 것입니다.

及周室衰微에 威令不行하여 而蒐狩之禮亦廢하니이다 齊桓公霸諸侯하여 於是有召陵之師하고 晉文公霸諸侯하여 於是有踐土之盟하니이다 召陵之師는 在魯僖公四年하고 踐土之盟은 在魯僖公二十八年이라 皆諸侯奉行天子之事也니이다

"周나라 왕실이 쇠약해짐에, 위엄과 호령이 행해지지 못하여 사냥하는 禮 또한 폐해졌습니다. 齊 桓公이 諸侯의 霸者가 되어 이에 召陵의 군대가 있었고, 晉 文公이 諸侯의 霸者가 되어 이에 踐土의 會盟이 있었습니다."

召陵의 군대는 魯 僖公 4년(B.C. 656)에 있었고, 踐土의 會盟은 魯 僖公 28년(B.C. 632)에 있었다.

"이는 모두 諸侯가 天子의 일을 받들어 행한 것입니다."

其實은 **用九伐之法**하여 **以威不恪**이라 **假之以朝會**하고 **因之以巡狩**하고 **訓之以甲兵**하니 **言無事**에 **兵不妄擧**하고 **必於農隙**하여 **不忘武備也**라 **故**로 **首序蒐狩**하니 **不其深乎**잇가

그 실제는 아홉 가지 정벌하는 法을 사용하여 명령을 받들지 않는 자들에게 위엄을 보인 것입니다. 朝會를 빌리고 巡狩를 따르고 甲兵으로 가르쳤으니, 일이 없을 때에는 군대를 함부로 동원하지 않고, 반드시 농한기에 하여 武備를 잊지 않음을 말한 것입니다. 그러므로 봄에 사냥하는 것과 겨울에 사냥하는 것을 맨 앞에 말하였으니, 그 뜻이 깊지 않습니까."

其實은 則用大司馬九伐之法[1]하여 以威諸侯之不恭命者라 假之以(會朝)〔朝會〕[2]之名하고 因之以巡狩之禮하고 訓之以甲兵之事라 春見(현)曰朝요 時見曰會라 天子適諸侯曰巡狩니 巡狩者는 巡所守也라 甲兵은 士卒所被之甲과 所執之兵也라

言國家無事면 兵不可妄擧하고 必於農隙之時에 修爲田獵之事하니 所以不忘武備也니 首序蒐狩 不其深遠乎哉잇가

1) 大司馬九伐之法 : 周나라 때 제후들을 다스리기 위해 제정한 법으로, 제후가 아홉 종류의 죄악을 저지르면 천자가 이를 토벌하였으므로 九伐之法이라 하였는바, 자세한 내용은 ≪周禮≫ 〈夏官 大司馬〉에 다음과 같이 보인다.
"大司馬는 九伐의 法으로 諸侯들의 나라를 바로잡는다. 약한 나라를 업신여기고 작은 나라를 침략하면 봉지를 줄이고, 어진 사람을 해치고 백성을 해치면 정벌하고, 국내에서 暴虐한 정사를 행하고 外國을 업신여기면 제후를 폐위하고, 田野가 황폐해지고 백성들이 흩어지면 봉지를 삭탈하고, 險固한 지형을 믿고 복종하지 않으면 군대를 동원하여 진주시키고, 무고하게 친족을 살해하면 죄를 다스려 바로잡고, 신하가 임금을 시해하면 죽이고, 天子의 명령을 어기거나 政令을 업신여기면 이웃 나라와의 교통을 금지하고, 안팎으로 인륜을 어지럽히고 금수와 같은 행위를 하면 멸망시킨다.〔以九伐之灋 正邦國 馮弱犯寡則眚之 賊賢害民則伐之 暴內陵外則壇之 野荒民散則削之 負固不服則侵之 賊殺其親則正之 放弑其君則殘之 犯令陵政則杜之 外內亂鳥獸行則滅之〕"
2) (會朝)〔朝會〕: 저본의 '會朝'는 漢文大系本에 의거하여 '朝會'로 바로잡았다.

"그 실제는 大司馬가 아홉 가지 정벌하는 法을 사용하여 諸侯 중에 天子의 명령을 공경히 받들지 않는 자들에게 위엄을 보인 것입니다. 朝會한다는 이름을 빌리고 巡狩하는 예를 따르고 甲兵의 일로써 가르쳤습니다."

諸侯가 봄에 뵙는 것을 朝라 하고, 철따라 뵙는 것을 會라 한다. 天子가 諸侯國에 가는 것을 巡狩라 하니, 巡狩라는 것은 〈諸侯들이〉 지키고 있는 곳을 순행한다는 뜻이다. 甲兵은 사졸들이 입고 있는 갑옷과 잡고 있는 병기이다.

"국가가 일이 없으면 군대를 함부로 동원하지 않고 반드시 농한기에 사냥하는 일을 닦았으니, 이는 武備를 잊지 않음을 말한 것입니다. 봄 사냥과 겨울 사냥을 맨 앞에 놓은 뜻이 심원하지 않습니까."

太宗曰 春秋에 楚子二廣之法云 百(家)〔官〕[1]象物而動하여 軍政不戒而備라하니 此亦得周制歟아

1) (家)〔官〕: 저본의 '家'는 明本에 의거하여 '官'으로 바로잡았다.

太宗이 李靖에게 물었다.

"春秋時代에 楚王의 二廣의 法에 이르기를 '百官이 상징하는 물건(깃발)을 만들어 행동해서 軍政이 경계하지 않고도 갖추어졌다.' 하였으니, 이 또한 周나라 제

도를 얻은 것인가?"

太宗問靖曰 春秋時에 **楚子二廣之法**에 **有云 百官皆象其物類而後動**이라하니 **言不妄動也**요 **軍政不待戒令而先備**라하니 **言無不備也**라 **亦得周家之制度歟**아 **楚**는 **熊繹之後**니 **姓芈氏**요 **子爵**이니 **僭稱王**이라 **楚子**는 **卽莊王旅也**라 **二廣者**는 **左右二廣也**니 **右廣**은 **鷄鳴而駕**하여 **日中而說**(탈)[1]이면 **左則受之**하여 **日入而說**하고 **內官序當其夜**하여 **以待不虞**[2]하니 **此所謂百官象物而動**하여 **軍政不戒而備也**라

1) 說(탈) : 脫과 통한다.

2) 右廣……以待不虞 : 이 내용은 ≪春秋左氏傳≫ 宣公 12년 조에 보인다.

太宗이 李靖에게 물었다.

"春秋時代에 楚子의 二廣의 法에 이르기를 '百官이 각자 〈직위를〉 상징하는 물건(깃발)을 만들어 〈세우고서 직위에 맞게〉 행동하였다.'라고 말하였으니, 함부로 〈군대를〉 동원하지 않음을 말한 것이요, '軍政이 경계하는 명령을 기다리지 않고도 먼저 갖추어졌다.' 하였으니, 갖추어지지 않음이 없음을 말한 것이니, 이 또한 周나라 제도를 얻은 것인가?"

楚나라는 熊繹의 후손이니, 姓이 芈氏이고 子爵인데, 참람하여 王을 칭하였다. 楚子는 바로 莊王인 旅이다. 二廣이란 左廣과 右廣의 두 부대이니, 右廣이 닭이 울면 兵車의 말에 멍에하고 점심 무렵에 멍에를 벗기는데, 左廣이 이것을 받았다가 해가 지면 멍에를 벗기고, 內官(近臣)이 차례로 돌아가며 그날 밤을 담당하여 비상사태에 대비하였으니, 이것이 이른바 '百官이 각자 〈직위를〉 상징하는 물건을 만들어 〈세우고 직위에 맞게〉 행동해서 軍政이 경계하지 않고도 갖추어졌다.'는 것이다.

靖曰 按左氏說건대 **楚子乘廣三十乘**하니 **廣有一卒**하고 **卒偏之兩**이라하니 **軍行右轅**하여 **以轅爲法**이라 **故**로 **挾轅而戰**하니 **皆周制也**니이다

李靖이 말하였다.

"≪春秋左氏傳≫을 살펴보건대, '楚子가 乘廣 30乘을 사용하였으니, 廣에는 1卒이 있고 卒에는 2偏(15乘)이 있다.' 하였는데, 군대가 행군할 적에 右軍은 멍에하여 멍에를 끼고 있는 것을 法으로 삼았습니다. 그러므로 멍에를 끼고 싸웠으니, 이것은 모두 周나라의 제도입니다.

靖答曰 按左氏傳에 說楚子乘廣에 用車三十乘하니 廣之一車 有一卒하고 每一卒用百人[1)]이라하니 只是舊制十五乘爲一偏之法이니이다 但偏法은 一乘用百人하여 比偏增一兩하여 爲承副耳라 一兩은 五十人이니 廣之一車는 比偏之一車에 多五十人耳라 凡軍行之制 在軍之右者는 挾轅爲戰備하니 蓋以車轅爲法이라 故軍行挾轅而戰하니 皆周家之制度也니이다 一說에 偏之一乘은 用甲士三人과 步卒七十二人하고 廣之一乘은 用甲士三人과 步卒一百四十七人하니 是廣一乘之卒이 用偏乘之兩卒耳라 與前左傳林堯叟註頗異하니 今竝存之하노라

1) 楚子乘廣……每一卒用百人 : 이 내용은 ≪春秋左氏傳≫ 宣公 12년 조에 보이는 "楚子乘廣三十乘 廣有一卒 卒偏之兩"을 해석한 것이다.

李靖이 대답하였다.

"≪春秋左氏傳≫을 살펴보면, 여기에 이르기를 '楚子의 乘廣에 수레 30乘을 사용하였는데, 廣의 한 수레에 한 卒이 있고, 매 卒마다 100명을 사용한다.'라고 하였으니, 이는 다만 옛 제도에 15乘을 1偏으로 만드는 법입니다."

다만 偏法은 戰車 1乘에 100명을 사용하여 偏에 비해 1兩을 더해서 副를 받음이 될 뿐이다. 1兩은 50명이니, 廣의 한 수레는 偏의 한 수레에 비하여 50명이 많은 것이다.

"무릇 군대가 행군하는 제도는 군대의 오른쪽에 있는 자는 멍에를 끼고 전투에 대비하니, 수레의 멍에를 法으로 삼기 때문에 군대가 행군할 적에 멍에를 끼고 싸우는바, 이는 모두 周나라의 제도입니다."

일설에 "偏의 1乘은 甲士 3명과 步卒 72명을 사용하고, 廣의 1乘은 甲士 3명과 步卒 147명을 사용하니, 이는 廣의 1乘의 兵卒이 偏乘의 두 兵卒을 사용하는 것이다." 하여, 앞의 ≪春秋左氏傳≫에 있는 林堯叟의 註와 크게 다르니, 지금 두 가지를 모두 남겨두었다.

臣謂百人曰卒이요 五十人曰兩이니 此是每車一乘에 用士百五十人이니 比周制에 差多耳니이다 周一乘은 步卒七十二人이요 甲士三人이니 以二十五人爲一甲하여 凡三甲에 共七十五人이니이다 楚는 山澤之國이라 車少而人多하여 分爲三隊하니 則與周制同矣니이다

臣은 생각하건대, 100명을 卒이라 하고 50명을 兩이라 하니, 이는 戰車 1乘마

다 兵士 150명을 사용하는 것이니, 周나라 제도에 비하여 약간 많을 뿐입니다. 周나라는 戰車 1乘에 步卒이 72명이고 甲士가 3명이니, 25명을 1甲으로 삼아서 모두 3甲이면, 총계 75명이 됩니다. 楚나라는 산과 늪이 많은 나라여서 수레가 적고 사람이 많으므로 나누어 세 隊를 만들었으니, 실제로는 周나라 제도와 같습니다."

靖又言 臣謂古者에 **百人爲一卒**하고 **五十人爲一兩**하니 **此是楚人乘廣之法**이니이다 **每車一乘**에 **用士一百五十人**하여 **比周制差多耳**라 **周家一乘**은 **用步卒七十二人**과 **甲士三人**하여 **以二十五人**으로 **爲一甲**하여 **凡三甲**에 **共用七十五人**이라 **楚**는 **山澤之國**이라 **車少而人多**하여 **分百五十人**하여 **爲三隊**하니 **與周制分三甲同矣**니이다 **按左傳云 蔿敖爲宰**하여 **擇楚國之令典**하여 **軍行**에 **右轅**하고 **左追蓐**하며 **前茅慮無**하고 **中權後勁**하고 **百官象物而動**하여 **軍政不戒而備**하니 **能用典矣**[1]라하니라

1) 蔿敖爲宰……能用典矣 : 이 내용은 ≪春秋左氏傳≫ 宣公 12년 조에 그대로 보인다.

李靖이 또 말하였다.

"臣이 생각하건대, 예전에는 100명을 1卒로 삼고 50명을 1兩으로 삼았으니, 이것이 바로 楚나라 사람의 乘廣의 法입니다. 戰車 1乘마다 兵士 150명을 사용해서, 周나라 제도에 비하여 약간 많을 뿐입니다. 周나라는 戰車 1乘에 步卒 72명과 甲士 3명을 사용하여, 25명을 1甲으로 삼아서 모두 3甲이면, 총 75명을 사용합니다. 楚나라는 산과 늪지가 많은 나라여서 수레가 적고 사람이 많으므로, 150명을 나누어 세 隊로 만들었으니, 周나라 제도에 三甲으로 나눈 것과 같은 것입니다."

살펴보건대, ≪春秋左氏傳≫에 "蔿敖가 宰(令尹)가 되어 楚나라의 좋은 法典을 가려 써서, 군대가 행군할 적에 右軍은 〈主將의 오른쪽〉 멍에(車轅)를 호위하고 左軍은 〈野營할 때〉 깔고 잘 풀을 구하며 前軍은 깃발을 들고 가면서 不意의 사태를 알리고 中軍은 작전계획을 세우고 後軍은 강한 군대로 〈후미를〉 지키며, 百官은 〈각자 직위를〉 상징하는 물건을 만들고 〈직위에 맞게〉 출동해서 軍政이 경계하지 않고도 갖추어졌으니, 法典을 잘 따른 것이다." 하였다.

太宗曰 春秋에 **荀吳伐狄**에 **毁車爲行**하니 **亦正兵歟**아 **奇兵歟**아 **靖曰 荀吳用車法耳**니 **雖(合)〔舍〕**[1]**車**나 **而法在其中焉**이니이다 **一爲左角**하고 **一爲右角**하고 **一爲前拒**하여 **分爲三隊**하니 **此一乘法也**니 **千萬乘皆然**이니이다

1) (合)〔舍〕: 저본의 '合'은 明本에 의거하여 '舍'로 바로잡았다.

太宗이 물었다.

"春秋時代에 荀吳가 北狄을 공격할 적에 수레를 부수어 行列을 만들었으니, 이는 正兵인가? 奇兵인가?"

李靖이 대답하였다.

"荀吳는 戰車의 法을 사용했을 뿐입니다. 비록 戰車를 버렸으나, 전투하는 法이 그 안에 들어있습니다. 하나는 左角이 되고 하나는 右角이 되고 하나는 前拒가 되어서 나누어 3隊가 되었습니다. 이것은 전차 1乘의 法이니, 1천 乘과 1만 乘이 모두 그렇습니다.

太宗問靖曰 春秋時에 荀吳伐狄於大鹵라하니라 荀吳는 晉卿中行穆子也라 毀車爲行者는 魏舒以狄徒衆而我車多하고 所遇之地又阨이라 故로 勸荀吳하여 舍車爲行也라 太宗問 此法을 謂之正兵歟아 謂之奇兵歟아 靖答曰 荀吳只是用車法耳니 雖舍車나 而車法在其中이니이다 蓋每車一乘에 甲士三人과 步卒七十二〔人〕[1]을 分而爲三隊하여 一爲左角하고 一爲右角하고 一爲前拒하여 共七十五人이니 此一乘法也라 千乘萬乘이 皆如此니이다 按左傳에 荀吳舍車하고 爲五陣하여 以相離하여 兩於前하고 伍於後하고 專爲右角하고 參爲左角하고 偏爲前拒하여 大敗狄人[2]하니라

1) 〔人〕: 저본에는 '人'자가 없으나, 漢文大系本에 의거하여 보충하였다.

2) 荀吳舍車……大敗狄人 : 이 내용은 ≪春秋左氏傳≫ 昭公 元年 조에 다음과 같이 보인다.

"晉나라 中行穆子가 無終과 群狄을 太原에서 패배시켰는데, 이는 步卒을 숭상하였기 때문이다. 장차 싸우려 할 적에 魏舒가 말하기를 '저들은 步兵이고 우리는 戰車兵인데, 양군이 서로 만나는 곳의 地勢마저 또 험하니, 보병 10명이 전차 1乘을 함께 사용하면 반드시 승리할 것이고, 복병을 설치해 적군을 곤경에 빠뜨리면 또 승리할 수 있으니, 군대를 모두 步兵으로 편성하소서. 저의 부대부터 먼저 시작하겠습니다.'라고 하고서, 戰車兵을 해체하여 步兵의 隊伍로 만들어 5乘의 인원으로 3伍를 편성하였다.

荀吳의 寵臣이 步卒의 대오로 들어가려 하지 않자 그의 목을 베어 군중에 돌렸다. 다섯 진영을 서로 연결해 구원하게 하고, 두 陣은 앞에 두고 다섯 陣은 뒤에 두며, 專陣을 右翼으로, 參陣을 左翼으로, 偏陣을 선봉으로 삼아 적을 유인하니, 狄人은 이를 보고 비웃었다. 荀吳는 狄人이 陣을 치기 전에 공격하여 대패시켰다."

太宗이 李靖에게 물었다.

"春秋時代에 荀吳가 大鹵에서 北狄을 공격하였는데, 〈수레를 부수어 항렬을 만들었다.〉"

荀吳는 晉나라의 卿인 中行穆子이다. '수레를 부수어 行列을 만들었다.'는 것은, 魏舒가 '北狄은 步兵이 많고 우리(晉나라)는 戰車가 많으며, 만나 싸우는 지역이 또 좁은 곳이므로, 荀吳에게 전차를 버리고 보병의 行列로 만들 것'을 권한 것이다.

太宗이 물었다.

"이 방법을 正兵이라고 하는가? 奇兵이라고 하는가?"

李靖이 대답하였다.

"荀吳는 다만 戰車의 法을 사용했을 뿐이니, 비록 戰車를 버리고 쓰지 않았으나, 戰車의 방법이 이 가운데에 들어있습니다. 戰車 1乘마다 甲士 3명과 步兵 72명을 나누어 세 隊로 만들어서, 하나는 左角이 되고 하나는 右角이 되고 하나는 前拒(선봉)가 되어서 모두 75명이었으니, 이는 戰車 1乘의 法입니다. 1천 乘과 1만 乘이 다 이와 같습니다."

살펴보건대, ≪春秋左氏傳≫에 "荀吳가 戰車를 버리고 다섯 陣을 만들어 서로 붙여서 兩陣은 앞에 두고, 伍陣은 뒤에 두며, 專陣은 右角이 되고, 參陣은 左角이 되었으며, 偏陣은 前拒가 되어서, 北狄의 군대를 대파했다." 하였다.

臣按曹公新書云 攻車七十五人에 **前拒一隊**요 **左右角二隊**며 **守車一隊**에 **炊子十人**이요 **守裝五人**이요 **廐養五人**이요 **樵汲五人**하여 **共二十五人**이니 **攻守二乘**이면 **凡百人**이라 **興兵十萬**이면 **用車千乘**과 **輕二千**[1)]하니 **此大率荀吳之舊法也**니이다

1) 用車千乘 輕二千 : ≪直解≫에 따르면 '用車輕重二千'으로 되어야 할 것이다. 漢文大系本에는 '用車千乘 輕重二千'으로 되어있으나, ≪直解≫와 부합하지 않을 뿐만 아니라 古代의 戰車 제도에도 맞지 않는다.

臣이 曹公의 ≪新書≫를 살펴보니, 이르기를 '攻車 75명에 前拒가 1隊이고 左角과 右角이 2隊이며, 守車 1隊에 취사병이 10명이고, 장비를 지키는 사람이 5명이고 소와 말을 기르는 자가 5명이고 땔감을 채취하거나 물을 길어오는 자가 5명이어서 모두 25명이니, 攻車와 守車 2乘이면 모두 100명이다. 10만 명의 군대를 일으키면 重車 1,000乘과 輕車 2,000乘을 사용한다.' 하였으니, 이는 대체로 荀吳의 옛 法입니다.

臣按曹公新書에 有云 攻車一乘에 甲士三人이요 步卒七十二人하여 前拒一隊에 二十四人이요 左右角二隊에 四十八人이며 守車一兩에 用卒一隊하여 內執炊爨者十人이요 看守衣裝者五人이요 廐養牛馬者五人이요 樵薪汲水者五人이라 共該二十五人이니 攻守二乘에 共用百人이라 攻車는 卽戰車요 守車는 卽輜車니 凡興師十萬이면 用車輕重二千乘하니 此大率荀吳之舊法也니이다 按舊本云 輕車二千이라하여 與上文不同하고 一本엔 作輕重二千하니 謂輕車一千과 重車一千이니 與上文合일새 今從之하노라

"臣이 曹公의 ≪新書≫를 살펴보니, 이르기를 '攻車 1乘에 甲士가 1명이고 步卒이 72명이어서 前拒 1隊에 24명이고 左角과 右角 2隊에 48명이며, 守車 한 대에는 1隊의 卒을 사용하여, 안에서 밥을 짓고 음식을 만드는 자가 10명이고, 옷과 장비를 간수하는 자가 5명이고, 소와 말을 기르는 자가 5명이고, 땔감을 채취하거나 물을 길어오는 자가 5명이어서 총 25명이니, 攻車와 守車 2乘에 함께 100명을 사용한다. 攻車는 바로 戰車이고 守車는 바로 輜重車이니, 무릇 10만의 군대를 일으키면 輕車와 重車 2,000乘을 사용한다.' 하였으니, 이것은 대체로 荀吳의 옛 法입니다."

살펴보건대, 옛 本에는 '輕車가 2,000乘이다.' 하여 윗글과 같지 않고, 一本에는 '輕重 2,000乘'으로 되어있으니, '輕車 1,000乘과 重車 1,000乘'을 말한 것이니, 윗글과 합치하므로 이제 이것을 따른다.

又觀漢魏之間軍制하면 **五車爲隊**하여 **僕射**(복야)**一人**이요 **十車爲師**하여 **率**(수)**長一人**하여 **凡車千乘**이면 **將吏二人**이니 **多〔多〕**[1]**倣此**하니이다

1) 多〔多〕: 저본의 '多'는 明本에 의거하여 '多' 1자를 더 보충하였다.

또 살펴보건대, 漢나라와 魏나라 시대의 軍制에는 戰車 다섯 대를 1隊로 삼아서 僕射가 1명이고, 戰車 열 대를 師로 삼아서 率長 1명이 있어서, 무릇 戰車 1,000乘이면 將吏가 두 사람인데, 戰車가 아무리 많아도 이와 같습니다.

又觀兩漢曹魏之間의 軍之制度하면 以五車爲一隊하여 僕射一人領之하고 十車爲一師하여 率長一人領之하여 凡車一千乘이면 將吏用二人統制之하니 謂一正一副也라 已上은 千乘이니 三千乘至萬乘히 皆倣此例니이다

"또 前漢과 後漢, 曹魏 사이의 군대 제도를 살펴보면, 戰車 5대를 1隊로 만들어서

僕射 한 사람이 통솔하고, 戰車 10대를 1師로 만들어서 率長 한 사람이 통솔하여, 무릇 戰車 1,000乘이면 將吏 두 사람을 사용하여 통제하니, 正 1명과 副 1명을 말한 것입니다.

이상은 1,000乘의 경우이니, 3,000乘으로부터 1만 乘에 이르기까지 모두 이 예와 같습니다."

臣以今法參用之하면 **則跳盪**은 **騎兵也**요 **戰鋒隊**는 **步騎相半也**요 **駐隊**는 **兼車乘而出也**니이다

臣이 지금의 법을 가지고 참고하여 사용하면, 跳盪은 騎兵이고, 戰鋒隊는 步兵과 騎兵이 반반씩이고, 駐隊는 戰車를 겸하여 출동하는 것입니다.

臣以今日唐朝法制로 **相參而用之**하면 **則跳盪者**는 **騎兵也**요 **戰鋒隊者**는 **步與騎相半**이요 **駐隊者**는 **兼車乘而出也**니이다 **跳盪, 戰鋒, 駐隊**는 **皆隊伍名也**라

"臣이 오늘날의 唐나라 법제를 가지고 서로 참고하여 사용해보면, 跳盪은 騎兵이고, 戰鋒隊는 步兵과 騎兵이 반반씩이고, 駐隊는 戰車를 겸하여 출동하는 것입니다."

跳盪과 戰鋒과 駐隊는 모두 대오(부대)의 이름이다.

臣西討突厥할새 **越險數千里**호되 **此制未嘗敢易**하니 **蓋古法節制**라 **信可重也**니이다

臣이 서쪽으로 突厥을 토벌할 적에 험한 땅 수천 리를 지나갔는데, 이 제도를 감히 바꾼 적이 없었으니, 옛 法의 節制여서 참으로 소중히 여길 만합니다."

臣西討突厥時에 **過越險阻之地數千里**로되 **此制**를 **未嘗敢改易**하니 **蓋古法節制之兵**이라 **信可重也**니이다

"臣이 서쪽으로 突厥을 토벌할 적에 험하고 막힌 땅 수천 리를 지나갔는데, 이 제도를 감히 바꾼 적이 없었으니, 옛 法의 節制하는 군대여서 참으로 소중히 여길 만한 것입니다."

太宗幸靈州回하여 **召靖賜坐**하고 **曰 朕命道宗及阿史那社爾等**하여 **討薛延陀**(설연타)한대 **而鐵勒諸部 乞置漢官**이어늘 **朕皆從其請**이라 **延陀西走**하니 **恐爲後**

患故로 **遣李勣討之**러니 **今北荒悉平**이라 **然**이나 **諸部番漢雜處**하니 **以何道經久**하여 **使得兩全安之**오

太宗이 靈州에 갔다가 돌아와서 李靖을 불러 자리를 주어 앉게 하고 말하였다. "朕이 李道宗과 阿史那社爾 등에게 명하여 薛延陀를 토벌하게 하였는데, 鐵勒의 여러 부족들이 중국의 관리를 배치해줄 것을 청하므로, 朕이 그 요청을 모두 따랐다. 薛延陀가 서쪽으로 도망하니, 후환이 될까 염려되므로 李勣(李世勣)을 보내어 토벌하게 하였는데, 지금 북쪽 변방이 모두 평정되었다. 그러나 여러 부족의 番兵(이민족 출신의 병사)이 漢兵과 함께 뒤섞여있으니, 무슨 방도로써 오랫동안 둘 다 안전하게 할 수 있겠는가?"

太宗車駕 幸靈州回하여 召李靖하여 賜之坐하고 問曰 朕命江夏王道宗[1)]과 及阿史那社爾等하여 征討番將薛延陀한대 而鐵勒諸部〔見討而懼하여〕[2)] 乞置漢官하고〔願爲內屬이어늘〕 朕皆從其所請이라 薛延陀〔勢孤〕西走하니 朕恐爲後患故로 又遣李勣往討之러니 今北荒悉平定이라 然이나 諸部番兵이 與漢人相雜而處하니 今以何術로 能經久하여 使得番漢兩全安之오 靈州는 在北地郡하니 其地在河之洲하여 隨水高下하여 未嘗淪沒이라 故號靈州라 阿史那社爾는 處羅可汗之子니 阿史那는 突厥三字姓이요 社爾는 其名也라 年十一에 以知略聞한대 處羅以爲柘設하여 建牙於磧北이러니 後擊延陀而敗라 貞觀十年에 率衆來降이어늘 以爲左驍騎大將軍하고 尙公主하여 典屯兵하니라 薛延陀는 匈奴之別種也니 拔延陀部而有之라 故로 號薛延陀姓이라 一說에 其先이 與薛雜居磧北이라 鐵勒諸部는 皆匈奴遺種也라 鐵勒有九姓하니 曰 藥羅葛이요 曰 胡咄葛이요 曰 堀羅勺이요 曰 貊歌息紇이요 曰 阿勿嘀이요 曰 葛薛이요 曰 斛唱素요 曰 葉勿葛이요 曰 奚邪忽이라 貞觀十年秋八月에 太宗幸靈州할새 遣李世勣하여 擊薛延陀降之하니라

1) 江夏王道宗 : 600~653. 唐나라 宗室 출신의 武將으로, 太宗에게 李世勣과 견줄 수 있는 명장이라는 평가를 받았다. 太宗 때에 李靖을 따라 출정하여 突厥을 격파하는 등 큰 공을 세워 貞觀 11년(637)에 江夏郡王에 봉해졌으나, 뇌물수수의 罪名으로 하옥되어 직무와 봉읍을 삭탈당하였다가, 다시 등용되어 遼東道行軍副總管으로 太宗을 따라 고구려 침공에 참전하여 공을 세웠다. 뒤에 朔州 지역의 鎭守를 맡아 阿史那社爾 등과 함께 군대를 이끌고 薛延陀를 섬멸하여 북방을 평정하였으나, 高宗 永徽 4년

(653)에 長孫無忌의 모함으로 象州에 유배 도중에 병사하였다. ≪舊唐書 宗室列傳≫

2)〔見討而懼〕: 이 단락에 보충된 내용은 모두 漢文大系本에 의거하였다.

太宗의 大駕가 靈州에 행차했다가 돌아와서 李靖을 불러 자리를 내려주고 물었다.

"朕이 江夏王 李道宗과 阿史那社爾 등에게 명하여 番將인 薛延陀를 토벌하게 하였는데, 鐵勒의 여러 부족들이 토벌을 당하고는 두려워하여 중국에 소속되고 중국의 관리를 배치해주기를 청하므로, 朕이 그들의 요청을 모두 따랐다. 薛延陀가 서쪽으로 도망하니, 朕은 후환이 될까 염려되므로 또다시 李勣을 보내서 토벌하게 하였는데, 지금 북쪽 변방이 모두 평정되었다. 그러나 여러 부족의 番兵들이 漢兵과 서로 뒤섞여 거처하고 있으니, 지금 무슨 방법으로써 오랫동안 番兵과 漢兵이 둘 다 안전하게 할 수 있겠는가?"

靈州는 北地郡에 있으니, 그 땅이 華夏의 물가에 있는데 물을 따라 높아지고 낮아져서 침몰한 적이 없으므로 靈州라고 이름한 것이다. 阿史那社爾는 〈突厥의〉 處羅可汗의 아들이니, 阿史那는 突厥의 세 글자 姓이고 社爾는 그의 이름이다. 나이 11세에 지략이 뛰어나다고 알려지자, 處羅可汗이 柘設로 삼아서 磧北에 牙將旗를 세우게 하였는데, 뒤에 薛延陀를 공격하다가 패하였다. 貞觀 10년(636)에 무리를 거느리고 항복해 오자, 左驍騎大將軍으로 삼고 公主를 그에게 시집보내서 屯兵을 맡게 하였다.

薛延陀는 匈奴의 별종이니, 延陀部를 함락하여 소유하였으므로 姓을 薛延陀라고 이름하였다. 일설에는 '그 선조가 薛과 磧北에 뒤섞여 거처했다.' 한다. 鐵勒의 여러 부족은 모두 匈奴의 남은 종족이다. 鐵勒은 아홉 姓氏의 부족이 있으니, 藥羅葛・胡咄葛・堀羅勻・貊歌息紇・阿勿嘀・葛薛・斛唱素・葉勿葛・奚邪忽이다.

貞觀 10년 가을 8월에 太宗이 靈州에 행차하면서 李世勣을 보내어 薛延陀를 공격해서 항복시켰다.

靖曰 陛下勅自突厥하여 **至回紇部落**히 **凡置驛六十六處**하여 **以通斥候**하시니 **斯已得策矣**니이다 **然**이나 **臣愚**는 **以謂 漢戍**는 **宜自爲一法**하고 **番落**은 **宜自爲一法**하여 **教習各異**하여 **勿使混同**이라가 **或遇寇至**어든 **則密勅主將**하여 **臨時變號易服**하여 **出奇擊之**니이다

李靖이 대답하였다.

"陛下께서 勅命을 내려 突厥로부터 回紇의 부락에 이르기까지 모두 66곳의 驛舍를 설치하여 斥候兵을 통하게 하셨으니, 이것은 참으로 좋은 계책입니다. 그러

나 어리석은 臣의 생각에는 漢兵의 수자리 사는 병사들은 마땅히 따로 한 法을 만들어 훈련시키고, 오랑캐 부락의 병사들은 또 마땅히 한 法을 만들어 가르치고 익히기를 각각 달리해서 뒤섞이지 말게 하다가, 혹 적이 쳐들어오면 은밀히 主將에게 명하여 때에 따라 칭호를 바꾸고 복장을 바꾸어 奇兵을 출동시켜 공격하여야 합니다."

靖答曰 陛下勅自突厥로 至回紇部落히 設置驛舍六十六處하여 以通斥候之人하시니 此已得策矣니이다 然如此면 臣以謂漢之戍卒은 宜自爲一法하여 練習之하고 番之部落은 宜自爲一法하여 練習之하여 敎習之法各異하고 勿使混同하여 無番漢之分이니이다 或遇寇暴卒至어든 則密勅主將하여 臨時變號易服하여 出奇擊之라하노이다 回紇은 其先匈奴也니 姓藥羅葛氏니 居薛延陀北, 娑陵水上이라 元魏時에 號高車部하고 唐初에 爲勅勒諸部하여 後屬突厥이러니 會突厥亂한대 襲破之하고 遂稱可汗이라 至唐德宗時하여 改號回鶻하니 言其捷擊이 猶鶻鳥之飛也라 太宗貞觀二十一年에 以鐵勒諸部로 爲州縣하고 回紇以南과 突厥以北에 開一道하여 置六十八驛이라 今問對云 六十六驛은 恐傳寫之誤耳라

李靖이 대답하였다.

"陛下께서 勅命을 내려 突厥로부터 回紇(위구르) 부락에 이르기까지 66곳의 驛舍를 설치하여 斥候하는 사람을 통하게 하셨으니, 이것은 참으로 좋은 계책입니다. 그러나 이와 같이 하려면, 臣의 생각에는 漢兵의 수자리 사는 병사들은 마땅히 따로 한 法을 만들어서 훈련시키고, 오랑캐 부락의 병사들은 마땅히 한 法을 만들어서 따로 훈련시켜서, 전투를 가르치고 익히는 법을 각각 다르게 해야 하니, 혼동하여 番兵과 漢兵의 구분을 두지 않으면 안 됩니다. 혹 적이 갑자기 몰려오면 은밀히 主將에게 명하여 때에 따라 칭호를 바꾸고 복장을 바꾸어 입혀서 奇兵을 출동시켜 공격하여야 합니다."

回紇은 그 선대가 匈奴이다. 姓은 藥羅葛氏이니, 薛延陀의 북쪽 娑陵의 물가에 거주하였다. 元魏(北魏) 때에는 高車部라고 이름하였고, 唐나라 초기에는 鐵勒의 여러 部가 되어서 突厥에 속했었는데, 때마침 突厥이 혼란하자 습격하여 격파하고 마침내 可汗이라고 칭하였다. 唐 德宗 때에 이르러서 回鶻이라고 칭호를 바꾸니, 그 민첩하게 공격함이 송골매가 비상하는 것과 같음을 말한 것이다.

太宗 貞觀 21년(647)에 鐵勒의 여러 部를 州縣으로 만들고, 回紇 이남과 突厥 이북에 한 道를 설치하여 68개의 驛舍를 두었다.

그런데 지금 이 ≪李衛公問對≫에 "66곳의 驛舍이다."라고 한 것은, 傳寫의 잘못인

듯하다.

太宗曰 何道也오 **靖曰 此所謂多方以誤之之術也**니이다 **番而示之漢**하고 **漢而示之番**하여 **彼不知番漢之別**이면 **則莫能測我攻守之計矣**리이다 **善用兵者**는 **先爲不測**이면 **則敵乖其所之也**니이다

太宗이 말하였다.

"이것은 무슨 방법인가?"

李靖이 대답하였다.

"이것은 兵法에 이른바 '여러 가지 방략으로 적을 오판하게 한다.'는 방법입니다. 番兵이면서 漢兵인 것처럼 보이고 漢兵이면서 番兵인 것처럼 보여서, 저들이 番漢의 분별을 알지 못하면, 우리의 공격하고 수비하는 계책을 측량하지 못할 것입니다. 用兵을 잘하는 자는 먼저 측량할 수 없게 만드니, 이렇게 하면 적이 공격해야 할 바를 오판하게 됩니다."

太宗曰 是何道也오 靖對曰 此所謂多設方略以誤之[1]之術也니이다 番兵而佯示之以漢하고 漢兵而佯示之以番하여 使彼不知吾番漢之別이면 則莫能測度(탁)我攻守之計矣라 善能用兵者는 先爲不可測之形이면 則敵必乖違其所往之初心也니이다

1) 多設方略以誤之 : 이 구절은 春秋時代 伍員이 吳王 闔閭에게 楚나라를 정벌하기 위해 제시한 계책의 한 구절로, 원래의 문장은 '多方以誤之'이다.

楚나라에서 滅門의 禍를 당하고 吳나라로 망명한 伍員은 闔閭를 도와 吳나라를 강대국으로 만들고 楚나라에 복수할 것을 도모하였는데, 闔閭가 伍員에게 楚나라를 공격할 계책을 묻자, 伍員이 "자주 습격하였다가 후퇴하여 저들을 지치게 하고, 여러 방법으로 적을 오판하게 하여, 저들이 지친 뒤에 三軍이 뒤를 이어 공격하면 반드시 크게 승리할 것입니다.〔亟肄以罷之 多方以誤之 既罷而後 以三軍繼之 必大克之〕"라고 대답하였다. 闔閭가 伍員의 계책을 따르니, 楚나라가 피폐해져 결국 吳나라에 대패하였다. ≪春秋左氏傳 昭公 30년≫

太宗이 말하였다.

"이것은 무슨 방법인가?"

李靖이 대답하였다.

"이것은 兵法에 이른바 '여러 가지 방략으로 적을 오판하게 한다.'는 방법입니다. 番

兵이면서 거짓으로 漢兵인 것처럼 보이고 漢兵이면서 거짓으로 番兵인 것처럼 보여서, 적으로 하여금 우리의 番兵과 漢兵의 구별을 알지 못하게 하면, 우리의 공격하고 수비하는 계책을 적이 측량하지 못할 것입니다. 用兵을 잘하는 자는 먼저 측량할 수 없는 형세를 만드니, 이렇게 하면 적이 반드시 그 공격해 가려던 처음의 마음을 어기게 됩니다."

太宗曰 正合朕意하노니 **卿可密敎邊將**호되 **只以此番漢**이면 **便見奇正之法矣**리라 **靖再拜曰 聖慮天縱**하여 **聞一知十**하시니 **臣安能極其說哉**잇가

太宗이 말하였다.

"참으로 朕의 뜻에 부합하니, 卿은 은밀히 변방의 장수들에게 가르치되, 다만 이 番兵과 漢兵을 이용하면 곧 奇·正의 法을 알게 될 것이다."

李靖이 재배하고 말하였다.

"聖上의 思慮는 하늘이 내신 것이어서 하나를 들으면 열을 아시니, 臣이 어찌 그 말을 다하겠습니까."

太宗曰 卿言이 正合朕意하니 卿可密切訓敎邊將호되 只以此番漢之兵으로 變號易服이면 便見奇正之法矣리라 謂番而示之漢은 亦奇而示之正也요 漢而示之番은 亦正而示之奇也니 番漢不可別이면 則奇正亦不可測也라 靖再拜曰 聖上之慮 天縱之也하사 聞一知十하시니 臣安能盡其說哉잇가

太宗이 말하였다.

"卿의 말이 참으로 朕의 뜻에 부합하니, 卿은 은밀하고 간절하게 변방의 장수들을 가르치되, 다만 이 番兵과 漢兵을 가지고 칭호를 바꾸고 복장을 바꾸면 곧 奇·正의 法을 알게 될 것이다."

番兵이면서 漢兵처럼 보임은 奇兵이면서 正兵처럼 보이는 것이요, 漢兵이면서 番兵처럼 보임은 正兵이면서 奇兵처럼 보임을 말한 것이니, 番兵과 漢兵을 구별하지 못하면 奇兵과 正兵 또한 측량할 수 없을 것이다.

李靖이 재배하고 말하였다.

"聖上의 思慮는 하늘이 내신 것이어서 하나를 들으면 열 가지를 아시니, 臣이 어찌 그 말을 다하겠습니까."

太宗曰 諸葛亮言 有制之兵은 **無能之將**이라도 **不可敗也**요 **無制之兵**은 **有能之將**이라도 **不可勝也**라하니 **朕疑此談非極致之論**하노라

太宗이 말하였다.

"諸葛亮이 말하기를 '절제가 있는 군대는 무능한 장수가 통솔하더라도 패하게 할 수 없고, 절제가 없는 군대는 유능한 장수가 통솔하더라도 승리할 수 없다.' 하였으니, 朕은 이 말이 극치의 의논이 아니라고 의심한다."

> 太宗曰 諸葛亮嘗言 有節制之兵은 雖無能之將御之라도 亦不可敗也요 無節制之兵은 雖有能之將御之라도 亦不可勝也라하니 朕疑此說非極致之論하노라
>
> 太宗이 말하였다.
>
> "諸葛亮이 일찍이 말하기를 '절제가 있는 군대는 비록 무능한 장수가 통솔하더라도 패하게 할 수 없고, 절제가 없는 군대는 비록 유능한 장수가 통솔하더라도 이길 수 없다.' 하였으니, 朕은 이 말이 극치의 의논이 아니라고 의심한다."

靖曰 武侯有所激云耳니이다 **臣按孫子**에 **有曰 教(道)〔習〕**[1]**不明**하고 **吏卒無常**하여 **陳兵縱橫曰亂**이라하니 **自古亂軍引勝**을 **不可勝紀**니이다

1) (道)〔習〕: 저본의 '道'는 明本에 의거하여 '習'으로 바로잡았다.

李靖이 대답하였다.

"武侯(諸葛亮)는 激한 바가 있어서 이렇게 말한 것입니다. 臣이 살펴보건대, ≪孫子≫에 '가르치고 익힘이 분명하지 못하고 관리와 병사들이 일정하게 맡은 직책이 없으며, 縱과 橫으로 제멋대로 군대를 진열한 것을 혼란한 군대라고 한다.' 하였으니, 예로부터 군대를 혼란하게 만들어 적에게 승리를 안겨준 것을 이루 다 기록할 수가 없습니다.

> 靖答曰 諸葛武侯有所激言耳니이다 臣按孫子에 有曰 教習之道不明白하고 吏卒又無常守之職하며 陳設兵衆에 或縱或橫而不齊整을 名之曰亂이라하니 自古로 自亂其軍하여 引人之勝者를 不可盡言其多也니이다
>
> 李靖이 대답하였다.
>
> "諸葛武侯는 激한 바가 있어서 이렇게 말한 것입니다. 臣이 살펴보건대, ≪孫子≫에

이르기를 '가르치고 익히는 방도가 명백하지 못하고 관리와 병사들이 또 일정하게 맡은 직책이 없으며, 병사들을 진열함에 혹은 縱으로 하고 혹은 橫으로 해서 가지런하고 정돈되지 못한 것을 이름하여 혼란한 군대이다.'라고 하였으니, 예로부터 자기 군대를 스스로 혼란하게 만들어 적에게 승리를 안겨준 자를 이루 다 말할 수 없을 정도로 많습니다."

夫教(道)〔習〕[1)]不明者는 言教閱無古法也요 吏卒無常者는 言將臣權任을 無久職也요 亂軍引勝者는 言已自潰散이요 非敵勝之也니이다 是以로 武侯言兵卒有制면 雖庸將이라도 未敗요 若兵卒自亂이면 雖賢將이라도 危之라하니 又何疑焉이리잇고

1) (道)〔習〕: 저본의 '道'는 '習'의 誤字이다.

가르치고 익힘이 분명하지 못하다는 것은 가르치고 査閱함에 옛 法이 없음을 말한 것이요, 관리와 병사들이 일정한 직책이 없다는 것은, 將臣의 권세와 임무를 오래 맡기지 않는 것이요, 군대를 혼란하게 만들어 적에게 승리를 안겨준 것은, 자기가 스스로 궤멸하여 흩어진 것이지 적이 이긴 것이 아님을 말한 것입니다. 이 때문에 諸葛武侯가 말하기를 '병사들이 통제가 있으면 비록 용렬한 장수가 통솔하더라도 패하지 않고, 만약 병사들이 스스로 혼란하면 아무리 훌륭한 장수가 통솔하더라도 위태롭다.'라고 한 것이니, 또 어찌 의심할 것이 있겠습니까."

夫教(道)〔習〕不明者는 言教閱之時에 無古法也요 吏卒無常者는 言將臣權任을 無恒久之職也요 亂軍引勝者는 言已軍內自潰敗요 非人勝之也니이다 如苻堅伐晉에 至淝水하여 兵自潰敗요 非謝玄勝之也라 是以로 武侯嘗言 兵卒有節이면 雖遇庸將領之라도 未至於敗요 若兵卒內自潰亂이면 雖賢將領之라도 亦危也라하니 此說을 又何疑焉이리잇고 甚言兵之不可不教練以古法也라

"가르치고 익힘이 밝지 못하다는 것은 병사들을 가르치고 査閱할 적에 옛 法이 없음을 말한 것이고, 관리와 병사들이 일정하게 맡은 직책이 없다는 것은 將臣의 권세와 임무를 오래 맡기지 않음을 말한 것이고, 군대를 혼란하게 만들어서 적에게 승리를 안겨준다는 것은, 자기 군대가 안에서 스스로 궤멸하여 패한 것이지 적이 승리한 것이 아님을 말한 것입니다."

예컨대, 苻堅이 東晉을 정벌할 적에 淝水에 이르러서 군대가 스스로 궤멸하여 흩어진 것이요, 謝玄이 승리한 것이 아닌 것과 같다.

"이 때문에 諸葛武侯가 일찍이 말하기를 '병사들이 절제가 있으면 비록 용렬한 장수가 통솔하더라도 패하지 않고, 만약 병사들이 안에서 스스로 무너지고 혼란하면 아무리 훌륭한 장수가 통솔하더라도 위태롭다.' 하였으니, 이 말을 또한 어찌 의심할 것이 있겠습니까."

이는 병사들을 옛 法으로 教鍊하지 않으면 안 됨을 말한 것이다.

○ 愚謂 兵卒有制는 是言平日教練之熟也니 將雖愚庸이나 猶未至於敗요 平日士卒未嘗教練이면 雖遇賢將이라도 亦無如之何也라하니 此說은 似未允當이라 且如韓信이 驅市人而戰하여 以破趙軍[1)]하니 當時漢兵이 (何)〔未〕[2)]嘗教練하니 若非韓信이면 豈能勝乎아 故로 有國者는 兵不可不練이요 而將亦不可以不擇也니라

1) 韓信……以破趙軍 : 漢 高祖와 楚나라 項羽가 천하를 다투던 B.C. 204년에 漢나라의 장군인 韓信이 오합지졸로 제대로 훈련되지 않은 수만의 병력을 거느리고 동쪽으로 趙나라를 공격하여, 背水陣을 사용해 대승을 거두었다. 전투가 끝난 후, 여러 장수들이 기존의 병법과 상치하는 背水陣을 친 이유를 묻자, 韓信은 이렇게 대답하였다.

"이는 병법에 나오는데, 다만 제군들이 살피지 못하였을 뿐이다. 병법에 '死地에 빠진 뒤에 살고 망할 땅에 놓인 뒤에 보존된다.'고 말하지 않았는가. 또 내가 평소에 어루만진 병사와 관리를 얻은 것이 아니니, 이는 이른바 '시장 사람들을 몰아서 싸운다.'는 것이다. 이들에게 살 땅을 주면 모두 달아날 것이니, 어떻게 쓰겠는가?" ≪史記 淮陰侯列傳≫

韓信이 조군을 대파한 자세한 내용은 본서 255쪽의 주 1) 참조.

2) (何)〔未〕: 저본의 '何'는 明本에 의거하여 '未'로 바로잡았다.

○ 내가 생각하건대, '병사들이 통제가 있다.'는 것은 평소에 익숙하게 教鍊된 것을 말한 것인데, "〈병사들이 평소에 익숙하게 교련되었으면〉 장수가 비록 어리석고 용렬하더라도 패하지 않고, 평소에 병사들이 일찍이 교련되지 않았으면 비록 훌륭한 장수를 만나더라도 어쩔 수 없다."라고 한 것이니, 이 말은 합당하지 못한 듯하다.

우선 예를 들면, 韓信이 시장 사람들(오합지졸)을 모아 전투하여 趙나라 군대를 격파하였는데, 당시에 漢나라 병사들이 일찍이 교련을 하지 않았으니, 만약 韓信이 아니었으면 어찌 승리할 수 있었겠는가. 그러므로 나라를 소유한 자는 병사들을 교련하지 않으면 안 되고, 또한 장수를 잘 가려 쓰지 않으면 안 되는 것이다.

太宗曰 敎閱之法을 **信不可忽**이로다 **靖曰 敎得其道**면 **則士樂爲用**하고 **敎不得法**이면 **雖朝督暮責**이라도 **無益於事矣**리이다 **臣所以區區古制**하여 **皆纂以圖者**는 **庶乎成有制之兵也**니이다 **太宗曰 卿爲我**하여 **擇古陣法**하여 **悉圖以上**하라

太宗이 말하였다.

"병사들을 가르치고 査閱하는 法을 참으로 소홀히 할 수 없다."

李靖이 대답하였다.

"敎鍊이 방도를 얻으면 兵士들이 기꺼이 戰爭에 쓰이고, 敎鍊이 방법을 제대로 얻지 못하면 비록 아침에 독려하고 저녁에 책망하더라도 싸우는 일에 유익함이 없습니다. 臣이 이 때문에 옛 제도에 연연하여 모두 책으로 엮어 그리려 하니, 이는 統制가 있는 軍隊를 이루려고 해서입니다."

太宗이 말하였다.

"卿은 나를 위하여 옛 陣法을 가려서 모두 그려 올리도록 하라."

太宗曰 敎閱之法을 信不可輕忽이로다 靖答曰 敎練得其道면 則士衆爲我用이요 敎練不得其法이면 雖朝督而暮責이라도 亦無益於事矣리이다 臣所以將區區古制하여 皆纂集以爲圖者는 庶幾敎練士卒하여 成有制之兵也니이다 太宗曰 卿爲我하여 選擇古來陳法하여 盡圖以上하라

太宗이 말하였다.

"가르치고 査閱하는 방법을 참으로 가볍게 하고 소홀히 할 수 없다."

李靖이 대답하였다.

"敎鍊이 방법을 얻으면 兵士들이 기꺼이 나의 쓰임이 되고, 교련이 방법을 얻지 못하면 비록 아침에 독려하고 저녁에 책망하더라도 전쟁하는 일에 유익함이 없습니다. 臣이 장차 옛 제도에 연연하여 모두 옛 진법을 모아 그림으로 만들려는 것은 병사들을 교련하여 統制가 있는 軍隊를 이루려고 해서입니다."

太宗이 말하였다.

"卿이 나를 위해서 예로부터 내려오는 陣法을 가려 모두 그림으로 그려 올리도록 하라."

太宗曰 番兵은 **唯勁馬奔衝**하니 **此奇兵歟**아 **漢兵**은 **爲弩猗**(의)**角**하니 **此正兵歟**아

太宗이 말하였다.

"番兵은 오직 굳센 말을 사용하여 치달려서 충돌하니 이것은 奇兵인가? 漢兵은 弓弩를 사용하여 掎角을 하니 이것은 正兵인가?"

太宗問曰 番兵은 **唯用勁馬**하여 **奔衝敵陳**하니 **此亦奇兵歟**아 **漢兵**은 **唯以强弩**로 **掎角敵人**하니 **此亦正兵歟**아 **掎**는 **謂牽其足**이요 **角**은 **謂置其首**라 **左傳曰 晉人角之**하고 **諸戎掎之**[1] **是也**라

1) 晉人角之 諸戎掎之 : 이 내용은 ≪春秋左氏傳≫ 襄公 14년 조에 보인다.
戎族이 晉나라에 말하기를 "지난날 文公께서 秦나라와 함께 鄭나라를 토벌할 적에, 秦나라 사람들이 남몰래 鄭나라와 결맹하고 鄭나라에 수비군을 주둔시키니, 이에 殽關의 전쟁이 있게 되었습니다. 晉나라가 앞에서 막고 우리 戎이 뒤에서 저항하니, 秦軍이 전멸하여 돌아간 자가 없었던 것은 실로 우리 諸戎이 그렇게 만든 것입니다. 비유하면 晉人이 짐승의 뿔을 잡고 諸戎은 다리를 잡고서 晉나라와 함께 쓰러뜨린 것과 같습니다.〔昔文公 與秦伐鄭 秦人竊與鄭盟 而舍戍焉 於是乎有殽之師 晉禦其上 戎亢其下 秦師不復 我諸戎實然 譬如捕鹿 晉人角之 諸戎掎之 與晉踣之〕" 하였다.

太宗이 물었다.

"番兵은 오직 굳센 말을 사용하여 적진을 치달려 충돌하니 이 또한 奇兵인가? 漢兵은 오직 강한 弓弩로 적을 掎角하니 이 또한 正兵인가?"

掎는 다리를 잡음을 이르고, 角은 머리를 잡음을 이른다. ≪春秋左氏傳≫에 이르기를 "晉나라 사람들이 뿔을 잡고 諸戎은 다리를 잡았다." 한 것이 이것이다.

靖曰 按孫子云 善用兵者는 **求之於勢**하고 **不責於人**이라 **故**로 **能擇人而任勢**라하니 **夫所謂擇人者**는 **各隨番漢所長而戰也**니이다 **番長於馬**하니 **馬利乎速鬪**요 **漢長於弩**하니 **弩利乎緩戰**이니 **此自然各任其勢也**니이다 **然**이나 **非奇正所分**이니이다 **臣前曾述番漢必變號易服者**는 **奇正相生之法也**니 **馬亦有正**하고 **弩亦有奇**하니 **何常之有哉**잇가

李靖이 말하였다.

"≪孫子≫를 살펴보면, '用兵을 잘하는 자는 氣勢(형세)에서 구하고 능하지 못한 사람에게 책하지 않는다. 그러므로 능히 사람을 가려 쓰고 기세에 맡긴다.'라고 하였으니, 이른바 사람을 가려 쓴다는 것은 각각 番兵과 漢兵의 장점을 따라 싸

우게 하는 것입니다.

番兵은 騎馬戰에 뛰어나니 騎馬戰은 속전속결이 유리하고, 漢兵은 弓弩에 뛰어나니 弓弩는 遲延戰에 유리한바, 이는 자연히 각각 그 형세에 맡기는 것입니다. 그러나 奇兵과 正兵으로 나눌 수 있는 것이 아닙니다. 臣이 일찍이 말씀드린 '番兵과 漢兵을 반드시 칭호를 바꾸고 복장을 바꿔야 한다.'는 것은 奇兵과 正兵을 相生하는 방법이니, 騎兵에도 正兵이 있고 弓弩에도 奇兵이 있습니다. 어찌 일정함이 있겠습니까."

靖答曰 按孫子에 有云 善能用兵者는 求之於兵勢之可勝하고 不責於不能之人이라 故로 能擇人之能者하여 使而任之以勢也[1]라하니이다 夫所謂擇人者는 各隨番兵漢兵所長而使之戰也라 番兵은 長於馬하니 馬則利於速鬪요 漢兵은 長於弩하니 弩則利於緩戰이니 此番漢自然各任其勢也니이다 然이나 非奇正之所分이라 臣前曾述番兵漢兵을 必變號易服하여 番而示之漢하고 漢而示之番者는 乃奇正相生之法度也니이다 馬亦有正하니 不可全謂之奇요 弩亦有奇하니 不可全謂之正이니 何一定不易之有哉잇가 常者는 一定不改易之謂也라

1) 善能用兵者……使而任之以勢也 : 이 내용은 ≪孫子≫ 〈兵勢〉의 "전쟁을 잘하는 자는 기세에서 찾고 사람에게 책하지 않는다. 그러므로 능히 사람을 가려 쓰고 기세에 맡기는 것이다.〔善戰者 求之於勢 不責之於人 故能擇人而任勢〕"라는 구절을 풀어 쓴 것이다.

李靖이 대답하였다.

"≪孫子≫를 살펴보면, '用兵을 잘하는 자는 승리할 수 있는 兵勢에서 찾고 능하지 못한 사람에게 책하지 않는다. 그러므로 사람 중에 유능한 자를 가려 쓰고 기세에 맡긴다.' 하였습니다. 이른바 사람을 가려 쓴다는 것은 각각 番兵과 漢兵의 장점을 따라 싸우게 하는 것입니다.

番兵은 騎馬戰에 뛰어나니 騎馬戰은 속전속결이 이롭고, 漢兵은 弓弩에 뛰어나니 弓弩는 遲延戰에 이로운바, 이는 番兵과 漢兵을 자연히 각각 그 형세에 맡기는 것입니다. 그러나 奇兵과 正兵으로 나눌 수 있는 것이 아닙니다. 신이 앞서 말씀드린 '番兵과 漢兵을 반드시 칭호를 바꾸고 복식을 바꾸어서 番兵이면서 漢兵인 것처럼 보이고 漢兵이면서 番兵인 것처럼 보이게 한다.'는 것이 바로 奇兵과 正兵을 相生하는 법도입니다. 騎兵에도 正兵이 있으니 완전히 奇兵이라고 말할 수 없고, 弓弩에도 奇兵이 있으니 완전히 正兵이라고 말할 수 없습니다. 어찌 일정하여 바뀌지 않음이 있겠습니까."

常이란 일정하여 바뀌지 않음을 이른다.

太宗曰 卿은 **更細言其術**하라 **靖曰 先形之**하여 **使敵從之**가 **是其術也**니이다

太宗이 말하였다.
"卿은 좀 더 자세히 그 전술을 말하라."
李靖이 말하였다.
"우선 드러내 보여서 적으로 하여금 이에 따라 대응하게 하는 것이 바로 그 전술입니다."

太宗又曰 卿更仔細言其術하라 靖答曰 先(行)〔形〕[1]之하여 使敵從之가 此其術也니이다 謂番兵을 變號易服하여 示以漢兵之形이면 敵謂我眞漢兵也라하여 必以與漢兵戰鬪之法從我하리니 我却以番兵之法으로 出奇勝之하며 漢兵을 變號易服하여 示以番兵之形이면 敵謂我眞番兵也라하여 必以與番兵戰鬪之法從我하리니 我却以漢兵之法으로 出奇勝之라

1) (行)〔形〕: 저본의 '行'은 漢文大系本에 의거하여 '形'으로 바로잡았다.

太宗이 또 말하였다.
"卿은 좀 더 자세히 그 전술에 대해서 말해보라."
李靖이 대답하였다.
"우선 〈아군의 전술을〉 드러내 보여서 적으로 하여금 이에 따라 대응하게 하는 것이 그 전술입니다."
이른바 番兵의 호칭을 바꾸고 복장을 바꿔서 漢兵의 모습으로 보여주면 적이 이를 우리의 진짜 漢兵이라 여겨서 반드시 漢兵을 상대하는 전투 방식으로 우리에게 대응할 것이니, 우리는 이와 반대로 番兵의 전술로 奇兵을 내어 적을 이긴다. 그리고 漢兵의 칭호를 바꾸고 복장을 바꿔서 番兵의 모습으로 보여주면 적이 이를 우리의 진짜 番兵이라 여겨서 반드시 番兵을 상대하는 전투 방식으로 우리에게 대응할 것이니, 우리는 이와 반대로 漢兵의 전술로 奇兵을 내어 적을 이기는 것이다.

太宗曰 近에 **契丹奚皆內屬**이어늘 **置松漠饒樂二都督**하여 **統於安北都護**하고 **朕用薛萬徹**하니 **如何**오

太宗이 말하였다.

"근일에 契丹과 奚族의 부락이 모두 귀순하여 예속되었으므로, 松漠과 饒樂의 두 都督府를 설치하여 安北都護府에서 이를 통제하도록 하고, 朕이 薛萬徹을 등용하려 하는데, 어떠한가?"

太宗云 近日契丹, 奚[1]部落이 皆內附어늘 置松漠饒樂二都督하여 使統制於安北都護[2]하고 朕用薛萬徹하니 其職可否如何오 奚, 契丹〔內〕[3]屬은 在貞觀二十二年이라 松漠, 饒樂은 皆地名이요 都督은 官名이며 安北亦地名이요 都護는 府名也라 契丹, 奚는 北狄二國名이라 契丹은 在白霫(습)之南하니 奚與白霫은 地相連也라 又云 契丹은 本東胡種이니 居於西樓하여 在潢水之南, 黃龍之北하여 得鮮卑故地라하고 或以爲鮮卑遺種이니 至元魏[4]時하여 自號契丹이라 其地有二水하니 一曰 土河요 一曰 潢河니 至木葉山하여 合流爲一이라 相傳호되 初有男子乘白馬하여 浮土河而下한대 一婦人乘小車하여 浮(黃)〔潢〕[5]河而下하여 遇於木葉山하고 顧合流之水하여 遂爲夫婦하니 此其始祖也라

1) 契丹奚 : 契丹은 본래 東胡族인데 4세기 이래로 遼河 상류인 西拉木倫河(시라무렌, 潢水)와 老哈河(라오허, 土河) 유역 일대에 여러 부족으로 나뉘어 유목과 수렵을 생업으로 하며 거주하였다. 인접한 高句麗를 자주 침략하다가 고구려 廣開土大王에게 정벌을 당해 일부는 고구려에 복속되고, 나머지는 흩어져 살다가 뒤에 唐나라에 복속되었다. 중국의 혼란기인 五代十國時代에 통일의 기운이 일어나면서, 916년에 耶律阿保機가 여러 부족을 통합한 다음 契丹을 건국하고 황제를 칭하였으며, 뒤에 국명을 遼로 바꿨다.

奚는 4세기 무렵부터 東蒙古의 老哈河 유역에서 유목생활을 하면서 西拉木倫河 남쪽 연안 유역의 契丹族과 이웃하고 있던 鮮卑族의 한 부족이다. 처음에는 庫莫奚라고 불렀으나, 隋나라 이후로는 奚라고 칭하였다. 7세기 전반기부터 唐나라에 복속하였으며, 唐나라에서는 奚의 추장들에게 都督이나 刺史 등의 관직을 주어서 그들을 예속시키는 羈縻政策을 실시하였다.

2) 安北都護 : 都護府는 唐나라 때에 屬地 지배를 위해 설치한 기관으로 모두 여섯 都護府가 있었는데, 安北都護府는 契丹과 奚族 및 북쪽 몽고고원의 돌궐족과 鐵勒 등의 여러 부족을 총괄하는 일을 맡았다.

3) 〔內〕 : 저본에는 '內'자가 없으나, 漢文大系本에 의거하여 보충하였다.

4) 元魏 : 鮮卑族의 拓跋部가 華北地方에 세운 王朝인 北魏(後魏)를 이른 것인데, 北魏의

孝文帝가 本姓인 '拓跋'씨를 '元'씨로 고치면서 元魏라고도 불리게 되었다.

5) (黃)〔潢〕: 저본의 '黃'은 漢文大系本에 의거하여 '潢'으로 바로잡았다.

太宗이 말하였다.

"근래에 契丹과 奚族의 부락이 모두 귀순하여 우리에게 예속되었으므로, 松漠과 饒樂의 두 都督府를 설치하여 安北都護府에서 이를 통제하도록 하고, 朕이 薛萬徹을 〈都護府使로〉 등용하려고 하는데 그 직임의 가부에 대해서 어떻게 생각하는가?"

奚族과 契丹이 귀순하여 중국에 예속된 것은 貞觀 22년(648)이다. 松漠과 饒樂은 모두 지명이고, 都督은 官名이며, 安北 또한 지명이고, 都護는 府의 명칭이다.

契丹과 奚族은 북쪽 오랑캐의 두 나라 이름이다. 契丹은 白霫의 남쪽에 있는데, 奚와 白霫은 지역이 서로 잇닿아 있었다.

〈혹자는〉 또 이르기를 "契丹은 본래 東胡의 종족으로, 西樓에 거주하면서 潢水 남쪽과 黃龍 북쪽에 위치하여 鮮卑族의 옛 땅을 차지하였다." 하며, 혹은 "鮮卑族의 남은 種族이니, 元魏(北魏)시대에 이르러 스스로 契丹이라 칭하였다."라고도 한다.

이 지역에 두 江이 있으니, 하나는 '土河'이고 하나는 '潢河'인데, 木葉山에 이르러 합류하여 하나가 된다. 그들 사이에 서로 전해오기를 "처음에 한 남자가 白馬를 타고 土河에 떠내려왔는데, 한 부인이 작은 수레를 타고 潢河에 떠내려와서 木葉山에서 만나 합류하는 강물을 돌아보고 마침내 부부가 되었으니, 이것이 그 始祖이다."라고 한다.

靖曰 萬徹은 **不如阿史那社爾及執失思力, 契苾何力**이니 **此皆番臣之知兵者也**니이다 **臣(常)〔嘗〕**[1]**與之言松漠饒樂**의 **山川道路**와 **番情逆順**하고 **遠至於西域部落十數種**이러니 **歷歷可信**하니이다 **臣敎之以陣法**이면 **無不點頭服義**하오니 **望陛下任之勿疑**하소서 **若萬徹則勇而無謀**하니 **難以獨任**이니이다

1) (常)〔嘗〕: 저본의 '常'은 漢文大系本에 의거하여 '嘗'으로 바로잡았다.

李靖이 대답하였다.

"薛萬徹은 阿史那社爾와 執失思力·契苾何力만 못하니, 이들은 모두 番族 출신의 신하 중에 兵法을 잘 아는 자들입니다. 臣이 일찍이 이들과 더불어 松漠과 饒樂의 山川과 道路, 番族의 정세(민심)의 반역과 순종, 그리고 멀리는 西域의 部落 십수 種族에 대하여 이야기를 나누었는데, 하나하나 모두 믿을 만하였습니다. 臣이 이들에게 陣法을 가르치면 머리를 끄덕이고 그 깊은 뜻에 탄복하지 않음이 없었습니다. 바라옵건대, 陛下께서는 의심치 말고 이들을 임용하소서. 薛萬徹로 말

하면 용맹하기는 하나 지모가 없으니, 단독으로 임무를 감당하기는 어렵습니다."

靖答曰 薛萬徹은 **爲人**이 **不如阿史那社爾及執失思力, 契苾何力**이니 **此三人**은 **皆番臣能知兵者也**라 **臣曾與之言松漠饒樂境內**의 **山川形勢**와 **道路遠邇**와 **及番人逆順之情**하고 **遠至於西域部落十數種**이러니 **歷歷皆可聽信**이니이다 **臣嘗敎之以陳法**이러니 **無不點頭服義**하니 **言曉其法也**라 **望陛下任用之**하여 **勿疑惑也**니이다 **若薛萬徹者**는 **有勇而無謀略**하여 **難以獨任其人**이니이다 **阿史那社爾**는 **說見前**하니라 **執失思力**은 **頡**(힐)**利可汗臣也**니 **執失**은 **虜覆姓**이요 **思力**은 **其名也**라 **契苾**은 **本突厥部落**이니 **在烏耆西北**이러니 **其後**에 **因以爲氏**하니라 **何力**은 **其名也**라

李靖이 대답하였다.

"薛萬徹은 사람됨이 阿史那社爾와 執失思力·契苾何力만 못하니, 이들 세 사람은 모두 番族 출신의 신하 중에 兵法을 잘 아는 자들입니다. 臣이 일찍이 이들과 더불어 松漠과 饒樂의 경내 山川의 형세와 道路의 원근과 番族 민심의 반역과 순종, 그리고 멀리는 西域의 部落 십수 種族에 대하여 이야기를 나누었는데, 하나하나 모두 믿을 만하였습니다. 臣이 일찍이 이들에게 陣法을 가르쳤는데, 진법을 이해하여 머리를 끄덕이고 그 깊은 뜻에 탄복하지 않음이 없었습니다."

이는 그 진법에 통달하였음을 말한 것이다.

"바라건대, 陛下께서는 이들을 임용하고 의심하지 마소서. 薛萬徹로 말하면 용맹하기는 하나 계책과 지략이 없으니, 그에게 단독으로 임무를 맡기기는 어렵습니다."

阿史那社爾는 설명이 앞에 보인다. 執失思力은 頡利可汗의 신하이니, 執失은 오랑캐의 複姓이고, 思力은 그의 이름이다. 契苾은 본래 突厥의 부락이니, 焉耆國의 서북쪽에 있었는데, 그 뒤에 이로 인하여 姓氏로 삼았다. 何力은 그의 이름이다.

太宗笑曰 番人皆爲卿役使하니 **古人云 以蠻夷攻蠻夷**는 **中國之勢也**라하니 **卿得之矣**로다

太宗이 웃으면서 말하였다.

"番族의 병사들이 모두 卿을 위해 열심히 일하고 있다. 옛사람이 이르기를 '오랑캐로써 오랑캐를 공격함은 中國의 形勢이다.'라고 하였으니, 卿이 이를 터득하였도다."

太宗笑曰 番人이 **亦皆爲卿所役使**라 **古人云 以蠻夷而攻蠻夷**가 **乃中國之勢也**라하니 **卿得其道矣**로다

太宗이 웃으면서 말하였다.

"番族 〈출신의〉 병사들이 또한 모두 卿을 위해 열심히 일하고 있다. 옛사람이 이르기를 '오랑캐로써 오랑캐를 공격함이 바로 中國의 형세이다.'라고 하였으니, 卿이 이러한 방도를 터득하고 있다."

中卷

太宗曰 朕觀諸兵書호니 **無出孫武**요 **孫武十三篇**은 **無出虛實**[1)]하니 **夫用兵**에 **識虛實之勢**면 **則無不勝焉**이니라

1) 孫武十三篇 無出虛實 : '孫武十三篇'은 ≪孫武子≫의 〈始計〉·〈作戰〉·〈謀攻〉·〈軍形〉·〈兵勢〉·〈虛實〉·〈軍爭〉·〈九變〉·〈行軍〉·〈地形〉·〈九地〉·〈火攻〉·〈用間〉의 13篇을 이른다. 이 13편 가운데에 〈始計〉·〈作戰〉·〈兵勢〉·〈虛實〉·〈行軍〉 등에는 '虛'와 '實' 두 글자 중, 어느 하나 이상을 직접 언급하고 있으며, 나머지에서는 직접 虛·實 두 글자를 언급하지는 않았으나 실제로 그 내면에는 반드시 '虛'와 '實'의 관점에서 병법을 설명하고 있으므로 이렇게 말한 것이다.

太宗이 말하였다.

"朕이 여러 兵書를 살펴보니 ≪孫武子≫를 벗어날 것이 없고, ≪손무자≫ 13篇은 虛·實을 벗어남이 없으니, 用兵에 虛·實의 형세를 알면 이기지 못함이 없다.

太宗曰 朕觀諸家兵書호니 **無出孫武子**요 **孫武子十三篇**은 **無出虛實二字**라 **夫用兵**에 **識得虛實之勢**면 **則無往而不勝焉**이리라

太宗이 말하였다.

"朕이 諸家의 兵書를 보니 ≪孫武子≫를 벗어날 것이 없고, ≪손무자≫ 13편은 虛·實 두 가지에서 벗어날 것이 없다. 用兵에 虛·實의 형세를 안다면 가는 곳마다 이기지 못함이 없을 것이다."

今諸將中에 **但能言備實擊虛**로되 **及其臨敵**하여는 **則鮮識虛實者**는 **蓋不能致人而反爲敵所致故也**라 **如何**오 **卿悉爲諸將**하여 **言其緊要**하라

지금 여러 장수들 중에는 다만 實한 곳을 방비하고 虛한 곳을 공격한다고 말하

나 敵軍을 맞아 虛·實을 아는 자가 드문 것은, 적을 오게 하지 못하고 도리어 적에게 끌려가기 때문이다. 어떤가? 卿은 여러 장수들을 위하여 모두 그 긴요함을 말하라."

今諸將中에 但能言備敵之實而擊其虛로되 及其臨敵對陣하여는 則少有能識虛實者하니 蓋不能致敵之來而反爲敵人所致故也라 卿悉與諸將으로 言其緊要處하여 使知其虛實하라 如何二字는 疑衍文이라

"지금 여러 장수들 중에는 다만 적의 堅實한 곳을 방비하고 적의 虛弱한 곳을 공격한다고 말하나 敵陣을 상대하게 되면 虛·實을 아는 자가 적으니, 이는 적이 오도록 만들지 못하고 도리어 적에게 끌려가기 때문이다. 卿은 여러 장수들에게 그 긴요한 부분을 모두 말하여 그 虛·實을 알게 하라."

'如何' 두 글자는 아마도 衍文인 듯하다.

靖曰 先敎之以奇正相變之術然後에 **語之以虛實之形**이 **可也**니 **諸將**은 **多不知以奇爲正, 以正爲奇**하나니 **且安識虛是實, 實是虛哉**잇가

李靖이 대답하였다.

"먼저 奇와 正을 서로 變易하는 방법을 가르친 뒤에 虛·實의 형세를 말해주는 것이 옳으니, 여러 장수들은 대부분 奇兵을 正兵으로 만들고 正兵을 奇兵으로 만들 줄을 모릅니다. 그러니 또 어찌 虛가 바로 實이고 實이 바로 虛임을 알겠습니까."

靖答曰 可先敎之以自己奇正互相變易之術然後에 告之以敵人虛實之形이 則可也라 今之諸將은 多不知以奇爲之正, 以正爲之奇하나니 且安識敵之形虛却是實, 實却是虛哉잇가

李靖이 대답하였다.

"먼저 우리의 奇와 正을 서로 變易하는 방법을 가르친 뒤에 적의 虛·實의 형세를 말해주는 것이 옳습니다. 지금 여러 장수들은 대부분 奇兵을 正兵으로 만들고 正兵을 奇兵으로 만들 줄을 모르니, 또 어찌 적의 형세가 虛한 것이 바로 實이고 實한 것이 바로 虛한 것임을 알겠습니까."

太宗曰 策之而知得失之計하고 **作之而知動靜之理**하고 **形之而知死生之地**하고 **角之而知有餘不足之處**라하니 **此則奇正在我**하고 **虛實在敵歟**아

太宗이 말하였다.

"'계책하여 得·失의 계산을 알고, 격동시켜 動·靜의 이치를 알고, 형체를 드러내어 죽고 사는 땅을 알고, 다투어 有餘하고 부족한 곳을 안다.' 하였으니, 이는 奇와 正이 나에게 있고, 虛와 實이 적에게 있는 것인가?"

太宗云 孫子謂策之而知得失之計하고 作之而知動靜之理하고 形之而知死生之地하고 角之而知有餘不足之處라하니 以此觀之면 則奇與正은 在我하고 虛與實은 在敵歟아 策, 作, 形, 角은 詳見孫子[1)]하니라

1) 策作形角 詳見孫子 : 策은 계책을 세우는 것이고, 作은 적을 격동시키는 것이고, 形은 우리의 형체를 보여주는 것이고, 角은 우리의 군대로 적과 접촉하는 것으로, ≪孫子≫ 〈虛實〉에 "계책하여 적의 得·失의 계산을 알며, 적을 격동시켜 적의 動·靜의 이치를 알며, 형체를 보여주어 죽고 사는 땅을 알며, 적과 다투어 적의 有餘하고 부족한 곳을 아는 것이다.〔策之而知得失之計 作之而知動靜之理 形之而知死生之地 角之而知有餘不足之處〕"라고 보인다.

太宗이 말하였다.

"≪孫子≫에 이르기를 '計策하여 得·失의 계산을 알고, 적을 격동시켜 動·靜의 이치를 알고, 형체를 드러내어 죽고 사는 땅을 알고, 다투어 有餘하고 부족한 곳을 안다.' 하였으니, 이것을 가지고 관찰하면, 奇와 正은 나에게 있고, 虛와 實은 적에게 있는 것인가?"

策, 作, 形, 角은 ≪孫子≫에 자세히 보인다.

靖曰 奇正者는 **所以致敵之虛實也**라 **敵實則我必以正**하고 **敵虛則我必以奇**니 **苟將不知奇正**이면 **則雖知敵虛實**이나 **安能致之哉**잇가 **臣奉(召)〔詔〕**[1)]에 **但敎諸將以奇正**이니 **然後**에 **虛實自知焉**이리이다

1) (召)〔詔〕: 저본의 '召'는 明本에 의거하여 '詔'로 바로잡았다.

李靖이 대답하였다.

"奇와 正은 적의 虛와 實을 나타나게 하는 것입니다. 적이 實하면 우리가 반드

시 正兵으로 대응하고, 적이 虛하면 우리가 반드시 奇兵으로 대응하여야 하니, 장수가 만일 奇와 正을 알지 못한다면, 비록 적의 虛·實을 안다 한들 어찌 적을 오게 할 수 있겠습니까. 臣은 詔命을 받듦에 다만 여러 장수들에게 奇와 正을 가르칠 뿐이니, 이렇게 한 뒤에는 虛와 實을 스스로 알게 될 것입니다."

靖答曰 奇正者는 所以致敵之虛實也니 若敵實이면 則我必用正하고 敵虛면 則我必用奇니 苟爲將者 不知用奇正之術이면 則雖知敵人之虛實이나 亦安能致其來而破之리잇고 臣奉詔旨에 但教諸將以奇正之術이니 然後에 敵之虛實을 自然知焉이리이다

李靖이 대답하였다.

"奇와 正은 적의 虛와 實을 드러나게 하는 것이니, 만약 적이 實하면 우리가 반드시 正兵을 사용하고, 적이 虛하면 우리가 반드시 奇兵을 사용하여야 합니다. 만일 장수 된 자가 奇와 正을 쓰는 방법을 알지 못한다면, 비록 적의 虛·實을 안다 한들 어찌 적이 오도록 만들어서 격파할 수 있겠습니까. 臣이 詔命을 받듦에 다만 여러 장수들에게 奇와 正의 방법을 가르칠 뿐이니, 그런 뒤에는 적의 虛와 實을 자연히 알게 될 것입니다."

太宗曰 以奇爲正者는 敵意其奇면 則吾正擊之하고 以正爲奇者는 敵意其正이면 則吾奇擊之하여 使敵勢常虛하고 我勢常實이니 當以此法으로 授諸將하여 使易曉耳니라 靖曰 千章萬句 不出乎致人而不致於人而已니 臣當以此教諸將호리이다

太宗이 말하였다.

"'奇兵을 正兵으로 만든다.'는 것은 적이 우리를 奇兵이라고 생각하면 우리가 正兵으로 공격하는 것이고, '正兵을 奇兵으로 만든다.'는 것은 적이 우리를 正兵이라고 생각하면 우리가 奇兵으로 공격하는 것으로, 적의 형세가 항상 虛하고 우리의 형세가 항상 實하게 하는 것이니, 마땅히 이 방법을 여러 장수들에게 가르쳐 주어서 쉽게 알도록 해야 할 것이다."

李靖이 대답하였다.

"兵書의 수많은 章節과 수많은 글귀는 적을 오게 하고 적에게 끌려가지 않음에서 벗어나지 않으니, 臣은 마땅히 이것을 가지고 여러 장수들을 가르치겠습니다."

太宗云 以奇爲正者는 敵意吾用奇兵與彼戰이면 則吾却以正兵之法擊之니 正兵之法은 六步七步乃止齊焉하고 六伐七伐乃止齊焉하여 見利勿取하고 佯北勿追하며 進無速奔하고 退無遽走하여 絶而成陣하고 散而成行이니 此正兵之法也라 以正爲奇者는 敵意吾用正兵與彼戰이면 則吾却以奇兵之法擊之니 奇兵之法은 驚前掩後하고 衝東擊西하여 雷動風飛하고 霆轟(굉)電擊하여 使敵莫測이니 此奇兵之法也라 使敵之勢常虛하여 不能測我用奇用正之術이면 則我之勢常實而爲勝이니 當以此法으로 授諸將하여 使之易曉耳라 靖答曰 兵書千章萬句 不出致人而不致於人而已니 臣當以此法으로 敎諸將호리이다 蓋致人則佚하고 致於人則勞니 若用奇正而不能致人이면 亦何益於勝哉리오

太宗이 말하였다.

"'奇兵을 正兵으로 만든다.'는 것은 적이 우리가 奇兵을 사용하여 적과 싸울 것이라고 생각하면, 우리가 도리어 正兵의 법으로 적을 공격하는 것이다."

正兵의 법은 6步와 7步에 마침내 멈추어 整齊하고, 여섯 번 치고 일곱 번 치고서 마침내 멈추어 整齊해서, 이익을 보고서도 취하지 않고 거짓으로 패하는 적을 추격하지 않으며, 전진할 때에 급히 달려가지 않고 후퇴할 때에 급히 패주하지 않아서, 끊겼다가 다시 陣營을 이루고 흩어졌다가 다시 行列을 이루는 것이니, 이것은 正兵의 법이다.

"'正兵을 奇兵으로 만든다.'는 것은 적이 우리가 正兵을 사용하여 적과 싸울 것이라고 생각하면, 우리가 도리어 奇兵의 방법으로 적을 공격하는 것이다."

奇兵의 법은 앞을 놀라게 하고 뒤를 습격하며, 동쪽을 충돌하고 서쪽을 공격하여 우레처럼 진동하고 바람처럼 날아가며, 벼락이 치고 우레가 치듯이 하여, 적으로 하여금 측량하지 못하게 하는 것이니, 이것이 奇兵의 법이다.

"적의 형세를 항상 虛하게 만들어 우리가 正兵을 쓰고 奇兵을 쓰는 방법을 측량하지 못하게 하면 우리의 형세가 항상 實하여 승리하게 되니, 마땅히 이 법을 가지고 여러 장수들에게 가르쳐주어서 쉽게 알도록 할 뿐이다."

李靖이 대답하였다.

"兵書의 수많은 章節과 수많은 글귀는 적을 오게 하고 적에게 끌려가지 않음에 벗어나지 않으니, 臣이 마땅히 이 방법을 가지고 여러 장수들에게 가르치겠습니다."

적을 오게 하면 편안하고 적에게 끌려가면 수고로우니, 만약 奇와 正을 사용하면서 적을 오게 하지 못한다면, 또한 승리에 무슨 유익함이 있겠는가.

太宗曰 朕置瑤池都督하여 **以隷安西都護**하니 **番漢之兵**을 **如何處置**오

太宗이 말하였다.

"朕이 瑤池都督을 설치하여 安西都護府에 예속시켰으니, 番·漢의 군대를 어떻게 조처해야 하는가?"

太宗言 朕今置瑤池都督하여 以隷屬安西都護하니 番漢之兵을 將如何處置오 瑤池, 安西는 皆地名也라 貞觀十四年에 滅高昌[1]하고 以其地爲西州하여 置安西都護府[2]하니라

1) 高昌 : 5~7세기 東투르키스탄의 吐魯番 분지에 있던 漢族의 식민지 국가이다. 漢나라 때 이곳에 車師 왕국이 있었는데, 天山北路의 출발점이며 匈奴族의 타림분지 침입의 입구가 되었으므로, 분지 중앙부 북쪽의 高昌壁에 屯田을 경영하여 匈奴의 침입을 막았다.

그 뒤 高昌壁을 高昌城이라 불렀으며, 五胡十六國時代에는 이곳에 漢族이 들어와 거주하였다. 北魏가 화북지방을 통일하자, 匈奴族 출신의 沮渠氏가 450년에 車師國을 멸망시키고 이곳을 점거하여 高昌國을 건립하였으며, 이후 沮渠氏의 뒤를 이어 漢族 출신의 王들이 이 지역을 통치하였다.

6세기 중기에 북방에서 세력을 형성한 突厥과 연맹하여 唐나라와 충돌이 일어나게 되자, 太宗은 貞觀 14년(640)에 高昌國을 멸망시키고 이 지역을 西州로 만들어 直轄領으로 삼고, 高昌·交河·柳中·蒲昌·天山의 5개 縣을 설치하였다.

2) 安西都護府 : 都護府는 唐나라 때에 屬地 지배를 위해 설치한 기관으로 모두 여섯 都護府가 있었는데, 安西都護府는 640년에 여섯 都護府 중 최초로 설치한 都護府이다. 처음에 西州에 설치하였으나 658년에 쿠차로 옮겼다. 타림분지뿐만 아니라 西투르키스탄까지 그 관할 아래에 두었으나, 安史의 亂 이후 점차 쇠퇴하여 787년경부터 吐藩에게 빼앗겼다.

太宗이 말하였다.

"朕이 이제 瑤池都督을 설치하여 安西都護府에 예속시켰으니, 番·漢의 군대를 장차 어떻게 조처해야 하는가?"

瑤池와 安西는 모두 지명이다. 貞觀 14년(640)에 高昌을 멸망시키고 이 땅을 西州로 만들어서 安西都護府를 설치하였다.

靖曰 天之生人에 **本無番漢之別**이니이다 **然**이나 **地遠荒漠**하여 **必以射獵而生**이라

由此로 **常習戰鬪**하니 **若我恩信撫之**하고 **衣食周之**면 **則皆漢人矣**리이다

李靖이 대답하였다.

"하늘이 사람을 낼 적에 본래 番·漢의 분별이 없었습니다. 그러나 땅이 멀고 황폐한 사막이어서 반드시 활을 쏘아 사냥하는 것으로 살아갑니다. 이 때문에 항상 戰鬪를 익히니, 만약 우리가 은혜와 신의로 오랑캐들을 어루만지고 옷과 밥을 주어 구휼하면 모두 漢人이 될 것입니다.

靖答曰 天之生人에 圓首方足하고 飢食渴飮이 一而已矣니 本無番漢之分別이라 然이나 所處之地 邊遠荒漠하여 五穀罕熟하여 必以射獵而生이라 由此로 常習戰鬪之事하니 若我以恩信撫恤之하고 衣食周救之면 則皆爲漢人矣리이다

李靖이 대답하였다.

"하늘이 사람을 낼 적에 머리가 둥글고 발이 네모지며, 굶주리면 먹고 목마르면 마시는 것이 똑같으니, 본래 番·漢의 분별이 없었습니다. 그러나 오랑캐들은 거처하는 지역이 먼 변방의 황폐한 사막이어서 五穀이 성숙하는 경우가 적으므로 반드시 활을 쏘아 사냥하는 것으로 살아갑니다. 이 때문에 항상 戰鬪하는 일을 익히니, 만약 우리가 은혜와 신의로 오랑캐들을 어루만져 구휼하고 옷과 밥을 주어 구호한다면 모두 漢人이 될 것입니다."

陛下置此都護하시니 **臣請收漢戍卒**하여 **處之內地**하여 **減省**(생)**糧饋**하오니 **兵家所謂治力之法也**라 **但擇漢吏有熟番情者**하여 **散守堡障**이면 **此足以經久**요 **或遇有警**이면 **則漢卒出焉**이니이다

陛下께서 이 都護府를 설치하셨으니, 臣은 청컨대 수자리 사는 漢兵들을 거두어 內地에 거주시켜 군량을 수송하는 일을 줄이소서. 이는 兵家에 이른바 '힘을 다스리는 방법'이란 것입니다. 다만 漢兵 중에 番族의 실정에 익숙한 자를 가려서 이들을 흩어 堡障을 지키게 하면 충분히 오래갈 수 있고, 혹 경보가 있으면 漢兵들을 출동시키는 것입니다."

陛下今置此安西都護하시니 請收漢卒하여 移處內地하여 減省漢卒之糧饋니 兵家所謂治力之法也라 但選擇漢吏有習熟番人之情者하여 散守塞外之堡障이면 此足

以經久요 或遇邊境有警急이면 則命漢卒하여 出焉이니이다

"陛下께서 이제 이 安西都護府를 설치하셨으니, 청컨대 漢兵들을 거두어 內地에 옮겨 살게 해서 漢兵들의 군량 수송을 줄여야 할 것이니, 이는 兵家에 이른바 '힘을 다스리는 방법'이란 것입니다. 다만 漢人의 관리 중에 番人의 실정에 익숙한 자를 가려서 이들을 흩어 변방 밖의 堡障을 지키게 하면 충분히 오래갈 수 있고, 혹 변경에 위급한 경보를 만나면 漢兵들에게 명하여 출격하게 하는 것입니다."

太宗曰 孫子所言治力은 如何오

太宗이 말하였다.
"孫子가 말한 '힘을 다스린다.'는 것은 어떻게 하는 것인가?"

太宗이 因李靖言兵家治力之法이라 故로 又問孫子所言治力은 其說如何오

太宗은 李靖이 兵家의 '힘을 다스리는 방법'을 말하였으므로, 孫子가 말한 '힘을 다스린다.'는 것은 그 내용이 어떠한 것인가를 또 물은 것이다.

靖曰 以近待遠하고 以佚待勞하고 以飽待飢는 此略言其概耳니이다

李靖이 말하였다.
"가까운 군대로써 멀리 온 적을 상대하고, 편안한 군대로써 수고로운 적을 상대하고, 배부른 군대로써 굶주린 적을 상대한다는 것은 그 대략을 간략히 말했을 뿐입니다.

靖對曰 軍爭篇所言以己之近으로 待敵之遠來者하고 以己之佚로 待敵之勞倦者하고 以己之飽로 待敵之飢餓者는 此略言其治力〔之〕[1]大概耳니이다

1) 〔之〕: 저본에는 '之'자가 없으나, 文理에 의거하여 보충하였다.

李靖이 대답하였다.
"≪孫子≫ 〈軍爭〉에서 말한 '우리의 가까운 군대로써 멀리 온 적을 상대하고, 우리의 편안한 군대로써 피로에 지친 적을 상대하고, 우리의 배부른 군대로써 굶주린 적을 상대한다.'는 것은 그 힘을 다스리는 대략을 간략히 말했을 뿐입니다."

善用兵者는 推此三義而有六焉하니 以誘待來하고 以靜待躁하고 以重待輕하고 以嚴待懈하고 以治待亂하고 以守待攻이니이다 反是면 則力有弗逮하여 非治(之)〔力〕[1]之術이니 安能臨兵哉잇가

1) (之)〔力〕: 저본에는 '之'로 되어있으나, 漢文大系本에 의거하여 '力'으로 바로잡았다.

用兵을 잘하는 자는 이 세 가지 뜻을 미루어 여섯 가지를 갖추니, 유인술로 끌려오는 적을 상대하고, 고요함으로 시끄러움을 상대하고, 신중함으로 경솔함을 상대하고, 엄격함으로 해이함을 상대하고, 다스려짐으로 혼란함을 상대하고, 수비로 공격을 상대하는 것입니다. 이와 반대로 하면 힘이 미치지 못하여 힘을 다스리는 방법이 아니니, 어떻게 적의 군대와 마주하여 싸울 수 있겠습니까."

善能用兵者는 推此三義而又有六焉하니 以我之引誘而待彼之來하고 以我之閒靜而待彼之躁하고 以我之持重而待彼之輕하고 以我之戒嚴而待彼之懈하고 以我之整治而待彼之亂하고 以我之守固而待彼之攻이니이다 反此면 則力有所不及하여 非治力之術이니 又安能臨人之兵哉잇가

"用兵을 잘하는 자는 이 세 가지 뜻을 미루어 또 여섯 가지 전술을 갖추니, 우리의 유인하는 군대로 끌려오는 적을 상대하고, 우리의 한가롭고 고요한 군대로 시끄러운 적을 상대하고, 우리의 신중한 군대로 경솔한 적을 상대하고, 우리의 엄격하고 경계하는 군대로 해이한 적을 상대하고, 우리의 정돈되고 다스려진 군대로 혼란한 적을 상대하고, 우리의 굳게 수비하는 군대로 적의 공격을 상대하는 것입니다. 이와 반대로 하면 힘이 미치지 못하는 바가 있어서 힘을 다스리는 방법이 아니니, 또한 어떻게 적군과 상대할 수 있겠습니까."

太宗曰 今人習孫子者는 但誦空文하고 鮮克推廣其義하니 治力之法을 宜徧告諸將하라

太宗이 말하였다.

"지금 사람들 중에 ≪孫子≫를 익히는 자들은 다만 빈 글을 외울 뿐이요 그 뜻을 미루어 넓히는 자가 적으니, 힘을 다스리는 방법을 마땅히 여러 장수들에게 두루 말해주라."

太宗曰 今人習讀孫子書者 但能誦其空文하고 少能推廣其義하니 治力之法을 宜偏告諸將知之하라

太宗이 말하였다.
"지금 사람들 중에 ≪孫子≫의 책을 익히고 읽는 자들은 다만 그 빈 글을 외울 뿐이요 뜻을 미루어 넓히는 자가 적으니, 힘을 다스리는 방법을 마땅히 여러 장수들에게 두루 말해주어 알게 하라."

太宗曰 舊將老卒이 凋零殆盡하고 諸軍新置는 不經陣敵하니 今教以何道爲要오

太宗이 말하였다.
"옛 장수와 늙은 병사들이 거의 노쇠하여 다 없어지고 새로 설치한 여러 군대들은 敵陣을 마주하여 전투한 경험이 없으니, 지금 병사들을 가르침에 무슨 방도를 요점으로 삼아야 하는가?"

太宗言 朕之舊將老卒은 凋零幾盡하고 諸軍은 皆新置하여 不曾經歷戰陣對敵하니 今教以何道爲緊要오

太宗이 말하였다.
"朕의 여러 장수와 늙은 병사들은 零落하여 거의 다 없어지고, 여러 군대들은 모두 새로 설치하여 일찍이 敵陣을 대해서 싸운 경험이 없으니, 지금 병사들을 가르침에 무슨 방법을 요긴한 것으로 삼아야 하는가?"

靖曰 臣常教士에 分爲三等호되 必先結伍法하고 伍法既成이어든 授之軍校니 此一等也니이다

李靖이 대답하였다.
"臣이 항상 병사들을 가르칠 적에 나누어 세 등급을 만들되, 반드시 먼저 伍法을 결성하게 하고, 伍法이 이루어지고 나면 軍校에게 가르쳐주었으니, 이것이 한 등급입니다.

靖言 臣常教士에 須分爲三等호되 必先使結伍法하니 五人爲一伍라 伍法既成이면 授之軍校하니 此爲一等이니이다

李靖이 대답하였다.

"臣이 항상 병사들을 가르칠 적에 모름지기 세 등급으로 나누되, 반드시 먼저 伍法을 결성하게 하였으니, 다섯 명을 1伍라 합니다. 伍法이 이루어지고 나면 이것을 軍校에게 가르쳐주었으니, 이것이 한 등급이 됩니다."

軍校之法은 **以一爲十**하고 **以十爲百**이니 **此一等也**니이다

軍校의 法은 1伍를 10伍로 만들고 10伍를 100伍로 만드는 것이니, 이것이 한 등급입니다.

軍校之法은 **以一伍爲十伍**하고 **以十伍爲百伍**니 **謂合十伍而一之**하고 **聚百伍而十之**니 **此又爲一等**이니이다

"軍校의 法은 1伍를 10伍로 만들고 10伍를 100伍로 만드는 것입니다."

이는 10伍를 모아 하나를 만들고 100伍를 모아 열로 만듦을 이른다.

"이것이 또 한 등급이 됩니다."

授之裨將하면 **裨將**이 **乃總諸校之隊**하여 **聚爲陣圖**하니 **此一等也**니이다

이것을 裨將에게 가르쳐주면 裨將이 여러 軍校의 부대를 총괄하여 모아서 陣圖를 만드니, 이것이 한 등급입니다.

軍校敎成하여 **授之裨將**이면 **裨將**이 **乃總諸軍校之隊**하여 **聚而爲陣圖**하니 **此爲一等**이니이디

"軍校의 가르침이 이루어져 이것을 裨將에게 가르쳐주면, 裨將이 여러 軍校의 부대를 총괄하여 모아서 陣圖를 만드니, 이것이 한 등급이 됩니다."

大將이 **察此三等之敎**하여 **於是大閱**하여 **稽考制度**하고 **分別奇正**하여 **誓衆行罰**이어든 **陛下臨高觀之**하시면 **無施不可**하리이다

大將이 이 세 등급의 가르침을 살펴서 이에 크게 閱兵하여 제도를 상고하고 奇·正을 분별하여 병사들과 맹세하고 벌을 시행하거든, 陛下께서 높은 곳에 임하시어 관찰하시면 베푸시는 곳마다 불가함이 없을 것입니다."

爲大將者 審察此三等之敎하여 於是乎大閱하니 大閱者는 總裨將所敎之兵而閱之也라 稽考陣圖行伍器仗章號之制度하고 分別孰爲之奇, 孰爲之正하여 誓戒衆士하여 以行罰而懲戒有罪者어든 陛下臨高觀望之하시면 無施設而不可焉이리이다

"大將이 된 자가 이 세 등급의 가르침을 자세히 살펴서 이에 크게 閱兵합니다."
크게 閱兵한다는 것은 裨將이 가르친 병사들을 총괄하여 사열하는 것이다.
"陣圖의 行伍와 器仗과 章號(휘장과 칭호)의 제도를 상고하고, 어느 것이 奇兵이 되고 어느 것이 正兵이 되는지를 분별하여, 병사들에게 맹세하고 경계하여 형벌을 행해서 죄가 있는 자를 징계하거든, 陛下께서 높은 곳에 臨御하여 관망하시면 베푸시는 곳마다 불가함이 없을 것입니다."

太宗曰 伍法有數家하며 孰者爲要오

太宗이 말하였다.
"伍法은 몇 家가 있으며, 어느 것이 요긴함이 되는가?"

太宗(問)〔聞〕[1]靖必先結伍之說하고 又云 伍法有數家하며 誰者爲要緊고

1) (問)〔聞〕: 저본의 '問'은 漢文大系本에 의거하여 '聞'으로 바로잡았다.

太宗은 李靖이 "반드시 먼저 伍法을 결성하여야 한다."는 말을 듣고, 또 "伍法은 몇 家가 있으며, 어느 것이 요긴함이 되는가?" 하고 물은 것이다.

靖曰 臣按春秋左氏傳云 先(徧)〔偏〕後伍[1]라하고 又司馬(公)〔法〕[2]曰 (伍)〔五〕[3]人爲伍라하고 尉繚子에 有束伍令하고 漢制에 有尺籍伍符러니 後世符籍을 以紙爲之라 於是에 失其制矣니이다

1) 先(徧)〔偏〕後伍 : ≪春秋左氏傳≫ 桓公 5년에 나온다. 저본의 '徧'은 ≪춘추좌씨전≫에 의거하여 '偏'으로 바로잡았다.
2) (公)〔法〕: 저본의 '公'은 ≪直解≫에 의거하여 '法'으로 바로잡았다.
3) (伍)〔五〕: 저본의 '伍'는 ≪直解≫에 의거하여 '五'로 바로잡았다.

李靖이 말하였다.
"臣이 ≪春秋左氏傳≫을 살펴보니, 이르기를 '偏(전차)을 먼저 하고 伍(보병)를

뒤에 하였다.' 하였고, 또 ≪司馬法≫에 이르기를 '5명을 伍로 만든다.' 하였고, ≪尉繚子≫에 〈束伍令〉이 있고, 漢나라 제도에 尺籍과 伍符가 있었는데, 후세에 符籍을 종이로 만들었습니다. 이에 그 제도를 잃게 되었습니다.

靖對曰 臣按春秋左傳云 周桓王이 奪鄭伯政한대 莊公不朝어늘 王伐之하니 莊公從子元之請하여 爲左右二拒하고 以中軍奉公하여 爲魚麗(리)之陣호되 先(徧)〔偏〕後伍하여 伍承彌縫하여 以敗王師[1)]라하니이다 偏은 車乘也라 古者에 車十五乘을 爲一偏하니 蓋先車而後伍하여 以伍承車之隙하여 而彌縫其闕漏也라 又司馬法에 以五人爲一伍라하니이다 按司馬法中에 無此一句하니 恐是司馬穰苴書中語也라 尉繚子書에 有束伍令하니 謂五人爲伍하여 共一符하여 收於將吏之所호되 亡伍而得伍면 當之하고 得伍而不亡이면 有賞하고 亡伍不得伍면 身死家殘이라 漢制에 又有尺籍伍符[2)]하니 尺籍者는 書其斬首之功於一尺之板이요 伍符는 伍伍相承也라 馮唐傳曰 田家子弟 安知尺籍伍符[3)]리오하니 是也라 後世符籍을 皆以紙爲之라 於是에 失其古人之制矣니이다

1) 周桓王……以敗王師 : 이 내용은 ≪春秋左氏傳≫ 桓公 5년 조에 보인다.

2) 尺籍伍符 : 尺籍은 軍令과 軍功 등을 기록하는 帳簿를, 伍符는 군중의 각 行伍가 서로 보증하는 符標(신표)를 가리킨다.

3) 馮唐傳曰……安知尺籍伍符 : 馮唐은 漢 文帝 때의 賢士로 中郎署長을 지내면서 황제에게 直言을 서슴지 않았던 인물이다. 본문의 이 말은 文帝 자신이 廉頗와 李牧 같은 名將을 거느릴 수 있는 자질을 지닌 황제인가를 물었을 때 馮唐이 답변한 내용 중 일부로, 文帝는 이 말을 듣고 雲中太守 魏尙의 억울함을 깨닫고 그를 사면하여 車騎都尉에 임명하였다. 전문은 다음과 같다.

"사졸들은 모두 평민의 자제로 논밭 사이에서 몸을 일으켜 從軍하고 있는데, 그들이 어떻게 '尺籍'과 '伍簿'를 알겠습니까. 종일토록 힘을 다해 싸워 적의 머리를 베고 사로잡아 그 功을 幕府에 보고하는데, 여기에 단 한마디 말이라도 실제와 맞지 않으면 문관이 법으로 제재하고 그 공에 대한 상은 무효가 되고 맙니다…….

폐하의 법은 너무 밝고, 상은 너무 가볍고 벌은 너무 무겁습니다. 雲中太守 魏尙이 부하의 功을 보고할 적에, 首級과 포로의 수효 여섯 개가 틀린 것을 가지고 陛下께서는 그를 刑吏에게 넘겨 그의 작위를 삭탈하고 罰을 내리셨습니다. 이런 것으로 미루어볼 때에 陛下께서는 비록 廉頗와 李牧과 같은 名將을 얻더라도 제대로 쓰지 못하실 것이라고 생각합니다.〔夫士卒盡家人子 起田中從軍 安知尺籍伍符 終日力戰 斬首捕虜 上功

幕府 一言不相應 文吏以法繩之 其賞不行……陛下法太明 賞太輕 罰太重 且雲中守魏尙 坐上功首虜差六級 陛下下之吏 削其爵 罰作之 由此言之 陛下雖得廉頗李牧 弗能用也〕" ≪史記 馮唐列傳≫

李靖이 대답하였다.

"臣이 ≪春秋左氏傳≫을 살펴보니, 이르기를 '周 桓王이 鄭伯의 政事를 빼앗자, 鄭伯인 莊公이 朝會하지 않으니, 桓王이 그를 征伐하였다. 이때 莊公은 子元의 所請에 따라 左右 두 拒를 만들고 中軍으로 莊公을 받들어 魚麗陣을 만들되, 偏을 먼저 하고 伍를 뒤에 하여, 伍가 彌縫을 이어서 王의 군대를 패퇴시켰다.' 하였습니다."

偏은 戰車이다. 옛날에 戰車 15乘을 1偏으로 만들었으니, 戰車를 앞에 두고 行伍를 뒤에 하여 行伍로써 戰車의 빈틈을 이어서 그 공간을 彌縫한 것이다.

"또 ≪司馬法≫에 '5명을 伍로 만든다.' 하였습니다."

살펴보건대, ≪司馬法≫ 가운데에는 이 한 句가 없으니, 아마도 司馬穰苴의 兵書 가운데의 말인 듯하다.

"≪尉繚子≫에는 〈束伍令〉이 있습니다."

여기에 이르기를 "5명을 伍로 만들어 한 符(신표)를 함께 사용해서 장수와 관리의 처소에 모아 보관하되, 〈전투 중에〉 자기의 伍(대원)를 잃고서 적의 伍를 노획하였으면 功過를 상쇄하고, 적의 伍를 노획하고서 자기의 伍를 잃지 않았으면 상이 있고, 자기의 伍를 잃고 적의 伍를 노획하지 못했으면 몸이 죽고 집안이 망한다." 하였다.

"漢나라 제도에 또 尺籍과 伍符가 있었습니다."

尺籍은 적의 머리를 벤 功을 한 자쯤 되는 판자에 쓰는 것이고, 伍符는 伍와 伍가 서로 계승하는 것이다. ≪史記≫ 〈馮唐列傳〉에 이르기를 '농가의 자제들이 어찌 尺籍과 伍符를 알겠습니까.' 한 것이 이것이다.

"후세에 符籍을 모두 종이로 만들었습니다. 이에 옛사람의 제도를 잃은 것입니다."

臣酌其法하여 **自五人而變爲二十五人**하고 **自二十五人而變爲七十五人**하니 **此則步卒七十二人, 甲士三人之制也**니이다

臣이 이 법을 참작하여 5명에서 바꾸어 25명으로 만들고, 25명에서 바꾸어 75명으로 만들었으니, 이는 步兵 72명에 甲士 3명인 제도입니다.

臣酌量其法하여 **自五人而變爲二十五人**하니 **二十五人**은 **蓋(伍五)〔五伍〕**[1)]**數也**라 **自二十五人而變爲七十五人**하니 **七十五人**은 **蓋十五伍數也**니이다 **此則古者一車**

步卒七十二人, 甲士三人之制也니이다

1) (伍五)〔五伍〕: 저본의 '伍五'는 '五伍'의 誤記이다.

"臣이 이 법을 참작하여 헤아려서 5명에서 바뀌어 25명이 되게 하였으니, 25명은 5개의 伍數입니다. 그리고 25명에서 바뀌어 75명이 되게 하였으니, 75명은 15개의 伍數입니다.

이는 옛날에 戰車 한 대에 步卒이 72명이고 甲士가 3명인 제도입니다."

舍車(爲)〔用〕[1]騎면 則二十五人이 當八馬하니 此則五兵五當之制也니이다

1) (爲)〔用〕: 저본의 '爲'는 漢文大系本에 의거하여 '用'으로 바로잡았다.

수레를 버리고 騎兵을 쓰면 보병 25명이 여덟 필의 騎馬를 상대하니, 이는 다섯 가지 병기가 다섯 명을 當하는 제도입니다.

舍車(爲)〔用〕騎면 則二十五人이 可以當八馬하니 此則司馬法五兵五當之制[1]也니이다

1) 司馬法五兵五當之制: 이 내용은 ≪司馬法≫ 〈定爵〉에 "다섯 가지 병기가 다섯 명을 대적하니, 長兵은 短兵을 지켜주고 短兵은 長兵을 구제해준다.〔凡五兵五當 長以衛短 短以救長〕"라고 보이는데, 劉寅은 ≪司馬法直解≫에서 "다섯 가지 병기는 활과 화살〔弓矢〕, 팔모창〔殳〕, 삼지창〔矛〕, 단창〔戈〕, 미늘창〔戟〕이다. 다섯 가지 병기가 다섯 명을 대적함은 長兵이 短兵을 방위하고 短兵이 長兵을 구호하는 것이니, 바로 윗글의 군대를 도와준다는 뜻이다.〔五兵 弓矢殳矛戈戟也 五兵五當者 長以防衛其短 短以救護其長 卽上文右兵之義〕"라고 해설하였다.

"수레를 버리고 騎兵을 쓰게 되면 25명이 여덟 필의 騎馬를 상대할 수 있으니, 이는 ≪司馬法≫에 다섯 가지 병기가 다섯 명을 當하는 제도입니다."

是則諸家兵法에 唯伍法爲要하니 小列之하면 五人이요 大列之하면 二十五人이요 參列之하면 七十五人이며 又五參其數하여 得三百七十五人하니 三百人爲正이요 六十人爲奇라 此則百五十人을 分爲二正하고 而三十人을 分爲二奇하니 蓋左右等也니이다 穰苴所謂五人爲伍하고 十人爲隊니 至今因之하니 此其要也니이다

이는 諸家의 兵法에 오직 伍法이 중요함이 되는 것이니, 작게 나열하면 5명이

고 크게 나열하면 25명이며, 3배로 나열하면 75명이고, 또 그 수를 5배로 하여 375명을 얻으니, 300명은 正兵이 되고 60명은 奇兵이 됩니다. 이는 150명을 나누어 두 正兵을 만들고 30명을 나누어 두 奇兵을 만드니, 左右가 똑같습니다. 司馬穰苴가 이른바 '다섯 사람이 伍가 되고 열 사람이 隊가 된다.'는 것이니, 지금까지도 인습하고 있는바, 이것이 그 요점입니다."

是則諸家兵法에 唯結伍法爲緊要라 小列之하면 止是五人이요 大列之하면 則爲二十五人이니 五伍數也라 參列之하면 則爲七十五人이니 謂三箇五伍數也라 又五參其數하여 得三百七十五人하니 謂五箇五伍數也라 五七爲三百五十人이요 五伍爲二十五人이니 共三百七十五人也[1)]라 三百人爲正이 舊本에 作二百人爲正하니 傳寫之誤니 如上文卒字를 誤作半字之類라 三百人爲正하고 六十人爲奇라 餘十五人은 則每車甲士三人이니 五車共一十五人也라 三百六十人을 分爲奇正은 但言其卒而不言其將也라 此則百五十人을 分爲二正하고 三十人을 分爲二奇니 蓋〔取〕左右〔相〕等也[2)]라 左二正에 用一百五十人하고 二奇에 用三十人하며 右二正에 亦用一百五十人하고 二奇에 亦用三十人하여 共三百六十人也라 是小列之하면 七十五人이 爲一正이요 十五人이 爲一奇며 大列之하면 三百人이 爲一正이요 六十人이 爲一奇也라 穰苴所謂五人爲一伍하고 十人爲一隊니 至今皆因之하니 此其要法也니이다

1) 五七爲三百五十人……共三百七十五人也 : 이 부분에 대해 劉寅은 ≪直解≫에서 총원 375명을 구태여 5×70=350명과 5×5=25명의 두 부분으로 구분하여 설명함으로써 독자의 이해에 혼선을 빚고 있는바, 이는 70명으로 편성된 5개 병사 집단 350명과 5명으로 편성된 5개 지휘관 집단 25명을 합하여 그 총수가 375명이라는 뜻으로 이해된다.

2) 蓋〔取〕左右〔相〕等也 : 저본에는 '取'와 '相'이 없으나, 漢文大系本에 의거하여 보충하였다.

"諸家의 兵法 중에 오직 伍法을 결성하는 것이 긴요함이 되는 것입니다. 작게 나열하면 다만 5명이고 크게 나열하면 25명이 되니, 25명은 다섯 伍數입니다. 3배로 나열하면 75명이 되니, 세 개의 다섯 伍數를 이릅니다. 또 그 수를 5배로 하여 375명을 얻으니, 다섯 개의 다섯 伍數를 이릅니다. 5×70은 350명이 되고, 5×5는 25명이 되니, 모두 375명입니다."

'300명을 正兵으로 만든다.'는 것이 옛 본에는 '200명을 正兵으로 만든다.'고 되었으니, 이는 傳寫의 오류로, 윗글의 '卒'자를 잘못하여 '半'자로 쓴 것과 같은 따위이다.

"300명은 正兵으로 만들고, 60명은 奇兵으로 만듭니다."

나머지 15명은 戰車 한 대마다 甲士가 3人이니, 戰車 다섯 대에 모두 15명이 필요하다. 360명을 나누어 奇·正으로 만든다는 것은 병사만을 말하고 장수를 말하지 않은 것이다.

"이는 150명을 나누어 두 正兵을 만들고 30명을 나누어 두 奇兵을 만드는 것이니, 左右가 똑같음을 취한 것입니다."

왼쪽의 두 正兵에 150명을 사용하고 두 奇兵에 30명을 사용하며, 오른쪽의 두 正兵에도 150명을 사용하고 두 奇兵에도 30명을 사용하여, 모두 360명이다. 이것을 작게 나열하면 75명이 한 正이 되고 15명이 한 奇가 되며, 크게 나열하면 300명이 한 正이 되고 60명이 한 奇가 되는 것이다.

"司馬穰苴가 이른바 '다섯 명이 1伍가 되고 열 명이 1隊가 된다.'는 것인바, 지금 모두 이것을 인습하니, 이것이 요점입니다."

太宗曰 朕與李勣論兵에 **多同卿說**이나 **但勣**은 **不究出處爾**라 **卿所制六花陣法**은 **出何術乎**아

太宗이 말하였다.

"朕이 李勣(李世勣)과 兵法을 논할 적에 대부분 卿의 말과 같았으나, 李勣은 出典을 究明하지 않았을 뿐이다. 卿이 만든 六花陣法은 어느 방법에서 나온 것인가?"

太宗問靖曰 朕與李世勣[1]**論兵法**에 **多同卿說**이나 **但世勣**은 **不窮究其出處爾**라 **卿所制六花陣法**은 **果出於何術乎**아

1) 李世勣 : 594~669. 唐 太宗·高宗 때의 명장으로 字가 懋功이며 曹州 離狐 사람이다. 본명이 徐世勣이었는데, 高祖 李淵에게 李氏 姓을 하사받아 李世勣이 되었다가 太宗 李世民의 이름을 휘하여 李勣으로 바꾸었다. 唐나라 건국 초기에 河北과 河南을 정벌하였으며, 太宗 즉위 후에 돌궐을 정벌하고 高宗 때에 고구려를 침공하는 등 많은 무공을 세웠으며, 高宗 때에 尙書左僕射에 올랐다.

太宗이 李靖에게 물었다.

"朕이 李世勣과 兵法을 논할 적에 대부분 卿의 말과 같았으나, 다만 李世勣은 出典을

究明하지 않았을 뿐이다. 卿이 만든 六花陣法은 과연 어느 방도에서 나온 것인가?"

靖曰 臣所本諸葛亮八陣法也라 **大陣包小陣**하고 **大營包小營**하여 **隅落鉤連**하고 **曲折相對**하니 **古制如此**하니이다

李靖이 말하였다.

"臣의 陣法은 諸葛亮의 八陣法에서 근본한 것입니다. 큰 陣이 작은 陣을 포함하고 큰 營이 작은 營을 포함하여 귀퉁이가 서로 연결되고 曲折이 상대하니, 옛 제도가 이와 같습니다.

靖對曰 臣之六花陣法은 所本於諸葛亮八陣法也라 大陣包小陣하고 大營包小營하니이다 大列之하면 爲九軍이요 小列之하면 每一軍이 又分爲九軍也라 九九八十一小陣이요 八十一小營이니 自外觀之하면 只是一陣이로되 而分爲八軍하여 與中軍으로 共爲九軍也라 旣曰 大陣包小陣하고 大營包小營이라하니 此所以〔四〕隅〔四〕落[1]이 相鉤相連하고 一曲一折이 皆相對하니 古之法制如此하니이다

1) 〔四〕隅〔四〕落 : 저본에는 '四'자가 모두 없으나, 漢文大系本에 의거하여 보충하였다.

李靖이 대답하였다.

"臣의 六花陣法은 諸葛亮의 八陣法에서 근본한 것입니다. 큰 陣이 작은 陣을 포함하고 큰 營이 작은 營을 포함합니다."

크게 진열하면 9軍이 되고 작게 진열하면 1軍마다 또 나뉘어 9軍이 되는 것이다. 9×9로 81개의 작은 陣이 되고 81개의 작은 營이 되니, 밖에서 보면 다만 한 陣이나, 나누어 8軍이 되어서 中軍과 더불어 모두 9軍이 되는 것이다.

"이미 '큰 陣이 작은 陣을 포함하고 큰 營이 작은 營을 포함한다.'고 말하였으니, 이 때문에 네 귀퉁이가 서로 연결되고 한 구비와 한 꺾임이 모두 상대하는 것이니, 옛날의 법제가 이와 같은 것입니다."

臣爲圖因之라 **故**로 **外畫之方**하고 **內環之圓**하니 **是成六花**니 **俗所號爾**니이다

臣이 陣圖를 만들 적에 이것을 따랐습니다. 그러므로 밖에 그린 것은 네모지고 안에 있는 고리의 모양은 둥글어서 이것이 여섯 잎의 꽃이 되니, 세속에서 六花陣이라고 칭하는 것입니다."

臣爲陳圖는 實因其法이라 故로 外畫之方은 八陣之舊也요 內環之圓은 六花之變法也니 其形象이 六出〔之〕花故로 〔名〕六花[1]하니 乃俗所號爾니이다

1) 六出〔之〕花故〔名〕六花：저본에는 '之'와 '名'이 없으나, 漢文大系本에 의거하여 보충하였다.

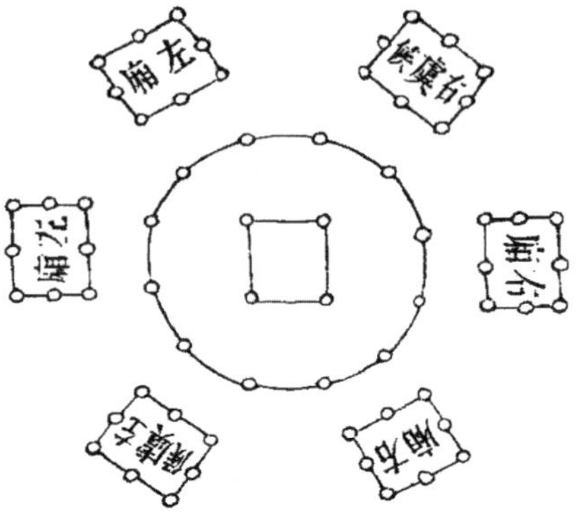

李靖의 六花陣

"臣이 만든 陣圖는 실로 그 법을 따랐습니다. 그러므로 밖에 그린 네모진 모습은 八陣의 옛 법이고 안에 고리 모양의 둥근 모습은 六花陣의 변한 법입니다. 그 형상이 여섯 개로 나온 꽃 모양이므로 六花라 이름하였으니, 바로 세속에서 호칭하는 것입니다."

○ 愚按 八陣九軍者는 方陣也요 六花陣은 卽七軍이니 七軍者는 圓陣也라 方陣則內外俱方하고 圓陣則內外俱圓하니 所謂中心零者를 大將握之하여 四面八向이 皆取準焉이어늘 今云 外畫之方하고 內環之圓은 何也오 蓋外畫之方者는 開方法이니 必取其地之方하여 而見其步也요 內環之圓者는 結伍法이니 必取其形之圓하여 以見其兵也니 非以外六軍爲方陣하고 而中一軍爲圓陣也라 若然이면 中軍이 與外六軍으로 方圓之形不同하니 又何以取準乎아

○ 내가 살펴보건대, 八陣과 九軍은 方陣이고, 六花陣은 바로 七軍이니 七軍은 圓陣이다. 方陣은 안과 밖이 모두 네모지고 圓陣은 안과 밖이 모두 둥그니, 이른바 중심의 빈 곳을 大將이 장악하여 四面과 여덟 방향이 모두 기준을 취한다는 것인데, 이제 '밖에 그은 것은 네모지고 안의 고리 모양은 둥글다.'고 말한 것은 어째서인가?

밖에 그린 것이 네모짐은 開方法이니 반드시 땅의 네모짐을 취하여 그 步法을 나타낸 것이요, 안에 고리 모양의 둥근 것은 伍法을 결성한 것이니 반드시 형체의 둥긂을 취하여 그 군대를 나타낸 것이니, 밖의 六軍을 方陣이라 하고 가운데 一軍을 圓陣이라 한 것이 아니다.

만약 밖에 있는 六軍을 方陣이라 하고 가운데에 있는 一軍을 圓陣이라 한다면, 中軍이 밖에 있는 六軍과 네모지고 둥근 형체가 똑같지 않으니, 또 어떻게 기준을 취할 수 있겠는가.

太宗曰 內圓外方은 **何〔謂〕**[1]**也**오 **靖曰 方生於步**하고 **圓生於奇**하니 **方**은 **所以矩其步**요 **圓**은 **所以綴其旋**이라 **是以**로 **步數**는 **定於地**하고 **行綴**은 **應於天**하니 **步定綴齊**면 **則變〔化〕**[2]**不亂**이니 **八陣爲六**은 **武侯之舊法焉**이니이다

1)〔謂〕: 저본에는 '謂'자가 없으나, 漢文大系本에 의거하여 보충하였다.
2)〔化〕: 저본에는 '化'자가 없으나, 漢文大系本에 의거하여 보충하였다.

太宗이 물었다.
"안은 둥글고 밖은 네모지게 하는 것은 무엇을 말하는 것인가?"
李靖이 대답하였다.
"네모진 것은 步法에서 생겨났고 둥근 것은 奇에서 생겨났으니, 네모진 것은 矩(曲尺)로 그 걸음을 네모지게 하는 것이요, 둥근 것은 그 돎을 연결하는 것입니다. 이 때문에 걸음의 수는 땅에서 정해지고 항렬의 연결은 하늘에 응합니다. 步法이 정해지고 항렬의 연결이 가지런해지면 변화가 어지럽지 않으니, 八陣이 六陣이 됨은 諸葛武侯의 옛 법입니다."

太宗問曰 卿謂內環之圓하고 **外晝之方**은 **何謂也**오 **靖答曰 方生於步**하고 **步必方**하니 **折旋中矩也**요 **圓生於奇**하고 **奇必圓**하니 **周旋中規也**라 **方**은 **所以矩其步**요 **矩**는 **所以爲方之器也**니 **矩其步**하여 **使之方也**라 **圓**은 **所以綴其旋**이요 **綴**은 **聯屬也**니 **綴其旋**하여 **使之圓也**라 **是以**로 **步數**는 **定於地**하니 **地體方故**로 **步數亦如之**요 **行綴**은 **應於天**하니 **天體圓故**로 **行綴亦如之**라 **步數之法定**하고 **行綴之法齊**면 **則千變萬化而不至於亂**이니 **八陣而爲六陣**은 **乃諸葛武侯之舊法焉**이니이다

太宗이 물었다.
"卿이 '안의 고리 모양은 둥글고 밖에 그린 것은 네모지다.'라고 한 것은 무슨 말인가?"
李靖이 대답하였다.
"네모진 것은 步法에서 생겨났고 걸음〔步〕은 반드시 네모지니 꺾어 돌면 矩(曲尺)에 맞습니다. 둥근 것은 奇에서 생겨났고 奇는 반드시 둥그니, 둥글면 規(걸음쇠)에 맞습니다.

네모진 것은 矩로 그 걸음〔步〕을 네모나게 하는 것이요, 矩는 네모진 것을 만드는 기구이니, 그 걸음을 〈ㄱ자 모양으로〉 꺾어서 네모지게 하는 것입니다.

둥근 것은 그 돎을 연결하는 것이요 綴은 연결이니, 그 돎을 연결하여 둥글게 하는

것입니다.

이 때문에 걸음의 수는 땅에서 정해지니, 땅의 형체가 네모지기 때문에 걸음 수 또한 이와 같은 것입니다. 항렬의 연결은 하늘에 응하니, 하늘의 형체는 둥글기 때문에 항렬의 연결 또한 이와 같은 것입니다.

步數의 法이 정해지고 항렬을 연결하는 법이 가지런해지면 천만 번 변화하여도 혼란함에 이르지 않아서 八陣이면서 六陣이 되니, 이것이 바로 諸葛武侯의 옛 법입니다."

○ 愚按八陣은 卽九軍이니 九軍者는 九九八十一小陣也라 武侯以蜀地險狹하여 裁之爲六이라 故로 壘石爲文에 縱橫八行하니 是八八六十四小陣也니 比八陣하면 減去一十七小陣也라 晉桓溫見之하고 所以爲常山蛇勢라하니 卽九軍陣法也라 今曰 八陣爲六은 卽此義也라 李靖六花陣은 卽七軍陣也라 七軍은 是每軍七陣이니 七陣은 七七四十九小陣也라 其大陣包小陣하고 大營包小營하여 隅落鉤連하고 曲折相對가 與八陣無異耳라

○ 내가 살펴보건대, 八陣은 바로 九軍이니, 九軍은 9×9로 81개의 작은 陣이다. 諸葛武侯는 蜀 땅이 험하고 좁으므로 줄여서 여섯 개를 만들었다. 그러므로 돌을 쌓아 文樣을 만들 적에 縱과 橫을 여덟 줄로 하였으니, 이는 8×8로 64개의 작은 陣이니, 八陣에 비하면 17개의 작은 陣이 줄어든 것이다.

晉나라 桓溫이 이것을 보고 "常山에 있는 뱀의 형세이다." 하였으니, 바로 九軍의 陣法이다. 지금 "八陣이 六陣이 된다."라고 말한 것은 바로 이 뜻이다. 李靖의 六花陣은 바로 七軍陣이다. 七軍은 每軍마다 七陣이니 七陣은 7×7로 49개의 작은 陣이 된다.

큰 陣이 작은 陣을 포함하고 큰 營이 작은 營을 포함하여, 隅落(귀퉁이)이 서로 연결되고 曲折이 상대하니, 八陣과 다름이 없는 것이다.

太宗曰 畫方以見步하고 點圓以見兵하여 步敎足法하고 兵敎手法하여 手足便利하면 思過半[1)]乎인저

1) 思過半 : 이미 절반을 깨달았다는 뜻으로 ≪周易≫ 〈繫辭傳 下〉에 "지혜로운 자가 彖辭를 보면 아는 것이 절반을 넘을 것이다.〔知者 觀其彖辭 則思過半矣〕"라고 보인다. 彖辭는 卦辭를 이른다.

太宗이 말하였다.

"네모지게 그려서 步法을 나타내고 둥글게 점을 찍어서 兵器를 나타내어, 步法

은 걷는 법을 가르치고 兵器는 손으로 놀리는 법을 가르쳐서 손과 발이 편리하면 아는 것이 절반을 넘을 것이다."

太宗曰 外畫之方은 以見步也요 內點之圓은 以見兵也라 步敎以足法하고 兵敎以手法하여 手足便利하면 則思過半乎인저

太宗이 말하였다.

"밖에 네모지게 그은 것은 步法을 나타낸 것이요, 안에 둥글게 점을 찍은 것은 兵器를 나타낸 것이다. 步法은 발로 걷는 법을 가르치고 兵器는 손으로 놀리는 법을 가르쳐서 손과 발이 편리하면 아는 것이 거의 절반을 넘을 것이다."

靖曰 吳起云 絶而不離하고 却而不散이라하니 此步法也니 敎士는 猶布碁於盤이라 若無畫路면 碁安用之리오 孫子曰 地生度하고 度生量하고 量生數하고 數生稱하고 稱生勝하니 勝兵은 若以鎰稱銖하고 敗兵은 若以銖稱鎰이라하니 皆起於度量方圓也니이다

李靖이 말하였다.

"吳起가 이르기를 '끊어져도 떨어지지 않고 퇴각하여도 흩어지지 않는다.' 하였으니, 이것이 步法입니다. 병사들을 敎練함은 바둑판에 바둑알을 펼쳐놓는 것과 같으니, 만약 그은 줄이 없으면 바둑을 어디에 놓겠습니까.

孫子가 말하기를 '땅은 度를 낳고 度는 量을 낳고 量은 數를 낳고 數는 稱을 낳고 稱은 승리를 낳으니, 승리하는 군대는 鎰로써 銖를 다는 것과 같고, 패배하는 군대는 銖로써 鎰을 다는 것과 같다.' 하였으니, 이는 모두 度와 量, 方과 圓에서 생긴 것입니다."

靖答曰 吳起書에 有云 絶而不離하고 却而不散[1]이라하니 此卽步法也니이다 敎士는 猶似布碁於盤하니 若無所畫之路면 碁安用之而爲勝負矣리잇고 孫子에 有曰 地生度하고 度生量하고 量生數하고 數生稱하고 稱生勝이니 勝兵은 若以鎰稱銖하고 敗兵은 若以銖稱鎰이라하니이다 解見孫子軍形篇하니 皆言起於度量方圓之法也니이다

1) 吳起書……却而不散 : ≪吳子≫에는 이 내용이 그대로 보이지는 않고, 다만 〈治兵〉에 "평상시에 禮가 있고 출동하면 위엄이 있어서……전진하고 후퇴함에 절도가 있고 왼쪽과 오른쪽으로 이동함에 모두 깃발에 응하여, 비록 대오가 끊기더라도 진영을 이

루고, 비록 흩어져 있더라도 항렬을 이루어서, 군사들과 함께 편안하고 군사들과 함께 위태로울 수가 있어, 병력을 모을 수는 있으나 분리시킬 수는 없고 운용할 수는 있으나 지치게 할 수가 없어서 병력을 투입하여 쳐들어가는 곳에 천하가 당해내지 못하는 것이다.〔居則有禮 動則有威……前却有節 左右應麾 雖絶成陳 雖散成行 與之安 與之危 其衆 可合而不可離 可用而不可疲 投之所往 天下莫當〕"라고 보이는바, 李靖이 이 내용 중 '雖絶成陳 雖散成行'을 가리켜 '絶而不離 却而不散'이라고 달리 표현한 것이 아닌가 여겨진다.

李靖이 대답하였다.

"吳起의 글에 이르기를 '끊겨도 서로 떨어지지 않고 퇴각하여도 흩어지지 않는다.' 하였으니, 이것이 바로 步法입니다. 병사들을 教練함은 마치 바둑판에 바둑알을 펼쳐 놓는 것과 같으니, 만약 그은 줄이 없으면 바둑알을 어디에 놓아서 승부를 결정하겠습니까.

孫子가 말하기를 '땅은 度를 낳고 度는 量을 낳고 量은 數를 낳고 數는 稱을 낳고 稱은 승리를 낳으니, 승리하는 군대는 鎰(900g)을 가지고 銖(0.9g)를 다는 것과 같고, 패배하는 군대는 銖를 가지고 鎰을 다는 것과 같다.' 하였습니다."

해석이 ≪孫子≫〈軍形〉에 보인다.

"이는 모두 度와 量, 方과 圓의 법에서 생긴 것임을 말한 것입니다."

○ 愚按 李靖外方內圓은 多是說步手法이요 非以六陣分於外方內圓之形也니 學者宜詳之니라

○ 내가 살펴보건대, 李靖의 '밖은 네모지고 안은 둥글다.'는 말은 대부분 步法과 手法을 말한 것이요, 六陣을 밖은 네모지고 안은 둥근 형태로 나눈 것이 아니니, 배우는 자가 마땅히 자세히 살펴야 할 것이다.

太宗曰 深乎라 孫武之言이여 不度(탁)地之遠近, 形之廣狹이면 則何以制其節乎아

太宗이 말하였다.

"심오하다. 孫武의 말이여! 거리의 멀고 가까움과 地形의 넓고 좁음을 헤아리지 않는다면 어떻게 그 節을 만들 수 있겠는가."

太宗因而言曰 深乎라 孫武子之言이여 爲將者 不度量地之遠近, 形之廣狹이면

則何以能制其節乎아

太宗이 인하여 말하였다.

"심오하다. 孫武子의 말이여! 장수 된 자가 땅의 멀고 가까움과 地形의 넓고 좁음을 헤아리지 않는다면 어떻게 그 節(節度)을 만들 수 있겠는가."

靖曰 庸將은 罕能知其節者也니 善戰者는 其勢險하고 其節短하여 勢如彍弩하고 節如發機니이다

李靖이 말하였다.

"용렬한 장수는 그 節을 아는 자가 적습니다. 전투를 잘하는 자는 그 勢(기세 또는 형세)가 험하고 그 節이 짧아서, 기세는 줄을 가득 당겨놓은 쇠뇌와 같고 節은 발동하는 機牙와 같습니다.

靖言 庸常之將은 少能知其節者也라 善戰者는 其勢欲險하고 其節欲短하여 勢如引滿之弩하고 節如發動之機하니이다 詳見孫子兵勢篇하니라

李靖이 말하였다.

"용렬하고 평범한 장수는 그 節을 아는 자가 적습니다. 전투를 잘하는 자는 그 기세를 험하게 하고자 하고 그 節을 짧게 하고자 하여, 기세는 가득 당겨놓은 쇠뇌 줄과 같고 節은 발동하는 機牙와 같습니다."

이 내용은 ≪孫子≫ 〈兵勢〉에 자세히 보인다.

臣修其術하여 凡立隊는 相去各十步하고 駐隊는 去師隊二十步하여 每隔一隊하여 立一戰隊니이다 前進은 以五十步爲節하며 角一聲에 諸隊皆散立호되 不過十步之內하고 至第四角聲하여 籠鎗跪坐어든 於是鼓之하면 三呼三擊하고 三十步至五十步하여 以制敵之變이니이다 馬軍은 從背出호되 亦以五十步로 臨時節止하여 前正後奇하여 觀敵如何하며 再鼓之하면 則前奇後正하여 復邀敵來하여 伺隙擣虛하니 此六花大率皆然也니이다

臣이 그 방법을 닦아서 무릇 隊를 세울 적에는 거리가 각각 10步씩 되게 하고, 隊를 머물러 있게 할 적에는 師隊와의 거리가 20步쯤 되게 하여, 매양 한 부대

걸러 한 戰隊를 세웁니다.

前進함은 50보를 절도로 삼으며, 첫 번째 나팔 소리에 여러 부대가 모두 흩어져 서되, 10보 안을 지나지 않으며, 네 번째 나팔 소리에 병사들이 鎗을 잡고 꿇어앉거든, 이에 북을 치면 병사들이 세 번 함성을 지르고 세 번 공격하며, 30보에서 50보에 이르러 적의 변화에 따라 대응합니다.

馬軍(기병)은 등 뒤에서 나오되 또한 50보로 그때마다 節制에 따라 멈춰 서서 앞에는 正兵을 배치하고 뒤에는 奇兵을 배치하여 적이 어떻게 대응하는가를 관찰하고, 다시 북을 치면 앞에는 奇兵을 배치하고 뒤에는 正兵을 배치하여 다시 공격해 오는 敵을 맞이해서 빈틈을 타 적의 허술한 곳을 무찌르니, 이 六花陣이 대략 모두 이와 같습니다."

臣修孫武勢險節短之術하여 **凡立隊**는 **相去各用十步**하고 **駐隊**는 **去師隊各用二十步**하여 **每隔一隊**하여 **又立一戰隊**라 **疑卽前所謂戰兼車乘者也**라 **師隊**는 **疑卽前所謂跳盪騎兵也**요 **戰隊**는 **疑卽前所謂戰鋒隊**에 **步騎相半者也**라 **前進**은 **止以五十步爲節**하며 **角一聲**에 **諸隊皆分散而立**호되 **各不過十步之內**하고 **至第四角聲**하면 **則籠鎗跪坐**하니 **跪坐**는 **蹲坐也**라 **於是**에 **鼓之**하면 **三呼而三擊**하고 **三十步至五十步**하여 **以制敵之變**이라 **卽周訪敗杜曾**할새 **發伏於三十步之內**[1]하니 **勢險節短之法也**라 **馬軍**은 **從背出**호되 **亦以五十步**로 **臨時節止**하여 **前用正**하고 **後用奇**하여 **觀敵人動靜如何**하고 **於是**에 **再鼓之**하면 **則前以奇**하고 **後以正**하여 **復邀敵人之來**하여 **伺其隙而擣其虛**하니 **此六花陣**이 **大率皆如此也**니이다

1) 周訪敗杜曾 發伏於三十步之內 : 이 내용은 ≪晉書≫ 권58 〈周訪傳〉에 나온다.

"臣이 孫武의 '勢가 險하고 節이 짧은 방법'을 닦아서 隊를 세울 적에는 서로의 거리가 각각 10보쯤 떨어지게 하고, 隊를 머물러 있게 할 적에는 師隊와 거리가 각각 20보쯤 되게 하여 매양 한 부대와 떨어져 있어서 또다시 한 戰隊를 세웁니다."

이 말은 아마도 바로 앞에서 말한 전투에 車乘을 겸한다는 것인 듯하다. 師隊는 아마도 바로 앞에서 말한 跳盪騎兵이고, 戰隊는 아마도 바로 앞에서 말한 戰鋒隊에 步兵과 騎兵이 서로 반반씩 있다는 것인 듯하다.

"前進할 때에는 다만 50보를 절도로 삼으며, 첫 번째 나팔 소리에 여러 부대가 모두 흩어져 서되 각각 10보 안을 지나지 않으며, 네 번째 나팔 소리에 병사들이 鎗을 잡고 꿇어앉습니다.〔跪坐〕"

跪坐는 꿇어앉는 것이다.

"이에 북을 치면 병사들이 세 번 함성을 지르고 세 번 공격하며, 30보에서 50보에 이르러 적의 변화에 따라 대응합니다."

이는 바로 周訪이 杜曾의 군대를 패퇴시킬 적에 30보 안에서 매복을 출동한 것이니, 기세가 險하고 節이 짧은 방법이다.

"馬軍은 등 뒤에서 나오되 또한 50보로 때에 따라 절도에 맞추어 멈춰 서서 앞에는 正兵을 배치하고 뒤에는 奇兵을 배치하여 적의 動靜이 어떠한가를 관찰하고, 이에 다시 북을 치면 앞에는 奇兵을 배치하고 뒤에는 正兵을 배치하여 다시 공격해 오는 敵을 맞이하여 빈틈을 타 허술한 곳을 무찌르니, 이 六花陣이 대략 모두 이와 같습니다."

太宗曰 曹公新書云 作陣對敵에 **必先立表**하고 **引兵就表而陣**호되 **一部受敵**이어늘 **餘部不進救者**는 **斬**이라하니 **此何術乎**아

太宗이 말하였다.

"曹公의 ≪新書≫에 이르기를 '陣을 만들어 敵을 상대할 적에 반드시 먼저 表를 세운 다음, 군대를 이끌고 表에 나아가 陣을 치되, 한 부대가 敵의 공격을 받는데도 남은 부대 중에 나아가 구원하지 않은 자는 斬刑에 처한다.' 하였으니, 이것은 무슨 방법인가?"

太宗問靖曰 曹公新書에 **有云 作陣對敵**에 **必先立表**하고 **使將吏引兵**하여 **各就表而布陣**호되 **一部受敵**이어늘 **其餘部分〔坐視〕**[1]**不進救者**는 **皆斬**이라하니 **此何等術乎**아

1)〔坐視〕: 저본에는 '坐視'가 없으나, 漢文大系本에 의거하여 보충하였다.

太宗이 李靖에게 물었다.

"曹公의 ≪新書≫에 '陣을 만들어 敵을 상대할 적에 반드시 먼저 表(표시기둥)를 세운 다음, 장수와 관리들로 하여금 병사들을 이끌고 각각 表에 나아가 布陣하되, 한 부대가 敵의 공격을 받는데도 남은 부대 중에 앉아서 보기만 하고 나아가 구원하지 않은 자는 모두 斬刑에 처한다.' 하였으니, 이것은 무슨 방법인가?"

靖曰 臨敵立表는 **非也**니 **此但教戰時法耳**니이다 **古人善用兵者**는 **教正**하고 **不教**

奇하여 **驅衆**을 **若驅群羊**하여 **與之進**하고 **與之退**호되 **不知所之也**하니이다 **曹公**은 **驕而好勝**하니 **當時諸將**에 **奉新書者 莫敢攻其短**하니이다 **且臨敵立表**는 **無乃晩乎**잇가

李靖이 대답하였다.

"敵을 대하여 表를 세우는 것은 잘못이니, 이것은 다만 전투를 가르칠 때일 뿐입니다. 옛사람 중에 用兵을 잘한 자는 正兵을 가르치고 奇兵을 가르치지 아니하여, 무리를 몰고 가기를 양떼를 몰고 가듯이 해서 더불어 나아가고 더불어 후퇴하되, 가는 곳을 알지 못하게 하였습니다. 曹公은 교만하고 이기기를 좋아하였으니, 당시 여러 장수들 중에 ≪新書≫를 받들어 읽는 자들이 감히 그 단점을 공격하지 못하였습니다. 또 敵을 대하여 表를 세우는 것은 너무 늦지 않습니까.

靖對曰 曹公謂臨敵立表는 〔**其言**이〕[1] **非也**니 **此但敎戰時法耳**니이다 **古人善能用兵者**는 **但敎之以正**하고 **不敎之以奇**하니 **奇者**는 **臨時用變**이니 **豈有一定之法哉**잇가 **驅衆**을 **如驅群羊**하여 **與之前進**하고 **與之後退**하여 **衆不知其所往也**니이다 **曹公**은 **驕而好勝**이라 **當時諸將奉行新書者 莫敢攻其所短**이니이다 **且臨敵而方立表**면 **不亦失之晩乎**잇가

1) 〔其言〕: 저본에는 '其言'이 없으나, 漢文大系本에 의거하여 보충하였다.

"曹公이 '敵을 대하여 表를 세운다.'고 말한 것은 그 말이 잘못된 것이니, 이는 다만 전투를 가르칠 때의 법입니다. 옛사람 중에 用兵을 잘한 자는 다만 正兵을 사용하는 법을 가르치고 奇兵을 사용하는 법을 가르치지 않았습니다. 奇兵은 그때그때 변화에 따라 응용하는 것이니, 어찌 일정한 법칙이 있겠습니까. 무리를 몰고 가기를 양떼를 몰듯이 해서 더불어 전진하고 더불어 후퇴하여, 병사들이 그 가는 바를 알지 못하였습니다. 曹公은 교만하고 이기기를 좋아하여 당시의 여러 장수들 중에 ≪新書≫를 받들어 행하는 자들이 감히 그 단점을 공격하지 못하였습니다. 게다가 敵陣을 대하여 비로소 表를 세운다면 또한 너무 늦지 않겠습니까."

臣竊觀陛下所製破陣樂舞하니 **前出四表**하고 **後綴八旛**(번)하여 **左右折旋**하여 **趨步金鼓**에 **各有其節**하니 **此卽八陣圖四頭八尾之制也**니이다 **人間**은 **但見樂舞之盛**하니 **豈有知軍容如斯焉**이리잇가

臣이 陛下께서 만든 破陣樂의 춤을 삼가 살펴보니, 전면에는 四表로 나오고 뒤

에는 八旛(여덟 개의 깃발)으로 엮어서 左와 右로 꺾어 돌아 징소리와 북소리에 따라 종종걸음으로 달려가되 각각 그 節次가 있었으니, 이는 바로 八陣圖의 머리가 넷이고 꼬리가 여덟인 제도입니다. 세상 사람들은 다만 음악과 춤의 성대함만 볼 뿐이니, 어찌 군대의 용모가 이와 같은 줄을 아는 이가 있겠습니까."

臣竊觀陛下所製破陳樂舞하니 **前面**은 **出四表**하고 **後面**은 **綴八旛**하여 **左右曲折旋轉**하여 **趨步走驟金鼓**에 **各有其節次**하니 **卽八陣圖四頭八尾制度也**니이다 **人間**은 **但見樂舞之盛如此**하니 **豈有知軍容如斯盛焉**이릿가 **破陣樂**은 **後改爲七德舞**[1]**也**라

1) 破陣樂 後改爲七德舞 : 〈破陣樂〉은 〈秦王破陣樂〉으로 唐代의 유명한 歌舞曲이며, 唐나라 초기에 가장 먼저 만들어진 軍歌이기도 하다. 唐 高祖 武德 3년(620)에 秦王 李世民이 군벌인 劉武周를 평정하자, 부하 병사들이 옛 曲에 새 歌詞를 붙여 李世民을 위한 讚歌로 불렀는데, 李世民이 황제로 즉위한 후 친히 樂曲을 재편성하고, 궁정의 악사들로 하여금 편곡하게 하여 새로운 歌舞曲을 만들고 이를 〈七德舞〉라 칭하였다. 秦王은 太宗 李世民이 즉위하기 전의 封號이며, 七德은 武勇의 德으로 포악함을 금지함〔禁暴〕, 병란을 정지시킴〔戢兵〕, 큰 천하를 보전함〔保大〕, 공적을 안정시킴〔定功〕, 백성을 편안히 함〔安民〕, 민중을 화합함〔和衆〕, 재물을 풍족하게 함〔豐財〕의 일곱 가지이다.

"臣이 陛下께서 만든 破陣樂舞를 삼가 살펴보니, 전면에는 四表로 나오고 후면에는 八旛으로 엮어서 〈춤추는 사람이〉 왼쪽과 오른쪽에서 꺾어 돌아 징소리와 북소리에 따라 종종걸음으로 달려갈 적에 각각 그 節次(절도)가 있었으니, 이는 바로 八陣圖의 머리가 넷이고 꼬리가 여덟인 제도입니다. 세상 사람들은 다만 음악과 춤의 성대함이 이와 같음만 볼 뿐이니, 어찌 군대의 용모가 이와 같이 성대함을 아는 자가 있겠습니까."

破陣樂은 뒤에 七德舞로 고쳤다.

太宗曰 昔漢高帝定天下하고 **歌云 安得猛士兮**여 **守四方**고하니 **蓋兵法**은 **可以意授**요 **不可以語傳**이라 **朕爲破陣樂舞**에 **唯卿**(以)〔已〕[1]**曉其表矣**니 **後世**에 **其知我不苟作也**리라

1) (以)〔已〕 : 저본의 '以'는 ≪直解≫와 漢文大系本에 의거하여 '已'로 바로잡았다.

太宗이 말하였다.

"옛날에 漢 高帝가 천하를 평정하고 노래를 짓기를 '어이하면 용맹한 장사를 얻

어 사방을 지킬까.' 하였으니, 兵法은 뜻(마음)으로 전수할 수는 있으나, 말로는 전수할 수가 없다. 朕이 破陣樂의 춤을 만들었는데, 오직 卿만이 그 말 밖의 뜻을 깨달았으니, 후세에서는 내가 구차하게 짓지 않았음을 알 것이다."

太宗言 昔漢高帝定天下하고 作大風歌[1)]云 大風起兮여 雲飛揚이라하니 此一句는 喩天下之亂也요 威加海內兮여 歸故鄕이라하니 此一句는 言以武功定天下也요 安得猛士兮여 守四方고하니 思得人而用之하여 以修武備也니 有安不忘危, 治不忘亂之意라 蓋兵法은 可以意授하여 使之神融而意會也요 不可只以言傳人이라 朕爲破陣樂舞에 唯卿已曉其言意之表矣니 後世에 其知我不苟且而作也리라

1) 漢高帝定天下 作大風歌 : 〈大風歌〉는 漢 高祖 劉邦이 지은 노래의 이름이다. 즉위 10년(B.C. 195)에 淮南王 黥布의 반란을 평정하고 돌아오는 길에 고향 沛縣에서 친척들과 옛 친구들을 초대하여 잔치를 베풀다가, 취흥이 오르자 筑을 연주하면서 이 노래를 불렀다고 한다. 漢代에는 이 노래를 〈三侯之章〉이라고 일컬었는데, 후세 사람들이 〈大風歌〉라고 고쳐 칭하였다. 전문은 다음과 같다. "큰바람이 일어나니 구름이 날도다. 위엄이 海內에 加하져 고향으로 돌아왔네. 어이하면 용맹한 장사를 얻어 사방을 지킬까.〔大風起兮雲飛 揚威加海內兮歸故鄕 安得猛士兮守四方〕"

太宗이 말하였다.

"옛날 漢 高帝가 天下를 평정하고 〈大風歌〉를 지었는데, 여기에 이르기를 '큰바람이 일어나니 구름이 날도다.' 하였으니, 이 한 句는 천하가 혼란함을 비유한 것이요, '위엄이 海內에 가해져 고향으로 돌아온다.' 하였으니, 이 한 구는 武功으로 천하를 평정함을 말한 것이요, '어이하면 용맹한 장사를 얻어 사방을 지킬까.' 하였으니, 이는 인재를 얻어 등용하여 武備를 닦음을 생각한 것이니, 편안하여도 위태로움을 잊지 않고 다스려져도 혼란함을 잊지 않는 뜻이 있다.

兵法은 뜻으로 전수하여 정신으로 이해하고 마음으로 알게 할 수 있고, 말만으로는 남에게 전수할 수 없다. 朕이 破陣樂의 춤을 만듦에 오직 卿만이 그 말 밖에 있는 뜻을 깨달았으니, 후세에 내가 구차히 이것을 짓지 않았음을 알 것이다."

太宗曰 方色五旗爲正乎아 旛麾折衝爲奇乎아 分合爲變에 其隊數는 曷爲得宜오

太宗이 말하였다.

“五方色의 五旗가 正兵이 되는가? 旛과 麾로 折衝하는 것이 奇가 되는가? 분산하고 모아 변화함에 그 部隊의 數는 어떻게 해야 마땅함을 얻는가?”

太宗問靖曰 方色五旗爲正兵乎아 **旛麾折衝爲奇兵乎**아 **方色五旗**는 **謂東方**은 **青**이요 **南方**은 **赤**이요 **西方**은 **白**이요 **北方**은 **黑**이요 **中央**은 **黃**이 **是也**라 **分合爲變**에 **其隊數**는 **何法爲得宜**오

太宗이 李靖에게 물었다.

“五方色의 五旗가 正兵이 되는가? 旛(깃발)과 麾로 折衝하는 것이 奇兵이 되는가?”

五方色의 五旗는 東方은 青色, 南方은 赤色, 西方은 白色, 北方은 黑色, 中央은 黃色인 것이 이것이다.

“군대를 분산하고 합쳐 변화함에 그 部隊의 數는 어떤 방법이 마땅함을 얻는가?”

靖曰 臣參用古法하니 **凡三隊合**이면 **則旗相倚而不交**하고 **五隊合**이면 **則兩旗交**하고 **十隊合**이면 **則五旗交**하니이다

李靖이 대답하였다.

“臣이 옛 兵法을 참고해보니, 무릇 세 부대가 합쳐지면 깃발이 서로 기대기만 하고 교차하지 않으며, 다섯 부대가 합쳐지면 두 깃발이 교차하고, 열 부대가 합쳐지면 다섯 깃발이 교차합니다.

靖對曰 臣參用古人之法하니 **凡三隊合而爲一**이면 **則旗相倚而不交**하고 **五隊合而爲一**이면 **則兩旗相交**하고 **十隊合而爲一**이면 **則五旗皆交**니이다

李靖이 대답하였다.

“臣이 古人의 방법을 참고해보니, 무릇 세 부대가 합쳐져서 하나가 되면 깃발이 서로 기대기만 하고 교차하지 않으며, 다섯 부대가 합쳐져서 하나가 되면 두 깃발이 서로 교차하고, 열 부대가 합쳐져서 하나가 되면 다섯 깃발이 모두 교차합니다.”

吹角하여 **開五交之旗**하면 **則一復散而爲十**하고 **開二交之旗**하면 **則一復散而爲五**하고 **開相倚不交之旗**하면 **則一復散而爲三**하니이다

나팔을 불어 다섯 개를 교차한 깃발을 풀게 하면 하나가 다시 흩어져 열이 되

고, 두 개가 교차한 깃발을 풀게 하면 하나가 다시 흩어져 다섯이 되고, 서로 기대기만 하고 교차하지 않은 깃발을 풀게 하면 하나가 다시 흩어져 셋이 됩니다.

吹角一聲에 開五交之旗하면 則一復散而爲十隊하고 開二交之旗하면 則一復散而爲五隊하고 開相倚不交之旗하면 則一復散而爲三隊니이다

"나팔을 불어 첫 번째 소리에 다섯 개를 교차한 깃발을 풀게 하면 한 부대가 다시 흩어져 열 부대가 되고, 두 개가 교차한 깃발을 풀게 하면 한 부대가 다시 흩어져 다섯 부대가 되고, 서로 기대기만 하고 교차하지 않은 깃발을 풀게 하면 한 부대가 다시 흩어져 세 부대가 됩니다."

兵散則以合爲奇하고 **合則以散爲奇**라 **三令五申**하여 **三散三合**하여 **復歸於正**이어든 **四頭八尾**를 **乃〔可〕**[1]**敎焉**이니 **此隊法所宜也**니이다 **太宗稱善**하다

1) 〔可〕: 저본에 '可'자가 없으나, ≪直解≫와 漢文大系本에 의거하여 보충하였다.

군대는 흩어져 있으면 합치는 것을 奇兵으로 삼고, 합쳐져 있으면 흩어지는 것을 奇兵으로 삼습니다. 세 번 명령하고 다섯 번 거듭하여 세 번 해산하고 세 번 합쳐서 다시 正兵으로 돌아옵니다. 이렇게 해야 네 머리와 여덟 꼬리를 비로소 가르칠 수 있으니, 이는 部隊의 법에 마땅한 것입니다."

太宗이 좋은 말이라고 칭찬하였다.

兵散則以合爲奇하고 合則以散爲奇라 三令五申之하여 使三散而三合하여 復歸於正이면 則四頭八尾를 乃可敎焉이니 此隊法所宜也니이다 太宗稱曰 善하다

"군대는 흩어져 있으면 합치는 것을 奇兵으로 삼고, 합쳐져 있으면 흩어지는 것을 奇兵으로 삼습니다. 세 번 호령하고 다섯 번 거듭하여 병사들로 하여금 세 번 해산하고 세 번 합쳐서 다시 正兵으로 돌아오게 하면, 머리가 넷이고 꼬리가 여덟인 陣法을 비로소 가르칠 수 있으니, 이는 部隊의 법에 마땅한 것입니다."

太宗이 좋은 말이라고 칭찬하였다.

太宗曰 曹公有戰騎, 陷騎, 遊騎하니 **今馬軍**은 **何等比乎**아 **靖曰 臣按新書云 戰騎居前**하고 **陷騎居中**하고 **遊騎居後**라하니 **如此**면 **則是各立名號**하여 **分爲三類**

爾니이다

太宗이 말하였다.

"曹公(曹操)에게는 戰騎와 陷騎와 遊騎가 있었으니, 지금 馬軍은 어느 것에 견줄 수 있는가?"

李靖이 말하였다.

"臣이 ≪新書≫를 살펴보니, 이르기를 '戰騎가 앞에 있고 陷騎가 중앙에 있고 遊騎가 뒤에 있다.' 하였으니, 이와 같다면, 이는 각각 명칭을 세워서 나누어 세 종류로 만든 것일 뿐입니다.

太宗問靖曰 曹公有戰騎, 陷騎, 遊騎하니 **今日馬軍**은 **於三者**에 **何等比乎**아 **靖對曰 臣按曹公新書云 戰騎常居於前**하고 **陷騎常居於中**하고 **遊騎常居於後**라하니 **如此**면 **則是各立名號**하여 **分之爲三類耳**니이다

太宗이 李靖에게 물었다.

"曹公에게는 戰騎와 陷騎와 遊騎가 있었으니, 지금 말하는 馬軍은 세 가지 중에 어느 것에 견줄 수 있는가?"

李靖이 대답하였다.

"臣이 曹公의 ≪新書≫를 살펴보니, 이르기를 '戰騎가 항상 앞에 있고 陷騎가 항상 중앙에 있고 遊騎가 항상 뒤에 있다.' 하였으니, 이와 같다면, 이는 馬軍을 각기 명칭을 세워서 나누어 세 종류로 만든 것일 뿐입니다."

大抵騎隊八馬는 **當車徒二十四人**하고 **二十四騎**는 **當車徒七十二人**하니 **此古制也**니이다

대체로 騎兵隊의 騎馬 8필은 車徒 24명을 당하고 24명의 騎兵은 車徒 72명을 당하니, 이것은 옛 제도입니다.

大抵騎隊는 **每八馬當車徒二十四人**하니 **三八二十四**라 **二十四騎 當車徒七十二人**하니 **七十二人**은 **三箇二十四**니 **此皆古之制度也**니이다

"대체로 騎兵隊는 매양 8필의 말로 車徒(전차병과 보병) 24명을 당하니, 3×8의 24명입니다. 24명의 騎兵이 車徒 72명을 당하니, 72명은 24를 세 번 곱한 것입니다. 이는 모두 옛 제도입니다."

車徒는 常教以正하고 騎隊는 常教以奇[1]하니 據曹公하면 前後及中을 分爲三覆하고 不言兩廂은 擧一端言也니이다 後人이 不曉三覆之義하여 則戰騎를 必前하니 於陷騎遊騎에 如何使用이리잇고 臣熟用此(去)〔法〕[2]하여 回軍轉陣이면 則遊騎當前하고 戰騎當後하고 陷騎(遊度)〔臨變〕[3]而分하니 皆曹公之術也니이다 太宗笑曰 多少人이 爲曹公所惑이로다

1) 車徒常教以正 騎隊常教以奇 : 전차부대와 보병은 행동이 자유로우므로 正兵의 법을 가르치고, 기마병은 돌격전에 유리하므로 奇兵의 법을 가르친 것이다.
2) (去)〔法〕: 저본의 '去'는 ≪直解≫와 漢文大系本에 의거하여 '法'으로 바로잡았다.
3) (遊度)〔臨變〕: 저본의 '遊度'는 ≪直解≫와 漢文大系本에 의거하여 '臨變'으로 바로잡았다.

車徒는 항상 正兵의 전술을 가르치고 騎隊는 항상 奇兵의 전술을 가르치니, 曹公의 글에 근거하면 '앞뒤와 중앙을 나누어 三覆을 만든다.'라고만 말하고, 兩廂을 말하지 않은 것은 한 가지만을 들어 말한 것입니다. 後人들은 三覆의 뜻을 깨닫지 못하여 戰騎를 반드시 앞에 두니, 이렇게 하면 陷騎와 遊騎를 어떻게 사용할 수 있겠습니까. 臣이 이 방법을 익숙히 사용하여 군대를 돌리고 陣을 돌릴 적에는, 遊騎가 앞을 담당하고 戰騎가 뒤를 담당하고 陷騎는 변화에 대응하여 나누었으니, 이는 모두 曹公의 방법입니다."

太宗이 웃으며 말하였다.

"수많은 사람들이 曹公에게 미혹되었구나."

車徒常教之以正하고 騎隊常教之以奇니이다 據曹公하면 前後及中을 分而爲三覆하니 不言兩廂軍은 擧一端而言也니이다 後人이 不曉曹公三覆之義하여 則戰騎必居前이면 於陷騎, 遊騎二隊에 如何使用이릿고 臣熟用此法하여 若回軍轉陣이면 則遊騎一隊當前하고 戰騎一隊當後하고 陷騎一隊는 臨變而分하니 皆曹公之術也니이다 太宗於是笑曰 當時多少人이 皆爲曹公所惑耳로다

"車徒는 항상 正兵의 전술을 가르치고 騎隊는 항상 奇兵의 전술을 가르칩니다. 曹公의 글에 근거하면 '앞뒤와 중앙을 나누어 三覆(세 개의 매복)을 만든다.'라고만 말하고, 兩廂(좌우 양측면)의 군대를 말하지 않은 것은 한 가지만을 들어 말한 것입니다. 後人들은 曹公의 三覆의 뜻을 이해하지 못하여 戰騎를 반드시 앞에 두니, 이렇게 하면 陷騎와 遊騎 두 부대를 어떻게 사용할 수 있겠습니까. 臣이 이 방법을 익숙히 사용하여

만약 군대를 돌리고 陣을 바꾸게 되면, 遊騎 한 부대가 앞을 담당하고 戰騎 한 부대가 뒤를 담당하고 陷騎 한 부대는 변화에 따라 나누니, 이는 모두 曹公의 방법입니다."

太宗이 이에 웃으며 말하였다.

"당시에 수많은 사람들이 모두 曹公에게 미혹되었구나."

太宗曰 車步騎三者는 **一法也**니 **其用在人乎**아

太宗이 말하였다.

"戰車兵과 步兵과 騎兵 세 가지는 똑같은 방법이니, 이것을 사용함이 사람에게 달려있는가?"

太宗問 車步騎三者는 **一法也**니 **其用之在得其人乎**아

太宗이 물었다.

"戰車兵과 步兵과 騎兵 세 가지는 똑같은 방법이니, 이것을 사용함은 훌륭한 사람을 얻음에 달려있는가?"

靖曰 臣按春秋에 **魚麗**(리)**陣**은 **先**(徧)〔**偏**〕[1)]**後伍**하니 **此則車步無騎**하여 **謂之左右拒**라하니 **言拒禦而已**요 **非取出奇勝也**니이다

1) (徧)〔偏〕: 저본의 '徧'은 ≪春秋左氏傳≫과 漢文大系本에 의거하여 '偏'으로 바로잡았다.

李靖이 대답하였다.

"臣이 ≪春秋≫를 살펴봄에 魚麗陣은 偏(전차)을 앞에 두고 伍(보병)를 뒤에 두었다. 이는 戰車와 步兵이요 騎兵이 없어서 이것을 左拒와 右拒라 말하였으니, 이는 적을 막을 뿐 기이한 계책을 내어 승리를 취하려는 것은 아님을 말한 것입니다."

靖對曰 臣按春秋에 **鄭莊公**이 **作魚麗陣法**[1)]하니 **先偏後伍者**는 **前用車而後用步承之**니 **此則止用車步**하여 **無騎兵**하니 **謂之左右拒者**는 **言其但用之拒禦而已**요 **非欲出奇取勝也**니이다

1) 臣按春秋……作魚麗陣法 : ≪春秋≫는 ≪春秋左氏傳≫을 이른 것으로, 鄭 莊公이 魚麗陣을 사용한 일은 桓公 5년 조에 보인다.

李靖이 대답하였다.

"臣이 ≪春秋≫를 살펴봄에 鄭 莊公이 魚麗陣의 법을 만들었는데, 偏을 앞에 두고 行伍를 뒤에 둔 것은, 앞에는 戰車兵을 사용하고 뒤에는 步兵을 사용하여 잇게 한 것입니다. 이는 다만 戰車와 步兵을 사용하여 騎兵이 없는 것이니, 左拒와 右拒라 말한 것은 다만 이것을 사용하여 적의 공격을 막을 뿐 기이한 계책을 내어 승리를 취하려는 것은 아님을 말한 것입니다."

晉荀吳伐狄에 **舍車爲行**하니 **此則騎多爲便**이라 **唯務奇勝**이요 **非拒禦而已**니이다

晉나라 荀吳가 북쪽의 오랑캐를 정벌할 적에 戰車를 버리고 行伍를 만들었으니, 이는 騎兵이 많은 것을 편리하게 여긴 것입니다. 오직 기이한 계책을 내어 승리하기를 힘쓴 것이요, 적의 공격을 막아낼 뿐만이 아니었습니다.

晉荀吳伐狄於太原할새 魏舒勸之하여 舍車爲行[1)]하니 此則騎兵多爲便이라 唯務出奇取勝이요 非用以拒禦而已니이다

1) 晉荀吳伐狄於太原……舍車爲行 : 이 내용은 ≪春秋左氏傳≫ 昭公 元年 조에 보이는 바, 자세한 내용은 본서 304쪽의 주 2) 참조.

"晉나라 荀吳가 太原에서 북쪽의 오랑캐를 정벌할 적에 魏舒가 그에게 권해서 戰車를 버리고 行伍를 만들게 하였으니, 이는 騎兵이 많은 것을 편리하게 여긴 것입니다. 오직 기이한 계책을 내어서 승리를 취하려고 힘쓴 것이요, 이것을 써서 적의 공격을 막아낼 뿐만이 아니었습니다."

臣均其術하여 (人)〔以〕[1)]**一馬當三人**하고 **車步稱之**하여 **混爲一法**하여 **用之在人**하니 **敵安知吾車果何出**이며 **騎果何來**며 **徒果何從哉**잇가 **或潛九地**하고 **或動九天**하여 **其知如神**은 **唯陛下有焉**이니 **臣何足以知之**리잇가

1) (人)〔以〕: 저본의 '人'은 ≪直解≫에 의거하여 '以'로 바로잡았다.

臣이 그 방법을 고르게 사용하여 말 1필로 步兵 3명을 당하고 戰車兵과 步兵을 이에 걸맞게 배치하여 뒤섞어 한 방법을 만들어 운용함이 사람에게 달려있게 하였으니, 이렇게 하면 적이 어찌 우리의 戰車가 과연 어디에서 나오고, 騎兵이 과연 어디에서 나오고, 步兵이 과연 어디에서 나올 줄을 알겠습니까.

혹은 九地에 잠겨있고 혹은 九天에서 動하여 神과 같은 지혜는 오직 陛下께서 소유하고 계시니, 臣이 어찌 이것을 알겠습니까."

臣均用其術하여 **以一馬**로 **當三人**하고 **車與徒又稱之**하여 **三者**를 **混爲一法**하여 **用之在乎人**하니 **敵安知吾車果何自而出**이며 **騎果何自而來**며 **徒果何自而從**이릿고 **或潛如九地之深**하고 **或動如九天之高**[1]하여 **其知謀如神之妙**하여 **不可測度**은 **唯陛下有焉**이니 **臣何足以知此道**리잇고

1) 或潛如九地之深 或動如九天之高 : 九地는 깊은 땅속을 가리키며 九天은 높은 하늘을 가리키는바, ≪孫武子≫ 〈軍形〉에 "수비를 잘하는 자는 九地의 아래에 감추고, 공격을 잘하는 자는 九天의 위에서 출동하듯이 한다.〔善守者 藏於九地之下 善攻者 動於九天之上〕"라고 보인다.

"臣이 그 방법을 고르게 사용하여 말 1필로 적의 步兵 3명을 당하고 戰車兵과 步兵을 또 이에 걸맞게 배치해서 세 가지를 뒤섞어 한 방법을 만들어서 사용함이 사람에게 달려있게 하였으니, 적이 우리의 戰車가 과연 어디로부터 나오고, 騎兵이 과연 어디로부터 오고, 步兵이 과연 어디로부터 나올 줄을 어찌 알겠습니까.

혹은 九地의 깊음과 같이 조용하고 혹은 九天의 높음과 같이 動하여, 신묘하고 측량할 수 없는 지모는 오직 陛下께서 소유하고 계시니, 臣이 어찌 이 방법을 알겠습니까."

太宗曰 太公書云 地方六百步, 或六十步에 **表十二辰**이라하니 **其術如何**오

太宗이 말하였다.

"太公의 兵書에 이르기를 '땅의 넓이가 600步 혹은 60步에 12辰의 表를 세운다.' 하였으니, 그 방법은 어떻게 하는 것인가?"

太宗問曰 太公書에 **有云 地方六百步, 或六十步**에 **表以十二辰次**[1]라하니 **其術爲如何**오 **十二辰次**는 **卽子玄枵, 丑星紀, 寅析木, 卯大火, 辰壽星, 巳鶉尾, 午鶉火, 未鶉首, 申實沈, 酉大梁, 戌降婁, 亥陬訾是也**라

1) 太公書……表以十二辰次 : 이 내용은 지금의 太公 兵書인 ≪六韜≫에는 보이지 않고 ≪通典≫ 권157 〈兵十〉에 보인다.

太宗이 말하였다.

"太公의 兵書에 이르기를 '땅의 넓이 600步와 혹은 60步에 12辰(12방위)의 위치로

써 表한다.' 하였으니, 그 방법은 어떻게 하는 것인가?"

12辰의 位次는 바로 子는 玄枵, 丑은 星紀, 寅은 析木, 卯는 大火, 辰은 壽星, 巳는 鶉尾, 午는 鶉火, 未는 鶉首, 申은 實沈, 酉는 大梁, 戌은 降婁, 亥는 陬訾이다.

靖曰 畫地方一千二百步하니 開方之形也라 每部占地二十步之方하여 橫以五步立一人하고 縱以四步立一人하면 凡二千五百人이라 分五方하여 空地四處하니 所謂陣間容陣者也니이다

李靖이 말하였다.

"땅을 사방 1,200步로 그어놓으니, 이는 開方의 형체입니다. 매 부대마다 네모진 20步의 땅을 점거하여, 가로로 5步에 한 사람을 세우고 세로로 4步에 한 사람을 세우면 모두 2,500명이 됩니다. 이것을 다섯 방위로 나누어서 빈 땅의 네 곳에 머물게 하니, 이른바 '陣 사이에 陣을 용납한다.'는 것입니다.

靖對曰 畫地方一千二百步하니 此開方之形이라 開方之法은 九數[1]之一也라 每一部 占地二十步之方이라 二十步는 恐誤하니 乃二百二十步也라 若二十步之方이면 豈能容五百人乎아 橫則以五步立一人하고 縱則以四步立一人하면 凡二千五百人이니 分東西南北中央하여 爲五方하여 四隅空地四處하니 此卽所謂陣間容陣者也니이다

1) 九數 : 고대의 數學에 있는 아홉 가지의 算法을 말한다. ≪周禮≫ 〈地官 保氏〉에 "六藝 중에 여섯 번째는 九數이다." 하였는데, 鄭玄의 주에 "九數는 첫 번째는 方田, 두 번째는 粟米, 세 번째는 差分, 네 번째는 少廣, 다섯 번째는 商功, 여섯 번째는 均輸, 일곱 번째는 方程, 여덟 번째는 贏不足, 아홉 번째는 旁腰이다." 하였다. 開方은 方田으로 보인다.

李靖이 대답하였다.

"땅을 사방 1,200步로 그으니, 이는 開方의 모습입니다."

開方의 방법은 九數의 하나이다.

"한 부대마다 20보의 네모진 땅을 점거합니다."

20보는 오류인 듯하니, 바로 220보이다. 만약 네모진 20보라면 어찌 500명을 수용할 수 있겠는가.

"가로로는 5보에 한 사람을 세우고 세로로는 4보에 한 사람을 세우면 모두 2,500명

이 됩니다. 이것을 동과 서, 남과 북, 중앙으로 나누어 五方을 만들고, 네 귀퉁이 빈 땅의 네 곳에 머무니, 이것이 바로 이른바 '陣 사이에 陣을 용납한다.'는 것입니다."

武王伐紂에 **虎賁**이 **各掌三千人**하고 **每陣六千人**하여 **共三萬之衆**이니 **此太公畫地之法也**니이다

武王이 紂王을 정벌할 적에 虎賁이 각각 3천 명을 관장하였고, 매 陣마다 6천 명씩이어서 모두 3만 명의 무리였으니, 이것은 太公이 땅을 그은 방법입니다."

周武王이 將伐紂할새 使虎賁之士로 各掌三千人하고 每一陣에 用六千人하여 五陣에 共用三萬之衆하니 此太公畫地敎士之法也라 前云 太公以四萬五千人으로 勝紂七十萬衆은 臨戰之時에 總諸侯之衆而言也요 此言每陣六千人하여 共三萬衆은 乃敎閱之數니 據畫地之法而言也라

"周 武王이 장차 殷나라의 紂王을 정벌하려 할 적에 虎賁의 장사로 하여금 각각 3,000명을 관장하게 하고, 1陣마다 6,000명을 사용하여 다섯 陣에 모두 3만 명의 무리를 사용하였으니, 이는 太公이 땅을 그어 병사들을 가르친 방법입니다."

앞에서 "太公이 4만 5,000명으로 紂王의 70만 군대를 이겼다."라고 한 것은 전투할 때에 諸侯들의 병력까지 총괄하여 말한 것이요, 여기에서 "매 陣에 6,000명이어서 모두 3만 명의 무리이다."라고 말한 것은 바로 병사들을 가르치고 사열한 수이니, 땅을 그은 방법을 근거로 하여 말한 것이다.

○ 愚按 尙書小序云 戎車三百輛이요 虎賁三百人이라한대 注曰 戎車는 馳車요 革車는 輜車也요 虎賁은 百夫之長也라하니라 馳車, 革車는 已於孫子書中에 辨之矣로라 以虎賁爲百夫之長者는 其意謂每戎車一乘에 甲士三人이요 步卒七十二人이요 又二十五人이 將重車在後하여 凡百人也라 戎車(二)〔三〕[1]百輛이면 共該三萬人이니 以虎賁爲百夫長이면 三萬人이 共該三百人矣라 以此言之하면 千夫長三十人은 又虎賁之士歟아 且每車一乘에 甲士三人이면 (二)〔三〕百乘에 共用九百人이 皆虎賁之士也니 何獨以百夫長言之리오 孟子云 革車三百輛이요 虎賁三千人이어늘 今靖曰 武王伐紂에 虎賁各(長)〔掌〕[2]三千人이라하니 只以書序三百人言之하면 每一虎賁之士 掌三千人인댄 三百人이 共掌九十萬衆이니 又太多矣라 前云 太公以四萬五千人으로 勝紂七十萬衆이라하고 今又云 止用三萬之衆이라하니라

且以革車三百輛言之하면 則一乘에 除將重車二十五人하여 共該七千五百人外에 餘止有戰士二萬二千五百人이니 不幾於太少乎아 古者에 諸侯大國三軍이니 該三萬七千五百人이어늘 而周爲西伯하여 反無三軍之衆乎[3)]아 且太公六韜書云[4)] 選車士에 取年四十已下의 長七尺五寸以上으로 走能逐奔馬하고 及馳而乘之하여 前後左右上下周旋하며 能束縛旌旗하고 力能彀八石弩하며 射前後左右에 皆便習者하여 名曰 武車之士라하고 選騎士에 亦取年四十以下의 長七尺五寸以上으로 壯健捷疾이 超絶倫等하여 能馳騎彀射하고 前後左右周旋進退하며 越溝塹하고 登丘陵하며 冒險阻하고 絶大澤하며 馳强敵하고 亂大衆者하여 名曰 武騎之士라하니 則車騎與徒를 不可闕이라 書小序에 但云 戎車三百輛이요 虎賁三百人하니 是止言車與徒而已니 豈虎賁三千人이 兼車之甲士及騎士而言歟아 書曰 予有臣三千호니 同心同德이라하여 與孟子之言合하니 當以孟子爲是니라

1) (二)〔三〕: 저본의 '二'는 '三'의 誤字이다.
2) (長)〔掌〕: 저본의 '長'은 經文에 의거하여 '掌'으로 바로잡았다.
3) 古者……反無三軍之衆乎 : 고대 軍制에 1軍은 1만 2,500명으로 3軍은 3만 7,500명이 되는바, 天子國은 6軍, 큰 제후국은 3軍, 작은 제후국은 2軍을 두었다. 紂王 당시 周나라는 서쪽 지방 제후의 우두머리인 西伯으로 서쪽 지방 제후 중에 불법을 저지르는 자를 토벌할 수 있는 권한이 있었는데, 주나라의 전사가 2만 2,500명에 불과하다면 큰 제후국의 3만 7,500명보다도 못한 것이 되므로 이렇게 말한 것이다.
4) 太公六韜書云 : ≪六韜≫ 〈犬韜 武車士〉편을 가리켜 말한 것이다.

○ 내가 살펴보건대, ≪尙書≫의 小序에 "戎車가 300輛이고 虎賁이 300명이다." 하였는데, 注에 이르기를 "戎車는 馳車이고 革車는 輜車이며, 虎賁은 百夫의 長이다." 하였다. 馳車와 革車에 대한 설명은 이미 ≪孫子≫에서 분변하였다.

'虎賁은 百夫의 長이다.'라고 한 것은 그 뜻을 생각하건대, 戎車 1乘마다 甲士가 3명이고 步卒이 72명이고 또 25명이 重車를 가지고 뒤에 있어서 모두 100명인 것이다.

戎車가 300輛이면 모두 3만 명이 되니, 虎賁을 百夫長이라 하면 3만 명에 모두 300명이 필요한 것이다. 이것을 가지고 말하면 千夫長 30명은 또 虎賁의 용사인가 보다. 또 戰車 1대마다 甲士 3명이면 300乘에 모두 900명을 사용하니, 이는 모두 虎賁의 勇士이니 어찌 다만 百夫長을 가지고 말한 것이겠는가.

≪孟子≫ 〈盡心 下〉에 이르기를 "革車가 300량이고 虎賁이 3,000명이다." 하였는데, 지금 李靖이 말하기를 "武王이 紂王을 정벌할 적에 虎賁이 각각 3,000명을 관장

했다." 하였으니, 이는 다만 ≪書經≫의 서문에 '300명'을 가지고 말하면, 虎賁의 용사 1명마다 3,000명을 관장할 경우 300명이 모두 90만의 무리를 관장하게 되니, 또 너무 많게 된다.

앞에서는 "太公이 4만 5,000명으로 紂王의 70만 군대를 이겼다." 하였고, 지금은 또 말하기를 "다만 3만 명의 무리를 사용했다." 하였다. 또 '革車 300량'을 가지고 말하면, 戰車 한 대에 輜重車를 가지고 있는 25명을 제외하여 모두 7,500명을 뺄 경우 나머지는 다만 戰士가 2만 2,500명이 있을 뿐이니, 너무 적지 않겠는가. 옛날에 큰 諸侯國은 三軍을 보유하여 병력이 모두 3만 7,500명이었는데, 周나라는 西伯인데도 三軍의 군대가 없단 말인가.

또 太公의 ≪六韜≫에 이르기를 "戰車兵을 선발할 적에 나이 40세 이하로 신장이 7尺 5寸 이상이며, 달리기를 잘하여 달아나는 말을 쫓고 또 말을 달리면서 수레에 올라타 전후좌우와 상하로 두루 돌며 적의 깃발을 묶어 올 수 있고, 힘이 8石의 쇠뇌를 당길 수 있으며, 앞뒤와 좌우로 활을 쏨에 모두 숙달된 자를 취하여, 이를 武車의 용사라 칭하고, 騎兵을 선발할 적에도 또한 나이 40세 이하로 신장이 7尺 5寸 이상이며, 건장하고 몸의 빠름이 보통 사람보다 크게 뛰어나서, 말을 달리며 활을 쏘고 또 전후와 좌우로 두루 돌아 전진하고 후퇴하며 참호를 넘어가고 구릉을 올라가며 험한 곳을 무릅쓰고 큰 늪을 건너가며 강한 적을 충돌하여 적의 큰 병력을 어지럽힐 수 있는 자를 취하여, 武騎의 용사라 칭한다." 하였으니, 그렇다면 車騎와 步兵을 뺄 수 없는 것이다.

≪書經≫의 小序에 다만 "戎車가 300량이고 虎賁이 300명이다." 하였는데, 이는 다만 戰車와 步兵을 말했을 뿐이니, 아마도 虎賁 3,000명은 수레의 甲士와 騎士를 겸하여 말했는가 보다.

≪書經≫ 〈周書 泰誓 上〉에 이르기를 "나는 3,000명의 신하가 있는데 마음이 같고 德이 같다." 하여서 孟子의 말씀과 같으니, 마땅히 ≪孟子≫를 옳은 것으로 삼아야 할 것이다.

太宗曰 卿六花陣은 **畫地幾何**오 **靖曰 大閱**에 **地方千二百步者**는 **其義六陣**이니 **各占地四百步**하여 **分爲東西兩廂**하고 **空地一千二百步**로 **爲敎戰之所**하니 **臣常敎士三萬**할새 **每陣五千人**하고 **以其一爲營法**하며 **五爲方圓曲直銳之形**하여 **每陣五變**하여 **凡二十五〔變〕**[1]**而止**하니이다

1) 〔變〕: 저본에는 '變'자가 없으나, ≪直解≫와 漢文大系本에 의거하여 보충하였다.

太宗이 물었다.

"卿의 六花陣은 땅을 얼마만큼 그어 만드는가?"

李靖이 대답하였다.

"크게 査閱할 적에는 땅의 넓이가 1,200步이니, 그 내용이 六陣입니다. 각각 400步의 땅을 점령하여 나누어 동쪽과 서쪽 두 廂을 만들고, 빈 땅 1,200步를 전투를 가르치는 장소로 삼습니다. 臣이 일찍이 3만 명의 병사를 가르칠 적에 매 陣마다 5,000명을 배치하고 그중 한 陣을 陣營을 설치하는 방법으로 삼았습니다. 그리고 나머지 다섯 陣은 方陣·圓陣·曲陣·直陣·銳陣의 형태로 만들어서 매 陣마다 5번 변하여 모두 25번 변하고 그쳤습니다."

太宗問曰 卿六花陣은 畫地用幾何오 靖答曰 大閱엔 地每方에 用一千二百步하니 其義六陣이니이다 每陣에 各占四百步하여 分爲東西兩廂하니 東廂三陣은 三四一千二百步요 西廂三陣은 三四一千二百步라 中有空地一千二百步하여 爲教戰之所라 臣(常)〔嘗〕[1]教士三萬할새 每一陣에 用五千人하고 以其一陣으로 爲下營之法하니이다 五陣은 爲方, 圓, 曲, 直, 銳之形하니 方曰義니 義는 爲秋爲金이요 圓曰智니 智는 爲冬爲水요 曲〔曰仁이니 仁은〕 爲春爲木이요 直(爲)〔曰〕信이니 〔信은〕 爲土〔爲長夏〕요 銳〔曰禮니 禮는〕[2] 爲夏爲火라 每一陣을 皆以方, 圓, 曲, 直, 銳之形으로 五變之하면 五五二十五變而止니이다

1) (常)〔嘗〕: 저본의 '常'은 漢文大系本에 의거하여 '嘗'으로 바로잡았다.

2) 曲〔曰仁仁〕……銳〔曰禮禮〕: 저본에는 '曰仁仁', '信', '爲長夏', '曰禮禮'가 없으나 漢文大系本에 의거하여 보충하였고, 저본의 '爲'는 漢文大系本에 의거하여 '曰'로 바로잡았다.

太宗이 물었다.

"卿의 六花陣은 땅을 얼마만큼 그어 만드는가?"

李靖이 대답하였다.

"크게 査閱할 적에는 땅의 넓이가 사방마다 1,200步를 사용하니, 그 내용이 六陣입니다. 매 陣마다 각각 400步를 점거하여 나누어 동쪽과 서쪽 두 廂을 만듭니다."

東廂의 세 陣은 400步의 3곱인 1,200步이고, 西廂의 세 陣도 400步의 3곱인 1,200步이다.

"중간의 빈 땅 1,200步를 전투를 가르치는 장소로 삼습니다. 臣이 일찍이 3만 명의

병사를 가르칠 적에 매 陣마다 5,000명의 병사를 배치하고 그 가운데 한 陣을 陣營을 설치하는 방법으로 삼았습니다."

다섯 陣은 方陣·圓陣·曲陣·直陣·銳陣의 형태로 만드는 것이다. 네모진 것〔方〕을 義라 하니 義는 가을이 되고 金이 되며, 둥근 것〔圓〕을 智라 하니 智는 겨울이 되고 물이 되며, 굽은 것〔曲〕을 仁이라 하니 仁은 봄이 되고 나무가 되며, 곧은 것〔直〕을 信이라 하니 信은 土가 되고 長夏(한여름)가 되며, 뾰족한 것〔銳〕을 禮라 하니 禮는 여름이 되고 불이 된다.

"매 陣마다 모두 方陣·圓陣·曲陣·直陣·銳陣의 형태로 다섯 번 변하면 다섯 개의 진이 다섯 번씩 모두 25번 변하고 그칩니다."

太宗曰 五行陣은 **如何**오 **靖曰 本因五方色**하여 **立此名**하니 **方圓曲直銳**는 **實因地形使然**이니이다 **凡軍**이 **不素習此五者**면 **安可以臨敵乎**잇가 **兵**은 **詭道也**라 **故**로 **强名五行焉**이요 **文之〔以〕**[1]**術數相生相剋之義**하니 **其實**은 **兵形象水**하여 **因地制流**하니 **此其旨也**니이다

1)〔以〕: 저본에는 '以'자가 없으나, 漢文大系本에 의거하여 보충하였다.

太宗이 말하였다.

"五行陣은 어떠한 것인가?"

李靖이 대답하였다.

"본래 五方의 색깔을 따라서 이 이름을 지었으니, 方陣·圓陣·曲陣·直陣·銳陣은 실로 지형을 따라 만든 것입니다. 모든 군대가 이 다섯 가지를 평소 익히지 않으면 어떻게 적을 상대할 수 있겠습니까. 군대는 속이는 방법입니다. 그러므로 억지로 五行陣이라 이름하였고, 術數에 相生하고 相剋하는 意義로 文飾하였습니다. 그 실제는 군대의 모습은 물을 형상하여 지형에 따라 흐르도록 만드니, 이것이 바로 그 요지입니다."

太宗問曰 金木水火土五行陣은 其說如何오 靖對曰 本因五方靑赤黃白黑之色하여 立此名耳니 方圓曲直銳는 實因地形하여 使之如此니이다 凡軍이 不平素敎習此五者면 安可用之而臨敵乎잇가 兵者는 以詭詐之道也라 故로 强名之五行焉이요 文飾之術數相生相剋之義니이다 相生者는 金生水, 水生木, 木生火, 火生土, 土生金也요 相剋者는 金剋木, 木剋土, 土剋水, 水剋火, 火剋金也라 其實은 (之)〔兵〕[1]

形象水하니 水因地而制流하여 以爲方圓斜直之形하고 兵亦因地하여 而爲方圓曲直銳之形이니 此五行陣之旨義也니이다

1) (之)〔兵〕: 저본의 '之'는 漢文大系本에 의거하여 '兵'으로 바로잡았다.

太宗이 물었다.
"金·木·水·火·土의 五行陣은 그 내용이 어떠한가?"
李靖이 대답하였다.
"본래 五方의 青色·赤色·黃色·白色·黑色을 따라 이 이름을 지었을 뿐이니, 方陣·圓陣·曲陣·直陣·銳陣은 실로 지형을 따라 이와 같게 만든 것입니다. 모든 군대가 평소에 이 다섯 가지 陣法을 가르치고 익히지 않으면 어떻게 이것을 사용하여 적을 상대할 수 있겠습니까. 군대는 속이는 방법을 사용합니다. 그러므로 억지로 五行陣이라 이름하였고, 術數의 相生하고 相剋하는 意義로써 文飾한 것입니다."
相生이란 金은 水를 낳고 水는 木을 낳고 木은 火를 낳고 火는 土를 낳고 土는 金을 낳는 것이요, 相剋이란 金은 木을 이기고 木은 土를 이기고 土는 水를 이기고 水는 火를 이기고 火는 金을 이기는 것이다.
"그 실제는 군대의 모습이 물을 형상하였으니, 물은 땅을 따라 흘러서 네모지고 둥글고 기울고 곧은 모습을 만들고, 군대 또한 땅을 따라 方陣·圓陣·曲陣·直陣·銳陣의 모습을 만드니, 이것이 五行陣의 요지입니다."

太宗曰 李勣言牝牡(빈무)方圓伏하니 兵法에 古有是否아 靖曰 牝牡之法은 出於俗傳하니 其實은 陰陽二義而已니이다

太宗이 말하였다.
"李勣이 牝과 牡, 方陣과 圓陣, 伏兵을 말하였는데, 兵法에 예전에도 이것이 있었는가?"
李靖이 대답하였다.
"牝·牡의 법은 세속에서 전하는 말에서 나왔으니, 그 실제는 陰과 陽 두 가지 뜻이 있을 뿐입니다.

太宗問曰 李勣嘗言牝牡方圓伏하니 兵法中에 古有此法否아 靖對曰 牝牡之法은 出於世俗所傳하니 其實은 只是陰陽二義而已니이다

太宗이 물었다.

"李勣이 일찍이 牝과 牡, 方陣과 圓陣, 伏兵을 말하였는데, 兵法 가운데에 옛날에도 이러한 법이 있었는가?"

李靖이 대답하였다.

"牝·牡의 방법은 세속에서 전하는 바에서 나왔으니, 그 실제는 다만 陰과 陽 두 가지 뜻이 있을 뿐입니다."

臣按 范蠡云 後則用陰하고 **先則用陽**하며 **盡敵陽節**하고 **盈吾陰節而奪之**라하니 **此兵家陰陽之妙也**니이다

臣이 살펴보건대, 范蠡가 이르기를 '뒤에는 陰을 쓰고 먼저는 陽을 쓰며, 적의 陽節이 다하게 하고 우리의 陰節을 가득 채워 빼앗는다.' 하였으니, 이는 兵家의 陰과 陽의 妙理입니다.

臣按范蠡書云 後則用陰하고 先則用陽이라하니 是는 兵以先爲陽하고 後爲陰也니이다 盡敵陽節者는 是待敵陽氣之衰也요 盈吾陰節而奪之者는 是盛吾後軍之陰氣하여 而乘彼陽氣之衰而奪之也니 此는 兵家陰陽之微妙者也니이다 范蠡는 越人이니 漢藝文志云 范蠡二篇이라하니 今不及見也로라

"臣이 范蠡의 책을 살펴보니, 이르기를 '뒤에는 陰을 쓰고 먼저는 陽을 쓴다.' 하였으니, 이는 군대가 앞을 陽으로 삼고 뒤를 陰으로 삼는 것입니다. '적의 陽節이 다하게 한다.'는 것은 적의 陽氣가 쇠함을 기다리는 것이요, '우리의 陰節을 가득 채워 빼앗는다.'는 것은 우리 後軍의 陰氣를 성하게 하여 적의 陽氣가 쇠했을 때를 틈타서 빼앗는 것이니, 이는 兵家의 陰과 陽의 미묘한 이치입니다."

范蠡는 越나라 사람이니, ≪漢書≫ 〈藝文志〉에 "≪范蠡≫ 2편이 있다." 하였으나, 지금 미처 보지 못하였다.

范蠡

范蠡又云 設右爲牝이요 **益左爲牡**라하니 **早晏以順天道**니 **此則左右早晏**이 **臨時不同**하여 **在乎奇正之變者也**니이다

范蠡는 또 말하기를 '오른쪽을 만드는 것을 牝이라 하고 왼쪽을 더하는 것을 牡라 한다.' 하였으니, 이른 아침과 저물녘에 天道를 순히 하는 것이니, 이는 왼쪽

과 오른쪽, 이른 아침과 저물녘이 때에 따라 똑같지 않아서, 奇・正의 변화에 달려있는 것입니다.

范蠡書又云 設右爲牝이요 益左爲牡니 牝은 獸之雌者요 牡는 獸之雄者니 以牝喩陰하고 以牡喩陽也라 早는 日初出時也요 晏은 日將入時也라 言或早或晩에 要順天道而已니 此則左右早晏이 臨時各有不同하여 在乎奇正之相變者也라

"范蠡의 책에 또 이르기를 '오른쪽을 만드는 것을 牝이라 하고 왼쪽을 더하는 것을 牡라 한다.' 하였습니다."

牝은 짐승의 암컷이고 牡는 짐승의 수컷이니, 암컷으로 陰을 비유하고 수컷으로 陽을 비유한 것이요, 早(朝)는 해가 처음 나오는 때이고 晏은 해가 장차 들어가는 때이다.

"혹 이른 아침과 혹 저물녘에 天道에 순응해야 할 뿐이니, 이는 왼쪽과 오른쪽, 이른 아침과 저물녘이 때에 따라 각기 똑같지 않음이 있어서, 奇・正이 서로 변화함에 달려있을 뿐이라고 말한 것입니다."

左右者는 人之陰陽이요 早晏者는 天之陰陽이요 奇正者는 天人相變之陰陽이니 若執而不變이면 則陰陽俱廢니 如何守牝牡之形而已릿가

왼쪽과 오른쪽은 사람의 陰과 陽이요, 이른 아침과 저물녘은 하늘의 陰과 陽이요, 奇와 正은 하늘과 사람이 서로 변하는 陰과 陽이니, 만약 고집하고 변화하지 않으면 陰과 陽이 모두 버려지니, 어떻게 牝・牡의 형체만을 지킬 뿐이겠습니까.

左右者는 在人之陰陽이니 右爲陰이요 左爲陽也라 早晏者는 在天之陰陽이니 早爲陽이요 晏爲陰也라 奇正者는 天人相變之陰陽이니 或早而用牝하고 或晏而用牡하며 或牡而示之牝하고 或牝而示之牡이니 若執左右早晏而不變通이면 則天人之陰陽俱廢하리니 如何守牝牡之形而已리잇고

"왼쪽과 오른쪽은 사람에게 있는 陰과 陽입니다."

오른쪽은 陰이 되고 왼쪽은 陽이 된다.

"이른 아침과 저물녘은 하늘에 있는 陰과 陽입니다."

이른 아침은 陽이 되고 저물녘은 陰이 된다.

"奇와 正은 하늘과 사람이 서로 변하는 陰과 陽입니다."

혹은 이른 아침에 牝을 쓰고 혹은 저물녘에 牡를 쓰며, 혹은 牡이면서 牝인 것처럼

보이고 혹은 牝이면서 牡인 것처럼 보이는 것이다.

"만약 왼쪽과 오른쪽, 이른 아침과 저물녘을 고집하여 변통하지 않으면 하늘과 사람의 陰과 陽이 모두 버려지니, 어떻게 牝·牡의 형체만을 지킬 뿐이겠습니까."

故로 **形之者**는 **以奇示敵**하니 **非吾正也**요 **勝之者**는 **以正擊敵**하니 **非吾奇也**라 **此謂奇正相變**이니이다 **兵伏者**는 **不止山谷**하여 **草木伏藏**이 **所以爲伏也**라 **其正如山**하고 **其奇如雷**하여 **敵雖對面**이나 **莫測吾奇正所在**하나니 **至此**면 **夫何形之有哉**리잇가

그러므로 형체를 드러내는 것은 奇兵으로 적에게 보여주는 것이니 우리의 正兵이 아니요, 승리하는 것은 正兵으로 적을 공격하는 것이니 우리의 奇兵이 아닙니다. 이것을 일러 奇와 正이 서로 변통한다고 하는 것입니다.

군대를 매복하는 것은 산골짝뿐만 아니라 풀 속과 나무숲에 숨어 엎드리는 것도 복병이 되는 것입니다.

正兵은 산과 같고 奇兵은 우레와 같아서, 적이 비록 얼굴을 상대하고 있더라도 우리의 奇와 正이 어디에 있는지를 측량하지 못하게 되니, 여기에 이른다면 어찌 형체가 있겠습니까."

故로 形之者는 以奇兵示敵하니 非吾之正兵也요 勝之者는 以正兵擊敵하니 非吾之奇兵也니 此所謂奇正互相變通之道라 兵伏者는 不止山谷이요 草木之中伏藏도 所以爲伏也라 其正兵如山은 言不動也요 其奇兵如雷는 言動之疾也라 敵人이 雖在對面이나 莫能測度吾奇正之所在하니 至此면 夫何形之有哉잇가 言無形之可測也라 太宗問牝牡方圓伏이어늘 而靖止對以牝牡伏하고 而不及方圓者는 以前에 已見於五行陣歟인저

"그러므로 형체를 드러내는 것은 奇兵으로 적에게 보여주는 것이니 우리의 正兵이 아니요, 승리하는 것은 正兵으로 적을 공격하는 것이니 우리의 奇兵이 아닙니다. 이것은 이른바 奇와 正이 서로서로 변통하는 방도입니다.

군대를 매복하는 것은 산골짝에만 그치지 않고 풀 속과 나무숲 속에 몸을 숨기는 것도 복병이 됩니다."

"正兵은 산과 같습니다."

동요하지 않음을 말한 것이다.

"奇兵은 우레와 같습니다."

행동을 신속히 함을 말한 것이다.

"적이 비록 얼굴을 마주 대하고 있으나 우리의 奇와 正이 있는 곳을 측량하지 못하니, 여기에 이르면 어찌 형체가 있겠습니까."

측량할 만한 형체가 없음을 말한 것이다.

太宗이 牝과 牡, 方陣과 圓陣, 伏兵을 물었는데, 李靖이 다만 牝과 牡, 伏兵을 대답하고, 方陣과 圓陣에 대해 언급하지 않은 것은, 方陣과 圓陣은 이전에 이미 五行陣에서 보였기 때문일 것이다.

太宗曰 四獸之陣을 又以商羽徵(치)角象之는 何道也오

太宗이 말하였다.

"네 짐승의 陣을 또 商·羽·徵·角으로 형상함은 무슨 방도인가?"

太宗問曰 龍, 虎, 鳥, 蛇四獸之陣을 又以商, 羽, 徵, 角四音象之[1]하니 此何道也오

1) 龍虎鳥蛇……四音象之 : 이 구절은 ≪六韜≫ 〈龍韜 五音〉의 "律管에 응하는 소리는 매우 작게 들려오니, 角의 소리가 율관에 응하면 마땅히 白虎로써 이겨야 하고, 徵의 소리가 율관에 응하면 마땅히 玄武로써 이겨야 하고, 商의 소리가 율관에 응하면 마땅히 朱雀으로써 이겨야 하고, 羽의 소리가 율관에 응하면 마땅히 勾陳으로써 이겨야 하고, 五管(五音의 율관)의 소리가 모두 응하지 않는 것은 宮이니 마땅히 靑龍으로써 이겨야 한다. 이는 五行의 符信이요 승리를 보좌하는 징조이니, 성공과 실패의 기틀이다.〔有聲應管 其來甚微 角聲應管 當以白虎 徵聲應管 當以玄武 商聲應管 當以朱雀 羽聲應管면 當以勾陳 五管聲盡不應者 宮也 當以靑龍 此 五行之符 佐勝之徵 成敗之機〕"라는 내용을 말한 것으로 보인다. 다만 〈龍韜〉에는 中央까지 넣어 五音을 맞췄으나 여기서는 勾陳을 빼고 龍은 角, 虎는 商, 鳥는 徵, 蛇는 角으로 본 듯하다. 朱雀은 鳥이고 玄武는 蛇이다.

太宗이 물었다.

"龍·虎·鳥·蛇 네 짐승의 陣을 또 商·羽·徵·角의 네 音으로 형상하니, 이는 무슨 방법인가?"

靖曰 詭道也니이다

李靖이 대답하였다.
"속이는 방도입니다."

靖對曰 兵家詭詐之道也니이다

李靖이 대답하였다.
"이는 兵家의 속이는 방도입니다."

太宗曰 可廢乎아 **靖曰 存之**는 **所以能廢之也**니 **若廢而不用**이면 **詭愈甚焉**이리이다

太宗이 말하였다.
"이것을 폐지할 수 있는가?"
李靖이 대답하였다.
"이것을 보존함으로써 이것을 폐지할 수 있으니, 만약 폐지하고 쓰지 않으면 속임수가 더욱 심해질 것입니다."

太宗曰 可廢之乎아 靖對曰 存其名은 所以能廢之也니 若更廢而不用이면 詭詐愈甚焉이리이다

太宗이 말하였다.
"이것을 폐지할 수 있는가?"
李靖이 대답하였다.
"그 명칭을 남겨둠으로써 이것을 폐지할 수 있으니, 만약 다시 폐지하고 쓰지 않으면 속임수가 더욱 심해질 것입니다."

太宗曰 何謂也오 **靖曰 假之以四獸之陣**과 **及天地風雲之號**하고 **又加商金, 羽水, 徵火, 角木之配**하니 **此皆兵家自古詭道**니 **存之**면 **則餘詭不復增矣**요 **廢之**면 **則使貪使愚之術**을 **從何而施哉**잇가 **太宗良久曰 卿宜秘之**하여 **無泄**(설)**於外**하라

太宗이 말하였다.
"무슨 말인가?"
李靖이 대답하였다.

"네 짐승의 陣과 天·地·風·雲의 이름을 빌리고 또 商의 金과 羽의 水와 徵의 火와 角의 木의 배합을 가하였으니, 이는 모두 兵家들이 예로부터 속이는 방법입니다. 이것을 보존하면 남은 속임수를 다시 더하지 못할 것이요, 이것을 폐지하면 탐욕스런 자를 부리고 어리석은 자를 부리는 방법을 어떻게 베풀겠습니까."

太宗이 한동안 있다가 말하였다.

"卿은 마땅히 이것을 숨겨서 밖에 누설하지 말라."

太宗問曰 何謂也오 靖對曰 假借之以龍, 虎, 鳥, 蛇四獸之名과 及天, 地, 風, 雲之號하고 又加商金, 羽水, 徵火, 角木之配하니 商은 西方之音也라 故로 屬金하고 羽는 北方之音也라 故로 屬水하고 徵는 南方之音也라 故로 屬火하고 角은 東方之音也라 故로 屬木하니 此皆自古以來兵家詭道니 存之면 則餘詭不復增加矣요 若廢此詭道면 則使貪使愚之術을 從何而施布焉이릿고 貪者는 急趨其利하고 愚者는 不顧其死하여 皆可以詭道使之라 太宗良久曰 卿宜秘藏此道하여 無傳泄於外하라

太宗이 물었다.

"무슨 말인가?"

李靖이 대답하였다.

"龍·虎·鳥·蛇 네 짐승의 이름과 天·地·風·雲의 칭호를 빌리고, 또 商의 金과 羽의 水와 徵의 火와 角의 木의 배합을 가하였습니다."

商은 西方의 소리이므로 金에 속하고, 羽는 北方의 소리이므로 水에 속하고, 徵는 南方의 소리이므로 火에 속하고, 角은 東方의 소리이므로 木에 속한다.

"이는 모두 예로부터 兵家의 속이는 방법이니, 이것을 보존하면 남은 속임수가 다시 더 불어나지 않을 것이요, 만약 이 속이는 방도를 폐지하면 탐욕스러운 자를 부리고 어리석은 자를 부리는 방법을 어떻게 펼 수 있겠습니까."

탐욕스러운 자는 그 이익에 급히 달려가고 어리석은 자는 그 죽음을 돌아보지 아니하여, 모두 속이는 방도로써 부릴 수 있는 것이다.

太宗이 한동안 있다가 말하였다.

"卿은 이 방법을 은밀히 숨겨서 밖에 전하여 누설하지 말라."

太宗曰 嚴刑峻法하여 使人畏我而不畏敵을 朕甚惑之하노라 昔에 光武는 以孤軍으로 當王莽百萬之衆호되 非有刑法臨之하니 此何由乎아

漢 光武帝

太宗이 말하였다.

"형벌을 엄하게 하고 법을 준엄히 적용해서 병사들로 하여금 장수인 나를 두려워하고 적을 두려워하지 않게 해야 한다는 말을 朕은 매우 의혹스럽게 생각한다. 옛날 光武帝는 외로운 군대를 가지고 王莽의 백만 군대를 상대하였는데, 형법으로 대하지 않았으니, 이것은 어째서 인가?"

太宗問曰 嚴厲其刑하고 深峻其法하여 使人知畏我而不畏敵[1]이라하니 此言을 朕甚惑之하노라 昔에 漢光武以孤軍으로 當王莽一百萬之衆호되 當時에 非有刑罰臨之[2]하니 此何而能如此乎아

1) 嚴厲其刑……使人知畏我而不畏敵 : 尉繚子는 秦나라 商鞅의 학문을 이어받아 특별히 엄벌을 주장하였다. ≪尉繚子≫ 〈兵令 上〉에는 "병사들이 장수를 두려워하기를 적보다 더하는 경우는 승리하고, 병사들이 적을 두려워하기를 장수보다 더하는 경우는 패한다.〔卒畏將 甚於敵者勝 卒畏敵 甚於將者敗〕"라고 보이며, 〈兵令 下〉에는 "옛날에 용병을 잘한 장수는 병사의 절반을 죽일 수 있었고, 그 다음은 10에 3을 죽이고, 그 다음은 10에 1을 죽였으니, 절반을 죽일 수 있는 자는 위엄이 海內에 가해지고, 10에 3을 죽이는 자는 힘이 제후들에게 가해지고, 10에 1을 죽이는 자는 명령이 사졸들에게 행해진다.〔古之善用兵者 能殺士卒之半 其次殺其十三 其下殺其十一 能殺其半者 威加海內 殺十三者 力加諸侯 殺十一者 令行士卒〕"라고 보인다.

2) 漢光武以孤軍……非有刑罰臨之 : 光武는 光武帝 劉秀로, 前漢 말기 왕실의 외척으로 황제의 자리를 찬탈한 王莽을 토벌하고 後漢을 창업한 황제이다.

更始 원년(A.D. 23)에 王莽은 司空 王邑과 司徒 王尋으로 하여금 군대를 징발하여 山東의 반란을 평정하게 하였는데, 여러 州郡의 刺史와 太守들이 거느리고 온 精兵이 백만에 달하였다. 王莽의 大軍은 劉秀의 주력군을 昆陽城에 몰아넣고 이를 포위하였는데, 포위되기 전에 성을 빠져나온 劉秀는 郾과 定陵 일대로 가서 병력을 규합한 다음, 이 중에서 3,000명을 뽑아 선봉으로 삼아 곧바로 昆陽城으로 가서 성을 포위하고 있던 王莽軍의 배후를 급습하여 大破하고, 적장 王尋을 죽였다.

이에 성안의 군사들이 협공을 가하여 王莽의 주력 부대를 일거에 소탕하고 대승을 거두었다. 이 전투에서 光武帝는 소수의 병력으로 다수의 적병을 공격하였으나 군대를 통솔함에 엄격한 형벌과 법률을 쓰지 않으면서도 군대의 紀綱을 확립하고 士氣를 올려 대승을 거두어 후세 史家들의 주목을 받았다. ≪資治通鑑 漢紀 권31≫

更始는 漢나라의 宗室로 劉秀와 함께 군대를 일으켜 王莽을 토벌하던 군벌인 劉玄이, 更始帝로 추대되자 사용했던 연호이다. 更始帝는 뒤에 赤眉라는 군벌에게 패망하고 更始帝 밑에 있던 劉秀가 결국 後漢을 창업하였다.

太宗이 물었다.

"형벌을 엄하게 하고 법을 까다롭고 준엄하게 해서 사람(병사)들로 하여금 장수인 나를 두려워하고 적을 두려워하지 않아야 함을 알게 해야 한다고 하였으니, 이 말을 朕이 매우 의혹스럽게 생각한다. 옛날 後漢의 光武帝는 외로운 군대를 가지고 王莽의 백만 병력을 상대하였는데, 당시에 형벌로 대하지 않았으니, 어떻게 이와 같이 할 수 있는가?"

靖曰 兵家勝敗는 **情狀萬殊**하여 **不可以一事推也**니이다 **如陳勝吳廣**이 **敗秦師**하니 **豈勝廣刑**(罰)〔法〕[1]이 **能加於秦乎**잇가 **光武之起**는 **蓋順人心之怨莽也**요 **況又王尋王邑**이 **不曉兵法**하고 **徒誇兵衆**하니 **所以自敗**니이다

1) (罰)〔法〕: 저본의 '罰'은 ≪直解≫와 漢文大系本에 의거하여 '法'으로 바로잡았다.

李靖이 대답하였다.

"兵家의 승패는 情狀이 만 가지로 달라서 한 가지 일로 추측할 수가 없습니다. 예컨대 陳勝과 吳廣이 秦나라 군대를 패퇴시켰으니, 어찌 陳勝과 吳廣의 형벌이 秦나라보다 더하였겠습니까. 光武帝가 일어난 것은 백성들의 마음이 王莽을 원망함을 따른 것이요, 더구나 또 王尋과 王邑은 兵法을 알지 못하고 오직 많은 병력을 과시할 뿐이었으니, 이 때문에 스스로 패한 것입니다.

靖對曰 兵家之勝敗는 情狀萬殊하여 不可以一事而推究也니이다 且如陳勝吳廣敗秦師에 豈勝廣之刑法이 能加於秦師乎잇가 蓋百姓怨秦暴虐하여 爭奮出擊故로 廣勝因之而勝也니라 陳勝, 吳廣[1]은 皆楚人이니 秦二世元年에 起兵於蘄(기)하여 勝自立爲楚王하고 以廣爲假王하니라 漢光武之起는 蓋順人心之怨王莽也니이다 王莽은 簒國之大賊이요 又更變漢家之制度하여 人人切齒하니 此光武所以因而取勝이니라 又況王尋, 王邑이 不曉兵法하고 徒誇兵士之衆하니 所以自取其敗니이다 王尋, 王邑은 皆王莽將也니 更始元年에 蕭王이 於昆陽에 擊敗之하여 殺王尋하니라

1) 陳勝吳廣 : 秦나라의 虐政에 맨 먼저 반기를 들고 일어난 인물들이다. 이들은 본래 秦

나라 戍卒들이었는데, 장맛비로 인해 도착시기를 놓쳐 사형을 받게 될 처지에 놓이자, 봉기하여 秦나라의 虐政에 맨 먼저 반기를 들고 일어났다. 이들이 봉기하자 이곳저곳에서 반란이 일어나 秦나라는 건잡을 수 없는 혼란에 빠져 끝내 멸망하였다.

李靖이 대답하였다.

"兵家의 승패는 情狀이 만 가지로 달라서 한 가지 일로 미루어 연구할 수가 없습니다. 예를 들면 陳勝과 吳廣이 秦나라 군대를 패퇴시켰으니, 어찌 陳勝과 吳廣의 형벌이 秦나라 군대보다 더하였겠습니까."

百姓들이 秦나라의 포악한 정치를 원망하여 다투어 나와 공격하였기 때문에 陳勝과 吳廣이 이것을 이용하여 승리한 것이다. 陳勝과 吳廣은 모두 楚나라 사람이니, 秦나라 2세 황제 원년에 蘄 땅에서 군대를 일으켜, 陳勝은 스스로 楚王이 되고 吳廣을 假王으로 삼았다.

"漢 光武帝가 일어난 것은 백성들의 마음이 王莽을 원망함을 따른 것입니다."

王莽은 국가를 찬탈한 큰 역적이고, 또 漢나라의 제도를 모두 변경해서 사람들마다 이를 갈고 있었으니, 이 때문에 光武帝가 인하여 승리를 취한 것이다.

"또 더구나 王尋과 王邑은 兵法을 알지 못하고 한갓 병사의 많음을 과시할 뿐이었으니, 이 때문에 패배를 자초한 것입니다."

王尋과 王邑은 모두 王莽의 장수이니, 更始 원년(23)에 蕭王(光武帝)이 昆陽에서 이들을 격파하여 王尋을 죽였다.

臣按 孫子曰 卒未親附而罰之면 **則不服**하고 **已親附而罰不行**이면 **則不可用**이라하니 **此**는 **言凡將先有愛結於士然後**에 **可以嚴刑也**니 **若愛未加而獨用峻法**이면 **鮮克濟焉**이니이다

臣이 살펴보건대, ≪孫子≫에 이르기를 '병사들이 아직 친하게 따르지 않는데 형벌을 시행하면 복종하지 않고, 이미 친하게 따르는데 형벌을 시행하지 않으면 쓸 수 없다.' 하였습니다. 이는 모든 장수에게 먼저 사랑하는 마음이 있어서 병사들과 마음이 합한 뒤에야 형벌을 엄하게 시행할 수 있음을 말한 것이니, 만약 사랑하는 정을 가하지 않고 준엄한 법만을 적용한다면 성공하는 자가 적을 것입니다."

臣按孫子書에 有曰 士卒未親附而驟罰之면 則不心服하고 士卒已親附而罰不能行이면 則不可使用[1)]이라하니 此言凡爲將者 先有恩愛結於士卒然後에 可以嚴刑

而罰之니 若恩愛未加하고 而獨用峻法이면 少能濟焉이리이다

1) 士卒未親附而驟罰之……則不可使用 : 이 구절은 ≪孫武子≫ 〈行軍〉의 “병사들이 친하게 따르지 않는데 벌을 주면 복종하지 않으니, 복종하지 않으면 쓰기가 어렵다. 병사들이 친하게 따르는데 형벌을 제대로 행하지 않으면 병사들을 사용할 수 없다.〔卒未親附而罰之 則不服 不服 則難用也 卒已親附而罰不行 則不可用也〕”라는 구절을 풀어 쓴 것이다.

“臣이 ≪孫子≫를 살펴보니, 이르기를 ‘병사들이 아직 친하게 따르지 않는데 갑자기 벌을 주면 병사들이 마음으로 복종하지 않고, 이미 친하게 따르는데 형벌을 시행하지 않으면 병사들을 부릴 수 없다.’ 하였으니, 이는 모든 장수 된 자에게 먼저 은혜와 사랑이 있어 병사들의 마음과 합한 뒤에야 엄한 형벌로써 벌을 줄 수 있음을 말한 것입니다. 만약 은혜와 사랑이 가해지지 못하고 준엄한 법만을 쓴다면 성공하는 자가 적을 것입니다.”

太宗曰 尙書云 威克厥愛하면 允濟요 愛克厥威하면 允罔功은 何謂也오

太宗이 말하였다.

“≪尙書≫에 이르기를 ‘위엄이 사랑을 이기면 진실로 성공하고, 사랑이 위엄을 이기면 진실로 성공하지 못한다.’ 한 것은 무슨 말인가?”

太宗問曰 尙書胤征篇에 有言 威勝厥愛하면 信事之有濟也요 愛勝其威하면 信功之無成也라하니 此言은 何謂也오

太宗이 물었다.

“≪尙書≫ 〈胤征〉에 이르기를 ‘위엄이 사랑을 이기면 진실로 일이 이루어지고, 사랑이 그 위엄을 이기면 진실로 성공하지 못한다.’ 하였으니, 이 말은 무슨 말인가?”

靖曰 愛設於先하고 威設於後니 不可反是也니이다

李靖이 대답하였다.

“사랑을 앞에 베풀고 위엄을 뒤에 베풀어야 하니, 이것을 반대로 해서는 안 됩니다.

恩愛를 施設於先하고 威刑을 施設於後하니 不可相反是也니이다

李靖이 대답하였다.

"은혜와 사랑을 앞에 베풀고 위엄과 형벌을 뒤에 베풀어야 하니, 이것을 반대로 해서는 안 됩니다."

若威加於前하고 **愛救於後**면 **無益於事矣**리이다

만약 위엄을 앞에 가하고 사랑으로 뒤에 구휼하면 일에 유익함이 없을 것입니다.

若刑先加於前하고 而以恩愛救之於後면 無益於事矣리이다

"만약 형벌을 앞에 가하고 은혜와 사랑으로써 뒤에 구휼하면 일에 유익함이 없을 것입니다."

尙書는 **所以愼戒其終**이요 **非所以作謀於始也**라 **故**로 **孫子之法**은 **萬代不刊**이니이다

≪尙書≫는 그 끝을 삼가고 경계한 것이요, 처음에 계책한 것이 아닙니다. 그러므로 ≪孫子≫의 법은 만대에 바뀔 수 없는 것입니다."

尙書之言은 所以愼戒其終이요 非所以作謀於事之始也라 故로 孫子之言은 萬代不可刊削이니이다

"≪尙書≫의 말은 그 끝을 삼가고 경계한 것이요, 일의 시작에 계책한 것이 아닙니다. 그러므로 ≪孫子≫의 말은 만대가 지나도 삭제하여 없앨 수 없는 것입니다."

○ 愚謂愛與威는 闕一不可하니 愛設於先하고 威設於後는 此常理也라 若田穰苴[1)]出自卑賤하여 擢之行伍之中하여 加之大夫之上한대 士卒未附하고 百姓不信이라 當是時하여 汲汲扞燕晉之師하니 何先以愛施之리오 監軍莊賈期而後至어늘 斬之以徇한대 三軍戰慄이라 旣行에 士卒次舍와 井竈飮食과 問疾醫藥을 身附循之하고 悉取將軍之資糧하여 享士卒하고 身與士卒로 平分糧食하며 最(比)〔庇〕[2)]羸(리)弱者하여 三日而後勒兵한대 病者皆求行하여 爭奮出하여 爲之赴戰하니 晉師聞之하고 爲罷去하고 燕師聞之하고 渡水而解라 於是에 追擊之하여 遂取所亡封內故境하고 而引兵歸하니 此威加於前하고 愛救於後者니 如何却(有)〔無〕[3)]益於事哉아 故로 當愛則愛하고 當威則威하여 愛與威竝行而不相悖 可也라 若尙書의 威克厥愛允濟者는 欲其嚴明之勝於姑息也요 愛克厥威允罔功也者는 恐其姑息之勝於嚴明也라 夫

軍旅上威하니 嚴明勝이면 信能濟事요 姑息勝이면 信無成功이라 威與愛 始終不可廢하니 非以愛作謀於始하고 以威愼戒其終也니라

1) 田穰苴 : 春秋時代 齊 景公 때의 名將으로, 뒤에 司馬 벼슬을 하여 司馬氏가 되었는바, 兵書 ≪司馬法≫을 저술하였다.

2) (比)〔庇〕: 저본의 '比'는 文理에 의거하여 '庇'로 바로잡았다.

3) (有)〔無〕: 저본의 '有'는 文理에 의거하여 '無'로 바로잡았다.

○ 내가 생각하건대 사랑과 위엄은 어느 한 가지도 없어서는 안 되니, 사랑을 먼저 베풀고 위엄을 뒤에 베푸는 것은 떳떳한 이치이다.

그러나 田穰苴는 미천한 출신으로 대오(졸병) 가운데서 발탁되어 大夫의 위에 가해지자, 士卒들이 따르지 않고 백성들이 믿지 않았다. 이때를 당하여 급급하게 燕나라와 晉나라의 군대를 막았으니, 어찌 먼저 사랑을 베풀 수가 있었겠는가. 監軍 莊賈가 약속한 시간에 늦게 오자, 그를 참형에 처하여 군영에 돌리니, 三軍이 두려워하였다. 이미 출정 길을 떠나자, 田穰苴는 병사들이 머무는 곳과 우물과 부엌, 음식물과 질병을 앓는 자들을 문병하고 의약품을 챙겨주어 몸소 병사들을 어루만졌으며, 將軍에게 지급되는 물자와 양식을 모두 취하여 士卒들에게 宴享을 베풀고, 몸소 士卒들과 공평하게 양식을 나누었다. 그리고 가장 몸이 허약한 자를 보호해서 3일 후에 군대를 무장시키자, 병석에 누워있던 자들이 모두 출전하고자 하여 다투어 나와서 싸움에 달려오니, 晉나라 군대가 이 말을 듣고 해산하여 떠났으며, 燕나라 군대는 이 말을 듣고 물을 건너가 해산하였다. 이에 田穰苴는 追擊하여 마침내 경내의 잃었던 옛 강토를 수복한 다음, 군대를 이끌고 돌아왔다. 이는 위엄을 앞에 가하고 사랑으로 뒤에 구휼한 것이니, 어찌 일에 무익하겠는가.

그러므로 마땅히 사랑해야 하면 사랑하고, 마땅히 위엄을 베풀어야 하면 위엄을 베풀어서, 사랑과 위엄이 서로 병행되어 모순되지 않는 것이 옳은 것이다.

≪尙書≫ 〈夏書 胤征〉의 '위엄이 사랑을 이기면 진실로 성공한다.'는 것은 嚴明이 姑息을 이기게 하려는 것이요, '사랑이 위엄을 이기면 진실로 성공하지 못한다.'는 것은 姑息이 嚴明을 이길까 두려워한 것이다. 군대는 위엄을 숭상하니 嚴明이 이기면 진실로 일을 이루고, 姑息이 이기면 진실로 성공이 없는 것이다. 위엄과 사랑은 시종 폐할 수 없으니, 사랑으로 처음을 계책하고 위엄으로 그 끝을 삼가고 경계하는 것이 아니다.

太宗曰 卿平蕭銑에 諸將이 皆欲籍僞臣家하여 以賞士卒호되 卿獨不從[1]하여 以謂蒯(기)通不戮於漢[2]이라하더니 旣而오 江漢歸順이라 朕由是思하니 古人有言曰

文能附衆이요 武能威敵이라하니 其卿之謂乎인저

1) 卿平蕭銑……卿獨不從 : 唐 高祖 李淵이 武德 4년(621)에 宗室인 趙郡王 李孝恭을 元帥로 삼고 李靖을 副元帥로 삼아 江陵을 점거하고 있던 蕭銑을 토벌하였을 때의 일로, ≪舊唐書≫ 〈李靖列傳〉에 보인다. 僞臣은 괴뢰정권의 신하란 뜻으로, 蕭銑의 부하들을 가리킨다.

2) 蒯(기)通 不戮於漢 : 蒯通은 漢나라의 劉邦과 楚나라의 項羽가 천하를 다투던 시절, 韓信의 策士로 본명은 蒯徹이다. 韓信이 齊王에 봉해지자, 燕나라와 趙나라의 세력을 합쳐 독립하여 漢·楚와 함께 천하를 셋으로 나누어 鼎立하는 三分의 계책을 올렸으나, 韓信이 이를 받아들이지 않았다. 韓信이 뒤에 반역의 죄로 잡혀 죽을 때 蒯通의 말을 듣지 않은 것을 후회한다는 말을 남겼는데, 高祖가 이 말을 전해 듣고 蒯通을 잡아 죽이려 하자, 그는 "개는 각각 자기 주인을 위해 짖는다."고 말하여 죄를 용서받고 풀려났다. ≪史記 권92 淮陰侯列傳≫

太宗이 말하였다.

"卿이 蕭銑을 평정할 적에 여러 장수들은 모두 僞臣의 집안을 적몰하여 士卒들에게 賞으로 주려 하였으나, 卿은 홀로 따르지 않으면서 말하기를 '蒯通이 漢 高祖에게 죽임을 당하지 않았다.' 하였는데, 이윽고 江漢 지방이 귀순하였다. 朕은 이로 말미암아 생각해보니, 古人의 말에 이르기를 '文은 사람들을 따르게 하고 武는 적을 두렵게 한다.' 하였으니, 이것은 아마도 卿을 두고 말함일 것이다."

太宗言 卿平蕭銑之時에 諸將이 皆欲籍僞臣家貲하여 以賞賚士卒호되 卿獨不肯從하여 以謂〔昔者〕蒯通이 不見戮於漢〔高〕[1)]라하더니 旣而오 江漢之間이 率皆歸順이라 朕由是思惟하니 古人有言曰 文能親附士衆하고 武能威服敵人이라하니 其卿之謂乎인저 銑은 梁之後니 爲羅川令이라가 隋恭帝義寧元年에 起兵巴陵하여 自稱梁王이러니 唐武德四年에 討平之하니라 蒯通事는 見漢高帝十一年하니라

1) 〔昔者〕蒯通 不見戮於漢〔高〕 : 저본에는 '昔者'와 '高'가 없으나 漢文大系本에 의거하여 보충하였다.

太宗이 말하였다.

"卿이 蕭銑을 평정할 적에 여러 장수들은 모두 僞臣의 가산을 적몰하여 士卒들에게 賞으로 주고자 하였으나, 卿은 홀로 따르지 않으면서 말하기를 '蒯通이 漢 高祖에게 죽임을 당하지 않았다.' 하였는데, 이윽고 江漢 사이의 지방이 모두 다 귀순하였다. 朕은 이로 말미암아 생각해보니, 古人의 말에 이르기를 '文은 병사들을 친애하여 따르

게 하고 武는 적을 위엄으로 복종시킨다.' 하였으니, 이것은 아마도 卿을 두고 말함일 것이다."

蕭銑은 梁나라의 후손이니, 羅川令이 되었다가 隋 恭帝 義寧 원년(617)에 巴陵에서 군대를 일으켜 스스로 梁王이라고 칭하였는데, 唐나라 武德 4년(621)에 토벌을 당하여 평정되었다. 蒯通의 일은 漢 高祖 11년(B.C. 196)에 보인다.

靖曰 漢光武平赤眉하고 **入賊營中**하여 **按行**한대 **賊曰 蕭王**이 **推赤心於人腹中**이라하니 **此蓋先料人情**이 **本非爲惡**이니 **豈不豫慮哉**잇가

李靖이 말하였다.

"漢 光武帝가 赤眉를 평정하고 賊의 진영 가운데로 들어가서 서서히 걸어가자, 賊들이 말하기를 '蕭王이 진심을 사람의 뱃속에 미루어 둔다.' 하였습니다. 이는 賊들의 마음이 본래 악한 짓을 하지 않을 줄을 먼저 헤아린 것이니, 어찌 미리 염려하지 않을 수 있겠습니까.

靖對曰 漢光武平赤眉賊樊崇等하고 **入其營中**하여 **按行**한대 **賊皆喜曰 蕭王**이 **推赤心於人腹中**이라하니 **此蓋先料度(탁)人情**이 **本不爲惡**이니 **豈不豫爲之慮哉**잇가 **命馮異**하여 **平赤眉時**에 **光武已稱帝矣**라 **蕭王推赤心**하여 **置人腹中**하니 **安得不致死乎**아 **更始二年**에 **收銅馬, 鐵脛, 五幡, 大肜, 尤來, 大鎗時**에 **按行賊營**할새 **而賊有此言也**니 **赤眉字恐誤**[1]라

1) 蕭王推赤心……赤眉字恐誤 : 이 내용은 ≪後漢書≫ 〈吳漢傳〉에 "이때 여러 賊인 銅馬, 鐵脛, 尤來, 大搶, 上江, 青犢, 富平, 獲索 등이 각각 部曲(군대)을 거느리니, 무리가 합하여 수백만 명이었다. 이들은 모여있는 곳마다 도둑질하고 노략질하였는데, 가을에 蕭王이 銅馬를 鄡縣에서 공격할 적에 吳漢이 突騎를 거느리고 淸陽으로 와서 모이니, 병사와 말이 매우 많았다. 銅馬가 양식이 다하여 밤에 도망하자, 蕭王이 館陶에서 추격하여 모두 항복을 받고 큰 우두머리를 봉하여 列侯로 삼았다.

그러나 諸將들도 賊을 믿지 못하고 항복한 자들도 스스로 안심하지 못하였는데, 蕭王이 이러한 뜻을 알고는 칙령을 내려 항복한 자들로 하여금 각각 자기 진영으로 돌아가 무장하게 한 다음 스스로 경무장한 기마를 타고서 部隊와 陣營을 순행하니, 항복한 자들이 다시 서로 말하기를 '蕭王이 眞心을 미루어 사람의 뱃속에까지 넣으니, 어찌 목숨을 바치지 않을 수 있겠는가?' 하고는 이로 말미암아 모두 복종하였다. 이에 항복한 사람을 여러 장수들에게 나누어주어 배속시키니, 무리가 마침내 수십만이었

다. 그러므로 關西 지방에서는 劉秀를 이름하여 銅馬帝라 하였다."라고 보이는바, 赤眉는 이 뒤에 평정되었으므로 誤記라고 한 것이다.

李靖이 대답하였다.

"漢 光武帝가 賊인 赤眉의 樊崇 등을 평정하고 그들의 진영 가운데로 들어가서 서서히 걸어가자, 賊들이 모두 기뻐하며 말하기를 '蕭王(光武帝)이 진심을 사람(우리들)의 뱃속에 미루어 둔다.' 하였습니다. 이는 光武帝가 賊들의 인정이 본래 악한 짓을 하지 않을 것을 미리 헤아린 것이니, 어찌 미리 염려하지 않을 수가 있겠습니까."

光武帝는 馮異에게 명하여 赤眉를 평정하게 할 적에 이미 황제를 칭하였다. '蕭王이 赤心을 미루어 사람의 뱃속에 두니, 우리가 어찌 死力을 바치지 않을 수 있겠는가.'는, 蕭王이 更始 2년(A.D. 24)에 銅馬・鐵脛・五幡・大彤・尤來・大鎗을 거두면서 적진을 서서히 행군하였을 때에 적들이 이런 말을 한 것이니, 赤眉라는 글자는 誤記인 듯하다.

臣頃討突厥할새 **總番漢之衆**하여 **出塞千里**호되 **未嘗戮一揚干, 斬一莊賈**하고 **亦推赤誠**하여 **存至公而已矣**니이다 **陛下過聽**하시고 **擢臣以不次之位**하시니 **若於文武**엔 **則何敢當**이리잇가

臣이 지난번 突厥을 토벌할 적에 番兵과 漢兵의 무리를 총동원하여 변방에서 천 리를 나갔으나, 일찍이 한 명의 揚干을 죽이지 않고 한 명의 莊賈를 목 베지 않고, 또한 赤心(진정)을 미루어 지극히 공정함을 보존할 뿐이었습니다. 폐하께서 잘못 들으시고 臣을 차례를 뛰어넘는 지위에 발탁하셨으니, 文・武의 온전한 재주에 있어서는 신이 어찌 감당하겠습니까."

臣이 頃(昔)〔者〕[1]征討突厥할새 總率番漢之衆하여 出塞千里호되 未曾戮一揚干, 斬一莊賈也요 亦不過推赤誠하여 存至公而已矣니이다 陛下過聽하시고 擢臣以不次之位하시니 若於文武全才엔 則何〔敢〕[2]當之리잇고 揚干은 晉悼公之弟也라 魯襄公三年에 盟於鷄津할새 揚干이 亂行於曲梁이어늘 魏絳戮其僕하고 莊賈는 田穰苴監軍이니 期而後至어늘 穰苴斬之하니라

1) (昔)〔者〕: 저본의 '昔'은 漢文大系本에 의거하여 '者'로 바로잡았다.
2) 〔敢〕: 저본에는 '敢'자가 없으나, 漢文大系本에 의거하여 보충하였다.

"臣이 지난번 突厥을 토벌할 적에 番兵과 漢兵의 무리를 통솔하여 변방에서 천 리를

나갔으나, 일찍이 한 명의 揚干을 죽이거나 한 명의 莊賈를 목 베지 않았고, 또한 赤心을 미루어서 지극히 공정함을 보존함에 불과할 뿐이었습니다. 폐하께서 잘못 들으시고 臣을 차례를 뛰어넘는 지위에 발탁하시니, 文·武의 온전한 재주로 말하면 신이 어찌 감히 감당하겠습니까."

揚干은 晉 悼公의 아우이다. 魯 襄公 3년(B.C. 570)에 鷄津에서 會盟할 적에, 揚干이 曲梁에서 行列을 어지럽히자 魏絳이 그의 馬夫를 죽였으며, 莊賈는 田穰苴의 監軍이었는데 약속한 시간보다 늦게 오자 田穰苴가 그를 목 베었다.

太宗曰 昔에 **唐儉使突厥**이러니 **卿因擊而敗之**한대 **人言卿以儉爲死間**이라하니 **朕至今疑焉**하노니 **如何**오

太宗이 말하였다.

"옛날 唐儉이 突厥에 사신 갔었는데, 卿이 그 틈을 타 공격하여 패퇴시키자, 사람들은 '卿이 唐儉을 死間으로 삼았다.' 하였다. 朕은 지금까지도 이것이 의심스러우니, 어떠한가?"

太宗曰 昔에 **朕遣鴻臚卿唐儉**하여 **使突厥**이러니 **卿因擊而敗之**한대 **人言卿以唐儉爲死間**[1]이라하니 **朕至今心疑焉**하노니 **此事如何**오

1) 死間 : 兵法에 나오는 다섯 가지 간첩 가운데 하나이다. ≪孫子≫ 〈用間〉에 "간첩을 활용하는 것이 다섯 가지가 있으니, 鄕間이 있고 內間이 있고 反間이 있고 死間이 있고 生間이 있다.……死間이란 적을 속이는 일을 밖에서 만들어 우리 간첩으로 하여금 이것을 알게 해서 적의 간첩에게 전달하게 하는 것이다.〔用間有五 有鄕間 有內間 有反間 有死間 有生間……死間者 爲誑事於外 令吾間知之 而傳於敵間也〕"라고 보이는데, 劉寅은 ≪孫子直解≫에서 "死間이란 거짓으로 허황된 일을 밖에서 만들어 우리 간첩으로 하여금 이것을 알게 해서 적의 간첩에게 전달하여 누설하게 하는 것이다. 死間의 일이 한 가지가 아니니, 예컨대 酈生(酈食其)이 齊王에게 삶겨 죽임을 당하고, 趙宋 때에 曹太尉가 승려로 하여금 밀랍으로 만든 환약을 삼키고서 西夏에 들어갔다가 西夏의 도모하는 신하와 함께 또한 죽임을 당한 것이 모두 이것이다."라고 구체적인 사례를 제시하였다.

太宗이 말하였다.

"옛날 朕이 鴻臚卿 唐儉을 보내어서 突厥에 사신으로 가게 했었는데, 卿이 그 틈을 타 突厥을 공격하여 패퇴시키자, 사람들이 말하기를 '卿이 唐儉을 死間으로 삼았다.'

하였다. 朕은 지금까지도 마음에 의심스러우니, 이 일이 어떠한가?"

靖再拜曰 臣與儉으로 **比肩事主**하니 **料儉說必不能柔服**이라 **故**로 **臣因縱兵擊之**하니 **所以去大患**이요 **不顧小義也**니이다 **人謂〔以〕**[1]**儉爲死間**이라하니 **非臣之心**이니이다

1)〔以〕: 저본에는 '以'자가 없으나, 漢文大系本에 의거하여 보충하였다.

李靖이 再拜하고 말하였다.
"臣이 唐儉과 어깨를 나란히 하여 君主를 섬겼으니, 唐儉의 말이 반드시 突厥을 회유하여 복종시키지 못할 줄을 헤아렸습니다. 그러므로 臣이 이 틈을 타서 군대를 풀어 공격한 것이니, 큰 환난을 제거한 것이요 작은 의리를 돌보지 않은 것입니다. 사람들은 唐儉이 死間이 되었다고 여기는데, 이것은 臣의 본심이 아닙니다.

靖再拜而言曰 臣與唐儉으로 比肩事主하니 料儉說이 必不能柔服突厥之心이라 故로 臣因其懈而縱兵擊之하니 所以去突厥之大患이요 不顧唐儉之小義也니이다 人謂臣以唐儉爲死間이라하니 非臣之本心이니이다

李靖이 再拜하고 말하였다.
"臣이 唐儉과 함께 어깨를 나란히 하여 君主를 섬겼으니, 唐儉의 말이 반드시 突厥을 회유하여 복종시키지 못할 줄을 헤아렸습니다. 그러므로 臣이 적이 해이한 틈을 타서 군대를 풀어 공격하였으니, 이는 突厥의 큰 환난을 제거한 것이요 唐儉의 작은 의리를 돌보지 않은 것입니다. 사람들은 臣이 唐儉을 死間으로 삼았다고 하는데, 이는 臣의 본심이 아닙니다."

○ 按貞觀四年에 李靖, 李世勣이 襲破突厥한대 頡利竄于鐵山하니 衆尙十餘萬이라 遣執失思力하여 入見하고 謝罪求朝한대 上遣鴻臚卿唐儉等하여 慰撫之하고 又詔李靖하여 將兵迎之러니 頡利外爲卑辭나 內實猶豫하여 謀走磧北이라 靖引兵하여 與世勣會白道하여 謀曰 頡利雖敗나 其兵猶盛하니 若走度磧北이면 則難圖矣라 今詔使至彼하여 虜必自寬하리니 若選萬騎襲之면 不戰可擒矣리라 張公謹曰 詔書許降하여 使者在彼하니 奈何擊之리오 靖曰 此는 韓信所以破齊[1]也니 唐儉輩를 何足惜이리오하고 遂勒兵夜發한대 世勣繼之라 頡利見儉來하고 大喜러니 靖前鋒去

牙帳七里하여 頡利始知之하고 乘千里馬先走하니 其衆遂潰라 唐儉脫身得歸하다 靖殺義成公主[2)]하고 斬首萬餘級하고 俘男女十餘萬하다 世勣軍磧口하니 酋長皆帥衆降하여 虜五萬餘口而還하니 斥地自陰山으로 北至大漠하여 露布以聞하니라

1) 韓信所以破齊 : 漢나라 3년(B.C. 204), 韓信이 군대를 이끌고 齊나라를 정벌하기 위해 동쪽으로 진격하자, 형세가 불리함을 느낀 齊王 田廣은 漢王이 보낸 辯士 酈生(酈食其)의 말을 따라 漢나라에 귀순하고 歷下에 주둔했던 군대를 해산하여 방비를 풀었다.

韓信이 이 말을 듣고 진격을 중지하려 하자, 辯士인 蒯徹이 "장군이 詔命을 받고 齊나라를 공격하였는데, 漢나라가 홀로 間使를 내어 齊나라를 항복시켰으니, 어찌 詔命으로 장군을 중지시킨 적이 있었습니까. 또 酈生은 한 선비로서 수레에 기대어 세 치 혀를 놀려서 齊나라의 70여 성을 항복시켰는데, 장군은 수만 명의 병력으로 1년이 넘어서야 비로소 趙나라의 50여 성을 함락시켰으니, 장수가 된 지 여러 해에 도리어 한 미친한 선비의 功만도 못하단 말입니까."라고 설득하였다.

韓信이 그 말을 옳게 여겨 歷下의 齊軍을 기습, 격파하고 臨淄로 진격하니, 齊王은 酈生이 자신을 속였다 하여 그를 삶아 죽이고 군대를 이끌고 동쪽 高密로 도망하였다. ≪史記 高祖本紀≫

2) 義成公主 : 隋 文帝 때 突厥과의 화친을 위해서 시집보낸 公主이다. 開皇 19년(599)에 東突厥의 啓民可汗과 화친하기 위해 시집보낸 安義公主가 죽자, 文帝는 화친을 계속 유지하기 위해 다시 義成公主를 啓民可汗에게 시집보냈다.

義成公主는 突厥에서 생활하는 30년 동안, '아비가 죽으면 그 후처를 아들이 아내로 맞고 형제가 죽으면 그 아내를 남아있는 형제가 차지한다.'는 북방 민족의 풍습에 따라 啓民可汗의 아들들로, 可汗의 지위를 이은 始畢可汗, 處羅可汗, 頡利可汗 등 네 사람에게 연이어 改嫁하여 중국과 돌궐에 적지 않은 영향력을 행사하였으며, 煬帝 大業 11년(615)에는 雁門에서 突厥軍에게 포위당하여 위기에 처한 煬帝를 구원해 주기도 하였다.

그러나 東突厥이 隋나라 말기부터 중국의 혼란한 틈을 타 그 세력을 강화하자, 중국을 통일한 唐나라는 李靖으로 하여금 이들을 평정하게 하였는데, 이때 義成公主도 잡혀 처형되었다. ≪舊唐書 突厥列傳≫

○ 살펴보건대, 貞觀 4년(630)에 李靖과 李世勣이 突厥을 기습하여 격파하자, 頡利可汗이 鐵山으로 도망하였는데, 병력이 아직도 10여 만이 있었다. 〈頡利可汗은〉 執失思力을 보내어 唐나라에 들어와 황제를 뵙고서 사죄하고 朝會할 것을 청하자, 황제(太宗)는 鴻臚卿 唐儉 등을 보내어 이를 慰撫하고, 또 李靖에게 명하여 군대를 거느리고

가서 頡利可汗을 맞이하게 하였다. 頡利可汗은 겉으로는 말을 낮추었으나, 실제로는 내심 猶豫하면서 磧北으로 달아날 것을 도모하였다.

李靖은 병력을 이끌고 李世勣과 白道에 모여 상의하기를 "頡利可汗이 비록 패하였으나 그 병력이 아직도 강성하니, 만약 도망하여 磧北으로 가면 우리가 도모하기 어려울 것이다. 지금 詔使가 저들의 진영에 있으므로 오랑캐들은 마음을 놓고 있을 것이니, 만약 만 명의 정예 騎兵을 선발하여 습격하면 싸우지 않고서도 적을 사로잡을 수 있을 것이다." 하였다.

張公謹은 "皇帝가 조칙을 내려 항복하는 것을 허락해서 使者가 저들의 진영에 있으니, 어찌 공격한단 말인가?" 하고 반대하였으나, 李靖은 말하기를 "이는 韓信이 齊나라를 격파한 방법이니, 唐儉 등을 어찌 아까워할 것이 있겠는가." 하고, 군대를 무장시켜 밤에 출동하자, 李世勣이 뒤를 이었다.

頡利可汗은 唐儉이 온 것을 보고 크게 기뻐하였는데, 李靖의 선봉대가 頡利可汗의 牙帳에서 7里까지 쳐들어 온 뒤에야 비로소 이 사실을 알고는 천리마를 타고 먼저 도망하니, 그 무리가 마침내 궤멸되었고 唐儉은 몸을 빠져 돌아올 수 있었다. 李靖은 義成公主를 죽이고 1만여 명의 首級을 베었으며, 남녀 10여 만을 포로로 잡았다. 李世勣이 磧口에 군대를 주둔하니, 酋長들이 모두 병력을 거느리고 와서 항복하여 5만여 명을 포로로 잡아 돌아왔다. 이에 영토를 개척한 것이 陰山으로부터 북쪽으로 큰 사막에 이르렀으므로 李靖은 露布(戰勝을 알리는 문서)에 이 사실을 적어서 보고하였다.

按孫子에 **用間**이 **最爲下策**이니이다 **臣嘗著論其末**하여 **云 水能載舟**요 **亦能覆舟**하나니 **或用間以成功**하고 **或憑間以傾敗**라하니이다 **若束髮事君**하여 **當朝正色**하여 **忠以盡節**하고 **信以竭誠**이면 **雖有善間**이나 **安可用乎**잇가 **唐儉小義**를 **陛下何疑**니잇고

살펴보건대, ≪孫子≫에 間諜을 사용하는 것이 가장 하책이었습니다. 臣이 일찍이 그 끝에 論을 붙이기를 '물은 배를 띄우기도 하지만 배를 엎기도 하며, 혹은 間諜을 사용하여 성공하기도 하지만 혹은 間諜을 사용하여 패망하기도 한다.' 하였습니다. 만약 머리를 묶는 때(젊을 때)부터 君主를 섬겨 朝廷에서 얼굴빛을 바로잡아 충성으로 절개를 다하고 신의로써 정성을 다한다면 비록 훌륭한 諜者가 있더라도 어찌 쓸 수 있겠습니까. 唐儉의 작은 의리를 陛下께서 어찌 의심하십니까."

按孫子用間之說이 最爲下策[1)]이니이다 臣嘗著論其篇末하여 云 水能乘載其舟요

亦能傾覆其舟라 古人或有用間以成功하니이다 如秦使人間趙에 趙果不用廉頗而用趙括[2)]이 是也요 或有憑間以傾敗者하니이다 如項羽聽使者之言하여 不用范增之計[3)] 是也라 若自束髮以事君하여 當朝而正色하여 忠以盡臣之節하고 信以竭心之誠하니 忠者는 盡己之謂요 節者는 有操守而不可奪也요 信者는 以實之謂요 誠者는 眞實無妄之謂라 雖有善(而)〔爲〕[4)]間者나 安可用乎잇가 如曹公使蔣幹說周瑜러니 及見瑜而終無一言하고 還謂曹曰 周瑜雅量高致는 非言辭所能間也[5)]라하니라 唐儉小義를 陛下又何疑焉이릿고

1) 孫子用間之說 最爲下策 : 下策이란 말은 여러 가지 해석이 가능하나, 여기서는 〈用間〉편이 ≪孫子≫ 13편 가운데 마지막에 있으므로 하책이 된다고 말한 것으로 보인다.

2) 秦使人間趙 趙果不用廉頗而用趙括 : 戰國時代인 B.C. 260년에 秦나라 장수 王齕(흘)이 趙나라를 공격하였으나 趙나라의 명장 廉頗의 수비 전술에 막혀 승기를 잡지 못하였다. 이에 應侯인 范雎가 趙나라에 諜者를 보내어 "秦나라가 두려워하는 것은 오직 馬服君(趙奢)의 아들 趙括이 장수가 되는 것일 뿐이니, 廉頗는 상대하기 쉽고 장차 항복할 것이다."라고 反間計를 퍼뜨렸다. 趙王은 이에 속아 廉頗 대신 趙括을 장수로 임명하여 秦나라를 공격하게 하였다.

秦王은 이 소식을 듣자 백전노장인 武安君 白起를 上將軍으로 삼고, 軍中에 '武安君이 장수 된 것을 감히 누설하는 자가 있으면 斬刑에 처하겠다.'는 엄명을 내렸다. 秦軍을 얕잡아본 趙括은 마음 놓고 出兵하여 秦軍을 공격하다가 거짓으로 패주하는 秦軍의 계략에 빠져 전사하고, 趙軍 40만은 秦軍의 포로가 되어 모두 구덩이에 매몰되어 죽임을 당하였다. ≪史記 白起列傳≫

3) 項羽聽使者之言 不用范增之計 : 漢 高祖가 項羽와 패권을 다툴 적에, 項羽의 軍師인 范增을 제거하기 위해 陳平이 획책한 反間計를 이른다.

高祖가 滎陽城에 포위되어 위태롭게 되자 項羽와 화친을 도모하였는데, 范增이 이를 반대하였다. 이때 漢나라의 상황을 살피고자 項羽가 使臣(첩자)을 보냈는데, 陳平이 太牢의 성찬을 장만하여 사신에게 올리다가 사신을 보고는 거짓으로 놀란 체하며 말하기를 "나는 亞父(范增)의 사신이라고 여겼더니 지금 보니 바로 項王의 사신이다." 하고는 도로 가져가게 하고, 다시 나쁜 음식을 차려 楚나라의 사신에게 올렸다.

楚나라의 사신이 돌아가 項羽에게 이 사실을 아뢰니, 項羽가 이로 말미암아 范增을 크게 의심하였다. 范增이 滎陽城을 급히 공격하여 함락하려 하였으나 項王은 范增의 계책을 듣지 않았다. 范增은 項羽가 자기를 의심한다는 것을 알고 노하여 "천하의 대사는 이미 결정이 났습니다. 앞으로의 일은 군왕께서 스스로 알아서 하십시오." 하고 돌아가다가 彭城에 미치지 못해 등에 종기가 나서 죽었다. ≪史記 陳丞相世家≫

4) (而)〔爲〕: 저본의 '而'는 漢文大系本에 의거하여 '爲'로 바로잡았다.

5) 曹公使蔣幹說周瑜……非言辭所能間也 : 後漢 獻帝 建安 13년(208), 曹操는 천하를 통일하기 위해 南征하여 新野를 점령하고 劉備를 夏口로 패주시킨 다음, 江陵으로 진군하여 赤壁江에 이르러 周瑜가 거느리는 吳軍과 대치하였다.

周瑜의 나이가 아직 어린 것을 보고, 曹操는 당시 長江 일대에서 가장 뛰어난 說客으로 꼽히는 蔣幹을 보내어 周瑜를 懷柔하고자 하였다. 周瑜는 태연히 蔣幹을 맞이하여 吳軍 진영 내부의 倉庫와 軍資 등을 두루 구경시켜준 다음, 잔치를 베풀고 자신을 알아주는 군주를 만나 충성을 다하는 대장부의 마음을 설파하니, 蔣幹은 끝내 아무 말도 하지 못하고, 돌아와서 曹操에게 이르기를 "周瑜의 아량과 높은 운치는 말로 이간질할 수 있는 것이 아닙니다."라고 보고하였다. ≪三國志 吳書 周瑜傳≫

"살펴보건대, ≪孫子≫에 間諜을 사용하는 말이 가장 下策이 되었습니다. 臣이 일찍이 그 편의 끝에 글을 지어 붙이기를 '물은 배를 띄우기도 하고 또한 배를 기울게 하여 엎기도 한다.' 하였습니다. 古人 중에 혹은 간첩을 사용하여 성공한 경우가 있습니다."

예컨대 秦나라가 간첩을 시켜 趙나라를 이간질하자, 趙나라가 과연 廉頗를 등용하지 않고 趙括을 등용한 것과 같은 것이 이것이다.

"혹은 간첩을 의지하여 기울고 패망한 경우가 있습니다."

項羽가 使者의 말을 듣고서 范增의 계책을 따르지 않은 것과 같은 것이 이것이다.

"만약 〈댕기를 풀고〉 머리를 묶는 〈成童(15세)〉 때부터 君主를 섬겨 朝廷에 있으면서 얼굴빛을 바로잡아 충성으로써 신하의 절개를 다하고 신의로써 마음의 정성을 다합니다."

忠은 자기를 다함을 이르고, 節은 지키는 지조가 있어서 빼앗을 수 없는 것이요, 信은 진실히 함을 이르고, 誠은 진실하여 망령됨이 없음을 이른다.

"〈이렇게 한다면〉 비록 諜者 노릇을 잘하는 자가 있더라도 어찌 사용할 수 있겠습니까."

예컨대 曹公(曹操)이 蔣幹으로 하여금 周瑜를 설득하게 하였는데, 蔣幹은 周瑜를 만나보자 끝내 한마디 말도 못하고, 돌아와서 曹公에게 이르기를 '周瑜의 아량과 높은 운치는 말로 능히 이간질할 수 있는 것이 아닙니다.' 하였다.

"唐儉의 작은 의리를 陛下께서 또 어찌 의심하십니까."

太宗曰 誠哉라 **非仁義**면 **不能使間**이니 **此豈纖人所爲乎**아 **周公**은 **大義滅親**하니 **況一使人乎**아 **灼無疑矣**로다

太宗이 말하였다.

"참으로 옳다. '仁義가 아니면 間諜을 부릴 수 없다.' 하였으니, 이 어찌 小人이 할 수 있는 것이겠는가. 周公은 大義로 친척을 돌아보지 않았으니, 하물며 한 사신에 있어서랴. 분명하여 의심할 것이 없다."

太宗聞靖之言하고 而嘆曰 誠哉라 非仁義면 不能使間[1]이니 此豈纖小之人所能爲乎아 周公以大義滅親하시니 何況一使人乎아 灼然無疑矣라 管叔이 以武庚叛이어늘 周公(計)〔討〕[2]而誅之하니 是大義滅親也[3]라

1) 非仁義 不能使間 : 이 내용은 ≪孫子≫ 〈用間〉에 "성스럽고 지혜로운 재주를 간직한 자가 아니면 간첩을 사용하지 못하고, 仁과 義가 아니면 간첩을 사용하지 못하고, 미묘함이 아니면 간첩의 실제를 알지 못한다.〔非聖智 莫能用間 非仁義 莫能使間 非微妙 不能得間之實〕"라고 보인다.

2) (計)〔討〕 : 저본의 '計'는 漢文大系本에 의거하여 '討'로 바로잡았다.

3) 管叔……是大義滅親也 : 管叔은 周나라를 창업한 武王의 아우이자 成王의 숙부이며, 武庚은 殷 紂王의 아들이다. 周公은 武王의 아우로 이름이 旦인데 武王을 도와 殷나라를 정벌하고 紂王의 아들 武庚을 殷나라에 봉한 다음 庶兄인 管叔과 아우인 蔡叔, 霍叔으로 하여금 감시하게 하였다. 武王이 죽고 成王이 어린 나이로 즉위하여 周公이 섭정하자, 管叔 등은 '周公이 장차 어린 成王을 해칠 것'이라는 유언비어를 퍼뜨리고 武庚과 함께 배반하니 周公이 이들을 토벌하였으므로 이렇게 말한 것이다. '大義滅親'은 국가의 大義를 위해서는 부자간이나 형제간의 天倫도 돌아보지 않음을 이른다.

太宗이 李靖의 말을 듣고 감탄하여 말하였다.

"참으로 옳다. '仁義가 아니면 間諜을 부릴 수 없다.' 하였으니, 이 어찌 자잘한 소인이 능히 할 수 있는 것이겠는가. 周公은 大義로 친척을 돌아보지 않았으니, 더구나 한 使臣에 있어서랴. 분명하여 의심할 것이 없다."

管叔이 武庚을 데리고 배반하자 周公이 토벌하여 그를 죽였으니, 이것이 大義로 친척을 돌아보지 않은 것이다.

太宗曰 兵貴爲主요 不貴爲客하며 貴速이요 不貴久는 何也오

太宗이 말하였다.

"군대는 주인이 되는 것을 귀하게 여기고 客이 되는 것을 귀하게 여기지 않으며, 신속함을 귀하게 여기고 오래 지체함을 귀하게 여기지 않음은 어째서인가?"

太宗問靖曰 兵貴爲主而不貴爲客하고 貴速而不貴久는 是何也오

太宗이 李靖에게 물었다.

"군대는 주인이 되는 것을 귀하게 여기고 객이 되는 것을 귀하게 여기지 않으며, 신속함을 귀하게 여기고 오래 지체함을 귀하게 여기지 않음은 어째서인가?"

靖曰 兵은 不得已而用之니 安在爲客且久哉잇가 孫子曰 遠輸則百姓貧이라하니 此는 爲客之弊也요 又曰 役不再籍하고 糧不三載라하니 此는 不可久之驗也니이다

李靖이 대답하였다.

"군대는 부득이하여 사용하는 것이니, 어찌 객이 되고 또 오래 지체할 수 있겠습니까. 孫子가 말하기를 '군량을 멀리 수송하면 백성들이 가난해진다.' 하였으니, 이는 객이 된 폐해이며, 또 말하기를 '군역을 두 번 장부에 올리지 않고 군량을 3년 동안 실어 가지 않는다.' 하였으니, 이는 오래해서는 안 되는 징험입니다.

靖對曰 兵者는 古人不得已而用之하니 安在爲客且久哉잇가 孫子云 糧遠輸면 則百姓皆貧[1]이라하니 此는 越境而師하여 爲客之弊也요 孫子又曰 役不可再籍於民이요 糧不可三載於國[2]이라하니 此는 兵不可久之驗也니이다

1) 糧遠輸 則百姓皆貧 : 이 내용은 ≪孫子≫ 〈作戰〉의 "국가가 군대 때문에 貧困해지는 것은 군량(군수품)을 멀리 수송하기 때문이니, 멀리 수송하면 백성들이 빈곤해진다.〔國之貧於師者 遠輸 遠輸則百姓貧〕"라는 구절을 축약하여 말한 것이다.

2) 役不可再籍於民 糧不可三載於國 : 이 구절은 ≪孫子≫ 〈作戰〉의 "用兵을 잘하는 자는 兵役을 두 번 장부에 올리지 않고 군량을 3년 동안 실어 가지 않는다.〔善用兵者 役不再籍 糧不三載〕"라는 구절을 풀이하여 말한 것이다.

李靖이 대답하였다.

"군대는 古人이 부득이하여 사용하였으니, 어찌 객이 되고 또 오래 지체할 수 있겠습니까. 孫子가 이르기를 '양식을 멀리 수송하면 백성이 모두 가난해진다.' 하였으니, 이는 국경을 넘어 군대를 동원해서 객이 된 폐해이며, 孫子가 또 말하기를 '군역을 백성들에게 두 번 장부에 올려서는 안 되고 군량을 나라에서 3년 동안 실어가서는 안 된다.' 하였으니, 이는 군대를 오랫동안 동원해서는 안 되는 징험입니다."

臣較量主客之勢하면 **則有變客爲主, 變主爲客之術**하니이다

臣이 주인과 객의 형세를 비교해서 헤아려보면 객을 바꾸어 주인으로 만들고 주인을 바꾸어 객으로 만드는 방법이 있습니다."

臣較量主客之勢하면 則有變客而爲主하고 變主而爲客之術이라

"臣이 주인과 객의 형세를 비교하여 헤아려보면 객을 바꾸어 주인으로 만들고 주인을 바꾸어 객으로 만드는 방법이 있습니다."

太宗曰 何謂也오 **靖曰 因糧於敵**은 **是變客爲主也**요 **飽能饑之**하고 **佚能勞之**는 **是變主爲客也**니이다 **故**로 **兵不拘主客遲速**하고 **唯發必中節**이 **所以爲宜**니이다

太宗이 말하였다.

"무슨 말인가?"

李靖이 대답하였다.

"적에게서 양식을 이용하는 것은 객을 바꾸어 주인으로 만드는 방법이요, 배부른 적을 굶주리게 만들고 편안한 적을 수고롭게 만드는 것은 주인을 바꾸어 객으로 만드는 방법입니다.

그러므로 군대는 주인과 객, 오래 지체함과 신속함에 구애받지 않고, 오직 반드시 절도에 맞게 발동하여야 하니, 이것이 마땅함이 되는 것입니다."

太宗曰 主客相變之術은 何謂也오 靖對曰 因糧於敵人之境은 此變客爲主也니 有糧則可以持久라 故로 曰主라 敵飽를 吾能使之饑하고 敵佚을 吾能使之勞는 此變主而爲客이라 饑勞則難以固守라 故로 曰客이라 故로 兵은 不拘爲主爲客, 在遲在速하고 唯發必中其節이니 所以爲得宜也니이다

太宗이 말하였다.

"주인과 객을 서로 바꾸는 방법이란 무엇을 말함인가?"

李靖이 대답하였다.

"적의 국경에서 양식을 이용함은 이는 객을 바꾸어 주인으로 삼는 방법입니다."

양식이 있으면 지구전을 할 수 있으므로 '주인'이라고 한 것이다.

"배부른 적을 우리가 굶주리게 만들고, 편안한 적을 우리가 수고롭게 만드는 것은, 이는 주인을 바꾸어 객으로 만드는 것입니다."

굶주리고 수고로우면 굳게 지키기가 어려우므로 '객'이라고 말한 것이다.

"그러므로 군대는 주인과 객이 되며 오래 지체함과 신속함에 구애받지 않고, 오직 반드시 그 절도에 맞게 발동하여야 하니, 이것이 마땅함을 얻음이 되는 것입니다."

太宗曰 古人有諸아 **靖曰 昔**에 **越伐吳**할새 **以左右二軍**으로 **鳴鼓而進**한대 **吳分兵禦之**어늘 **越以中軍**으로 **潛涉不鼓**하여 **襲敗吳師**하니 **此變客爲主之驗也**니이다

太宗이 말하였다.

"옛사람 중에 이것을 실행한 자가 있는가?"

李靖이 대답하였다.

"옛날 越나라가 吳나라를 정벌할 적에 左·右 두 군대를 가지고 북을 울리며 진격하자, 吳나라 사람들이 병력을 나누어 막으므로, 越나라에서는 中軍을 이끌고 은밀히 건너가 북을 치지 않고 습격하여 吳나라 군대를 격파하였으니, 이는 객을 바꾸어 주인으로 만든 증거입니다.

太宗曰 古人이 有此主客勞佚相變之道否아 靖答曰 昔春秋時에 越句踐이 伐吳할새 以左右二軍으로 夜鳴鼓而進한대 吳王이 分兵禦之어늘 越子以中軍潛涉水하여 不鼓而進하여 襲敗吳師[1)]하니 此는 變客爲主之明驗也니이다 越伐吳는 在魯哀公十七年하니라

1) 越句踐……襲敗吳師 : 이 내용은 ≪春秋左氏傳≫ 哀公 17년 조에 보인다.

太宗이 말하였다.

"옛날에 이처럼 주인과 객, 수고로움과 편안함을 바꾼 방도가 있었는가?"

李靖이 대답하였다.

"옛날 春秋時代, 越王 句踐이 吳나라를 정벌할 적에 左·右 두 군대를 가지고 밤에 북을 울리며 진격하자, 吳王이 군대를 나누어 막으므로, 越王이 中軍을 거느리고 은밀히 물을 건너가서 북을 치지 않고 진격하여 기습으로 吳나라 군대를 격파하였으니, 이는 객을 바꾸어 주인으로 만든 분명한 증거입니다."

越나라가 吳나라를 정벌한 것은 魯 哀公 17년(B.C. 478)에 있었다.

石勒이 **與姬澹戰**할새 **澹兵遠來**어늘 **勒遣孔萇爲前鋒**하여 **逆擊澹軍**이라가 **孔萇退**

(而)〔走〕[1)]한대 澹來追어늘 勒以伏兵夾擊之하여 澹軍大敗하니 此는 變勞爲佚之驗也니 古人如此者多하니이다

1) (而)〔走〕: 저본의 '而'는 ≪直解≫와 漢文大系本에 의거하여 '走'로 바로잡았다.

石勒이 姬澹과 싸울 적에 姬澹의 군대가 멀리서 오자, 石勒은 孔萇을 보내어 선봉으로 삼아서 姬澹의 군대를 맞아 공격하게 하였는데, 孔萇이 후퇴하여 달아나자 姬澹이 와서 추격하였습니다. 石勒은 이때 복병을 좌우에 매복시켰다가 협공하여 姬澹의 군대를 대패시켰으니, 이는 수고로움을 바꾸어 편안함으로 만든 증거로, 옛사람 중에 이와 같이 한 자가 많습니다."

後趙石勒이 與姬澹戰할새 澹兵遠來어늘 勒遣其將孔萇하여 爲前鋒하여 迎擊澹軍이라가 孔萇退走한대 而澹率衆來追어늘 石勒이 以伏兵夾擊之하여 澹軍大敗[1)]하니 此는 變勞爲佚之明驗也라 古人如此者甚多라 石勒與姬澹戰은 在西晉愍帝建興四年하니라

1) 後趙石勒……澹軍大敗: 이 내용은 ≪晉書≫ 〈載記 石勒 上〉에 보인다.

"後趙 石勒이 姬澹과 싸울 적에 姬澹의 군대가 멀리서 오자, 石勒이 장수 孔萇을 보내어 선봉으로 삼아서 姬澹의 군대를 맞아 공격하게 하였는데, 孔萇이 후퇴하여 달아나자 姬澹이 병력을 이끌고 추격하였습니다. 石勒이 군대를 좌우에 매복시켰다가 협공하여 姬澹의 군대를 대패시켰으니, 이는 수고로움을 바꾸어 편안함으로 만든 분명한 징험입니다. 옛사람 중에 이와 같이 한 자가 매우 많습니다."

石勒이 姬澹과 싸운 것은 西晉 愍帝 建興 4년(316)에 있었다.

太宗曰 鐵蒺藜, 行馬를 太公所制라하니 是乎아 靖曰 有之하니이다 然이나 拒敵而已니 兵貴致人이니 非欲拒之也니이다 太公六韜는 言守禦之具爾니 非攻戰所施也니이다

太宗이 말하였다.

"鐵蒺藜와 行馬를 太公이 만든 것이라 하는데, 이것이 옳은가?"

李靖이 대답하였다.

"그렇습니다. 그러나 적을 막을 뿐입니다. 군대는 적을 오도록 유인하여야 하니 적을 막기만 하려고 하지 않습니다. 太公의 ≪六韜≫에는 수비하고 막는 도구를

말했을 뿐이니, 공격하고 싸우는 데에 사용하는 것이 아닙니다."

太宗問曰 鐵蒺藜, 行馬之法을 太公所制라하니 是乎아 靖對曰 太公有此制하니이다 然이나 用以拒敵而已니 兵貴致人之來요 非但欲拒禦之也니이다 太公六韜書中에 言守禦之器具耳니 非攻戰之所施也니이다 六韜軍用篇云 三軍拒守에 木螳螂劍刃扶胥는 廣二丈이 百二十具니 一名行馬요 狹路微徑에 張鐵蒺藜하니 芒高四寸이요 廣八寸이요 長六尺以上이 千二百具라하니 皆守禦之器也라

太宗이 물었다.

"鐵蒺藜와 行馬의 도구를 太公이 만들었다 하는데, 이것이 옳은가?"

李靖이 대답하였다.

"太公이 이것을 만들었습니다. 그러나 이것을 사용하여 적을 막았을 뿐입니다. 군대는 적이 오도록 유인하여야 하니, 단지 적을 막고자 할 뿐만이 아닙니다. 太公의 ≪六韜≫ 가운데에는 지키고 막는 기구를 말했을 뿐이니, 공격하고 싸울 때에 사용하는 것이 아닙니다."

鐵蒺藜

≪六韜≫ 〈軍用〉에 이르기를 "三軍이 적을 막고 지킬 적에 木螳螂劍刃扶胥는 넓이가 2丈인 것이 120개이니 일명은 行馬라 하고, 좁은 길과 오솔길에는 鐵蒺藜를 펼쳐놓으니 가시의 높이가 4寸이고 넓이가 8寸이고 길이가 6尺 이상인 것이 1,200개이다." 하였으니, 이는 모두 수비하고 막는 기구이다.

下卷

太宗曰 太公云 以步兵與車騎戰者는 **必依丘墓險阻**라하고 **又孫子曰 天隙之地**와 **丘墓故城**엔 **兵不可處**라하니 **如何**오

太宗이 말하였다.
"太公이 말하기를 '步兵을 데리고 戰車兵, 騎兵과 싸우는 자는 반드시 丘墓와 험한 곳을 의지하라.' 하였고, 또 ≪孫子≫에는 '天隙의 땅과 丘墓와 옛 성터에 군대를 주둔해서는 안 된다.' 하였으니, 어떠한가?"

> 太宗曰 太公戰步篇云 步兵이 若與車騎戰者는 必依丘墓險阻라하고 又孫子云 天隙之地와 丘墓故城엔 兵不可處라하니 此說如何오
>
> 太宗이 말하였다.
> "太公의 ≪六韜≫ 〈戰步〉에 이르기를 '步兵이 만약 戰車兵, 騎兵과 싸울 적에는 반드시 丘墓와 험한 곳을 의지하라.' 하였고, 또 ≪孫子≫에는 '天隙의 땅과 丘墓와 옛 성터에는 군대를 주둔해서는 안 된다.' 하였으니, 이 말이 어떠한가?"

靖曰 用衆은 **在乎心一**이요 **心一**은 **在乎禁祥去疑**하니 **儻主將**이 **有所疑忌**면 **則群情搖**하고 **群情搖**면 **則敵乘釁**(흔)**而至矣**니이다 **安營據地**는 **便乎人事而已**니 **若澗井陷隙之地**와 **及如牢如羅之處**는 **人事不便者也**라 **故**로 **兵家引而避之**하여 **防敵乘我**니이다

李靖이 대답하였다.
"병력을 운용함은 마음이 專一함에 달려있고, 마음이 專一함은 요상한 일을 금지하고 의심스러움을 제거하는 데에 달려있으니, 혹시라도 主將이 의심하고 꺼리는 바가 있으면 병사들의 마음이 흔들리고, 병사들의 마음이 흔들리면 적이 틈을

타고 옵니다.

진영을 편안히 설치하고 땅을 점거함은 사람의 일에 편리하게 할 뿐이니, 시내와 우물과 움푹 파인 지역과 감옥과 같고 그물과 같은 곳은 사람의 일에 불편한 곳입니다.

그러므로 兵家가 군대를 이끌고 이러한 곳을 피해 가서 敵이 우리를 덮칠 것을 방비하는 것입니다.

靖對曰 用衆은 在乎心志專一이요 心志專一은 在乎禁止妖祥之事하고 除去狐疑之心이니이다 儻主將이 心有所疑惑避忌면 則群情皆動搖하리니 則敵人乘釁而至니이다 凡安營據地는 要便乎人事而已니 近水草하고 依林木하며 利馳逐하고 宜戰守는 此人事之便也라 若絶澗, 天井, 天陷, 天隙之地와 及如牢如羅之處는 皆人事不便者也라 故로 兵家宜引而避之하여 防備敵來乘我耳니이다 六害之地[1]는 解見孫子行軍篇하니라

1) 六害之地 : 絶澗・天井・天牢・天羅・天陷・天隙을 이르는데, 劉寅은 ≪孫子直解≫에서 "계곡이 깊고 험준하여 통과할 수 없는 곳을 絶澗이라 하고, 밖은 높고 중앙은 낮아서 여러 물이 모여드는 곳을 天井이라 하고, 산과 험한 지형에 둘러싸여 있어서 들어가는 길이 좁은 곳을 天牢라 하고, 숲이 종횡으로 둘러 있고 갈대가 우거져 은폐된 곳을 天羅라 하고, 늪과 못에 진흙이 있어서 수레가 빠지고 騎兵이 달릴 수 없는 곳을 天陷이라 하고, 도로가 협착하고 땅에 구덩이가 많은 곳을 天隙이라 한다."라고 註하였다.

李靖이 대답하였다.

"병력을 운용함은 心志가 專一함에 달려있고, 心志가 專一함은 요상한 일을 금지하고 狐疑의 마음을 제거하는 데에 달려있습니다.

혹시라도 主將의 마음에 의혹하고 꺼리는 바가 있으면 병사들의 마음이 모두 동요하니, 병사들의 마음이 동요하면 적이 반드시 틈을 타고 이릅니다.

무릇 진영을 편안히 설치하고 땅을 점거함은 사람의 일에 편리하게 하고자 할 뿐이니, 水草에 가깝게 하고 숲과 나무를 의지하며 말을 달리기에 편리하고 전투하고 수비하기에 마땅함은 이는 사람의 일에 편리한 것입니다.

예컨대 끊긴 시내와 天井과 天陷과 天隙의 땅과 감옥과 같고 그물과 같은 곳은 모두 사람의 일에 불편한 곳입니다. 그러므로 兵家들이 마땅히 병력을 이끌고 이러한 곳을 피하여 敵이 와서 우리를 덮치는 것을 방비해야 하는 것입니다."

여섯 가지 해로운 지역은, 해석이 ≪孫子≫ 〈行軍〉에 보인다.

丘墓故城이 **非絶險處**면 **我得之爲利**니 **豈宜反去之乎**잇가 **太公所說**은 **兵之至要也**니이다

丘墓와 옛 성터 중에 매우 험한 곳이 아니면 우리가 얻어서 편리함으로 삼을 수 있으니, 어찌 도리어 떠나가야 하겠습니까. 太公이 말한 것은 兵家의 지극히 중요한 것입니다."

丘墓故城이 **非絶險之處**면 **我得之爲利**니 **豈宜反去之乎**잇가 **太公所說**은 **兵家之至要也**니이다

"丘墓와 옛 성터 중에 매우 험한 곳이 아니면 우리가 얻어서 편리함으로 삼을 수 있으니, 어찌 도리어 떠나가야 하겠습니까. 太公이 말한 것은 兵家의 지극히 중요한 것입니다."

○ **按孫子行軍篇**에 **止言六害之地**를 **必亟去之**하여 **勿近也**하고 **下文**에 **又云 丘陵隄防**엔 **必處其陽而右背之**라하고 **無丘墓故城 兵不可處二句**하니 **未審太宗何所據而言**이로라

○ 살펴보건대 ≪孫子≫ 〈行軍〉에 다만 "여섯 가지 해로운 지역을 반드시 급히 떠나가서 가까이하지 말라."고 말하였고, 아랫글에 또 "丘陵과 제방에는 반드시 양지바른 곳에 처하고, 〈이러한 지역을〉 오른쪽과 등 뒤에 두라."고만 말하였고, "丘墓와 옛 성터에 군대를 주둔해서는 안 된다."는 두 句가 없으니, 太宗이 무엇을 근거로 이렇게 말했는지 알 수 없다.

太宗曰 朕思에 **凶器**는 **無甚於兵者**하니 **行兵**에 **苟便於人事**면 **豈以避忌爲疑**리오 **今後諸將**이 **有以陰陽拘忌**로 **失於事宜者**어든 **卿當丁寧誡之**하라

太宗이 말하였다.

"朕이 생각해보니, 凶器는 병기보다 더 심한 것이 없다. 군대를 운용할 적에는 진실로 사람의 일에 편리하면, 어찌 의심하여 피하고 꺼릴 것이 있겠는가. 지금 이후로 여러 장수 중에 陰陽說에 구애되어 일의 마땅함을 잃는 자가 있거든 卿이

마땅히 간곡히 경계하라."

太宗言 朕思호니 凶器는 無有甚於兵者하니 行兵에 誠有便於人事면 豈以避忌爲嫌疑리오 今後諸將이 有以陰陽拘忌之說로 失於事宜者어든 卿當丁寧誡諭之하라

太宗이 말하였다.

"朕이 생각해보니, 凶器는 병기보다 더 심한 것이 없다. 군대를 운용함에 진실로 사람의 일에 편리한 것이 있으면, 어찌 혐의하여 피하고 꺼릴 것이 있겠는가. 지금 이후로 여러 장수 중에 陰陽에 구애되는 말로 인하여 일의 마땅함을 잃는 자가 있거든 卿이 마땅히 간곡히 경계하고 타일러라."

靖再拜謝曰 臣按尉繚子云 黃帝以德守之하고 以刑伐之라하니 是謂刑德이요 非天官時日之謂也니이다 然이나 詭道는 可使由之요 不可使知之니 後世庸將은 泥(닐)於術數라 是以로 多敗하니 不可不誡也라 陛下聖訓을 臣宜宣告諸將호리이다

李靖이 再拜하고 사례하였다.

"臣이 살펴보니, ≪尉繚子≫에 이르기를 '黃帝가 德으로 지키고 刑罰로 정벌하였다.' 하였으니, 이것은 刑罰과 德을 말한 것이고, 天官의 時日을 말한 것이 아닙니다.

그러나 속임수는 따르게만 하고 알게 해서는 안 되니, 후세의 용렬한 장수들은 術數에 집착합니다. 이 때문에 패함이 많으니, 경계하지 않으면 안 됩니다.

陛下의 성스러운 가르침을 臣이 마땅히 여러 장수들에게 자세히 말하겠습니다."

靖再拜謝曰 臣按尉繚子天官篇云 黃帝以德自守하고 以刑伐人이라하니 此謂之刑德이요 非陰陽家天官時日之謂也니이다 然이나 詭詐之道는 可使人由之요 不可使知之니 後世庸常之將은 拘泥於術數라 此所以多敗니 不可不告誡也라 陛下聖訓을 臣宜宣告諸將知之호리이다

李靖이 再拜하고 사례하였다.

"臣이 살펴보니, ≪尉繚子≫ 〈天官〉편에 이르기를 '黃帝가 德으로써 스스로를 지키고 刑罰로써 남을 정벌하였다.' 하였으니, 이것은 刑罰과 德을 말한 것이고 陰陽家에서 말하는 天官의 時日을 가리킨 것이 아닙니다.

그러나 군대의 속임수는 사람들로 하여금 따르게만 하고 알게 해서는 안 되니, 후

세의 용렬한 장수는 術數에 구애되고 집착합니다. 이 때문에 패함이 많으니, 말해주어 경계하지 않을 수 없습니다.

陛下의 성스러운 가르침을 臣이 마땅히 諸將들에게 두루 고하여 알게 하겠습니다."

太宗曰 兵은 **有分聚**하여 **各貴適宜**하나니 **前代事迹**에 **孰爲善此者**오

太宗이 말하였다.

"군대는 분산과 합침이 있어서 각각 마땅함에 맞게 함을 귀하게 여기니, 전대의 事跡에 이것을 잘한 자가 누구였는가?"

太宗問曰 兵은 有分有聚하여 各貴適其宜爾니 前代行過事迹에 誰爲善此者오

太宗이 물었다.

"군대는 분산하는 경우가 있고 합치는 경우가 있어서 각각 그 마땅함에 맞게 함을 귀하게 여길 뿐이니, 전대의 지나간 事跡 중에 누가 이것을 잘하였는가?"

靖曰 苻堅이 **總百萬之衆**하여 **而敗於淝水**하니 **此**는 **兵能合而不能分之所致也**니이다

李靖이 대답하였다.

"苻堅이 백만의 병력을 통솔하고서 淝水에서 패하였으니, 이는 군대를 합치기만 하고 분산시키지 못한 所致였습니다.

靖答曰 秦苻堅이 總百萬之衆하여 而敗於淝水之上하니 此는 乃兵能合而不能分之所致〔也〕[1)]니이다

1)〔也〕: 저본에는 '也'자가 없으나, 漢文大系本에 의거하여 보충하였다.

李靖이 대답하였다.

"前秦의 苻堅이 백만의 병력을 거느리고서 淝水 가에서 패하였으니, 이는 바로 군대를 합치기만 하고 분산시키지 못한 所致였습니다."

吳漢이 **討公孫述**할새 **與副將劉尙**으로 **分屯**하여 **相去二十里**러니 **述**이 **來攻漢**이어늘 **尙**이 **出合擊**하여 **大破之**하니 **此**는 **兵分而能合之所致也**니이다

吳漢이 公孫述을 토벌할 적에 副將 劉尙과 병력을 나누어 주둔해서 서로의 거리가 20리였는데, 公孫述이 와서 吳漢을 공격하자 劉尙이 출병하여 합동으로 공격해서 크게 격파하였으니, 이는 군대를 분산시켰다가 잘 합친 所致였습니다.

光武命吳漢하여 討公孫述할새 與副將劉尙으로 分屯하여 相去二十里러니 述이 來攻吳漢이어늘 劉尙이 出兵合擊하여 遂大破之[1)]하니 此는 兵分而能合之所致也니이다
吳漢討公孫述은 在建武十二年하니라 公孫述은 字子陽이요 茂陵人이니 爲淸水長이라가 更始元年에 起兵於蜀이러니 至是에 吳漢이 討平之하니라

1) 光武命吳漢……遂大破之 : 吳漢(?~44)은 後漢의 開國功臣으로 字는 子顔이고 南陽 사람이다. 벼슬이 大司馬에 이르렀고 廣成侯에 봉해졌다. 본문의 전투 사례는 ≪後漢書≫ 〈吳漢傳〉에 다음과 같이 자세히 보인다.

"建武 12년(36), 吳漢은 步兵과 騎兵 2만여 명으로 成都의 公孫述을 압박하였다. 城으로부터 10여 리 떨어진 지점에서 강의 북쪽을 막아 진영을 배치하고 浮橋를 가설한 다음, 副將인 武威將軍 劉尙으로 하여금 강의 남쪽에 주둔하게 하여 그 거리가 서로 20여 리 떨어지게 하였다. 公孫述이 謝豐과 袁吉로 하여금 10여만 명의 병력을 거느리고 일제히 출동하여 吳漢軍을 공격하게 하고, 다른 장수로 하여금 1만여 명을 거느리고 劉尙軍을 위협하여 서로 구원하지 못하도록 하였다.

吳漢이 적과 싸운 지 하루 만에 패하여 달아나 진영 안으로 들어가자, 謝豐이 이를 포위하였다. 吳漢은 한밤중에 은밀히 兵力을 이동시켜 劉尙의 부대와 합류하였다. 謝豐 등은 이를 알지 못하고 이튿날에야 병력을 나누어 강의 북쪽에 있는 吳漢軍을 막으려 하였다. 吳漢이 병력을 총동원하여 아침부터 해질 무렵까지 싸워 마침내 적을 크게 격파하여 謝豐과 袁吉을 목 베고 갑옷과 首級 5천여 급을 노획하였다. 吳漢은 이에 군대를 이끌고 廣都로 돌아가면서 劉尙을 잔류시켜 公孫述의 군대를 막게 하였다.

이로부터 吳漢은 廣都와 成都 사이의 지역에서 公孫述軍과 여덟 번 싸워 여덟 번 이기고, 마침내 그 외곽의 중심부에 주둔하였다. 公孫述이 직접 수만 명의 병력을 이끌고 城을 나와 크게 싸우니, 吳漢은 護軍 高午와 唐邯으로 하여금 수만 명의 정예군을 이끌고 公孫述의 군대를 공격하게 하였다. 公孫述의 군대가 패주하자, 高午가 陣中에서 치달려 公孫述을 찔러 죽였다."

"光武帝가 吳漢에게 命하여 公孫述을 토벌할 적에 副將 劉尙과 군대를 나누어 주둔해서 서로의 거리가 20리였는데, 公孫述이 와서 吳漢을 공격하자 劉尙이 군대를 내어 합동으로 공격해서 마침내 大破하였으니, 이는 군대를 분산시켰다가 잘 합친 所致였습니다."

吳漢이 公孫述을 토벌한 일은 光武帝 建武 12년(A.D. 36)에 있었다. 公孫述은 字가 子陽이고 茂陵 사람이니, 淸水의 長이 되었다가 更始 元年(23)에 蜀에서 군대를 일으켰는데, 이때 吳漢이 토벌하여 평정하였다.

太公云 分不分을 **爲縻軍**이요 **聚不聚**를 **爲孤旅**라하니이다

太公이 말하기를 '분산하여야 할 때에 분산하지 않는 것을 얽매인 군대라 하고, 합쳐야 할 때에 합치지 않는 것을 외로운 군대라 한다.' 하였습니다."

太公云 欲分而不能分을 **爲縻繫之軍**이요 **欲聚而不能聚**를 **爲孤獨之旅**[1]라하니 **卽此謂也**니이다

1) 欲分而不能分……爲孤獨之旅 : 太公의 말이라고 하였으나 이 내용의 出典은 자세하지 않다. 다만 縻軍에 대해서는 ≪孫子≫ 〈謀攻〉에 "군대가 전진해서는 안 됨을 알지 못하고 전진하라고 명하며, 군대가 후퇴해서는 안 됨을 알지 못하고 후퇴하라고 명하는 것, 이것을 일러 '군대를 옭아맨다.'고 하는 것이다.〔不知軍之不可以進 而謂之進 不知軍之不可以退 而謂之退 是謂縻軍〕"라고 보인다.

"太公이 이르기를 '분산시키고자 해도 분산시키지 못하는 것을 얽매인 군대라 하고, 합치고자 해도 합치지 못하는 것을 외로운 군대라 한다.' 하였으니, 바로 이것을 말한 것입니다."

太宗曰 然하다 **苻堅**이 **初得王猛**에 **實知兵**하여 **遂取中原**이러니 **及猛卒**에 **堅果敗**하니 **此**는 **縻軍之謂乎**인저 **吳漢**이 **爲光武委任**하여 **兵不遙制**라 **故**로 **漢果平蜀**하니 **此**는 **不陷孤旅之謂(也)〔乎〕**[1]인저 **得失事迹**이 **足爲萬代鑑**이로다

1) (也)〔乎〕 : 저본의 '也'는 漢文大系本에 의거하여 '乎'로 바로잡았다.

太宗이 말하였다.

"참으로 옳다. 苻堅이 처음 王猛을 얻었을 적에는 실로 兵法을 알아 마침내 中原을 점령하였는데, 王猛이 죽자 苻堅이 과연 패하였으니, 이것을 얽매인 군대라 이를 것이다.

吳漢이 光武帝의 위임을 받아 군대를 멀리서 통제하지 않았기 때문에 漢나라가 과연 蜀 땅을 평정하였으니, 이는 외로운 군대에 빠지지 않음을 말한 것이다. 得

失의 事跡이 충분히 萬代의 거울이 될 만하다."

太宗曰 然하다 苻堅이 初得王猛에 實知兵法하여 遂取中原이러니 及王猛卒에 苻堅이 果敗於淝水[1)]하니 此는 縻軍而不能分之謂也요 吳漢이 爲光武所委任하여 兵不遙制라 故로 漢果平僞蜀[2)]하니 此는 不陷孤旅而能合之謂也라 漢光之得과 苻堅之失은 其事迹이 足可爲萬代之鑒이라 王猛은 字景略이요 北海劇人이니 家于魏郡이러니 苻堅用之하여 歲中五遷하여 權傾內外하니라

1) 苻堅……果敗於淝水：苻堅(재위 357~386)은 南北朝時代 前秦의 3대 황제이다. 苻堅 재위 시에 前秦은 北朝에서 가장 강성하여 중국 전체의 절반을 차지하였다.

王猛은 字가 景略이며 東晉 明帝 太寧 3년(325)에 青州 北海郡 劇縣에서 태어났다. 큰 뜻을 품고 華陰山에 은거하며 飛翔할 때를 기다렸는데, 前秦의 苻堅이 그의 명성을 듣고 찾아와 예의를 극진히 갖추고 청하자, 마침내 출사하여 재상이 되어 前秦을 당대에 가장 강성한 나라로 만들었다.

뒤에 王猛의 병이 위독해지자 苻堅이 몸소 문병을 갔는데, 王猛이 "晉나라가 비록 궁벽하고 누추한 吳·越 지방에 치우쳐 있지만 正朔을 이어받고, 군주가 어진 신하와 친근히 지내며, 이웃나라와 우호관계를 유지하고, 謝安과 桓冲이 모두 江東 지방의 훌륭한 사람이니, 쉽게 도모해서는 안 됩니다. 바라건대 臣이 죽은 뒤에 晉나라를 도모하지 마십시오." 하고 운명하였다.

苻堅이 王猛의 유언을 무시하고 끝내 東晉을 정벌하여 천하를 통일하고자 하니, 權翼 등 여러 신하들이 반대하였으나, 苻堅은 "우리 병사와 말이 백만이니, 채찍만 던져도 大江을 건널 수 있다."라고 호언장담하면서 남정을 감행하였다가 淝水의 싸움에서 대패하였다. ≪晉書 권114 苻堅≫

2) 漢果平僞蜀：僞蜀은 更始 말년(A.D. 25)에 蜀 지방에서 황제를 참칭한 公孫述을 이른다. 光武帝가 파견한 장수 吳漢에게 패전하여 죽고 그 一族이 멸망되었다.

太宗이 말하였다.

"참으로 옳다. 苻堅이 처음 王猛을 얻었을 적에는 〈王猛이〉 실로 兵法을 알아 마침내 中原을 점령했었는데, 王猛이 죽자 苻堅이 과연 淝水에서 패하였으니, 이는 군대를 옭아매어 분산하지 못하였음을 말한 것이다.

그리고 吳漢이 光武帝의 위임을 받아 군대를 멀리 〈궁중에서〉 통제하지 않았기 때문에 漢나라 군대가 과연 황제를 참칭한 蜀 땅을 평정하였으니, 이는 외로운 군대에 빠지지 아니하여 능히 병력을 합침을 말한 것이다. 漢 光武帝의 잘함과 苻堅의 실수는 그 事跡이 충분히 萬代의 거울이 될 만하다."

王猛은 字가 景略이고 北海 劇 땅 사람으로 魏郡에 거주하였는데, 苻堅이 등용하여 1년에 다섯 번 승진시켜 권세가 內外를 휩쓸었다.

太宗曰 朕觀호니 **千章萬句 不出乎多方以誤之一句而已**로라

太宗이 말하였다.

"朕이 살펴보니, 兵法의 수많은 章節과 수많은 句가 '여러 방법으로 적을 그르친다.'는 한 句에서 벗어나지 않을 뿐이다."

太宗問曰 朕觀兵書호니 千章萬句 不出乎多設方略以誤之[1]一句而已로라

1) 多設方略以誤之 : 伍員이 吳王 闔閭에게 楚나라를 정벌하기 위해 제시한 계책의 한 구절로 원래의 문장은 '多方以誤之'이다. 楚나라에서 滅門의 禍를 당하고 吳나라로 망명한 伍員이 闔閭를 도와 吳나라를 강대국으로 만들고 楚나라에 복수할 것을 도모하여, 闔閭에게 올린 계책으로 자세한 내용은 본서 311쪽의 주 1) 참조.

太宗이 물었다.

"朕이 兵書를 살펴보니, 수많은 章節과 수많은 句가 '여러 방법으로 방략을 설치하여 적을 그르친다.'는 한 句에서 벗어나지 않을 뿐이다."

靖良久曰 誠如聖語하니이다 **大凡用兵**에 **若敵人不誤**면 **則我師安能克哉**잇가 **譬如奕碁**에 **兩敵均焉**이라가 **一著**(착)**或失**하면 **竟莫能救**하나니 **是古今勝敗 率由一誤而已**니 **況多失者乎**잇가

李靖이 한동안 있다가 대답하였다.

"진실로 聖上의 말씀과 같습니다. 대체로 군대를 운용할 적에 敵이 만약 잘못하지 않는다면 우리 군대가 어떻게 승리할 수 있겠습니까.

비유하건대, 바둑을 둘 적에 두 적수가 대등하다가 한쪽에서 한 번 바둑알을 잘못 놓으면 끝내 구원할 수 없는 것과 같습니다. 古今의 勝敗가 대체로 한 번의 실수에 달려있을 뿐이니, 하물며 실수를 많이 하는 자에 있어서이겠습니까."

靖良久對曰 誠如陛下聖語하니이다 大凡用兵에 若敵人不差誤면 則我師安能勝哉잇가 譬如奕碁之法에 兩敵均焉이라가 一著或有差失이면 畢竟莫能救矣니 是則古今勝敗 大率只由一時差誤而已니 況於多失者乎잇가

李靖이 한동안 있다가 대답하였다.

"참으로 폐하의 성스러운 말씀과 같습니다. 대체로 用兵할 적에 만약 敵이 실수하여 잘못하지 않는다면 우리 군대가 어떻게 승리하겠습니까.

바둑을 두는 법에 비유하건대, 두 적수가 대등하다가 한쪽에서 한 번 혹 실수가 있으면 끝내 구제하지 못하는 것과 같습니다. 古今의 勝敗가 대체로 오직 한때의 실수에 달려있을 뿐이니, 하물며 실수를 많이 하는 자에 있어서이겠습니까."

太宗曰 攻守二事나 **其實**은 **一法歟**인저 **孫子言 善攻者**는 **敵不知其所守**하고 **善守者**는 **敵不知其所攻**이라하여 **卽不言敵來攻我**어든 **我亦攻之**하고 **我若自守**어든 **敵亦守之**하니 **攻守兩齊**[1)]면 **其術奈何**오

1) 攻守兩齊 : ≪直解≫에는 '兩家勢均力敵'이라 하여 '彼我 양측의 세력이 대등한 것'으로 풀이하였으나, 아래 太宗과 李靖의 문답 내용으로 보아 '공격과 수비를 모두 잘하는 것'으로 해석해야 할 것으로 보인다.

太宗이 말하였다.

"공격과 수비는 두 가지 일이나 그 실제는 한 방법일 것이다. ≪孫子≫에 이르기를 '공격을 잘하는 자는 적이 지킬 바를 알지 못하고, 수비를 잘하는 자는 적이 공격할 바를 알지 못한다.' 하여, 敵이 와서 우리를 공격하거든 우리 또한 공격하고, 우리가 만약 스스로 수비하거든 적이 또한 수비하는 것을 말하지 않았으니, 공격과 수비에 있어 彼我의 세력이 대등하면 그 방법을 어떻게 해야 하는가?"

太宗曰 攻與守二事나 其實은 爲一法歟인저 孫子書에 言善能攻者는 敵人이 不知其所守之處하고 善能守者는 敵人이 不知其所攻之處[1)]라하여 卽不曾言敵來攻我어든 我亦就而攻之하고 我若自守어든 敵亦因而守之하니 攻守之法에 兩家勢均力敵이면 其術奈何오

1) 善能攻者……不知其所攻之處 : 이 내용은 ≪孫子≫ 〈虛實〉에 보인다.

太宗이 말하였다.

"공격과 수비는 두 가지 일이나 실제는 한 법이 될 것이다. ≪孫子≫에 이르기를 '공격을 잘하는 자는 적이 지킬 곳을 알지 못하고, 수비를 잘하는 자는 적이 공격할 곳을 알지 못한다.' 하여, 일찍이 敵이 와서 우리를 공격하면 우리 또한 나가서 공격하고, 우리가 만약 스스로 수비하면 적 또한 따라서 수비함을 말하지 않았으니, 공격

과 수비에 있어 彼我의 세력이 대등하면 그 방법을 어떻게 해야 하는가?"

靖曰 前代似此相攻相守者 多矣니이다 **皆曰 守則不足, 攻則有餘**를 **便謂不足爲弱**하고 **有餘爲强**이라하니 **蓋不悟攻守之法也**니이다

李靖이 대답하였다.

"前代에 이와 같이 서로 공격하고 서로 수비한 경우가 많습니다. 사람들은 모두들 '수비는 부족한 것처럼 하고 공격은 有餘한 것처럼 한다.'라고 한 것을, 곧 부족한 것을 약한 것이라 생각하고, 有餘한 것을 강한 것이라 생각하니, 이는 공격하고 수비하는 방법을 제대로 깨닫지 못한 것입니다.

> 靖對曰 前代似此相攻相守者 甚多하니이다 皆言 守則不足, 攻則有餘를 便謂不足爲力之弱하고 有餘爲力之强이라하니 蓋不曉悟攻守之法也니이다
>
> 李靖이 대답하였다.
>
> "前代에 이와 같이 서로 공격하고 서로 수비한 경우가 매우 많습니다. 모두들 '수비는 부족한 것처럼 하고 공격은 有餘한 것처럼 한다.'라고 한 것을, 곧 부족함은 힘이 약한 것이라 여기고 有餘함은 힘이 강한 것이라 여기니, 이는 공격하고 수비하는 방법을 제대로 깨닫지 못한 것입니다."

臣按孫子云 不可勝者는 **守也**요 **可勝者**는 **攻也**라하니 **謂敵未可勝**이면 **則我且自守**라가 **待敵可勝**이면 **則攻之爾**요 **非以强弱爲辭也**니이다 **後人**이 **不曉其義**하여 **則當攻而守**하고 **當守而攻**하여 **二役旣殊**라 **故**로 **不能一其法**하니이다

臣이 살펴보니, ≪孫子≫에 '승리할 수 없는 경우에는 수비하고, 승리할 수 있는 경우에는 공격한다.' 하였으니, 적을 이길 수 없으면 우리가 우선 스스로 수비하다가 적에게 승리할 수 있는 기회가 오면 공격함을 말한 것이요, 强弱을 가지고 말한 것이 아닙니다.

후세 사람들은 그 방법을 깨닫지 못하여, 마땅히 공격해야 할 경우에 수비하고, 마땅히 수비해야 할 경우에 공격해서, 두 가지 일이 이미 다르기 때문에 그 법을 하나로 통일하지 못합니다."

臣按孫子書云 不可勝者는 守也요 可勝者는 攻也[1)]라하니 謂敵人이 未有可勝之機면 則我且守라가 待敵有可勝之隙이면 則攻之爾요 非以力之强弱爲辭也니이다 後人이 不曉其義하여 則敵當攻而反守之하고 我當守而反出攻之하여 二役旣殊異라 故로 不能一其法이니이다

1) 不可勝者……攻也 : 이 내용은 ≪孫子≫ 〈軍形〉에 보인다.

"臣이 살펴보건대, ≪孫子≫에 이르기를 '승리할 수 없는 경우에는 수비하고, 승리할 수 있는 경우에는 공격한다.' 하였으니, 적에게 승리할 만한 기회가 있지 않으면 우리가 우선 수비하다가 적에게 승리할 만한 틈이 오기를 기다려 공격함을 말한 것이요, 힘의 强弱을 가지고 말한 것이 아닙니다.

후세 사람들은 이 뜻을 깨닫지 못하여, 적을 마땅히 공격해야 할 경우에 도리어 수비하고, 우리가 마땅히 수비해야 할 경우에 도리어 나가 공격해서, 두 가지 일이 이미 다르기 때문에 그 법을 통일하지 못하는 것입니다."

太宗曰 信乎라 有餘不足은 使後人惑其强弱하여 殊不知守之法은 要在示敵以不足이요 攻之法은 要在示敵以有餘也로다 示敵以不足이면 則敵必來攻하리니 此是敵不知其所攻者也요 示敵以有餘면 則敵必自守하리니 此是敵不知其所守者也니라

太宗이 말하였다.

"진실로 옳다. 有餘함과 부족하다는 말은 後人들로 하여금 힘의 强弱인 것으로 의혹하게 하여, 수비하는 법은 요점이 적에게 부족함으로써 보여줌에 달려있고, 공격하는 법은 요점이 적에게 유여함으로써 보여줌에 달려있음을 전혀 알지 못한다.

적에게 부족함으로써 보여주면 적이 반드시 와서 공격할 것이니, 이는 적이 그 공격할 바를 알지 못하는 것이요, 적에게 유여함으로써 보여주면 적이 반드시 스스로 수비할 것이니, 이는 적이 그 수비할 바를 알지 못하는 것이다.

太宗曰 信乎라 有餘不足은 使後人惑其强弱之形하여 殊不知守之法은 要在示敵以勢力之不足이요 攻之法은 要在示敵以勢力之有餘也라 示敵以勢力之不足이면 則敵必來攻我하리니 此是敵人不知其所攻者也요 示敵以勢力之有餘면 則敵必自

守而不敢出하리니 此是敵人不知其所守者也라

太宗이 말하였다.

"진실로 옳다. 유여함과 부족함은 후세 사람들로 하여금 强弱의 형세인 것으로 의혹하게 해서, 수비하는 방법은 요점이 적에게 세력이 부족한 것처럼 보임에 달려있고, 공격하는 방법은 요점이 적에게 세력이 유여한 것처럼 보임에 달려있음을 전혀 알지 못한다.

적에게 세력이 부족한 것처럼 보이면 적이 반드시 와서 우리를 공격할 것이니, 이는 적이 공격할 곳을 알지 못하는 것이요, 적에게 세력이 유여한 것처럼 보여주면 적이 반드시 스스로 수비하여 감히 출동해서 공격하지 못할 것이니, 이는 적이 수비할 바를 알지 못하는 것이다."

攻守一法이나 敵與我分而爲二事하니 若我事得則敵事敗하고 敵事得則我事敗니 得失成敗에 彼我之事分焉이요 攻守者는 一而已矣라 得一者는 百戰百勝이라 故로 曰 知彼知己면 百戰不殆라하니 其知一之謂乎인저

공격과 수비는 한 방법이나, 적과 우리가 나누어서 두 가지 일이 된 것이다. 우리 일이 잘되면 적의 일이 실패하고 적의 일이 잘되면 우리 일이 실패할 것이니, 득실과 성패에 彼我의 일이 나누어진 것이요, 공격과 수비는 하나일 뿐이다.

하나임을 아는 자는 백 번 싸워 백 번 승리한다. 그러므로 이르기를 '자기를 알고 적을 알면 백 번 싸워도 위태롭지 않다.' 하였으니, 한 가지임을 앎을 말한 것이다."

攻與守只一法耳나 但敵與我分而爲二事하니 若我事旣得이면 則彼事必敗요 敵事若得이면 則我事必敗니 一得一失과 一成一敗에 彼我之事 分而爲二焉이니 攻守者는 其法一而已矣라 能得一者는 百戰而百勝이라 故로 曰 知彼之虛實하고 知我之强弱이면 雖與人百戰이라도 而不危殆[1]라하니 其能知一之謂乎인저

1) 知彼之虛實……而不危殆 : 이 내용은 ≪孫子≫ 〈謀攻〉의 "적을 알고 자기를 알면 백 번 싸워도 위태롭지 않다.〔知彼知己 百戰不殆〕"라는 구절을 풀어 쓴 것이다.

"공격과 수비는 오직 한 가지 방법이나, 다만 적과 우리가 나누어서 두 가지 일이 된 것이다. 만약 우리 일이 잘되면 적의 일이 반드시 실패할 것이요, 적의 일이 잘되면 우리 일이 반드시 실패할 것이니, 한 번 잘하고 한 번 잘못함과 한 번 성공하고 한 번 실패함에 彼我의 일이 나누어져 둘이 된 것이다. 공격과 수비는 그 방법이 하나일 뿐이다.

능히 한 방법임을 아는 자는 백 번 싸워 백 번 승리한다. 그러므로 〈兵書에〉 이르

기를 '적의 虛實을 알고 우리의 强弱을 알면 비록 남과 백 번 싸우더라도 위태롭지 않다.' 하였으니, 이는 한 방법임을 앎을 말한 것이다."

靖再拜曰 深乎라 **聖人之法也**여 **攻是守之機**요 **守是攻之策**이니 **同歸乎勝而已矣**니이다 **若攻不知守**하고 **守不知攻**이면 **不唯二其事**요 **抑又二其官**하여 **雖口誦孫吳**라도 **而心不思妙**하리니 **攻守兩齊之說**을 **其孰能知其然哉**잇가

李靖이 再拜하고 말하였다.

"심오합니다. 聖人의 法이여! 공격은 바로 수비의 기틀이고, 수비는 공격의 계책이니, 똑같이 승리로 귀결될 뿐입니다.

만약 공격하면서 수비할 줄 모르고 수비하면서 공격할 줄 모르면, 그 일을 두 가지로 생각할 뿐만 아니요 또 그 관원을 두 가지로 하여, 비록 입으로는 ≪孫子≫와 ≪吳子≫의 兵書를 외우더라도 마음으로는 묘함을 생각하지 못할 것이니, 공격과 수비에 있어 彼我의 세력이 대등할 경우의 말이 옳음을 누가 알겠습니까."

> **李靖再拜曰 深遠乎**라 **聖人之法也**여 **攻是守得發動之機**요 **守是攻得運籌之策**하여 **同歸乎勝而已矣**니이다 **知攻而不知守**하고 **知守而不知攻**이면 **不唯二其攻守之事**요 **又二其攻守之官**하여 **雖口誦孫吳之事**라도 **而心不思妙用**하리니 **攻守兩齊之說**을 **其孰能知其然哉**잇가
>
> 李靖이 再拜하고 말하였다.
>
> "심오하고 원대합니다. 聖人의 法이여! 공격은 바로 발동하는 기틀을 지키는 것이요, 수비는 바로 운용하는 계책을 공격하는 것이어서, 똑같이 승리로 돌아갈 뿐입니다.
>
> 공격할 줄만 알고 수비할 줄을 알지 못하며, 수비할 줄만 알고 공격할 줄을 모르면, 공격하고 수비하는 일을 두 가지로 생각할 뿐만 아니요, 또 공격하고 수비하는 관원을 둘로 두어서, 비록 입으로는 ≪孫子≫와 ≪吳子≫의 일을 외우더라도 마음에는 묘하게 운용함을 생각하지 못할 것이니, 공격과 수비에 있어 彼我의 세력이 대등할 경우에 대처하는 말을, 누가 그것이 옳은 줄 알겠습니까."

太宗曰 司馬法에 **言國雖大**나 **好戰必亡**이요 **天下雖安**이나 **忘戰必危**라하니 **此亦攻守一道乎**아

太宗이 말하였다.

"≪司馬法≫에 이르기를 '나라가 비록 크더라도 전쟁을 좋아하면 반드시 망하고, 天下가 비록 평안하더라도 전쟁을 잊으면 반드시 위태롭다.' 하였으니, 이 또한 공격과 수비가 한 방법인 것인가?"

太宗曰 司馬法에 言國家雖大나 好戰이면 必至於喪亡이요 天下雖平定이나 忘戰이면 必至於危殆[1)]라하니 此亦攻與守一道乎아

1) 國家雖大……必至於危殆 : 이 내용은 ≪司馬法≫ 〈仁本〉에 "國家가 비록 크더라도 전쟁을 좋아하면 반드시 망하고 天下가 비록 평안하더라도 전쟁을 잊으면 반드시 위태롭다.〔國雖大 好戰必亡 天下雖安 忘戰必危〕"라고 보인다.

太宗이 말하였다.

"≪司馬法≫에 이르기를 '國家가 비록 크더라도 전쟁을 좋아하면 반드시 망하고, 天下가 비록 평안하더라도 전쟁을 잊으면 반드시 위태로워진다.' 하였으니, 이 또한 공격과 수비가 한 방법인 것인가?"

靖曰 有國有家者 曷嘗不講乎攻守也리오 夫攻者는 不止攻其城, 擊其陳而已요 必有攻其心之術焉이며 守者는 不止完其壁, 堅其陳而已요 必也守吾氣而有待焉이니 大而言之하면 爲君之道요 小而言之하면 爲將之法이니이다 夫攻其心者는 所謂知彼者也요 守吾氣者는 所謂知己者也니이다

李靖이 대답하였다.

"나라를 소유하고 집안을 소유한 자가 어찌 일찍이 공격과 수비를 강구하지 않겠습니까. 공격이란 적의 성을 공격하고 적의 진영을 공격함에 그칠 뿐만이 아니요, 반드시 적의 마음을 공격하는 방법이 있어야 합니다. 수비는 다만 성벽을 완전히 하고 진영을 굳게 지킬 뿐만이 아니요, 반드시 자신의 기운을 지켜서 기다림이 있어야 합니다.

크게 말하면 君主가 된 도리이고 작게 말하면 장수가 된 방법이니, 마음을 공격하는 것은 이른바 적을 안다는 것이요, 자신의 기운을 지키는 것은 이른바 자기를 안다는 것입니다."

靖對曰 有國有家者 曷嘗不講究攻守之道리오 〔但講之不明耳니이다〕[1)] 夫攻者는

不止攻敵人之城, 擊敵人之陳而已요 必有攻其心之術焉이니이다 蜀諸葛亮이 入南中할새 馬謖送之曰 攻心爲上이요 攻城爲下하며 心戰爲上이요 兵戰爲下[2)]라하니 卽此義也라 守者는 不止完全壁壘, 堅固軍陳而已요 必也守吾氣而有所待焉이라 〔大而言之하면 爲君之道요 小而言之하면 爲將之法이니 夫攻其心者는 所謂知彼者也요 守吾氣者는 所謂知己者也니이다〕[3)] 孫子曰 以治待亂하고 以靜待譁[4)] 是也라

1) 〔但講之不明耳〕: 저본에는 없으나, 漢文大系本에 의거하여 보충하였다.

2) 蜀諸葛亮……兵戰爲下 : ≪三國志≫ 〈蜀志 馬良傳〉의 裵松之의 注에서 인용한 ≪襄陽記≫에 나오는 말이다.

3) 〔大而言之……所謂知己者也〕: 저본에는 없으나, 經文으로 볼 때에 필요하다고 생각되어 보충하였다.

4) 以治待亂 以靜待譁 : 이 내용은 ≪孫子≫ 〈軍爭〉에 보인다.

李靖이 대답하였다.

"나라를 소유하고 집안을 소유한 자가 어찌 일찍이 공격하고 수비하는 방도를 강구하지 않겠습니까. 다만 강구하기를 분명히 하지 못할 뿐입니다. 공격이란 적의 성을 공격하고 적의 진영을 공격함에 그칠 뿐만이 아니요, 반드시 적의 마음을 공격하는 방법이 있어야 합니다."

蜀漢의 諸葛亮이 南中(南蠻)에 들어갈 적에, 馬謖이 전송하며 말하기를 "적의 마음을 공격하는 것이 上이 되고 적의 성을 공격하는 것이 下가 되며, 心理戰이 上이 되고 병력을 이용하여 싸우는 것이 下가 됩니다." 하였으니, 바로 이 뜻이다.

"지킨다는 것은 다만 자기의 성벽과 보루를 완전히 하고 군대의 진영을 견고히 할 뿐만이 아니요, 반드시 자신의 기운을 지켜서 기다리는 바가 있어야 합니다.

크게 말하면 君主가 된 도리이고 작게 말하면 장수가 된 방법이니, 마음을 공격하는 것은 이른바 적을 안다는 것이요, 자신의 기운을 지키는 것은 이른바 자기를 안다는 것입니다."

≪孫子≫에 이르기를 '다스려진 군대로써 혼란한 적을 상대하고 고요한 군대로써 떠드는 적을 상대한다.'는 것이 이것이다.

太宗曰 誠哉라 朕常臨陳에 先料敵之心與己之心孰審然後에 彼可得而知焉이요 察敵之氣與己之氣孰治然後에 我可得而知焉이라 是以로 〔知〕彼知己 〔爲〕[1)]兵家大要니 今之將臣이 雖未知彼라도 苟能知己면 則安有失利者哉리오

1) 〔知〕彼知己 〔爲〕兵家大要 : 저본에는 '知'와 '爲'가 없으나, 漢文大系本에 의거하여 보충하였다.

太宗이 말하였다.

"참으로 옳다. 朕은 항상 적진을 대할 적에 먼저 적의 마음과 나의 마음이 누가 더 자세히 살피는가를 헤아린 뒤에 적을 알 수 있었고, 적의 기운과 나의 기운이 누가 더 잘 다스려졌는가를 살핀 뒤에 나를 알 수 있었다.

이 때문에 적을 알고 자신을 아는 것은 兵家의 큰 요점이니, 지금 장수들이 비록 적을 알지 못하더라도 만일 자신을 잘 안다면 어찌 이로움을 잃는 자가 있겠는가?"

太宗嘆曰 誠哉라 朕常臨陳에 先料敵人之心與己之心誰審然後에 彼之虛實을 可得而知焉이요 察敵人之氣與自己之氣誰治然後에 我之强弱을 可得而知焉이라 是以로 知彼知己 爲兵家之大要라 今之將臣이 雖未能知彼之虛實이라도 苟能知自己之强弱이면 則安有失利者哉리오

太宗이 감탄하였다.

"참으로 옳다. 朕은 항상 적진을 대할 적에 먼저 적의 마음과 나의 마음이 누가 더 자세히 살피는가를 헤아린 뒤에 적의 虛實을 알 수 있었고, 적의 기운과 나의 기운이 누가 더 잘 다스려졌는가를 살핀 뒤에 나의 强弱을 알 수 있었다.

이 때문에 적을 알고 자신을 아는 것이 兵家의 큰 요점이 되는 것이니, 지금의 장수들이 비록 적의 虛實을 알지 못한다 하더라도 자신의 强弱을 참으로 안다면 어찌 이로움을 잃는 자가 있겠는가."

靖曰 孫武所謂 先爲不可勝者는 知己者也요 以待敵之可勝者는 知彼者也라하고 又曰 不可勝은 在己요 可勝은 在敵이라하니 臣斯須不敢失此誡로이다

李靖이 대답하였다.

"孫武의 이른바 '먼저 적이 승리할 수 없게 한다.'는 것은 자기를 아는 것이요, '적에게 승리할 수 있음을 기다린다.'는 것은 적을 아는 것입니다. 또 '승리할 수 없는 것은 자신에게 있게 하고, 승리할 수 있는 것은 적에게 있게 한다.' 하였으니, 臣은 잠시도 감히 이 경계를 잊지 않습니다."

靖對曰 孫武所謂 先爲自己有不可勝之備者는 能知己者也요 以待敵人有可勝

之隙者는 能知彼者也니이다 又曰 不可勝은 在己之實이요 可勝은 在敵之虛[1]라하니 臣斯須之間에 不敢失此誡로이다

1) 先爲自己有不可勝之備者……在敵之虛：이 구절은, ≪孫子≫ 〈軍形〉에 "전쟁을 잘하는 자는 먼저 〈자신이 수비를 잘하여 적이〉 승리할 수 없게 만들어놓고 승리할 수 있는 틈을 기다렸으니, 승리할 수 없음은 자기에게 있게 하고, 승리할 수 있음은 적에게 있게 한다.〔善戰者 先爲不可勝 以待敵之可勝 不可勝在己 可勝在敵〕"라고 보인다.

李靖이 대답하였다.

"孫武의 이른바 '먼저 자신에게 승리할 수 없는 대비가 있게 한다.'는 것은 자기를 아는 것이요, '적에게 승리할 수 있는 틈이 있기를 기다린다.'는 것은 적을 아는 것입니다. 孫武는 또 '승리할 수 없는 것은 자신의 견실함에 달려있고, 승리할 수 있는 것은 敵의 허약함에 달려있다.'라고 하였으니, 臣은 잠시도 감히 이 경계를 잊지 않습니다."

太宗曰 孫子言 三軍은 可奪氣之法이니 朝氣銳하고 晝氣惰하고 暮氣歸하나니 善用兵者는 避其銳氣하고 擊其惰歸라하니 如何오

太宗이 말하였다.

"≪孫子≫에 이르기를 '三軍은 기운을 빼앗는 방법이 있으니, 아침 기운은 예리하고 낮 기운은 태만하고 저녁 기운은 돌아가려 하므로, 用兵을 잘하는 자는 적의 예리한 기운을 피하고, 나태하여 돌아갈 때에 공격한다.' 하였으니, 어떠한가?"

太宗問曰 孫子言 三軍은 可以奪氣之法이니 敵人이 早朝初至하면 其氣銳盛이요 待至晝時하면 其氣怠惰요 日暮饑疲하면 其氣欲歸하나니 善能用兵者는 避敵人新氣之銳盛하고 擊其晝〔暮之怠〕[1]歸라하니 此說如何오 三軍可奪氣로 至擊其惰歸는 詳見孫子軍爭篇하니라

1)〔暮之怠〕: 저본에는 없으나, 漢文大系本에 의거하여 보충하였다.

太宗이 물었다.

"≪孫子≫에 이르기를 '三軍은 기운을 빼앗는 방법이 있으니, 적이 이른 아침에 처음 이르면 그 기운이 정예롭고 성하며, 낮에 이르면 그 기운이 게으르고, 해가 저물고 굶주리고 피로하면 그 기운이 돌아가고자 하므로, 用兵을 잘하는 자는 적이 새로 이르러 기운이 정예롭고 성할 때를 피하며, 낮에 태만해지고 날이 저물어 돌아가려 할 때를 공격하여야 한다.' 하였으니, 이 말이 어떠한가?"

'三軍可奪氣'로부터 '擊其惰歸'까지는 ≪孫子≫ 〈軍爭〉에 자세히 보인다.

靖曰 夫含生禀血이 **鼓作鬪爭**하여 **雖死不省者**는 **氣使然也**라 **故**로 **用兵之法**은 **必先察吾士衆**하여 **激吾勝氣**라야 **乃可以擊敵焉**이니이다

李靖이 대답하였다.

"生命을 간직하고 피를 가지고 있는 자가 鼓舞되어 싸워서, 비록 죽더라도 돌아보지 않는 것은 기운이 그렇게 만드는 것입니다.

그러므로 用兵하는 방법은 반드시 먼저 우리 병사들을 살펴보아서 우리의 승리할 수 있는 기운을 격동시켜야 비로소 敵을 공격할 수 있습니다.

> **靖對曰 夫人**이 **含生禀血**이 **鼓舞動作**하여 **與敵鬪爭**하여 **雖至死不省悟者**는 **氣使之然也**니이다 **故**로 **用兵之法**은 **必先審察吾之士衆**하여 **激發吾之勝氣**라야 **乃可擊敵焉**이니이다
>
> 李靖이 대답하였다.
>
> "生命을 간직하고 피를 간직한 사람이 고무되어 출동해서 적과 싸워 비록 죽음에 이르더라도 살피고 돌아보지 않는 것은 기운이 그렇게 만듭니다.
>
> 그러므로 用兵하는 방법은 반드시 먼저 우리의 병사들을 자세히 살펴서 우리의 승리할 수 있는 기운을 격발시켜야 비로소 적을 공격할 수 있습니다."

吳起四機에 **以氣機爲上**은 **無他道也**라 **能使人人自鬪**면 **則其銳莫當**이니 **所謂朝氣銳者**는 **非限時刻而言也**요 **擧一日始末爲喩也**니이다 **凡三鼓而敵不衰不竭**이면 **則安能必使之惰歸哉**잇가 **蓋學者 徒誦空文**하여 **而爲敵所誘**하나니 **苟悟奪之之理**면 **則兵可任矣**리이다

吳起의 四機 중에 氣機를 최상으로 삼은 것은 다른 방도가 없습니다. 능히 사람마다 스스로 싸우게 하면 그 銳氣를 당할 수가 없으니, 이른바 '아침 기운이 예리하다.'는 것은 시각을 제한하여 말한 것이 아니요, 하루의 처음과 끝을 들어 비유한 것입니다.

무릇 세 번 북을 쳤는데도 적의 기운이 쇠하지 않고 고갈되지 않았으면 어떻게 적으로 하여금 반드시 태만해지고 돌아갈 마음을 품게 하겠습니까.

배우는 자가 단지 빈 글을 외워서 적에게 유인을 당하니, 만약 적의 기운을 빼앗는 이치를 깨닫는다면 군대를 맡겨 장수로 삼을 수 있습니다.”

吳起論四機[1)]에 以氣機爲上은 無他道也라 將能使人人自鬪면 則鋒銳莫當이니 孫子所謂朝氣銳者는 非限以時刻而言也요 但擧一日始末하여 爲譬喩也니이다 凡三鼓而敵氣不竭不衰[2)]면 則安能必使之惰歸哉잇가 蓋學兵書者 徒能讀誦空文하여 而爲敵人所誘하나니 苟悟曉奪氣之理면 則兵可任使矣리이다

1) 吳起論四機 : 機는 쇠뇌의 機牙로, 군대를 발동하는 기틀이 쇠뇌의 기아와 같음을 말한 것이다.

四機는 ≪吳子≫ 〈論將〉에 “무릇 군대에는 네 가지 機가 있으니, 첫 번째는 氣機이고, 두 번째는 地機이고, 세 번째는 事機이고, 네 번째는 力機이다. 삼군의 무리와 백만의 군대에 輕重의 형세를 시행하는 것이 장수 한 사람에게 달려있으니, 이것을 일러 氣機라 한다. 도로가 좁고 험한 곳과 유명한 산과 큰 요새에 열 명이 지키고 있으면 천 명이 통과하지 못하니, 이것을 일러 地機라 한다. 간첩을 잘 이용하고 경무장한 군대로 빠르게 왕래하여 적의 무리를 이간시켜서 적의 군주와 신하가 서로 원망하게 만들고 상하가 서로 비방하게 만드니, 이것을 일러 事機라 한다. 수레는 굴레의 빗장을 견고히 하고 배는 노를 편리하게 하며 병사들은 싸우고 陣 치는 것을 익히고, 말은 달리고 쫓는 것을 익숙하게 하여야 하니, 이것을 일러 力機라 한다. 이 네 가지를 알아야 비로소 장수가 될 수 있는 것이다.”라고 보인다.

2) 凡三鼓而敵氣不竭不衰 : 이 내용은 ≪春秋左氏傳≫ 莊公 10년 조에 다음과 같이 보인다.

“〈B.C. 684년〉 봄에 齊軍이 魯나라를 공격하였다. 魯 莊公이 曹劌와 같은 수레를 타고 長勺에서 齊軍과 전투하였는데, 莊公이 진격을 지시하는 북을 치려 하자 曹劌는 아직 때가 아니라고 말렸다. 齊軍이 북을 세 번 치자, 曹劌는 이제 때가 되었다고 하였다. 齊軍이 크게 패하자, 莊公이 추격하려고 하니 曹劌가 아직 추격하면 안 된다고 말리고는 수레에서 내려서 齊軍의 수레바퀴 자국을 살펴보고 또 수레의 軾에 올라가 齊軍이 후퇴하는 모습을 살펴본 뒤에 추격해도 괜찮다고 하였다. 이에 莊公이 齊軍의 뒤를 추격하였다.

齊軍을 이긴 뒤에 莊公이 曹劌에게 그 이유를 물으니, 曹劌는 ‘전쟁의 승패는 용기에 달려있습니다. 북이 한 번 울리면 용기가 진작되고, 두 번 울리면 용기가 쇠하고, 세 번 울리면 용기가 고갈됩니다. 齊軍이 북을 세 번 울렸을 때 저들은 이미 용기가 고갈되고 아군은 한창 용기가 왕성하였기 때문에 승리한 것입니다. 그리고 大國은 그 행동을 예측하기 어려워서 복병을 배치했을 염려가 있기 때문에 제가 수레에서 내려 齊軍의 수레바퀴 자국을 살핀 것입니다. 그런데 저들의 수레바퀴 자국 형태가 어지러

웠고, 저들의 깃발을 바라보니 깃발이 누워있었습니다. 그래서 추격했던 것입니다.'라고 하였다."

"吳起가 四機를 논할 적에 氣機를 최상으로 삼은 것은 다른 방도가 없습니다. 장수가 병사들로 하여금 각자 스스로 싸우게 하면 그 銳鋒을 당할 수가 없으니, ≪孫子≫에 말한 '아침 기운이 예리하다.'는 것은 시각을 제한하여 말한 것이 아니요, 다만 하루의 처음과 끝을 들어서 비유한 것입니다.

무릇 세 번 북을 쳐서 적의 기운이 고갈되지 않고 쇠하지 않았으면 어떻게 적으로 하여금 반드시 태만해지고 돌아갈 마음을 품게 하겠습니까.

兵書를 배우는 자들이 다만 빈 글을 읽고 외워서 적에게 유인을 당하는 것이니, 만약 적의 기운을 빼앗는 이치를 깨닫는다면 군대를 맡겨 장수로 삼을 수 있습니다."

太宗曰 卿嘗言李勣能兵法이라하니 **久可用否**아 **然**이나 **非朕控御**면 **則不可用也**니 **他日**에 **太子治若何御之**오

太宗이 말하였다.

"卿이 일찍이 말하기를 '李勣이 兵法에 능하다.' 하였는데, 오랫동안 등용할 수 있겠는가? 그러나 朕이 제어하지 않으면 쓸 수가 없으니, 후일에 太子 治가 어떻게 제어해야 하는가?"

太宗問靖曰 卿嘗言李勣能兵法이라하니 **久後**에 **可任用否**아 **然**이나 **非朕控御之**면 **則不可使用**이니 **他日**에 **太子治**[1]**如何控御之**오 **治**는 **太子名也**라

李勣

1) 太子治 : 唐나라의 제3대 황제인 高宗(628~683)으로 太宗 李世民의 9남이고 자는 爲善이며 어머니는 文德皇后 長孫氏이다. 同腹의 형인 장자 李承乾이 태자에 책봉되었다가 폐위되자, 貞觀 17년(643)에 태자에 책봉되고, 649년에 황제가 되었다.

太宗이 李靖에게 물었다.

"卿이 일찍이 말하기를 '李勣이 兵法에 능하다.' 하였는데, 오랜 뒤에도 그를 임용할 수 있겠는가? 그러나 朕이 제어하지 않으면 부릴 수가 없으니, 후일 太子 治가 어떻게 제어하여야 하는가?"

治는 太子의 이름이다.

靖曰 爲陛下計컨대 **莫若黜勣**하여 **令太子復用之**면 **則必感恩圖報**요 **於理**에 **有損乎**잇가 **太宗曰 善**하다 **朕無疑矣**로라

李靖이 대답하였다.

"陛下를 위하여 계책을 생각해보건대, 李勣을 내쳐서 太子로 하여금 다시 등용하게 하는 것이 가장 좋으니, 이렇게 하면 李勣이 반드시 은혜에 감격하여 보답할 것을 도모할 것이요, 도리에도 잘못될 것이 있겠습니까."

太宗이 대답하였다.

"좋다. 朕이 의심할 것이 없다."

靖對曰 爲陛下計컨대 **莫若黜退世勣**하여 **令太子他日復用之**면 **則必感太子之恩**하여 **圖補報於國爾**요 **於理**에 **亦何損乎**잇가 **太宗曰 卿言甚善**하니 **朕無所疑矣**로라

李靖이 대답하였다.

"陛下를 위하여 계책을 생각하건대, 李世勣(李勣)을 물리쳐서 太子로 하여금 후일 다시 등용하게 하는 것이 가장 좋으니, 이렇게 하면 李世勣이 반드시 太子의 은혜에 감격하여 나라를 돕고 보답할 것을 생각할 것이요, 도리에도 또한 무슨 잘못될 것이 있겠습니까."

太宗이 말하였다.

"卿의 말이 매우 좋으니, 朕은 의심할 것이 없다."

○ **按唐紀**컨대 **貞觀二十三年**에 **太宗謂太子曰 李世勣才智有餘**나 **然汝與之無恩**하니 **我今黜之**하리니 **若其卽行**이어든 **俟我死**하여 **汝用爲僕射**(야)하여 **親任之**하고 **若徘徊顧望**이어든 **當殺之耳**라하고 **乃左遷世勣**하여 **爲疊州都督**이러니 **世勣受詔**에 **不至家而去**하니라

○ ≪唐書≫ 〈太宗本紀〉를 살펴보면 貞觀 23년(649)에 太宗이 太子 治에게 이르기를 "李世勣은 재주와 지혜가 충분하나, 네가 그에게 베푼 은혜가 없으므로, 내 지금 그를 내칠 것이니, 만약 그가 즉시 길을 떠나거든 내가 죽기를 기다려서 네가 등용하여 僕射로 삼아 친애하고 신임할 것이요, 만약 배회하고 관망하거든 마땅히 죽여야 한다." 하고, 마침내 李世勣을 좌천시켜 疊州都督으로 삼았는데, 李世勣은 명령을 받

자 자기 집에 가지도 않고 즉시 임지로 떠났다.

○ 范氏曰 太宗以世勣爲何如人哉아 以爲愚也인댄 則不可托幼孤而寄天下矣요 以爲賢也인댄 當任而勿疑어늘 乃憂後嗣之不能懷服하여 先黜之而後用하니 是는 以犬馬畜之也라 夫欲奪其心而折之以威하고 欲奪其力而懷之以恩은 此漢高馭黥彭狙詐之術[1)]이니 五伯(패)所不爲也라 苟以是心待其臣이면 則利祿之士는 可使也어니와 若夫祿之以天下而不顧하고 繫馬千駟而不視者[2)]를 豈得而用之哉아

1) 漢高馭黥彭狙詐之術 : 黥彭은 黥布와 彭越의 병칭이다. 狙詐는 교활한 속임수를 이르는바, 狙는 기회를 엿보아 속임을 이른다. 黥布와 彭越은 漢 高祖 劉邦의 뛰어난 장수들로 한나라가 천하를 평정하는 데 큰 공을 세우고 각각 淮南王과 梁王에 봉해졌으나, 高祖의 의심을 사서 모두 주륙되었다.

2) 若夫祿之以天下而不顧 繫馬千駟而不視者 : 湯王을 도와 夏나라 桀王을 멸망시키고 商나라를 세운 伊尹을 가리켜 말한 것으로, ≪孟子≫ 〈萬章 上〉에 "伊尹이 有莘의 들에서 밭을 갈면서 堯舜의 道를 좋아하여 그 義가 아니고 그 道가 아니면 천하로써 녹을 주더라도 돌아보지 않고 말 千駟를 매어놓아도 돌아보지 않았으며, 그 義가 아니고 그 道가 아니면 지푸라기 하나도 남에게 주지 않고 지푸라기 하나도 남에게서 취하지 않았다.〔伊尹 耕於有莘之野而樂堯舜之道焉 非其義也 非其道也 祿之以天下 弗顧也 繫馬千駟 弗視也 非其義也 非其道也 一介不以與人 一介不以取諸人〕"라고 보인다.

○ 范氏(范祖禹)가 말하였다.

"太宗은 李世勣을 어떤 사람이라고 여겼는가. 어리석은 사람이라고 여겼으면 어린 아들을 부탁하여 천하를 맡길 수가 없는 것이고, 어질다고 여겼으면 마땅히 신임하고 의심하지 말아야 하는데, 後嗣가 회유하여 복종시키지 못할까 우려해서 먼저 내친 뒤에 등용하였으니, 이는 개와 말로 그를 대한 것이다.

그의 마음을 빼앗고자 하면서 위엄으로써 꺾고, 그의 힘을 빼앗고자 하면서 은혜로써 회유하는 것은 漢 高祖가 黥布와 彭越을 제어하던 방법으로 기회를 엿보아 속이는 술책이니, 이는 五霸도 하지 않은 짓이다.

만일 이러한 마음을 가지고 신하를 대한다면 이익과 녹봉을 탐하는 선비들은 부릴 수 있지만, 천하로써 녹봉을 주어도 돌아보지 않고 사천 필의 말을 묶어놓아도 보지 않는 자를 어떻게 얻어 등용할 수 있겠는가."

○ 孫氏曰 君待臣以道하면 臣以道報之하고 君待臣以利하면 臣以利報之하니 此는 必然之理也라 太宗以勣輔太子로되 而爲此詭計하니 勣之機 豈不曉以利誘乎아

廢立之際에 不肯盡忠[1)]하니 雖勣無大臣之節義나 太宗以利啓其心也니라

1) 廢立之際 不肯盡忠 : 唐 高宗이 武才人(뒤의 則天武后)을 책봉하여 皇后로 삼으려 할 적에 褚遂良은 그 처사가 옳지 못함을 강력히 諫하다가 축출당하였으나, 李世勣은 高宗의 뜻에 순응하여 말하기를 "이 일은 陛下의 집안일이니 宰相이 알 바가 아닙니다."라고 하여, 高宗 스스로 廢立을 결정하게 한 일을 말한 것이다.

○ 孫氏가 말하였다.

"군주가 신하를 道로써 대하면 신하가 道로써 보답하고, 군주가 신하를 이익으로써 대하면 신하가 이익으로써 보답하니, 이는 필연적인 이치이다. 太宗은 李世勣으로 太子를 보필하게 하되 이처럼 속임수를 썼으니, 李世勣의 機智가 어찌 이익으로써 자신을 유인함을 몰랐겠는가. 皇后를 폐하고 세우는 즈음에 李世勣이 충성을 다하려고 하지 않았으니, 李世勣이 비록 大臣의 절의가 없었으나 이는 太宗이 이익으로써 그 마음을 啓導한 것이다."

○ 愚謂 太宗非不聰明也로되 而以僞道馭世勣하고 衛公이 非不智術也로되 而以詐謀勸太宗하여 君臣上下 一於詭詐하니 又烏可與言仁義哉며 又烏可與論管仲爲王佐哉아 然則太宗謂仁義之旣效[1)]者는 但得仁義之末節이요 而不識仁義之本體며 衛公以管仲爲王佐는 則亦不能深知如何而爲王佐也라 今觀衛公勸太宗馭世勣之術하면 五伯豈肯爲之哉아 高宗廢立之際에 而世勣以一言決之하여 親賢遭禍하여 唐室中絶[2)]은 皆勣之由니 其禍博矣라 論者皆責太宗知人之不明하고 而不能究李靖爲謀之不忠也하니 惜哉라

1) 太宗謂仁義之旣效 : 唐 太宗은 즉위한 초기 신하들과 敎化를 언급하였는데, 魏徵은 "仁義를 행해야 한다."라고 주장하였으나, 封德彝는 "지금은 인심이 나빠져서 法治를 해야 한다."라고 주장하였다. 太宗은 德化를 우선하는 정책을 폈는데, 封德彝가 죽어서 이것을 보지 못하자, 太宗은 "이는 魏徵이 나에게 仁義를 행하도록 권하여 이에 효험이 난 것인데, 封德彝에게 이것을 보여주지 못하는 것이 애석하다.〔此魏徵勸我行仁義 旣效矣 惜不令封德彝見之〕" 하였다. ≪史略 권5 唐太宗≫

2) 親賢遭禍 唐室中絶 : 則天武后는 高宗이 죽은 뒤에 親政을 하면서 자신의 皇后 책봉에 반대한 세력들을 제거하는 한편, 아들인 中宗과 睿宗을 폐위하고 唐나라 宗親들을 죄없이 살해하였으며, 국호를 周로 바꾸고 황제의 자리를 친정 조카들에게 물려주려 하여 唐나라가 거의 망하게 되었다.

○ 내가 생각하건대, 太宗이 聰明하지 않은 것이 아니었으나 속이는 방법으로 李世

勣을 제어하였고, 衛公(李靖)이 지혜와 술책이 없지 않았으나 속임수로 太宗을 권하여, 君臣과 上下가 한결같이 속임수를 사용하였으니, 또 어찌 이들과 더불어 仁義를 말할 수 있으며, 또 어찌 이들과 더불어 管仲이 王佐가 될 만한 인물임을 논할 수 있겠는가.

그렇다면 太宗이 '仁義를 행하여 이미 효험이 났다.'는 것은 다만 仁義의 지엽적인 일을 얻었을 뿐이요 仁義의 本體를 알지 못한 것이며, 衛公이 管仲을 王佐(王者의 보필)라고 한 것은 어떻게 하여야 王佐가 되는지를 깊이 알지 못한 것이다.

지금 衛公이 太宗에게 李世勣을 제어하는 방법을 권한 것을 보면 五霸도 어찌 이런 짓을 즐겨 하였겠는가. 高宗이 皇后를 폐하고 세우는 즈음에 李世勣이 한마디 말로 결정해서 친척과 현자들이 화를 당하여 唐나라 皇室이 중단된 것은 다 李世勣 때문이니, 그 화가 참으로 크다.

의논하는 자들이 모두 太宗이 사람을 알아봄이 명철하지 못한 것을 책망하고 李靖이 충성스럽게 도모하지 못한 것을 究明하지 못하니, 애석하다!

太宗曰 李世勣이 **若與長孫無忌**로 **共掌國政**이면 **如何**오

太宗이 말하였다.
"李世勣이 만약 長孫無忌와 함께 國政을 관장하면 어떻겠는가?"

太宗曰 李世勣이 **若與長孫無忌**로 **共掌國之大政**이면 **他日二人如何**오 **無忌**는 **長孫皇后**[1]**之兄也**라

1) 長孫皇后 : 唐 太宗의 妃인 文德皇后를 말한다.

太宗이 말하였다.
"李世勣이 만약 長孫無忌와 함께 國家의 큰 政事를 관장하면 후일 두 사람이 어떻겠는가?"

長孫無忌는 長孫皇后의 오라비이다.

靖曰 勣忠義는 **臣可保任也**어니와 **無忌**는 **佐命大功**[1]이요 **陛下以肺腑之親**[2]으로 **委之輔相**하니이다 **然外貌下士**나 **內實嫉賢**이라 **故**로 **尉遲敬德**이 **面折其短**하고 **遂引退焉**하며 **侯君集**이 **恨其忘舊**하여 **因以犯逆**하니 **皆無忌致其然也**니이다 **陛下詢及臣**하시니 **臣不敢避其說**하노이다 **太宗曰 勿泄也**하라 **朕徐思其處置**호리라

1) 佐命大功 : 佐命은 황제가 天命을 받아 등극하도록 강력히 도운 것으로, 여기서는 長孫無忌가 唐 太宗이 秦王으로 있을 때 太子 建成으로부터 질시를 받아 제거 대상이 되었으나, 長孫無忌와 尉遲敬德 등의 도움으로 建成을 제거하고 高祖 李淵의 뒤를 이어 등극하게 한 일을 가리킨다.
2) 肺腑之親 : 帝王의 친인척을 이른다.

李靖이 대답하였다.

"李世勣의 忠義心은 臣이 보장할 수 있습니다마는, 長孫無忌는 佐命한 큰 功을 세웠고, 陛下께서 肺腑의 친척으로 輔相의 직책을 맡기셨습니다. 그러나 겉으로는 선비들에게 몸을 낮추나 내심은 실로 賢者들을 미워합니다.

그러므로 尉遲敬德이 면전에서 그의 단점을 지적하고 마침내 몸을 이끌고 물러갔으며, 侯君集은 그가 옛 정을 잊은 것을 恨하여 逆謀를 범하였으니, 이는 모두 長孫無忌가 그렇게 만든 것입니다.

陛下께서 臣에게 물으시니 臣이 감히 그 말씀을 회피할 수가 없습니다."

太宗이 말하였다.

"이 말을 누설하지 말라. 朕은 서서히 조처할 방법을 생각하겠다."

靖對曰 世勣忠義는 臣可保而任之어니와 長孫無忌는 有佐命大功이요 陛下以肺腑之親으로 委之하여 爲輔相之職하니이다 然이나 外貌雖若下士나 內實嫉惡賢者라 故로 尉遲敬德이 面折其所短하고 遂引退焉[1]하며 侯君集이 恨其忘舊하고 因以干犯逆節[2]하니 皆無忌致之如此也니이다 今陛下詢問臣하시니 臣不敢辭避其說이니이다 太宗曰 卿勿泄漏也하라 朕徐思其處置之道하리라

1) 尉遲敬德……遂引退焉 : 尉遲敬德(585~658)은 隋末 唐初의 名將으로 본명은 恭이고 敬德은 자이며 朔州 善陽 사람이다. 唐나라 開國과 太宗의 등극에 큰 공을 세우고 唐나라의 功臣閣인 凌煙閣에 봉안된 24공신 가운데 한 사람이며, 시호는 忠武이다.
본문과 관련된 내용은 ≪舊唐書≫ 〈尉遲敬德傳〉에 "尉遲敬德은 남의 잘못을 들춰내어 자신의 정직함을 내세우길 좋아하고 자신의 공을 자부하여 매양 長孫無忌나 房玄齡, 杜如晦 등을 보면 그들의 단점을 들어 면전에서 꾸짖고 朝廷에서 논변하였다. 이 때문에 執政大臣인 長孫無忌·房玄齡·杜如晦 등이 못마땅하게 여겼다. 그리하여 3년에 襄州都督으로 좌천되어 나갔다."라고 보이는바, 본문의 '遂引退焉'은 외직인 襄州都督으로 나간 것을 이른 것으로 보인다.
2) 侯君集……因以干犯逆節 : 侯君集(?~643)은 唐나라 초기의 名將으로 豳州 三水 사

람이며, 역시 功臣閣인 凌煙閣에 봉안된 24공신 가운데 한 사람이다. 唐나라 開國과 특히 太宗의 등극에 많은 공을 세워 潞國公에 봉해지고 右衛大將軍이 되었으며, 兵部尙書・吏部尙書 등에 제수되었다.

貞觀 13년(639), 交河道行軍大總管이 되어 西域의 高昌國을 정벌하였는데, 자신이 사사로이 재물을 차지하느라 부하들의 도둑질을 統制하지 못했던 일이 드러나 하옥되었으나, 前日의 功勞를 참작받아 사면되었다. 그러나 侯君集은 이 일로 불평하는 마음을 품고 있다가, 太宗의 장자인 太子 承乾과 차자인 魏王 泰가 帝位 계승을 위해 다투게 되자, 태자와 결탁하여 政變을 획책하였는데, 도중에 일이 발각되어 처형되었다. ≪舊唐書 侯君集傳≫

李靖이 대답하였다.

"李世勣의 忠義心은 臣이 보장하여 책임질 수 있습니다마는, 長孫無忌는 佐命한 큰 功이 있고, 陛下께서 肺腑의 친척으로 위임하여 輔相의 직책으로 삼으셨습니다.

그러나 겉으로는 비록 선비들에게 몸을 낮추는 듯하지만, 내심은 실로 賢者들을 미워합니다. 그러므로 尉遲敬德이 면전에서 그의 단점을 꾸짖고는, 〈그의 중상모략을 두려워하여〉 마침내 몸을 이끌고 물러갔으며, 侯君集은 그가 옛정을 잊은 것을 恨하여 군대를 일으켜서 逆謀를 범하였으니, 이는 모두 長孫無忌가 그렇게 만든 것입니다.

지금 陛下께서 臣에게 자문하시니, 臣은 감히 그 말씀을 사양하고 피할 수가 없습니다."

太宗이 대답하였다.

"卿은 이 말을 누설하지 말라. 朕은 서서히 조처할 방법을 생각하겠다."

○ 愚謂 靖之論世勣無忌는 似涉不當이라 世勣은 出自群盜하니 才智則有之요 詭佞則有之어니와 而忠義則無也라 夫知人則哲은 堯舜猶病[1)]이니 而靖又安能之리오 高宗廢立이 成於世勣之一言이라 起滔天之禍하여 而幾墜唐室者 皆世勣爲之也라 高宗謂侍臣曰 朕虛心求諫어늘 而竟無諫者는 何也오 世勣獨對曰 陛下所爲盡善하여 群臣無得而諫이라하니 觀此二事하면 謂之忠義可乎아 無忌嫉賢은 不特尉遲敬德, 侯君集二事而已라 其後에 又以私怨으로 誣殺吳王恪[2)]하고 武昭儀以三子爲朝散大夫而不辭[3)]하고 賜金寶繒綿十車而輒受하니 此蓋恃寵貪利하여 不學無術之所致也로되 若論其忠義하면 頗勝於勣耳[4)]라 侯君集은 貞觀十四年에 領兵滅高昌이러니 十七年에 勸太子承乾反이라가 被誅하니라

1) 知人則哲 堯舜猶病 : 이 구절은 ≪書經≫ 〈皐陶謨〉에 禹王이 皐陶의 말에 대해 답한 말씀으로, "아! 너의 말이 옳으나 다 이와 같이 함은 帝堯도 어렵게 여기셨으니, 사람

을 알면 명철하여 훌륭한 사람을 벼슬시킨다.〔咸若時 惟帝其難之 知人則哲 能官人〕"라는 구절을 원용한 것이다.

2) 以私怨 誣殺吳王恪 : 吳王 恪은 太宗의 3남으로 楊妃(隋 煬帝의 딸)에게서 난 皇子인데, ≪舊唐書≫ 〈太宗諸子列傳〉에 "長孫無忌가 高宗을 도와 황제로 옹립한 뒤에 그를 깊이 꺼리고 미워하다가, 永徽 연간에 때마침 房遺愛가 謀反하자 이 일로 얽어서 吳王 恪을 주살하여 사람들의 촉망하는 바를 끊어버리니, 온 나라가 이를 원통하게 여겼다."라고 보인다.

3) 武昭儀以三子爲朝散大夫而不辭 : 武昭儀는 則天武后를 가리킨다. ≪舊唐書≫ 〈長孫無忌傳〉에 "高宗 永徽 5년(654)에 황제가 친히 長孫無忌의 집에 행차하여 그의 셋째아들을 발탁해서 朝散大夫로 제수하였다."라고 보인다. 그러나 당시 武昭儀가 실권을 쥐고 있었으므로 이렇게 말한 것으로 보인다.

長孫無忌(594~659)는 河南 洛陽 사람으로 자는 輔機이며, 太宗의 后妃인 長孫皇后의 오라비이다. 唐나라 開國과 특히 太宗의 등극에 많은 공을 세워 趙國公에 봉해졌으며, 貞觀 말년에 황명을 받들어 高宗을 옹립하고 太尉 同中書門下三品에 올랐다. 高宗의 王皇后 폐위와 武昭儀의 황후 책봉을 반대하다가 黔州로 추방되자, 목을 매어 자살하였다.

4) 若論其忠義 頗勝於勣耳 : 이 구절을 뒷받침할 만한 史評이 ≪舊唐書≫ 〈長孫無忌傳〉에 다음과 같이 보인다.

"長孫無忌는 外戚의 명문거족으로 人傑들 가운데에 뛰어나, 太子를 정해서 세우게 하고 社稷의 안정에 힘써서 공훈이 혁혁히 드러나 시종 변함이 없었다. 皇后를 廢黜함에 이르러 끝내 皇帝(高宗)의 뜻에 아첨하지 않고 先帝(太宗)의 부탁에 보답하려다가 간신 許敬宗의 誣陷과 음해를 당하였다. 아! 忠誠스럽고 信實한 자가 죄를 입음은 예나 지금이나 면할 길이 없었다. 명분 없이 죽임을 당하고 親族이 誅滅을 당하니, 이 무슨 죄인가? 군주가 어리석고 신하가 교활하니, 후대에 큰 폐단을 남겼다."

○ 내가 생각하건대, 李靖이 李世勣과 長孫無忌를 논한 것은 온당치 못한 듯하다. 李世勣은 여러 도둑들 가운데에서 나온 인물이니, 재주와 지혜는 있고 속임수와 아첨함은 있지만 忠義心은 없었다.

사람을 잘 아는 것은 明哲한 것이니 堯·舜도 어렵게 여겼는데, 李靖이 또 어떻게 이것을 잘할 수 있었겠는가. 高宗이 皇后를 폐하고 세울 적에 李世勣의 한마디 말에 이루어졌다. 그리하여 하늘에 이르는 큰 화를 일으켜서 거의 唐나라 皇室을 망하게 한 것은 모두 李世勣이 만든 것이다.

高宗이 모시는 신하들에게 이르기를 "朕이 허심탄회하게 계책을 구하는데도 끝내 간언하는 자가 없음은 어째서인가?" 하니, 李世勣이 홀로 대답하기를 "陛下께서 하시는 일이 모두 善하시어 신하들이 諫할 것이 없습니다." 하였으니, 이 두 가지를 보면 忠義롭다고 말할 수 있겠는가.

長孫無忌가 賢者들을 미워한 것은 비단 尉遲敬德과 侯君集 두 가지 일뿐만이 아니었다. 그 뒤에 또 사사로운 원한으로 吳王 恪을 誣陷하여 죽였고, 武昭儀가 자기의 셋째아들을 朝散大夫로 삼았으나 사양하지 않았으며, 금은과 보배와 비단을 열 수레로 하사하였으나 번번이 받았으니, 이는 은총을 믿고 이익을 탐한 행위로서 배우지 못해서 學術이 없는 소치였으나, 만약 그 忠義心을 논한다면 자못 李世勣보다 낫다.

侯君集은 貞觀 14년(640)에 군대를 거느리고 高昌國을 멸망시켰는데, 17년에 太子 承乾에게 반란을 일으키도록 권하였다가 죽임을 당하였다.

太宗曰 漢高祖能將將이로되 其後에 韓彭見誅하고 蕭何下獄하니 何故如此오

太宗이 말하였다.

"漢 高祖가 장수를 잘 거느렸으나, 그 뒤에 韓信과 彭越이 죽임을 당하였고 蕭何가 下獄되었으니, 무슨 연고로 이와 같이 되었는가?"

太宗問曰 漢高祖善能將將이로되 其後에 韓信, 彭越見誅夷하고 蕭何以請上林地로 令民人入田이라가 下廷尉獄[1]하니 何故로 至於如此오 呂后殺韓信하고 夷三族하며 高祖殺彭越하고 夷三族은 皆在十一年이요 下相國何廷尉獄은 在十二年하니라

1) 蕭何以請上林地……下廷尉獄 : 蕭何(?~B.C. 193)는 漢王 劉邦이 項羽와 천하를 다툴 적에, 關中을 지키면서 兵站과 募兵의 일을 완벽히 수행하여 漢나라가 천하를 차지한 후 공을 논할 적에 천하제일의 칭호를 받았으며, 통일왕조에서도 丞相이 되어 律令과 典制를 제정해서 나라를 안정시킨 명상이다.

高祖 재위 12년(B.C. 195)에 相國 蕭何가 長安이 땅이 좁은데, 황제의 동산인 上林苑에는 빈 땅으로 버려진 것이 많으니 백성들로 하여금 여기에 들어와 농사를 짓게 하고 볏짚을 그냥 두어 짐승의 먹이로 삼게 할 것을 청하자, 高祖가 크게 노하여 "相國이 장사꾼들의 뇌물을 많이 받고서 그들을 위하여 내 동산을 청한다." 하고는 廷尉에게 내려 하옥시켰다. ≪史記 蕭相國世家≫

漢 高祖

太宗이 물었다.

"漢 高祖가 장수를 잘 거느렸으나, 그 뒤에 韓信과 彭越이 죽임을 당하고 〈三族이〉 멸망을 당하였으며, 蕭何가 上林苑의 땅에 백성들이 들어와 농사짓게 할 것을 청하였다가 廷尉(형벌을 관장하는 관리)에게 내려져 下獄되었으니, 무슨 연고로 이와 같음에 이르렀는가?"

呂后가 韓信을 죽이고 三族을 멸하였으며, 高祖가 彭越을 죽이고 三族을 멸한 일은 모두 高祖 11년(B.C. 196)에 있었고, 相國인 蕭何를 廷尉에게 내려 下獄한 일은 12년에 있었다.

蕭何

靖曰 臣觀劉項은 **皆非將將之君**이니이다 **當秦之亡也**하여 **張良**은 **本爲韓報仇**요 **陳平, 韓信**은 **皆怨楚不用**이라 **故**로 **假漢之勢**하여 **自爲奮爾**니이다 **至於蕭曹樊灌**하여는 **悉由亡命**이니 **高祖因之**하여 **以得天下**라 **設使六國之後復立**하여 **人人各懷其舊**하면 **則雖有能將將之才**나 **豈爲漢用哉**잇가

李靖이 대답하였다.

"臣이 보기에 劉邦과 項羽는 모두 장수를 잘 거느린 君主가 아닙니다. 秦나라가 망할 때를 당하여 張良은 본래 韓나라를 위해서 원수를 갚으려 하였고, 陳平과 韓信은 모두 楚나라가 자기를 등용하지 않는 것을 원망하였기 때문에 漢나라의 형세를 빌려서 스스로 분발했을 뿐입니다.

蕭何와 曹參, 樊噲와 灌嬰에 이르러서는 모두 亡命해 왔는데, 高祖가 이들을 이용하여 天下를 얻었습니다. 가령 六國의 후손들이 다시 제후로 세워져서 사람들마다 각기 옛 나라를 생각했더라면, 비록 高祖가 장수를 잘 거느리는 재주가 있다 한들 어찌 이들이 漢나라에 쓰였겠습니까.

靖對曰 臣觀劉高祖, 項王은 皆非是能將將之君이니이다 當秦氏之亡也하여 張良은 家世相韓이러니 及韓滅에 爲韓報仇하고 陳平은 陽武人이니 事魏王咎하여 爲太僕이나 不用이어늘 去하여 事項羽하다 殷王反에 羽使平擊降之어늘 還拜都尉하고 賜金二十鎰하다 及漢下殷에 羽怒하여 將誅定殷將吏한대 平懼하여 乃封其金與印하여 使使歸羽하고 挺身仗劍하여 間行歸漢이라 因魏無知하여 求見하여 卽日에 拜都尉하여 使驂

乘하고 典護軍[1)]하다 韓信은 淮陰人이니 項梁渡淮에 信仗劍從之하고 又數以策干羽호되 不用이어늘 亡歸漢이나 未知名하고 坐法當斬이러니 滕公奇之하여 釋不殺하고 言於王이나 王亦未之奇也라 後因蕭何之言하여 遂立爲大將이라 是二人者는 皆怒楚不用이라 故로 假借漢之威勢하여 自爲奮發爾니이다 至於蕭何, 曹參, 樊噲, 灌嬰[2)]하여는 悉由逃亡性命이러니 漢祖因而用之하여 以得天下하니 設使六國之後復立하여 人人各懷思其舊〔國〕[3)]하여 歸事其主하면 則漢王雖有能將將之才나 豪傑之士 豈爲漢用之哉잇가

1) 拜都尉……典護軍 : 이 내용은 ≪史記≫ 〈陳丞相世家〉에 "漢王이 陳平과 함께 말해보고는 기뻐하여 묻기를 '그대가 楚나라에 있을 때에 무슨 벼슬을 하였는가?' 하니, 陳平은 '都尉였습니다.' 하고 대답하였다. 漢王은 이날 즉시 陳平을 都尉로 임명하여 驂乘을 하게 하고 군사들을 맡아 監護하게 하였다."라고 보인다. 驂乘은 고대에 황제와 함께 수레를 타고 侍從함을 이른다.

2) 蕭何曹參樊噲灌嬰 : 모두 漢나라의 開國功臣들이다. 蕭何(?~B.C. 193)는 沛縣의 하급관리 출신으로 앞에 보인다.

曹參(?~B.C. 190)은 字가 敬伯으로 沛縣의 옥리였는데, 漢 高祖가 봉기하자 그를 도와 漢나라 開國功臣이 되었다. 惠帝 2년에 승상 蕭何가 죽자, 齊나라 재상으로 있다가 蕭何의 후임이 되어 선정을 베풀어 명상의 반열에 올랐다.

樊噲(?~B.C. 189) 또한 沛邑 출신으로 일찍이 개 잡는 일로 생업을 삼다가 蕭何·曹參 등과 함께 高祖의 신하가 되어, 鴻門에서 項羽의 謀士 范增이 파놓은 함정에서 高祖를 구하는 등 많은 공을 세워 開國功臣이 되었다. 벼슬이 左丞相에 이르렀고, 舞陽侯에 봉해졌다.

曹參

灌嬰(?~B.C. 176)은 睢陽의 商人 출신으로 高祖를 도와 開國功臣이 되어 潁陰侯에 봉해졌으며 孝文帝 때에 太尉와 丞相을 역임하였다.

3) 〔國〕 : 저본에는 '國'자가 없으나, 漢文大系本에 의거하여 보충하였다.

李靖이 대답하였다.

"臣이 보기에 劉高祖(劉邦)와 項王은 모두 장수를 잘 거느린 군주가 아닙니다. 秦나라가 망할 때를 당해서 張良은 집안이 대대로 韓나라의 정승이었는데, 韓나라가 멸망하자 韓나라를 위하여 원수를 갚으려 하였습니다."

陳平은 陽武 사람인데, 魏王 咎를 섬겨 太僕이 되었으나, 자기 말이 쓰이지 않자 떠나가 項羽를 섬겼다. 殷王이 배반하자, 項羽가 陳平으로 하여금 이를 공격하여 항복하게 하였다. 陳平이 돌아오자 都尉에 제수되었으며, 20鎰의 金을 하사받았다. 漢나라가 殷王을 항복시키자, 項羽가 怒하여 장차 殷王을 평정한 장수와 관리들을 주벌하려고 하니, 陳平은 두려워해서 마침내 項羽에게서 받았던 黃金과 印綬를 봉함하여 使者를 시켜 項羽에게 돌려주고는 단신으로 劍을 짚고 샛길을 통해 漢나라로 돌아왔다. 魏無知를 통하여 漢王을 만나볼 것을 청하여 그날로 都尉에 임명되어, 驂乘을 하고 護軍을 맡도록 하였다.

韓信은 淮陰 사람이니, 項梁이 淮水를 건너올 적에 劍을 차고 따랐으며, 또 여러 번 계책을 가지고 項羽에게 등용해줄 것을 요구하였으나 項羽가 등용해주지 않자, 도망하여 漢나라로 돌아왔으나 이름이 알려지지 못하였다. 법에 걸려 참형에 처해지게 되었는데, 滕公이 기특히 여기고 석방하여 죽이지 않고 漢王(高祖)에게 말했으나 漢王 또한 기특하게 여기지 않았다. 그러다가 뒤에 蕭何의 말로 인하여 마침내 세워져 大將이 되었다.

"陳平과 韓信 이 두 사람은 모두 楚나라가 자기를 등용하지 않는 것을 원망하였습니다. 이 때문에 漢나라의 위엄과 형세를 빌려서 스스로 분발했을 뿐입니다.

蕭何와 曹參, 樊噲와 灌嬰에 이르러서는 모두 생명을 보존하기 위하여 도망 왔었는데, 漢 高祖가 이들을 등용해서 天下를 얻었습니다.

가령 六國의 후예가 다시 세워져 사람들이 각기 옛 나라를 그리워하여 돌아가서 자기 군주를 섬겼더라면, 漢王이 비록 장수를 잘 거느리는 재주가 있다 한들 호걸스러운 선비가 어찌 漢나라를 위하여 쓰였겠습니까."

臣謂漢得天下는 **由張良借**筯(저)**之謀**와 **蕭何漕轉之功也**라하노이다

臣이 생각하건대, 漢나라가 천하를 얻은 것은 張良이 젓가락을 빌려 설명한 계책과 蕭何가 漕運한 功 때문이라고 여겨집니다.

按漢紀컨대 **楚數**(삭)**侵奪漢甬**(용)**道**하여 **漢乏食**한대 **酈食其**(역이기)**曰 昔湯放桀**하고 **武王伐紂**에 **皆封其後**러니 **秦伐諸侯**에 **滅其社稷**하니 **今誠能立六國後**하면 **君臣百姓**이 **必皆戴德慕義**하여 **願爲臣妾**하리니 **大王**이 **南嚮而霸**하면 **楚必斂衽而朝**하리이다 **王曰 善**하다 **趣**(촉)**刻印**하여 **先生因行佩之**하라하다 **未行**에 **張良來謁**이어늘 **王方食**이라가 **具以告良**한대 **良曰 臣請借前筯**하여 **爲大王籌之**하리이다 **昔湯武封桀紂之**

後者는 度(탁)能制其死生之命也어니와 今大王이 能制項籍之死命乎잇가 武王入殷에 發粟散錢하고 偃革爲軒하며 休馬放牛하여 示不復用이러니 今大王能之乎잇가 且天下游士 離親戚하고 棄墳墓하여 從大王游者는 徒欲望咫尺之地어늘 今復立六國後하여 游士各歸事其主하면 大王이 誰與取天下乎잇가 夫楚唯無彊이요 六國이 復撓而從之하면 大王이 焉得而臣之리잇가 誠用客謀하시면 大事去矣리이다 漢王이 輟食吐哺하고 罵曰 豎儒幾敗而公事[1]로다하고 令趣銷印하니라 漢王如滎陽할새 命蕭何하여 守關中이러니 何計關中戶口하여 轉漕以給軍하여 未嘗乏絶하니라 靖謂漢高得天下는 皆張良借筯之謀와 蕭何轉漕之功也[2]라하니라

1) 豎儒幾敗而公事 : 幾는 '거의'란 뜻이다. 而公은 너의 아버지란 뜻으로 본래 아버지가 자식에 대해 자신을 칭하는 말인데, 이로 인하여 상대방을 경멸하는 말로 썼는바, 漢王이 자신을 지칭한 것이다.

2) 漢高得天下……蕭何轉漕之功也 : 漢나라가 天下를 차지한 것은 張良의 戰略과 蕭何의 轉漕에 가장 크게 힘입은 것이라고 말한 것이다. 두 사람은 직접 項羽와 싸워 승리를 주도한 韓信과 더불어 漢나라 開國 三傑로 불린다.

張良(?~B.C. 168)은 高祖의 전략가로 字가 子房이다. 대대로 韓나라에서 정승을 지냈는데, 韓나라가 秦나라에게 멸망당하자 高祖의 策士가 되어 楚나라의 項羽를 멸망시키고 漢나라 왕조를 일으켰다. 高祖가 천하를 차지한 뒤에 크게 상을 내리고자 하였으나, 이를 거절하고 자청하여 작은 封邑인 留 땅에 봉해져, 留侯로 칭해진다.

≪漢書≫ 〈本紀〉를 살펴보면, 楚나라가 자주 漢나라의 甬道를 침탈하여 漢軍의 군량이 궁핍하였다.

이에 酈食其가 건의하기를 "옛날 湯王이 桀王을 추방하고 武王이 紂王을 정벌했을 적에는 모두 그 후손을 봉하였는데, 秦나라가 諸侯를 정벌하고서는 그 社稷을 멸하였습니다. 지금 大王께서 참으로 六國의 후손을 세워주면, 군주와 신하와 백성들이 반드시 모두 은덕으로 여기고 의리를 사모하여 臣妾이 되기를 원할 것이니, 大王이 남향하여 霸者가 되시면 楚나라가 반드시 소매를 걷고 와서 조회할 것입니다." 하였다.

漢王이 "좋다. 빨리 六國의 印을 새겨서 先生이 가지고 가서 〈六國의 후손을 크게 봉하고 이 印을〉 채워주라." 하였다.

酈食其가 떠나기 전에 張良이 와서 漢王을 뵈었는데, 漢王은 이때 밥을 먹다가 이 내용을 자세히 張良에게 고하자, 張良이 말하였다.

"臣은 청컨대 앞에 있는 젓가락을 빌려서 大王을 위하여 계책을 세워보겠습니다.

옛날 湯王과 武王이 桀·紂의 후손을 봉한 것은 그 死生의 운명을 통제할 수 있었

기 때문이었는데, 지금 大王께서 項籍(項羽)의 死生의 목숨을 통제할 수 있겠습니까.

武王이 殷나라로 쳐들어가서 창고의 곡식을 방출하고 돈을 풀어 흩어주었으며, 전차인 革車를 눕혀 일반의 수레로 만들고 戰馬와 소를 풀어놓아 다시 사용하지 않을 것임을 보였는데, 지금 大王께서 이것을 할 수 있겠습니까.

또 天下의 游士들이 친척과 작별하고 선조의 묘소를 버리고서 大王을 따라온 것은 한갓 咫尺의 땅에 봉해지기를 바라서입니다. 그런데 지금 다시 六國의 후손을 세워서, 游士들이 각기 고국으로 돌아가 자기 君主를 섬기게 되면 大王께서는 누구와 더불어 天下를 취하시겠습니까.

楚나라는 참으로 이보다 더 강할 수 없고, 六國이 다시 동요되어 楚를 따르면 大王이 어떻게 이들을 신하로 삼을 수 있겠습니까. 참으로 客의 계책을 쓰신다면 大事가 틀어지고 말 것입니다."

漢王이 먹던 음식을 치우고 먹던 밥을 吐하면서 꾸짖어 말하기를 "미련한 선비가 거의 어르신의 일을 실패하게 할 뻔했다." 하고는, 빨리 印을 녹여 없애도록 명령하였다.

漢王이 滎陽으로 갈 적에 蕭何에게 명하여 關中을 지키게 하였는데, 蕭何는 關中의 戶口를 계산해서 군량과 병력을 수송하여 군대에 공급해서 일찍이 끊인 적이 없었다.

李靖은 "漢 高祖가 天下를 얻은 것은 모두 張良이 젓가락을 빌려 설명한 계책과 蕭何가 轉漕(漕運)한 功 때문이다."라고 말한 것이다.

以此言之하면 **韓彭見誅**하고 **范增不用**은 **其事同也**라 **臣**은 **故謂劉項皆非將將之君**이라하노이다

이것을 가지고 말하면, 韓信과 彭越이 죽임을 당하고 范增이 쓰이지 못한 것은 그 일이 똑같습니다. 그러므로 臣은 생각하기를, 劉邦과 項羽는 모두 장수를 잘 거느리는 君主가 아니라고 여기는 것입니다."

以此言之하면 韓信, 彭越이 皆見誅夷하고 范增이 不見聽用은 其事則同也라 臣은 故謂劉高祖, 項王이 皆非是能將將之君이라하노이다 楚圍漢王於滎陽하여 急이라 漢王請和한대 羽使至어늘 陳平爲大牢具하여 擧進이라가 而佯驚曰 吾以爲亞父使也라하고 乃持去하고 而更以惡草具進하다 使歸以報한대 羽大疑亞父라 亞父欲急攻下滎陽호되 羽不聽이어늘 亞父怒曰 天下事大定矣니 君王은 自爲之하라 願請骸骨[1)]이라하고 歸라가 未至彭城하여 疽發背死하니라 范增은 居巢人也라

1) 亞父怒曰……願請骸骨 : 亞父는 아버지에 버금가는 사람이란 뜻으로 項羽가 范增을 존경하여 부르던 칭호이다. '해골을 청한다.'고 한 것은, 신하가 몸을 바쳐 임금을 섬기면 자기 몸이 자신의 소유가 아니므로 물러나기를 청하면서 이렇게 말한 것이다.

"이것을 가지고 말하면, 韓信과 彭越이 모두 죽임을 당하고 〈三族이〉 멸망하였으며 范增의 계책이 쓰이지 못한 것은, 그 일이 똑같습니다. 그러므로 臣이 생각하기를, 劉高祖와 項王이 모두 장수를 잘 거느린 君主가 아니라고 한 것입니다."

楚나라가 漢王을 滎陽에서 포위하여 위급하였다. 漢王이 화친을 청하자 項羽의 使者가 왔는데, 陳平이 太牢의 성찬을 만들어 가지고 들어 올리다가 거짓으로 놀라며 말하기를 "나는 亞父의 使者라고 여겼는데, 아니로구나." 하고는 마침내 盛饌을 도로 가져가고, 다시 채소로 된 나쁜 음식으로 상을 차려 올렸다.

使者가 돌아가서 項羽에게 이 사실을 보고하자, 項羽는 亞父를 크게 의심하였다. 亞父가 滎陽을 급히 공격하여 함락하고자 하였으나 項羽가 듣지 않자, 亞父가 怒하여 말하기를 "天下의 일이 크게 정해졌으니 君王께서는 스스로 하소서. 骸骨을 돌려주시기를 청합니다." 하고는 돌아가다가 彭城에 이르기 전에 등창이 나서 죽었다.

范增은 居巢 사람이다.

項羽

太宗曰 光武中興에 能保全功臣하여 不任以吏事하니 此則善於將將乎아

太宗이 말하였다.

"光武帝가 中興할 적에 功臣들을 보전하여 관리의 일을 맡기지 않았으니, 이는 장수를 잘 거느린 것인가?"

太宗又問曰 漢光武中興에 能保全功臣하여 雖鄧寇耿賈之賢이라도 皆不任以吏事하니 此則善於將將者乎아

太宗이 또다시 물었다.

"漢 光武帝가 中興할 적에 功臣들을 보전하여 비록 鄧禹와 寇恂, 耿弇과 賈復처럼 어진 공신에게도 모두 관리의 일을 맡기지 않았으니, 이는 장수를 잘 거느린 것인가?"

靖曰 光武雖藉前構하여 **易於成功**이나 **然莽勢 不下於項籍**이요 **鄧寇未越於蕭曹**어늘 **獨能推赤心**하고 **用柔治**하여 **保全功臣**하니 **賢於高祖遠矣**라 **以此論將將之道**하면 **臣謂光武得之**라하노이다

李靖이 대답하였다.

"光武帝가 비록 前人이 이루어놓은 업적을 빌려서 쉽게 성공하였으나, 王莽의 형세가 項籍에게 뒤지지 않았고 鄧禹와 寇恂은 蕭何와 曹參보다 낫지 못했는데, 홀로 衷心을 미루고 柔順한 道를 사용하여 다스려서 功臣들을 보전하였으니, 漢高祖보다 크게 낫습니다. 이것을 가지고 장수를 거느리는 방도를 논한다면, 臣은 光武帝가 잘했다고 생각합니다."

靖對曰 光武雖憑藉前構하여 易於成功이라 然이나 王莽之勢 不下於項籍하고 鄧禹寇恂[1]之才가 未過蕭何曹參이어늘 光武獨能推赤誠하고 用柔道라 故로 保全功臣[2]하니 賢於漢高祖 遠矣라 以此評論將將之道하면 臣謂光武爲得之라하노이다

1) 鄧禹寇恂 : 鄧禹(A.D. 2~58)는 後漢의 開國功臣으로 자는 仲華이며 新野 사람이다. 光武帝를 도와 큰 공을 세워 24세에 大司徒에 임명되고 高密侯에 봉해졌으며 死後에 元侯라는 諡號가 내려졌다.

寇恂(?~36) 또한 光武帝의 名將으로 자가 子翼이며 上谷 사람이다. 偏將軍이 되어 큰 공을 세우고 雍奴侯에 봉해졌으며, 汝南太守, 執金吾 등을 역임하고 死後에 威侯라는 시호가 내려졌다. 두 사람 모두 ≪後漢書≫에 傳이 있다.

2) 光武獨能推赤誠……保全功臣 : 後漢을 건국한 光武帝는 천하를 통일하는 과정에서 자신에게 대항하다가 항복한 무리들에게도 모두 赤心(眞心)으로 대하여 心服을 받았으며, 천하를 평정한 뒤에는 前漢의 高祖가 많은 開國功臣들을 죽인 것을 거울삼아, 功臣들을 정치 일선에서 물러나게 하고 列侯로서 그 분수를 지키며 살게 함으로써, 종신토록 功臣으로서의 特權과 榮華를 누리게 하였다. 그리하여 鄧禹나 寇恂은 仁義로운 심성과 宰相으로서의 기국을 갖춘 인물로서 蕭何나 曹參에 못지않은 탁월한 治政 능력이 있었음에도 政事를 맡기지 않았다. 이 때문에 光武帝의 治世 동안 功臣들이 모두 그 福祿을 보전하여 국가로부터 誅罰이나 견책을 당하는 자가 없었으므로 이렇게 말한 것이다.

李靖이 대답하였다.

"光武帝가 비록 前人들이 이루어놓은 기업에 힘입어 쉽게 성공하였으나, 王莽의 형세가 項籍에게 뒤지지 않았고 鄧禹와 寇恂의 재주가 蕭何와 曹參보다 낫지 못했는데,

光武帝가 홀로 誠心을 미루고 유순한 방도를 사용하여 功臣들을 保全하였으니, 漢 高祖보다 크게 낫습니다. 이것을 가지고 장수를 거느리는 방도를 논한다면, 臣은 光武帝가 잘했다고 여깁니다."

○ 愚謂李靖云 莽勢不下於項籍이요 鄧寇未越於蕭曹는 非確論也라 夫王莽은 簒國之大賊이라 天下切齒하고 民心思漢하니 雖王尋, 王邑이 擁百萬之衆하여 威震四海나 昆陽一敗에 莽不旋踵而就戮이라 項羽는 自破秦軍, 虜王離之後로 諸侯將入轅門에 膝行而前하여 莫敢仰視하고 鴻門之會에 幾斃沛公하며 其後破於(濰)〔睢〕[1]水에 死者二十餘萬人이요 圍漢王於滎陽하여 幾破其城하니 若非漢王天授면 楚其可滅乎아 如何莽勢不下於項籍也리오 鄧禹는 仁義之將也라 首勸光武以修德하고 寇恂은 公輔之器也라 亦嘗給食於河內러니 光武欲保全功臣이라 故로 不任以大政이라 蕭何, 曹參은 皆起秦刀筆吏하여 但能守畫一之法하여 以致海宇之寧謐(밀)耳니 論其純正하면 蕭曹烏得與鄧寇比哉아 但鄧寇는 範我馳驅而不獲이요 蕭曹는 詭遇而獲耳[2]니라

1) (濰)〔睢〕: 저본의 '濰'는 明本에 의거하여 '睢'로 바로잡았다.

2) 鄧寇……詭遇而獲耳 : 範我馳驅는 원칙적인 법도대로 하는 것을 이르고, 詭遇는 부정한 방법으로 목적을 달성하는 것을 이르는바, 이는 春秋時代 晉나라의 뛰어난 御者였던 王良이, 權臣인 趙簡子의 寵臣인 嬖奚의 사냥을 위해 수레를 몰아주고 난 뒤에 "내 그를 위해서 말 모는 것을 법칙대로 하였더니〔範我馳驅〕, 종일토록 한 마리의 짐승도 잡지 못하였고, 그를 위하여 부정한 방법으로 짐승을 만나게 하였더니〔詭遇〕, 하루아침에 열 마리의 짐승을 잡았다."라고 한 말에서 유래되었다. 王良의 고사는 ≪孟子≫ 〈滕文公 下〉에 자세히 보인다.

鄧禹와 寇恂의 仁義로운 心性과 재상으로서의 기국이 蕭何와 曹參에 비해 결코 뒤지지 않으나 당대의 사정이 달라 鄧禹와 寇恂은 크게 등용되지 못했으므로 비교할 수가 없다고 말한 것이다.

○ 내가 생각하건대 李靖이 "王莽의 형세가 項籍에게 뒤지지 않고 鄧禹와 寇恂이 蕭何와 曹參보다 낫지 못하다."라고 말한 것은 확고한 의논이 아니다.

王莽은 漢나라를 찬탈한 큰 역적이었으므로 天下 사람들이 이를 갈았고 民心이 漢나라를 그리워하였으니, 비록 王尋과 王邑이 백만의 군대를 보유하여 위엄이 四海를 진동하였으나 昆陽에서 한 번 패하자 王莽은 발길을 되돌리지 못하고 당장에 죽임을 당하였다.

項羽가 秦나라 군대를 격파하고 王離를 사로잡은 뒤에는, 諸侯의 장수들이 軍門에 들어갈 적에 기어서 나아가고 감히 얼굴을 들어 項羽를 바라보지 못하였고, 鴻門의 모임에 거의 沛公을 죽게 하였으며, 그 뒤에 睢水에서 沛公을 격파하여 〈漢軍으로서〉 죽은 자가 20여 만 명이었고, 漢王을 滎陽에서 포위하여 거의 그 성을 함락하게 되었으니, 만약 하늘이 내려준 漢王이 아니었다면 楚나라를 어떻게 멸망시킬 수 있었겠는가. 어찌하여 王莽의 형세가 項籍에게 뒤지지 않았단 말인가?

鄧禹는 仁義의 장수였으니 맨 먼저 光武帝에게 德을 닦을 것을 권하였고, 寇恂은 公輔의 器局이었으니 또한 일찍이 河內에서 군량을 공급하였는데, 光武帝가 功臣들을 보전하고자 하였기 때문에 큰 정사를 맡기지 않은 것이다.

蕭何와 曹參은 모두 秦나라의 刀筆吏 출신이어서 다만 획일적인 法을 지켜 海內의 편안함을 이루었을 뿐이니, 그 純正함을 논하면 蕭何・曹參이 어떻게 鄧禹・寇恂과 견줄 수 있겠는가.

다만 鄧禹와 寇恂은 자신의 말 모는 법을 법칙대로 하여 짐승을 잡지 못하였고, 蕭何와 曹參은 부정한 방법으로 만나게 해서 짐승을 잡았을 뿐이다.

太宗曰 古者出師命將에 **齋三日**하고 **授之以鉞曰 從此至天**을 **將軍制之**하라하고 **又授之以斧曰 從此至地**를 **將軍制之**하라하고 **又推其轂曰 進退唯時**라하며 **既行**이면 **軍中**에 **但聞將軍之令**하고 **不聞君命**이라하니 **朕謂此禮久廢**라 **今欲與卿參定遣將之儀**하노니 **何如**오

太宗이 말하였다.

"옛날에 군주가 군대를 출동하고 將軍을 임명할 적에는, 3일을 재계하고, 장군에게 날이 위로 향한 도끼〔鉞〕를 주면서 말하기를 '이로부터 하늘에 이르기까지를 장군이 통제하라.' 하고, 또 날이 아래로 숙은 도끼〔斧〕를 주면서 말하기를 '이로부터 땅에 이르기까지를 장군이 통제하라.' 하였으며, 또다시 수레를 밀어주며 말하기를 '전진과 후퇴를 오직 때에 맞게 하라.' 하였다. 그리고 將軍이 길을 떠나면 軍中에서는 다만 將軍의 명령을 듣고 君主의 명령을 듣지 않았다.

朕은 생각하건대 이 禮가 오랫동안 폐지되었으므로, 이제 卿과 더불어 장수를 파견하는 儀禮를 참작하여 정하고자 하노니, 어떠한가?"

太宗曰 古者에 帝王出師命將에 齋戒三日하고 授之以鉞하여 命之曰 從此至天을

將軍制之하라하니 鉞者는 揚也니 有向上之義故로 曰天이라 又授之以斧하고 命之曰 從此至地를 將軍制之하라하니 斧者는 戚也니 有俯下之義故로 曰地라 又推其車轂하여 命之曰 進退唯時라하니 轂者는 兵車之轂이니 外持輻하고 內受軸者也니 主旋轉運動故로 因以進退唯時로 戒之라 旣行이면 軍中에 但聞將軍之令하고 不聞君之命也라 朕謂此命將之禮 久已廢壞라 今欲與卿參定遣將之儀하노니 卿謂何如오

太宗이 말하였다.

"옛날 帝王이 군대를 출동하고 장수를 임명할 적에는, 3일 동안 재계하고, 날이 위쪽으로 향한 도끼를 주면서 명령하기를 '이로부터 하늘에 이르기까지를 장군이 통제하라.' 하였다."

鉞은 날이 위로 향하는 도끼이니, 위를 향하는 뜻이 있기 때문에 하늘이라 한 것이다.

"또 날이 아래로 숙은 도끼를 주면서 명령하기를 '이로부터 땅에 이르기까지를 장군이 통제하라.' 하였다."

斧는 날이 아래로 숙은 도끼이니, 아래를 굽어보는 뜻이 있으므로 땅이라 한 것이다.

"또 장수의 수레바퀴를 밀어주며 명령하기를 '전진과 후퇴를 때에 맞게 하라.' 하였다."

수레바퀴는 兵車의 바퀴통〔轂〕으로, 밖으로는 輻을 유지하고 안으로는 軸을 받는 것이니, 수레를 돌리고 運動하는 것을 주관하므로 인하여 전진과 후퇴를 때에 맞게 함을 경계한 것이다.

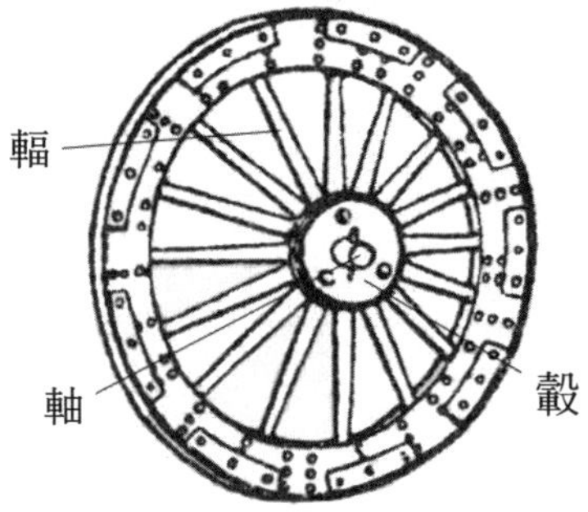

수레바퀴

"군대가 이미 길을 떠나면 軍中에서는 다만 將軍의 명령을 듣고 君主의 명령을 듣지 않는다.

내가 생각하건대 장수를 임명하는 이 禮가 오랫동안 폐지되어 파괴되었으므로, 이제 卿과 더불어 장수를 파견하는 儀禮를 참작하여 정하고자 하니, 卿은 어떻게 생각하는가?"

靖曰 臣竊謂 聖人制作에 致齋於廟者는 所以假威於神也요 授斧鉞하고 又推其轂者는 所以委寄以權也니이다 今陛下每有出師에 必與公卿議論하고 告廟而後遣하시니 此則邀以神이 至矣요 每有任將에 必使之便宜從事하시니 此則假以權이 重矣니 何異於致齋推(假)〔轂〕[1]耶잇가 盡合古禮하여 其義同焉하니 不須參定이니이다 上曰 善하다하고 乃命近臣하여 書此二事하여 爲後世法하니라

1) (假)〔轂〕: 저본의 '假'는 ≪直解≫와 漢文大系本에 의거하여 '轂'으로 바로잡았다.

李靖이 대답하였다.

"臣이 엎드려 생각하건대, 聖人이 〈禮를〉 제정할 적에 宗廟에서 재계를 지극히 하는 것은 神에게 위엄을 빌리는 것이요, 斧와 鉞을 주고 또 그 수레바퀴를 밀어주는 것은 막중한 권세를 위임하는 것입니다.

지금 陛下께서 매번 군대를 출동할 때마다 반드시 公卿들과 상의하시고 宗廟에 고유한 뒤에 파견하시니, 이는 神의 위엄을 빌린 것이 지극한 것입니다. 그리고 매번 장수를 임명할 때마다 반드시 편의에 따라 종사하게 하시니, 이는 권력을 빌려줌이 막중한 것으로, 어찌 재계하고 수레바퀴를 밀어주는 것과 다르겠습니까. 모두 옛 禮에 부합하여 그 의리가 똑같으니, 굳이 참작하여 정할 것이 없습니다."

上이 말하기를 "좋다." 하고, 마침내 측근의 신하에게 명하여 이 두 가지 일을 써서 후세의 법으로 삼게 하였다.

靖對曰 臣竊謂 聖人制禮에 致齋於宗廟者는 所以假借威靈於神也요 授斧鉞하고 又推車轂者는 所以委寄以生殺之權也라 今陛下每有出師에 必與公卿議論可否하고 告於宗廟而後遣하시니 此則邀以神之威靈이 亦至也요 每有任用將帥에 必使之便宜從事於軍前하시니 此則假借以威權이 重矣니 何異於致齋推轂邪잇가 此皆盡合古帝王之禮하여 其義相同焉하니 更不須參定이니이다 上曰 卿言甚善이라하고 乃命近侍之臣하여 書此二事하여 爲後世人君之法하니라

李靖이 대답하였다.

"臣이 엎드려 생각하건대, 聖人이 〈장수를 파견하는〉 禮를 만들 적에 宗廟에서 재계하는 것은 神에게 위엄과 신령스러움을 빌리는 것이요, 斧·鉞을 주고 또 수레바퀴를 밀어주는 것은 살리고 죽이는 권한을 맡긴 것입니다.

지금 陛下께서 매번 군대를 출동할 때마다 반드시 公卿들과 가부를 상의하시고 宗廟에 고유하신 뒤에 파견하시니, 이는 神의 위엄과 신령스러움을 빌림이 또한 지극한 것입니다.

그리고 매번 장수를 임명할 때마다 반드시 군대 앞에서 편의에 따라 종사하게 하시니, 이는 위엄과 권력을 빌려준 것이 막중한 것이니, 致齋하고 수레바퀴를 밀어주는 것과 무엇이 다르겠습니까. 이는 모두 옛 帝王의 禮에 부합하여 그 의리가 서로 같으

니, 다시 군이 참작하여 禮를 정할 것이 없습니다."

上이 말하기를 "卿의 말이 매우 좋다." 하고는, 마침내 가까이 모시는 신하에게 명하여 이 두 가지 일을 써서 후세 君主의 법으로 삼게 하였다.

○ 愚謂 古禮之不可復은 非禮之自壞요 乃人壞之也라 太宗이 欲參定遣將之儀하니 是軍禮將自此而復也라 軍禮復이면 而吉凶賓嘉[1]亦可從而復之耳어늘 靖乃以諛言沮之는 亦獨何哉아 祖孝孫奏雅樂한대 太宗曰 治之隆替 不由於樂이라하고 魏徵亦曰 樂在人和요 不在聲音[2]이라하니 李靖은 不足責也어니와 而徵亦以此言하니 終唐之世而禮樂不興者는 二公之過也니라

1) 吉凶賓嘉 : 吉禮·凶禮·賓禮·嘉禮이며, 여기에 軍禮를 포함하여 五禮라 한다. 吉禮는 喪禮·葬禮 등의 凶禮를 제외한 大祀·中祀·小祀 등의 제사 의식과 제사의 예법을 가리킨다. 凶禮는 喪·葬 등의 凶事를 당했을 때에 거행하는 喪禮·荒禮·弔禮·襘禮·恤禮의 다섯 가지가 있다. 賓禮는 외국 사신을 접대하는 朝聘 의식에 관한 모든 禮節이고, 嘉禮는 帝王家에서는 帝王의 혼인이나 즉위, 또는 王世子·王世孫·皇太子·皇太孫의 혼인이나 冊封 따위의 禮式을 이르고, 私家에서는 冠禮나 婚禮를 이른다.

2) 祖孝孫奏雅樂……不在聲音 : 이에 대한 자세한 내용은 ≪資治通鑑≫ 〈唐紀〉에 다음과 같이 보인다.

"太常寺 少卿 祖孝孫이 南朝의 梁과 陳의 음악이 吳·楚의 음악을 많이 쓰고, 北朝의 周와 齊의 음악이 胡·夷의 음악을 많이 쓰고 있으므로, 이에 南과 北의 음악을 참작하고 옛 소리를 참고하여 ≪唐雅樂≫을 지었는데, 모두 84調 32曲 12和였다. 協律郞 張文收와 祖孝孫이 함께 修定하여, 6월 乙酉日에 祖孝孫 등이 新樂을 연주하였다.

上(太宗)이 말하기를 '禮樂이라는 것은 聖人이 人情에 근거하여 가르침을 베푼 것일 뿐이니, 政治의 융성함과 침체함이 어찌 禮樂에 연유하겠는가.' 하였다.

御史大夫 杜淹이 아뢰기를 '齊나라가 망할 적에 '伴侶曲'을 지었고 陳나라가 망할 적에 '玉樹後庭花'를 지었는데, 그 소리가 애처롭고 구슬퍼서 길 가는 자들이 이 노래를 듣고 모두 슬퍼하여 눈물을 흘렸습니다. 어찌 정치의 융성함과 침체함이 禮樂에 달려있지 않다고 말할 수 있겠습니까.' 하였다.

그러자 上이 말하기를 '그렇지 않다. 音樂은 사람을 감동시킬 수 있다. 그러므로 즐거운 자가 음악을 들으면 기뻐하고, 근심하는 자가 음악을 들으면 슬퍼하는 것이니, 슬퍼함과 기뻐함은 사람의 마음에 달려있는 것이고, 음악에 연유하는 것이 아니다. 망해가는 나라의 政事는 백성들이 반드시 근심하고 괴로워하기 때문에 음악을 들으면

슬퍼할 뿐이다. 지금 '伴侶曲'과 '玉樹後庭花'의 두 曲調가 모두 남아있으니, 朕이 公을 위해 연주할 것이다. 公이 듣고서 어찌 슬퍼하겠는가.' 하였다.

右丞 魏徵이 아뢰기를 '옛사람이 말하기를 「禮이다, 禮이다, 하지만 玉과 비단을 이르겠는가. 樂이다, 樂이다, 하지만 鐘과 북을 이르겠는가.」 하였으니, 음악은 진실로 人和에 달려있지 聲音에 있지 않습니다.' 하였다."

○ 내가 생각하건대, 옛 禮를 회복할 수 없음은 禮가 스스로 무너진 것이 아니요, 바로 사람이 무너뜨린 것이다. 太宗이 장수를 파견하는 의례를 참작하여 정하고자 하였으니, 이는 軍禮가 장차 이로부터 회복될 수 있는 기회였다.

軍禮가 회복되면 吉禮와 凶禮, 賓禮와 嘉禮도 또한 따라서 회복될 수 있었는데, 李靖이 아첨하는 말로 저지한 것은 무슨 이유에서였는가.

祖孝孫이 雅樂을 연주하자, 太宗이 말하기를 "정치의 융성함과 침체함은 음악에 연유하지 않는다." 하였고, 魏徵 또한 말하기를 "음악은 人和에 달려있고 성음에 달려있지 않다." 하였으니, 李靖은 굳이 책망할 것이 없지만, 魏徵 또한 이러한 말을 하였다. 唐나라가 끝나도록 禮樂이 일어나지 못한 것은 李靖과 魏徵 두 公의 잘못이다.

太宗曰 陰陽術數를 廢之可乎아 靖曰 不可하니 兵者는 詭道也라 託之以陰陽術數하면 則使貪使愚하니 茲不可廢也니이다

太宗이 말하였다.

"陰陽과 術數를 폐지해도 되는가?"

李靖이 대답하였다.

"不可하니 군대는 속임수입니다. 陰陽과 術數에 가탁하면 탐욕스러운 자를 부리고 어리석은 자를 부릴 수 있으니, 이것을 폐지해서는 안 됩니다."

太宗曰 陰陽與術數를 廢之不用이 可乎아 靖對曰 不可廢也라 兵者는 詭詐之道라 假託以陰陽術數하면 則可使貪使愚하니 此所以不可廢也니이다

太宗이 말하였다.

"陰陽과 術數를 폐지하고 사용하지 않아도 되는가?"

李靖이 대답하였다.

"폐지할 수 없습니다. 군대는 속이는 방법입니다. 陰陽과 術數로써 가탁하면 탐욕스러운 자를 부리고 어리석은 자를 부릴 수 있으니, 이 때문에 폐지할 수 없는 것입니다."

太宗曰 卿嘗言天官時日을 **明將不法**하고 **闇將拘之**라하니 **廢亦宜然**이로다

太宗이 말하였다.

"卿이 일찍이 말하기를 '天官의 時日을 명철한 장수는 따르지 않고 어두운 장수는 구애된다.' 하였으니, 폐지하는 것이 또한 마땅할 것이다."

太宗又問曰 卿嘗言天官時日을 明哲之將은 不以爲法하고 昏暗之將은 則拘泥(於)〔之〕[1)]라하니 廢而不用이 亦宜라

1) (於)〔之〕: 저본의 '於'는 漢文大系本에 의거하여 '之'로 바로잡았다.

太宗이 또다시 물었다.

"卿이 일찍이 말하기를 '天官(天文)의 時日을 명철한 장수는 法으로 삼지 않고 어두운 장수는 구애된다.' 하였으니, 폐지하고 쓰지 않는 것이 또한 마땅할 것이다."

靖曰 紂以甲子日亡하고 **武王以甲子日興**하니 **天官時日**은 **甲子一也**로되 **殷亂周治**하여 **興亡異焉**이니이다 **又宋武帝以往亡日起兵**한대 **軍吏以爲不可**어늘 **帝曰 我往彼亡**이라하더니 **果克之**[1)]하니 **由此言之**하면 **可廢明矣**니이다

1) 紂以甲子日亡……果克之 : 위의 두 사례는 ≪尉繚子≫ 〈天官〉에 자세히 보인다.

李靖이 대답하였다.

"紂王은 甲子日에 싸워 망하였고 武王은 甲子日에 싸워 흥하였으니, 天官의 時日은 甲子日이 똑같았으나, 殷나라는 혼란하고 周나라는 다스려져서, 흥하고 망하는 것이 달라진 것입니다.

또 宋 武帝가 往亡日에 군대를 일으키자, 軍吏가 '불가하다.' 하였으나, 武帝가 말하기를 '내가 가면 저들이 망한다.' 하였는데 과연 승리하였으니, 이것을 가지고 말하면 폐지할 수 있음이 분명합니다.

靖對曰 昔에 紂는 以甲子日로 用師而亡하고 武王은 以甲子日로 用兵而興하니 以天官時日言之하면 甲子則一也로되 殷室亂하고 周室治하여 興亡斯異焉이니이다 又宋武帝劉裕 以往亡日起兵하여 伐南燕한대 軍吏以爲不可어늘 帝曰 我往而彼亡이라하더니 果克慕容超하니 由此二事言之하면 可廢明矣니이다

李靖이 대답하였다.

"옛날 紂王은 甲子日에 군대를 출동하여 망하였고, 武王은 甲子日에 군대를 출동하여 흥하였으니, 天官의 時日을 가지고 말하면 甲子日은 똑같으나, 殷나라는 혼란하고 周나라는 다스려져서, 흥하고 망한 것이 이 때문에 달라진 것입니다.

또 宋 武帝 劉裕가 往亡日에 군대를 일으켜 南燕을 정벌하자, 軍吏가 '不可하다.' 하였으나, 武帝가 말하기를 '내가 가면 저들이 망한다.' 하였는데 과연 南燕의 慕容超를 이겼으니, 이 두 가지를 가지고 말하면 폐지할 수 있는 것이 분명합니다."

然而田單이 **爲燕所圍**러니 **單命一人爲神**하여 **拜而祠之**하고 **神言燕可破**라한대 **單於是**에 **以火牛出擊燕**하여 **大破之**하니 **此是兵家詭道**니 **天官時日**도 **亦猶此也**니이다

그러나 田單은 燕나라에게 포위되자, 한 사람을 명하여 神師로 삼아서 그에게 절하고 제사하였습니다. 神師가 '燕나라를 격파할 수 있다.'라고 말하자, 田單은 이에 火牛를 가지고 출전하여 燕나라 군대를 공격해서 大破시켰으니, 이는 兵家의 속임수로, 天官의 時日도 또한 이와 같습니다."

然而田單守卽墨할새 爲燕人所圍러니 單故命一人하여 假爲神師하여 拜而祠之하고 神師言燕人可破라한대 單於是에 以火牛出擊燕兵하여 遂大破之[1]하니 此是兵家詭詐之道니 天官時日도 亦似此耳니이다 按史記曰 單守卽墨할새 乃令城中人으로 食必祭先祖於庭한대 飛鳥皆翔舞而下하니 燕人怪之라 單因宣言曰 當有神師下教我라하더니 有一卒曰 臣可以爲師乎아하여늘 單遂師之하여 每有約束에 必稱神師하니라

1) 田單守卽墨……遂大破之 : 田單은 戰國時代 齊나라의 名將으로, 먼 王族 출신인데 燕나라에게 거의 멸망하게 된 나라를 구하였다. 神師는 神明스러운 스승을 가리키며, 火牛는 소의 머리에 칼날을 꽂아놓고 꼬리에 불을 붙여 적진으로 치닫게 한 일을 가리킨다.

火牛

B.C. 279년 齊軍이 卽墨에서 燕軍에 포위되어 농성전을 벌일 적에 田單은 城 안의 병사와 백성들에게 매 끼니마다 뜰에 음식을 차려놓고 祖上에게 제사를 지내게 하였다. 그러자 새들이 모두 내려와 이 음식을 먹었다. 성 밖의 燕軍이 새떼가 성 안으로 날아가 내려앉는 것을 보고 이상하게 여기자, 田單은 "神明께서 내려오셔서 우리를 가르쳐주시는 것이다."라고 선전하는 한편, 城 안의 군대와 백성들에게도 "神明이 오셔서 우리의 스승이 되실 것이다."라고

말하고, 병사 한 사람을 데려다가 그를 스승으로 모시고 군령을 내릴 적마다 반드시 神師의 지시라고 일컬어 병사와 백성들의 사기를 진작시켰다.

田單은 한편으로 反間計를 써서 燕나라의 명장 樂毅를 물러나게 하고, 성 안에서 천여 마리의 소를 모아서 그 위에 울긋불긋한 龍의 무늬를 그린 옷을 입히고 뿔에 날카로운 칼날을 묶은 다음, 갈대를 쇠꼬리에 묶어 기름을 붓고 그 끝에 불을 붙였다. 그리고 성벽에 수십 개의 구멍을 뚫어 한밤중에 소를 풀어놓고 장사 5천 명이 그 뒤를 따르게 하니, 소들은 꼬리가 뜨거워지자 성이 나서 燕軍의 陣中으로 돌진하였다. 燕軍은 한밤중에 기습 공격을 받고 큰 혼란에 빠졌다.

齊나라의 壯士 5천 명이 재갈을 물고 燕軍을 공격하였으며, 성중에서는 북을 울리고 함성을 지르며 노약자들도 모두 구리그릇을 두드려 소리를 내니, 그 소리가 천지를 진동하였다. 이에 燕軍은 대패하고 大將 騎劫도 전사하였는바, 齊나라는 이후 승승장구하여 이전에 잃었던 영토를 다 회복하였다. ≪史記 권82 田單列傳≫

"그러나 田單이 卽墨을 지킬 적에 燕나라에게 포위되었는데, 田單이 일부러 한 사람에게 명하여 거짓으로 神師라 하여 절하고 제사하였습니다. 神師가 '燕나라 군대를 격파할 수 있다.'라고 말하자, 田單이 이에 火牛를 출동시켜 燕나라 군대를 공격하여 마침내 大破하였으니, 이는 바로 兵家의 속이는 방법으로, 天官의 時日 또한 이와 같을 뿐입니다."

살펴보건대, ≪史記≫에 이르기를 "田單이 卽墨을 지킬 적에 성 안 사람들로 하여금 음식을 먹을 적에 반드시 先祖를 뜰에서 제사 지내게 하자, 새들이 모두 춤추며 날아와 내려앉으니, 燕나라 사람들이 괴이하게 여겼다. 田單은 인하여 소문을 퍼뜨리기를 '마땅히 神師가 하늘에서 내려와 나를 가르쳐줄 것이다.' 하였는데, 한 병사가 말하기를 '저를 神師로 삼아도 되겠습니까.' 하므로, 田單은 마침내 그를 神師로 삼아서 매번 명령을 내릴 때마다 반드시 '神師가 가르친 것'이라고 칭하였다." 라고 하였다.

太宗曰 田單은 托神怪而破燕하고 太公은 焚蓍龜而滅紂하여 二事相反은 何也오

太宗이 말하였다.

"田單은 괴이한 神師에게 가탁하여 燕나라를 격파하였고, 太公은 蓍草와 거북껍질을 태우고 紂王을 멸망시켜, 두 가지 일이 상반됨은 어째서인가?"

太宗曰 齊田單은 假神怪而破燕兵하고 太公은 焚燒蓍龜而滅殷紂[1)]하여 二事相反은 又何也오

1) 太公 焚燒蓍龜而滅殷紂 : 이 내용은 아래 본문에 자세히 보인다.

太宗이 말하였다.

"齊나라 田單은 괴이한 神師에게 가탁하여 燕나라 군대를 격파하였고, 太公은 蓍草와 거북 껍질을 불태워 殷나라 紂王을 멸망시켜, 두 가지 일이 상반됨은 또 어째서인가?"

靖曰 其機一也니 **或逆而取之**하고 **或順而行之 是也**니이다

李靖이 대답하였다.

"그 機智는 똑같으니, 혹은 逆으로 취하고 혹은 順으로 행한 것이 이것입니다.

靖對曰 其機則一也니 **或逆而取之**하고 **或順而行之 是也**니이다 **田單**이 **託神怪而破燕**은 **逆而取之也**요 **太公**이 **焚蓍龜而滅紂**는 **順而行之也**라

李靖이 대답하였다.

"그 機智는 똑같으니, 혹은 逆으로 취하고 혹은 順으로 행한 것이 이것입니다."

田單이 괴이한 神師에게 가탁하여 燕나라를 격파한 것은 逆으로 취한 것이요, 太公이 蓍草와 거북 껍질을 불태워 紂王을 멸한 것은 順으로 행한 것이다.

昔에 **太公佐武王**하여 **至牧野**하여 **遇雷雨**하여 **旗鼓毁折**한대 **散宜生**이 **欲卜吉而後行**하니 **此則因軍中疑懼**하여 **必假卜以問神焉**이라 **太公**은 **以謂腐草枯骨**이라 **無足問**이요 **且以臣伐君**하니 **豈可再乎**아하니이다 **然**이나 **觀散宜生**은 **發機於前**하고 **太公**은 **成機於後**하니 **逆順雖異**나 **其理致則同**이라 **臣前所謂術數不可廢者**는 **蓋存其機於未萌也**니 **及其成功**하여는 **在人事而已矣**니이다

옛날 太公이 武王을 보좌하여 牧野에 이르러서 천둥벼락과 소낙비를 만나 깃발과 북이 찢어지고 부서지자, 散宜生이 점을 쳐서 길한 뒤에 행군하고자 하였으니, 이것은 軍中의 의구심으로 인하여 반드시 점에 가탁하여 神에게 물으려 한 것입니다.

그런데 太公은 이르기를 '썩은 풀이요 마른 뼈라서 굳이 물을 것이 못 되고, 또 신하로서 군주를 정벌하니 어찌 다시 행할 수 있겠는가.' 하였습니다. 그러나 臣이 살펴보면, 散宜生은 앞에서 機智를 내었고, 太公은 뒤에서 기지를 이루었으니, 逆과 順은 비록 다르나 그 이치는 똑같습니다.

臣이 앞에서 말한 '술수를 폐지할 수 없다.'는 것은 그 기지를 싹트기 전에 보존한다는 것일 뿐, 성공함에 이르러서는 사람의 일에 달려있을 뿐입니다."

昔에 太公佐武王하여 至牧野하여 遇大雷驟雨하여 旗與鼓皆毁壞損折한대 散宜生이 欲卜得吉而後行하니 此則軍中疑懼하여 欲假借占卜以問神焉이라 太公이 以謂 蓍는 腐草也요 龜는 枯骨也니 皆無足問이요 且以臣而伐君하니 又豈可再乎[1]아하니이다 然이나 觀散生은 發機於其前하고 太公은 成機於其後하니 逆與順雖殊異나 其理致則相同이라 臣前所謂術與數俱不可廢者는 蓋存其機於未萌耳니 及其成功하여는 在盡人事而已矣니이다

1) 太公佐武王……又豈可再乎 : 太公은 흔히 姜太公으로 알려진 呂尙으로, 呂는 氏이며 姜은 姓이다. 渭水 가에서 낚시질을 하다가 文王에게 등용되고 武王을 보좌하여 商나라를 멸망시키고 周나라의 천하를 열었다.
　散宜生 또한 文王과 武王을 보필한 賢臣으로 文王이 紂王에 의해 羑里에 있는 獄에 갇히자, 황금 千鎰로 美女와 文馬를 사 紂王에게 바치고서 文王을 구하였다.
　李靖은 散宜生과 太公의 일을 들어 鬼神의 유시와 顯靈, 奇迹 등의 방식을 이용하여 병사들의 용기를 激發시키는 미신적인 방법도 폐지해서는 안 된다고 주장한 것이다.

"옛날에 太公이 武王을 보좌하여 〈殷나라를 정벌할 적에〉 牧野에 이르러서 큰 우레와 소낙비를 만나 깃발과 북이 훼손되고 찢어지자, 散宜生이 점을 쳐서 길한 점괘를 얻은 뒤에 행군하고자 하였으니, 이는 軍中의 병사들이 의심하고 두려워하므로 占을 빌려 神에게 묻고자 한 것입니다.

太公이 이르기를 '蓍草는 썩은 풀이요 거북 껍질은 마른 뼈이니 모두 물을 것이 못되고, 또 신하로서 군주를 정벌하니 〈만일 점을 쳐서 불길하면〉 어찌 다시 정벌할 수 있겠는가.' 하였습니다. 그러나 살펴보면, 散宜生은 앞에서 機智를 내었고 太公은 뒤에서 기지를 이루었으니, 逆과 順은 비록 다르나 그 이치는 서로 같습니다.

臣이 앞에서 말한 '術數를 모두 폐지할 수 없다.'는 것은 기지가 싹트지 않았을 때에 보존한다는 것일 뿐이니, 그 성공함에 이르러서는 사람의 일을 다함에 달려있을 뿐입니다."

太宗曰 當今將師엔 唯李勣, 道宗, 薛萬徹이니 除道宗以親屬外에 孰堪大用고

太宗이 말하였다.

"지금 將帥 중에는 오직 李勣과 李道宗, 薛萬徹뿐인데, 친족인 李道宗을 제외하

고는 누가 크게 등용될 만한가?"

太宗問曰 當今將帥엔 唯李勣, 江夏王道宗, 薛萬徹이니 除道宗以親屬外에 誰堪大任者오

太宗이 말하였다.
"지금 將帥 중에는 오직 李勣(李世勣)과 江夏王 李道宗, 薛萬徹뿐인데, 친족인 李道宗을 제외하고는 누가 큰 임무를 감당할 만한 자인가?"

靖曰 陛下嘗言 勣道宗用兵은 不大勝이요 亦不大敗어니와 萬徹은 若不大勝이면 卽須大敗라하니이다

李靖이 대답하였다.
"陛下께서 일찍이 말씀하시기를 '李勣과 李道宗은 用兵하여 적과 싸울 적에 크게 승리하지도 않고 또한 크게 패하지도 않지만, 薛萬徹은 만약 크게 승리하지 않으면 반드시 크게 패한다.' 하셨습니다.

靖對曰 陛下嘗言 世勣與道宗은 凡與敵戰에 不求大勝이요 亦不致於大敗어니와 萬徹은 若不大勝이면 卽大敗라하니이다 貞觀十八年에 以薛萬徹로 爲右衛大將軍할새 嘗有是言이라 高宗永徽四年에 萬徹이 與房(道)〔遺〕愛[1]等으로 謀反被誅하니라

1) 房(道)〔遺〕愛 : 저본의 '道'는 '遺'의 誤字이다. 房遺愛(?~653)는 본명이 俊으로 太宗의 重臣인 房玄齡의 둘째아들이다. 성품이 대범하고 솔직하며 勇力이 뛰어났다. 貞觀 22년(648), 太宗이 가장 총애하는 딸인 高陽公主에게 장가들고 右衛將軍에 임명되었다. 부친인 房玄齡이 별세한 뒤에 嫡長子인 房遺直이, 아우 房遺愛가 高陽公主의 남편이라는 이유로, 자신이 승계받을 銀靑光祿大夫의 爵位를 양보하려 하였으나, 太宗이 이를 허락하지 않았다. 房遺愛는 高宗 때에 이르러 房州刺史로 좌천되자, 永徽 4년(653)에 반역을 도모하다가 죽임을 당하고, 公主도 賜死되었다.

李靖이 대답하였다.
"陛下께서 일찍이 말씀하시기를 '李世勣과 李道宗은 用兵하여 적과 싸울 적에 크게 승리하기를 바라지 않고 또한 크게 패함에 이르지 않지만, 薛萬徹은 만약 크게 승리하지 않으면 바로 크게 패한다.' 하셨습니다."
貞觀 18년(644)에 薛萬徹을 右衛大將軍으로 삼을 적에 太宗은 일찍이 이러한 말을 하였다. 高宗 永徽 4년(653)에 薛萬徹은 房遺愛 등과 반역을 도모하다가 죽임을 당하였다.

臣愚思聖言호니 不求大勝이요 亦不大敗者는 節制之兵也요 或大勝하고 或大敗者는 幸而成功者也라 故로 孫武云 善戰者는 立於不敗之地하여 而不失敵之敗也라하니 節制在我云爾니이다

어리석은 臣이 聖上의 말씀을 생각해보니, 크게 승리하기를 바라지 않고 또한 크게 패하지 않는 것은 節制가 있는 군대요, 혹은 크게 승리하고 혹은 크게 패하는 것은 요행으로 성공하는 자입니다.

그러므로 孫武가 이르기를 '전투를 잘하는 자는 패하지 않을 땅에 서서 적이 패할 틈을 잃지 않는다.' 하였으니, 節制는 자신에게 있는 것입니다."

臣愚思聖上之言호니 不求大勝이요 亦不大敗者는 乃節制之兵也요 或大勝하고 或大敗者는 僥倖而成功者也라 故로 孫武子有云 善戰者는 先立於不敗之地하여 而不失敵人之敗也[1)]라하니 節制之法이 在我云爾니이다

1) 孫武子有云 ……而不失敵人之敗也 : 이 내용은 ≪孫子≫ 〈軍形〉에 보이는바, 劉寅은 ≪孫子直解≫에서 "法令을 살피고 賞罰을 분명히 하며 器械(兵器)를 편리하게 하고 武勇을 길러서 〈적이〉 우리에게 승리할 수 없는 형세가 있게 함은 패하지 않을 자리에 서는 것이요, 적에게 승리할 수 있는 형세가 있음을 틈타서 공격하여 깨뜨림은 적이 패할 기회를 잃지 않는 것이다."라고 해설하였다.

"어리석은 臣이 聖上의 말씀을 생각해보니, 크게 승리하기를 바라지 않고 또한 크게 패하지 않는 것은 바로 節制가 있는 군대요, 혹은 크게 승리하고 혹은 크게 패하는 것은 요행으로 성공하는 자입니다.

그러므로 孫武子가 이르기를 '전투를 잘하는 자는 먼저 패하지 않을 땅에 서서 적의 패할 틈을 잃지 않는다.' 하였으니, 節制하는 방법은 자신에게 있는 것입니다."

太宗曰 兩陳相臨이면 欲言不戰이나 安可得乎아

太宗이 물었다.

"두 진영이 서로 마주 대하고 있으면, 싸우지 않겠다는 말을 하고자 하나 어찌

그럴 수 있겠는가?"

太宗問曰 兩陣旣〔已〕相臨이면 〔我〕欲言不與戰[1]이나 安可得而不戰乎아

1) 旣〔已〕相臨 〔我〕欲言不與戰 : 저본에는 '已'와 '我'가 없으나, 漢文大系本에 의거하여 보충하였다.

太宗이 물었다.

"적과 우리의 두 진영이 이미 서로 대치해 있으면, 적과 싸우려 하지 않는다는 말을 하고자 하나 어찌 싸우지 않을 수 있겠는가?"

靖曰 昔에 晉師伐秦이라가 交綏而退하고 司馬法曰 逐奔不遠하고 縱綏不及이라하니 臣謂 綏者는 御轡之索也라 我兵旣有節制하고 彼敵亦正行伍하면 豈敢輕戰哉잇가 故로 有出而交綏하고 退而不逐하니 各防其失敗者也니이다

李靖이 대답하였다.

"옛날 晉나라 군대가 秦나라를 공격하다가 兩軍이 서로 퇴각하였고, ≪司馬法≫에 이르기를 '달아나는 적을 추격할 적에 멀리 추격하지 않고 말고삐〔綏〕를 잡고 퇴각하는 적은 따라잡지 않는다.' 하였으니, 臣이 생각하건대 '綏'는 말고삐의 끈입니다.

우리 군대가 이미 節制가 있고 적 또한 대오를 바르게 통제한다면, 어찌 감히 가볍게 싸울 수 있겠습니까. 그러므로 출전하였다가 兩軍이 함께 퇴각하는 경우가 있고, 적이 퇴각하여도 따라잡지 않는 경우가 있는 것이니, 각각 그 실패를 방비하는 것입니다.

靖對曰 昔春秋時에 晉趙盾(돈)이 帥師伐秦이라가 交綏而退[1]하고 司馬法에 亦曰 逐人奔敗之兵에 不欲其遠이요 從人退還之兵에 不必及之[2]라하니 臣謂 綏者는 御轡之索이니 乃六轡之總也[3]니이다 我兵이 旣有節制하고 彼敵亦正行伍하면 豈敢輕易出戰哉잇가 故로 古人有出而交綏하고 退而不逐하니 各隄防其失敗者也니이다 按春秋左傳에 晉趙盾이 命三軍皆出하여 與秦戰이라가 交綏라한대 注曰 軍退爲綏라하니라 又引司馬法云 從綏不及이라하니 是縱與從同也라 蓋兩家將士 車馬嚴整하여 執轡臨陳하여 有必戰之勢하면 各防其失而交退하니 以綏爲不戰而退軍之

名也라 左傳엔 交綏下에 無而退二字하니 恐此爲衍文이라

1) 春秋時……交綏而退 : 이 내용은 ≪春秋左氏傳≫ 文公 12년 조에 자세히 보이는데, 여기에는 '交綏'라고만 표기되어 있다.
2) 逐人奔敗之兵……不必及之 : 이 내용은 ≪司馬法≫ 〈天子之義〉에 "옛날에는 달아나는 적을 추격할 적에 멀리 따라가지 않고 퇴각하는 적을 따라잡지 않았다. 달아나는 적을 멀리 추격하지 않으면 적이 우리를 유인하기 어렵고, 퇴각하는 적을 따라잡지 않으면 적이 우리를 함정에 빠뜨리기 어렵다.〔古者 逐奔不遠 縱綏不及 不遠則難誘 不及則難陷〕"라고 풀이되어 있다.
3) 乃六轡之總也 : 옛날에 수레를 네 필의 말이 끌었는데 중앙에 있는 말을 服馬라 하고 양 곁에 있는 말을 驂馬라 하였는바, 두 服馬에는 각각 두 개의 고삐가 있어 네 개이고, 驂馬는 안쪽에 있는 고삐는 服馬에 걸어두고 양 곁에 있는 고삐만을 잡아 모두 여섯 개의 고삐를 잡는 것이다.

李靖이 대답하였다.

"옛날 春秋時代에 晉나라 趙盾이 군대를 거느리고 秦나라를 정벌하다가 말고삐〔綏〕를 잡고 兩軍이 함께 퇴각하였고, ≪司馬法≫에 또한 이르기를 '패하여 달아나는 적을 추격할 적에 멀리 추격하고자 하지 않고, 남의 물러가는 군대를 따라갈 적에 굳이 따라잡지 않는다.' 하였으니, 臣이 생각하건대 '綏'는 말고삐의 끈이니, 바로 여섯 고삐를 총괄한 것입니다.

우리 군대가 이미 節制가 있고 적 또한 대오를 바르게 통제한다면, 어찌 감히 가볍게 출전할 수 있겠습니까. 그러므로 옛사람 중에 출전하였다가 말고삐를 잡고 兩軍이 함께 퇴각하였고, 적이 퇴각하여도 따라잡지 않았으니, 각각 그 실패하는 것을 방비한 것입니다."

살펴보건대, ≪春秋左氏傳≫에 "晉나라 趙盾이 三軍에게 명하여 모두 나가서 秦나라 군대와 싸우다가 兩軍이 함께 퇴각하였다〔交綏〕." 하였는데, 注에 이르기를 "군대가 물러감을 綏라 한다." 하였다.

또 ≪司馬法≫에 이르기를 "말고삐를 잡고 물러가는 적을 따르되, 따라잡지 않는다." 하였으니, 이 縱은 '從'과 같다. 양측 병사의 수레와 말이 엄격히 정돈되어, 말고삐를 잡고 적진을 대해서 〈피아간에〉 必戰의 기세가 있으면 각각 실패하는 것을 방비하여 함께 물러가는 것이다. 그러므로 '綏'를 '싸우지 않고 군대를 뒤로 물리는 명칭'으로 삼은 것이다.

≪春秋左氏傳≫에는 '交綏' 아래에 '而退' 두 글자가 없으니, 아마도 이것은 衍文인 듯하다.

孫武云 勿擊堂堂之陳하고 **無邀正正之旗**라하니 **若兩陳體均勢等**이어늘 **苟一輕肆**하여 **爲其所乘**이면 **則或大敗**는 **理使然也**라 **是故**로 **兵有不戰**하고 **有必戰**하니 **夫不戰者**는 **在我**요 **必戰者**는 **在敵**이니이다

孫武가 이르기를 '당당한 적진을 공격하지 말고, 깃발이 바르고 정돈된 적군을 맞아 싸우지 말라.' 하였습니다. 만약 두 진영이 체제가 비슷하고 세력이 균등한데, 혹시라도 한 번 경솔하게 행동하여 적에게 틈을 타게 한다면 크게 패전하는 것은 이치가 그렇게 만든 것입니다. 이 때문에 군대는 싸우지 않아야 할 경우가 있고 반드시 싸워야 할 경우가 있는 것이니, 싸우지 않는 것은 나에게 있고 반드시 싸우는 것은 적에게 있습니다."

孫武有云 勿擊堂堂之陳하고 **無邀正正之旗**라하니 **二句**는 **解見軍爭篇**하니라 **若彼此兩陳**이 **體又均**하고 **勢又等**이어늘 **苟一失於輕肆**하여 **爲彼所乘**이면 **則或至於大敗**는 **理勢使之如此也**니이다 **是故**로 **兵有不戰**하고 **有必戰**하니 **夫不戰者**는 **在我之所守**요 **必戰者**는 **在敵勢之虛**니이다

"孫武가 이르기를 '당당한 적진을 공격하지 말고, 깃발이 바르고 정돈된 적의 군대를 맞아 싸우지 말라.' 하였습니다."

이 두 句는 해석이 〈軍爭〉에 보인다.

"만약 피차의 두 진영이 체제가 또 비슷하고 형세가 또 대등한데, 혹시라도 한 번 경솔하게 행동하여 적에게 틈을 타게 한다면 혹 크게 패전함에 이르는 것은 이치와 형세가 이와 같이 만드는 것입니다. 이 때문에 군대는 싸우지 않을 경우가 있고 반드시 싸워야 할 경우가 있으니, 싸우지 않는 것은 나의 수비하는 바에 있고, 반드시 싸우는 것은 적의 형세가 취약함에 있는 것입니다."

太宗曰 不戰在我는 **何謂也**오 **靖曰 孫武云 我不欲戰者**는 **畫地而守之**라도 **敵不得與我戰者**는 **乖其所之也**라하니 **敵有人焉**이면 **交綏之間**에 **未可圖也**라 **故**로 **曰 不戰**은 **在我**라하니이다

太宗이 말하였다.

"'싸우지 않는 것은 나에게 있다.'는 것은 무슨 말인가?"

李靖이 대답하였다.

"孫武가 이르기를 '내가 싸우고 싶지 않으면 땅을 긋고 수비하더라도 적이 우리와 싸울 수 없게 하는 것은, 적이 공격하러 오는 것을 어긋나게 하기 때문이다.' 하였으니, 적에게 훌륭한 인물이 있으면, 서로 퇴각하는 사이에 도모할 수가 없습니다. 그러므로 '싸우지 않는 것은 나에게 있다.'라고 한 것입니다.

太宗問曰 不戰在我는 此言何謂也오 靖對曰 孫武子有云 我不欲與敵戰이면 雖是畫地而守라도 敵人不得與我戰者는 乖錯其所往之初心也[1]라하니 敵若有人焉이면 兩軍交退之間에 未可以圖謀也라 故로 曰 不戰이 在我之自守也라하니이다

1) 孫武子有云……乖錯其所往之初心也 : 이 내용은 ≪孫子≫ 〈虛實〉에 그대로 보이는 바, 劉寅은 ≪孫子直解≫에서 "우리가 적과 싸우고 싶지 않으면 비록 땅을 긋고 지키더라도 적이 우리와 싸울 수 없는 것은, 權變을 만들어 적이 처음에 공격해 오려고 한 마음을 어긋나게 하기 때문이다."라고 해설하고, 이어서 이와 같은 경우로 다음의 두 가지 戰例를 들었다.

첫째는 曹操가 蜀漢의 先主(劉備)와 漢中을 다툴 적에 다른 陣營을 지키던 趙雲이 수십 명의 기병을 거느리고 와서 曹操의 군대를 만나, 한편으로는 싸우고 한편으로는 퇴각하다가 자기 진영으로 들어가서 軍門을 활짝 열고 깃발을 눕히고 북소리를 중단하여, 曹操로 하여금 매복을 의심하고 회군하도록 한 戰例이다.

둘째는 諸葛亮이 襄平에 주둔했을 적에 魏延 등으로 하여금 병력을 모아 동쪽으로 내려가게 하고 오직 1만의 병력만을 남겨두어 성을 지키게 하다가, 司馬懿의 대병력이 갑자기 닥쳐오자 병사들이 모두 공포에 질렸으나, 諸葛亮은 마음과 기상을 태연히 하면서 군중에 명하여 깃발을 눕히고 북소리를 멈춘 다음, 四面의 대문을 활짝 열어놓고 땅을 쓸어 청소하게 하여, 司馬懿가 매복을 의심하고서 회군하도록 한 戰例였다.

太宗이 물었다.

"'싸우지 않는 것이 나에게 있다.'는 것은 무슨 말인가?"

李靖이 대답하였다.

"孫武子가 이르기를 '내가 적과 싸우고 싶지 않으면 비록 땅을 긋고 지키더라도 적이 우리와 싸울 수 없게 하는 것은, 적이 공격해 오려던 처음 마음을 어긋나게 하는 것이다.'라고 하였으니, 적에게 만약 훌륭한 사람이 있으면, 두 군대가 서로 퇴각하는 사이에 도모할 수가 없는 것입니다. 그러므로 '싸우지 않는 것이 우리의 스스로 지킴에 있다.'라고 한 것입니다."

夫必戰在敵者는 孫武云 善動敵者는 形之면 敵必從之하고 予之면 敵必取之하여

以利動之하고 **以本待之**라하니 **敵無人焉**하여 **則必來戰**이면 **吾得以乘而破之**라 **故**로 **曰 必戰者**는 **在敵**이라하니이다

'반드시 싸우는 것은 적에게 있다.'는 것은, 孫武가 말하기를 '적을 잘 움직이게 하는 자는 모습을 드러내면 적이 반드시 따라와 공격하고, 〈이익을〉 주면 적이 반드시 이것을 취하여, 이익으로써 움직이게 하고 근본으로써 상대한다.' 하였으니, 적에게 훌륭한 인물이 없어서 반드시 와서 싸우면 우리가 그 틈을 타 격파할 수 있는 것입니다. 그러므로 말하기를 '반드시 싸우는 것은 적에게 있다.'라고 한 것입니다."

若夫必戰在敵者는 孫武有云 善能動敵者는 示以形之弱이면 敵必來從之하고 予之利면 敵必來取之하여 以利動敵人而使之來하고 以本待其至而破之[1)]라하니이다 本은 謂修我之奇正하고 繕我之甲兵하고 嚴我之隊伍하고 明我之號令이라 敵若無人焉하여 不知我之虛實하고 見我引誘하여 必來求戰이면 吾得以乘其勢而破之라 故로 曰 必戰者는 在敵勢之虛라하니이다

1) 孫武有云……以本待其至而破之 : 이 내용은 ≪孫子≫ 〈兵勢〉에 보이는데, 劉寅은 ≪孫子直解≫에서 "적을 잘 움직이게 하는 자는 형세를 보여주면 적이 반드시 따라오니, 혹 강하면서도 약한 형세를 보임은 孫臏이 취사장의 수를 줄인 것이 이것이요, 혹 약하면서도 강한 형세를 보임은 虞詡(후)가 취사장의 수를 더 늘린 것이 이것이다. 작은 이익을 적에게 주면 적이 반드시 와서 취하니, 예컨대 李牧이 작은 이익을 가지고 오랑캐 사람들을 유인하여 격파한 것이 이것이다. 이익을 가지고 적을 유인하여 오게 하고, 근본을 가지고 적을 대비하여 적으로 하여금 패하게 하는 것이니, 근본은 나의 步兵과 騎兵이 혹 正兵이 되고 혹 奇兵이 되어서, 되도록 必勝함에 있음을 이른다."라고 해설하였다.

"'반드시 싸우는 것은 적에게 있다.'는 것은, 孫武가 이르기를 '적을 잘 움직이게 하는 자는 허약한 형세로써 보여주면 적이 반드시 따라와 공격하고, 적에게 이익을 주면 적이 반드시 와서 이익을 취하려 하여, 이익으로써 적을 움직여 오게 하고 근본으로써 적이 오기를 기다려 격파한다.' 하였습니다."

근본은 우리의 奇와 正을 잘 정돈하고, 우리의 갑옷과 병기를 잘 수선하고, 우리의 대오를 엄격히 하고, 우리의 號令을 분명히 함을 이른다.

"적에게 만약 훌륭한 인물이 없어서 우리의 虛實을 알지 못하고, 우리가 유인하는 것을 보고서 반드시 와서 싸우려고 한다면 우리가 그 형세를 틈타 격파할 수 있습니다.

그러므로 말하기를 '반드시 싸우는 것은 적의 허약한 형세에 있다.'라고 한 것입니다."

太宗曰 深乎라 節制之兵이여 得其法則昌하고 失其法則亡하나니 卿爲纂述歷代善於節制者하여 具圖來上하라 朕當擇其精微하여 垂於後世호리라

太宗이 말하였다.

"심오하다. 節制를 잘하는 군대여! 그 방법을 얻으면 창성하고 그 방법을 잃으면 망하니, 卿은 역대에 절제를 잘한 자들을 저술하여 그림으로 그려 와서 올려라. 朕은 마땅히 그중에 精微한 것을 가려서 후세에 남기겠다."

太宗曰 深乎哉라 古人節制之兵이여 得其法則國必昌하고 失其法則國必亡하나니 卿爲纂述歷代以來善於節制之兵者하여 具圖來上하라 朕當選擇其精微者하여 垂之後世矣리라

太宗이 말하였다.

"심오하다. 옛사람의 節制를 잘한 군대여! 그 방법을 얻으면 나라가 반드시 창성하고 그 방법을 잃으면 나라가 반드시 망하니, 卿은 역대로 절제를 잘한 군대를 저술해서 자세히 그림을 그려 가지고 와서 올려라. 朕이 마땅히 그중에 精微한 것을 가려서 후세에 남기겠다."

太宗曰 兵法에 孰爲最深者오 靖曰 臣嘗分三等하여 使學者로 當漸而至焉하니 一曰道요 二曰天地요 三曰將法이니이다

太宗이 말하였다.

"兵法 중에는 무엇이 가장 심오한가?"

李靖이 대답하였다.

"臣이 일찍이 세 등급으로 나누어서 배우는 자들로 하여금 마땅히 점차적으로 이르게 하였으니, 첫 번째는 道이고, 두 번째는 天時와 地利이고, 세 번째는 將帥와 法입니다.

太宗問曰 兵法에 誰爲最深妙者오 靖對曰 臣嘗分而爲三等하여 使學者로 當以漸而至焉하니 一曰道요 二曰天地요 三曰將法이니이다 (五)〔三〕[1)]者는 蓋孫武子首篇

五事之目[2)]也라

1) (五)〔三〕 : 저본의 '五'는 明本에 의거하여 '三'으로 바로잡았다.

2) 首篇五事之目 : 五事는 ≪孫子≫의 첫 번째 편인 〈始計〉에 "첫 번째는 道이고 두 번째는 天時이고 세 번째는 地利이고 네 번째는 將帥이고 다섯 번째는 法令(제도와 호령)이다.〔一曰道 二曰天 三曰地 四曰將 五曰法〕"라고 보인다.

太宗이 물었다.

"兵法 중에는 무엇이 가장 심오하고 오묘한가?"

李靖이 대답하였다.

"臣이 일찍이 나누어 세 등급을 만들어서 배우는 자들로 하여금 마땅히 점차적으로 이르게 하였으니, 첫 번째는 道이고, 두 번째는 天時와 地利이고, 세 번째는 將帥와 法입니다."

이 세 가지는 ≪孫武子≫의 首篇에 있는 다섯 가지 일의 조목이다.

夫道之說은 至精至微하니 易所謂聰明睿智神武而不殺者 是也니이다

道의 내용은 지극히 정밀하고 지극히 미묘하니, ≪周易≫에 이른바 '聰明하고 睿智하고 神武해서 죽이지 않는다.'는 것이 이것입니다.

夫道之說은 至精細하고 至微妙하니 易繫辭所謂聰明睿智神武而不殺者是也니이다 聰明睿智는 聖之四德也니 聰은 是無所不聞이요 明은 是無所不見이요 睿는 是無所不通이요 智는 是無所不知라 變化不測之謂神이요 戡定禍亂之謂武라 不殺者는 言不用威刑而服萬方也라 此는 神聖之極致니 而常人之所不能學也라 孫子論道에 止云 令民與上同意하여 可與之死하고 可與之生하여 而不畏危也하니 此는 中人以上之資 皆可學而至요 若易之所言하여는 非上聖之資면 不可企而及也라

"道의 내용은 지극히 정밀하고 지극히 미묘하니, ≪周易≫ 〈繫辭傳〉에 이른바 '聰明하고 睿智하고 神武해서 죽이지 않는다.'는 것이 이것입니다."

聽·明·睿·智는 聖人의 네 德이니, 聰은 듣지 못하는 바가 없는 것이고, 明은 보지 못하는 바가 없는 것이고, 睿는 통하지 못하는 바가 없는 것이고, 智는 알지 못하는 바가 없는 것이다. 변화하여 측량할 수 없는 것을 神이라 하고, 禍와 亂을 평정함을 武라 이른다. 죽이지 않는다는 것은 위엄과 형벌을 쓰지 않고서도 萬方을 복종시킴을 이른다. 이는 神聖의 극치이니, 보통 사람은 배울 수 없는 것이다.

孫子가 道를 논할 적에 다만 "백성들로 하여금 윗사람과 뜻을 함께해서 더불어 죽을 수 있고 더불어 살 수 있게 하여 위태로움을 두려워하지 않게 하는 것이다." 하였으니, 이는 中人 이상의 자질은 누구나 다 배워서 이를 수 있는 것이요, ≪周易≫ 〈繫辭傳〉에 말한 것은 上聖의 자품이 아니면 바라서 미칠 수가 없는 것이다.

夫天之說은 **陰陽**이요 **地之說**은 **險易**니 **善用兵者**는 **能以陰奪陽**하고 **以險攻易**하나니 **孟子所謂 天時, 地利者 是也**니이다

하늘에 대한 말은 陰과 陽이요, 땅에 대한 말은 험함과 평탄함입니다. 用兵을 잘하는 자는 陰으로써 陽을 빼앗고 험함으로써 평탄함을 공격할 수 있으니, ≪孟子≫에 이른바 '天時와 地利'라는 것이 이것입니다.

夫天之說은 陰與陽이요 地之說은 險與易니 善能用兵者는 能以陰奪陽이니이다 如范蠡所謂盡敵陽節하고 盈吾陰節而奪之라 能以險奪易하니 如太宗以兵三千으로 據成皐之險하여 坐困建德二十萬衆[1]이니 二者는 卽孟子所謂 天時, 地利者[2] 是也라 天時는 謂時日支干, 孤虛旺相之屬이요 地利는 謂險阻城池之固[3]라

1) 太宗以兵三千……坐困建德二十萬衆 : 唐나라 武德 4년(621) 3월, 唐軍이 洛陽에 있던 王世充을 포위 공격하자, 夏王 竇建德이 이를 구원하기 위해 10여만의 병력을 이끌고 成皐 서쪽 벌판에 주둔하여 唐軍의 배후를 압박하였다. 唐軍이 앞뒤로 적군을 맞아 위기에 처하게 되자, 齊王 李元吉의 주력부대는 계속해서 洛陽을 공격하고 秦王 李世民은 정예기병 3천 명을 거느리고 成皐의 험한 곳을 점거한 후 동으로 虎牢關을 압박하여 竇建德 軍을 견제하였다. 이에 竇建德 軍은 虎牢關에서 발이 묶인 채로 무려 1개월여를 전진하지 못하고 있다가 마침내 싸움에 대패하여 竇建德이 생포되었다.

竇建德(573~621)은 隋末 唐初에 활약했던 군벌 가운데 한 사람으로서 夏王을 자칭하고 河北 전역을 장악하였으나, 唐軍에게 패하고 포로로 붙잡혀 長安에서 처형되었다. ≪新唐書 竇建德傳≫

2) 孟子所謂 天時地利者 : ≪孟子≫ 〈公孫丑 下〉에 "天時가 地利만 못하고 地理가 人和만 못하다. 3里쯤 되는 작은 城과 7리쯤 되는 작은 郭(외성)을 포위 공격하여도 이기지 못하는 경우가 있다. 포위 공격하면 반드시 天時를 얻을 때가 있으련마는 그런데도 이기지 못함은, 이는 天時가 地利만 못한 것이다. 城이 높지 않은 것도 아니며, 못(해자)이 깊지 않은 것도 아니며, 병기와 갑옷이 견고하고 예리하지 않은 것도 아니며, 쌀과 곡식이 많지 않은 것도 아니지만 이것을 버리고 떠나가니, 이는 地利가 人和만

못한 것이다."라고 보인다.

3) 天時……謂險阻城池之固 : 이 내용은 朱子가 ≪孟子集註≫에서 天時와 地利에 대해 해설한 말로, 時는 四時이고 日은 날짜이며, 支는 十二支이고 干은 十干이다. 陰陽五行說에 입각하여 孤虛는 철이나 日辰에 도와줌이 없음을 이르며, 王은 旺과 같은바, 旺相은 기운이 왕성하고 딴 기운이 도와줌이 있음을 이른다. 險阻는 일반적으로 지형의 험함을 이르나 여기서는 산이 험한 것을 險, 江河가 막혀있는 것을 阻라 하였으며, 城은 土城이나 山城이고, 池는 垓子를 이른다.

"하늘에 대한 말(내용)은 陰과 陽이요, 땅에 대한 말은 험함과 평탄함이니, 用兵을 잘하는 자는 陰으로써 陽을 빼앗을 수 있습니다."

范蠡가 이른바 '敵의 陽節을 다하고 우리의 陰節을 가득 채워 빼앗는다.'는 것이다.

"〈用兵을 잘하는 자는〉 험한 곳을 가지고 평이한 곳을 빼앗을 수 있습니다."

예컨대 太宗이 3천 명의 병력을 가지고 成皐의 험한 곳을 점거하여 가만히 앉아서 竇建德의 20만 군대를 곤궁하게 한 것과 같다.

"이 두 가지는 바로 ≪孟子≫에 이른바 '天時와 地利'라는 것이 이것입니다."

天時는 時日과 支干(干支)의 孤虛와 旺相의 등속을 이르고, 地利는 險阻와 城池의 견고함을 이른다.

夫將法之說은 **在乎任人利器**하니 **三略所謂得士者昌**이요 **管仲所謂器必堅利者 是也**니이다

將帥와 法의 내용은 사람에게 맡기고 장비(병기)를 편리하게 함에 달려있으니, ≪三略≫에 이른바 '훌륭한 선비를 얻은 자는 창성한다.'는 것이요, 管仲의 이른바 '기구를 반드시 견고하고 예리하게 한다.'는 것이 이것입니다."

若夫將法之說은 則在乎任用賢智之人하고 便利戰守之器하니 三略書云 得賢士而任之면 則國必昌[1]이요 管子書云 所謂戰攻之器를 必欲堅利者[2] 是也니이다

1) 三略書云……則國必昌 : 이 내용은 지금의 ≪三略≫에는 보이지 않으나, ≪吳越春秋≫〈句踐陰謀外傳〉에, 計然이 越王 句踐에게 "그러므로 ≪傳≫에 이르기를 '훌륭한 선비를 잃는 자는 망하고 훌륭한 선비를 얻은 자는 창성한다.' 하였으니, 바라건대 王께서는 左右에서 찾으십시오. 그러면 어찌 群臣을 부리지 못함을 근심하겠습니까?"라고 諫한 말이 보이는바, 본래 ≪三略≫ 가운데 있다가 산실된 듯하다.

2) 管子書云……必欲堅利者 : 원래의 ≪管子≫는 총 86篇이었는데, 그중 10편이 散逸

되고 76편만 남았는바, 이 내용은 지금의 ≪管子≫에는 보이지 않는다. 그러나 지금의 ≪管子≫에도 유사한 내용이 많이 보이는데, ≪管子≫ 제8편 〈幼官〉에 "병기의 예리함에 밝으면 위급하고 험난한 경지를 겪으면서도 동요하지 않는다.〔明於器械之利 則涉難而不變〕" 하였고, 또 제9편 〈幼官圖〉에 "용사를 가려 뽑고 무기를 예리하게 관리하면 霸者가 된다.〔選士利械 則霸〕" 하였으며, 제28편 〈參患〉에 "병기를 완전하고 견고하게 하지 않으면 맨손인 자와 마찬가지이며, 갑옷을 견고하고 치밀하게 하지 않으면 맨몸인 자와 마찬가지이다.〔兵不完利 與無操者同實 甲不堅密 與俴者同實〕"라고 보인다.

"將帥와 法의 내용으로 말하면, 어질고 지혜로운 사람을 임용하고, 전투하고 수비하는 기구를 편리하게 함에 있으니, ≪三略≫에 이르기를 '어진 선비를 얻어 맡기면 나라가 반드시 창성한다.' 하였고, ≪管子≫에 이른바 '전투하고 공격하는 기구를 반드시 견고하고 예리하게 하고자 한다.'는 것이 이것입니다."

太宗曰 然하다 吾謂不戰而屈人之兵者는 上也요 百戰百勝者는 中也요 深溝高壘以自守者는 下也라 以是較量하면 孫武著書에 三等皆具焉이로다

太宗이 말하였다.

"참으로 옳다. 나는 생각하기를 싸우지 않고 적을 굴복시키는 것이 上이요, 백 번 싸워 백 번 승리하는 것이 中이요, 해자를 깊이 파고 보루를 높이 쌓아 스스로 지키는 것이 下이다. 이것을 가지고 비교하여 헤아려보면 孫武가 지은 책 중에는 이 세 가지 등급이 모두 갖춰져 있다."

太宗曰 然하다 吾謂不與人戰而能屈服人之兵者는 上也요 與人百戰而百勝者는 中也요 深溝高壘以自固守者는 下也라하니 以此校量하면 孫武著書에 三等이 皆全備焉이라

太宗이 말하였다.

"참으로 옳다. 나는 생각하기를, 남과 싸우지 않고 남의 군대를 굴복시키는 것이 上이고, 남과 백 번 싸워 백 번 승리하는 것이 中이고, 해자를 깊이 파고 보루를 높이 쌓아 스스로 굳게 지키는 것이 下라고 여겨지니, 이것을 가지고 비교하여 헤아려보면 孫武가 지은 책 중에 이 세 가지 등급이 완전히 갖춰져 있는 것이다."

靖曰 觀其文하고 **迹其事**하면 **亦可差別矣**니이다 **若張良, 范蠡, 孫武**는 **脫然高引**하여 **不知所往**하니 **此非知道**면 **安能爾乎**잇가

李靖이 대답하였다.

"그들이 지은 글을 보고 그들이 행한 사적을 살펴보면 또한 등급을 차별할 수 있습니다. 張良・范蠡・孫武와 같은 사람은 깨끗하게 높이 떠나가서 어디로 갔는지를 알지 못하니, 이는 道를 아는 자가 아니면 어찌 능히 이와 같이 할 수 있겠습니까.

靖對曰 觀其所著之文하고 迹其所行之事하면 亦可得而差別矣니이다 若張良, 范蠡, 孫武[1)]此三人者는 脫然高蹈引去하여 不知所往하니 非知道면 安能如此乎잇가 文은 謂三人所著之文이요 事는 謂三人所行之事蹟也라

1) 張良范蠡孫武 : 張良(?~B.C. 168)은 漢 高祖의 전략가로 字가 子房이며 한나라 開國三傑 중의 한 명이다. 高祖가 천하를 차지한 뒤에 크게 상을 내리고자 하였으나, 이를 거절하고 자청하여 작은 封邑인 留 땅에 봉해졌다가 뒤에 속세에 대한 일체의 욕망을 버리고 신선인 赤松子를 따라 심산유곡으로 들어가 神仙術을 익히고 辟穀을 하면서 여생을 보냈다고 한다.

范蠡는 자가 少伯으로 楚나라의 宛 땅 사람이며 춘추시대 越王 句踐의 大夫이다. B.C. 494년에 越나라가 夫椒 싸움에서 吳나라에 패한 후, 句踐을 도와 富國强兵에 힘을 기울여 B.C. 473년에 마침내 吳나라를 멸망시켰다. 이 공으로 上將軍에 오르고 높은 명성을 얻었으나, 갑자기 벼슬을 버리고 종적을 감추어버렸다. 후세에 전하는 바에 의하면 미인 西施를 데리고 五湖에 배를 띄우고 놀았다고도 하며, 鴟夷子皮라 변성명하고 理財에 치중하여 많은 재물을 모았다가 이를 모두 흩어 백성들에게 나누어준 다음 다시 陶 땅에 가서 陶朱公이라 변성명을 하고 수만 金을 모아 대부호가 되었다고도 한다.

孫武는 춘추시대 齊나라 樂安 사람으로 田完의 후예인데, 선조가 孫氏 姓을 하사받았기 때문에 孫을 姓氏로 하였다. 吳王 闔閭에게 발탁되어 당시 군사적 강국인 楚나라와 다섯 번 싸워 다섯 번 모두 승리하였으며, 齊・晉 양국을 굴복시켜 闔閭를 霸者로 부상시켰다. 그 후 B.C. 492년 吳王 夫差가 '黃池의 會盟'을 계기로 국력이 절정에 이르렀을 무렵에 은퇴하여 군사학 연구와 저술에 전념하다가 세상을 떠났다.

李靖이 말하였다.

"그들이 지은 글을 보고 그들이 행한 사적을 살펴보면 또한 등급을 차별할 수 있습

니다. 張良・范蠡・孫武 이 세 사람은 깨끗하게 높이 떠나가서 어디로 갔는지를 알지 못하니, 道를 아는 자가 아니면 어찌 능히 이와 같이 하겠습니까."

文은 세 사람이 지은 책의 글을 이르고, 事는 세 사람이 행한 사적을 이른다.

若樂毅, 管仲, 諸葛亮은 **戰必勝**하고 **守必固**하니 **此非察天時地利**면 **安能爾乎**잇가

樂毅・管仲・諸葛亮으로 말하면, 싸우면 반드시 승리하고 지키면 반드시 견고하였으니, 天時와 地利를 살핀 자가 아니면 어찌 능히 이와 같이 할 수 있겠습니까.

若燕之樂毅와 齊之管仲과 蜀之諸葛亮[1]은 戰必勝하고 守必固하니 此非審察天時地利者면 安能如此者乎잇가

1) 燕之樂毅……蜀之諸葛亮 : 樂毅는 戰國時代 燕나라의 명장이다. 魏나라 장수 樂羊의 후손으로, 齊나라의 공격에 의해 멸망 직전까지 몰렸던 나라를 부흥시키기 위해 절치부심한 燕 昭王에게 발탁되어 亞卿이 되고 昭王의 전폭적인 신임을 받았다.

B.C. 284년, 樂毅는 탁월한 외교역량을 발휘, 趙・楚・韓・魏의 네 나라를 포섭하여 연합군을 거느리고 齊나라를 공격하여 大勝을 거두고 5년여에 걸쳐 莒와 卽墨 두 城을 제외한 齊나라의 모든 지역을 점령하여 齊나라를 거의 멸망 직전에 몰아넣었다.

그러나 昭王이 사망하고 아들 惠王이 즉위하자, 齊나라의 장수 田單은 '樂毅가 임금이 되려 한다.'는 反間計를 써서 樂毅를 소환하게 하였다. 이에 樂毅는 趙나라로 망명하고 齊軍은 卽墨城 전투에서 대승하였다. 齊나라의 반간계에 속은 것을 뒤늦게 깨달은 惠王은 樂毅에게 자신의 실책을 사과하고 귀국을 청하였으나, 樂毅는 이를 거절하고 燕・趙 양국의 客卿 신분으로 趙나라에서 일생을 마쳤다. ≪史記 樂毅列傳≫

管仲은 춘추시대 齊나라 潁上 사람으로 이름은 夷吾이며 仲은 자이다. 齊 桓公을 도와 부국강병을 이룩하고, 천하의 제후들과 아홉 차례의 會盟을 통하여 신망을 얻어 桓公을 최초의 霸者로 군림하게 하였다. 저서로는 ≪管子≫가 전해진다.

諸葛亮(181~234)은 琅邪 陽都 사람으로 자는 孔明이다. 後漢 말기 南陽의 隆中에 은둔하여 직접 농사짓고 책을 읽으며 자신을 管仲과 樂毅에 견주었는데, 세상에서는 그를 臥龍이라 일컬었다.

建安 12년(207) 新野에 있던 劉備가 그의 草廬를 세 번이나 찾아가자, '荊州와 益州를 차지하고 孫權과 연합하여 曹操를 견제해야 한다.'는 '天下三分之計'를 건의하였다. 이후로 劉備의 軍師가 되어 建安 19년(214)에는 蜀을 점거하고 成都에 도읍함으

로써 마침내 魏・蜀・吳 三國이 天下를 三分하는 鼎足의 형세가 이룩되었다. 章武 원년(221)에 劉備가 稱帝하자 丞相이 되고 章武 3년에는 先帝 劉備의 遺詔를 받들어 後主 劉禪을 보필하다가 천하를 통일하기 위해 출병하여 魏나라 장수 司馬懿와 渭水 南岸의 五丈原에서 대치하던 중 병사하였다. 시호는 忠武이다. 저서로는 ≪諸葛亮集≫이 전한다.

"燕나라의 樂毅와 齊나라의 管仲과 蜀漢의 諸葛亮은 싸우면 반드시 승리하고 지키면 반드시 견고하였으니, 天時와 地利를 자세히 살핀 자가 아니면 어찌 능히 이와 같을 수 있겠습니까."

其次는 **王猛之保秦**과 **謝安之守晉**이니 **非任將擇材**하고 **繕完自固**면 **安能爾乎**잇가

그 다음은 王猛이 秦나라를 보전한 것과 謝安이 晉나라를 지킨 것이니, 훌륭한 장수에게 맡기고 인재를 가려 등용하며, 병기를 수선하고 완전하게 하여 스스로 견고히 지킨 자가 아니면 어찌 능히 이와 같을 수 있겠습니까.

其次는 如王猛之保苻秦과 謝安之守司馬晉[1)]이니 非任用將帥하고 選擇材能하고 繕完甲兵하여 以自固면 安能如此者乎잇가

1) 王猛之保苻秦 謝安之守司馬晉 : 苻秦은 南北朝時代 北朝에서 가장 강성하였던 前秦으로 皇族의 姓이 苻이므로 이렇게 칭한 것이며, 司馬晉은 皇族의 성이 司馬인 南朝의 東晉을 이른다.

王猛은 본서 401쪽의 주 1) 참조.

謝安(320~385)은 陳郡 陽夏 사람으로 자는 安石이다. 東晉 孝武帝 때 中書監과 錄尙書事를 거쳐 吏部尙書로 있으면서 帝位 찬탈을 기도하는 桓溫의 야망을 저지하고, 환온이 죽은 뒤에는 宰相이 되었다. 太元 8년(383), 前秦의 황제 苻堅이 이끈 대군을 淝水에서 맞이하여, 아우 謝石, 조카 謝玄을 시켜 방어전을 지휘하게 하여 대승을 거두어 나라를 지키고, 華北의 洛陽과 靑州, 兗州 등의 요지를 수복하여 國威를 크게 떨쳤다.

"그 다음은 王猛이 苻秦을 보전한 것과 謝安이 司馬晉을 지킨 것과 같은 것이니, 훌륭한 장수에게 맡기고 재능이 있는 자를 가려 등용하며, 갑옷과 병기를 수선하고 완전히 하여 스스로 견고히 지키지 않았으면 어찌 능히 이와 같을 수 있겠습니까."

故로 **習兵之學**은 **必先繇下以及中**하고 **繇中以及上**이면 **則漸而深矣**니이다 **不然**이면

則垂空言하여 徒記誦이니 無足取也니이다

그러므로 兵學을 익힐 때에는 반드시 먼저 下를 말미암아 中에 미치고, 中을 말미암아 上에 미치게 하면 점차적으로 심오하게 됩니다. 그렇지 않으면 빈 말을 남겨서 한갓 기억하고 외울 뿐이니 취할 것이 못 됩니다."

故로 習兵家之學者는 必先自下以及中하고 由中以及上이면 則漸入深妙矣라 若不如此면 則是垂空言하여 徒記誦이니 無足可取也니이다 李靖은 蓋以道爲上하고 天地爲中하고 將法爲下也라

"그러므로 兵家의 학문을 익히는 자는 반드시 먼저 下로부터 中에 이르고 中으로부터 上에 미치면, 점점 심오하고 묘한 경지에 들어갑니다. 만일 이와 같이 하지 않으면, 이는 빈 말을 남겨 한갓 기억하고 외울 뿐이니 취할 만한 것이 못 됩니다."

李靖은 대체로 道를 上으로 삼고, 天時와 地利를 中으로 삼고, 將帥와 法을 下로 삼은 것이다.

太宗曰 道家忌三世爲將者는 不可妄傳也요 亦不可不傳也니 卿其愼之하라 靖再拜出하여 盡傳其書하여 與李勣하니라

太宗이 말하였다.

"道家에서 3대에 걸쳐 장수가 됨을 꺼리는 것은 兵法을 함부로 전할 수 없어서이고, 또한 전하지 않을 수도 없어서이니, 卿은 부디 조심하라."

李靖이 再拜하고 나가서 자기의 兵書를 모두 傳하여 李勣에게 주었다.

太宗曰 道家者流 忌三世爲將者는 不可妄傳於人이요 亦不可不傳於人이니 卿其愼之하라 靖再拜而出하여 盡傳其書하여 與李世勣하니라 秦使王翦之孫王離[1]로 擊趙하여 圍趙王及張耳鉅鹿城한대 或曰 王離는 秦之名將也라 今將强秦之兵하여 攻新造之趙하니 擧之必矣리라 客曰 不然하다 夫爲將三世者는 必敗하나니 必敗者는 何也오 以其所殺伐多也니 其後 受其不祥하나니 今王離已三世將也라하더니 居無何에 項羽(攻)〔救〕[2]趙하여 擊秦軍하여 果虜王離하니라 此云 道家忌三世爲將者는 未知其出於何書하니 恐道字作兵字爲是라

1) 王翦之孫王離 : 王離는 秦나라 頻陽 東鄕 사람이다. 戰國時代 四大名將으로 꼽히는

王翦의 손자이며, 부친 王賁도 始皇帝의 천하통일에 큰 공을 세운 명장이다. 蒙恬이 북방에서 匈奴를 정벌할 적에 王離가 裨將으로 3대째 장군이 되어 上郡에 머물고 있었는데, 二世皇帝 원년(B.C. 209)에 蒙恬이 獄에 갇혀 살해된 뒤에 그 군대를 지휘하여 북방 변경을 지켰다. 二世皇帝 3년(B.C. 207)에 陳勝이 반란을 일으키자 군대를 이끌고 반란을 진압하였는데, 鉅鹿城에서 趙王 趙歇(헐)과 張耳를 공격하다가 項羽軍의 공격을 받아 패전하고 포로가 되었다. ≪史記 王離列傳≫

2) (攻)〔救〕: 저본의 '攻'은 漢文大系本에 의거하여 '救'로 바로잡았다.

太宗이 말하였다.

"道家者의 부류들이 3대에 걸쳐 장수가 됨을 꺼리는 것은 兵法을 남에게 함부로 전할 수가 없어서이고, 또한 남에게 전하지 않을 수도 없어서이니, 卿은 부디 조심하라."

李靖이 再拜하고 나와서 자기의 兵書를 모두 전하여 李世勣에게 주었다.

秦나라가 王翦의 손자인 王離로 하여금 趙나라를 공격하게 하여 趙王과 張耳를 鉅鹿城에서 포위하자, 혹자가 말하기를 "王離는 秦나라의 명장이다. 이제 강한 秦나라의 군대를 인솔하여 초창기에 있는 趙나라를 공격하니 성을 함락시킬 것이 틀림없다." 하였다.

그러자 어떤 사람이 말하기를 "그렇지 않다. 3대에 걸쳐 장수가 된 자는 반드시 패하는 법이니, 반드시 패하는 이유는 어째서인가? 사람을 죽이고 공격한 것이 많기 때문이니, 그 후손이 불길함을 받게 된다. 지금 王離는 이미 3대에 걸쳐 장수가 되었다." 하였는데, 얼마 안 있다가 項羽가 趙나라를 구원하고 秦軍을 격파하여 과연 王離를 사로잡았다.

여기에 '道家에서 3대에 걸쳐 장수가 되는 것을 꺼린다.'고 말한 것은 어느 책에 나오는지 알 수 없으니, '道'자를 '兵'자로 쓰는 것이 옳을 듯하다.

○ 愚謂 孫子始計篇에 論道天地將法하니 五者는 乃經國之大事니 闕一而不可也라 今李靖分而三之하여 以道爲至精至微하여 聰明睿智神武而不殺者是也라하고 以天地爲次하고 以將法爲下하며 又以張良, 范蠡, 孫武脫然高引하여 不知所往으로 爲知道하고 以樂毅, 管仲, 諸葛亮戰必勝, 守必固로 爲察天時地利하고 以王猛, 謝安으로 爲任將擇材라 又言 習兵之學은 必先繇下以及中하고 繇中以及上이라하니 愚不得不辯이로라

○ 내가 생각하건대, ≪孫子≫ 〈始計〉편에 道와 天·地·將·法을 논하였으니, 이 다섯 가지는 바로 나라를 다스리는 큰 일로 한 가지도 없어서는 안 되는 것이다.

그런데 지금 李靖은 이것을 나누어 세 가지로 만들어서 道를 지극히 정밀하고 지극

히 미묘하여 聰明하고 睿智하며 神武하여 죽이지 않는 것이라 하였고, 天時와 地利를 다음이라 하고, 將帥와 法을 下라 하였다.

또 張良과 范蠡와 孫武가 깨끗하게 높이 떠나가서 어디로 갔는지를 알지 못하는 것을 道를 안다고 하였고, 樂毅와 管仲과 諸葛亮이 싸우면 반드시 승리하고 지키면 반드시 견고한 것을 가지고 天時와 地利를 살핀 것이라 하였고, 王猛과 謝安을 훌륭한 장수에게 맡기고 인재를 가려 등용한 것이라 하였다.

또 말하기를 "兵學을 익힐 때에는 반드시 먼저 下로 말미암아 中에 이르고, 中으로 말미암아 上에 이른다." 하였으니, 내 이것을 분변하지 않을 수가 없다.

夫道者는 事物當然之理니 人之所共由者也라 大而君臣, 父子, 夫婦, 長幼, 朋友요 小而動靜, 食息, 事物細微가 曷莫非道之寓哉아 有國有家者 必教民以孝悌忠信, 禮義廉恥하여 使知君臣有君臣之道하고 父子有父子之道하고 夫婦, 長幼, 朋友가 知有夫婦, 長幼, 朋友之道하며 而又以仁義漸摩之하고 禮樂維持之니 然後에 民皆親其親하고 長其長하여 與君同心而一德焉이니 此孫子論道에 所以只曰 令民與上同意하여 可與之死하고 可與之生하여 而不畏危也[1]라

1) 令民與上同意……而不畏危也 : ≪孫子≫ 〈始計〉에 보인다.

道라는 것은 사물의 당연한 이치이니, 사람이 누구나 함께 행하는 것이다. 크게는 君臣과 父子와 夫婦와 長幼와 朋友이고, 작게는 움직이고 고요함과, 밥 먹고 숨 쉬는 것과 사물의 세미한 것이, 어찌 道가 담겨져 있는 것이 아니겠는가.

나라를 소유하고 집안을 소유한 자는 반드시 백성들을 孝悌와 忠信, 禮義와 廉恥로 가르쳐서 백성들로 하여금 君臣간에는 君臣의 도리가 있고, 父子간에는 父子의 도리가 있고, 夫婦・長幼・朋友간에는 夫婦와 長幼와 朋友의 도리가 있음을 알게 해야 하며, 또 仁義를 가지고 백성들을 점점 연마하고 禮樂을 가지고 유지하게 해야 한다.

그런 뒤에야 백성들이 모두 친척을 친애하고 어른을 어른으로 섬겨서 君主와 더불어 마음이 같고 德이 같아지는 것이니, 이 때문에 孫子가 道를 논하면서 다만 "백성들로 하여금 윗사람과 뜻을 함께하여 더불어 죽고 더불어 살게 할 수 있어서 위태로움을 두려워하지 않게 하는 것이다."라고 한 것이다.

若周易繫辭所謂聰明睿智神武不殺者는 乃聖神之極致니 非學者之所能及也라 書稱堯之德曰 乃文乃武[1]라하고 稱舜舞干羽而有苗格[2]하니 此神武而不殺者也라 成湯은 伐韋, 伐顧하고 平昆吾, 夏桀之亂하고 十一征而無敵於天下[3]하며 武

王은 誅紂伐奄하고 驅蜚廉於海隅而戮之하며 滅國者五十[4)]이니 此聖武而以殺者也니 其視神武不殺之事하면 而湯武猶以爲病焉이라

1) 書稱堯之德曰 乃文乃武 : 이 구절은 ≪書經≫ 〈大禹謨〉의 "아. 훌륭하십니다. 帝堯의 德이 廣大하게 運行되시어 聖스럽고 神妙하시며 武를 하고 文을 하시니, 皇天이 돌아보고 命하사 四海를 모두 소유하시어 天下의 君主로 삼으셨습니다.〔都 帝德廣運 乃聖乃神 乃武乃文 皇天眷命 奄有四海 爲天下君〕"라는 구절을 원용한 것이다.
2) 舜舞干羽而有苗格 : 이 구절은 ≪書經≫ 〈大禹謨〉에 "禹王이 有苗를 정벌하였는데 30일을 有苗의 백성들이 명을 거역하자, 益이 禹王을 도와 이르기를 '德은 하늘을 감동시켜 멀어도 이르지 않음이 없으니, 자만하면 덜어짐을 부르고 겸손하면 더함을 받는 것, 이것이 바로 天道입니다. 帝舜이 처음 歷山에서 밭에 가시어 날마다 하늘과 부모에게 울부짖으시어 죄악을 자신에게 돌리시고 공경히 일하여 瞽瞍를 뵙되 공경하고 두려워하시니, 고수 또한 믿고 따랐습니다. 지극한 정성은 神明을 감동시키니, 하물며 이 有苗이겠습니까.' 하였다. 禹王이 善言에 절하며 '아! 너의 말이 옳다.' 하고는 回軍하고 군대를 거두자, 帝舜이 마침내 文德을 크게 펴시어 방패와 깃일산〔干羽〕으로 두 뜰에서 춤을 추셨는데, 70일 만에 有苗가 와서 항복하였다."라고 보인다. 有苗는 바로 三苗이다. 옛날 춤을 출 적에 방패와 창을 잡고 춤추는 것을 武舞라 하고, 깃으로 만든 부채나 일산을 잡고 춤추는 것을 文舞라 하였다.
3) 成湯……十一征而無敵於天下 : ≪詩經≫ 〈商頌 長發〉에 "武王이 깃발을 실으시어 경건히 鈇鉞을 잡으시니 불이 烈烈히 타오르는 듯하여 나를 감히 막을 이가 없도다. 나쁜 잡초 한 뿌리에 세 싹이 났는데 악한 뜻을 이루지 못하고 통달하지 못하여 九有가 분명히 商나라로 돌아오거늘 韋와 顧를 이미 정벌하시고 昆吾와 夏桀을 치시도다.〔武王載旆 有虔秉鉞 如火烈烈 盼莫我敢遏 苞有三蘖 莫遂莫達 九有有截 韋顧旣伐 昆吾夏桀〕" 하였는데, 朱子는 ≪集傳≫에서 "武王은 湯王이다. 苞는 뿌리이고 蘖은 옆에서 난 싹이다. 한 뿌리에 세 싹이 남을 말한 것으로 뿌리는 夏桀이고 싹은 韋・顧・昆吾이니, 모두 桀의 무리이다."라고 주하였다. 九有는 九州이다. 湯王이 '열한 번 정벌하여 천하에 대적할 자가 없었던 것'은 ≪孟子≫ 〈滕文公 下〉에 보인다.
4) 武王……滅國者五十 : 이 구절은 ≪孟子≫ 〈滕文公 下〉에 "周公이 武王을 도와 紂王을 주벌하시고, 奄나라를 정벌한 지 3년 만에 그 君主를 토벌하시고 飛(蜚)廉을 바다 모퉁이로 몰아내어 죽이시니, 나라를 멸망시킨 것이 50개국이었고, 범과 표범, 코뿔소와 코끼리를 몰아내어 멀리 쫓으시니, 天下가 크게 기뻐하였다."라고 한 말을 인용한 것이다.

≪周易≫ 〈繫辭傳〉에서 말한 '聰明하고 睿智하고 神武하여 죽이지 않는 자'로 말하면, 바로 聖神의 극치이니, 배우는 자가 능히 미칠 바가 아니다.

≪書經≫에 堯임금의 德을 칭찬하여 "文을 하고 武를 한다." 하였고, 舜임금을 칭찬하여 "방패와 깃털로 춤을 추자, 三苗가 와서 항복했다." 하였으니, 이는 神武하여 죽이지 않은 것이다.

成湯은 韋를 정벌하고 顧를 정벌하고 昆吾와 夏桀의 亂을 평정하였으며, 열한 번 정벌하여 천하에 대적하는 이가 없었고, 武王은 紂王을 토벌하고 奄나라를 정벌하고 蜚廉을 바다 귀퉁이로 몰아 죽였으며, 나라를 멸망시킨 것이 50개였다. 이는 聖武하면서 죽인 자이니, 神武하여 죽이지 않은 일에 비하면 湯·武도 오히려 부족함이 되는 것이다.

張良은 本爲韓報仇하여 初無心求富貴也요 及見韓彭誅夷하고 蕭何繫獄하여는 乃曰 知足不辱이요 知止不殆라하고 遂辟穀不食하여 託以從赤松子[1]遊而去하며 范蠡는 謂大名之下에 不可久居라하고 知越王長頸烏喙하여 可與共患이요 難與處安[2]하여 遂歸相印而去하며 孫武는 以兵法干吳王闔閭한대 闔閭用以爲將이러니 後不知所往하니 此三人者를 謂之明哲保身則可요 謂知進退之道則可어니와 謂之神武不殺則不可라 李靖이 既以道爲至精至微하여 聰明睿智神武不殺하고 而又以三子脫然高引하여 不知所往으로 爲知道라 張良은 依託黃老하고 范蠡는 孳孳爲利하고 孫子는 權謀詭詐어늘 而靖以堯舜聖神之事로 擬之하니 其可乎哉아 若樂毅, 管仲, 諸葛亮이 戰必勝하고 守必固는 固能察天時地利矣어니와 抑又不能任將擇材乎아 王猛之保秦과 謝安之守晉은 固能任將擇材하고 繕完自固矣어니와 抑不能察天時地利乎아

1) 赤松子 : 고대의 유명한 神仙으로, 漢나라가 天下를 統一하는 데에 결정적인 공을 세운 張良이 만년에 속세에 대한 일체의 욕망을 버리고 赤松子를 따라 심산유곡으로 들어가 神仙術을 익히고 辟穀을 하면서 여생을 보냈다고 전해진다.

≪列仙傳≫에는 "赤松子가 神農氏 시대의 雨師로서 水晶을 복용하는 법을 神農氏에게 가르쳐주었고, 불 속에 들어가 스스로를 태울 수도 있었으며, 바람과 비를 따라 오르내릴 수도 있었는데, 神農氏의 딸이 그를 따라 신선이 되어 올라갔다."라고 기록되어있으며, 韓嬰의 ≪韓詩外傳≫에는 "五帝 중 하나인 帝嚳의 스승이었다."라고 기록되어있다.

2) 越王長頸烏喙……難與處安 : 이 내용은, 范蠡가 越王 句踐을 도와서 패업을 이룩하고 난 뒤 벼슬을 버리고 越나라를 떠나면서, 함께 越나라의 富國强兵을 주도하였던 大夫 文種에게 보낸 편지에 "越王의 사람됨은 목이 길고 입은 까마귀 부리여서 더불

어 환란을 함께할 수는 있으나, 더불어 즐거움을 함께할 수는 없다.〔越王爲人長頸鳥喙可與共患難 不可與共樂〕"라고 보인다. ≪史記 越世家≫

范蠡에 대해서는 본서 453쪽의 주 1) 참조.

張良은 본래 韓나라를 위하여 원수를 갚고자 하였고 애당초 富貴를 구하는 마음이 없었는데, 韓信과 彭越이 죽임을 당하고 〈三族이 멸망하였으며,〉 蕭何가 감옥에 갇히는 것을 보고는 말하기를 "만족함을 알면 욕되지 않고, 그칠 줄을 알면 위태롭지 않다." 하고는 마침내 곡식을 먹지 않고 신선인 赤松子를 따라 논다고 칭탁하여 떠나갔다.

范蠡는 '큰 명성의 아래에는 오래 머물 수가 없다.'고 여기고, 越王 句踐은 목이 길고 까마귀 부리여서 더불어 환란을 함께할 수는 있으나 더불어 편안함에 처하기는 어려움을 알고는 마침내 정승의 印을 돌려주고 떠나갔다.

孫武는 兵法을 가지고 吳王 闔閭에게 등용되기를 요구하자 闔閭가 등용하여 장수로 삼았는데, 뒤에 어디로 갔는지 알지 못한다.

이 세 사람을 明哲하여 몸을 잘 보전했다고 말하는 것은 가능하고, 進退의 도리를 알았다고 말하는 것은 가능하지만, 神武하여 죽이지 않은 자라고 말하는 것은 불가하다.

李靖은 이미 道를 '지극히 정밀하고 지극히 미묘하여, 聰明하고 睿智하며 神武해서 죽이지 않는 것'이라 하였고, 또 세 사람이 깨끗하고 높이 떠나가서 어디로 갔는지를 알지 못하는 것을 가지고 '道를 안다.'고 하였다.

張良은 黃老에 의탁하였고, 范蠡는 부지런히 이익에 종사하였으며, 孫子는 권모술수로 속임수를 썼는데, 李靖이 堯·舜의 聖神의 일로 비견하였으니 어찌 옳겠는가.

樂毅와 管仲과 諸葛亮이 싸우면 반드시 승리하고 지키면 반드시 견고했던 것은 진실로 天時와 地利를 살핀 것이지만, 또 이들이 훌륭한 장수에게 맡기고 재능이 있는 사람을 가려 등용하지 못했단 말인가.

王猛이 秦나라를 보전한 것과 謝安이 晉나라를 지킨 것은 진실로 훌륭한 장수에게 맡기고 재능 있는 사람을 가려 등용하며, 병기를 수선하고 완전히 하여 스스로 견고히 지킨 것이지만, 이들이 天時와 地利를 살피지 못했단 말인가.

天地之間에 不可一日而無此道也라 故로 子思作中庸에 首曰 道也者는 不可須臾離也니 可離면 非道也[1)]라하시니 若道天地將法을 分而爲三이면 是는 樂毅, 管仲, 諸葛亮, 王猛, 謝安之世엔 而全無此道也니 天典民彝를 容可一日已乎아 若使學兵書者로 先學將法하고 次學天地하고 後學道하여 由下以及中하고 由中以及上이면 是學將法者는 不可以天時地利言之歟아 學天時地利者는 不可以道言之歟아

1) 道也者……非道也 : 이 내용은 ≪中庸≫ 첫 편에 그대로 보인다.

하늘과 땅 사이에는 단 하루도 이 道가 없을 수 없는 것이다. 그러므로 子思가 ≪中庸≫을 지으면서 첫 번째로 말씀하기를 "道라는 것은 잠시도 떠날 수가 없으니, 떠날 수 있으면 道가 아니다."라고 하신 것이다.

만약 道와 天·地와 將·法을 나누어서 셋으로 만든다면, 이는 樂毅와 管仲과 諸葛亮과 王猛과 謝安의 세대에는 전혀 이 道가 없는 것이니, 하늘의 법칙과 사람의 떳떳한 성품을 어찌 단 하루라도 그치게 할 수 있단 말인가.

만약 兵書를 배우는 자들로 하여금 먼저 將·法을 배우게 하고 다음에 天·地를 배우게 하고 뒤에 道를 배우게 해서, 下로 말미암아 中에 이르고 中으로 말미암아 上에 이르게 한다면, 將과 法을 배우는 낮은 者에게는 天時와 地利를 말해줄 수 없단 말인가. 天時와 地利를 배우는 者에게는 道를 말해줄 수 없단 말인가.

太宗이 又以不戰而屈人之兵으로 爲上하고 百戰百勝者로 爲中하고 深溝高壘以自守者로 爲下라 夫兵法은 不可執一이니 豈可拘此三者하여 分而爲上中下乎아 若田穰苴明法令하고 撫士卒에 燕晉聞之退하니 是不戰而屈人之兵者也나 假使燕晉之兵不退면 穰苴果必於不戰乎아 吳起與諸侯大戰七十六하여 全勝六十四하니 是百戰百勝者也[1]나 假使秦人이 按甲休兵하여 不臨境上이면 起安得而不守乎아 司馬懿與諸葛亮對壘에 終不出戰하니 是深溝高壘以自守者也어니와 及公孫文懿欲阻水拒守한대 懿領兵하고 直趨襄平하여 聲言擣其巢穴하여 誘文懿兵來하여 三戰三捷하고 遂平遼東하니 欲如遇葛亮時固軍自守면 可乎[2]아 前旣云 攻守一法하고 此又分戰守爲二하니 何其言之自相矛盾乎아

1) 吳起與諸侯大戰七十六……是百戰百勝者也 : 이 내용은 ≪吳子≫ 〈圖國〉에 "吳起가 西河를 지켜 諸侯와 큰 싸움을 76번 벌였는데, 全勝을 거둔 것이 64번이었고 나머지는 모두 평화롭게 해결하였다. 魏나라는 사방으로 영토를 넓혀서 천 리의 넓은 땅을 개척하였으니, 이는 모두 吳起의 戰功이었다.〔守西河 與諸侯大戰七十六 全勝六十四 餘則均解 闢土四面 拓地千里 皆起之功也〕"라고 보인다.

2) 司馬懿與諸葛亮對壘……可乎 : 司馬懿(179~251)는 三國時代 魏나라의 名將이자 大臣이며 晉나라를 건국한 世祖 司馬炎의 조부로, 뒤에 宣帝로 추존되었다. 魏 明帝 靑龍 2년(234), 蜀漢의 승상 諸葛亮이 10여 만의 병사를 이끌고 북벌을 감행하자, 司馬懿가 魏軍을 이끌고 五丈原에서 이를 막았는데, 속전속결을 원한 諸葛亮은 전면전으로 승부를 가리고자 하였으나, 司馬懿는 보루만 굳게 지킨 채 일체 응전하지 않

아 싸움 없이 100여 일 동안 대치하였다. 諸葛亮이 군중에서 病死하자, 蜀漢의 여러 장수들이 진영을 불태우고 퇴각하였는데도, 司馬懿는 신중에 신중을 기하여 곧바로 추격하지 않았다. ≪晉書 권1 高祖宣帝紀≫

公孫文懿는 三國時代 遼東에 할거하여 燕王을 자칭한 公孫淵을 이른다. 魏 明帝 景初 2년(238)에 魏나라는 司馬懿로 하여금 公孫淵을 토벌하게 하였는데, 司馬懿가 병력을 이끌고 遼水로 진출하니, 公孫淵이 步兵과 騎兵 수만을 보내어 遼水에서 막고 성벽을 굳게 지켜 저항하였다. 司馬懿는 빈 진영을 만들어 적을 속이고 은밀히 遼水를 건너 강물을 끼고 포위망을 길게 구축한 다음, 諜者를 풀어 魏軍이 적을 버려두고 적의 근거지인 襄平으로 향한다고 소문을 퍼뜨렸다. 公孫淵이 수비 전술을 바꾸어 魏軍을 급히 요격하자, 司馬懿는 역공을 가해 대파하였는데, 세 번 싸워 세 번 모두 승리하였다. ≪晉書 권1 高祖宣帝紀≫

太宗은 또 싸우지 않고서 적의 군대를 굴복시키는 것을 上이라 하고, 백 번 싸워 백 번 승리하는 것을 中이라 하고, 해자를 깊이 파고 보루를 높이 쌓아 스스로 지키는 것을 下라 하였다.

兵法은 한 가지만을 고집해서는 안 되니, 어찌 이 세 가지에 구애되어 上·中·下로 나눌 수 있겠는가.

예컨대, 田穰苴가 法令을 밝히고 士卒을 어루만지자 燕나라와 晉나라에서 이 말을 듣고 퇴각하였으니, 이는 싸우지 않고 적의 군대를 굴복시킨 것이다. 그러나 가령 燕나라와 晉나라의 군대가 퇴각하지 않았다면 田穰苴가 과연 싸우지 않을 수 있었겠는가.

吳起가 諸侯들과 76번을 크게 싸워서 64번의 全勝을 거두었으니, 이는 백 번 싸워 백 번 승리한 것이다. 그러나 가령 秦나라 사람들이 군대를 주둔하여 병사들을 쉬게 하고 국경 위에 오지 않았다면 吳起가 어찌 수비하지 않을 수 있었겠는가.

司馬懿가 諸葛亮과 진영을 마주 대했을 적에 끝내 나와 싸우지 않았으니, 이는 해자를 깊이 파고 보루를 높이 쌓아 스스로 지킨 것이다. 그런데 公孫文懿가 물을 막고 항거하여 지키려 하자, 司馬懿가 군대를 거느리고 곧바로 襄平으로 달려가 적의 소굴을 무찌른다고 소문을 내어 公孫文懿의 군대가 오도록 유도해서 세 번 싸워 세 번 승리하고 마침내 遼東을 평정하였으니, 諸葛亮을 만났을 적에 군대를 견고히 하여 스스로 지키던 것과 같이 했더라면 승리할 수 있었겠는가.

앞에서는 이미 공격과 수비가 한 法이라고 말하였고, 여기서는 또 전투와 수비를 나누어 둘이라고 하였으니, 어쩌면 그리도 말이 서로 모순되는가.

然이나 兵又不可分而爲三歟아 曰 可하다 上焉者는 仁義之兵也요 中焉者는 節制之兵也요 下焉者는 權詐之兵也니 仁義之兵은 湯武是也요 節制之兵은 桓文是

也요 權詐之兵은 孫吳是也[1)]라 權詐不如節制요 節制不如仁義니 仁義之兵은 道天地將法五者悉備焉이요 節制之兵은 天地將法則有之어니와 論道則不過假仁義而已矣요 權詐之兵은 或有因天時而取勝者하고 或有因地利而取勝者하며 將法이未嘗不有焉이어니와 而道는 不過恩信惠愛以結人心耳니 學仁義之兵不得이면 則爲節制之兵이 可也요 學節制之兵不得이면 則爲權詐之兵이 亦可也라 當戰則戰하고當守則守라 兵者는 凶器라 傷人害物이 莫此爲甚하니 苟不用戰而屈人之兵이면 亦奚務必欲與之戰乎아 而道天地將法五者를 俱不可闕而不講也니라

1) 仁義之兵……孫吳是也 : 仁義之兵과 節制之兵과 權詐之兵은 모두 ≪荀子≫ 〈議兵〉에 보인다.

仁義之兵은 "仁者의 군대는 마음에 두고 있으면 神妙해지고 지나가는 곳마다 教化가 되어, 때맞춰 내리는 단비와 같으니 기뻐하지 않는 자가 없다. 이로써 堯가 驩兜(환도)를 치고 舜이 有苗를 치고 禹가 共工을 치고 湯이 夏桀을 쳤으며, 文王이 崇을 치고 武王이 紂王을 쳤으니, 이 二帝・四王은 모두 仁義의 군대를 가지고 天下에 행하였다. 그러므로 가까이 있는 자는 그 善함을 親하게 여기고 멀리 있는 자는 그 德을 사모하여 군대가 칼날에 피를 묻히지 않아도 멀고 가까운 곳이 와서 복종하고, 이에 덕이 盛大해져서 혜택이 사방의 끝에까지 미쳤다."라고 보인다.

節制之兵은 "齊나라의 技擊은 魏나라의 武卒을 상대하지 못하고 魏나라의 武卒은 秦나라의 銳士를 상대하지 못하며, 秦나라의 銳士는 桓公과 文公의 節制된 군대를 상대하지 못하고 桓公과 文公의 절제된 군대는 湯王과 武王의 仁義의 군대를 대적하지 못하니, 만약 이를 상대하는 자가 있다면, 이는 마치 잿덩이로 돌을 치는 것과 같은 것이다."라고 보인다.

權詐之兵은 "臨武君이 '兵事에서 貴하게 여기는 바는 형세의 이로움이며, 兵事에서 실행하는 바는 교묘히 변화하고 간사하게 속이는 것이다. 用兵을 잘하는 자는 황홀하고 신비하게 적을 현혹시켜서 어디로부터 나왔는지를 모르게 한다. 孫子와 吳子는 이 방법을 써서 天下에 대적할 자가 없었으니, 어찌 반드시 백성이 따르기를 기다릴 필요가 있겠는가.'라고 하기에, 내가 '그렇지 않다. 내가 말하는 바는 仁者의 군대와 王者의 뜻이고, 그대가 貴하게 여기는 바는 권모술수와 형세의 이로움이니, 그 실행하는 바가 공격하여 빼앗고 교묘히 변화하고 간사하게 속이는 것으로, 이는 諸侯의 일이다.'라고 하였다."라고 보인다.

그러면 군대는 또 나누어서 셋으로 만들 수 없는 것인가? 가능하다. 上은 仁義의 군대이고, 中은 節制가 있는 군대이고, 下는 권모술수의 군대이니, 仁義의 군대는 湯王과 武王이 바로 이것이요, 節制를 잘한 군대는 桓公과 文公이 바로 이것이요, 권모

술수의 군대는 孫子와 吳子가 바로 이것이다.

권모술수가 節制만 못하고 節制가 仁義만 못하니, 仁義의 군대는 道와 天·地와 將·法의 다섯 가지가 다 구비되었고, 節制의 군대는 天·地와 將·法은 있으나 道를 논하면 仁義를 빌림에 불과할 뿐이요, 권모술수의 군대는 혹 天時를 이용하여 승리한 자도 있고 혹 地利를 이용하여 승리한 자도 있으며, 將과 法이 일찍이 없지는 않으나, 道는 恩德과 信義와 恩惠와 仁愛로써 人心을 결속함에 불과할 뿐이니, 仁義의 군대를 배우다가 되지 못하면 節制의 군대가 될 수 있고, 또한 節制의 군대를 배우다가 되지 못하면 권모술수의 군대가 될 수 있는 것이다.

마땅히 싸워야 하면 싸우고 마땅히 수비해야 하면 수비해야 한다. 兵器는 凶器이다. 사람을 상하고 물건을 해치는 것이 이보다 더 심한 것이 없으니, 만약 전쟁을 하지 않고 남의 군대를 굴복시킬 수 있다면 또한 어찌 반드시 적과 싸우고자 할 것이 있겠는가.

그러나 道와 天·地와 將·法의 다섯 가지는 모두 빼놓고 강습하지 않을 수 없는 것이다.

譯註者 略歷

成百曉

忠南 禮山 出生
家庭에서 父親 月山公으로부터 漢文 修學
月谷 黃璟淵, 瑞巖 金熙鎭 先生 師事
民族文化推進會 國譯硏修院 修了
高麗大學校 敎育大學院 漢文敎育科 修了
한국고전번역원 부설 고전번역교육원 名譽漢學敎授(現)
傳統文化硏究會 副會長(現) 해동경사연구소 소장(現)
古典國譯賞 受賞

論文 및 譯書

〈艮齋의 性理說小考〉〈燕岩의 學問思想硏究〉
四書集註 ≪詩經集傳≫ ≪書經集傳≫ ≪周易傳義≫
≪古文眞寶≫ ≪牛溪集≫ 등 數十種 國譯
≪宣祖實錄≫ ≪宋子大全≫ ≪茶山集≫ ≪退溪集≫ 등 共譯

李蘭洙

瑞巖 金熙鎭, 松潭 李栢淳 先生 師事
民族文化推進會 國譯硏修院 수료
放送通信大學校 中語中文學科 졸업
高麗大學校 中央圖書館 漢籍室 근무

譯書

≪孫武子直解・吳子直解≫(共譯)

東洋古典譯註叢書73

武經七書直解3

譯註 尉繚子直解・李衛公問對直解 정가 26,000원

2013년 12월 30일 초판 발행
2014년 4월 30일 초판 2쇄

譯　註　成百曉 李蘭洙
編　輯　古典國譯編輯委員會
發行人　李啓晃
發行處　社團法人 傳統文化研究會
서울시 종로구 낙원동 284-6 낙원빌딩 411호
전화 : (02)762-8401 전송 : (02)747-0083
전자우편 : juntong@juntong.or.kr
홈페이지 : juntong.or.kr
사이버書堂 : cyberseodang.or.kr
온라인서점 : book.cyberseodang.or.kr
등록 : 1989. 7. 3. 제1-936호

인쇄처 : 한국법령정보주식회사(02-462-3860)
총　판 : 한국출판협동조합(070-7119-1750)

ISBN 978-89-91720-96-1 94150
978-89-85395-71-7(세트)

※ 이 책은 2013년도 교육부 고전문헌 국역지원사업 지원비에 의해 초판 간행.

전통문화연구회 도서목록

基礎漢文教材 - 懸吐完譯 成百曉 譯

- 四字小學 / 習字教本 6,000원/4,000원
- 推句 · 啓蒙篇 / 習字教本 5,000원/4,000원
- 明心寶鑑 7,000원
- 童蒙先習 · 擊蒙要訣 12,000원
- 註解千字文 / 習字教本 9,000원/3,000원

東洋古典國譯叢書

- 論語集註-개정증보판 成百曉 譯註 22,000원
- 孟子集註-개정증보판 成百曉 譯註 25,000원
- 大學 · 中庸集註-개정증보판 成百曉 譯註 8,000원
- 詩經集傳 上 · 下 成百曉 譯註 25,000원
- 書經集傳 上 · 下 成百曉 譯註 25,000원
- 周易傳義 上 · 下 成百曉 譯註 35,000원
- 小學集註 成百曉 譯註 25,000원
- 古文眞寶 後集 成百曉 譯註 25,000원
- 海東小學 成百曉 譯註 15,000원
- 孝經大義 鄭太鉉 譯註 10,000원
- 校勘直譯 黃帝內經靈樞/素問 洪元植 校譯 27,000원

東洋古典譯註叢書

- 春秋左氏傳 1~8 鄭太鉉 譯 18,000원/20,000원/25,000원
- 莊子 1~4 安炳周·田好根 共譯 22,000원
- 古文眞寶 前集 成百曉 譯註 25,000원
- 心經附註 成百曉 譯註 30,000원
- 近思錄集解 1~3 成百曉 譯註 16,000원/25,000원
- 禮記集說大全 1 辛承云 譯註 25,000원
- 通鑑節要 1~9 成百曉 譯註 18,000원/25,000원/30,000원
- 唐詩三百首 1~3 宋載卲 외 譯註 20,000원/25,000원
- 唐宋八大家文抄 韓愈 1 鄭太鉉 譯註 22,000원
- 〃 歐陽脩 1~2 李相夏 譯註 25,000원
- 〃 王安石 1~2 申用浩·許鎬九 共譯 25,000원
- 〃 蘇洵 李章佑 외 譯註 25,000원
- 〃 蘇軾 1~5 成百曉 譯註 22,000원
- 〃 蘇轍 1~3 金東柱 譯註 20,000원/22,000원
- 〃 曾鞏 宋基采 譯註 25,000원
- 〃 柳宗元 1~2 宋基采 譯註 22,000원
- 十三經注疏 論語注疏 1 鄭太鉉·李聖敏 譯註 25,000원
- 東萊博議 1~2 鄭太鉉·金炳愛 譯註 25,000원
- 顏氏家訓 1 鄭在書·盧暻熙 共譯 22,000원
- 說苑 1 許鎬九 譯註 25,000원
- 孫武子直解 · 吳子直解 成百曉·李蘭洙 譯註 26,000원
- 六韜直解 · 三略直解 成百曉·李鍾德 譯註 26,000원

漢字漢文教育叢書

- 교양인을 위한 한자 · 한문 金基昌 外 12,000원
- 형성자 중심 한자교육시험백과 金鐘赫 25,000원
- 실용교양한문 李相鎭 15,000원
- 한문과 교육과정 변천과 내용체계 연구 元容錫 15,000원
- 한문과 교수-학습 모형 金載暎 13,000원
- 한자 자원 교육론 韓殷洙 16,000원
- 漢字漢文教育論叢 上 · 下 鄭愚相 25,000원

◆ 教授用 指導書 四字小學 咸賢贊 10,000원
- 〃 推句 · 啓蒙篇 咸賢贊 10,000원
- 〃 註解千字文 李忠九 15,000원
- 〃 明心寶鑑 李明洙 10,000원
- 〃 童蒙先習 田好根 8,500원
- 〃 擊蒙要訣 咸賢贊 15,000원

◆ 袖珍本 懸吐 기초한문교재 10,000원
- 〃 論語 · 大學 · 中庸 10,000원
- 〃 孟子 10,000원
- 〃 詩經 · 書經 · 周易 9,000원/12,000원
- 〃 小學 · 孝經 13,000원
- 〃 古文眞寶 前集 · 後集 10,000원/13,000원

동양문화총서

- 漢字部首解說 李忠九 편저 15,000원
- 동양사상 정규훈 외 20,000원

문화문고

- 논어 · 대학 · 중용 조수익 박승주 공역 10,000원
- 맹자 조수익 박승주 공역 10,000원
- 100자에 담긴 한자문화 이야기 김경수 저 9,000원
- 한자한문전통교재 조수익 이성민 공역 10,000원
- 소학 박승주 조수익 공역 10,000원
- 목민심서 이계황 엮음 10,000원
- 고문진보散文選 신용호 조수익 공역 10,000원
- 士小節 선비집안의 작은예절 이동희 편역 10,000원
- 名說과 字說 신용호 편역 10,000원
- 儒學이란 무엇인가 이동희 저 10,000원

◆ 경전으로 본 세계종교 60,000원

편저자 : 길희성 김영경 김용표 이기동 이강수 이정배 홍성엽
- 그리스도교, 도교, 동학, 불교, 유교, 이슬람교, 힌두교

創世記 譯註 方錫淙 譯註 25,000원